북한의 개혁·개방과 인권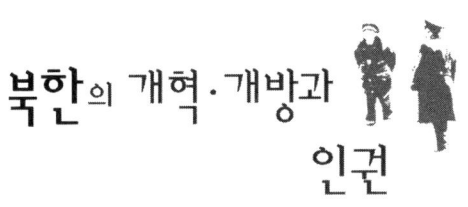

후기 공산사회에서의 정치변동과
사회통제에 대한 비교론적 접근

허만호 지음

2008
명인문화사

북한의 개혁 · 개방과 인권

후기 공산사회에서의 정치변동과
사회통제에 대한 비교론적 접근

1판 1쇄 펴낸 날 | 2008년 7월 3일

지은이 | 허만호
펴낸이 | 박선영

표 지 | 조수연
교 정 | 김보경, 김유경
펴낸곳 | 명인문화사

등 록 | 제2005-77호(2005.11.10)
주 소 | 서울시 송파구 석촌동 58-24 미주빌딩 2층
이메일 | myunginbooks@hanmail.net
전 화 | 02-416-3059
팩 스 | 02-417-3095

ISBN | 978-89-92803-07-6
가 격 | 24,000원
ⓒ 명인문화사

• 잘못된 책은 바꾸어 드립니다.

이 책을 내며...

북한의 인권문제에 대해 저자가 관심을 갖게 된 것은 약 20년 전에 아시아 감시위원회와 미네소타 변호사 국제인권위원회가 발간한 『북한의 인권』이라는 보고서를 접하면서였다. 그러다 1997년에 「성곡학술문화재단」으로부터 연구비를 수주하여 6·25전쟁 때 북한에 억류된 한국군 포로 문제에 대해 연구한 것이 계기가 되어 「북한인권시민연합」과 인연을 맺고 북한의 인권문제에 대해 본격적인 연구와 활동을 하게 되었다.

본서는 경북대학교의 「2006년도 저술장려연구비」로 지난 10년간의 연구와 활동을 정리한 것이다. 본서의 이론적 토대가 되는 제2장, "후기 공산사회에서의 정치변동과 사회통제"는 벨기에에서 발행되는 Revue Internationale de Politique Comparée(『비교정치 국제학술지』)를 통해, 제3장, "베트남과 북한에서의 사회통제와 정치변동"은 『한국정치학회보』를 통해 각각 검증된 바 있다.

본서의 제7장, "유엔에서의 북한인권 논의: 기여와 한계"는 2003년부터 3년간 유엔 인권위원회(UN Commission on Human Rights)에서 북한인권결의가 채택되도록 「북한인권시민연합」의 일원으로 제네바 현지에 파견되어 국가대표들을 설득하며 관찰한 바를 정리한 것이다. 제4장, "유엔 인권위원회 대북 결의 상의 현안들"은 「대한변호사협회 북한인권소위원회」의 위원으로 『2006년 북한인권백서』를 준비하며 현안들에 대해 조사·분석한 것을 활용하였다.

지난 10년간 저자가 북한의 인권문제에 대해 연구와 활동을 하면서 절실히 느낀 것은 우리학계에 이 주제에 대한 정치사회학적 연구나 비교공산주의 연구가 부족하다는 것이다. 한편으로 고도의 경제성장과 민주화에 성공을 거둔 것으로 자부하는 한국사회에서 불균형한 성장이 다양한 논자들의 주요 화두가 될 정도로 다방면에 걸쳐 노정되고 있지만, 인권의식의 미성숙은 그 중에서 특히 더 두드러진다. 그러다 보니 지난 10년간 진보적임을 표방하며 북한의 인권문제를 왜곡·호도하는 주장들이 국내·외에 무시할 수 없을 정도로 확산되어 있다. 이런 상황에서 그들의 주장을 반증할 수 있는 물증도 부족하고, 인권문제에 대해 공감할 만한 보편적 준거가 우리사회에 확보되어 있지 못하여 드러난 모습에 대해서도 병리적인 현상과 정상적인 현상을 제대로 가리지 못하고 있다. 이런 현실을 생각하면 북한의 인권문제에 대해 비교론적 관점에서 수행한 정치사회학적 연구가 절실히 요청된다. 본서는 이런 문제의식을 갖고 준비하였지만 저자의 역량부족으로 미흡하기가 이를 데 없다. 그러나 독자들의 질책과 격려로 보다 나은 다음 연구를 할 수 있기를 기대하며 부끄럽지만 이 책을 내놓는다.

아울러 인권문제에 관심을 갖고 공부를 하게 이끌어 주신 「북한인권시민연합」 윤현 이사장님과 언제든 필요한 정보와 자료들로 이 책을 쓰는데 큰 도움을 준 시민연합 식구들에게 이 기회를 통해 깊은 감사의 뜻을 표한다.

2008년 6월 복현골 연구실에서
저자 허만호

차 례

제1장 | 서 론   1
- 정보의 신뢰성과 증거 부족 / 2
- 침해의 원인과 성격 / 4
- 외부개입의 적절성 / 6

제2장 | 후기 공산사회에서의 정치변동과 사회통제   13

  1. 후기 공산사회에서의 정치변동의 2유형: 중국과 동독 / 16
    1) 중국에서의 사회분화와 정치변동 • 17
      (1) '1차 사회'의 위기와 개혁·개방정책 • 17
      (2) '제2 사회영역'의 확장과 사회통제 • 20
      (3) 시민적 자율성의 성장과 정치변동 • 22
    2) 동독에서의 사회분화와 정치변동 • 26
      (1) 취약한 '1차 사회'와 '제2 사회영역'의 존재 • 26
      (2) 사회통제 • 29
      (3) 급격한 정치변동 • 30

  2. 북한에서의 사회통제와 정치변동 / 33
    1) 사회적 특성과 '제2 사회영역'의 등장 • 34
    2) 계급정책과 노멘클라투라 • 37
    3) 사회적 네트워크와 통제기제 • 40
    4) 정치변동의 징후와 양태 • 42

  3. 소결 / 47

제3장 | 베트남과 북한에서의 사회통제와 정치변동   49

1. 공산화 과정에서의 유교적 가치 / 52
   1) 베트남 • 52
      (1) 북부해방과 인민민주주의혁명: 전통문화와 '새생활 운동' • 52
      (2) 남부해방과 북화(北化)정책: 이념적·문화적 혁명과 유교적 가치 • 53
   2) 북한 • 55
      (1) 정권 수립기 문화정책: 민주주의 민족문화론 • 55
      (2) 정치적 생명론과 유교적 유기체론 • 57

2. 후기 공산사회에서의 사회분화와 통제: 유교적 가치의 역할 / 59
   1) 분화의 양상과 유교적 가치의 규정력 • 59
      (1) 경제생활과 공공영역 • 59
      (2) 문화생활과 사회의식 • 65
      (3) 정치·사회적 상호작용 • 68
   2) 사회통제: 메커니즘과 규범 • 73
      (1) 사회통제 메커니즘 • 73
      (2) 사회통제 규범과 유교적 가치 • 76

3. 정치변동: 양상과 전망 / 79
   1) 베트남 • 79
      (1) '사회주의로의 전환' 대 실용주의 노선 • 79
      (2) 헌법개정과 권력구조의 개편 • 80
   2) 북한 • 82
      (1) '우리식 사회주의'와 '고난의 강행군' • 82
      (2) 헌법개정과 권력구조의 개편 • 83

4. 소결 / 85

제4장 | 유엔 인권위원회 대북 결의 상의 현안들   89

1. 식량권 / 90
   1) 수급현황 • 91

2) 분배의 문제 • 95
　　3) 전용 및 모니터링 문제 • 99
　　4) 원인과 대책 • 102
2. 고문과 기타 잔인하고 비인간적이거나 굴욕적인 처우 / 111
　　1) 현황 • 112
　　2) 국제규범에 따른 평가와 대책 • 148
3. 종교 및 신앙의 자유 / 149
　　1) 현황 • 150
　　2) 원인과 평가 • 154
4. 자의적 구금 / 157
　　1) 현황 • 158
　　2) 원인과 평가 • 162
5. 의견 및 표현의 자유 / 163
　　1) 현황 • 163
　　2) 원인과 평가 • 167
6. 여성에 대한 폭력 / 169
　　1) 현황 • 169
　　2) 원인과 평가 및 대책 • 175

제5장 | 미송환 국군포로 및 납북자 문제　　179

1. 한국군포로 문제의 경과 및 쟁점 / 180
　　1) 6·25전쟁 시의 한국군포로 • 180
　　2) 베트남전쟁 시의 한국군실종자와 포로 • 189
2. 북한 내 억류자들의 생활 / 194
　　1) 6·25전쟁 억류자 • 194
　　2) 베트남전쟁 억류자 • 198
3. 민간인 납북자 / 201

4. 법리적 조명 / 204
   1) 한국군사정전협정과 1949년 제네바 제3협약 • 204
   2) 남북기본합의서와 부속합의서 • 209

5. 송환대책 / 211
   1) 북한의 예상 제안과 협상대책 • 211
   2) 국제기구 활용방안 • 216
   3) 민간단체의 역할 • 218

6. 소결 / 222

제6장 | 북한에서의 개혁과 정치범 수용소   227

1. 북한 강제수용소의 형성 과정 / 228
   1) 강제수용소의 변천: '특별노무자수용소'에서 '특별독재 대상구역'으로 • 228
   2) 정치범 수용소의 종류와 최근의 변화 • 230
   3) 수용소에서의 인권유린 실태 • 236
      (1) 과도한 노동과 영양부족 • 236
      (2) 수용소 내의 처벌: 구류장(특수 아지트) 감금, 공개/비밀 처형, 임의 처형 • 237
      (3) 영아살해(嬰兒殺害) • 239
      (4) 여성들에 대한 성적 학대(性的 虐待)와 살해 • 240
      (5) 예고된 사고들 • 241

2. 통시적 분석: 1970년대 외자유치기부터 2002년 '7·1경제관리개선조치'까지 / 242

3. 공시적 분석: 중국, 베트남, 북한 / 246
   1) 중국의 개혁·개방정책 채택과 정치범 집단수용소 • 247
   2) 베트남의 도이머이 정책 채택과 노동개조장 • 248

4. 소결 / 251

제7장 | 유엔에서의 북한인권 논의: 기여와 한계　　255

1. 유엔 인권위원회의 대북 결의 채택과정 / 255
   1) 유럽연합 국가들의 대북한 수교교섭 시 인권문제 • 255
   2) 2002년의 결의안 상정유보와 2003년 결의 채택과정 • 257
   3) 2003년 결의의 후속조치들과 북한의 B규약 2차보고서 심사 • 260
   4) 2004년 결의안에 대한 북한 및 위원국 대표들의 반응과 채택 • 264
   5) 2005년 결의안 채택 과정 • 267
   6) 세 결의문 비교 • 269

2. 유엔에서의 논의 / 272
   1) '평화에 대한 위협'으로서의 강제조치 가능성 • 273
   2) 국제사법제도 • 275

3. 소결 / 276

제8장 | 북한의 인권문제에 대한 다자적 접근:
　　　　제약과 적실성　　279

1. 아시아·태평양 지역 인권체계/포럼(Forum) 형성 가능성 / 281

2. 아시아·태평양 지역 인권체계/포럼(Forum) 결성 시 북한의 유/불리점들 / 283
   1) 북한의 인권 현안별 유·불리 • 284
      (1) 식량권 • 284
      (2) 고문과 기타 잔인하고 비인간적이거나 굴욕적인 처우 • 285
      (3) 종교 및 신앙의 자유 • 286
      (4) 자의적 구금 • 286
      (5) 한국군포로 및 민간인 납북자 송환 문제 • 287
      (6) 의견 및 표현의 자유 • 287
      (7) 여성에 대한 폭력 • 288
   2) 형태[체계/포럼(Forum)]와 기능에 따른 유/불리 • 289

3. 아시아·태평양 지역 인권체계/포럼(Forum) 형성을 위한 지역국, UN, NGO 등의 움직임: 촉진요인과 장애요인 / 292
　1) 촉진요인과 장애요인 • 292
　2) 지역차원의 조치들 • 295
　3) 하위지역 차원의 조치들 • 297
　4) APF(Asia Pacific Forum) 회원국들의 국가인권제도 • 300

4. 아시아·태평양 지역 인권체계/포럼(Forum) 형성에 대한 향후 전망과 북한·중국에 대한 유도책 / 303
　1) 주제별 점진적 접근 • 304
　2) '안보에 대한 협력적 접근' • 305
　3) 적극적 의지 • 307
　4) 조속한 토대 마련 • 308
　5) 동기유발과 구속요인 개발 / 309

5. 소결 / 311

제9장 | 결 론　　　　　　　　　　　　　　　315

부록　　　　　　　　　　　　　　　　　　321
참고문헌　　　　　　　　　　　　　　　　433
찾아보기　　　　　　　　　　　　　　　　449
지은이 소개　　　　　　　　　　　　　　　456

표 및 그림 차례

표 2-1 후기 공산사회의 조직원리	15
표 3-1 연도별 협동농장 수의 변화 과정	62
표 3-2 '7·1조치'를 전후한 북한의 가격 및 임금인상 주요내용	63
표 3-3 호치민시 지역 노동분쟁 발생추이	70
표 4-1 식량위기를 전후한 북한의 곡물 수요와 공급	92
표 4-2 북한의 식량수급 현황	93
표 4-3 2007년도 북한의 곡물 생산 추정량	94
표 4-4 탈북 당시 식량배급을 받았습니까?	103
표 4-5 배급받은 식량은 충분한 양이었습니까?	103
표 4-6 배급은 모두 동일한 양으로 이루어졌습니까?	103
표 4-7 식량배급 중단시기에도 지속적으로 배급을 받은 사람들이 있었습니까?	104
표 4-8 북한에 있을 당시, 대한민국 및 외국으로부터 식량이나 물품이 지원된다는 소식을 들어 보았습니까?	104
표 4-9 직접 지원 식량이나 물자를 지원받은 적이 있습니까?	104
표 4-10 지원식량이나 물자가 주민에게 골고루 배분되었습니까?	105
표 4-11 지원된 물자가 장마당에서 팔리는 것을 본 적이 있습니까?	105
표 4-12 주민성분 조사사업	106
표 4-13-① 고문 및 학대 피해에 대한 탈북자들의 증언 요약	114
표 4-13-② 고문 및 학대 피해에 대한 탈북자들의 증언 요약	115
표 4-13-③ 고문 및 학대 피해에 대한 탈북자들의 증언 요약	116
표 4-14 가정폭력을 경험하거나 목격한 경우가 있습니까?	171
표 4-15 남편의 가정폭력에 대한 주변의 반응은 어떠합니까?	171
표 4-16 가정폭력을 상담할 수 있는 기관이 있습니까?	171
표 4-17 인신매매를 당하는 과정에서 폭력을 경험한 적이 있습니까?	172
표 5-1 중공군의 포로 획득 추이	185
표 5-2 1994년 4월 22일 베트남전쟁 한국군실종자에 대한 한국정부의 발표	190
표 5-3 북한의 단계별 협상기법	215
표 6-1 북한의 개혁정책과 인권관련 정책	245
표 6-2 개혁·개방과 인권정책의 변화	249
표 7-1 유엔 인권위원회 3결의 채택 비교	271
그림 5-1 영역교차를 통한 손실보상전략	212

1
서 론

 북한의 인권문제가 국제사회에서는 과거 어느 때 보다 중요한 현안으로 부각되어 있다. 유럽연합(EU)의 주도로 유엔 인권위원회(UN Commission on Human Rights)에서 대북한 인권개선 촉구결의가 2003년 이래 3년 연속 채택된 데 이어, 2005년부터는 매년 유엔총회에서도 같은 취지의 대북 인권결의가 채택되고 있다. 2004년에 미국의 북한인권법이 채택된 데 이어, 2006년 6월에는 유럽의회에서 대북 인권결의가 채택되었고, 일본의 민의원과 참의원에서도 북한인권법('납치문제와 그 외 북조선당국에 의한 인권침해문제 대처에 관한 법률')이 채택되었다. 이와 같이 북한의 인권문제에 대해 국제사회는 개입할 수 있는 제도적 장치들을 마련하고 있다.
 그런데 한국에서는 이 조치들에 대해 '대북 압력용 카드', '북한 침공을 위한 명분 쌓기', '북한 붕괴 유도책', '한반도 평화와 남북한 관계 저해 요인' 등으로 규정하며 반대하는 목소리가 작지 않다. 그리고 한국의 적지 않은 지식인들이나 '인권 운동가들'은, "북한의 경제난만 해소되면 인권문제는 저절로 개선 될 것이며, 북한의 현 경제위기는 미국의 봉쇄정책 때문이므로 이를 철회하고 북한을 지원해 주어야 된다"고 주장하고 있다. 심지어 "북한의 개혁·개방을 앞당기고, 남북한 관계의 진전을 위해 소수의 사람들에 해당되는 북한의 인권문제는 거론하지 않는 것이 좋다"고 주장하기도 한다.

북한이 어느 정도의 범위와 어떤 방향으로 개혁·개방을 할 것인가도 현재로서는 명확하지 않지만, 개혁정책을 취하여 현재의 경제위기가 극복되더라도 중국과 베트남의 경험으로 봐서 인권상황이 나아 질 것으로 낙관 할 수만은 없다. 아시아 공산주의 국가들이 개혁·개방정책을 취하면서 탈 스탈린주의 단계 혹은, 탈 전체주의 단계에서 취할 수 있는 인권정책의 지속성과 다양성은 북한의 향후 인권상황을 예측할 수 있게 한다.

본서의 서장에서는 먼저 북한의 인권문제에 대해 한국에서 전개되어온 주요 쟁점들을 살펴보고자 한다. 이는 뒤에 기술하게 될 논의의 출발점이기도 하지만, 그 왜곡된 인식이 인권에 대한 국제사회의 보편적 기준과 인권발전사에 비추어 보았을 때, 얼마만큼 거리가 있는가를 조명하기 위해서이다. 이는 동시에 서유럽의 경험에 기초하여 '진보진영'의 올바른 현황 인식과 바람직한 여론형성이 한국정부가 대북한 인권정책을 수립하는 데 토대가 되고 원동력을 제공할 수 있을 것이라는 목적의식에 따른 것이기도 하다.

■ 정보의 신뢰성과 증거 부족

그 어떤 사회보다 폐쇄적인 북한사회에서 자행되는 인권유린은 정보와 물증(hard evidence)이 부족하다. 그래서 한국 민권연구소 장창준 상임연구위원은 "북한의 인권상황이 최악이라는 미국의 평가는 전혀 근거 없는 정치적 공세다"라고까지 주장한다. 한국국가인권위원회도 "북한의 인권침해 실태에 대한 구체적 정보가 부족하다"며 수년간 유보적인 입장을 견지해 오다가 북한에 한국의 주권이 미치지 못함을 이유로 조사하지 않겠다고 천명하였다. 또 진보적임을 자처하는 적지 않은 학자들은 "조국을 버리고 온 탈북자들이 하는 증언은 과장·왜곡 될 수밖에 없는데, 이들이 제공한 정보에 거의 전적으로 의존하고 있는 북한의 인권침해 실태 파악은 부정확하거나 청취자의 이념적 편견이나 정치적 의도에 의해 각색 되었을 가능성이 커서 신뢰할 수 없다"는 입장을 취하고 있다.

북한 정치범 수용소의 존재와 수용인원 수, 인권유린 상황에 대해서도 '그간 반북한(反北韓) 선전 차원에서 과장되어 온 것이 아니냐?'는 의구심을 갖는 인사와 단체들이 있다. 공개된 정보는 소수의 탈북자들이 증언한 것이 전부이고, '특별독재대상구역'에 대해 증언해 줄 수 있는 사람은 더욱 한정되어 있어서 충분히 제기될 수 있는 의문이다. 현재 북한 정치범 수용소의 초기모습에 대해서는, 대규모의 정치범 교화소로 추정되는 사리원 수용소에 대한 알리 라메다(Ali Lameda)의 증언이 유일하고, 22호 관리소 경비원 출신 최종철이 극히 제한된 증언을 하고 있으며, 13, 22, 26호 관리소에서 경비대 운전병을 지냈던 안명철만이 비교적 많은 증언을 하고 있다. 아울러 탈출과정에 대해 의구심을 사고 있는 김용 또한 14호, 18호 관리소에 대해 많은 증언을 하고 있다.[1] 그런데 필자는 베트남의 경우가 많은 시사점을 준다고 생각한다. 베트남은 '남부해방' 후 '북화정책'을 실시하면서 40만~80만 명을 '노동개조장(Trai Cai Tao Lao Dong, 再開導勞動)'으로 보냈다. 물론 팜 반 동(Pham Van Dong)은 1977년 4월에 겨우 5만 명만이 '노동개조장'에 수용되어 있다고 언급했었다.[2] 그리고 김대중·노무현 두 정부의 대북정책 속에서 정치범 수용소 출신 탈북자들이 한국사회에서는 크게 주목을 받지 못하고, 새로운 정보 제공도 부족했던 가운데 2006년에 한국에 입국한 신동혁이야 말로 자신의 존재를 통해 살아 있는 증거를 제시한 것이다.[3] 그는 1982년에 '특별독재대상구역'인 개천 14호 관리소에서 태어나

---

1) "Ali Lameda: A Personal Account of the Experience of a Prisoner of Conscience in the Democratic People's Republic of Korea," A publication of Amnesty International (Amnesty International Index: ASA 24/02/79), In Haruhisa Ogawa & Benjamin H. Yoon, *VOICES FROM NORTH KOREAN GULAG* (Seoul: Life & Human Rights Press, 1988); 안명철, 『그들이 울고 있다』 (서울: 천지미디어, 1995); 김용삼, "'북한의 아우슈비치' 14호 관리소의 내막," 『월간조선』, 2000년 5월호.
2) Joël Kotek et Pierre Rigoulot, *Le siècle des camps* (France: JC Latts, 2000), p. 657.
3) 신동혁, 『북한 정치범 수용소 완전통제구역 세상 밖으로 나오다』 (서울: 북한인권정보센터, 2007).

2005년에 탈북 할 때까지 수용소에 억류되어 있었으며, 그의 경험담과 목격담은 안명철과 김용의 진술 내용을 확인시켜주었다.

현재로서는 북한의 인권유린 실태에 대한 물증이 부족하지만 탈북자들에 대해 정교한 인터뷰 조사와 교차분석을 통해 많은 정보를 획득·검증함으로써 이를 어느 정도 만회할 수 있다. 물증이 부족하다고 사실 전반에 대해 의구심을 갖고 부정하는 것은 북한의 위정자들이 인권유린에 대한 정보 유출을 철저하게 차단하기 위해 더욱 인권을 유린하는 악순환에 일조하는 것이다.

■ 침해의 원인과 성격

북한의 인권문제에 대해 한국사회에서 진행되고 있는 또 하나의 논쟁은 그 원인과 성격에 관한 것이다. 즉, 전체주의 독재체제의 억압적 성격과 체제의 비효율성 등 북한의 내인론(內因論)을 강조하는 사람들은 직접적으로 거론하든 아니든 체제 변혁 없이는 상황이 개선 될 수 없을 것으로 생각한다. 그에 비해 미국의 봉쇄정책, 남북한 대치상황, 동구 사회주의체제의 붕괴에 따른 지원과 교류의 약화 내지 단절 등 외인론(外因論)을 강조하는 사람들은 보다 적극적인 지원을 통해 자체적으로 인권문제를 해결하도록 하자는 입장을 피력하고 있다.

북한인권법 안이 2004년 9월 29일에 미국상원을 통과하면서 실질적으로 확정되자 이봉조 당시 통일부 차관은 국회에서 "인권의 보편적 가치를 인정하지만, 각 나라가 처한 특수상황을 고려하여 다양한 접근방식을 검토·선택해야 되고, 남북한 간에 긴장완화와 화해협력을 통해 북한인권문제를 점진적·실질적으로 개선해야 되며, 북한 스스로가 인권상황을 개선하도록 지원해야 된다"는 한국정부의 3대 기본입장을 밝혔다. G. 부시(George W. Bush) 미국대통령이 2004년 10월 18일 오후(현지시각)에 북한인권법 안에 서명하자 곧이어 정동영 당시 통일부장관은 북한의 인권문제가 남북한 관계에 부정적으로 작용하지 않도록 해야 된다며, "공산국가의 인권문제는 압박으로 해결된 적이 없다"고 주장했다.

물론 인권문제가 정치적 목적의 방편으로 쓰이는 것은 철저하게 배격해야 된다. 이는 결코 긍정적인 결과를 가져올 수 없기 때문이다. 그래서 인권문제는 그 자체를 독립 변수로 취급해야 되고, 보편적 가치에 따라 판별해야 되며, 당사국이 선언한 공약(commitment)을 최소한의 기준으로 삼아야 된다. 그런데 노무현 정부의 대북한 인권정책('북한인권 4원칙')은 북한의 인권문제를 남북한 관계의 종속변수로 규정하고 있다.

북한에서 경제적·사회적·문화적 권리가 침해되어 결과적으로 시민적·정치적 권리가 부정되고 있다거나, 경제적·사회적·문화적 권리를 보장해 주기 위해 어쩔 수 없이 시민적·정치적 권리가 제약 받고 있다고 주장하는 것은 북한의 인권상황에 대한 역사적 인식이 결여된 것이고, 그 성격을 도외시 한 것이다.

북한의 인권문제처럼 알려진 물증이 부족한 경우는 역사적 접근과 비교분석을 통해 인권유린의 성격을 규명할 필요가 있다. 북한 일반주민들의 시민적·정치적 권리 억압은 최근에 경제상황이 악화되기 이전에도 심각했으며, 이는 사회주의 혁명을 위해서가 아니라 김일성·김정일의 권력투쟁과 권력 승계 및 강화를 위해 초래한 결과다. 아울러 북한 일반주민들의 경제적·사회적·문화적 권리도 계급차별정책에 의해 유린되고 있으므로 정치적 성격이 지배적인 변수로 작용하고 있다.

탈북자가 식량난으로 급증하였으니 식량을 포함한 경제지원으로 상황이 개선되면 탈북자 문제는 자체적으로 해결될 것이라고 주장하는 것은 그 속에 내재된 정치·사회적 성격을 도외시 한 너무도 단순한 논리다. 북한주민 전체의 경제적·사회적·문화적 권리는 3계층 51개 부류에 기초한 계급차별정책의 결과인 성분에 따라 규정된다. 즉 북한 일반주민들의 경제적·사회적·문화적 권리도 정치적 이유로 유린되는 것이다. 식량난으로 탈북자가 양산된 것은 사실이지만, 탈북자들의 절대 다수가 북한의 취약계층에

속해 있던 사람들이고, 이 취약계층에서 식량난의 희생자들이 유난히 많이 발생했다는 사실을 간과해서는 안 된다. 그런데 북한의 이 취약계층은 계급차별정책의 결과로 생긴 것이다.

■ 외부개입의 적절성

제59차 유엔 인권위원회(UN Commission on Human Rights)에서 대북 결의가 채택되자, 우리사회 일각에서는 '이 결의가 왜 이 시점에서 채택되었으며, 이는 미국이 북한에 대해 목 조르기 내지 북한을 침공하기 위한 명분을 쌓기 위한 것이 아닌가?'라는 의문을 제기하는 사람도 있었다. 아울러 '북한의 인권을 논하기에 앞서 주민들의 먹을 권리부터 먼저 보장해 주어야 되고, 북한의 인권문제는 북한주민들의 일부에 한정되는 문제인데 이 문제를 거론하여 한민족 전체의 문제인 평화를 저해해서는 안 된다'는 주장도 제기되었다.4) 이는 북한 인권문제의 성격이나 결의안 채택과정에 대해 기본적인 정보도 갖추지 못한 주장이므로 반론의 가치가 없지만 적지 않은 '진보적' 지식인 혹은 인권운동가들의 호응을 얻었다.

그리고 제59차 유엔 인권위원회 결의문 내용에 대해서도 '권리로서의 발전권에 대한 인정이 없다는 점에서 보편성(universality)의 원칙을 반영하지 않았고, 경제·사회·문화적 권리의 침해가 시민적·정치적 권리의 부정으로 연결된다는 상호불가분성(indivisibility)의 원칙도 반영하지 못하였으며, 인권과 평화의 상호연관성(Interdependence)의 원칙도 제대로 반영하지 않고 있다'는 부정적 해석과 더불어 '결의안 논의 과정에서 북한을 철저히 배제한 절차적 문제점도 있다'고 지적하였다.5) 이 역시 상당한 기간

---

4) 김재홍, "북 인권개선 '먹을 권리'부터," 『한겨레신문』, 2003년 4월 22일.
5) 이성훈, "[연재] 59차 유엔 인권위원회 소식 ⑤북한 인권결의안 채택의 배경과 전망," http://www.sarangbang.or.kr/kr/haru/hrtoday/hr2318.html (검색일: 2003년 5월 12일).

국제사회에서 인권운동을 했다는 '전문가'의 주장이지만, 사용한 개념어들이 인권에 대한 보편적 해석을 벗어난 견강부회(牽强附會)의 억지논리다. 그리고 유럽연합(European Union)이 결의안을 준비하는 과정에서 북한의 참여를 요청했으나, 북한은 이를 거절했고, 북한이 결의안 표결에 참여할 수 없었던 것은 북한의 인권상황이 워낙 열악하여 유엔 인권위원회 위원국에 피선되어 있지 않았기 때문이다. 따라서 결의안이 논의, 채택되는 과정에서 북한 스스로 자신을 배제시킨 것이지, 유럽연합이나 미국과 같은 어떤 특정세력이 악의를 가지고 북한을 배제시킨 것은 결코 아니다. 그러므로 '북한을 결의안 논의과정에서 철저히 배제시켰다'는 주장은 표면적 현상을 가지고 진실을 왜곡시키는 것이다.

제60차 유엔 인권위원회 기간에 아일랜드 주도로 작성된 대북한 결의문 초안이 유엔 인권위원회 내에서 2004년 4월 6일에 공개 토론회에 부쳐지면서 그 내용이 알려지자, "북한특별보고관이 임명되어도 북한정부가 입국을 허용하지 않을 것이므로 미얀마의 경우처럼 무위(無爲)로 끝날 것이고, 유엔 인권위원회가 더 이상 쓸 카드가 없어지는 우를 범하는 것이다"고 평가절하 하였다.[6]

그러나 이는 북한의 인권상황에 내재되어 있는 특수성을 고려하지 않은 단편적인 생각이다. 즉, 그 어떤 사회와도 달리 북한사회는 폐쇄적이어서 인권유린에 대한 자료가 부족하고, 그래서 상식 밖의 주장들이 북한당국뿐만 아니라 한국의 '북한전문가들', '인권운동가들'에 의해서도 제기되고 있는 것이다.[7] 북한특별보고관이 객관적 기준에 따라 작성된 자료들을 축적하여 국제사회에 보급함으로써 북한의 인권상황을 공론화하고 북한정부로 하여금 적어도 지금과 같이는 인권유린을 할 수 없도록 할 수 있다면, 북

---

[6] 이성훈, 『연합뉴스』, 2004년 4월 8일.
[7] 예를 들어, 국가인권위원회가 2003년 7월 30일에 개최한 「북한인권 관련 전문가 간담회」에서 "북한에서의 영아살해와 남한에서의 낙태가 무엇이 다르냐"(고유환), "북한에서의 공개처형과 미국에서의 전기의자에 의한 사형집행은 단지 문화의 차이다"(김근식)라고까지 주장한 '북한전문가들'도 있다.

한인권 특별보고관의 존재이유는 충분히 있는 것이다. 이는 실제 윗팃 문타폰(Vitit Muntarbhorn) 특별보고관의 활동으로 증명되고 있다.

열린우리당의 임종석 의원은 2004년 국정감사에서 '남한 정착 탈북자들은 정치적 망명자가 아니라 경제적 이주민에 대한 기획입국의 결과이고, 기획입국은 브로커가 개입된 부도덕한 상업행위'라며 비난했다. 그리고 민주노동당은 기획입탈북이 국제법 위반 일뿐만 아니라 관련국 간의 국제분쟁도 유발할 수 있으며, 북한과 중국에 대한 주권침해 및 내정간섭 행위라고 지적하였다.

미국의 북한인권법에 대해서도 열린우리당의 정봉주 의원은 그 내용이 지나치게 북한의 내부사정을 미국의 국내법으로 간섭개입하려 한다며, 북한의 인권과 주민들의 삶을 개선하기 위해서는 북한문제를 세분화하지 말고, 총체적인 지원과 관계개선을 통해 변화를 유도하는 것이 기본이라고 주장했다. 국정감사에서 열린우리당의 김원웅 의원은 "북한인권법이 북한의 급속한 붕괴를 유도하고 북한에 대한 군사적 해결 가능성을 시사해 한반도에서 전쟁 발발 가능성을 높일 위험성이 있다"고 주장했으며, 한명숙 의원도 "북한을 고립 압살하는 방식으로 북한주민의 인권을 실질적으로 개선하기 어렵다"는 견해를 피력했다.

민주노동당도 G. 부시(George W. Bush) 미국대통령이 북한인권법안에 서명한 직후인 2004년 10월 19일에 대변인 논평을 통해 "이 법은 북한의 인권과 자유가 아니라 미국 패권주의의 명분과 유지를 위한 '북한 내정간섭법'"이라고 규정하면서, "탈북 브로커라 불리는 극우단체들에게 돈을 지원하는 것은 북한인권개선에 도움이 되지 않고 대량 탈북을 유도해서 북한체제 전복을 의도하는 것"이라고 평가하였다.

한국국가인권위원회의 김창국 전 위원장도 2004년 12월 1일에 개최한 국제심포지엄의 개회사를 통해 "북한의 인권문제에 대한 국제적 관심은 한반도를 둘러싼 관련국들의 국가이익을 극대화하기 위한 도구로 이용될 우려도 없지 아니하다"며 외부개입에 의구심을 비쳤다.

이런 종류의 주장들 중 일부는 인권에 대한 기본적인 지식도 갖추어져 있지 않고, 사실 자체를 왜곡 시키고 있어서 논의의 대상이 될 수 없지만, 나머지 종류의 주장들도 다음과 같은 중요한 오류를 범하고 있다.

첫째, 북한의 인권 신장이 남북한 관계나 북한사회 발전의 궁극적인 목표가 되어야 함에도 불구하고 이 문제를 독립변수가 아닌 종속변수로 취급하고 있다.

둘째, 북한의 인권실태를 보편적 가치뿐만 아니라 북한 정부가 대외적으로 선언한 공약들(commitments)에 따라서도 평가하기를 거부한다.

셋째, 북한 인권문제의 정치·사회적 특성과 공산주의체제가 후기 공산주의단계에서 다양한 정치변동을 할 수 있고, 인권상황도 그에 따라 얼마든지 달라질 수 있다는 점을 외면하고 있다.

넷째, 이들의 주장은, 근본적 자유와 인권에 대한 지역 국가들의 공약이행을 위한 다자간협의를 통해 북한의 인권문제를 논의·해결할 것을 권고한 미국의 북한인권법 제106조의 의의와 유용성을 도외시하고 있다.

***

본서에서는 논의의 준거를 마련하기 위해 먼저 중국과 베트남에서 각각 개혁·개방정책을 채택하면서 인권문제에 대해서는 어떤 정책을 취했는지를 살펴보겠다. 이는 물론 다음과 같은 일련의 질문들에 대한 답을 구하기 위한 것이다.

아시아 공산주의사회에서 개혁·개방이 이루어지고, 경제상황이 호전되면 인권은 신장되는가? 중국과 베트남의 앞선 경험을 통해 볼 때, 북한에 개혁·개방이 이루어지면 인권상황은 개선될 것으로 낙관할 수 있는가? 북한의 인권문제에 대한 다자간 대화는 과연 어느 정도 가능하며, 이를 통해 아시아에 지역 혹은 하위지역 수준의 인권보호체계를 수립할 수 있는 가능성은 없는가?

공산주의국가들이 초기 대중동원 단계, 중기 안정기와 후기 위기상황에서 각각 경험한 바와 표방해 온 정책에 따라 개혁·개방정책의 내용과 방법에 다소 차이가 있을 것이다. 그러나 시장경제의 도입, 국가배급제도의 폐지, 자급자족 경제체제(Autarky System)의 포기, 시민적 자율성의 신장 등을 그 주요 내용으로 전제 할 수 있을 것이다. 그런데 중국, 베트남, 북한 모두 기존의 정치체제를 유지한다는 전제 하에 개혁·개방정책을 취하는 것이므로 체제유지를 위한 정치·사회적 통제와 시민적 자율성에 대한 보다 높은 요구 간의 길항관계를 어떻게 조절·통제하는 가는 곧 '시민적·정치적 권리'에 반영될 것이다. 아울러 리더십의 구조와 대체 가능성도 개혁·개방정책의 내용과 방법을 결정하는 데 중요한 변수로 작용했을 것이다. 따라서 본 연구에서는 이상의 변수들을 주요 비교·판단 기준으로 삼을 것이다.

계급차별정책과 김일성·김정일의 권력 창출·강화 과정에서 탄생한 북한의 정치범 수용소, 중국에서 인신매매를 당한 뒤 북한에 송환되어 강제낙태와 영아살해를 경험하게 되는 탈북여성, 초등학생들에게도 집단 관람시키는 공개처형 등, 북한의 인권문제는 국제사회의 경악과 비난의 대상이 되고 있다. 이렇게 북한에서 지속적으로 저질러지고 있는 인권유린은 북한 당국의 전체주의적 통제와 체제의 비효율성에 기인한 것으로, 유엔 경제사회이사회 결의 1235호와 1503호에 규정된 '중대하고 명백하게 입증되는 인권침해의 지속적인 관행'에 해당된다. 그리고 북한의 인권문제가 그 정치·사회적 구조에 기인하고 있다는 사실은 외부의 개입 없이는 상황개선을 기대하기 어렵다는 것을 의미한다. 본서에서는 북한의 인권문제와 관련하여 유엔 인권위원회가 지적한 주요 현안들(정치범 수용소와 아동권 문제, 식량권, 고문과 기타 잔인하고 비인간적이거나 굴욕적인 처우, 종교 및 신앙의 자유, 자의적 구금, 강제적·비자발적 실종, 의견 및 표현의 자유, 여성에 대한 폭력 등)을 검토하면서 그 속에 내재된 정치·사회적 성격을 규명하고자 한다.

아울러 유엔 인권위원회에서 결의문을 통해 지적한 7대 현안들을 개괄하면서 논쟁을 정리하고, 외부개입(foreign engagements) 여지를 검토하고자 한다. 그리고 대북 지원으로 북한이 개혁·개방을 할 경우 인권문제는 어떤 양상을 보일지 통시적·공시적 분석을 통해 전망해 보고, 다자간협의를 통해 북한의 인권상황을 논의하고 개선시키는 데 고려해야 될 사항들을 짚어보고자 한다.

따라서 본 연구의 시기적 범위는 2000년대이지만 통시적 분석에 필요할 경우 북한정부 수립 이후 지금까지 모든 시기를 연구대상에 포함시킬 것이다.

북한의 시민적·정치적 권리를 중심으로 한 인권상황의 성격을 분석하기 위해서는 정치·사회학적 분석이 시도 될 것이다. 그리고 북한이 개혁·개방정책을 취할 경우 나타날 인권상황을 중국과 베트남의 앞선 경험을 통해 예측하기 위해서는 부분적으로 비교분석 방법이 사용될 것이다.

어떤 현상에 선행하거나 잇달아 일어나는 상황들 중에서 그 현상과 법칙에 의해 지배되는 부분을 가려내는 방법으로 J. S. 밀(J. S. Mill)은 일치법과 차이법을 제시했다. 특히, 중국이 개혁·개방정책을 취하면서도 정치범 집단수용소(라오가이[Laogai], 라오지아오[Laojiao], 찌우예[Jiuye])를 유지하는 이유와, 베트남이 노동개조장을 폐쇄시킨 이유를 규명하여 북한 정치범 수용소의 미래상을 예측하기 위해서 차이법을 사용할 것이다. 그러나 전체적으로 볼 때, 베트남에서도 정치범은 여전히 존재하며, 중국의 형정(刑政)도 많이 개선되어 양자 간에 유사한 측면도 많이 발견된다. 이는 북한이 개혁·개방정책을 취한 뒤에 도래 할 수 있는 시민적·정치적 권리에 대한 억압 상황을 예상하는 데 유효한 준거점이 될 수 있다. 이 준거점을 찾는 데에는 일정부분 일치법이 준용될 것이다.

그런데 본 주제에 대해 본격적인 비교연구를 시도하기에는 극복할 수 없는 한계가 있다. 즉, 전술한 모든 변수들에 대해 만족할 만큼 정보를 획득하고 사실을 규명하기는 거의 불가능 하다. 그리고 인권문제는 민감한 현안이어서 현장조사를 균형 있게 한다는 것도 현실적으로 어렵다. 그래서 유효한 참조변수들을 확보하는 수준에서 북한의 향후 상황을 예측하려는 것이다.

 북한의 인권문제에 대한 기존의 연구들은 학술적 의의보다 사실고발에 치중하여 북한의 위정자들을 비난한 데 그치거나, 제도적 접근에 치중하여 법해석에는 의의가 있었지만 원인규명과 대책마련에는 일정한 한계를 가질 수밖에 없었다. 본 연구는 비교정치사회학적 접근방법을 사용함으로써 분석력과 예측력을 제고시키고자 한다. 이는 북한의 인권문제에 대한 학술적 논의를 진일보시키는 데 일조할 것으로 생각한다.

 또한 잠재적인 인권분쟁에 대비하여 역내 국가들을 다자주의적 협력체로 끌어들일 수 있는 실질적이며 체계적인 방안을 모색할 필요가 있는데, 의제의 차별화 전략과 가능한 의제의 도출을 통해 당사국들의 자기조정과 공동규범에 대한 순응학습 기제를 개발하고, 이를 점차 경제, 사회, 문화, 안보 등의 분야로 확대해가야 될 것이다. 이는 인권문제 연구를 포괄적 안보개념으로까지 확대하는 것이며, 나아가서는 우리 국가의 대외정책에 거시적인 인식틀을 제공할 수 있다는 점에서 실질적인 정책개발에도 기여할 수 있을 것이다.

| 2 |
후기 공산사회에서의 정치변동과 사회통제

공산주의체제의 붕괴를 포함한 후기 공산주의사회에서의 정치변동은 두 가지 유형으로 나뉘어 설명되고 있다. 그 한 유형은, 공산화 이전에 부르주아 시민사회를 경험한 중·동부유럽 공산사회들의 경우로서 후기 공산사회에 이르러 공산주의체제가 대중 동원력을 상실한 채 극도의 비효율성을 보이면서 잠재되어 있던 시민사회가 성장함으로써 공산주의체제가 더 이상 지탱할 수 없었다는 것이다. 또 다른 한 유형은, 중국이나 북한과 같이 공산화 이전에 부르주아 시민사회의 경험이 일천했던 경우로서 후기 공산주의 단계에 와서 시민사회는 아직 형성되지 못했지만 사회의 비공식 영역이 확장됨으로써 변화된 사회가 정치체제를 압박·위협하게 되었다는 것이다.

본 장에서는 이와 같은 전제에 따라 사회변화를 체제 내에 수용하지 못하고 붕괴된 동독과 사회변동을 통제해가며 체제 내에 비교적 성공적으로 수용한 중국의 사례에 비추어 북한에서의 사회통제와 정치변동을 분석하고자 한다. 이를 위해, 먼저 후기 공산사회에서의 사회변동을 시민사회의 형성 혹은 '제2 사회영역'의 확장이라는 현상을 중심으로 살펴보겠다.

M. 하라스치(Miklos Haraszti)에 따르면, 동구에서의 시민사회는 이데올로기적 통제와 국가의 탄압이 어느 정도 완화되는 '탈 전체주의(post-totalitarianism)' 단계에서 나타난다고 한다.[1] 그는 동구에서의 시민사회

발전단계를 '탈 스탈린주의(post-Stalinism)' 단계, 탈 전체주의 단계, 탈 공산주의(post-communism) 단계로 구분하였는데, 이에 따르면 북한은 아직 첫 단계에도 진입하지 못하였고, 중국은 둘째 단계에 진입했다고 볼 수 있을 것이다. 중국에서의 시민사회 형성에 대해서도 아직 학자들 간에 논란이 있는데, 북한에 대해 시민사회의 유무를 논하는 것은 아직 시기상조일 것이다.2) 따라서 E. 핸키스(Elemér Hankiss)의 '2차 사회' 개념을 적용하면, 보다 많은 관찰 대상을 찾을 수 있을 것이다.

E. 핸키스는 1980년대 말의 헝가리에는 사회의 지배적(공식적) 영역과는 다른 조직원리에 의해 통치되는 사회의 제2영역 즉, 일종의 '2차 사회(Second Society)'가 존재한다고 전제했다.3) 그는 두 개의 다른 조직원리에 의해 지배되는 사회의 두 차원을 확연히 구분 지울 수 있는 표 2-1과 같은 2분법적인 변수들을 제시했다.4) E. 핸키스에 의하면, 이런 '체계와 체계 외적(system-foreign) 조직원리'는 경제생활뿐만 아니라 공공영역,

---

1) Miklos Haraszti, "The Beginning of Civil Society: The Independent Peace Movement and the Danube Movement in Hungary," In Vladimir Tismaneanu. ed. *In Search of Civil Society: Independent Peace Movement in the Soviet Bloc* (New York: Routledge, 1990), pp. 14-17.
2) 중국에서의 시민사회 형성여부에 대한 논의는 다음을 참조하시오. Heath B. Chamberlain, "On the Search for Civil Society in China," *Modern China*, Vol. 19, No.2 (April 1993), pp. 199-200; Gordon White, "Prospects for Civil Society in China: A Case Study of Xiaosan City," *The Australian Journal of Chinese Affairs*, No.29 (January 1993).
3) Elemér Hankiss, "The 'Second Society': Is there an alternative social model emerging in contemporary Hungary?," *Social Research* Vol.55, Nos.1-2 (Spring/Summer 1988). 감시와 처벌이 심한 전체주의 사회에서 주민들은 체제를 변화시키려는 그 어떤 시도도 무모하고 불가능하다고 판단하면서 '또 하나의 사회'를 형성하여 그 속에서 개인주의와 자유를 추구한다는 것이다. V. 벤다(Vaclav Benda)는 이런 또 하나의 사회를 병행사회(parallel polis)라고 불렀다. Vaclav Benda et al., "Parallel Polis, or An Independent Society in Central and Eastern Europe: An Inquiry," *Social Research*, Vol. 55, Nos.1-2(Spring/Summer, 1988); 서재진, 『또 하나의 북한사회, 사회구조와 사회의식의 이중성 연구』 (서울: 나남출판 1995), p. 23.
4) Hankiss (1988), 위의 논문, pp. 21-22.

표 2-1 후기 공산사회의 조직원리

변 수	1차 사회	2차 사회
동질성 대 분화와 통합	동질성, 확산성, 핵화	분화와 통합
수직적 조직 대 수평적 조직	수직적 조직	수평적 조직
하향 대 상향	권력과 영향력의 하향적 흐름; 관료적 지배	권력과 영향력의 상향적 흐름; 대표제도
국가화 대 비국가화	국가소유제의 압도	비국가소유제의 압도
중앙집권화 대 비중앙집권화	사회적 실재의 모든 영역에 걸친 총체적 중앙집권화	온건한 중앙집권화; 사회·경제적 행위자들의 점증되는 자율성
정치지배 대 사회·경제 지배	사회·경제적 요인들에 대한 정치적 의도와 이익의 압도	사회·경제적 요인들의 우위
이념 대 몰이념	공식 이념에 강하게 젖어 있음	비이념적 영역과 선택적 이념의 영역
가시성 대 비가시성	엘리트들이 다소간 분명한 전망을 가지고 있는 사회적 현실의 영역; '1차 대중(first public)'에 의해 반영된 영역	사회적 현실이 가시적이거나 부분적으로만 가시적인 영역; '1차 대중'에 의해 반영되지 않았거나 부분적으로 혹은 왜곡된 방법으로만 반영
수용성 대 비수용성	정통성이 있고, 이념적으로, 정치적으로 받아들여진 영역	정통성이 분명하지 않거나 정통성이 없는 영역

문화생활, 사회의식, 정치적·사회적 상호작용 분야에도 나타난다는 것이다.[5]

아울러 공산주의사회에서 발생하는 일탈현상들을 고찰하는 데 범죄사회학에서 개발된 사회통제이론(social control theory)을 부분적으로 수용

---

5) Hankiss (1988), 위의 논문, pp. 14-17.

하여 본 연구의 기본 전제로 삼을 것이다. 즉, 통제이론가들은 일탈행위가 자연히 매혹적이고, 상황에 이끌렸거나 합리적으로 선택된 것이라고 전제한다. 사회통제이론은 사회적 통합(social integration)과 사회적 규제(social regulation)에 초점을 두고 있다.[6] 다만 공산주의사회에서는 정치이념이 사회에 침투하여 통합과 규제를 수행하고 있다는 전제에 따라 제한된 범위의 일탈현상을 분석의 대상으로 삼고자 한다.

이러한 두 가지 차원의 연구는 정치변동의 배경요인을 규명하는데 필수적일 것이다. 그러나 정치변동은 정치체제의 견고성 여부와 통제기제의 효율성 여부가 중요하기는 하지만, 사회세력의 역동성과 이들을 묶어주는 사회적 네트워크의 역할이 결정적인 것으로 가정된다. 왜냐하면 사회세력의 정치체제에 대한 압박 강도는 동구 공산주의체제의 붕괴와 중국 및 북한에서의 공산주의체제의 건재를 설명하고, 중국의 개혁·개방과 북한에서의 폐쇄적 독재체제 고수를 구분 짓는 결정적인 변수로 판단되기 때문이다.

이와 같이 정치사회학적 시각에서 중국과 동독의 사례를 통해 북한의 정치변동에 대한 유인요인과 억제요인들을 미시적으로 관찰해 봄으로써, 향후 북한의 변화가능성에 대해 리더십 분석에 의존한 기존의 연구들보다 더 심층적으로 접근할 수 있을 것이다.

1. 후기 공산사회에서의 정치변동의 2유형: 중국과 동독

후기 공산주의사회에서 정치변동은 두 가지 방향으로 진전되었다. 즉, 중국에서는 비록 공산당이 권위에 손상을 많이 입기는 하였으나 그래도 사회통제력을 유지하여 급격한 정치변동을 막을 수 있었다. 그러나 독일사회주

---

[6] Marvin Krohn, "Control and Deterrence Theories of Criminality," In Joseph F. Sheley. *Criminology, A Contemporary Handbook* (New York, Paris: Wadsworth Publishing Company,1995), p. 329.

의통일당(SED: Sozialistische Einheitpartei Deutschland)을 포함한 대부분의 중·동부유럽 공산당들은 권위와 사회 통제력을 상실하여 사회적 혼란 속에서 급격한 정치변동을 경험하게 되었다.

본 절에서는 공산화 이전에 부르주아 시민사회를 경험했던 동독과 그렇지 못한 중국을 중심으로 하여 후기 공산주의사회에서의 사회변동의 양태와 그에 대한 국가의 통세양식을 살펴보고자 한다.

1) 중국에서의 사회분화와 정치변동

(1) '1차 사회'의 위기와 개혁·개방정책

중국에서의 개혁·개방은 '1차 사회'에 대한 비판들로 시작되었다. 1978년 12월에 중국공산당 제11기 3중전회에서 개혁·개방정책을 결의하기 직전에 중국사회는 소위 '3신위기(三信危機)'에 직면하고 있었다. '3신위기'는 마르크스 – 레닌주의에 대한 신뢰, 사회주의에 대한 신뢰, 그리고 중국공산당의 영도에 대한 신뢰의 위기로서, 인민공사로 대변되는 대약진운동기의 극단적인 생산관계의 개조와 문화대혁명기의 획일적 극좌이데올로기가 초래한 혼란에서 비롯된 일종의 사회적 아노미현상이었다. 이 위기는 실제적으로 '1차 사회의식(first social consciousness)'의 위기를 의미하는 것이었다.

중국에서의 개혁·개방은 사회·경제체제의 비효율성과 '1차 사회'에 대한 통제장치의 비현실성을 인정하고 '제2 사회영역' 즉, 비공식 사회영역을 제도화 시킨 것으로 규정할 수 있다. 사실, 행정적인 경제계산은 생산요소들과 생산품들의 상대적 가치관계를 적절히 고려하지 못하여 암거래, 투기, 자원낭비 등 많은 부작용을 초래했고, 부정확한 계산에 의해 야기된 수요와 공급 간의 불균형은 행정적인 통제를 통해 비경제적인 방식으로 해결되었다. 개인의 창의성과 시민적 자율성이 존재하지 않는[7] 표준화된 분배체계와 통제형 노동배치는 개인의 적극적인 노동의지를 침해하여 '큰솥밥

(大鍋飯)'이나 '철밥그릇(鐵飯碗)'으로 표현되는 폐단을 만연시켰다.

중국공산당 제11기 3중전회 이래 중국에서의 개혁·개방은 정치, 경제 그리고 기타 사회분야에 있어서 권력의 과도집중으로 인한 폐단을 척결하는 과정이었다. 그러나 이 문제를 해결하는 데 있어서 중국공산당은 '대집중·소자유(大集中·小自由)'의 입장을 견지하고 있어서 국가적 차원에서 보아 중요한 자원이나 수단은 여전히 중앙 집중을 고수하고 있으며, 분권화의 정도에 있어서도 정치 분야와 기타 분야, 특히 경제 분야 간에는 상당한 불균형을 보이고 있다.

경제체제개혁의 목표는 1984년 10월 당 제12기 3중전회의 '경제체제개혁에 관한 결정(關於經濟體制改革的決定)'에서 제시된 공유제에 기초한 계획적 상품경제이며, 이는 계획경제와 시장경제를 유기적으로 결합함으로써 계획경제의 장점과 시장경제의 장점을 효율적으로 활용하자는 것이다.8) 구체적인 정책면에 있어서 중국공산당은 소유제의 다변화와 경영자율권의 확대를 추진해왔다. 기존의 전민(全民)소유제 중심의 소유제를 전민소유제, 집체소유제, 그리고 사유제의 형태로 다변화하고 있으며, 1983년부터는 주식회사의 설립이 허용되었고, 그 외 다양한 소유제가 결합된 주식합작사나 경제연합도 급속히 발전하고 있다. 경영방식의 개혁에 있어서는 각 생산단위의 경영자율성과 독립채산제를 확대해나가고 있으며, 특히 1986년 10월부터 고용계약제가 실시되면서 전통적으로 사회주의체제 하에서 용인되지 않았던 노동자에 대한 해고권을 인정하고 있다.

경제체제의 개혁과 함께 이에 수반되는 법체계들을 정비하기 위한 작업

---

7) 이런 맥락에서 쫑러언썬(曾仁森)은 당 권력의 과도한 집중의 폐해로 여론의 획일화를 들고, 상급기관에서 하달되는 지시는 모두 진리로 받아들여지는 현상을 사상적인 전제주의요, 유심주의(唯心主義)에 의한 유물론의 대체라고 비판하였다. 曾仁森, "肅淸封建主義影是我國政治體制改革的重要任務," 『科學社會主義』, 第3期, 1988, pp. 40-45.
8) 중국공산당 지도부는 이것이 '중국 특색의 사회주의(有中國特色的社會主義)'라고 강조하고 있지만, 경제체제의 구체적 성격에 대해서는 아직도 많은 논란이 있다. 양순창, 『중국식 사회주의의 이론과 실제』 (서울: 무한출판사, 1999).

도 활발히 진행되었다. 전통적으로 사회주의체제 하에서는 국가와 인민, 또는 국가와 집체간의 법률관계가 중심이어서 상품경제를 규율할 수 있는 민사법체계가 제대로 갖추어져 있지 않았다. 또한 법률보다는 당중앙위원회의 결정이나 지령이 더 우선하였기 때문에 법치주의의 원칙도 확립되어 있지 않았다. 이에 당중앙은 법치주의에 대한 확고한 의지를 표명하였고, 1982년 4월 제5기 전인대(全國人民代表大會) 제5차 회의에서 채택된 개정헌법은 헌법이 모든 법률체계의 상위에 있는 국가의 최고법임을 천명함으로써 법치주의를 정치주의나 군중노선에 대한 상위개념으로 규정하였다. 이어 같은 해 9월 당 제12차 전국대표대회에서 개정된 당장정(黨章程)도 당이 헌법과 법률의 범위 내에서 활동해야 한다고 선언하였다. 이와 같은 조치들은 여타 사회주의국가들과 중국을 구분 짓는 '2차 사회'에 대한 제도화로 해석된다.

경제체제의 개혁은 정치영역에서도 상당한 변화를 초래하였다. 시장경제의 확대는 민간의 정치적 참여에 대한 요구를 증대시켰고, 이러한 변화에 대응하고자 지방정부와 전인대의 권한을 강화하는 조치들이 단행되었다. 1979년 6월 인민정치협상회의 제5기 전국위원회 제2차 회의는 문화대혁명기의 각급 혁명위원회를 폐지하고 각급 지방인민정부와 지방인민대표대회를 복원할 것을 결의하였다. 이어 '지방인민대표대회 및 지방인민정부조직법'과 '지방인민대표대회 및 지방인민정부선거법'이 제정되어 같은 해 12월부터 실행에 들어갔다. 이에 따라 지방정부의 정치적 자율성이 법적으로 보장되었고, 이후 중앙정부의 권한이 점차 지방정부로 이양되었다. 1982년의 개정헌법은 전인대에 대한 당의 지도를 폐지함으로써 전인대의 실질적인 심의·감독기능이 확대되었다.

당 체제의 개혁도 추진되어 당원들의 권위주의적 근무경향을 개선하고 당원들을 전문화하기 위한 정책들이 추진되었다. 이런 맥락에서 1982년 9월 당 제12차 전국대표대회 이후 정당(整黨)운동이 추진되었으며, 이 대회의 개회사에서 덩샤오핑(鄧小平)이 제시한 혁명화·연소화·지식화·전문화의 소위 '4화정책(四化政策)'을 목표로 당 체제 개혁이 계속되었다.

(2) '제2 사회영역'의 확장과 사회통제

중국의 개혁·개방은 국가의 통제 하에 '2차 사회'를 향한 '1차 사회'의 개방을 의미하는 것으로 볼 수 있다. 통제양식은 주요자원을 국가가 분배하고, '정신적 오염'을 예방하고, 사회세력의 성장과 그들의 사회적 네트워크 형성을 조정·통제하는 것이었다.

중국공산당의 사회통제 양식의 근간은 여타의 소유양식에 대한 공유제의 우위를 유지하는 것이다. 그 한 예로, 1998년에는 전체 기업 수에서 국유기업은 8.1%, 집체소유제 기업은 22.5%에 불과했지만9), 생산액에 있어서는 국유기업이 전체 기업 생산액의 28%, 집체소유제 기업이 38.4%를 차지하여 공유제 부문은 전체 생산액의 66.4%를 점하고 있었다.10) 소유제별 임금 점유율에 있어서도 국유기업은 73.2%, 집체소유제 기업은 11%를 점하고 있었으며11), 고용인수에 있어서도 국유기업은 44%, 집체소유제 기업은 9.5%를 차지함으로써12), 공유제 부문은 전체 임금액의 84.2%, 전체 고용인수의 53.5%를 점유하였다. 물자의 분배에 있어 국가가 일괄 분배하는 물자의 종류는 1980년의 256종에서 1990년에는 72종으로 감소하였으나 주요 물자에 대한 통제는 여전히 계속되고 있다.13)

이런 사정은 당이 국민경제에 대해 가장 중요한 정책결정자로서 영향력

---

9) China Statistical Yearbook, 1999, http://www.stats.gov.cn/yearbook/1999/m10e.htm (검색일: 2002년 6월 4일).
10) China Statistical Yearbook, 1999, http://www.stats.gov.cn/yearbook/1999/m03e.htm (검색일: 2002년 6월 4일).
11) China Statistical Yearbook, 1999, http://www.stats.gov.cn/yearbook/1999/e17e.htm (검색일: 2002년 6월 4일).
12) China Statistical Yearbook, 1999, http://www.stats.gov.cn/yearbook/1999/e01e.htm (검색일: 2002년 6월 4일).
13) 蕭灼基 主編, 『中國經濟槪論』 1992, 강준영 역, 『중국경제개론』 (서울: 지영사, 1995), p. 547.

을 행사할 수 있는 기초가 되고 있다. 다만 이와 같은 통제방식은 국민경제에 대한 거시관리적 통제방식이라고 할 것이다.

중국공산당은 개혁·개방정책에 따르는 '정신적 오염', 달리 말하면 '2차 사회의식'의 형성에 대비하여 사회주의 정신문명 건설을 제창하였다. 1979년 9월 당 제11기 4중전회 이래 '오강사미(五講四美)' 운동이 전개되었고, 1986년 9월 당 제12기 6중전회는 '사회주의적 정신문명 건설의 지도방침에 관한 결의'를 통하여 사회주의 정신문명 건설에 관한 당의 입장을 종합적으로 정리하였다.

사상공작의 전개과정에서 중국공산당은 전통적으로 사회주의 이데올로기와 대립적인 것으로 간주하였던 유교에 대해 입장을 바꾸었다. 1995년 10월 당 제15기 5중전회의 폐막식에서 쟝쩌민(江澤民)은 도덕관념이 그 사회의 면모와 안정, 협력관계, 그리고 건전한 발전정도를 결정한다고 전제한 후에 충·효·절(節)·의·인·예·지 등의 관념은 중국민족의 정신이며, 중국민족의 단결과 역사발전을 유지할 수 있는 중요한 요인이라고 하였다.[14] 이와 같이 공산주의 혁명에 의해 제거되어야 할 대상이었던 유교적 가치들이 중국사회에 다시 도입된 것은 시민사회가 후기 공산주의 단계에 와서 중·동부유럽 사회에서 되살아난 것과 좋은 비교대상이 된다. 시민사회의 부활은 공산당의 권위와 지배를 약화시키는 것이었던 데 비해, 유교적 가치들의 도입은 그것들을 어느 정도 강화시키는 것이었다.

후기 공산주의국가들 중에서 중국이 보여주고 있는 또 한 가지 특징적인 사회정책은 개혁·개방과정에서 당의 직접적인 사회통제가 점차 그 비효율성을 드러내자 기존의 직접적이며 종적인 사회통제 방식을 간접적이며 횡적인 통제방식으로 전환시킨 것이다. 당 중앙은 개혁·개방정책의 초기부터 사회단체들에 대한 관리를 중시하여 노동조합과 여타 사회단체들을 정비하였다. 하지만 그 단체들에 대한 당의 통제에는 한계가 있었다.

---

[14] 中共中央黨校, 『學習江澤民同志「正確處理社會主義現代化中的若干重大關係」』 (北京: 中共中央黨校出版社, 1995), pp. 200-201.

개혁·개방정책의 추진으로 불이익을 당하는 계층은 주로 공업부문의 노동자들이었기 때문에 그들의 이익을 보호할 수 있는 일정한 사회적 통제수단을 사전에 확보해두고자, 중국공산당은 개혁·개방정책의 초기에 노동조직의 개편작업에 착수하였다. 1978년 10월에는 21년 만에 제9차 총공회(總工會) 전국대표대회가 개최되었고, 1983년 제10차 총공회 전국대표대회에서 채택된 새로운 규약에는 총공회의 자주성에 대한 조항이 삽입되었다. 그러나 총공회의 재건과 자율성의 확대가 총공회의 정치적 자율성을 인정하는 것은 아니었다. 1989년 천안문사건이 발발하자 총공회는 부분적으로 시위대를 지지하는 입장으로 기울었고, 총공회 내의 일부 진보세력들은 사태를 총공회의 자주성을 확보하는 계기로 이용하고자 하였다. 이에 당 중앙은 사태가 수습된 이후 총공회에 대한 통제를 강화하였고, 그 결과, 1992년에 개정된 총공회 규약은 총공회의 정치성을 배제하고 그 역할을 노동자의 복지문제에 국한하였다.

노동조직의 개편 외에 1984년 12월 26일에는 '중국소비자협회(中國消費者協會)'를 창립하였다. 비록 비정치적 시민단체이지만, 이 단체의 창립은 기존 계획경제 하의 '생산자 주권'을 상품경제 하의 '소비자 주권'으로 전환시키는 대단히 획기적인 사건이라고 할 수 있다. 그러나 이러한 단체도 당의 사회통제의 한 수단일 뿐 민간의 자율성에 기초한 시민단체로 보기는 어렵다.

(3) 시민적 자율성의 성장과 정치변동

개혁·개방정책이 시작되던 1978년은 민주화운동이 거세게 일어났던 시기이기도 하여 심각한 소요사태로까지 발전한 민주화운동은 공산당의 권위를 부정하기에까지 이르렀다. 또한 이 시기에는 민주주의에 관한 학문적 논의도 활발하게 진행되었다. 우지아린(吳家麟)은 소위 부르주아민주주의의 계급적 본질과는 별도로 그 형식적·제도적 장점을 연구할 필요성을 역설하였다.15) 짱시엔양(張顯揚)과 왕꾸에이슈(王貴秀)도 부르주아민주주의를 연구하고 그 장점을 비판적으로 수용할 것을 주장하였다.16) 그러나 이러한 주장들은 당이 수용할 수 있는 성질의 것이 아니었다. 1979년 3월 당 중앙위원회 이론공작회의에서 덩샤오핑은 사회주의의 공고화를 위한 '4항 기본원칙의 견지(堅持四項基本原則)'를 강조하였고, 1980년 12월 중앙공작회의에서는 '4항 기본원칙'의 핵심이 당의 지도를 견지하는 것이라고 하였다.17) 『인민일보』의 사설도 "공산당의 지도가 없는 민주주의는 결코 사회주의적 민주주의가 아니며 부르주아민주주의 또는 무정부상태일 뿐이다"라고 누차 강조하였다.18) 1986년 12월의 담화 '기치선명하게 자산계급 자유화를 반대하자'에서 덩샤오핑은 "우리가 민주주의를 주장한다고 하여 자산계급적 민주주의를 그대로 받아들일 수는 없으며 삼권분립을 실시할 수는 없다"19)라고 하였는가 하면, 또 "독재수단이 없어서는 안 된다. 독재수단을 강조하여야 할 뿐만 아니라 필요한 경우에는 사용하여야 한다"라고 하였다.20)

　부르주아민주주의에 대한 당의 확고한 방침에도 불구하고 개혁·개방정책의 경과에 따른 정치체제와 경제체제간의 탈절현상은 잠재적인 긴장을 폭발시키게 되었다. 천안문사건은 과거의 민주화운동과는 달리 당 내·외의 개혁지향적 지식인들과 도시의 시민들이 합세하여 일으킨 정치적 사건으로, 당시의 국내·외 정세로 볼 때 필연적인 사건이었다. 우선 국외적으로는 페레스트로이카로 인한 사회주의체제의 개혁 물결이 거세게 밀려오고 있었다. 국내적으로는 첫째, 개혁·개방정책의 실시 이후 비정치적 분야

---

15) 吳家麟, "關于社會主義民主的幾個問題,"「人民日報」, 1979년 5월 22일.
16) 張顯揚·王貴秀, "無産階級民主和資産階級民主,"「人民日報」, 1979년 6월 9일.
17) 鄧小平, 『鄧小平文選 (上)』(北京: 人民出版社, 1987), 이문규 역 (서울: 인간사랑, 1989), p. 359.
18) 「人民日報」, 1981년 2월 8일.
19) 鄧小平, 『鄧小平文選』, 第三卷 (北京: 人民出版社, 1993), p. 195.
20) 鄧小平 (1993), 위의 책, p. 196.

의 개혁에 비해 정치분야의 개혁은 지체되어 있었다. 즉, 정치개혁은 정치체제의 변화라기보다는 기존 정치체제의 폐단들을 시정하는 부분적인 조치들에 불과하였다. 둘째, 개혁·개방정책의 부작용으로 1989년 직전 몇 년간의 심각한 물가상승은 일반시민의 생계에 위협을 가하였다.21) 셋째, 개혁·개방정책에 편승한 당정간부들의 부정부패가 당의 권위를 실추시켰다.22) 넷째, 무엇보다 중요한 요인으로, 개혁·개방정책의 실시 이후 비록 분산된 직장 차원이나 지방차원에서이기는 하지만 시민적 자율성이 성장하였다.

천안문사건으로 개혁·개방정책은 일시 후퇴하고, 보수파의 '반화평연변론(反和平演變論)'이 거세게 대두되었다. 이러한 상황 하에서 덩샤오핑은 '치리정돈(治理整頓)' 정책을 통해 국내의 정치적 혼란을 수습하는 한편, 정치적으로는 보수파와 개혁파 간의 균형을 확보하는 데 주력하였다. 천안문사건 이후 정치개혁은 인민의 정치참여를 실질적으로 보장할 수 있는 민주주의의 확대나 기타 경쟁적인 정치체제의 수립과 같은 정치개혁은 아니었고, 주로 당기구나 정부기구의 개편을 통해 업무효율의 제고를 추구하는 것이었다. 당의 권위를 유지하려는 당지도부의 점진적 개혁조치들은 '체제유지'와 '통제된 변화'를 가능하게 했다는 점에서 동독이나 북한과 차이점을 보이고 있다.

천안문사건이 실질적인 정치변동을 가져오지는 않았지만 그 사건은 몇 가지 중요한 점을 시사하고 있다. 첫째, 시민적 역량이 성장하여 사회변혁

---

21) 제7차 5개년계획(1986~1990) 기간에 평균물가는 총 62.1%가 상승하였는데, 1988년에는 18.5%, 1989년에는 17.8%가 상승하였다. 통계청, 『중국의 주요 경제사회지표』(서울: 통계청, 1996), p. 221.
22) 1988년 중국사회과학원의 여론조사에 의하면, 국민의 83%가 정부관리들이 부패했다고 생각하고 있으며, 관리들의 63%가 부정행위를 시인한 것으로 나타났다. *Far Eastern Economic Review*, 1988년 6월 16일. 1989년의 경우 당의 각급 기율검사위원회의 징계를 받은 간부 수는 총 158,826명으로서 이는 1982년 이래 가장 많은 수이며, 전체 당원수의 3.2%에 해당하였다. 郭黎平, "反腐敗問題探討綜述," 『天水學刊』, 第1期, 1991, p. 55.

세력으로 대두되었다는 점이다. 이런 관점에서 천안문사건을 두고 H. 챔벌린(Heath B. Chamberlain)은 동구 공산정권 하에서와 동일하게 서구적 의미의 시민사회가 중국에서도 나타났다고 주장하였다.[23] 이에 비해 G. 화이트(Gordon White)는 이를 서구적 의미의 시민사회로 볼 수는 없으며, 다만 국가의 통제에 대해 제한적인 반대가 가능하고 이를 집단적으로 표출할 수 있는 시민부문의 성장이라고 하였다.[24] 천안문사건에서 나타난 바와 같은 민주화운동이 적극적인 시민의식에 의해 촉발되었다기보다는 소극적으로 당의 과도한 통제에 대한 반대운동의 외형을 보이고 있다는 점에서 서구적 의미의 시민사회의 대두라고 볼 수는 없다. 그러나 이전의 사회주의체제 하에서의 반정부 민주화운동과는 달리 시장경제의 확대가 초래한 시민적 자율성의 성장을 간과할 수 없다는 점에서는 서구적 의미의 시민사회의 대두로 볼 수 있는 측면도 있다. 관점의 차이에도 불구하고 중국사회에서 공적 영역에 대립적인 사적 영역이 대두되었다는 점만은 부인할 수 없을 것이다. 실제로 허찌엔짱(何建章)은 개혁·개방정책의 실시 이후 경제영역을 중심으로 한 다원화 과정에 착안하여 중산계층의 대두를 주장하기도 하였다.[25] 둘째, 당의 국민대표성이 약화되었다는 점이다. 개혁·개방정책의 실시 이후 산업별, 직업별 및 도·농(都·農) 간의 격차가 심해지고, 이로 인해 이질적인 이해관계가 형성되어 국민들 간에는 프롤레타리아계급으로서의 보편적인 이해관계가 이미 존재하지 않게 되었다.

전체적으로 볼 때, 중국사회에서 경제기초와 정치구조간의 탈절현상은 심화되고 있다. 그러나 개혁추진세력들을 결집시키고 동원할 수 있는 사회적 네트워크가 아직 충분히 발달하지 못했기 때문에 중국공산당은 당분간 권위를 유지하며 급격한 정치변동을 막을 수 있는 사회통제를 해 나아갈 수

---

23) Heath B. Chamberlain, "On the Search for Civil Society in China," *Modern China*, Vol.19 No.2 (April), 1993, pp. 199-200.
24) White (1993), 앞의 논문, p. 86.
25) 何建章, "論中山階級,"『社會學硏究』, 第2期, 1990, pp. 1-2.

있을 것으로 판단된다.

2) 동독에서의 사회분화와 정치변동

동독이 비록 북한과 같이 분단국의 일부를 구성하고 있었지만, 동독은 시민사회의 발전정도, 사회운동, 국가에 의한 사회통제의 범위와 강도, 최고지도부의 질과 대체 가능성 등 많은 면에서 북한과 차이가 있었다. 이런 의미에서 안네 - 카트라인 벡커(Anne-Katrein Becker)는 이 두 국가 간의 10가지 상이점을 지적하기도 했다.[26] 그러나 동독에서의 급격한 정치변동은 북한에서의 정치변동의 방향을 가늠하게 한다. 특히, 동독의 사회·경제적 요인들, 국가의 통제양식, 국내·외 정치상황은 북한에 도래할 정치변동의 제약과 가능성을 조망할 수 있게 한다.

(1) 취약한 '1차 사회'와 '제2 사회영역'의 존재

비록 독일사회주의통일당이 소련의 비호 하에 동독에 공산주의체제를 건설하는 데는 성공했어도, 사회를 장악하기에 충분할 정도로 국민적 동의를 얻어내지는 못하였다. 그 결과, 독일사회주의통일당은 제2차 세계대전 후 집권 초기에 실시한 여러 선거들에서 그다지 큰 지지를 얻지 못했으며, 1953년 6월 16일에 동베를린 시민폭동이 발생하기까지 했다. 이런 측면은 '1차 사회' 형성과 집권 공산당의 사회장악 정도에 있어 동독을 중국이나 북한과 구분 짓게 한다.

1950년대 말과 1960년대 초에 동독 사회는 '국유화의 미완성'과 '계획경제의 취약성'이라는 2가지 취약점을 갖고 있었다. 그래서 이 시기에 '가격법칙', '시장의 역할', 소련 모델에 따른 '국민경제의 중앙집중과 기획 비율'

---

[26] Anne-Katrein Becker 저·김재경 역, "동독과 북한 비교: 차이점과 유사점," 한독사회과학회, 『한독사회과학논총』, No.7, 1997.

은 국민적 대 토론의 주제가 되었다.27)

비록 독일사회주의통일당이 1956년 3월 제3차 전당대회에서 '사회주의 이행기의 완성'을 선언했지만, 지식인들과 일부 당 간부들까지도 '더 많은 비판'과 '중앙집중구조의 와해', '과학적 토론의 자유', '경제정책의 실현 가능한 목표설정' 등을 요구했다. 비록 W. 울브리히트(Walter Ulbricht)가 헝가리 봉기와 폴란드의 '10월 사태'를 빌미로 하여 이와 같은 반대 세력들을 물리치기는 했지만, 토론과정에 등장했던 사회적 다원주의는 중국의 '백가쟁명(百家爭鳴)'과 '백화재방(百花齊放)'28), 북한의 '8월 종파분자사건'을 능가하는 것이었다.

독일사회주의통일당은 1963년 1월 제6차 전당대회와 '당중앙위원회 - 정부각료회의' 간의 경제문제에 대한 협의에 따라 신경제체제(NÖS)를 구현하기 위한 첫 번째 조치를 취하기로 결정하였다. 기존의 체제와는 명백한 경계를 그으면서, 경제관리 개혁은 생산품의 형태와 양까지 결정하던 세부기획 체제를 월급, 가격, 신용, 이자율 등을 고려하는 간접 경영양식으로 대체하였다.29)

곧 이어 독일사회주의통일당은 1965년 12월 중앙위원회 제11차 회의를 통해 제2단계 즉, 사회주의경제체제(ÖSS)에 돌입하였다. 그간의 개혁의 대

---

27) Harmut Zimmermann, "DDR : Geschichte," Werner Weidenfelt, Karl-Rudolf Korte (Hrsg.) 엮음, *Handbuch zur deutschen Einheit, Aktualisierte Neuausg* (Frankfurt: Campus Verlag, 1996), 임종헌 외 옮김, 『독일통일백서』 (서울: 한겨레신문사, 1998), p. 413.
28) 1956년에 헝가리와 폴란드에서 있었던 봉기들의 여파로 중국공산당은 정체성이 약화 될 수 있는 상황에 처했다. 이에 마오쩌둥은 비당원들의 지지를 유도하기 위해 "중국공산당은 비당원의 비판에 의해 강화될 수 있다"고 언명하면서 "百花齊放", "百家爭鳴" 운동을 전개했다. 그러나 중국의 지식인들은 유일당의 독재를 비판하기도 했고, 교육부장 Chang Hsi-jo와 光明日報 주필 Chu An-ping은 '당의 왕국'으로서의 공산주의 지배를 종식시켜야 된다고 주장했다. 또한, 젊은 지식인들도 중국공산당의 붕괴를 기대하며 날카로운 공격들을 가했다. Byung-joon Ahn, *Chinese Politics and the Cultural Revolution, Dynamics of Policy Processes* (Seattle and London: University of Washington Press, 1976), pp. 19-22.
29) Zimmermann (1998), 앞의 책, p. 416.

차대조(貸借對照)를 검토한 독일사회주의통일당은 경제 통제체제가 조화로운 발전을 보이지 못했다는 결론에 도달했다. 게다가 개혁된 국민경제는 여전히 투자부문에서 심각할 정도로 중앙결정에 의존하고 있었다. 이는 동독의 경제정책에 있어서 가장 중요한 논의 주제가 되었다. 이 통제 메커니즘은 중국의 개혁 초기 통제 메커니즘 즉, '대집중·소자유'와 주요자원에 대한 국가통제의 유지에 비교될 수 있다. 이는 또한 '치리정돈'과 같은 보수주의와 개혁주의 간의 균형을 찾아 정치·경제적 질서를 잡고자 했던 정책을 연상시키기도 한다. 그러나 중국의 통제체제는 개혁·개방정책의 범주 속에서 일관성 있게 발전되었는데 비해, 동독의 경제통제는 우왕좌왕하는 모습을 보이면서 '1차 사회'의 정통성을 약화시키는 것으로 귀결되었다.

동독사회에서의 '비공산화(非共産化) 영역'이라고 볼 수 있는 복음교회의 존재, 서독을 향한 동독 대중매체의 개방, 동·서독 간의 빈번한 인적 교류와 비교적 높은 수준에 이르렀던 물적 교류(동독 수·출입의 8~16%)[30] 등은 동독에 '제2 사회영역'이 형성되는 데 긍정적으로 작용했다. 이런 요인들은 또한 사회운동의 성장을 가능하게 했다. 게다가 통제와 개방간의 모순들은 저항의 논리를 강화했다. 그 한 예로, 독일사회주의통일당은 제8차 전당대회에서 예술가들에게 '당에 대한 충성'은 계속 보이면서 '새로운 양식의 창조적 탐구'를 요구하였다. 이런 상황 속에서 1976년 11월 16일에 있었던 볼프 비어만(Wolf Bierman)에 대한 시민권 박탈은 지식인들과 예술가들로부터 광범위한 저항을 불러 일으켰다.[31]

독일사회주의통일당은 공산화 과정에서 복음교회와 많은 갈등을 빚어오다가 1970년대에는 마침내 국가와 복음교회 간의 조화정책을 추구하였다. 양자 간의 접근은, 비록 그 후에도 불화가 있기는 하였지만, 1978년 3월 6일에 국가평의회 의장 E. 호네커(Erich Honecker)와 복음교회연합 교회지

---

30) 김영윤 외, 『통일독일의 분야별 실태 연구』 (서울: 민족통일연구원, 1992년 5월), p. 100.
31) Zimmermann (1998), 앞의 책, p. 418.

도위원회 의장(Vors. der Kirchenleitung des Bundes Ev. Kirchen) A. 쉔헤어(Albrecht Schönherr) 주교가 만나면서 가능해 졌다. 그 결과, 동독 복음교회는 '사회주의 안에서의 교회'라는 제한된 범위 내에서이지만 자치권을 보장받았다. 그런데 동독 교회는 복음교회로서의 사명과 정부로부터 독립적인 거대한 조직과 상당한 재력을 통하여 이미 1970년대부터 평화, 환경, 인권 운동에 있어 중요한 결집체가 되어 있었다.

(2) 사회통제

동독인들은 많은 대중조직들에 가입해 있었다. 또한, 그들은 선전·선동을 위한 이념적인 장치들의 통제뿐만 아니라 조밀한 관료조직망의 통제와 그 어떤 비판도 용인하지 않기 위한 총체적인 통제 하에 놓여 있었다. 그럼에도 불구하고 동독 주민들이 독일사회주의통일당의 모든 권력에 대해 거부감을 갖고 있었던 것은 결코 부인할 수 없다.

정부와 사회 내부에 대한 전략적 감시조직으로 독일사회주의통일당은 슈타지(Stasi) 즉, 국가공안국(Staatssicherheit)이라는 거대한 조직을 가지고 있었다. 이 조직은 국가 차원뿐만 아니라 지구(地區, Bezirk)와 군(郡, Kreis) 그리고 몇몇 중요한 회사에까지 하위조직 망을 가지고 있었다. 국가공안국은 국가정당(Staatspartei)과 정치적·인적·구조적으로 밀접하게 연계되어 있었다. 그리고 국가공안국은 교육이나 억압부문 외에 경찰권과 사법권을 가지고 개인과 기관들(institutions)을 담당하는 수많은 통제조직들(organizations)을 갖고 있었다. 그런데 국가공안국은 8만 5,000명 내지 11만 명의 피고용인들과 10만 명 내지 50만 명의 앞잡이들을 가진 거대한 조직이었음에도 불구하고 그다지 효과적이지는 못했다.[32] 그리고 국가공안국이 공식 조직망으로 사적 영역에 지나치게 침투하여 동독 국민 전반으로

---

32) Dominique et Michèle Frémy, *Quid 98* (Paris: Robert Laffont, 1997), p. 923; Klaus-Dietmar Henke, "Staatssicherheit," Werner Weidenfelt, Karl-Rudolf Korte (Hrsg.) 엮음 (1996), 임종헌 외 옮김 (1998), 앞의 책, pp. 525-534.

부터 정통성이나 공감을 결코 얻지 못했다. 그런데 동독 국민들은 경제사정이 어려워져 가는 상황에서 생활과 문화양식에 있어 점점 더 서구화되었다.33) 이런 맥락에서 모든 동독의 주민들은 '안보'라는 명분으로, 혹은 불안정이나 체제의 '적'이 등장한 것에 대한 투쟁의 명분으로 감시의 대상이 되었다.

동독에 국가공안국이 없었다면 동독의 국가는 붕괴될 수밖에 없었을 것이다. 그렇지만 국가공안국의 노력들은 국가운영에 자주 역기능을 했고, 이 기관은 국가지도부 주변의 무수한 비합리성의 상징이자 보루로 비춰졌다. 사회의 모든 영역들을 절대적으로 통제하겠다는 것은 수행할 수 없는 과업이었고, 현실적으로는 역기능적인 것이었다. 다원주의적 경향 혹은 사회의 제2영역이 이미 자리 잡은 동독사회에 표준화된 모델을 부과하기 위해 취한 국가공안국의 과도한 개입은 체제의 응집력을 침식하여 결과적으로 독재체제의 붕괴를 가속화 시켰다.

(3) 급격한 정치변동

비록 동독에서 국가의 통제장치가 비대해 있었지만, 국민들의 자발적 동의를 유도하기 위해 동독 국가가 전개했던 정치·사회적 운동들은 중국의 '오강사미' 운동이나, 보완적 운동인 '삼열애' 운동과 비교 될 수 있는 수준은 못 되었다.

1960년대 이래 동독 비밀경찰의 확장과 정치범 색출은 완화되었지만, 독일사회주의통일당에는 정치적 효율성과 정통성이 결여되어 있었다.

독일사회주의통일당의 지도부가 M. 고르바쵸프(Mikhail S. Gorbachev)의 개혁정책 노선을 따르려 하지 않는다는 것을 동독 국민들이 알게 되자, 독일사회주의통일당의 정통성 위기는 극에 달했다. 모든 공개적 비판에 대한 억

---

33) Jürgen Kocka, Vereinigungskrise, Zur Geschichte der Gegenwart. Göttingen: Vandenhoek & Ruprecht (1995), 김학이 옮김, 『독일의 통일과 위기』 (서울: 아르케, 1999), pp. 13-14.

압과 개선에 대한 거부는 정치적으로 국민들을 냉소주의에 빠지게 했다.

다른 한편, 동독에서는 1970년대 후반에 인권, 평화, 환경, 제3세계 운동 등 각종 사회운동의 전위로서 복음교회를 중심으로 저항운동들이 조직되었다. 그런데 이 시민저항이 주변적인 것이었을 때는, 독일사회주의통일당이 자신의 정통성 결여를 숨길 수 있었다. 그러나 1980년대 후반에는 사회경제분야 전반에 걸쳐 체제위기의 징후가 나타났다.

1989년 5월 7일에 실시된 동독의 지방선거에 이어 사회운동 지지자들이 선거부정이 있었음을 증명하며 반대시위를 했다. 독일사회주의통일당은, 과거에 그렇게 해왔던 것처럼, 그 해 6월에 국가평의회에 선거취소 청원서를 제출하려 했던 시민권운동 지도자 120여 명을 체포함으로써 사태를 수습하려 했다. 그런데 이는 선거문제에 대한 국민적 관심을 더욱 고조 시켰다.

다른 한편으로 정치·경제적 상황의 악화는 대규모의 주민탈출을 야기했는데, 특히 1989년 9월 11일에 헝가리 국경이 서방을 향해 공식적으로 개방되면서 이 탈출은 가속되었다. 그리고 기존의 반체제 인사들뿐만 아니라 수많은 마지막 순간의 전향자들은 거리 시위를 증가시키면서 위기상황을 더욱 악화 시켰다. 그 해 9월 11일 월요일에 라이프찌히에서 있었던 시위는 이런 일련의 사태진전에 있어 중요한 하나의 결정체였다. 비록 이 시위가 평화적이기는 했지만, 중국이나 북한의 일반적인 관례와 비교해 봤을 때 시위자들을 비교적 가볍게 처벌한 것(11명의 단기 구금형과 100여 명의 벌금형)은 시민운동을 더욱 활성화시켰다.

저항세력을 모으는 데 있어 동독의 복음교회와 대중매체는 결정적인 역할을 했다. 수많은 목사들이 500여 개의 교회 산하조직들의 지지를 제공하며 새롭게 형성된 정치집회나 여타 운동에 가담하였다. 대중매체는 시위자들에게 호의적이었다. 이 결정적인 두 요소들 덕분에 라이프찌히 월요시위는 중국 천안문사태와는 달리 동독 전 지역으로 퍼져 나갔다.

그런데 이와 같은 급격한 정치변동이 가능했던 이유를 밝히는 데 동독의 국내·외 상황과 연관되어 있었던 일원적 계제(la conjoncture singulière) 또한 가볍게 생각해서는 안 된다. 이를테면, 1989년 여름부터 동독 주민들이 서독을 향해 집단탈출을 하고 있었지만 이에 대해 동독정부는 효과적으로 대처하지 못했다. 그해 11월 9일에는 동독 각료회의(Ministerrat)가 독일사회주의통일당의 제안에 따라 무법천지를 피하기 위해 '여행법이 가결 될 때까지 다음 날인 10일부터 출국과 개인적인 외국여행을 신청하면 단기간에 허락될 수 있다'는 결정을 내렸다. 그런데 이 결정은 베를린에 관한 4대 승전국의 지위 규정과 관계되는 문제였기 때문에 동독 정부로서는 소련 당국에 자문과 동의를 구할 수밖에 없었다. 그러나 소련 외무차관 I. 아보이모프(Ivan Aboimov)는 외교 각서의 내용도 모른 채 동의를 했다. 출국 통제와 사태 수습을 맡고 있던 독일사회주의통일당 서기장 E. 크렌츠(Egon Krenz)는 11월 9일 저녁 기자회견 직전에 당의 언론대변인이자 정치국원인 G. 샤보프스키(Günter Schabowski)에게 임시 여행규정에 대해 알려주는 실책을 범하였다. 이 여행규정은 11월 10일에 공개되었어야 하는데, G. 샤보프스키는 한 걸음 더 나아가 곧 바로 국경을 개방한다고 선언해 버렸다. 동독 주민들이 거리에 운집한 상태에서 취해진 이 선언은 국경수비대(Grenztruppen)와 국가공안국이 어찌할 수 없을 정도로 많은 주민들을 일시에 국경지역에 몰리게 하여 11월 10일 밤에는 마침내 모든 국경을 열 수 밖에 없었다. 물론 이 같은 일련의 실책들이 통일혁명으로 완성된 데에는 H. 콜 수상(Helmut Kohl)의 신속하고 적극적인 개입과 헝가리의 국경 개방이나 소련의 도움과 같이 먼저 개혁한 공산주의국가들의 협력이 사태진전의 구체적인 맥락에서 결정적인 역할을 했기 때문이다.[34] 그러나 이런 일원적인 계제의 발생과 진전은 충분히 다른 방향으로 전개되었을 수도 있는 것이다.

지배계급의 이반과 체제개혁에 대한 그들의 열망, 그리고 독일사회주의통일당의 리더십 대체와 전도대(transmission belt)의 역할 변화는 동독의 정치변동에 결정적인 역할을 했다. 독일민주공화국(동독) 수립 40주년 기

---

[34] Dieter Korger, "Einigungsprozeβ," Werner Weidenfelt, Karl-Rudolf Korte (Hrsg.) 엮음 (1996), 임종헌 외 옮김 (1998), 앞의 책, pp. 19-35.

념일 전날에 문화 단체들과 예술가 협회들, 심지어 블록정당들(LDPD와 CDU) 까지도 동독이 직면한 당시 상황에 대해 비판을 가했다.35) 이들은 법치국가, 표현의 자유, 개혁에 필요한 광범위하고 진정한 사회적 토론, 독일사회주의통일당에 의한 권력독점의 종식, 전 사회에 대한 국가공안국의 통제망 제거 등을 천명했다.36) 그런 가운데 독일사회주의통일당의 지도부는 분열되어 드레스덴과 라이프찌히 지역에서는 일부 지도자들이 반대파 대표들과 대화할 의사까지 표명하기도 했다. 이와 같은 지도부의 분열은 동독의 붕괴를 촉진 시켰다.

중국이나 북한의 경우와 비교해 볼 때, 동독에서 급격한 정치변동이 가능했던 한 가지 중요한 요인은 독일사회주의통일당이 취해온 대 소련 정책에 있다. 즉, 동독의 1974년 10월 7일 개정헌법에 명시되어 있는 바와 같이, 동독이 소련과 맺고 있던 긴밀하고 의존적인 관계 때문에 소련의 개혁이 동독에 준 충격의 여파는 중국이나 북한에 비해 훨씬 더 클 수밖에 없었다.

2. 북한에서의 사회통제와 정치변동

어느 사회나 절대 빈곤층이 있고, 정치·사회적 일탈자들이 있다. 그러나 1990년대 중·후반의 식량난이 초래한 북한사회의 가장 큰 특징은 식량난으로 부모가 자식을 버리고, 가족들이 헤어져 마침내 가정이 파괴되는 사례가 비일비재(非一非再) 하고, 지식인과 중류층 이상의 사회 구성원들이 사회적 일탈의 길로 들어서고 있다는 데에 있다.37) 그 뿐만 아니라 직장에

---

35) Marlies Menge, *Ohne uns läuft nichts mehr: die Revolution in der DDR* (Stuttgart : Deutsche Verlags-Anstalt, GmbH., 1990), 최상안 (역), 『동독의통일혁명』 (서울: 을유문화사, 1990), pp. 291-293; Harmut Zimmermann, "DDR: Geschichte," Werner Weidenfelt, Karl-Rudolf Korte (Hrsg.) 엮음 (1996), 임종헌 외 옮김, 앞의 책, p. 422.
36) Zimmermann (1998), 위의 책, p. 422.
37) 탈북자 1,855명의 증언 참조. 좋은벗들, 『두만강을 건너온 사람들, 중국 동북부

서는 생산 활동이 중단되었고, 교육기관이 마비되어 난국을 스스로 타개할 수 있는 토대가 붕괴되었다.

거대한 국가기구가 공안사건이나 안보문제에 대해서는 통제력을 철저히 행사하는 것 같으나 민생문제에 대해서는 지배력을 발휘하지 못하고 있다. 1999년 초부터 북한당국은 1950~60년대의 천리마운동을 다시 전개하며 농민시장 (장마당) 출입을 55세 이상의 주부로 제한하고, 젊은 남자들은 공장으로 돌아가라고 지시하는 등, 경제재건을 위해 대중동원을 강화해왔다. 그러다 2007년 말부터 북한당국은 40세 미만의 여성들이 장마당에서 장사하는 것을 금지시키고 있는 것으로 알려져 있는데, 이와 같이 연령제한을 완화시킨 것은 어쩔 수 없는 현실의 반영으로 보인다.[38] 김대중·노무현 두 정부가 지난 10년 간 5조원의 공적지원을 하였으므로 난국을 극복하는데 큰 도움이 되었을 것으로 보이나 생산기반이 워낙 심하게 파괴되어서 외부의 지원 없이 회생하기는 어려울 것으로 보인다. 이런 상황 속에서 사회적 불만이 팽배해 있고, 크고 작은 폭동들도 일어나고 있으나 하나의 조직적인 저항운동으로 발전하지는 못하고 있다.

본 절에서는 '어떻게 북한의 정치체제가 변화 없이 유지되고 있는가?'를 설명하기 위해 그 배경적 요인들을 제2절에서 분석한 중국과 동독의 사회적 특성들을 준거로 하여 찾는데 주안점을 두고자 한다.

1) 사회적 특성과 '제2 사회영역'의 등장

후기 공산사회를 규정짓는 E. 핸키스의 '2차 사회' 변수들 중 일정 부분은

지역 2,479개 마을 북한 '식량난민' 실태조사』 (서울: 정토출판, 1999).
[38] 평양에 있는 시장에 대한 단속은 2007년 10월 초 노무현 대통령의 방북이 계기가 된 것으로 알려졌다. 북한당국은 정상회담 기간에 환영인파 동원 등의 이유로 평양에 있는 시장들을 모두 폐쇄했다. 이후 시장을 개방하면서 거리 노점과 40대 이하 여성의 장사를 제한하는 조치를 취했다.
http://blog.daum.net/commat/3527702 (검색: 2008년 2월 25일).

북한사회에서도 발견된다. '2차 경제'의 한 측면을 보여주는 예로서 농민시장의 암시장화를 들 수 있다. 1999년도에 발표한 통일부의 한 자료에 따르면, 당시 북한 암시장의 거래가격은 국정가격의 적게는 14배에서 최고 1,667배를 기록하고 있었다. 따라서 장마당 출입에 대한 통제는 북한의 경제구조 상 불가능했던 것으로 보인다. 식량난을 겪는 와중에 275개 이상의 상설 장마당이 북한 전역에서 운영되고 있었고, 그 중에는 만 명 이상이 모여드는 큰 장도 있었다. 이미 그 당시에 일반 주민들은 주곡의 60%, 생필품의 70%를 농민시장에서 구입하고 있었으므로 '2차 경제'는 통제에도 불구하고 중요한 비중을 차지해 온 것이 사실이다.39)

이와 같은 '2차 경제'의 확장이 정치체제에 미치는 영향에 대해 G. 그로스만(Gregory Grossman), G. 쇼플린(George Schöpflin) 등은 '1차 경제'가 충족시켜주지 못하는 요구들을 충족시켜 주기 때문에 정치적 안정성을 강화시킨다고 주장한다.40) 그러나 V. 니(Victor Nee), P. 리앤(Peng Lian) 등은 장기적으로 당·국가의 내부 메커니즘을 약화시키고, 체제 내에 누적적인 변화를 야기 시킨다고 주장한다.41)

그런데 이와 같은 '2차 경제'의 파급효과가 북한에서는 '자력갱생'에 따

---

39) 동용승, "암시장 확산이 북한경제에 미치는 영향," 『월간 삼성경제』, 1997년 5월호. 조선노동당 중앙위원회 명의로 2007년 10월에 발행된 한 문건은 "위대한 영도자 김정일 동지는 '비사회주의인 현상에 대해 적당히 대응해서는 안 된다. 철저히 근절하기 위해 집중적인 공세를 펼쳐야 한다'고 지적했다"고 밝히고 있다. 이 문건은 "인민들이 시장을 통해서 생활의 편의를 누리기도 했지만 현재는 국가적인 규율이나 사회 질서를 어지럽히는 장소로 전락했다"며 "어느 시는 인도는 물론 자동차 도로에까지 매일 몇 만 명의 상인들이 나와 있어 자동차 주행에 엄청난 지장을 초래하고 있다"고 말하고 있다. 이 문건은 북한당국조차도 시장 활성화로 주민들의 시장 의존도가 커지고 비사회주의적 현상이 난무하고 있다는 점을 스스로 인정한 셈이다. http://blog.daum.net/commat/3527702 (검색: 2008년 2월 25일).
40) Gregory Grossman, "The 'Second Economy' of USSR," *Problems of Communism* 26, (September–October) 1977; George Schöpflin, *Politics in Eastern Europe 1945–1992* (Oxford: Blackwell Publishers, 1993).
41) Victor Nee and Peng Lian, "Sleeping with the enemy: why communists love the market," *Theory and Society*, Vol.23, No.2, (April) 1994.

른 하부단위들의 강요된 자립화로 중앙과 하부단위 간의 관계가 변화되고, 당·국가의 간부에 대한 통제력 약화와 더 나아가 주민들의 노동력과 유동성에 대한 통제력 약화로 나타나고 있다.42)

이와 같은 '2차 경제'의 확장은 북한 주민들의 의식형성에도 직접적으로 영향을 미치고 있다. 전택철, 강학태, 리정수 등의 소설이나, 여타 북한의 문학들에서 나타나는 모습들이나, 탈북·망명자들의 증언을 종합해 보면, 북한주민들은 '1차 의식'인 주체사상과 집단주의에 따라 사회주의공동체생활을 영위하고, 국가의 유일지도체계에 순종적이긴 하지만, 그 외에 '2차 의식'이라고 볼 수 있는 개인주의, 온정주의, 소시민적 성향 등을 일반화된 가치정향으로 가지고 있는 것으로 보인다. 더 나아가 이의론자(non-conformist)적 의식과 문화의 한 측면을 보여주는 것으로 북한의 젊은 지식인들 사이에 지하음악이 유행하고 있다고 한다.43)

그런데 탈북자들의 증언이나 한국·서방의 언론기관에서 탐방·관찰한 바로는, 주민들을 직접 지도·통제하는 일선 간부들이 주민들의 '2차 의식'에 대해 방관하고 있고, 생활이 어려워지면서 공안사건이 아닌 경우에는 국가의 통제가 거의 포기되고 있는 것 같다.

이와 같이 북한사회에는 '2차 경제'가 이미 중요한 영역으로 자리 잡았고, 그로부터 파생된 '2차 의식'이 주민들에게 광범위하게 형성되어 정치체제와 탈절현상을 보이고 있다. 그런데 북한사회의 제2 영역은 중국처럼 제도화되어 공식 혹은 준 공식적 영역으로 들어오지 못하고 있으며, 동독처럼 사회적 네트워크가 발달하지 못하여 이런 탈절현상이 정치변동으로 연결될 수 있을 정도의 정치체제에 대한 압력이나 위협으로 작용하지 못하고 있다.

---

42) 정세진, "북한의 이차경제 발흥과 정치적 변화에 관한 연구," 통일부, 『'99 신진연구자 북한 및 통일관련 논문집, 북한실태·인도지원(Ⅱ)』, 1999, pp. 20-32.
43) 가난서린 내 운명은 타고난 팔자런가 / 배고픔은 이를 물고 몇 백번 참는다 해도 / 눈물고인 내 앞길은 가시밭 천리만리 / 돈이 없어 받는 수모 내 어이 참을쏘냐 / 말해다오 말해다오 쓰디쓴 이 세상아 / 야속하다 야속하다 쓰디쓴 이 세상아 / 땅을 치며 울어봐도 산천은 대답없네 / 돈이 없어 받는 수모 내 어이 참을쏘냐

그런데 1996년에 발행된 민족통일연구원의 한 연구보고서는, 북한사회가 1990년대 중반에 당면했던 위기상황을 극복하지 못하면 위기지수가 2001년~2008년 사이에 체제변혁의 임계점(臨界點)을 통과할 것으로 예측했다. 계량적으로 이 시기는, 탈북자들이 북한체제의 지탱 이유로 지적한 '공식이념의 기능'과 '사회통제'라는 두 가지 지표들의 위기지수 변화의 최적함수가 체제변혁의 임계점인 3.0~3.5를 통과하는 시점이라는 것이다.44) 따라서 이런 위기를 극복하기 위해서는 한국, 미국, 일본 등과 관계를 개선하고, 경제협력을 활성화시켰어야 되는데, 그 후 10년간 김대중·노무현 두 정부의 대북지원이 이에 상응하여 위기 극복에 상당히 주효했을 것으로 판단된다. 그 과정에서 '2차 의식'과 '2차 경제'는 확장되었으며, 통제와 묵인이 반복되는 가운데 더욱 확장될 것으로 보인다.

그러나 북한의 국가엘리트들은 '2차 사회'의 형성과 확장을 부정적으로만 간주해서는 안 된다. 오히려 '2차 사회'를 보다 '인간적인 모습'을 한 민주적 사회주의체제로 나아갈 수 있는 변혁의 원동력으로 삼고, '1차 사회'에 대한 안전판으로 간주하여 체제 내에 적극적으로 수용함으로써 보다 넓은 선택의 폭을 확보할 수 있을 것이다. 중국의 경우, '제2 사회영역'을 제도권 내에 수용함으로써 결과적으로 '1차 사회'에 대한 과부하가 경감되고, 체제에 정통성(legitimacy)과 정체성(identity)이 보완되어 체제유지가 가능했던 것으로 평가된다.

2) 계급정책과 노멘클라투라

동독의 붕괴를 설명하는 여러 가지 요인들 중에서 H. 요아스(H. Joas)와 M. 코올리(M. Kohli)는 '체제의 경직성과 폐쇄성'을 강조하였다.45) 이런

---

44) 김성철 외, 『북한 사회주의체제의 위기수준 평가 및 내구력 전망』 (서울: 민족통일연구원, 1996년 12월), pp. 151-152.
45) 유팔무, "독일 통일과 동독 지배엘리트의 교체," 서재진 외, 『사회주의 지배엘리

붕괴요인은 북한에서도 충분히 발견된다. 그런데 북한체제가 아직도 건재한 것은, 이런 요인이 체제붕괴의 근본적인 요인은 될 수 있을지 몰라도 직접적인 요인이 되지는 못한다는 것을 의미한다. 따라서 '사회운동의 역학'을 가지고 체제붕괴를 설명하는 것이 더 설득력이 있을 것이다. 즉, 사회운동을 시도할 수 없도록 했던 사회통제메커니즘의 효율성을 점검해 봄으로써 북한에서의 정치변동 가능성과 양태를 예측할 수 있을 것이다.

북한당국은 1958년 이후 '농업집단화'와 '상공업의 협동화'를 통하여 '사회주의적 생산관계의 유일적 지배'를 구축하고, '전체 주민의 사회주의 노동자화'를 추구하면서 수차례에 걸친 주민 조사와 분류, 처단과 추방 및 격리수용을 통해 체제나 정권에 대한 저항세력이 성장할 수 있는 원천을 차단하는 사회계급정책을 취해 왔다. 이와 같은 계급정책으로 북한사회에는 다른 어떤 사회와도 달리 출신성분과 배경에 따른 계급차별이 새로운 불평등구조의 주요 축을 이루면서 북한주민들의 사회·경제·문화생활에 있어서 층화된 위계서열을 형성하였다.46)

그런데 통일원에서 1990년에 발간한 한 자료에 따르면, 북한주민들은 현재와 같이 사회적 일탈현상이 심각해지기 전에도 핵심계층 598만 명(28%), 동요계층 962만 명(45%), 적대계층 577만 명(27%)으로 나뉘어졌다.47) 이는 북한정권이 40년 이상의 공산화 과정을 통해 체제에 대한 자발적 동의를 얻을 수 있는 사회계층의 구성비에 큰 변화를 주지 못했다는 것을 의미한다(26.1%에서 28%로 상승). 그 뿐만 아니라, 평양 시민들과 지방주민들 간의 각종 기회불균등이 제도화됨에 따라 지역적 편린화 현상이 심각하고, 577만 명(27%)의 적대계층이 존재한다는 것은 40년 이상에 걸친 북한

트와 체제변화』 (서울: 미래인력연구센타, 1999), pp. 117-121.
46) 김용기, "계급의 불평등구조와 계급정책," 『북한사회의 구조와 변화』 (서울: 경남대학교 극동문제연구소, 1987), pp. 207-208; 김광인. 2002. "[성분조사] 권력 강화 목적 인위적 계층 나눠." http://nk.chosun.com/news/news.html?ACT=detail&cat=1&res_id=16360 (검색일: 2002. 06.02).
47) 통일원, 『북한개요 '91』 (서울: 통일원, 1990), p. 238.

의 계급정책이 계급구성원만 바꾸었을 뿐, 사회통합을 높이고, 지지계층의 저변을 확대하는 데에는 성공하지 못했다는 것을 의미 한다.[48]

1990년대 중반 이후 식량난으로 사회통합의 위기가 더욱 가중되고 있는 것이 여러 국면에서 드러나고 있다. 이와 같이 통합도가 낮은 북한사회는 여러 가지 통제장치에도 불구하고 외부로부터의 충격에 대단히 취약할 수밖에 없고, 김정일 정권의 정통성위기를 증폭시킬 것이다. 그 결과, 앞에서 소개한 민족통일연구원의 1996년 연구보고서에 따르면, 브레진스키 지표와 척도를 기준으로 할 때 당시 북한체제의 위기지수는 17을 상회하여 붕괴 직전의 소련(15), 체코슬로바키아(16), 루마니아(18) 등의 수준과 근사하여 체제위기에 진입했다는 것이다.[49]

북한에서는 사회적 가치들을 노멘클라투라에 집중하며 이들을 체제유지의 핵심세력으로 삼고 있다. 전체주의체제에서 거의 공통적으로 나타나는 이런 현상은 북한의 계급정책에서 가장 중요한 부분을 차지한다. 지배계급의 이반과 체제개혁에 대한 요구가 동독의 정치변동을 가속시켰던 점을 감안할 때, 북한 노멘클라투라의 체제에 대한 접합도나 위기의식은 북한에서의 정치변동에 결정적인 요인이 될 것이다.

이런 관점에서 본다면, 북한의 현 체제에 대한 노멘클라투라의 이반 현상을 직접 보여주는 증거는 별로 알려져 있지 않으나 간접적으로 짐작케 하는 증거들은 많이 있다. 예를 들어, 강성산 전 북한총리의 사위인 강명도, 김정일의 내연의 처 성애림의 조카인 이한영, 주체사상의 이론적 창시자인 황장엽 등의 탈북·귀순과 성애림·성애랑 자매의 망명소동 등은 사적동기들이 중요한 요인이었던 것으로 보이지만 체제 이반의 측면도 없지 않다. 그리고 김정일 자신도 간부회의에서 수시로 "인민들은 배가 고파 사회주의 지키겠다는 신심이 없어졌으며, 간부들은 사회주의가 국제무대에서 붕괴되었다고 보고 신심을 잃고 있다"고 개탄하였다고 한다.[50] 김정일은 심지

---

48) 『내외통신』, 1998년 8월 27일.
49) 김성철 외 (1996), 앞의 연구보고서, p. 2.

어 1996년 12월 7일에 김일성대학을 방문하여 당 간부들에게 행한 연설에서 "신의주학생사건과 같은 사건이 다시 일어나지 않는다고 담보할 수 없습니다"라고 말할 정도이므로 북한의 노멘클라투라에게 위기의식이 팽배해 있는 것으로 짐작 된다.51) 그리고 앞에 소개한 민족통일연구원의 1996년 연구보고서에 따르면, '장래에 대한 희망', '자신의 업무와 역할에 대한 자부심'에 있어 핵심군중은 기본군중이나 동요계층과 비슷하거나 오히려 낮았다고 한다.52)

그러나 다른 한편으로 국제회의나 남북회담에서 북한 대표들과 사적인 논의를 해본 한국측 참석자들은 북한의 노멘클라투라가 북한체제에 완전히 접합되어 있는 것으로 보고하고 있다. 서재진은 이들이 체제유지의 선봉에서 일탈하지 못하는 배경으로 지배계급의 독점성을 유지하는 폐쇄 체제(closure system)와 특혜·감시에 대한 공포, 체제붕괴 시 다가올 내·외의 위협에 대한 우려 등을 꼽고 있다.53)

이상과 같이 북한의 최고 권력자들로 볼 수 있는 노멘클라투라는 체제를 지켜야 된다는 신념과 자기 살길을 자기 스스로 개척해야 된다는 개인주의를 동시에 가지고 있으며, 공식적으로는 체제의 선봉에 서고 최고지도자에 대하여 충성을 과시하지만, 동시에 암시장을 비롯한 '2차 경제'에 참여하고 비호하며 기존의 사회주의체제의 기초를 마모시키고 있다.

3) 사회적 네트워크와 통제기제

1995년 8월말의 대홍수 이래로 3년 사이에 북한인구 2,200만 명 중에서

---

50) 김시영(가명, 54세, 소아과 의사, 1998년 귀순)의 증언, 서재진 (2001), 앞의 책, p. 32에서 재인용.
51) 『월간조선』, 1997년 4월호, p. 312.
52) 김성철 외 (1996), 앞의 연구보고서, p. 48, p. 61.
53) 서재진 (2001), 앞의 책, pp. 42-59.

300만~350만 명이 아사(餓死)하거나 굶주림에서 비롯된 각종 질병으로 사망하고, 30만 명 이상이 북한을 탈출했다는 것은 북한사회가 해체되고 있었다는 것을 의미 한다.54) 그런데도 알려진 주민들의 조직적 저항사건도 없었고, 정치체제의 붕괴조짐도 발견되지 않았다는 것은 관찰자들을 의아스럽게 한다.

그러나 이에 대해서는 북한에서 운용되고 있는 억압기제의 규모와 효율성으로 부분적인 설명을 할 수 있을 것이다. 즉, 그간에 북한의 위정자들이 '국가안전보위부', '사회안전부(인민보안성)', '국가검열위원회', '사회주의법무생활지도위원회', '인민반' 조직 등을 통해 사회를 종적·횡적으로 통제해 왔기 때문에 조직적 저항이 불가능 했을 것이다. 그 뿐만 아니라 북한 위정자들은 정치적 처벌의 기재로 운영해 오던 12곳의 정치범 수용소를 중·동부유럽에서 공산주의체제가 붕괴되자 1990년대 초에 6곳의 대단위로 재편성하여 대외보안과 관리의 편의를 도모하고 있다. 아울러 비법적 처벌장치로 운용해오던 노동단련대, 집결소 등의 강제노동소도 2004년에 형법을 수정하여 '노동단련형'을 법제화 하며 그 수를 늘이고 있다. 그런데 북한에는 이와 같은 항시적 통제장치 외에, 1995년 9월 27일에 김정일이 "전국의 방랑자들 생활을 안정시키라"는 지시에 따라 '9·27 상무위원회'를 조직하여 감옥처럼 사용하는 등, 상황별 통제장치도 만들어 운용할 만큼 통제에 대한 정책적 대응이 신속했고, 불만·저항자들에 대한 국가의 통제기제도 효율적으로 운용되고 있다.

동독사회에 비해 '비공산화 영역'이 거의 없는 북한사회에서 이와 같은 종적·횡적 통제장치들은, 체제 불만세력들을 결집하여 정치체제에 압력을 가하고 정치변동을 촉진시킬 수 있는 사회세력으로 성장시킬 수 있는 사회적 네트워크가 발달할 수 없게 하였다. 이런 점은 '통일혁명'을 성공시킨 동독의 당시 상황이나, 천안문사태가 실패로 끝난 중국의 경우와 비교해 보

---

54) 좋은벗들 (1999), 앞의 책.

면 많은 시사점들을 찾을 수 있다.

북한사회에서 발견할 수 있는 중요한 특징 중의 하나는 국가의 통제기제가 일상사에 깊게 침투해 있고, 하급관리자들에게도 공권력의 권위를 이용하여 주민들을 통제할 수 있는 권한을 크게 부여하고 있다는 것이다. 예를 들어, 당일꾼에게 시비를 따졌거나, 행정일꾼에게 달려들었거나, 조직책임자에게 잘 보이지 못한 사람들을 강·절도·강간범 등과 같은 부류로 취급하여 '노동단련대'에 보낸다고 한다.

그런데 제도화의 수준이 낮은 저발전 사회에서 흔히 볼 수 있는 신가부장제(Neo-Patrimonial System)의 모습으로, 국가의 공적영역과 관료들의 사적영역이 구분되지 않고 공권력을 사적으로 유용하는 현상이 북한에서 일상화되어 있다. 심지어 안전원, 보위부원 등 단속요원이 장사꾼과 결탁하여 대가를 받는가 하면, 신의주에서는 안전원 규찰대와 강도, 절도, 협잡꾼들이 공모하여 주민들을 갈취하고는 5:5로 분배한다는 증언도 있다.55) 이는 단순히 몇몇 공무원들의 범죄행위만을 의미하는 것이 아니라 사유화 시킨 국가권력으로 사회체계의 작동에 역기능을 하는 부패의 부정적 측면을 보이는 것이다. 이런 현상은 특히 지배이데올로기의 사회적 통합력과 규제력을 약화시켜 당에 대한 주민들의 자발적 동의를 감소시키고 당의 사회 통제력을 떨어뜨리는 것으로 평가된다.

4) 정치변동의 징후와 양태

1980년대 후반부터 급증하고 있는 북한에서의 정치·사회적 일탈현상이 중·동부유럽에서와 같은 개혁추진세력 내지 현 폐쇄적 독재체제에 변혁을 요구할 수 있는 사회세력의 성장으로 연결될 수 있겠는가? 이에 대해 '북한

---

55) 강혁, "탈북대학생 강혁의 수기 (상), 굶주림의 땅에 쓰러져 죽음의 강을 건너다," 『신동아』, 1999년 8월호, p. 404.

주민들의 자발적 동의'와 '반체제 집단의 부재'를 지적하며 부정적인 견해를 펴기도 한다. 그러나 북한사회의 내면을 들여다보면 이런 입장은 충분히 부정될 수 있다. 김일성과 김정일에 대한 주민들의 인식은 그들을 농담의 대상으로 비하시킬 정도로 정상적이며, 노동당 가입을 백안시하기도 하고, 각종 공사현장의 실태는 상부에서의 통제가 조직하부에 제대로 미치지 못하는 것을 여실히 보여준다. 1991년 11월의 평강역 폭발사건이나, 1996년 8월말에 나진·선봉 경제특구 도로 공사장에서 있었던 북한군 6군단 소속 군인 200여 명의 폭동과 120명의 총살사건은 이런 맥락에서 일어날 수 있는 극단적인 예로 해석된다.56) 그리고 북한내부에 반체제집단이 존재한

---

56) 이 사건이 2000년대에 들어 와서 서방세계에 알려진 '6군단 쿠데타 모의사건'과 어떤 연계가 있는 지는 아직까지 밝혀 지지 않았다. 북한 군부 내 반체제 사건으로는 1992~1993년도에 발생한 '푸룬제 군사대학 출신 반역모의 사건'과 1995년 6월경에 발생한 '6군단 쿠데타 모의사건'이 있다. 황장엽 전 비서가 김일성대학 학생들이 반체제 활동을 벌이다 처형당한 사실을 전해들은 바 있다고 증언했고, 북한에 유학했던 이영화 일본 간사이대학 교수가 북한 반체제 인사들의 모임에 참여한 일화를 소개한 적이 있다. 북한 주민들 사이에서는 1990년대 후반부터 국경지역을 중심으로 삐라나 전단이 자주 목격된다고 전해진다. 6군단 쿠데타 모의사건은 함경북도 청진 인민군 무력부 6군단에서 정치위원을 중심으로 쿠데타를 모의하다 발각되어 장성급을 포함 군 간부 40여 명이 처형당한 큰 사건이다.
쿠데타 모의에 필요한 비용은 대부분 외화벌이 사업을 통해 모은 달러를 사용했다. 국경지역 군부대는 중국과 무역이나 밀수를 통해 손쉽게 달러를 벌어들일 수 있었다. 그러나 조직 확대를 위한 과도한 달러 유통이 단서가 되어 쿠데타 모의는 군 보위국의 수사망에 걸려들고 말았다. 당시 6군단은 청진에 사령부를 두고 함경북도 전체를 관할하고 있었다. 6군단은 3개 보병사단과 4개 방사포 여단, 1개 포병사단을 전투부대로 구성하고 있었다. 병력의 절반은 군단 직할이었고 나머지 절반은 지방군으로 충원하게 되어 있었다. 쿠데타 모의는 6군단 정치위원(소장 혹은 중장 계급)을 중심으로 예하 부대 대대급 지휘관까지 확산되었다. 여기에 함경북도 도당 책임비서, 행정일꾼, 국가안전보위부, 사회안전부(인민보안성) 부부장 이상 간부급이 대거 가담했다. 그래서 처벌 받은 사람이 300~400명이나 되었다고 한다. 6군단 사건 발생 직후 북한 군 당국은 6군단 내 24사단과 5군단 소속 34사단을 교체하고 나머지 6군단 병력을 함경남도 7군단과 교체한 후 24사단 병력 전원을 몇 년에 걸쳐 전역시켰다. 쿠데타 모의에 관련된 핵심 관계자는 전원 처형 당하고 가족은 정치범 수용소로 끌려갔다. 당시 핵심 관련자는 친족뿐만 아니라 사돈의 6촌까지 처벌당했다고 한다.
http://enjoyjapan.naver.com/tbbs/read.php?board_id=pmilitary&nid=25505

다는 주장과 함께 적지 않은 증거들도 있다. 1992년 4월 25일에 군부 쿠데타 음모가 발각되어 안종호 부총참모장을 포함한 40여 명의 군 장교들이 처형되었으며, 1998년에는 신의주에서 반정부사건이 일어나 200여 명의 젊은이들이 한꺼번에 수감되기도 했다는 것이다.57) 2004년 말에는 함경북도 회령시에서 반체제낙서 사건인 '자유청년동지회' 사건이 발생하여 60여 명이 체포되었는데, 대부분은 감옥에서 죽고 일부는 정치범 수용소로 간 것으로 알려져 있다.58)

과거 중·동구 공산사회에서는 창조적 지식인과 정치권력 간의 접합도가 무척 낮아서 이들 속에 반체제적 아웃사이더의 서식 가능성이 컸었다.59) 아직 구체적으로 알려진 표증들이 충분하지는 않지만 북한의 경우도 예외일 수는 없을 것이다. 지식인들의 체제 비판적 소리는 흔히 청년문화를 자극하게 되는데, 1990년에 있었던 김책공대 학생들의 '김정일 경제정책 비판 대자보 사건'이나, 1993년 3월 만수대 김일성 동상 폭파미수 사건 등은 그 좋은 예라고 볼 수 있다. 그리고 맥락은 다소 다르지만, 북한의 청년들이 체제 비판적 시각을 갖고 있는 것을 보여주는 예로서, 1996년에 러시아에서 신형전투기를 몰고 오기 위해 교육받던 비행사들이 북한체제를 비판하다가 "비행기를 몰고 주석궁을 들이받을까"라고 농담한 것이 보고되어 11명의 비행사 가운데 8명이 수용소에 끌려갔다고 한다.60)

(검색일: 2007년 2월 18일) ; 윤대일, 『「악의 축」 집행부 국가안전보위부의 내막』 (서울: 월간조선사, 2000), pp. 138-142. 윤대일은 이 책에서 '6군단 쿠데타 모의사건'이 발각된 과정을 비롯하여 김일성 사후에 발생한 여러 유형의 주요 정치적 사건들을 소개하고 있다.

57) 이백룡의 증언(2001), 강철환, "요덕수용소에선 지금 무슨 일이? 탈북자들 '살벌기류' 증언," http://nk.chosun.com/news/news.html?ACT=detail&cat=4&res_id=12176 (검색일: 2002. 06. 13).

58) http://www.pscore.org/zb5/?page=1&sid=32&article_srl=185475 (검색일: 2002. 06. 13).

59) 안병영, 『현대공산주의연구, 역사적 상황 · 이데올로기 · 체제변동』 (서울: 한길사, 1982), p. 166.

60) 이백룡의 증언 (2001), 강철환, 앞의 기사.

정치범 수용소 수감 경력이 있는 탈북자들의 증언에 의하면, 1990년대 중반 이후 정치범 수용소가 거의 완전통제구역으로 전환되었다고 한다. 혁명화구역의 규모가 줄어든 것은 가족연좌제에 의해 가족 전체가 수감됐던 과거와 달리 당사자만이 수감되는 형태로 바뀌었기 때문이라는 것이다. 이는 달리 말하면 체제 불만·비판자의 수가 과거에 비해 늘어났다는 것을 의미하는 것이다.

Z. 조르단(Zbigniew A. Jordan)은 폴란드의 청년문화 분석을 통해 1964년 당시 청년들이 세계를 부정하는 이의론자(non-conformist)로서 '퇴거의 이데올로기(ideology of withdrawal)'를 표방하게 된 것은 부르주아의 원규나 규범적 전통에서도, 마르크스 이념이나 실제 행태에서도 설자리를 찾지 못했기 때문이라고 설명한다. 당시 동구전문가들은 이와 같은 현상이 다음 3가지 주요 원천으로부터 비롯된 것이라고 주장한다. 첫째, 가족가치의 전통적 요인과 사적 생활영역에 대한 침투를 서슴지 않는 공산주의 이데올로기 간의 긴장. 둘째, 사회적으로 공인된 목표성취 수단에 대한 접근에 있어서 개인 간의 심한 편차. 셋째, 개인주의적 가치체계와 공산주의적 가치체계 간의 갈등. 그런데 이 세 가지 요인들 중 노동자의 이름으로 당내 지배를 강화하는 국가주의(statism)와 개인의 주체적 자유를 갈구하는 청년들의 생활의식 간의 상충을 뜻하는 세 번째 요인이 가장 크게 작용했고, 이는 청년들의 규범적 무정향성을 심화시키고, 소외화를 자극했다는 것이다.[61]

과거 동구 공산사회의 이와 같은 예는 현재의 북한 청년문화를 이해하는 데 많은 도움을 준다. 위의 3가지 소외의 원천은 북한사회에도 거의 같은 형태로 존재하며, 그 결과의 표증들도 나타나고 있다. 즉, 이미 수년 전부터 북한에서는 친숙한 청년들 사이에서 남한과 서방의 대중가요들이 비밀리에 불리어지기도 하고, 과거와는 달리 정치적·이념적 이유보다 사회적·경제적 이유 때문에 탈북하는 북한 주민들이 압도적 다수를 차지하는

---

61) 안병영 (1982), 앞의 책, pp. 169-170.

것은 좋은 예라 할 수 있다.

  A. 코본스키(Andrzei Korbonski)가 제시한 동구 자유화의 배경조건이 지식인과 청년의 소외였던 것처럼 북한사회의 변혁을 추진할 수 있는 원동력도 현재의 폐쇄적이고, 교조적인 사회정책으로부터 소외된 지식인과 청년들에서 찾을 수 있을 것이다. 보다 구체적으로, 외부사정을 잘 알고 있는 소환 유학생들, '비통신'을 통해 남한사정을 알고 있는 지배엘리트들(전체 주민의 2~3%)과 국제회의 참석, 합작회사 및 관광사업 종사, 해외근로 등을 통하여 외부사정을 알고 있는 사람들 중에는 개혁·개방에 동조하는 사람들이 상당히 많은 것으로 알려져 있다.

  북한의 위정자들도 이점을 잘 인식하고 있는 것 같다. 북한의 요덕관리소가 개편되면서 특별독재대상구역이 대규모로 확장되고 혁명화구역이 축소되는 과정에서 많은 혁명화구역 수용자들이 석방되었지만 800~1,000명 가량의 독신 해외파견자, 탈북자, 탈북미수자 등은 계속 수감되어 있는 것은 이런 점을 반영하는 것으로 보인다.

  이와 같이 와해되고 있는 사회에 거대한 국가적 통제장치가 압제를 가하고 있고, 체제 불만세력들을 조직적으로 동원할 수 있는 네트워크가 제대로 형성되어 있지 않은 상황에서는 밑으로부터의 정치변동을 기대하기 힘들다. 이는 중국의 총공회가 충분한 자율성을 갖지 못했기 때문에 천안문사태 때 정치변동에 기여하지 못 했는데 비해, 하부조직을 갖춘 동독의 복음교회는 노이에스 포럼(Neues Forum), 데모크라티 예츠트(Demokratie Jetzt) 등과 같은 시민조직들과 함께 시민저항세력의 네트워크를 형성함으로서 정치변동과 통일혁명을 성공시켰던 사실로 뒷받침할 수 있을 것이다.

  이와 같이 북한에서는 정치변동의 배경조건은 갖추어 졌어도 사회운동의 동력이 결여되어 있어서 가까운 장래에 급격한 정치변동이나 개혁·개방을 예상하기는 힘들다. 그러나 사회가 새로운 균형을 찾아가는 과정에서 북한의 정치체제는 항상 불안정할 수밖에 없으며, 천안문사태와 같은 심각한 위기를 맞을 가능성도 충분히 있다.

3. 소결

천안문사태를 통해 드러난 중국에서의 불안정은 정치적 상부구조와 경제적 토대간의 점증하고 있던 탈절현상에서 비롯된 것이라면, 오늘날 북한에서의 가장 중요한 모순은 강한 통제 메커니즘과 취약한 사회 간의 접합에서 비롯되고 있다. 중국이나 동독의 사례와 북한을 비교해 볼 때 북한에서의 정치변동은 그 양상이 다를 수 있지만, 가능성 자체는 상당히 높은 것으로 전망된다. 현재와 같이 와해의 길을 걷고 있는 북한사회 위에서 북한의 현 정치체제는 오랫동안 견디지 못할 것이다.

북한의 개혁·개방은 '제2 사회영역'의 확장과 어느 정도의 시민적 자율성을 신장시킬 것이다. 그러나 북한의 집권자들은 시민적 자율성의 발달과 통제 간의 균형을 유지하기 위해 모든 노력을 경주할 것이고, 어느 정도는 성공할 수 있을 것으로 판단된다. 그런데 중국의 지도자들이 '탈 스탈린주의 단계'에서 '1차 사회'의 부정적인 측면에 대해 혹독한 자기비판을 하고, '탈 전체주의 단계'에 접어들면서 '제2 사회영역'을 공식화 혹은 준 공식화시키기 위해 다양한 제도적 장치들을 마련했던 것처럼, 북한의 지도자들 역시 그들의 제도적 영역을 확장하고, 중국처럼 사회통제방법도 물리적 강제력을 사용하는 직접적 통제로부터 사회통합을 추구하는 간접적 통제로 바꾸어야 될 것이다.

전통적 공산주의사회에서는 공산주의 이념이 사회적 통합과 사회적 규제를 담당해 왔다. 현재의 중국과 북한 사회의 경우는 이 부문이 대단히 낮게 평가되고 있다. E. 뒤르께임(Emile Durkheim)이 인정하는 바와 같이 사회적 규제는 사회적 통합이 일정 수준 이상일 경우에 효과적이다. 사회통제가 효과적으로 이루어지지 못 할 경우에 사회제도가 비효율적으로 되는 사회적 무질서 속에서 꾸준히 새로운 역학적 균형(continuing dynamic equilibrium)을 찾게 될 것이다.[62] 이는 곧 정치체제에 대한 압박으로 나타날 것이다.

 동독의 사례에 비추어 볼 때, 북한에서는 저항세력들을 결집시켜줄 수 있는 사회적 네트워크가 발달해 있지 않아 급격한 정치변동은 피할 수 있었다. 더욱이 북한에는 중국에서와 같은 리더십의 대체도 없어 안정적 정치변동도 없었다. 그러나 북한의 국가 지도자들이 현재의 상황을 제대로 직면하지 못하면 '제2 사회영역'의 확장이 체제에 주는 압력과 그로부터 오는 사회적 무질서가 걷잡을 수 없게 점증하는 상황이 도래할 것이다. 따라서 한국과 중국정부는 북한의 '2차 사회' 확장이 북한의 제도권 내에 수용되도록 북한의 위정자들을 설득·유도하는 대북정책을 취해야 될 것이다.

---

62) Marvin Krohn, "Control and Deterrence Theories of Criminality," Joseph F. Sheley, Criminology, *A Contemporary Handbook* (New York, Paris: Wadsworth Publishing Company, 1995), p. 330.

3

베트남과 북한에서의 사회통제와 정치변동

　Z. 브레진스키(Zbgniew Brzezinski)의 연구 『대실패(The Grand Failure)』에 따르면, 1988년 당시 베트남과 북한 사회주의체제의 위기지수는 각각 12와 8로서 15부터 27까지로 나타난 중·동부유럽 사회주의체제의 일반적인 위기지수보다는 높지 않았으나, 7과 6을 보인 동독이나 불가리아보다는 높게 나타났다.1) 그러나 북한의 경우, 식량사정이 극도로 악화되기 이전의 위기상황을 민족통일연구원에서 Z. 브레진스키 위기지수로 다시 평가한 바로는, 1989년부터 1995년까지 12에서 17까지 매년 증가하였고, Z. 브레진스키 자신도 1995년경의 북한 위기지수를 17로 평가하였다.2) 식량위기로 1995년 이후의 북한 위기지수는 더욱 상승했을 것이 자명한데, 체제붕괴와 같은 급격한 정치변동을 피할 수 있었던 것은 어떻게 설명되어야 하는가?

　앞 장에서도 살펴 본 바와 같이, 중국·동독·북한의 사례들에 대한 비교연구를 통해 공산화 이전의 시민사회 경험과 공산화 과정에서 공산당의 사회장악 정도, 저항적 사회세력의 형성 메커니즘 등의 차이가 정치변동의 양상을 규정한다는 것을 알 수 있었다.3) 그런데 이 선행연구를 수행하면서

---

1) Zbgniew Brzezinski 저, 명순희 역, 『대실패』 (서울: 을유문화사, 1989), p. 279.
2) 김성철 외, 『북한 사회주의체제의 위기수준 평가 및 내구력 전망』 (서울: 민족통일연구원, 1996), p. 12.

통제규범으로 유교적 가치(Confucian values) 즉, 유교의 가족집단주의, 학습존중, 윤리규범의 중시 그리고 지도자들의 위민사상(爲民思想) 등이 공산주의 지배이데올로기의 사회통제력이 현저히 약화된 상황에서 보완·대체 기능을 하고 있는 것이 보였다.

공산주의국가들에서는 공산주의이념이 사회를 전적으로 지배하는 단일주(單一柱) 체제(monolithic regime)가 건설되어 있는 것으로 인식되어 왔지만, 실제 사회에는 이와 배치되는 비공식적인 사회영역들이 존재해왔다. 이러한 현상을 공산권 연구 전문가들은 '병행 사회(parallel polis)', '2차 사회(second society)', 혹은 '잠재적 시민사회' 등의 개념으로 묘사해 왔다.4) 그러나 이와 같은 비공식적 사회영역들은 정도의 차이는 있지만 공산주의체제가 극도의 비효율성을 드러내면서 확연해지고, 개혁·개방정책을 취하면서 일정부분은 제도 속에 수용되기도 했다. 그 결과 후기 공산주의사회(late-communist society)에서는 공산주의 이념에 의해 지배되는 공식적인 영역과 교조적 공산주의 이념으로는 수용하기 힘든 모습들이 사회의 또 다른 한 영역으로 자리 잡는 2분법적 사회분화가 진행되어왔다.5)

앞서 소개한 바와 같이, E. 핸키스(Elemér Hankiss)는 1980년대 말 헝가리 사회의 이런 모습을 2분법적인 변수들에 따라 '1차 사회'와 '2차 사회'로 구분하고, 이런 '체계와 체계 외적(system-foreign) 조직원리'가 경제생활, 공공영역, 문화생활, 사회의식, 정치적·사회적 상호작용 분야에 나

---

3) Man-Ho Heo, "Contrôle social et changement politique dans les sociétés communistes subsistantes : une application des cas chinois et est-allemand à la Corée du Nord," *Revue Internationale de Politique Comparée*, Vol.9 No.3(Hiver), 2002.
4) 서재진, 『또 하나의 북한사회, 사회구조와 사회의식의 이중성 연구』 (서울: 나남출판, 1995), p. 23; Elemér Hankiss "The 'Second Society': Is there an alternative social model emerging in contemporary Hungary?," *Social Research* 55, Nos.1-2 (Spring/Summer), 1988; 장경섭, "북한의 잠재적 시민사회," 『현상과 인식』, 18권 4호 통권 63호, 1994.
5) '후기 공산주의사회'에 대해 제안자인 E. 핸키스는 개념적인 설명 없이, 시기적으로 체제 안정기 이후, 특징적 모습으로 '2차 사회'의 뚜렷한 형성을 제시하고 있다.

타난다고 설명하였다.

후기 공산사회를 설명하는 E. 행키스의 변수들은 베트남과 북한의 공산사회를 설명하는 데에도 원용될 수 있다. 그런데 이와 같은 2분법적 사회분화 속에서 중·동부유럽 공산국가들과는 달리 이 두 공산국가가 건재한 이유를 규명하는 데에는 사회적 통합(social integration)과 사회적 규제(social regulation)에 분석의 초점을 두고 있는 사회통제이론이 필요하다. 왜냐하면 기존의 공산주의사회에서는 정치이념이 사회에 침투하여 통합과 규제를 해 왔는데, 베트남과 북한의 경우 후기 공산사회에 들어와서 이 지배이념의 사회적 통합력은 현저히 약화되었다. 그런데 어떠한 사회든 사회통제가 효과적으로 이루어지지 못할 경우에 그 사회는 사회제도가 비효율적으로 되는 사회적 무질서 속에서 꾸준히 역학적 균형을 찾게 되고, 이는 곧 정치체제에 대한 압박으로 나타날 것이다. 베트남과 북한이 처해 있는 이런 상황 속에서 유교적 가치는 어떤 역할을 하는가?

저자는 큰 범위의 연구목적으로 베트남과 북한이 어떻게 체제붕괴와 같은 급격한 정치변동을 피할 수 있었는가를 유교적 가치와 사회통제라는 변수로 설명하고자 한다. 그러나 연구의 주안점은 보다 미시적인 비교연구를 통해 베트남과 북한에서의 정치적 변화의 차이를 이 두 변수로 설명하는 데 있다.

연구의 시기적 범위는, 베트남의 경우 도이머이 정책이 시작된 1986년 이후, 북한의 경우는 합영법이 제정된 1984년 이후가 될 것이다. 그러나 이 두 공산국가가 공산화 과정에서 유교적 전통을 어떻게 수용 혹은 배척했는가는 후기 공산사회에서 분화와 정치변동의 양상에 중요한 영향을 미쳤을 것이라는 전제에 따라 공산화 과정도 본 연구의 한 부분으로 설정할 것이다.[6]

---

[6] 이 전제는 본 장에서 증명하고자 하는 주요 논제 중의 하나이지만, 서구학계에서도 '정통성의 위기'라는 범주 속에서 부분적으로 다루어져 왔다. Leslie Holmes, *Post-Communism, An Introduction* (Cambridge: Polity Press, 1997), pp. 42-58.

1. 공산화 과정에서의 유교적 가치

1) 베트남

(1) 북부해방과 인민민주주의혁명: 전통문화와 '새생활 운동'

공산화되기 이전의 베트남 사회에 수용되어 있던 전통사상은 한국과 유사한 측면이 많다. 특히, 유교권 국가들이 일반적으로 가지고 있던 위민사상(爲民思想), 예(禮), 천도(天道)사상은 15세기에 레(Lê, 黎) 왕조가 성립되면서 수용되어 정부의 통치철학이 되었다.7) 유교에 기초한 엄격한 윤리교육은 군신관계만이 아니라 모든 사회관계를 위계적으로 만들었다. 특히 레 왕조는 안정된 사회를 만들기 위한 방편으로 지방세력의 토대인 마을에서 위계적 사회관계가 형성되도록 했다. 그리고 가족관계에서도 효(孝)를 내면화시킴으로써 전체 사회관계에서 복종의 생활방식이 보편화되도록 하여 국가의 중앙집권적 통치를 용이하게 했다.

이러한 유교식 통치체제는 응웬 왕조가 집권하면서 더욱 강화되어 베트남 사회의 저변에까지 유교문화가 확산되었다. 그 결과는 가족제도, 특히 집안(nhà, 家)의 계승제도와 전통마을에서 보호신 숭배를 통한 사회적 결속, 그리고 지위서열(ngôi thứ) 체계 등에 나타나고 있다.

이와 같이 베트남사회의 공식적 영역이 유교적 위계질서에 의해 지배되었다고 한다면, 비공식적 영역에서의 사회관계는 상호부조회를 통한 상부상조 정신과 평등이념인 띵깜(tình cảm)에 의해 지배되었다. 띵깜은 정감과 애정을 바탕으로 위계적 서열에 의해 경직된 사회관계를 유연하게 하는 역할을 해왔다.8)

---

7) C. F. Keyes, *The Golden Peninsular: Culture and Adaptation in Mainland Southeast Asia* (New York: Macmillan, 1977).
8) 황귀연 외, 『베트남의 이해』 (부산: PUFS, 1999), pp. 133-134.

이와 같이 사회의식이 계서와 평등이라는 이원적 구조를 형성하고 있고, 마을을 하나의 독립적인 사회 단위체로 하여 전체 베트남사회가 운영되어 옴으로서, 베트남이 20세기 중반에 와서 반외세·민족해방전쟁을 비정규전인 게릴라전쟁을 통해 성공시킬 수 있었던 것으로 판단된다.[9] 그러나 공산화 과정에서 베트남 공산정부는 이와 같은 전통적 문화와 가치들에 대해 상당히 신중한 자세를 취했다.

베트남노동당(1976년 4차 전당대회에서 베트남공산당으로 개명)은 식민지 시대까지의 마을 사회구조를 봉건시대의 유물로 규정하고, 특히 그간 마을에서 행해오던 의례를 농가의 경제를 궁핍하게 만들고, 지위경쟁을 심화시키는 요인으로 보고 우선적으로 제거하려 했다.

이러한 맥락에서 베트남노동당은 1945년 '8월 혁명' 후 사회·문화 개혁 운동으로 '새생활 운동('Đôi Sông Môí)'을 전개했다. 이 운동은 '북부해방'(1954년) 이후, 당이 토지개혁(1955년 12월~1956년 7월)과 인민민주주의 혁명의 달성을 기치로 내걸면서 활기를 띠기 시작했다. 이 '새생활 운동'은 '문화와 이념의 혁명'을 통해 전체 베트남 주민들의 의식을 개혁시키려는 것이었다. 이는 당이 '봉건적 사회질서를 지탱시켜준 문화와 이념은 통치자들의 압제를 정당화 시켰을 뿐만 아니라, 인민들이 자발적으로 이에 따르게 했다'고 규정한 데에서 비롯된 것이다. 이런 맥락에서 일반인민들의 문맹퇴치, 혁명의식 고취, 신지식 보급 등을 위하여 한자 사용을 금하고, 로마자로 표기하는 꾸옥 응으(Quôć Ngũ)를 사용하게 했으며, 각종 교육을 강화했다.

(2) 남부해방과 북화(北化)정책: 이념적·문화적 혁명과 유교적 가치

1975년 남부해방 이후 베트남공산당이 취한 북화정책은 '사상개조학습'과

---

9) Gérard Challiand, *Mythes révolutionnaires du tiers mond, Guérillas et socialismes* (Paris: Editions du Seuil, 1979).

전 국토의 '사회주의적인 조직'으로 대표된다. 전자는 자본주의적 사고방식과 삶의 양태에 익숙해 있던 남부 베트남인들을 단기간에 공산화 하려했기 때문에 강도가 높았다고 한다. 특히, 교육과정에 사용된 물리적·심리적 통제양식 특히, 강제수용소는 지금도 공포의 대상이 되고 있다.10) 후자는 사회주의적인 것 이외의 '불순한 요소들'을 세척해 내기 위해서 취해진 조치로, 남부 베트남의 도시들을 중심으로 형성되어 있던 자본주의 요소들을 제거하기 위한 신경제지구의 건설로 대변된다. 그런데 남부해방 이후 베트남은 사회주의적 가치가 훼손될까 우려하여 신기술을 채택하는 것을 주저하는 일은 없었고, 현대적 경제건설과 사회주의적 사회건설 간에 아무런 갈등이 없다고 한다. 이는 베트남 공산주의자들이 실용주의적 성향을 강하게 가지고 있기 때문인데, 그 기저에는 베트남에 정착한 신유교의 현실주의가 작용하기 때문이라는 것이다.11)

딘(đinh: 마을의 보호신을 모시는 장소) 의례를 통한 위계서열의 재생산과 가정의례 때 주고받는 교환관계에 따른 사회적 불평등의 상징을 제거하기 위해 베트남 노동당과 공산당은 수십 년간 노력해 왔다. 그러나 전자를 없애는 데는 성공했으나 후자는 결코 그러지 못했다.

베트남공산당은 남부해방 후, '북화정책'의 일환으로 주민들의 의식개조 사업을 대대적으로 실시하며, 여타 종교들에 대해서는 '선교의 금지' 형태로 탄압하였다. 그러나 1977년 11월 11일 수상통고문 제297호에서도 조상과 관련된 종교적 행사나 가족주의적인 의례에 대해서는 금지시키지 못했다. 그래서 이는 공산화 후에도 문화적 가치체계로 마을사람들 간에 띵깜 관계를 형성시키고, 상호 도덕적 의무관계를 유지시키는 메커니즘으로

---

10) P. V. Trân, *PRISONNIER POLITIQUE AU VIÊT-NAM* (Paris: L'Harmatin, 1990); 전경수 외, 『통일사회의 재편과정, 독일과 베트남』 (서울: 서울대학교출판부, 1997), p. 188.
11) 전경수 외 (1997), 위의 책, pp. 189-190; Lê Quang Thiêm, TS (베트남 국립하노이대학 교수), 2002월 1월 28일 인터뷰; Trân Hũu Đinh (베트남 역사연구원 Institute of History of Vietnam 부원장), 2002년 1월 18일 인터뷰.

계속 존재해왔다.

그런데 베트남노동당이 농업집단화 즉, '호조조'에서 '농업합작사'로 전환하면서 세 가지 원칙으로 자발성, 민주적 관리와 함께 상호부조를 제시했던 것으로 보아, 전통적 의식을 공산화 과정에서 활용한 것으로 파악된다. 그러나 집단화의 전략으로 채택했던 3청부제(三請負制: 생산량, 생산비, 노동점수)를 1988년 4월 5일 '농업경제 관리개혁에 관한 결정 10호'를 통해 단가(單家) 청부제 (Khoan Ho)로 바꾼 것은, 베트남이 북한만큼 대중들의 의식개조, 통치이념 창출에 전통문화나 가치를 충분히 활용하지 못하고, 이를 '비공산화 영역'으로 남겨두었다가 마침내 생산양식에 도입한 것으로 해석된다. 그리고 베트남사회가 후기 공산주의 단계에 들어서자 전통적 의례와 가치들이 곧바로 되살아 난 것은, 물론 남부해방 이후에 실시한 '북화정책'의 한계라는 측면도 있지만, 베트남에 '비공산화 영역'이 북한보다 많이 남아 있었기 때문인 것으로 보인다.

2) 북한

(1) 정권 수립기 문화정책: 민주주의 민족문화론

북한의 전통문화정책은 사회주의체제의 출범부터 최고인민회의 제3기(1967. 12)까지 두 방향으로 추진되었다. 그 한 방향은 대남 비판의 차원에서 남한의 미군정과 제1공화국을 겨냥하여 '반동문화'의 청산과 '미국식 문화'의 이입을 비판하는 것이었다. 북한은 이 시기에 반동문화의 구체적 내용에 대해서는 별 언급이 없이 그 부정적 파생요소들이 남한에는 여전히 남아 있는데, 북한에서는 그 반동문화의 피해자였던 여성과 아동을 보호하고, 권리를 신장하는 법률들(남녀평등권에 대한 법령, 탁아소직제·규칙, 서자의 권리와 부모의 의무에 관한 1948년 헌법 23조 등)을 제정하였다는 것이다.[12]

---

12) '남녀평등권에 대한 법령'(1946년 7월 30일 임시인민위원회결정), '남녀평등권에

다른 한 방향은 '민주주의 민족문화'의 확립을 강조하며 기존의 사회적 악습을 비판하는 것이었다. 그리고 사회주의 혁명에 장애가 된다고 판단되는 봉건적 요소들을 청산하기 위해 제도적 조치들을 마련하였는데, 그 과정에서 호주(戶主)제도를 폐지하고, 자유결혼과 이혼을 허용하며, 친족의 범위를 6촌까지만 인정하는가 하면, 장자(長子) 불균등상속을 인정하지 않으며, 남녀를 동등하게 노동에 동원하는 것과 같이 유교적 전통윤리에 따른 가족주의적 정서에 배치되는 가족정책을 실시하기도 했다. 그러나 북한주민들의 의식에는 전통적 정서와 유교적 가족주의가 여전히 자리 잡고 있었다.13)

북한의 민주주의 민족문화는, 사회주의 문화유형의 준거로 소련문화를 북한의 실정에 맞게 수용하여 전통문화의 착취적 요소를 제거하는 데 하나의 지침으로 작용하였다.14) 그래서 북한은 '남녀평등권에 대한 법령'에서 남존여비, 남녀차별, 호주·호적제도, 강제결혼, 일부다처제, 처첩제, 공·사창제, 기생제도, 매매혼, 신부대금, 민며느리제도, 데릴사위제도, 조혼 등을 금지시켰다. 그러나 여타의 유교적 전통에 의해 형성된 규범들에 대해

대한 법령시행세칙'(1946년 9월 14일 임시인민위원회결정), '녀성상담소에 관한 규정'(1948년 12월 23일 보건성 규칙), 1948년 9월 8일에 채택한 헌법 제22조 ("녀자는 국가 정치 경제 문화생활의 모든 부문에 있어서 남자와 동등하다") 등은 북한의 정권수립 기에 남녀평등을 강조하는 정책을 반영한 법률들이다. 아동에 대해서도 '탁아소직제, 규칙'(1947년 6월 13일 비준), '유아상담소에 관한 규정'(1948년 12월 23일), '탁아소에 관한 기준'(1949년 2월 1일 보건성 규칙) 등이 마련되었으며, 1948년 헌법 제23조에는 서자('결혼생활 이외에서 출생한 자녀')에 대한 부모의 의무와 서자의 권리까지도 기술하였다. 부남철, "북한의 유교적 전통윤리 정책 - 가족윤리·법을 중심으로 -," 『'92 북한·통일연구 논문집(4), 북한의 경제·사회·사법제도 분야』 (서울: 통일원, 1992), pp. 286-287.

13) 부남철 (1992), 위의 논문, pp. 273-274, p. 277.
14) 북한최고인민회의 제1기 제3차회의에서 이극로 대의원은 다음과 같이 발언하였다. "쏘련문화는 우리의 민족문화를 민주주의적 발전에로 이끌어 나아가는데 결정적 공헌을 할 것입니다. 쏘련문화는 … 맑쓰-레닌주의의 세계관에 립각하여 고상한 도덕성과 진보적 상상성으로 억압과 착취가 없는 인민들의 형제적 친목과 동지적 협조를 반영하고 있습니다. … 새전쟁방화자들의 도전을 강력히 막아내는 거대한 방파제로 되고 있습니다." 통일원, 『북한최고인민회의자료집』, 제1집 (서울: 통일원, 1988), p. 454.

서는 구체적으로 비판을 가하지 않았다.15)

그런데 이 시기에 북한에서는 가족주의가 봉건주의의 유제로 규정되었던 반면에 사회계급정책을 실시하는 데 기반이 되기도 하였다. 즉, 1958년 12월~1960년 12월에 실시한 '중앙당 집중지도사업'과 1966년 4월~1967년 3월에 실시한 '주민재등록사업'을 통하여 전 주민의 성분을 3계층 51개 부류로 나눌 때 그들이 소속된 가족의 과거 행적이 중요한 변수가 되었던 것이다.

따라서 북한정권 수립기의 문화정책은 민주주의 민족문화론을 기치로 내세우면서 사회주의 혁명에 유효한 가치관 창달을 위해 유교적 가치를 부분적으로 부정하면서도 활용하는 소극적 정책을 취했다고 볼 수 있다.

(2) 정치적 생명론과 유교적 유기체론

1967년에 주체사상이 노동당의 지도이념으로 공식화되면서 북한은 소련문화를 문화유형으로 모방하려던 초기모습에서 많이 벗어났다. 그런데 이 시기부터 북한의 전통적 가치에 대한 이율배반적인 정책은 한층 더 강화되었다. 즉, 한편으로는 봉건적 유교사상과 가족주의를 부르주아사상, 종파주의 등과 같은 불순사상으로 비판하면서, 다른 한편으로는 김일성에 대해 유교적 정서에 따른 가족주의적 충성을 바칠 것을 요구하였다.16)

이 시기에 북한에서는 유교와 그 중요 원리인 가족주의가 명목적으로 극복해야 될 대상으로 지목되었지만, 실제적으로는 수용이 되어 정치적 권위를 유지하는 원리로 적극 활용되었다. 유교의 화가위국(化家爲國) 개념에 따라 가족 사이에 이루어진 자연적 권위와 질서를 빌어 국가를 운영해야 된다는 사고가 적용되고 있었던 것이다. 이 통치원리는, 신민의 군주에 대한

---

15) 부남철 (1992), 위의 논문, p. 290.
16) 예를 들어 북한최고인민회의 제5기 2차회의에서 한 재정부장 김경련 대의원의 발언 ("전체 근로자들은 어버이 수령님께 대를 이어 충성 다하며 … ")과 6차회에서 한 리경숙 대의원의 발언 ("어버이수령님의 높은 정치적 신임과 크나큰 은덕에 대를 이어 충성으로 보답할 것을 굳게 결의합니다.") 『북한최고인민회의자료집』, 제3집, 통일원, 1988, p. 714, p. 1119.

충성이 진기(盡己)에 이르고, 군주의 신민에 대한 사랑은 친민(親民)에 이르도록 각성하여 상호간 일체화로 결합하는 정치의리를 근간으로 하는 것이다.17) 북한에서도 부(父)에 대해 절대적으로 복종하도록 교육하고, 일부(一夫)에 대한 정절을 의리로 부각시키는 '충성의 전이(轉移)'를 통해 정치권위에 대해 무비판적으로 지지·복종하도록 한 것은 유교를 체제유지에 적극적으로 활용한 것이다.

이런 맥락에서 '(사회)정치적 생명(체)'라는 개념이 1970년대 초에 대두되었다.18) 최고인민회의 제5기 1차회의(1972년 12월)에서 황장엽 대의원은 "⋯ 김일성 동지께서는 ⋯ 정치적 생명에 관한 독창적 리론을 창시하시고 ⋯ 우리들을 모두다 정치적 생명을 가진 국가와 사회의 믿음직한 주인으로 키워주심으로써 온 사회를 ⋯ 공산주의적인 집단주의 원칙이 전면적으로 구현된 하나의 위대한 정치적 생명체로 전환시키시였(다) ⋯"고 강조하였다.19) 또한, 김정일(당시 노동당 선전선동 담당비서)은 '유일사상체계 확립 10대 원칙'을 통해 1974년 2월에 "정치적 생명을 지키기 위해 육체적 생명을 초개처럼 버려야 한다"고 천명하였다.20)

그런데 이에 대해 부남철 교수와 안찬일 박사는, 유교에서는 정치적 권위의 발원과 유지를 위해 가족적 권위가 중요시 되었고, 양자가 동급에서 병렬적으로 존수되었는데 비해, 주체사상에서는 국가단위의 '정치적 생명'이 가족단위의 '육체적 생명' 보다 더 우선적인 것으로 규정한 것이라고 평가한다.21) 그러나 유교에서도 '충-효', '국가-가족'이 이원적인 대립개념

---

17) 부남철 (1992), 앞의 논문, p. 294.
18) '사회정치적 생명체론'은 1986년에 현재의 형태로 공식화되지만, '사회정치적 생명'이라는 용어 그 자체는 이미 『근로자』 1973년 8호에서 "혁명하는 사람에게 있어서 가장 고귀한 것은 사회정치적 생명이다"라고 언급되고 있다. 『근로자』, 8호(376), 1973, pp. 2-12.
19) 통일원, 『북한최고인민회의자료집』, 제3집 (서울: 통일원, 1988), p. 536.
20) 월간조선사, "자료 유일사상체계확립 10대원칙," 『월간조선 1991년 신년호 별책부록, 북한, 그 충격의 실상』 (서울: 월간조선사, 1991), p. 302.
21) 부남철 (1992), 앞의 논문, p. 295; 안찬일, 『주체사상의 종언』 (서울: 을유문화

을 형성하지는 않지만, 특정시점에 우선순위와 상하관계를 가린다면 충(忠)과 국가가 효(孝)와 가족보다 우위에 있어 온 것이 사실이다. 이런 관점에서 본다면, 북한의 주체사상과 정치적 생명 개념은 북한정권과 김일성 개인에 대한 자발적 복종과 적극적 지지를 이끌어 내기 위해 유교의 전통적 가치들을 철학적·정서적 토대로 적극 활용한 것이다.

2. 후기 공산사회에서의 사회분화와 통제: 유교적 가치의 역할

후기 공산사회를 설명하기 위한 E. 핸키스의 변수들은 베트남과 북한 사회에서 나타나고 있는 분화의 구체적 내용을 비교·설명하는 데 중요한 기준으로 원용될 수 있다. 그런데 이와 같은 이분법적 사회분화 속에서 베트남과 북한에서 공산주의 체제가 건재한 이유를 규명하기 위해서는 사회적 통합과 사회적 규제에 분석의 초점을 두고, 통제규범으로 작용한 '유교적 가치'의 역할을 조명할 필요가 있다.

1) 분화의 양상과 유교적 가치의 규정력

(1) 경제생활과 공공영역

① 베트남

도이머이 정책의 일환으로 취해진 경제부문에서의 개혁조치들은 제도화를 통하여 '1차 경제'의 영역을 확대한 것이다. 그런데 이는 경제생활과 공공영역에서 중요한 변화를 초래할 수밖에 없었다.

사, 1997), p. 225.

베트남공산당 정치국이 '농업경제 관리개혁에 관한 결정 10호'를 1988년 4월 5일에 발표하고, 이어서 중앙당도 6차 회의에서 단일가격제도, 물자상업화와 농업협동조합가구를 자주적인 경제단위로 인정하는 의결을 하였다. 이에 따라 그간 농업협동조합의 구성원으로 전락해 있었던 농민들은 토지와 생산수단을 직접 관리·사용할 수 있게 된 것이다. 그리고 조합원들은 국가에 대한 납세의무만을 가지며 계약 이외의 나머지 생산물은 자유롭게 유통시킬 수 있게 되었다. 즉, 누구든지 자기가 잘 할 수 있는 일을 하여 정당한 노동으로 부자가 되는 것을 공식적으로 장려한 것이다.[22]

그 결과, 새롭게 축적되는 경제적 부는 사회적 계층분화와 지위경쟁의 구조를 형성하는 새로운 지표가 되었다. 이는 일반 주민들의 생활에서 사회·경제적 요인들이 정치·이념적 요인들보다 더 우위를 차지하게 했다. 아울러 조합원에 대한 농업협동조합의 기능도 감독관 및 분배자의 기능에서 조합원가구의 생산·경영활동에 대한 서비스 임무로 전환됨으로서 사회·경제적 행위자들의 자율성이 점증되고 중앙집권화가 현저히 완화되었다.

'정부사업체의 설립·해체에 관한 결정'이 1991년 11월에 공포된 이래 약 6,000여 개의 국영기업이 인수·합병 및 해체 되면서 2000년 2월에는 5,280개만 남게 되었다.[23] 그리고 1997년 재무부 통달 제25-TC/TCDN을 통해 국유기업은 앞으로도 계속 줄어들 전망이다. 아직 속단하기 힘든 요소들이 있기는 하나, 이미 국유기업의 고용 비중이 1998년에 겨우 5.2%를 기록하였고, 그 비율은 계속 저하되어 일반국민들의 경제생활에서는 이미 비국가소유제가 우위를 차지하고 있다.[24]

또한, 협동조합법이 1996년에 공포되기 전에 13,782개의 협동조합이 주로 베트남의 북부와 중부지역에 집중되어 있었는데, 그 중 5,346개의 협동

---

22) 구성열 외, 『베트남의 법제도와 시장개혁』 (서울: 연세대학교 동서문제연구원, 2002), pp. 51-52.
23) 구성열 외 (2002), 위의 책, p. 258.
24) Trân Hũú Đinh (2002), 앞의 인터뷰.

조합이 이 협동조합법에 따라 전환되고, 4,709개의 협동조합은 해체되었다. 이 법에 따라 1,037개의 협동조합이 새로 만들어 졌으나 조합원의 출자자본이 대부분 20만~30만 동에 머물러 영세성을 면치 못하고 있다.[25] 이는 베트남 국민들의 경제생활에서 협동조합이 더 이상 절대적인 비중을 차지하지 못한다는 것을 의미한다.

현재 베트남 일반국민들의 경제생활에서 특징적인 모습은 공식적인 임금으로는 정상적인 생활을 영위하기가 힘들어 비공식적 경제영역에 적극적으로 참여하고 있다는 것이다.[26] 이와 같은 2중 경제구조는 자연히 사회적인 병리 현상을 야기하는데, 한 예로 교사들이 과외 수입을 기대하기 힘든 벽지로 부임하는 것을 꺼려 이 지역들에서는 취학률이 늘지 않고 있다는 것이다.[27]

이러한 현상은 불균등한 경쟁구조를 형성하며, 특히 공공영역에서 감당할 수 있는 사회적 규제부문을 축소시키고 사회적 통합을 저해하는 것이다. 그런데 '1차 경제' 영역의 범위가 현저히 확장되었고, 경제체계가 작동하고 있기 때문에 '2차 경제'는 사회적 역동성을 부여하고 있는 것이 사실이다.

② 북한

북한의 '1차 경제'가 한계상황에 처했음을 보여주는 증표는 산재해 있다. 특

---

[25] 구성열 외 (2002), 앞의 책, p. 53; Trần Hữu Đinh (2002), 위의 인터뷰.
[26] 말단 공무원의 초봉은 월 24만 동(Dong)이고, 20년 근무한 경우 80만 동을 받는다고 한다. Vũ Tiến Dung(빈폭 Vĩnh Phúc 성, 럽탁 Lâp Thac 현, 문화부 간부), 2002년 1월 24일 인터뷰. 럽탁소망원 식당종업원은 월 50만 동을 받으며, 럽탁초등학교 교사도 월 50만~60만 동과 보험료로 년 5만 동을 받는다고 한다. 익명의 럽탁초등학교 수위와 교사 부부, 2002년 1월 24일 인터뷰. 그런데 하노이에서 오토바이 1대를 운영하며 어린 자녀 2명을 두고 있는 한 가정에서 월 생활비는 300만 동이 소요된다고 한다. 그래서 교사들은 사적인 과외수업을 통해 급료 외의 수입을 벌고, 의사들 역시 부업으로 가정진료를 한다는 것이다. 김영규(GEDA: Global Education & Development Agency의 베트남 소장), 2002년 1월 25일 인터뷰; Bui Quoc Phong(GEDA 간부), 2002년 1월 25일 인터뷰.
[27] Philippe Delalande, *Le Viêt Nam Face á l'Avenir* (Paris: L'Harmattan, 2000), p. 204.

히, '향후 성과 여하에 따라 개인농으로 전환하려는 전조'28)라고까지 평가되었던 1996년의 '개선된 분조관리제'는 북한의 협동농장체제의 한계를 드러내는 것이다. 그러나 북한당국은 아직 이런 한계상황을 공식적으로 인정하지 않고 있다. 그래서 이 '개선된 분조관리제'를 전국적으로 실시하지 않고 있으며, 『노동신문』이나 여타 공식문건에서 언급하지 않고 있다. 그리고 분조구성원을 가족·친척단위로 구성한다면서도 실제적으로 그렇게 하는 경우는 드물며, 계획달성 초과분에 대한 자유처분권도 실제적으로는 국가가 회수하고 상품구매권(상품구입허가권)을 주고 있다고 한다. 협동농장의 비효율성이 여실히 드러나고 있지만 1984년에 합영법을 채택한 이래, 더욱이 마이너스 경제성장률을 기록한 1990년대에도 큰 변화를 보이지 않았다. 이와 같이 북한주민들의 경제생활에 있어 1차경제영역의 실제적 범위는 아직까지 확장되어있지 않다.

북한 일반주민들의 경제생활에서 '2차 경제'를 구성하는 대표적인 예는 '장마당'이다.29) 2002년 '7·1경제관리개선조치'를 취하기 전에 북한 암시

표 3-1 연도별 협동농장 수의 변화 과정

연 도	협동농장 수	연 도	협동농장 수
1953	806	1960	3,736
1954	10,096	1961	3,702
1955	12,132	1964	3,778
1956	15,825	1965	3,700
1957	16,032	1970	3,667
1958	3,843	1990	3,300
1959	3,739	2000	3,000

출처: 『조선중앙연감』 각 년도, 2000년 통계는 Phrang Roy, "The Experience of IFAD with the Co-operatives of DPR Korea," 『남북화해협력시대 협동조합의 역할에 관한 국제포럼』 자료집, 농협중앙회, 2000. 11, pp. 91-104.

28) 부경생 외, 『북한의 농업: 실상과 발전방향』 (서울: 서울대학교출판부, 2001), pp. 81-83.
29) 동용승, "암시장 확산이 북한경제에 미치는 영향," 『월간 삼성경제』, 60(5월), 1997, pp. 94-101.

표 3-2 '7·1조치'를 전후한 북한의 가격 및 임금인상 주요내용

(단위 : 북한원)

구분	품목/계층	단위	국정가격 조정			시장가격과의 격차		
			조정전 (A)	조정후 (B)	인상폭 (B/A, 배)	농민시장 가격(C)	조정전 (C/A, 배)	조정후 (C/B, 배)
가격	쌀	1kg	0.08	43	538	49	612.5	1.1
	옥수수알	1kg	0.07	33	471	33.6	480	1.0
	디젤油	1kl	1	38	38			
	전력	1kWh	0.035	2.1	60			
	전차요금	1회	0.1	1	10			
	지하철 요금	1구간	0.1	2	20			
	침대차 요금	평성(평북)~남양(함북) 구간	50	3,000	60			
	유원지 입장료	송도 해수욕장	3	50	17			
	집세	평양지역 기준	수입의 0.03%	1m²당 월 2원	-			
임금	생산 노동자	월	110	2,000	18			
	탄부	월	··	6,000	-			

출처: 한국은행 조사국 북한경제팀, "최근 북한 경제조치의 의미와 향후 전망," 2002. 8
주: 농민시장가격은 2001년 말 전국평균 기준

장의 거래가격은 국정가격의 적게는 14배에서 최고 1,667배를 기록하였다.30) 일반주민들이 주곡의 60%, 생필품의 70%를 '장마당'에서 구입하고 있었으므로 '2차 경제'는 통제에도 불구하고 이미 당시에 중요한 비중을 차지하고 있었다.31)

---

30) 쌀: 937~1,333배, 강냉이 알: 1,167~1,667배, 밀가루: 833~1,333배, 돼지고기: 14~20배, 맥주: 80~120배, 텔레비전: 17~34배. 정세진, "북한의 이차경제 발흥과 정치적 변화에 관한 연구," 통일부 『'99 신진연구자 북한 및 통일관련 논문집, 북한실태·인도지원(Ⅱ)』 (서울: 통일부, 1999), p. 12.

북한당국은 이런 암시장의 거래가격과 국정가격의 차이를 극복하기 위하여 '7·1경제관리개선조치'와 그 일환으로 2002년 8월에 임금인상을 단행했지만, 주민들의 수입 증가(생산노동자: 18배)에 비해 물가, 특히 생활필수품(쌀: 538배, 옥수수 알: 471배)과 공공요금이 급등(전력: 60배, 지하철 요금: 20배)하여 주민들의 경제생활은 더욱 궁핍해졌다는 증언들이 일반적이다.32)

더욱이 공식적으로 인상된 임금도 실제적으로 지급하지 못하고 있고, '1차 경제' 영역의 확장 범위가 경제생활 현실에 비해 극히 미미하며, 경제체제가 여전히 정상적으로 작동하지 못하고 있는 것으로 보인다. 이는 베트남의 경우와 비교해 볼 때, 공공영역의 규정력이 여전히 신장되지 못하고 있으며, '2차 경제'의 성장이 사회적 역동성으로 연결되지 못하고 있다는 것을 말해준다.

'2차 경제'의 확장이 기존의 제도에 결여된 유연성, 적응성, 상응성(responsiveness)을 보완할 수 있다.33) 그러나 이는 어디까지나 변화와 통제가 접합·교호 관계를 형성할 경우를 전제한 것이다.34) 그런데 북한의 경우, 공공영역의 실질적 규제력이 한계를 드러내고, '자력갱생'과 '독립채산제'로 하부단위들이 현실성 없는 '자립화'를 강요받음으로써 중앙과 하부단

---

31) 정세진(1999), 위의 논문, p. 13. 북한의 GDP에서 사경제가 차지하는 규모는 추정방식에 따라 3.6%에서 27.7%를 차지한다. 오차의 범위가 커서 의미부여를 하기 힘든 측면이 있으나, 1988~1989년의 동구권 사경제도 3.6%~28.6%를 차지하였다. 삼성경제연구소, "북한경제의 변화조짐과 시사점," 『CEO Information』, 2002년 8월 7일.
32) 한국은행 조사국 북한경제팀, "최근 북한 경제조치의 의미와 향후 전망," 2002년 8월; 任明, "朝鮮의 7월 1일 措置後 住民生活의 變化 및 展望 -平壤市民들을 中心으로-," 『북한의 개혁과 개방 100일 -현황과 전망-』 (중앙대학교 민족통일연구소·매일경제신문 주최 국제학술대회 논문집), 서울, 2002년 10월; 홍옥희 (탈북자, 여, 53세), 2003년 2월 14일 인터뷰.
33) Gregory Grossman, "The 'Second Economy' of USSR." *Problems of Communism*, 26(September-October), 1977, p. 40.
34) George Schöpflin, *Politics in Eastern Europe 1945-1992* (Oxford: Blackwell Publishers, 1993), p. 128.

위 간의 관계가 변하고, 당·국가의 간부들에 대한 통제력이 약화될 뿐만 아니라 주민들의 노동력과 유동성에 대한 통제력도 약화되고 있다.35) 따라서 북한의 '2차 경제' 확장은, V. 니(Victor Nee) 등이 주장하는 것처럼, 장기적으로 당·국가의 내부 메커니즘을 약화시키고, 체제 내에 누적적인 변화를 야기 시킬 것이다.36)

(2) 문화생활과 사회의식

① 베트남

도이머이 정책에 의한 경제개혁은 베트남 농민들에게 부를 증대시켜 주었다. 그리고 당과 정부의 정책 완화는 합작사(合作社)의 와해와 가족별 경제적 자치를 가능하게 했고, 의례생활을 복귀시켰다.

그런데 이 의례와 그에 수반된 잔치는, 마을주민들이 자연재해를 당하거나 국가가 마련해 준 생존대책이 불확실한 상황에서 그들 간의 협력을 증대시키고 사회적 관계를 강화시키는 구실을 했다. 도이머이 정책을 실시하면서 의례생활이 대대적으로 복귀된 것은 국가의 정책이 사회주의 이념의 실현보다 경제발전과 정치안정에 치중함으로써 이를 통제하지 않았기 때문이다.37)

도이머이 정책을 실시하면서 딘 의례는 다시 마을 사람들의 중요한 공동의례로 부각되었다. 그러나 명예직이 없는 가난한 사람들은 참석할 수 없었던 과거와는 달리 남녀노소가 함께 참여할 수 있게 되었고, 제단에 가까이 앉을 수 있는 사람도 이제는 마을의 유지들이 아니라 노인들이다.38)

---

35) 정세진 (1999), 앞의 논문, pp. 20-32.
36) Victor Nee and Peng Lian, "Sleeping with the enemy: A dynamic model of declining political commitment in state socialism," *Theory and Society*, Vol. 23, No. 2(April), 1994, p. 262.
37) Hy Van Luong, "Economic Reform and the Intensification of Rituals in Two Northern Vietnamese Villages, 1980-90," Borje Ljunggren, ed., *The Challenge of Reform in Indochina* (Cambridge: Havard Institute for International Development, 1993), p. 259; 황귀연 외, 『베트남의 이해』 (부산: PUFS, 1999), p. 145.

사회적 위계서열을 재생산하는 데 주로 기여했던 딘 의례는 이제 보호신에 대한 제사와 감사 표시로만 행해지고 있다.

그런데 베트남의 문화생활에 있어 공적인 의례인 딘 제사 보다 결혼식이나 장례식 같은 사적인 의례가 먼저 복구되었다. 도이머이 이전에도 이 사적인 의례들은 당의 감시와 통제를 피해 집안에서 비밀리에 행해졌으며, 당 간부들까지도 자신들의 가정의례에 대해서만은 당의 공식적 통제를 따르려 하지 않았다. 그래서 사적인 의례가 공적 의례보다 먼저 복귀된 것인데, 당의 이념보다 가족과 친척들에 대한 의무가 더 강하게 작용한 한 측면을 보여주는 것이다.[39]

이와 같이 사회주의 혁명이념에 의해 부정되어 비공식적 영역에 머물러 있던 사적인 의례가 도이머이 정책과 더불어 공식화됨으로서 E. 핸키스의 개념에 따르면 '2차 사회의식'이 '1차 사회'로 수용된 것이다.

도이머이 정책이 초래한 또 다른 중요한 문화생활과 사회의식의 변화는 조상숭배사상이 가미된 불교사상에 대한 개방과 유교의 복원이다. 도이머이 이전에는 불교가 억압되어 사당이 반상회 장소로 쓰이고, 부처는 개인적으로 집에서 모실 정도로 종교생활이 음성적으로만 영위되었다. 그리고 유교도 봉건적 잔재로 매도되어 파괴의 대상이 되었다. 그러나 도이머이 이후에는 여타 종교와 달리 유교와 불교는 복원되었다.[40]

---

38) Luong (1993), 위의 논문, p. 283-284; 황귀연 외 (1999), 위의 책, pp. 145-146.
39) 황귀연 외 (1999), 위의 책, p. 147.
40) 시멘트 물이 머금어 있고 모래가 일부 붙어 있는 채 복원된 하노이 문묘의 비석들은 그간 유교에 대해 베트남 공산정부가 취해온 입장의 변화를 잘 보여주는 증표라고 할 수 있다.
이 유교의 복원과 관련하여 레 꽝 띠엠(Lê Quang Thiêm, TS) 교수는 "향후 베트남이 사상적으로 어떤 방향으로 나아가더라도 그 기초에는 유교적 가치가 자리 잡고 있어야 된다"고 전제하며, "과거 베트남 지도자들이 잘못한 것은 전통적 가치를 부정하고 동구를 모방했기 때문이며, 베트남은 현재 그 잘못에서 벗어나는 길을 찾고 있다"고 현 상황을 규정하였다. Lê Quang Thiêm, TS (2002) 앞의 인터뷰. 그러나 응웬 떼 안(Nguyen The Anh)은 "베트남의 공산주의자들은 유교의 영향으로 제도적으로 관료적·전제적이고, 지식적으로 교조적·규범적이며, 심리적으로 뻣뻣하 이렇게 복원된 유교적 가치들이 향후 발전에 줄 수 있는 영향에 대해서는 상반된 견해들이 있지만, 사회적 안정을 가져오고 있다는 사실에 대해서는 공감을 하고 있다.41)

② 북한

북한에서 강제적인 방법에 의한 전통문화와의 단절이 주민생활의 저변에 깔려 있는 전통적 가치와 충돌을 일으키고, 특히, 김일성 가계에 대해서는 숭배를 요구하면서 일반주민들의 조상에 대해서는 제사도 제대로 못 지내게 여러 가지 통제를 가함으로서 강한 불만을 야기했다.42) 그래서 북한정부는 1988년에 그동안 금지해 오던 추석을 명절로 다시 지정하고, 1989년에는 음력설도 하루 쉬는 명절로 복원시켰다. 또한, 김일성의 사망과 극심한 식량난으로 김정일 정권이 위협을 받던 1996년에는 오래전에 김정일이 전통문화의 지속을 강조한 언명을 『로동신문』에 소개하기도 하였다.43) 이는 만성적인 경기침체에 따른 실업률의 증대와 사회·경제적 불만의 고조 등이 야기한 주민들의 의식변화에 부합한 것으로 판단된다.

아울러 북한사회에서 '2차 경제'가 확장됨에 따라 앞 장에서 소개한 바

고 구속적이어서 성장에 필요한 것은 낡은 유교적 덕목이 아니라 개혁할 수 있는 소질(aptitude)이다"라고 지적하고 있다. Nguyen The Anh, "LE VIET-NAM ENTRE CONFUCIANISME ET MODERNITE," Communication présentée au 2e symposium franco-soviétique "Le poids du passé dans l'interprétation du présent," organisé du 27 au 30 mai 1997 à Sèvres par l'URA 1075 (Péninsule indochinoise) du CNRS .NGUYEN, p. 4. 띠엠 교수는, "국민이 경제적으로 발전해야 국가의 발전이 가능하며, 그러기 위해서는 경쟁이 있을 수밖에 없다. 그러나 그 기초에는 유교적 인본주의가 자리 잡고 있어야 된다"고 언명하며, "오늘날 많은 베트남의 지식인들과 지도자들이 이런 생각을 하고 있다"고 필자와의 인터뷰에서 덧붙였다.

41) Lê Quang Thiêm, TS (2002) 위의 인터뷰; Nguyen The Anh (1991), 위의 논문, p. 6.
42) 안찬일 (1997), 앞의 책, p. 172.
43) "우리 인민은 지난날 동지요, 단오요 하면서 민속적인 날들을 잊지 않고 쉬었다. 공산주의자들은 조상전래의 미풍양속도 알고 자기의 향토도 알아야 한다. 이것을 모르면 공산주의자가 될 수 없다."『로동신문』, 1996년 6월 20일 p. 2.

와 같이 북한 주민들의 의식에도 적지 않은 변화가 야기되었다. 한편으로는 '1차 사회의식'인 주체사상과 집단주의에 따라 사회주의 공동체 생활을 영위하고, 국가의 유일지도체계에 순종적이지만, 그 외에 '2차 사회의식'이라고 볼 수 있는 '자유주의(개인주의)', 온정주의, 소시민적 성향 등을 일반화된 가치정향으로 가지고 있다. 아울러 이의론자(non-conformist)적 의식과 문화의 한 측면인 지하음악이 북한의 젊은 지식인들 사이에 유행하고 있으며, 남한의 대중가요도 북한당국이 단속과 묵인을 반복되는 가운데 퍼져가고 있다.

이러한 상황에서 취하고 있는 북한의 가정문화정책에는 사회주의 원리가 크게 후퇴하고 가부장제나 가족주의가 빠른 속도로 부활하고 있다.[44] 그런데 북한당국이 남성들은 가정의 경제생활에 실익이 적은 공적 경제영역에 묶어 둠으로서 여성들이 상대적으로 가정의 경제생활에 더 크게 기여하고 있다고 한다. 그렇지만 가장의 지위와 권위는 크게 손상되지 않고 있다는 것이다.[45] 여러 증언들에 따르면, 1990년대 후반에 경제사정이 극도로 악화되면서 가정파괴가 그에 비례하여 빈발하고 있지만 북한체제가 유지되는 것은 대가정론에 기초한 운명공동체 의식을 계속 심어주고 있기 때문이라는 것이다.[46]

(3) 정치·사회적 상호작용

① 베트남

베트남에서 도이머이 정책 채택 이후에 드러난 정치적 변화는 권력의 분배

---

44) 전상인, 『북한 가족정책의 변화』 (서울: 민족통일연구원, 1993), p. 4.
45) 안찬일 (1997), 앞의 책, pp. 236-238; 박현선, "현대 북한의 가족제도에 관한 연구," 이화여자대학교 박사 학위 논문, 1999, pp. 238-242.
46) 좋은벗들, 『두만강을 건너온 사람들, 중국 동북부지역 2,479개 마을 북한 '식량난민' 실태조사』 (서울: 정토출판, 1999a); 좋은벗들, 『사람답게 살고 싶소』 (서울: 정토출판, 1999b).

및 운영체계 면에서 아직 미약하나, 시민적 권리의 신장과 국가적 감시·통제의 완화라는 면에서는 현저한 것으로 평가된다. 이와 같은 정치적 변화는 경제적 변화와 사회적 변화를 가속시키고 있는데, 특히, 도이머이 정책이 가져온 경제적 변화는 계층분화를 촉진하고 있다.47) 그 한 예로, 국영기업, 개인회사, 외국인회사에 종사하는 노동자들 간에 뚜렷한 임금 차이가 있으며, 이는 도이머이 정책 실시 이전에 비해 사회적 지위경쟁구조에 현저한 변화를 야기하고 있다. 또한, 임대비용이 부족한 농민들은 근로자로 변신하고 있고, 소액이라도 자금 확보가 가능한 농민들은 보다 높은 이윤을 쫓아 소자본의 사업가로 변신하고 있어, 공식적인 농업종사자는 전체 인구의 80~90%로 집계되고 있으나, 실제적 농업종사자는 60%에 머문다고 한다. 이는 또한 농협의 직능이 분화되어 농산물 유통, 공산품 생산 등에 종사하는 비농업인구가 증가하였기 때문이기도 하다.48)

이와 같은 사회적 계층변동과 지위경쟁 구조의 변화 속에서 나타나고 있는 중요한 변화는 노동자들의 권리의식 신장과 그로 인해 노동쟁의가 빈번해 지고 있는 것이다. 그 한 예로, 호치민시 지역의 경우, 노동쟁의가 1990년, 1991년, 1992년에 각각 1건, 1건, 6건이 발생한 것에 비해 1996년, 1997년에는 각각 39건, 46건이 발생하였고, 그 중에는 2,000명이 참가한 대규모형과 7일간이나 지속된 장기형도 있다.

베트남의 사회분위기상 노동쟁의가 자유롭지 못함에도, 과거에 비해 장기간에 걸친 대규모의 노동쟁의가 적지 않게 발생하고 있다는 사실은 중요한 사회의식의 변화를 보여주는 것이다.

도이머이 정책의 실시로 야기된 불균형한 성장과 계급분화는 사회적으로 통용되어 있는 목표성취에의 길을 극도로 불균등하게 만듦에 따라 일체감의 위기와 퇴거이데올로기(ideology of withdrawal)의 확산을 초래하고 있다. 그 예로, 1997년에 타이 빈(Thai Binh) 지방과 동 나이(Dong Nai) 지

---

47) Trần Hữu Đinh (2002), 앞의 인터뷰; Lê Quang Thiêm, TS (2002), 앞의 인터뷰.
48) Trần Hữu Đinh (2002), 위의 인터뷰.

방에서 수 천 명의 농민들이 자신들의 경제적 불만과 지방 당·정부 관료들의 부패에 항거하는 시위를 벌였다.49) 그리고 그간 정치적으로 억압받고 개발에서 소외된 소수부족들의 불만이 근자에 와서 다발적으로 표출되고 있다.50)

표 3-3 호치민시 지역 노동분쟁 발생추이

연도	건수	업체별					참가인원	기간	발생원인		
		국영	개인	외국기업					임금 근로 시간	태도 기타	사회 보험 제도
				합작	단독	임가공					
1990	1				1				1	1	
1991	1		1						1	2	
1992	6			5		1		1일	7	3	
1993	17	5		3	3	6	4~640	1~3일	23	4	
1994	28	6	2	3	6	11	16~560	1~3일	35	4	6
1995	25	3	4	2	8	8	20~700	1~3일	30	10	10
1996	39	7	10	5	13	4	28~2,000	1~7일	56	16	18
1997	46	8	14	6	14	4	40~1,450	1~6일	53	5	9
계	163	24	35	25	45	34			206	45	43

출처: 안희완, "한-베트남 노동협력 과제," 2000. 1, 베트남경제연구소.

---

49) Human Rights Watch, "VIETNAM, RURAL UNREST IN VIETNAM." 9, No. 11 (C)(Dec.) 1997, http://www.hrw.org/reports/1997/vietnm/Vietn97d-02.htm (검색일: 2003년 4월 3일).
50) 김영규(2002), 앞의 인터뷰; Human Rights Watch, REPRESSION OF MONTAGNARDS, *Conflict over Land and Religion in Vietnam's Central Highlands*, http://hrw.org/reports/2002/vietnam (검색일: 2003년 8월 10일).

② 북한

제도화의 수준이 낮은 저발전사회에서 흔히 나타나는 신가부장제가 북한에서도 발견되고 있다. 즉, 국가의 공적영역과 관료들의 사적영역이 구분되지 않고 공권력을 사적으로 유용하는 현상이 북한에서 일상화되어 있다는 것이다. 그 한 예로, 북한에서 주민들에게 공급되는 생필품은 상업성의 중앙도매소, 각도 출하도매소, 지역별 지구도매소, 시·군 상업관리소를 거쳐 일선상점에 공급되는데, 그 과정에서 공급카드를 통해 판매되는 배급품이 아닌 자유판매품은 80% 정도가 유출된다고 한다. 상점에 도착한 20%의 상품마저도 판매원이 국정가격과 암거래 가격의 차익을 노려 상품을 정상 판매한 것처럼 조작하고는 유출시켜 장마당에서 암거래하고 있다는 것이다.[51] 그리고 안전원, 보위부원 등 단속요원이 장사꾼과 결탁하여 대가를 받는 것은 흔한 일이 되었다고 한다. 이는 부패의 차원을 넘은 국가권력의 사유화 현상으로 사회체계의 작동에 부정적 영향을 미치는데, 특히 지배이데올로기의 사회적 통합력과 사회적 규제력을 약화시키고, 당의 사회장악력을 떨어뜨린다.

이런 맥락에서 정치적 일탈현상들도 끊임없이 발생하여 1995년 8월에는 북한군 공군사령부 제3비행전단의 조종사 7명이 '훈련 중에 주석궁을 들이받자'고 모의 했다가 체포되고, 1998년에는 신의주에서 반정부사건이 일어나 200여 명의 젊은이들이 요덕수용소에 수감되었다고 한다. 그리고 이 수용소에는 군고위간부들(인민무력성 1군단 정치부 조직비서, 사단장, 정치부장 등)이 주변의 지방 유지들과 법으로 엄하게 금지하고 있는 '친목회' 같은 것을 유지하다가 잡혀 들어와 있다고 한다.[52]

이와 같은 사례들은 '공산주의사회에서는 정치이념이 사회에 침투하여

---

51) 이형등의 증언, 서재진, 『식량난에서 IT산업으로 변화하는 북한』 (서울: 미래인력연구원, 2001), pp. 39-40에서 재인용.
52) 이백룡, http://monthly.chosun.com/html/200101/200101220008_2.html (검색일: 2003년 8월 10일).

통합과 규제를 하고 있다'는 전제를 놓고 봤을 때, 정치·사회적 상호작용에 있어 기존의 사회제도가 비효율적으로 되는 사회적 무질서 속에서 꾸준히 새로운 역학적 균형을 찾는 현상으로 해석 될 수 있다.

이상의 논의를 E. 핸키스의 변수에 따라 정리하면, 다음과 같이 요약된다.

ⓐ **동질성 대 분화와 통합**: 베트남과 북한 모두 과거의 사회적 동질성은 더 이상 찾아보기 힘들며, 분화가 급속히 진행되는 가운데 부활된 전통적 가치들이 일정한 통합기능을 수행하는 것으로 보인다. 특히, 북한에서는 유교적 가족주의를 지배이념에 적극적으로 활용하고 있고, 주민들의 일상생활에서 크게 작용하고 있는 것으로 보인다. 베트남에서도 딘 의례, 유교의 복원과 불교의 활성화를 통해 공산주의 이념의 통합기능을 보완 혹은 대체하고 있는 것으로 파악된다.

ⓑ **수직적 조직 대 수평적 조직**: 북한사회가 베트남사회보다 훨씬 더 수직적인 것으로 보인다. 이는 북한사회에 유교적 지배질서가 더 강하게 형성되어 있기 때문이다. 특히, 베트남에서는 띵깜과 딘 의례의 변형에 의한 위계적 서열의 완화가 사회의 수평적 조직에 크게 영향을 미치고 있는 것으로 보인다.

ⓒ **하향 대 상향**: 베트남사회와 북한사회 모두 권력과 영향력의 흐름이 상향적이지는 못한 것으로 보인다. 그러나 경제적 이윤 추구를 위해서는 상향적 의견개진이 불가피 하고, 베트남에서는 이것이 제도적으로 용인되어 있기 때문에 북한보다는 훨씬 상향적인 사회로 평가된다.

ⓓ **국가화 대 탈국가화**: 베트남의 탈국가화 영역은 확장되어 있고, 상당한 부분은 제도적으로 보장되어 있거나 용인되고 있다. 그에 비해 북한의 탈국가화 영역도 현실사회에서는 상당한 정도 형성되어 있는 것이 사실이나 제도화 되어 있지 않고, 따라서 정치·사회적 일탈현상으로 나타나고 있다.

ⓔ **중앙집권화 대 탈중앙집권화**: 베트남의 중앙집권화는 현저히 완화되었는데 비해, 북한은 여전히 중앙집권화의 정도가 높게 나타나고 있다. 이는 제도적인 차이에서 비롯되는 바가 크지만, 일선 간부들의 권한에 있어 북한이 베트남보다 훨씬 강해서 원심적인 현상들을 강하게 규제

할 수 있기 때문이라고 생각된다.
- ⓕ **정치지배 대 사회·경제지배**: 베트남사회, 북한사회 모두 '2차 사회'에서는 사회·경제적 지배가 정치적 지배보다 우세한 것이 사실이나, 북한의 경우는 '2차 사회'에 대한 정치적 지배(통제)가 강하게 나타나고 있다.
- ⓖ **이념 대 몰이념**: 베트남의 '2차 사회'에는 이념이 배제되어있고, 간접적 통제방식을 통한 사회적 규제와 통합을 추구하는 것으로 파악되나, 북한의 경우에는 유교적 가족주의를 비공식 영역에 까지 확장·적용하여 그 자체가 국가의 통제이념으로 작용하고 있다. 물론 북한의 '2차 사회'에도 몰이념의 성향과 영역이 존재하는 것은 사실이나 이는 어디까지나 일탈적 현상으로 발현된 것이다.

2) 사회통제: 메커니즘과 규범

(1) 사회통제 메커니즘

① 베트남

베트남 정부가 도이머이 정책을 취하면서 '1차 사회'의 영역을 확장함으로써 '제2 사회영역'의 상당부분은 제도권 내에 수용되었다. 언론, 집회, 결사의 자유는 아직도 많은 제약을 받고 있고, 이는 적지 않게 인권유린사건으로 비화되기도 한다.[53] 그러나 일반 시민들에 대한 통제 방식에 있어 과거와 같은 물리적 강제력을 통한 직접적 통제방식을 줄이면서 간접적 통제방식을 보다 많이 도입하고 있다.

이런 맥락에서 남부해방 이후 '사회주의체제로의 전환'과 '재통일 정책'을 실시하면서 개발된 통제 메커니즘이, 도이머이 정책을 실시하면서 현저히 완화된 것이다.[54] 그래서 1975년~1981년 사이에 베트남 거의 전 지방

---

53) Human Rights Watch, "VIETNAM: THE SILENCING OF DISSENT," 12, No. 1 (C)(May), 2000, http://www.hrw.org/reports/2000/vietnam (검색일: 2003년 4월 3일).

에 산재하여 약 34만 3,000명을 수용했던 형무소와 '개조학습장'이 1987년과 1988년에 폐쇄되었다.55)

물론 사회의 제 부문에서 당의 절대적 우위와 지배권은 여전히 유지되지만, 사적 영역에 대한 통제의 깊이와 양식은 현저히 변했다. 그래서 베트남 정부는 전술한 타이 빈 지방과 동 나이 지방에서의 농민폭동을 진압하면서 행정구금령(31/CP)을 적용한 것이다.56) 만약 이와 같은 사건이 북한에서 발생했을 경우에는 전원이 처형되거나 정치범 수용소에 수감되었을 것이다.

그런데 중·동구 공산국가들의 경우, 과거 사회주의체제 건설기와 안정기에 당의 전도대 역할을 했던 각종 사회조직들이 체제붕괴라는 급격한 정치변동과정에서 체제 불만·저항세력을 결집시켜준 사회적 연결망이 되었다는 사실에 유의하여 베트남 사회의 한 주요 통제 메커니즘인 노동조합에 대해 살펴 볼 필요가 있다.

베트남 노동조합은 노동자들의 권리 보호뿐만 아니라 국가기관의 활동에 대한 감찰·검사와 간부, 노동자, 공무원을 교육시키는 기능을 가지고 있다. 그리고 노동조합법 제16조에 따르면, 정부는 국가예산에서 노동조합 활동에 보조금을 지급하게 되어 있다.57) 따라서 베트남의 노동조합은 당의 전도대 이상이면서, 신장하고 있는 노동세력에 대한 국가의 통제 메커니즘으로 활용되고 있는 것이다.

베트남 정부는 1997년까지 취업 및 주거 이동에 대해 허가제도를 실시

---

54) Langlet 외, *Introduction à l'histoire contemporaine du Viêt Nam de la réunification au néocommunisme (1975-2001)* (Paris: les Indes savantes, 2001), p. 69.
55) Human Rights Watch, "VIETNAM HUMAN RIGHTS IN A SEASON OF TRANSITION: Law and Dissent in the Socialist Republic of Vietnam," 7, No.12 (Aug.), 1995, http://hrw.org/reports/1995/Vietnam2.htm (검색일: 2003년 5월 2일).
56) Human Rights Watch, "VIETNAM, RURAL UNREST IN VIETNAM," 9, No. 11 (C)(Dec.), 1997, http://www.hrw.org/reports/1997/vietnm/Vietn97d-02.htm (검색일: 2003년 4월 3일).
57) 구성열 외 (2002), 앞의 책, pp. 340-341.

해 왔다. 비록 이 허가제도가 노동이동에 대해 강력한 통제력을 발휘했던 것은 아니나, 이동의 결과로 얻게 될 수입의 증가분이 허가획득에 필요한 비용보다 크지 않을 경우에는 통제력으로 작용했다고 한다. 그러나 1990년대 중반부터 경제성장과 더불어 도/농간의 소득 격차가 커지면서 노동이동이 급격히 진행되었고, 그 결과 불법·무허가노동과 이를 이용한 개인적 착취 등이 심해지자 허가제도를 1997년에 없앴다고 한다.58)

② 북한

1995년 8월말의 대홍수 이래로 3년 사이에 북한인구 2,200만 명 중에서 210만~350만 명이 아사(餓死) 혹은 영양실조로 인한 각종 질병으로 사망하고(북한정부는 이 기간에 22만 명이 사망했다고 2002년 5월 15일 APEC 각료회의에 보고), 30만 명 이상이 북한을 탈출했다.59) 이처럼 북한사회가 해체 국면에 처했는데도 주민들의 조직화 된 대규모 저항사건이나 정치체제의 붕괴조짐이 발견되지 않고 있다.

이는 항시적 통제장치(국가안전보위부, 인민보안성, 국가검열위원회, 사회주의법무생활지도위원회, 인민반 등과 같은 감시장치와 6곳의 정치범수용소, 30여 개의 강제노동소 및 노동교양소와 교화소 등과 같은 처벌장치) 외에 '9·27 상무위원회'처럼 상황별 통제장치도 만들어 운용할 만큼 통제에 대한 정책적 대응이 신속했고, 불만·저항자들에 대한 국가의 통제기제가 효율적으로 운용되고 있다는 것을 의미하는 것이다. 그런데 이는 또한 붕괴직전의 중·동구 공산사회의 경우와 비교해 보면, 불만·저항자들을 결집하여 정치체제에 압력을 가하고 정치변동을 촉진시킬 수 있는 사회세력으로 성장시킬 수 있는 사회적 연결망이 북한에서는 발달하지 못했다는

---

58) 구성열 외 (2002), 위의 책, p. 370.
59) W. Courtland et al., "Famine, Mortality, and Migration: A Study of North Korean Migrants in China," in *Forced Migration and Mortality* (2001), pp. 69-84, http://books.nap.edu/books/0309073340/html/69.html (검색일: 2003년 11월 25일); 좋은벗들 (1999a), 앞의 책.

것을 의미한다.

그리고 북한사회에서 발견할 수 있는 중요한 특징 중의 하나는 국가의 통제기제가 주민들의 일상사에 깊게 침투해 있고, 하급관리자들에게도 공권력의 권위를 이용하여 주민들을 통제할 수 있는 권한을 크게 부여하고 있다는 것이다. 예를 들어, 이의제기나 논박 등을 통해 당·행정 간부와 충돌을 야기한 사람이나, 조직책임자에게 잘 보이지 못한 사람들을 강·절도, 강간, 폭행 범 등과 같은 부류로 취급하여 노동단련대에 보낸다고 한다.

이와 같은 당, 정부, 여타 조직 간부들의 권한은, 전술한 바와 같이, 북한사회 전반에 걸쳐서 신가부장제 현상을 일상화 시키고 있는데, 이는 사회체계에 역기능으로 작용할 뿐만 아니라 윤리규범과 지도자들의 '위민사상'을 크게 침식하고 있다.

탈북자들은 1990년대 중반 이후 정치범 수용소가 거의 '완전통제구역'으로 전환되었다고 증언한다. '혁명화구역'의 규모가 줄어든 것은 가족연좌제에 의해 가족 전체가 수감됐던 과거와 달리 당사자만이 수감되는 형태로 바뀌었기 때문이라는 것이다. 그런데 이는 정치범 본인의 수감 건수가 그만큼 증가한 것이므로 정치적 일탈현상이 과거에 비해 현저히 늘고 있다는 것을 의미한다. 따라서 붕괴에 가까운 사회적 변동 속에서 기존의 통제 메커니즘이 작동은 하고 있으나 사회적 규제력을 제대로 발휘하지 못하고 있는 것으로 판단된다.

(2) 사회통제 규범과 유교적 가치

앞의 절들에서 살펴본 바와 같이 유교적 가치들이 베트남과 북한에서 사회적 규제력과 사회적 통합력을 일정 부분 발휘하고 있는 것은 공산화 이후에도 전통사회로부터의 문화적 연속성을 완전히 부정할 수는 없는 것이어서 어쩌면 당연한 현상이라고 볼 수도 있다. 그러나 유교적 가치들이 사회통제에 긍정적인 기능을 발휘할 수 있는 데에는 단순히 '전통문화의 연속성'

이라는 측면 외에 유교적 가치들이 공산주의사회의 일반적인 규범들과 친화성이 다분히 있기 때문으로 판단된다. 즉, 마르크스-레닌주의 이데올로기의 유효성에 대한 신념과 그 외의 관점에 대한 불관용성을 나타내는 '당파성(партийность)'은, 자기 집단에 대한 배타적 충성심과 비유교적 정치이념이나 종교·문화 등에 대해 배타적 태도를 낳게 했던 유교적 가족집단주의나 본말사상(本末思想)과 유사한 측면이 있다. 집단의 이해(利害)에 대한 복종이나 구속으로 나타나는 '단체성(коллектив)'은 유교의 충·효·열의 개념과 친화력이 있다. 그리고 소비에트사회 혹은 사회주의 공동체의 발전을 촉진시키는 데 있어 '책임성(ответственность)'은 유교의 위민사상과 일치하는 측면이 있다.

이러한 관점에서 베트남에서도 마을의 조례인 흥억(Hương Ước)이 베트남공산당 중앙위원회 5차 전원회의 제7회기 결의에서 장려되고[60], 족보가 현대어로 다시 만들어지고 있으며, 진인사대천명(盡人事待天命)이 강조되고 있는 것으로 보인다.[61]

북한이 이미 상당한 경제적 어려움을 겪고 있던 1986년에 김정일은 '사회정치적 생명체론'을 공식화했다. 이 이념체계는 수령이 부여한 정치적 생명을 연결고리로 하여 생명의 중심은 수령이고, 당은 수령과 대중을 결합시키는 핵심부대로 규정하고 있다. 그리고 이 교리는 '어버이 수령', '어머니 당'의 혈연적 관계를 토대로 유기적으로 통일된 '혁명적 사회구조'를 형

---

60) 오늘날 베트남의 농촌은 5만 개 이상의 촌락으로 구성되어 있으며, 이는 베트남 전체 인구의 80%를 차지한다. 그런데 마을 규약은 농촌행정에서 중요한 역할을 하고 있다. 베트남공산당 중앙위원회 제5차 전원회의 제7회기 결의는 오늘날의 베트남 농촌사회에 맞게 촌락의 역할과 기능에 대한 규약을 연구하고 강화하기를 권하고 있으며, 베트남 정부는 "국민들의 삶에 대한 마을 규약과 규제들을 만들고 집행하는 것을 장려"하는 가이드라인을 제시하고 있다. Phan Dai Doan, "Communal Convention – Instrument of Social Administration of Rural Vietnam," *Asian Values and Vietnam's Development in Comparative Perspectives* (Hanoi: NCSSH & NIAS, 2000), p. 194.

61) Philippe Delalande, *Le Viêt Nam Face á l'Avenir* (Paris: L'Harmattan, 2000), p. 191.

성하는 것으로 되어있다.62)

그리고 북한은, 중·동부유럽에서 사회주의체제의 연쇄적 붕괴를 목격하고 있던 1990년 10월 24일에 채택한 '조선민주주의인민공화국 가족법'에서 유교적인 전통을 반영하는 내용을 규정하고 있다. "사회주의 대가정"(전문), 부성(父性)추종의 원칙(제26조), 상대적으로 광범위한 친족의 범위(제10조), 부모·형제·자매·조부모·손자녀 간의 부양의무 규정(제27, 28, 35, 36, 37, 38조) 등이 바로 그것이다. 이는 전통적 윤리 규범을 정책적으로 흡수한 것이다. 즉, 가족규범과 정치윤리를 유기적으로 연결하여 '충성의 전이'를 통해 정치적 권위에 대해 무비판적인 지지와 복종을 이끌어 내기 위한 것이다.

이상의 논의를 토대로 하여 이분법적 사회분화 속에서 작용하고 있는 유교적 가치의 규정력에 대해 종합적으로 평가해 보면, 상층 지도부의 통치이념 창출과 권력의 운용 면에서는 북한의 경우에 유교적 가치가 아주 강하게 작용하고 있는 것으로 보인다. 동시에 사회·경제적 위기를 유교적 가족주의를 통해 해결하려 함으로써 당과 정부의 사회통제력을 약화시키는 측면도 있다.63) 그에 비해 베트남의 경우, 전통적 가치들을 통치이념 창출과 권력의 운용에 적극적으로 활용하지는 않았지만, 후기 공산주의 단계에 와서 사회에 새로운 균형이 역동적으로 형성되는 데에 이 가치들이 긍정적으로 작용하고 있어 정치·사회적 안정을 부여하는 데 기여하는 것으로 판단된다.

---

62) 정우곤, "김정일 체제의 사회통제와 주민의식 변화 연구," 통일부, 『2000 신진연구자 북한 및 통일관련 논문집, 북한실태(Ⅱ)』, 2000, p. 208.
63) 북한주민들의 경제생활이 어려워지면서 이를 극복하는데 가족주의가 중요한 기여를 하고 있다. 박현선 (1999), 앞의 학위 논문, pp. 262-264. 그간 북한당국은 배급제도와 교육제도를 통해 전통사회에서 부모가 못해준 것을 당과 수령(김일성, 김정일)이 해 주었다고 주장해 왔다. 따라서 가족주의에 의한 경제적 어려움의 극복은 당과 수령의 권위와 지배이념의 사회통제력을 그만큼 약화시키는 것이다.

3. 정치변동: 양상과 전망

1) 베트남

(1) '사회주의로의 전환' 대 실용주의 노선

베트남에서는 1981년 초부터 제2차 5개년경제발전계획의 실패에 대한 평가와 비판이 당과 정부에서 심각한 논쟁을 불러 일으켰다. 한편에서는 사회주의적 전환의 기본에서부터 잘못이 있었다고 지적한 반면, 다른 한편에서는 정책의 잘못은 적으나 생산단위의 차원에서 운영이 미숙하여 실패했다고 주장하였다.64) 이러한 입장들은 1981년 4월 제5차 공산당 전당대회의 보고서로 만들어지고, 공식적으로 발표되었으며, 곧 이어 경제·사회적 관리에 대한 자아비판이 있었다.

그런데 1985~86년의 경제위기가 중요한 정치적 결과를 초래하였다. 즉, 유교적 가치관에 따라 국가에 봉사하는 것에 자부심을 갖고 있던 공무원과 당 간부들이 경제위기로 그것을 잃고, 특히 은퇴한 민간인과 군인들이 살기 위해 어떤 일이든 해야 하는 상황에서, 이 경제위기는 모든 것을 관리해온 당 뿐만 아니라 군대와 경찰에 대한 신뢰도 완전히 앗아갔다. 더욱이 남부 사람들의 비판정신이 확산되면서 언론의 자유와 당 지도부에 대한 비판에 두려움을 덜 갖게 되었고, 원로당원들도 주요 언론에 비판적 제안들을 게재하였다.65)

그런데 이런 경제·사회적 위기 앞에서 도이머이 정책을 취할 수 있었던 것은, 베트남공산당에 수평적 대화를 통해 집체적 사고를 할 수 있는 당내 민주주의가 어느 정도 확립되어 있었기 때문이다.66) 그래서 베트남공산당

---

64) Nguyen Kien, *Vietnam: 15 Years After the Liberation of Saigon* (Hanoi: Foreign Languages Publishing House, 1990), p. 43.
65) Langlet 외 (2001), 앞의 책, pp. 74-75.
66) 베트남에서는 개인적 리더십보다 집체적 리더십의 역할이 더 강조되어 왔다고 한

지도부는 "사실을 직시하고", "사실을 올바르게 평가하고", "사실을 말한다"는 정신으로 제6차 전당대회에서 "주관주의, 자의주의, 단순한 사고와 행동 경향"을 과오의 근본원인으로 인정하는 결의문을 채택할 수 있었다.67) 그리고 이 결의문은 "사회주의 경제를 강화하기 위해" 시장경제, 다양한 소유형식, '개인경제 구성원이 포함되는 다부문경제'와 '출자자본에 따른 분배' 등을 수용할 것을 천명하였다.68)

(2) 헌법개정과 권력구조의 개편

도이머이 정책 채택을 전후한 1980년 헌법과 1992년 헌법 간의 가장 중요한 변화는 정부의 각료가 국회의원이 아니어도 된다는 사실이다. 그리고 정부조직도 73개 기관이었던 것을 1992년 9월 30일의 정부조직법을 통해 31개 기관으로 축소시킨데 이어, 1995년 10월에는 6개부 2개 위원회를 2개부 1개 위원회로 축소시켰다. 이는 개혁·개방정책에 걸맞은 행정의 효율성을 갖추기 위한 것이었다. 이런 맥락에서 공무원들에게 정치이론 교육과 시장경제 하에서의 국가행정 및 관리에 대한 견식 제고를 위한 '정부수상 결정 제874/TTG호'가 1996년 11월 20일에 공포되었다.69)

1992년 개정헌법은 당의 지도적 역할을 확인하고 있지만, 그간 독보적 권력을 운위할 수 있는 단초가 되었던 프롤레타리아 계급독재를 포기하였다. 그에 비해 국회는 연중 두 번의 회기를 갖게 되고, 행정사무국을 갖춤으로써 그 역할이 증대되었다. 이 헌법개정을 통해 베트남이 이룩한 최고의 권

다. 국가의 중대사는 항상 공동의견으로 제시되어 왔는데, 호치민이 훌륭했지만 그의 정책도 집체적인 의견이었고, 국민들의 지도부에 대한 신뢰는 개인적인 것이 아니라 집단에 대한 신뢰였다는 것이다. Lê Quang Thiêm, TS (2002), 앞의 인터뷰. 그러나 P. 드라랑드(Philippe Delalalande)는 도이머이 정책이 좀 더 빨리 채택되지 못한 이유에 대해 호치민 사후의 당내 지도력 부족을 지적하고 있다. Delalalande (2000), 앞의 책, p. 77.
67) 구성열 외 (2002), 앞의 책, pp. 33-34; Langlet 외 (2001), 위의 책, p. 76.
68) Langlet 외 (2001), 위의 책, p. 76.
69) 구성열 외 (2002), 앞의 책, pp. 26-27.

력구조 개편은 국가위원회를 폐지하고 대신에 대통령제를 도입한 것과 수상을 국회에서 선출하여 국회에 대해 책임지도록 한 것이다. 이와 같이 개정헌법에서는 국회를 국권의 최고기관으로 고양시키고 입법 및 감독 기능을 강화하는 한편 당과 정부의 역할을 헌법이 정한 범위 내로 구체화 하였다. 이에 대해 '국회의원들이 베트남공산당의 추천후보들로 구성되어 있기 때문에 공산당이 입법권을 여전히 행사하고 있다'고 지적하기도 한다.[70] 그러나 1997년 7월의 10대와 2002년 5월의 11대 총선결과에 의하면 비공산당 출신 국회의원이 14.7%(66/450명)와 10.2%(51/498명)를 각각 차지하고, 각 3명과 2명의 순수 무소속의원도 있다. 국회의 구성은 젊고 고학력인 초선의원으로 대폭 교체되어 재선의원은 각각 24%(108명)와 27.1%(135명)에 불과하였다.[71] 2007년 5월 20일에 있은 12대 국회의원 선거에서는, 과거에 비해 많은 자천 순수 무소속후보들(1,313명의 전체 후보 중 233명)이 나섰으나 1명만이 최종적으로 당선되었고, 비공산당원도 8.72%(43/493)에 그쳤으며, 재선 이상 의원의 비율도 27.99%로 약간 상승하여 이런 변화가 다소 완화된 감이 있다.[72] 그러나 전체적으로 최근의 정치적 변화가 안정되었고, 자천 후보들이 많이 나섰다는 사실로 '민주화의 추세'를 읽을 수 있다.

베트남공산당이 여전히 정부·군·관을 통솔하지만, 그 역할은 1992년 헌법에서 다소 축소되었다. 당원 수는 약 230만 명에 이르는데, 개혁과 관련한 성장의 부작용을 우려하면서도 당·정 분리와 사영부문의 역할을 강조하고 있다. 그리고 사기업의 증가와 농촌조합의 감퇴에 따라 당세포도 감퇴되는 추세에 있다. 그러나 21개 각료의 대다수가 당 중앙위원일 정도로 아직은 당·정 중복이 심하다.[73] 그리고 효율성을 보장하기 위해 권한의

---

70) Delalande (2000), 앞의 책, p. 91.
71) *Le Courrier du Vietnam*, 28 septembre, 1997, p. 3; Tâm An, "BAU CU QUOI KHOA XI," *Doan Ket* (Thang bay, So 485, Nam thu 34), 2002, p. 7.
72) http://cafe.naver.com/vietcafe.cafe?iframe_url=/ArticleRead.nhn%3Far-ticleid =1212 (검색일: 2008년 8월 26일).
73) 구성열 외 (2002), 앞의 책, p. 23.

경계를 긋는 것과 모든 일에 관여하게 하는 '당우위의 원칙'은 어렵게 양립하고 있는데, 이 모순을 극복하는 것이 베트남의 정치변동에서 중요한 과제로 제기되고 있다.

2) 북한

(1) '우리식 사회주의'와 '고난의 강행군'

북한에서는 아직까지 베트남에서와 같은 시장경제, 소유제(생산양식)와 분배의 문제에 대한 인식의 전환을 보여주는 실제적 증거들을 찾기가 어렵다. 물론, 1998년에 개정된 헌법의 일부 조항들에서 이런 단초를 발견할 수는 있다.74) 그러나 실제 주민들의 경제생활에 대한 북한당국의 통제를 면밀히 살펴보면 개혁·개방정책의 근간이 되는 시장경제의 도입에 필요한 인식의 전환은 쉽게 부인될 수 있다. 먼저, 인센티브제도의 일환으로 신헌법 24조에서 허용한 텃밭도 그 규모를 30평으로 제한하며, 2002년 7월 31일에 '토지사용료 납부 규정'을 제정하기 전에는 평당 12원의 세금을 부과하고 있었다. 그리고 노동이동에 필수적인 주민들의 거주이동의 자유가 신헌법 75조에 규정되어 있지만, 일반주민들이 이 자유를 누리지 못하는 것은 사실이다.

'7·1경제관리개선조치'는 과거에 비해 주민들의 경제생활을 현저히 현실화 시킨 것이지만, '시장경제의 도입'을 위한 예비조치로 보기는 어렵다. 장마당을 최근에 와서 양성화 시키고, 공산품 거래도 일부 허용하고 있다고 하여 "북한당국의 인식이 변한 것이 아니냐?"는 반론을 제기할 수 있겠으나, 아직은 베트남의 탈집체화75)와 같은 생산양식의 변화도 없고, 물자

---

74) 박선원, "김정일시대 북한의 변화: 진화론적 접근," 『한국정치학회보』, 36집 3호, 2002, p. 164.
75) 이한우, "베트남의 농업개혁정책, 1975~1993 – 탈집체화의 전개과정 –," 서강대학교 박사 학위 논문, 1998.

상업화와 같은 잉여생산품(물)의 공식적 유통을 제도화한 것이 아니어서 인식의 전환으로 보기는 어렵다.

그런데 북한이 베트남의 경우와 가장 큰 차이를 보이는 것은 경제적 위기를 초래한 과거의 정치·경제노선에 대해 당·정부 내에서의 비판이나 논의가 없다는 것이다. 대표적인 한 사례로, 1996년 12월에 김일성종합대학에서 한 비밀연설에서 김정일은 경제위기를 당·정 간부들의 정책집행상의 실무적 문제로만 규정하고 노선 상의 문제에 대해서는 전혀 언급하지 않았다.[76] 심지어 제10기 최고인민회의에서는 3차회의까지 내각의 '사업정형'과 다음 해의 '과업'에 대한 토의도 없었다.[77] 그리고 최고인민회의에서 예산과 법안을 통과시키면서 당중앙위원회 전원회의를 개최하지도 않았다.[78] 이와 같이 공식기구를 통한 협의보다 김정일이 직접 당 비서들에게 개별적으로 명령을 내리고, 의견을 청취하는 방식을 취하므로 당 내에서의 논쟁에 따른 정책노선의 수정은 기대하기 어렵다. 김정일은 오로지 '우리식 사회주의'와 '고난의 강행군'을 슬로건으로 한 대중동원과 기존의 계획경제체제를 유지하는 데 필요한 경제관리차원에서의 수정을 통해 문제를 해결하려는 것이다.[79]

(2) 헌법개정과 권력구조의 개편

북한은 1998년 신헌법 채택을 통해 당·정·군 관계의 재조정과 권력구조

---

[76] 김정일, "1996년 12월 김일성 종합대학 창립 50돌 기념 김정일의 연설문," 1996, 『월간조선』, 1997년 4월호.
[77] 6차회의 (2003년 3월 26일)에서도 국정방향이나 경제정책이 구체적으로 제시되지 않았고, 홍성남 총리의 내각사업 보고도 생략되었다. 심지어 김정일은 참석하지도 않았다.
[78] 통일연구원, 『북한 최고인민회의 제10기 제5차 회의 결과분석』, 2002년 4월, pp. 18-19.
[79] 2003년 5월에 실시된 북한의 '인민생활공채' 발행에 대해 상당한 의미를 부여하려는 학자들도 있었다. 그러나 해방 후와 6·25전쟁 후에 이어 세 번째로 발행되는 이 공채는 북한당국이 설명하는 바와 같이 국가재정의 확보, 화폐가치의 안정, 인플레이션의 완화가 주목적이다. 따라서 이 역시 경제관리 차원의 기술적 조치로 평가된다.

의 개편을 시도하였다. 즉, 주석제를 폐지하고, 국가 주석의 보조 혹은 자문기관의 위상을 갖던 중앙인민위원회도 폐지하면서 그 권한을 최고인민회의 상임위원회와 내각 및 지방행정조직으로 이관하였다. 이에 대해 '권력의 분산', '정책결정권의 수평화', '중국식의 정·경 분리 모델의 도입'이라는 시각에 따라, '1인 지배체제에서 단선화된 권력을 대폭 분산시킨 획기적인 변화'라고 평가하기도 한다.80) 그러나 주석제의 폐지는 '김일성만이 그 직책을 수행할 수 있다'81)는 효와 충의 개념이 다분히 투영된 것이고, 중앙인민위원회의 폐지는 그 연장선상에서 취해진 조치이므로 유교적 윤리의식이 권력구조 변동에 영향을 준 것으로 평가된다. 특히, 아들인 김정일이 상징성이 큰 주석직을 승계하지 않고, 기존의 국방위원장의 권한을 주석의 수준으로 높이면서 정치·군사·경제적 통솔과 전시 동원령까지 선포할 수 있는 국정전반의 수위(首位)가 된 기형적인 방법을 취한 것이 이를 뒷받침 해 준다.

아울러 북한은 1998년 개정헌법에 따른 내각개편을 통해 32개의 경제부서를 23개로 통폐합하고 24명의 상(相, 장관급)을 교체하면서 70% 정도를 전문 엘리트들로 교체하였다. 그러나 북한내각이, 당과 국가의 결합이라는 태생적 한계 때문에 당 장치가 내각의 행정기능 수행에 철저히 중첩되어 있는 현실에서, 재량권을 얼마나 갖고 전문능력을 발휘하는 지는 의문이다.82) 그리고 행정의 경제적 기능인 서비스나 조정 기능을 위한 횡적 융통성도 기대하기 힘들다. 이런 면에서 북한의 내각이 수행하는 행정은 여전

---

80) 홍승원, "북한식 '권력구조조정'의 특성," 1999, http://www.kfl.or.kr/sub04_9903-13.htm (검색일: 2003년 4월 5일).
81) 양형섭(북한 최고인민회의 상임위원회 부위원장), 평양방송 ("연속실담" 2003년 9월 3일).
82) 북한은 1970년대 후반 6차 내각 때부터 행정조직상의 통합과 분산을 반복해 왔고, 이종옥 총리 출범 이후에는 전문관료들도 많이 충원하였지만, 정치와 행정이 미분화되어 행정조직이 제도적으로 운영되지 않고 당 규약과 '교시' 등에 따라 임의적으로 운영되어서 비효율성과 극심한 부패현상을 초래하였다. 1998년 개정헌법에 따른 내각개편은 이를 극복하기 위한 조치로 보인다.

히 당이 정한 경제목표를 달성하기 위한 동원을 관리하는 데 초점이 맞춰져 있다.[83]

물론 미시적 관찰을 통해 역할분담과 기능수행에 있어 적지 않은 변동 내용을 발견할 수도 있다. 부총리만도 9~11명까지 두어온 동구권식의 '정무원'을 철폐하고 '내각'에서는 2명의 부총리만 두고, 기능별로 유사부서를 대폭 통폐합하였다. 그리고 내각의 위상도 과거 단순한 행정적 집행기관에서 '전반적 국가관리 기관'으로 격상시켰다. 지방행정에 있어서도 종전에 당과 행정으로 이원화되어 있던 것을 내각 산하로 일원화시켰고, 권한도 지방행정기관에 대폭 위임했다. 특히 주목할 사항은 종전의 행정구역단위를 뛰어넘어 권역별로 산업별 특구를 설치하고, 총리급 인사를 배치하여 특구사업을 추진한 것이다. 그리고 그간 유명무실했던 최고인민위원회가 개정헌법에서는 국가수반이 행사하는 외교권을 총괄토록 했다. 아울러 내각의 외교부는 경제실무외교를 전담하도록 했다. 이와 같은 변화들에 대해 '정책결정 창구들을 횡적으로 분업화시켜 책임과 권한을 부여한 일'이라고 평가하기도 한다.[84] 그러나 김정일이라는 '절대권력자의 인격적 권위'에 의한 인치(人治)가 얼마나 극복되고 제도적 통치가 이루어지는 지는 회의적이다. 왜냐하면 전자를 사상적으로 뒷받침 해오던 '사회정치적 생명체론'은 아직도 부정되지 않고 있기 때문이다.

4. 소결

베트남과 북한 모두 경제적 위기가 정치적 변화를 야기 시켰다고 볼 수 있다. 그것을 '정치변동'으로 표현하기에는 양자 모두 아직까지 미약하지만, 구체적 내용에 있어 적지 않은 차이를 보이고 있다.

---

83) 홍승원 (1999), 앞의 논문.
84) 홍승원 (1999), 위의 논문.

베트남이 '남부해방' 후에 강력한 '북화정책'을 실시했지만, 제거하지 못했던 남부의 자본주의적 요소들과 북화정책에 대한 남부의 저항이 생산성을 하락시켰고, 이는 개혁의 필요성을 제기했다. 여기에는 베트남 전통사회에 강하게 영향을 미치고 있던 신유교의 실용주의적 사상이 일정부분 기여 했다. 그래서 도이머이 정책이 채택되는데 큰 저항은 없었던 것으로 보인다.

베트남에 도이머이 정책을 실시하면서 가속화된 사회의 이분법적 분화는 정치·사회적 긴장을 야기 시키고 있는데, 베트남 정부도 이를 효과적으로 해소하지는 못하여 정치체제에 적지 않은 압력으로 작용하고 있다. 이런 상황 속에서 베트남 정부는 유교적 전통을 복원하여 약화된 지배이념을 대체 혹은 보완하고 있다. 그런데 베트남에서는 유교적 가치들로부터 사회적 규제력과 통합력을 확보하여 사회변동과정에서 역학적 균형을 찾는데 순기능을 발휘하도록 하는 데 비해, 북한에서는 통치이념을 창출하고, 지배권력을 유지하는 데 유교적 가치들을 활용하고 있어서 변화의 내용에 큰 차이가 발생한 것으로 판단된다. 특히, 북한의 개혁조치나 권력구조의 변화는 노선투쟁의 결과로 취해진 것이 아니라 현시화(顯示化) 된 위기상황을 극복하기 위한 미봉책으로서 실무적 정책결정 과정에 대한 극히 기술적인 변화밖에는 이룰 수가 없었으며, 경제부문에 있어서의 부분적인 변화에 한정될 수밖에 없었다. 이런 결과의 근본적인 원인은 북한의 지도부가 베트남과 같은 집체적인 것이 아니라 개인적 절대권력자로 구성되어 있고, 유교적 유기체론을 권력운영에 여전히 활용하고 있기 때문이다. 이는 '충성의 전이'를 통해 기존의 지배체제에 대한 '자발적 동의'를 강요하는 것이지만, 그 가치들이 후기 공산사회에서 진전되는 이분법적 사회분화 속에서 피지배층으로서의 일반주민들의 문화 – 감정체계를 형성하고, 사회적 통제규범으로 작용하는 데 한계가 있다.

현재 북한에 공식화 되어있는 '장마당'과, 아직까지 제대로 구현되지는 못하고 있는 생산양식의 다원화도 제도적으로는 이미 그 단초가 마련되어 있으므로 베트남과 비슷한 방향으로 그 범위와 내용이 확장·심화될 수밖에 없을 것이다. 그런 변화는 당의 간접적 통제를 통한 사회적 통합을 유도할 것이다. 그러나 그러기 위해서는 현재의 개인적 리더십이 수평적 대화가 가능한 집체적 리더십으로 먼저 바뀌어야 될 것이다.

물론 정치변동의 양상은 규범적 통제만으로 결정되지는 않으므로 통제 메커니즘의 작동내용과 차이도 고려해야만 했다. 그런데 베트남이 경제·사회적 위기를 맞고 있던 1980년대 후반에 도이머이 정책을 취하면서 곧바로 정치범 수용소들을 폐쇄하였는데 비해, 북한은 부분적 개혁조치를 취하면서 오히려 정치범 수용소와 같은 물리적 통제장치들을 강화한 것은, 변화의 구체적 맥락과 그 귀결이 규범적 통제의 활용양식과, 변화 결과에 대한 사회적 수용력(사회적 안정성 즉, 사회적 규제와 통합에 의한 사회적 통제)에 따라 결정된다는 것을 뒷받침 하는 것이다.

베트남과 북한이 중·동부유럽 공산주의국가들과는 달리 체제붕괴와 같은 급격한 정치변동을 피할 수 있었던 것은, 시민사회의 부재와 저항세력들을 조직할 수 있는 사회적 연결망의 미발달을 고려하지 않을 수 없다. 그러나 유교적 가치들이 사회적 통합과 체제유지에 긍정적으로 작용한 결과이고, 이는 유교적 가치들이 사회주의와 일정 부분 친화성이 있기 때문에 가능한 것으로 판단된다.

| 4 |
유엔 인권위원회 대북 결의 상의 현안들

2003년 제59차 유엔 인권위원회에서 대북한 인권개선 촉구 결의를 채택한 이래 유엔 인권위원회는 대북 결의를 거듭하면서 북한의 인권상황에 대해 심도 있게 접근했다. 유엔 인권위원회의 이러한 노력은, 2005년부터 유엔 총회에서도 같은 취지의 결의를 매해 채택하게 했고, 2006년에 유엔 인권이사회 체제가 성립된 후에서도 이어지고 있다.[1]

본 장에서는 유엔 인권위원회에서 특별히 관심을 표명하며 특별보고관이나 실무단을 선정한 현안들에 대해 실태 파악, 원인 분석, 법리적·정치사회학적 해석, 대안 제시 등을 시도하겠다. 다만 '강제적·비자발적 실종'의 경우, 북한주민 피해자들에 대한 구체적 신상정보를 얻기도 힘들 뿐만

---

[1] 2006년 3월 15일에 유엔 인권위원회에서 개편된 인권이사회(Human Rights Council)는 정기적으로 회합을 가지며 1년에 최소한 3회 이상 소집돼 10주일 이상 가동하고, 필요한 경우 특별회의를 소집할 수 있게 되었다. 인권이사회의 이사국을 포함한 모든 유엔 회원국의 인권상황이 보편적·정기적 점검(universal periodic review)의 대상이 된다. 국가별 심사가 아니라 평등관계에서 모두 심사(peer review)를 받자는 것이다. 그러나 경제사회이사회 결의 1235호 조처에 따른 대북한 인권 결의처럼 국가별 결의도 이사회 체제에서 유효하다고 인정되었다.
인권이사회는 '특별절차', '전문가의 조언', 경제사회이사회 결의 1503호에 따른 '인권과 근본적 자유의 침해에 관한 통보의 처리절차'를 유지하기 위해 인권위원회의 모든 권한, 기제, 기능, 책임을 떠맡고, 검토하며 필요할 경우 개선하고 합리화하기로 하였다.

아니라 일부 얻은 정보도 공개할 수가 없어서 '자의적 구금'에서 부분적으로 소개하겠다. 그리고 납북자 및 국군포로 문제는 그 성격 상 '강제적·비자발적 실종'에 해당되는데, 남북한 관계에 영향을 받는 특수한 측면이 있고, 북한의 인권문제에서 큰 비중을 차지하여 별도의 장으로 설정하였다.

1. 식량권

한국 내의 적지 않은 북한인권 관련 단체들(보다 엄밀히 말해 대북 지원 단체들)이나 '북한전문가들'은 북한의 식량권 보장을 강조하며, 식량위기가 미국의 대북 봉쇄정책의 결과인 것처럼 주장하고 있다.[2] 그러나 북한은 1987년 11월에 대한항공 여객기에 폭탄테러를 자행한 결과로 미국의 경제 제재를 받기 이전인 1980년대 초반에 이미 농업생산체계에 심각한 문제들을 안고 있었다.[3] 우승지의 연구에 따르면, 북한은 1980년대부터 곡물을 년 평균 415만 톤 정도밖에 생산하지 못하여 만성적인 식량부족에 시달렸고, 당시에 이미 1인당 하루치 평균 배급량을 700g에서 456g으로 줄이고, 중국과 소련의 지원으로 근근이 지내왔다.[4] 북송교포출신 탈북자 신정애(여, 증언 당시 59세) 씨의 경험에 의하면, 1975년경부터 북한 상점에 물건이 줄기 시작했고, 70년대 말~80년대 초, 처음에는 정량 추가분인 '보충미'를 지급하지 않다가 나중에는 15일치 배급미에서 2일분을 줄였다고 한다.[5] 1987년에 소련의 지원이 처음으로 축소되자 북한당국은 배급량을 더욱 줄이다가 1991년에는 하루에 두 끼 먹기 운동을 벌였다고 탈북자들은 증언한다. 이미 1991

---

2) 1995년 이후 10년간 국제사회는 북한에 대해 20억 달러 이상의 식량지원을 해 왔고, 그 중 최대 지원국은 6억 달러(식량 200만 톤에 해당) 이상을 제공한 미국이다.
3) 이우홍, 『가난의 공화국』 (서울: 통일일보사), 1990.
4) 우승지, "북한의 식량문제: 현황과 전망," http://www.mofat.go.kr/file/en_pub/2004-10(우승지).hwp (검색일: 2004년 4월 27일).
5) 북송재일교포 출신 탈북자 신정애, 인터뷰 시 증언, 2004년 9월 10일.

년경에 일부 계층은 전혀 식량배급을 받지 못했고, 1994년에 배급제는 완전히 무너졌는데, 이는 김일성/김정일 부자간에 언쟁의 원인이 되어 김일성이 사망한 것으로 최근에 알려졌다.6)

1) 수급현황

국제기구의 통계에 따르면, 북한의 곡물 생산량은 1992년에 500만 톤, 1995년에 450만 톤 그리고 1996년에는 400만 톤 이하로 떨어져 기아가 초래되었다.7) 물론, 북한의 기아사태는 식량의 절대량이 부족하여 발생한 것이지만, 식량이 특정 인구에게 배급되지 않았기 때문에 발생한 측면도 간과해서는 안 된다.8) 예를 들어, 1998년과 1999년의 식량 부족분은 표 4-1에 나타난 바와 같이 아사자(餓死者)가 발생할 정도는 아니었다. 당시 유엔 식량농업기구(FAO)의 자료에는 1998년과 1999년에 각 31만 톤과 73만 톤이 부족한 것으로 나타났지만, 한국의 통일부와 농업진흥청의 판단으로는 각 15만 톤과 1만 톤이 남았으며, 북한측 발표로도 1998년에는 57.8만 톤이 부족하였지만 1999년에는 7.1만 톤이 남았던 것으로 집계되었다. 그런데도 이 시기에 적지 않은 사람들이 여전히 굶어죽었다고 탈북자들은 증언한다.9)

아울러 북한이 지난 10여 년간 외부의 식량지원을 받고도 여전히 만성적 식량부족 사태를 극복하지 못하는 것은 정책적 우선순위를 식량문제 해결에 두고 있지 않기 때문이다. 표 4-1에서 보듯이, 북한 정부당국은 외부

---

6) 황일도 (정리), "전 북한 핵심 관료가 지켜본 김일성 사망 직전 父子암투 120시간," 『신동아』, 2005년 8월호.
7) 남성욱, "북한 7·1 경제개선관리조치와 농업개혁," 『북한의 개혁과 개방 100일 – 현황과 전망-』 (중앙대학교 민족통일연구소·매일경제신문 주최 국제학술대회 논문집, 2002. 10. 11), p. 54.
8) Jean-Fabrice Piétri, "The Inadequacies of Food Aid In North Korea," Summary of Comments (Plenary Session II), *IVth International Conference on North Korean Human Rights and Refugees*, Prague, March, 2003.
9) Piétri (2003), 위의 글.

표 4-1 식량위기를 전후한 북한의 곡물 수요와 공급

(단위: 천 톤)

연도		1990	1991	1992	1993	1994	1995	1996	1997	1998	1999	2000	2001
식량수요(*)		5,560	5,680	5,760	5,690	5,760	5,800	5,780	5,830	5,410	5,500	5,600	5,360
생산	(1)	5,866	5,405	4,973	4,593	4,951	4,245	4,480	2,660	3,470	3,480	2,920	3,540
	(2)	9,100	8,900	8,800	9,000	7,083	3,499	2,502	2,685	3,202	4,281	3,262	
	(3)	4,810	4,430	4,270	3,880	4,130	3,450	3,690	3,670	3,930	4,220	3,580	3,950
부족분	(1)	-306	275	787	1,079	809	1,555	1,300	3,170	1,940	2,020	2,680	1,820
	(2)	-3,540	-3,220	-3,040	-3,310	-1,323	2,301	3,278	3,145	2,208	1,219	2,338	.
	(3)	750	1,250	1,490	1,810	1,630	2,350	2,090	2,160	1,480	1,280	2,020	1,410
도입		890	1,290	830	1,090	490	960	1,050	1,630	1,630	1,290	1,800	
수입		890	1,290	830	1,090	490	640	750	790	790	300	.	
외국원조		0	0	0	0	0	320	300	840	840	990	1,800	
절대부족분	(1)	-1,196	-1,015	-43	-11	319	595	250	1,540	310	730	880 미만	
	(2)	-4,430	-4,490	-3,870	-4,400	-1,813	1,341	2,228	1,515	578	-71	538 미만	
	(3)	-140	-40	660	720	1,140	1,390	1,040	530	-150	-10	220 미만	

출처: 대한민국 통계청, 「남북한 경제사회상 비교」 (대전, 대한민국, 매년); FAO Special Report 1995-2002, *Production Yearbook, Monthly Bulletin of Statistics* (FAO: Rome, every year).
참고: 150만 톤~180만 톤의 비식용 곡류를 포함하면 전체 수요는 650만 톤임.
(1) 유엔 식량농업기구(FAO)의 추정치
(2) 북한의 발표: 1995년 이전은 정제하지 않은 조곡(粗穀) 기준이며, 1995년 이후는 정곡(精穀) 기준임.
(3) 남한의 예상치

의 식량지원이 시작되자 식량수입을 줄이다가 결국은 사실상 중단해 버렸다. 지난 수년간 북한에 유입된 90% 이상의 식량은 외부지원이나 특혜무역으로 들어 온 것이다. 즉, 북한 정부당국은 외부지원을 국내 생산량과 수입에 보완적인 것으로 쓰는 것이 아니라, 수입을 대체시켜 절약한 외화를 전용하

표 4-2 북한의 식량수급 현황

(단위: 천 톤)

연도	인구 (천명)	공급량				소요량		부족량	
		국내 생산량	해외 도입량	남한 지원량	계(A)	최소 소요량 (C)	권장 소요량 (D)	C-A	D-A
2004 /05	22,936	4,311	697	300	5,308	5,442	6,619	134	1,311
2005 /06	23,165	4,540	450	500	5,490	5,496	6,685	6	1,195

출처: 김영훈, "최근 여건 변화와 대북 농업협력 방향," 한국농촌경제연구원, 『KREI 북한농업 동향』, 제9권 제3호, 2007년 10월, p. 4를 재구성.

기 위한 수단으로 활용하고 있다. 그 대표적 사례로 식량 수입을 줄이면서 남긴 외화로 1999년에 미그21기 40대와 헬리콥터 8대를 카자흐스탄으로부터 구입하는 데에 사용한 것을 들 수 있다.[10]

한국정부는 북한에 1995년부터 2007년까지 총 25만 톤의 식량을 무상 양자 지원 형식으로 제공하였으며, 260만 톤의 곡물을 차관 형식으로 제공하였다. 이외에 한국정부는 세계식량계획(WFP)을 통해 다자형식으로도 북한에 식량지원을 하였고, 민간단체들도 인도적 지원으로 식량을 제공하였다.[11]

북한은 2005년 한해에 1,079,560톤(중국: 531,416톤, 한국: 392,743톤, 일본: 48,084톤, 미국: 27,699톤, 호주: 15,340톤, 유럽연합: 8,450톤, 네덜란드: 5,855톤, 스웨덴: 5,000톤, 캐나다: 4,509톤, 노르웨이: 4,316톤, 이탈리아: 4,115톤, 독일: 2,371톤, NGOs: 43톤, 기타: 29,620톤)을 지원받아 세계에서 두 번째로 많은 식량 원조를 받은 국가가 되었다.[12]

---

10) Stephan Haggard and Marcus Noland, *Hunger and Human Rights: The Politics of Famine in North Korea* (Washington, DC: U.S. Committee for Human Rights in North Korea, 2005), p. 16.
11) 권태진, "2008년 북한 농업 전망과 남북한 협력과제," 한국농촌경제연구원, 『KREI 북한농업동향』, 제9권 제4호, 2008년 1월, p. 7.
12) KREI 한국농촌경제연구원, 『KREI 북한농업동향』, 제8권 제2호 (2006년 7월), p. 138.

표 4-3 2007년도 북한의 곡물 생산 추정량

구분		계	쌀	옥수수	맥류	두류	서류	잡곡
2007년 생산량 (만 톤)		401	153	159	25	15	47	2
2006년 생산량 (만 톤)		448	189	175	21	16	45	2
2006년 대비 증감	(만 톤)	-47	-36	-16	4	-1	2	0
	(%)	-11	-19	-9	17	-2	4	0

출처: 권태진 (2008), 앞의 논문, p. 11 재구성.

세계식량계획(WFP)과 유엔 식량농업기구(FAO)는 2005년 가을에 수확한 북한의 곡물 생산량을 2004년의 생산량인 360만 톤보다 8% 정도 증가한 390만 톤으로 추정하였다.13) 여기에 감자(양곡 환산 50만 톤)와 텃밭이나 경사지의 생산량 10만 톤을 합하면 전체 식량생산량은 450만 톤으로 추정된다.14) 따라서 2005/2006 양곡연도의 공급 부족량은 90만 톤에 달했으며, 외부의 지원을 감안하더라도 50만 톤 정도의 식량이 부족했을 것으로 추정된다.

농촌진흥청은 2007년 북한의 곡물생산량을 전년대비 11% 감소한 401만 톤으로 추정하고 있다. 유엔식량농업기구(FAO)는 이 보다 낮은 380만 톤

---

13) 북한정부가 유엔에 인도적 지원활동을 중단하도록 요청해서 1995년 이후 매년 실시해오던 세계식량계획(WFP)과 유엔식량농업기구(FAO)의 북한 작물 및 식량수급 추정과 대북 식량 지원량 추정 작업을 2005년에는 실시하지 못했다. 그래서 유엔식량농업기구(FAO)와 세계식량계획(WFP)은 인공위성 영상자료 분석, 기상분석을 통해 2005년도 북한의 작황이 비교적 양호한 것으로 평가하고 감자를 제외한 쌀, 옥수수, 밀, 잡곡 생산량을 390만 톤으로 추정하였다. KREI 한국농촌경제연구원 (2006), 위의 자료, p. 137. 그러나 미국 농무성은 북한의 2005/2006 양곡연도 쌀, 옥수수, 밀, 보리의 생산량을 전년 대비 4% 정도 증가한 364만 톤으로 추정하고 있다. KREI 한국농촌경제연구원 (2006), 위의 자료, p. 16.
14) 한국의 농촌진흥청은 북한의 2005년 식량생산량을 전년 대비 5.3% 증가한 454만 톤으로 추계하였다. KREI 한국농촌경제연구원 (2006), 위의 자료, p. 15.

으로 추정한다. 북한의 연간 곡물 소요량이 최소 520만 톤이므로 120~140만 톤이 외부에서 조달되지 않으면 식량부족이 초래될 것이다.15)

2) 분배의 문제

북한의 기아는 부분적으로 배급대상 선정문제 자체로 인해 발생하는 면이 있다. 현재 북한의 공장들 중에서 절반이 가동되지 않아 노동 인구의 상당 부분이 실업 상태에 있다.16) 그럼에도 식량배급은 나이와 건강상태에 따라 이루어질 뿐 사회적 혹은 경제적 기준은 고려하지 않고 있다.

북한의 관료들은 자국에 심각한 사회·경제적 문제들이 있으며, 그것들이 주민들에게 영향을 끼치고 있다는 것을 인정하지 않는다.17) 기아추방운동(Action Contre la Faim)의 1999년 북한방문 보고에 따르면, 함경북도의 식량배급소는 외국지원을 통해서 들어온 것만 배급하고 있었고, 북한 내에서 생산된 식량에 대해서는 배급을 하고 있지 않았다고 한다. 이는 2002년 '7·1경제관리개선조치' 이후, 거의 일반화된 현상으로 파악된다. 국내생산, 수입, 외부지원을 포함한 전체생산 대 배급제를 통한 분배량을 비교해보면 2000년 이후 5년간 북한 내 식량의 대부분이 시장으로 갔고, 해외지원 식량은 배급제를 통해 분배되는 식량의 약 3/4를 차지하고 있다. 따라서 배급제는 국내생산 식량의 분배 메커니즘이 아니라 외부지원 식량의 분배 메커니즘으로 활용되고 있다.18) 그래서 실직근로자는 공식적인 식량배급

---

15) 권태진 (2008), 앞의 논문, p. 3, p. 10.
16) 비농업 인구의 30% 이상이 실업 상태에 있으며, 공업 분야에 고용되어 있는 사람들도 불완전 고용상태에 있다. 노동자들의 임금도 실질가격으로 50~80% 삭감되었다고 한다. Haggard and Noland (2005), 앞의 책, p. 21.
17) 북한은 모든 공식 보고서나 선언에서 여전히 '완전고용'을 자랑하고 있다. 예를 들어, 2002년 4월 9일에 제출된 "경제적·사회적·문화적 권리에 관한 국제규약의 이행에 관한 2차 정기보고서"(E/1990/6/Add.35, 15 May 2002).
18) Haggard and Noland (2005), 앞의 책, p. 21.

은 물론, 어떠한 급료도 받지 못하는 열악한 상황에 놓여 있지만 인도적 지원의 대상이 되지 않아 어떠한 식량지원도 받지 못하고 있다.19)

북한의 식량난이 초기에는 사회주의 농업정책의 실패와 자급자족에 대한 지나친 집착에서 비롯되었으나, 배급제가 실제적으로 작동하지 않고 시장에서 식량을 구입해야 되는 상황에서는 '구매력의 문제'로 성격이 전환되었다. 그래서 자신들의 월급을 외화로 바꿀 수 있는 사람들이나, 농민들의 경우는 타격이 덜 하지만 그렇지 못한 일반 주민들은 '도시안의 신빈곤층'이 되었다.20)

'7·1경제관리개선조치'는 암시장 가격과의 차이를 해소하기 위해 법정가격을 높인 것이다. 그러나 급료인상률(생산부문 근로자 18배)은 주곡 가격의 상승률(쌀 558배, 옥수수 471배)을 따라가지 못했다. 북한당국이 국영기업의 손실보존 등 재정수요를 화폐발행으로 충당하자 2002년 이후 매해 평균 100% 이상의 고인플레이션 현상이 나타났다.21)

북한의 경제적·사회적·문화적 권리에 대한 2차 정기보고서 제16항에는, "조선민주주의인민공화국에서는 급여가 호봉제에 따라 지급되나, 국가가 일할 수 있는 국민들을 위해서 근로할 기회를 주고, 적당한 물질적 문화적 생활을 영위할 수 있는 안정적인 조건을 마련해주기 때문에 최저임금제는 확립이 되어 있지 않다"고 기술하고 있다.

급료가 호봉제에 의해서 산정이 된다면, 최저임금제가 확립되어야 일정 수준의 경제적·문화적 생활을 위한 안정적인 조건들이 갖춰질 것이다. 그러나 북한은 이러한 의무의 존재를 인정하면서도 최저임금제를 시행하지 않고 있다.

더 나아가 새로운 급료는 공장마다 독립채산제를 실시하면서 제대로 지급되지 못하고 있다. 독립채산제에 따라 공장이 근로자들에게 줄 급료를 벌지 못할 경우에 공장 관리인의 책임 하에 은행으로부터 융자를 얻어 근로

---

19) Piétri, "The Inadequacies of Food Aid In North Korea."
20) Haggard and Noland (2005), 앞의 책, pp. 21-22.
21) Haggard and Noland (2005), 위의 책, p. 21.

자의 급료를 지불할 것을 북한정부는 권하고 있다. 그러나 이러한 융자를 받을 경우 환불하기가 쉽지 않기 때문에 공장 관리인들은 구속력이 없는 일종의 '약속어음' 같은 것을 근로자들에게 발행하는 경우가 많다고 한다.

그리고 지금까지 알려진 바로는, 북한에서 2005년에 재개하여 부분적으로 실시하고 있는 식량배급은 과거와 같은 무상배급이 아니다. 북한 주민들은 시상가격과 별 차이가 없는 고가로 식량을 구매해야 된다. 북한당국은 새로운 식량배급을 실시하며 시장에서 쌀과 옥수수 판매를 금지 시켰는데, 그로 인해 오히려 비싼 암거래가 이루어지고 있다.

북한 당국은 세대주가 직장에 출근하는 경우에 한하여 쌀 1kg을 45원, 옥수수 1kg을 22원에 구입할 수 있게 했다. 그가 부양해야 될 가족 중에 노동력이 없는 사람이 있는 경우, 그는 식량을 시장가격보다 100원 저렴하게 구입할 수 있지만, 그것만으로는 식량이 크게 부족하여서 암시장에서 식량을 추가로 구입해야 되는 실정이다.

2006년 초에 평양, 원산, 온성, 회령 등 북한 주요도시에서 암거래 되던 쌀 1kg의 가격은 800원~900원이었고 옥수수 1kg의 가격은 220원~500원이었다. 같은 해 5월 중순 들어 평안북도 일대의 쌀값은 1kg에 1,300원에 이르렀다고 한다. 같은 해 3월에 비해 무려 500원이나 오른 것이다. 장마당에서는 쌀값이 2,000원까지 뛸 것이라는 소문까지 돌고 있다. 소문이 돌면 대부분 그렇게 된 선례를 볼 때 쌀값이 2,000원으로 오르는 것은 시간문제다.[22]

---

22) 2006년 11월 3일 국내 TV 뉴스를 통해 개성공단 근로자들의 월급 명세서가 공개되었다. 지급과정은 생략한 채 공단 노동자들이 북한 일반노동자들에 비해 2~3배 높은 월급을 받는다는 것이다.
현재 개성공단에서 한국 고용주들은 북한 노동자들에게 월급으로 미화(美貨) 57.5달러를 지급한다. 이 금액에서 사회보험료 7.5달러를 공제하고, 기숙·의료·교육을 무상으로 제공하는 대가로 '사회문화시책비' 30%를 공제한 나머지 35달러를 노동자들에게 지급하는 것으로 되어 있다. TV 뉴스에 보도 된 명세서에는 북한의 공식환율로 1달러에 북한돈 140원을 적용하는 것으로 나타났다. 그렇다면 월 4,900원을 지급하는 것이 된다. 그런데 암시장 환율로 미화 1달러는 북한돈 3,000원에 이른다. 즉, 북한정부는 한국의 고용주들로부터 57.5달러를 받아 근로자들에게 실제적으로는 1.5달러 남짓한 돈을 지급하는 셈이다.

따라서 '7·1경제관리개선조치' 이후 오히려 상황이 전반적으로 악화된 것으로 평가된다. 이 개선 조치가 취해지고 약 2년 뒤에 탈북자들에 대해

그런데 이와 같은 계산은 아무런 의미가 없다. 개성부 제1선(개성지역 휴전선) 민경(민사행정경찰, 국경수비대)으로 8년간 근무했던 이광수 씨의 증언으로는, 개성공단 노동자들에게 북한정부가 월급 대신 '대체상품'을 국정가격으로 지급하고, 심지어 전담 사무소까지 두어 그 대체상품을 집단적으로 시장에 내다 팔아 주기도 한다는 것이다. 노동자들은 그 차액을 가질 수 있기 때문에 상황이 그렇게 심각한 것은 아니라고 탈북자 이 씨는 주장한다. 2006년 11월 10일 인터뷰.
문제는 그 대체상품의 대부분이 한국을 비롯한 서방세계의 대북원조 식량 혹은 물품이고, '국정가격'이 임의적이라는 데 있다. 그런데 2006년 11월 7일자『한겨레신문』은 북한정부가 개성공단 노동자들에게 지급될 급여의 대부분을 들여 해외에서 식량이나 물품을 구입해 개성백화점이나 10여 군데의 보급소에 비치하면, 공단 노동자들이 그 물품이나 식량을 선택·구매 한다고 보도했다. 그러나 이는 상식적으로 납득하기 힘들다. 그 뿐만 아니라 노동자들이 원치 않는 물품을 월급명목으로 다량 불하받아 처분하기 힘들어 시장에서 헐값에 팔기도 하고, 원거리 판매도 하고 있다는 탈북자들의 증언이 있어 이 보도는 특정 일면을 전체인 양 왜곡 시킨 것으로 보인다. 그렇다면 이는 북한정부가 개성공단 노동자들에게 지급되어야 할 미국 달러화는 고스란히 챙기고, 그들에게 원조물자를 주면서 이를 호도하는데 공동보조를 취한 것이 된다.
개성공단 노동규정 제32조에는 "기업은 로동보수를 화폐로 종업원에게 직접 주어야 한다"고 규정되어 있다. 그러나 북한정부의 요구에 따라 한국의 기업들은 현재까지 임금지급을 북한정부에 위탁하고 있다. 이를 통해 이루어지는 임금갈취의 일차적 책임은 북한정부에 있지만, 이를 용인하고 있는 한국정부 당국자들의 책임도 크다.
일부 학자들은 "공단의 노동자들이 얼굴을 알아보기 힘들 정도로 살이 찐 것으로 봐서 노동착취를 당하고 있다고 볼 수 없다"고 주장한다. 그러나 노동자들을 극빈 상태에서 벗어나게 해주었다고 노동착취를 하는 것이 아니라는 주장은 세계노동기구(ILO)의 기본정신과 규정들을 완전히 도외시 한 것이다.
북한정부의 임금갈취를 제도적으로 용인하는 것은 세계노동기구의 규정뿐만 아니라 최저임금에 대한 개성공단 노동규정 제25조도 위반하는 것이다. 그리고 북한당국이 임금으로 지급된 미화를 갈취하는 것을 막지 않는 것은 유엔 안보리 대북제재 결의 1718호의 제8조 (d)항을 위반하는 것이다.
그간 노무현 정부는 개성공단 사업이 "핵, 대량살상무기, 탄도미사일 관련 프로그램을 지원하는 자국 내 자금과 기타 금융자산, 경제적 자원들"에 해당되지 않는다고 강변해 왔다. 그러나 개성공단 노동자들에 대한 임금갈취가 북한의 몇몇 부정 공무원들이 개인적으로 하는 것이라면 몰라도 정부차원에서 총체적으로 자행하는 것이어서 그 돈이 정권의 정책적 목적에 쓰일 것은 자명하다. 그런데도 북한정부의 임금갈취를 호도하며, 그 용도에 대한 증거 불충분 운운하는 것은 또 다른 기만을 하는 것이다.

실시한 한 조사에서 2002년 경제관리개선조치 이후 식량사정이 나아졌다고 동의 혹은 강한 동의를 한 응답자는 4% 미만인데 비해, 85%의 응답자들은 북한주민들이 만성적 식량난을 호소하고 있는 것으로 동의 혹은 강한 동의를 했다.[23] 세계식량계획(WFP)의 조사에 따르면, 배급제에 의존하는 도시 가구들은 수입의 1/3 정도를 배급식량을 구입하는 데 사용하며, 네 식구의 가정은 수입의 40% 정도를 쓴다고 한다. 경우에 따라서는 50%~60% 정도를 쓴 가정도 있었다고 한다. 그러나 배급제를 통해 구할 수 있는 식량은 최소 필요량의 50%도 안 되고, 나머지 부족분은 3배 이상 더 비싼 시장에서 구입해야 되므로 일반 가정에서는 수입의 80% 이상을 식량 구입에 사용하는 것으로 추정된다.[24]

3) 전용 및 모니터링 문제

북한정부는 '선군정치'에 따라 군인들에게 식량을 우선적으로 배급한다. 북한군 제1지구 사령부 작전부 부부장의 운전병이었던 진용규(증언당시 32세, 전 북한인민군 중사) 씨의 증언에 의하면, 국제사회에서 지원하여 원산항에 도착한 모든 식량은 군 지원용으로 활용되었다. 식량은 제1지구 사령부와 금강의 1군단, 철원의 2군단, 평강의 5군단을 비롯한 강원도 내 5개 공격군단에 배급되었다. 진 씨는 운전병으로 복무했던 1998년 말부터 2002년 1월 사이에 이 식량배급을 위해 1년에 4~5회 동원되었다고 한다. 그때마다 북한정부는 외국인의 감시를 피하기 위해 동원된 군용 자동차의 번호판을 모두 민간 번호판으로 교체하였고, 군인들도 모두 사복을 입혔으며, 유엔 조사원의 시찰이 있을 경우에는 민간 창고에 쌀을 임시로 저장하였다가 시찰이 끝난 후에 다시 군부대로 옮겼다고 진 씨는 증언한다.[25]

---

23) Haggard and Noland (2005), 앞의 책, p. 22.
24) Haggard and Noland (2005), 위의 책, p. 22.
25) 진용규, http://www.cnkr.org/zeroboard/view.php?id=kor_news&no=166 (검색일: 2004

그러나 일반사병들의 영양실조는 지금까지도 심각한 문제로 보고되고 있다. 사단법인 좋은벗들의 보고에 따르면, 강원도 철원지역의 한 대대는 270여 명의 대대원 중에 해마다 평균 영양실조자가 70~80명에 이르고, 평강지역의 한 중대는 중대원 60명 중에서 영양실조자가 20명에 이른다고 한다.26)

이런 사태가 발생하는 이유는 식량을 각 부대로 수송하는 과정에서 호송반, 기관차 기관사, 철도경무부 등 수송원들이 기름값 명목으로 혹은 개인 몫으로 빼돌리기 때문이다. 그들은 심지어 장사꾼들에게 쌀을 팔고는 부족한 부분은 옥수수로 채워놓거나, 부족분이 너무 많을 경우 그대로 각 부대에 나누어 주기도 한다. 부대에 배당된 식량은 여단, 대대, 중대, 소대로 내려오면서 여단장 이하 각급 간부들이 우선적으로 개인 식량을 확보하기 때문에 사병은 하루 800g 정량 중 500g도 못 먹게 된다.27)

더욱 심각한 문제는 시장에서의 높은 곡물가격이 분배되어야 할 외부지원 식량의 전용가능성을 높이고 있다는 데 있다.

앞에 언급한 바와 같이 북한정부는 2005년 10월부터 식량배급제를 실시한다고 선언하면서 시장에서 쌀, 옥수수 등 식량 판매를 금지시켰다. 그런데 대한변협이 2006년에 실시한 탈북자 100인에 대한 인터뷰 조사 결과(『북한인권 실태조사 보고』)에 따르면, 식량배급이 이루어지는 정도가 지역에 따라 상당히 다르며, 전혀 배급을 못 받는 지역도 많이 있어서 제대로 가동되지 못하는 것으로 보인다. 그럼에도 북한정부는 시장에서 식량 판매를 금지하고 있어 식량은 음성적으로 거래되면서 가격은 치솟고 있다.

년 4월 23일). 북한당국의 외국원조식량에 대한 군사적 전용 논란은 김대중 정부 이래 계속 있어왔다. 노무현 정부는 2003년 9월 하순에 청진, 남포, 흥남에서 '식량공급소' 각 1곳을 방문하여 분배 관계자 각 4, 1, 3명과 주민 각 6, 3, 3명을 면담한 뒤에 분배가 정상적으로 이루어지고 있다는 보고서를 같은 해 10월 9일에 내기도 했다. 통일부, "2003년 1차분 식량차관 1차분배 현장확인 결과보고," 2003년 10월 9일. 그러나 이는 임의적으로 선정된 방문지가 아니며, 일반화시키기에는 표본의 수가 너무 적다.

26) 좋은벗들 엮음, 『오늘의 북한, 북한의 내일』 (서울: 정토출판, 2006), p. 26.
27) 좋은벗들 엮음 (2006), pp. 26-27.

이런 상황을 극복하기 위해서는 분배의 투명성이 보장되도록 모니터링을 강화해야 되고 지원할 때 이를 전제조건으로 고수해야 된다. 그러나 한국의 정부 및 지원단체들과 중국정부가 이를 제대로 하고 있지 않아서 다른 국제지원단체들이 북한당국에 분배의 투명성과 감독을 요구하는 데에는 한계가 있다. 구체적인 일례로, 2004년에 세계식량계획(WFP)은 북한에 37만 톤의 식량을 지원하면서 4,800여 회의 모니터링을 한 반면, 한국정부는 50만 톤의 식량을 지원하고도 모니터링을 단 10회만 실시했을 뿐이었다. 이와 같이 한국정부가 인도적 지원 공여국으로서 서명한 관련 국제규범을 준수하지 않음으로서 분배의 투명성과 감독을 요구하는 세계식량계획(WFP) 등 다른 국제지원단체들에 대해 북한당국이 극도로 부정적인 태도를 취하게 했다. 그래서 2005년에는 일부 국제지원단체들이 북한에서 추방당하는 사태까지 벌어지게 되었으며, 세계식량계획(WFP)도 북한당국의 요구로 5개월 동안 지원 활동을 중단했다가 대폭 축소시켜 2006년 5월 11일에 겨우 재개할 수 있었다.28) 이와 같이 북한정부가 외부 식량지원의 수혜국으로 준수해야 될 국제규범을 위반하고 있는 상황에서는 북한에 대한 식량지원을 독립적인 현안으로만 취급하면 상황이 개선되기 힘들다.

---

28) 북한정부의 요구로 5개월 동안 대북 지원활동을 중단했다가 2006년 5월 11일부터 재개한 세계식량계획(WFP)은 그 활동 범위와 대상자 수를 160개 군, 640만 명에서 30개 취약지역, 120만 명으로 축소하게 되었다. KREI 한국농촌경제연구원, 『KREI 북한농업동향』, 제8권 제2호, p. 17.
활동을 재개하며 세계식량계획(WFP)의 토니 밴버리(Tony Banbury) 아시아지역 국장은 2006년 6월 29일「미국의 소리(VOA)」방송과의 인터뷰에서 "세계식량계획(WFP)이 북한에 지원한 식량이 북한 지도층과 군부에 의해 전용될 위험은 전혀 없다"고 강조했다. T. 밴버리 국장은 "북한은 필요한 식량 가운데 85%를 자체 생산하고 있는데 지도층과 군부가 이 식량을 가장 먼저 차지한다"며, "그들은 필요한 것보다 더 많은 식량을 선점하고 있으므로 세계식량계획(WFP)이 지원한 식량에 대해서까지 욕심을 낼 필요가 없다"고 주장했다. http://blog.naver.com/qkrquddhks00?Redirect=Log&logNo= 50005984731 (검색일: 2006년 7월 21일)
그런데 이는 북한당국자들의 호감을 사기 위한 목적에서 한 발언으로 보인다. 식량이 부족한 국가에서 지도층과 군부가 필요한 식량만 확보하는 것으로 만족한다면 아사자(餓死者)가 발생할 리 없다는 인식은 T. 밴버리 국장도 북한과 유사한 문제를 안고 있는 다른 국가들에서의 경험을 통해할 수 있을 것이다.

4) 원인과 대책

오늘날 기근의 원인을 설명하는 데에는 두 부류의 접근방법들이 있다. 그 한 부류의 접근방법은 식량 총공급량의 감소(FAD: Food Availability Decline)에서 그 원인을 찾는 것이고, 다른 한 부류의 접근방법은 식량권 부여의 감소(FED: Food Entitlement Decline)에서 그 원인을 찾는 것이다.29) 북한의 식량문제와 관련하여 현재까지 식량 총공급량의 감소에만 지나치게 역점을 두고 식량권 부여의 감소에 대해서는 등한시 하여 문제의 진정한 성격과 원인을 파악하지 못한 측면이 있다.

북한의 식량문제에서 '식량권 부여의 감소'가 가장 심각하다는 사실은 앞에 기술한 여러 측면의 상황에서도 보이지만, 대한변협에서 실시한 100인의 탈북자 인터뷰 조사에서도 다각도로 확인된다.

그런데 북한 일반주민들의 '식량권 부여의 감소'는, 구체적인 맥락에서는 다양한 원인이 작용하겠지만, 성분에 따라 식량권 부여의 감소 혹은 증가의 정도가 정해지기 때문에 3계층 51개 부류에 기초한 계급차별정책에 그 근본적인 원인이 있다고 볼 수 있다. 그리고 1990년대 중·후반에 식량난으로 아사자와 탈북자가 양산된 것이 사실이지만, 그들의 절대 다수는 북한의 사회적 취약계층에 속해 있었다는 사실을 간과해서는 안 된다. 그런데 북한의 이 사회적 취약계층은 계급차별정책의 결과로 생긴 것이다. 따라서 북한 일반주민들의 식량권은 정치적 이유로 유린되고 있는 것이다.

북한사회는 1958년 이후 '사회주의적 생산관계의 유일적 지배'와 '전 주민의 사회주의 프롤레타리아화'를 추구하면서 모든 주민을 '붉은계급'으로 만들기 위해서 주민들을 분류하여 '반혁명분자들'을 제거했다. 그런 목적에서 노동당은 1966년 4월부터 1967년 3월까지 '주민재등록사업'을 실시하였다. 이어서 1967년 4월부터 1970년 6월까지 '주민재등록사업'의 결과를 토대로

---

29) 정광민, 『북한기근의 정치경제학 – 수령경제·자력갱생·기근 –』 (서울: 시대정신, 2005).

표 4-4 탈북 당시 식량배급을 받았습니까?

항목	빈도	비율30)	유효 비율
예	25	25.0	25.0
아니오	75	75.0	75.0
합계	100	100.0	100.0

표 4-5 배급받은 식량은 충분한 양이었습니까?

항목	빈도	비율	유효 비율
예	3	3.0	11.5
아니오	23	23.0	88.5
계	26	26.0	100.0
해당없음	74	74.0	
합계	100	100.0	

표 4-6 배급은 모두 동일한 양으로 이루어졌습니까?

항목	빈도	비율	유효 비율
예	7	7.0	26.9
아니오	18	18.0	69.2
모름	1	1.0	3.8
계	26	26.0	100.0
해당없음	74	74.0	
합계	100	100.0	

---

30) 모든 표에서 '비율'은 전체 조사대상자 100명에 대한 해당 응답변수 응답자의 비율이며, '유효비율'은 해당문항에 응답한 응답자 중(무응답, 해당 없는 사람 제외) 해당 응답변수에 응답한 대상자의 비율이다.

표 4-7 식량배급 중단시기에도 지속적으로 배급을 받은 사람들이 있었습니까?

항목	빈도	비율	유효 비율
예	87	87.0	88.8
아니오	7	7.0	7.1
모름	4	4.0	4.1
계	98	98.0	100.0
해당없음	2	2.0	
합계	100	100.0	

표 4-8 북한에 있을 당시, 대한민국 및 외국으로부터 식량이나 물품이 지원된다는 소식을 들어 보았습니까?

항목	빈도	비율	유효 비율
예	82	82.0	84.5
아니오	12	12.0	12.4
모름	3	3.0	3.1
계	97	97.0	100.0
해당없음	3	3.0	
합계	100	100.0	

표 4-9 직접 지원 식량이나 물자를 지원받은 적이 있습니까?

항목	빈도	비율	유효 비율
예	33	33.0	38.4
아니오	53	53.0	61.6
계	86	86.0	100.0
해당없음	14	14.0	
합계	100	100.0	

표 4-10 지원식량이나 물자가 주민에게 골고루 배분되었습니까?

항목	빈도	비율	유효 비율
예	3	3.0	3.6
아니오	67	67.0	80.7
모름	13	13.0	15.7
계	83	83.0	100.0
해당없음	17	17.0	
합계	100	100.0	

표 4-11 지원된 물자가 장마당에서 팔리는 것을 본 적이 있습니까?

항목	빈도	비율	유효 비율
예	66	66.0	74.2
아니오	23	23.0	25.8
계	89	89.0	100.0
해당없음	11	11.0	
합계	100	100.0	

전 주민을 3계층 51개 부류로 분류하였다.[31] 이 때 북한 당국은 핵심계층을 87만 가구의 391만 5,000명, 동요계층을 70만 가구의 351만 명 그리고 적대계층을 173만 가구의 793만 5,000명으로 집계하였다. 이 계급 분류에 기초한 북한의 계급정책은 동요계층과 적대계층을 감시·통제하고, 그들에 대한 사상교육을 강화하는 데에 초점이 맞춰졌다.[32]

---

[31] 1971년 2월 1일에 북한 노동당 비서국이 하달한 「인민분류목록」에 의하면, 북한 당국은 북한주민들을 어떠한 역경 속에서도 북한정권을 지지할 '핵심계층' 12부류, 유사시 체제에 대한 견고한 지지자로 볼 수 없는 '동요계층' 18부류, 유사시 한국에 동조할 '적대계층' 21부류로 파악하고, 1971년 당시 총인구 중에서 핵심계층 28%, 동요계층 45%, 적대계층 27%로 집계하였다. 중앙정보부, 『북한의 인권탄압 실태』(서울: 중앙정보부, 발행연도 미상, 1970년대 초로 추정), pp. 48-49 참조.

[32] 자세한 사항은 김용기, "계급의 불평등구조와 계급정책," 『북한사회의 구조와 변화』(서울: 극동문제연구소, 1987), pp. 203-206 참조.

북한당국은 그 어떤 계급차별제도의 존재도 부정하지만, 북한난민들은 한결같이 이 제도가 현재까지도 활용되고 있다고 진술한다. 표 4-12에서 보이는 바와 같이 북한정부와 당은 수차례에 걸쳐 주민들의 가족배경을 조사하였다.

표 4-12 주민성분 조사사업

사업 명칭	시 기	내 용
중앙당 집중지도	1958년 12월-1960년 12월	불순분자 색출처단 및 산간벽지 강제이주
주민재등록	1966년 4월-1967년 3월	100만 적위대의 무장을 위한 주민성분을 분류 (직계 3대, 처가와 외가 6촌까지 내사)
3개 계층 51개 부류로 구분	1967년 4월-1970년 6월	주민등록사업 결과를 토대로 전 주민을 핵심계층, 동요계층, 적대계층으로 구분, 이를 다시 세분하여 51개 부류로 재분류
주민 요해 사업	1972년 2월-1974년	남북대화와 관련, 주민동태를 조사·파악하여 전 주민을 믿을 수 있는 자, 반신반의자, 변절자로 구분
공민증 검열 사업	1980년 1월-1980년 12월	김정일의 지시에 따라 공민증 대조 및 갱신으로 불순분자 색출과 통제기능 강화
외국 귀화인 및 월북자 등에 대한 요해사업	1980년 4월-1980년 10월	월북자 등 외부에서 입북한 자들을 13계층으로 구분, 감시 자료를 체계화
북송 재일교포 요해사업	1981년 1월-1981년 4월	북송교포들에 대한 자료를 세분하여 동향감시 자료를 체계화
공민증 갱신사업	1983년 11월-1984년 3월	공민증 갱신 및 주민문건 정비
주민등록에 대한 재조사가 있었던 것으로 추정됨(*)	1990년 대 초	이 조사가 실시된 후, 많은 주민들이 체포되어 수용소로 보내진 것은 중·동부유럽 공산주의체제가 붕괴된 후 내부통제를 강화시키기 위해 취한 조치로 보임

출처: 통일부, 『'95 북한개요』 (서울: 통일부, 1995), p. 275.
(*) 김용 씨 등 탈북자들의 증언을 토대로 한 추정.

3계층 51개 부류에 따른 사회적 계급 분류는 1960년대에 실시된 주민등록에 기반을 둔 것인데다가 주요 변수가 일제치하와 6·25전쟁에서의 정치적 활동에 기초한 것이기에 오늘날에는 무의미하다고 볼 수 있다. 이 계층의 사람들은 이미 죽었거나 사회활동이 가능한 연령을 넘어섰다. 그렇지만 이 계급차별정책이 불평등의 제도화를 초래했고, 그것은 현재까지도 지속되고 있으며, 식량권을 포함한 경제적·사회적 권리를 향유하는데 지대한 영향을 주고 있다는 점을 유의해야 된다.

대한변협이 실시한 탈북자 인터뷰조사에서 "동일한 식량 배급량을 받지 못한 이유는 무엇이었습니까?"라는 질문에 권세, 직업이나 지위가 다르기 때문이라고 ID 04, ID 26, ID 27, ID 42, ID 45, ID 67, ID 98 등 대부분의 응답자들이 대답했다. 이 질문에 ID 39는 교원, 간부 등은 정상적으로 받았고 힘없는 인민들만 굶주렸는데, 그 이유는 간부들이 먼저 식량을 받았기 때문이라고 답변했다. 특히, ID 94는 "간부들의 경우, 직접 식량 창고에서 50~100kg의 쌀을 갖다 먹고 남는 것은 장마당에 내다팔았다"고 진술했으며, ID 96을 비롯한 다수의 응답자들이 같은 취지의 답을 했다. ID 66은 "부족한 식량으로 공급하기 때문에 먼저 보위부, 안전부, 유치원과 탁아소, 교원 등에게 우선적으로 공급하고 나머지가 있어야 타기업소 로동자들에게 공급하기 때문에 일반 로동자들에게 식량이 제대로 지급되지 못하는 것이며, 그래서 그 배급을 타자면 다음날 아침 9시에 배급소의 문을 여는데도 그 전날 저녁 7시부터 담요를 가지고 나와 배급소 앞마당에서 자면서 그 자리를 지켜야 될 정도로 경쟁이 심하다"고 진술하였다. 그리고 이런 상황은 ID 100을 비롯한 다수의 응답자들도 비슷하게 묘사하고 있다.

이러한 계급정책은 국제인권규범들 특히, 차별을 금지하는 세계인권선언 제7조와 시민적·정치적 권리에 관한 국제규약 제26조에 대한 명백한 위반이다.

이러한 계급차별정책 때문에, 동요계층과 적대계층의 사람들은 고등교육을 받을 수 있는 기회가 주어지지 않고, 열악한 사회여건 속에서 각종 불이익을 받고 있는데, 식량권 문제가 대표적 사례다. 이것은 "이 규약의 당사국은 이 규약에서 선언된 권리들이 인종, 피부색, 성, 언어, 종교, 정치적 또는 기타 견해, 민족적 또는 사회적 출신, 재산, 출생 또는 기타의 신분 등에 의한 어떠한 종류의 차별도 없이 행사되도록 보장한다"라고 규정되어 있는 경제적·사회적·문화적 권리에 관한 국제규약 제2조, 제2항에 대한 명확한 위반이다.

북한의 만성적인 식량부족은 영농체계의 비효율성과 농업구조의 모순성, 공업부문의 생산마비에서 비롯된 비료와 농약 부족, 지나친 자급자족체제·인센티브 부족·비생산부문으로의 지나친 자원유출 등과 같은 경제체제의 모순으로 인한 전반적 경제난과 사회주의권과의 농업협력 중단 등 복합적 요인에서 비롯된 구조적인 문제다.

게다가 경작지를 더욱 많이 획득하려는 북한정부의 정책에 따라 북한의 거의 모든 언덕과 작은 산은 개간되었다. 보다 많은 경작지를 획득하려는 북한정부의 정책은, 1976년 10월 2일 제5차 당 중앙위원회 12차 전원회의에서 채택한 '자연개조 5대 방침'에 기초한 것이다. 이 정책은 1977년 4월에 개정된 토지법 49조에 반영되었다. 이어서 이 정책은 1981년 10월 제6차 당 중앙위원회 4차 전원회의에서 채택한 '4대 자연개조사업'에 의해 다시 강화되었다. 이 정책에 따라 7개년 경제계획 기간(1978~ 1984)에 15만 헥타르의 산야가 다락밭으로 개간되었다. 그런데 관개시설이 적절하게 갖추어지지 못했고, 옥수수같이 토양을 잡아주지 못하는 1년생 작물들을 재배하였기 때문에 강한 비가 오면 산사태가 발생하여 새로이 개간한 토지뿐만 아니라 기존의 경작지까지 훼손하였다. 이러한 산사태는 또한 강의 바닥을 상승시켜 상대적으로 적은 양의 비가 왔을 때에도 홍수를 초래하였다. 더 나아가 최근의 식량난과 연료부족은 북한의 산림파괴를 가속시키고 있다. 2006년 7월 14~16일간의 집중호우로 강원도, 황해남·북도, 평안남도, 함경남도 지역에 걸쳐 광범위하게 피해가 발생한 것도 이러한 요인들이 누적된 결과이다.

100년만의 대홍수였다는 지난 1967년에 1만 7천여 명의 사상자가 발생했다. 그런데 2006년에는 1967년 때보다 강우량이 훨씬 적었는데도 인명피해는 1967년의 3배가 넘는 5만 5,000여 명에 이르며, 250만 명이 넘는 이재민이 발생한 대재난을 야기한 것으로 보고되고 있다. 2006년의 수해로 인명피해가 가장 심각한 곳은 평안남도 양덕군, 신양군, 성천군, 맹산군 등 대동강 상류지역으로, 사망자와 실종자가 3만여 명에 달한다고 한다. 그 중에서도 피해가 특히 심한 양덕군의 경우, 양덕-고원 사이의 지수역, 양덕역, 내동역 구간의 50여 리에 산사태가 일어나 마을과 철길, 도로가 모두 사라져버렸다는 것이다. 양덕군은 고도가 높고 경사가 심한 주변 4개의 산(백산, 연두봉, 박죽산, 자하산)으로 둘러싸여 있는 분지형의 산악지형 도시인데도 주변의 산중턱 곳곳에 계단식 뙈기밭을 개간하여 산사태 위험이 예고되던 곳이라고 한다. 양덕군의 대형 참사는 무리한 개간과 산림파괴로 취약해진 산악지역에 집중호우가 내려 주변 산의 토사가 무너져 내리는 바람에 발생한 전형적인 사고로 볼 수 있다.33)

이상과 같은 구조적인 문제들은 외부개입 없이는 해결될 수 없으며, 체

---

33) 『북한소식지』, 33호, 2006년 8월 16일, http://mail.knu.ac.kr/nara/servlet?cmd=detail&M_IDX=2325813&nPage=1&MBOX_IDX=5581&MBOX_TYPE=1&M_ISREAD=X&M_PRIORITY=3&history=mlist&nMode=〉(검색일: 2006. 8. 17). 그러나 2006년 8월 7일 재일본조선인총연합회 기관지 『조선신보』는 7월 14~16일 1차 폭우를 기준으로 사망·실종 844명, 부상 3천 43명, 이재민 2만 8천 747 가구, 공공건물 및 생산건물 1천 180채, 주택 1만 6천 667채, 농경지 피해 2만 3천 974정보, 노반유실 168km, 교량파손 202개소 등이라고 보도했다. 그런데 북한정부는 한 걸음 더 나아가 2006년 8월 19일 남북적십자 실무접촉에서 8월 12일 기준으로 사망·실종자 150여 명, 농경지 피해 2만 7천여 정보, 살림집(주택) 피해 3만 6천여 가구, 공공건물 파괴 500여 채, 도로 파괴 400km, 교량 파괴 80개소, 철교 파괴 10여 개소, 철길 매몰 7만㎡ 등이라고 피해를 밝혔다. 이런 북한정부의 피해규모 발표에 대해 쌀 지원 규모가 10만 톤으로 굳어진 상황에서 북한정부가 우리 측에 더 많은 자재 및 장비 지원을 요청하려는 의도에서 인명피해는 줄이고, 재산피해는 늘인 것이 아니냐는 의혹이 제기되고 있다. "오락가락 北 수해 규모 … 인명피해 줄고 재산피해 늘어," (2006-08-20 18:10 연합). http://www.dailynk.com/korean/read.php?cataId=nk09000&num=27318 (검색일: 2006. 8. 24).

계적이고 장기적인 계획에 따라 농업생산기반을 재건해야 극복될 수 있는 문제다. 그러나 북한의 식량난과 경제난에 대한 근본적인 해결을 위해서는 북한 정부당국이 과감하게 농업정책을 변화시키고, 개혁·개방정책을 추진하면서 국제사회와 협력해야 된다. 이런 사실을 외면하는 그 어떤 접근방법도 임시적이고 단편적인 방편에 지나지 않는다.

북한의 식량난과 경제난은 구조적인 문제로 인한 것이어서 자체적으로 해결하기는 힘들기 때문에 인도적 지원은 계속해야 된다. 그러나 인도적 지원이 본래의 취지를 벗어나 현재의 압제와 악순환의 고리를 유지·강화 시키는 것을 피하기 위해서는 식량배분의 검증 빈도와 강도를 높여야 된다.

한때 약 45명의 세계식량계획(WFP) 요원들이 북한의 전체 206개 군(郡) 규모의 행정단위 중에서 전체인구의 85%에 해당되는 162개 군 규모의 행정단위에 접근 가능하다고 하여 '좋은벗들'은 "식량분배의 투명성이 80% 이상 보장된다"고 주장한 적이 있다. 그러나 북한에서 철수한 '기아추방운동'은 "이는 '숫자놀음'에 지나지 않는다"고 일축한다. 왜냐하면 외국기관 요원들이 접근할 수 있는 곳은 군청 소재지일 따름이고, 분배가 실제로 이루어지는 최하위 행정단위나 주민들에 대한 임의적 접근과 조사는 여전히 불가능하여 실제적인 모니터링이 불가능하기 때문이라는 것이다.

세계식량계획(WFP)이 북한에서 외부지원 식량의 전용을 막기 위해 활용한 방법은 지원목표 집단의 명단을 작성한 것과 지원대상 기관이나 지원프로그램에 대한 선별적인 감독이었다. 그런데 북한정부의 요구로 지원활동을 중단하기 직전에 세계식량계획(WFP)의 지원목표 집단은 학교, 고아원, 병원 등 4만여 기관이었고, 지원은 군(郡) 단위의 배급소를 통해 이루어졌으며, 군 배급소는 인민위원회가 통제하고 있어 전용가능성이 매우 높았음에도 이를 감독한다는 것은 현실적으로 어려웠다. 그리고 식량지원 프로그램이 확정되고 나면 북한정부는 자기들이 제공하는 통역원 외의 한국어 구사 가능자를 고용할 수 없게 하여 안내원들이 세계식량계획(WFP) 요원들에게 같은 장소를 두 번 보여주기도 하고, 요구한 방문지와 다른 곳을 보여

줘도 확인할 길이 없었다고 한다. 이런 상황에서 분배의 투명성을 관리·감독한다는 것은 어불성설(語不成說)에 지나지 않는다.

북한정부는 경제적·사회적·문화적 권리에 관한 국제규약 제11조 2항에 규정된 궁핍으로부터의 자유에 대한 권리를 침해하고 있으며, 외부 식량지원의 수혜국으로서 준수해야 될 인도적 지원활동 관련 국제규범을 위반하고 있다. 이울러 한국정부는 인도적 지원 공여국으로서 서명한 인도적 지원관련 국제규범을 준수하지 않고 있다.[34]

이런 측면에서 "세계식량계획(WFP)의 식량분배 감시노력은 한국과 중국의 직접지원으로 인해 방해 받고 있다"는 바츨라프 하벨(Vaclav Havel) 전 체크공화국 대통령의 지적을 유념해야 된다. 한국정부는 북한에 식량지원을 할 때 한국정부가 서명한 인도적 지원활동 관련 국제규범을 준수해야 된다. 그리고 한국정부가 그렇게 하도록 비정부단체들(NGOs)이 압력을 행사해야 된다.

2. 고문과 기타 잔인하고 비인간적이거나 굴욕적인 처우

고문이 금지되어 있지만 저발전 사회에서 혹은 선진화된 사회에서도 특정 국면에서 자행되는 것은 공공연한 사실이다. 그러나 북한에서는 범죄의 종류와 관계없이 모든 피수용인들이 예심과정에서 혹은 수형생활 중에 엄청난 폭력에 시달리고 있다. 특히 '정치범' 혹은 '정치적 범죄 혐의자'에게 가해지는 고문은 인간의 가학성(苛虐性)이 이념적 동기로 격려되고 '집단목표 성취'로 포장되면 나타날 수 있는 극단적인 사례로 보인다. 북한에서 예심

---

[34] 이 인도적 지원규범은 세계식량계획(WFP)이 주로 정리·개발했으며, '차별배제'와 '필요에 따른 분배'를 핵심원칙으로 한다. 이는 식량전용을 묵인하고 지원효과를 과장하며 식량위기를 초래한 집단을 더욱 강하게 만드는 결과를 초래하지 않기 위해서다.

을 받은 경험이 있는 탈북자들의 경우 대부분 심한 정신적·육체적 상처를 가지고 있는데, 가장 쉽게 발견할 수 있는 흔한 사례가 치아의 일부 혹은 거의 전부가 손상되어 있는 것이다. 저자가 읽고 들은 탈북자들의 수기와 증언들은 인간의 정신과 육체에 인간이 고안해 낼 수 있는 모든 천박·야비·잔혹한 위해행위가 북한의 '정치범들'에게 다 가해지고 있다는 것이다.35)

1) 현황

북한정부는 모든 공식적인 문건이나 선언에서 고문을 강력하게 부정하고 있다. 1992년에 최고인민회의 상설회의에서 채택하여 1999년에 4차 수정·보충한 형사소송법 제93조에 "예심원은 피심자에게 강압적인 방법으로 범죄사실을 시인시키거나 진술을 유도하지 말아야 한다.36) 강압적인 방법으로 받은 피심자의 진술은 증거로 쓸 수 없다"고 규정하였다. 이 조항은 더욱 발전되어 2004년 5월과 2005년 7월에 각각 수정·보충한 형사소송법에서 공히 제98조에 "강압, 유도의 방법으로 받은 피심자, 피소자의 진술은 증거로 쓸 수 없다. 피심자, 피소자의 진술이 유일한 증거일 경우에는 그의 범죄를 증명하지 못 한 것으로 한다. 자수, 자백한 자료도 그와 관련 있는 다른 증거를 찾아내야 인정한다"라고 규정하고 있다. 또한 북한정부는 1999년 12월 25일에 제출한 "시민적·정치적 권리에 관한 국제규약의 이행에 관한

---

35) 탈북자 김혁, 문명옥, 배권철, 이영국, 지해남, 「고문에 관한 특별보고관에게 제출할 고문에 대한 진술의 표준질문서」 작성 인터뷰 시 증언, 2004년 2월-3월; 안명철, 『그들이 울고 있다』 (서울: 천지미디어, 1995); 안혁, 『요덕 리스트』 (서울: 천지미디어, 1995); Good Friends, *Human Rights in North Korea and the Food Crisis, A Comprehensive Report on North Korean Human Rights Issues* (Seoul: Good Friends, March 2004); Hiroshi Kanto et al.(Research), *Are They Telling US the Truth?: Brutality Beyond Belief* (Tokyo: LFNKR & NKDB, 2004).
36) 북한의 형사소송법이 제정된 것은 1950년이다. 그 후 북한정부는 이를 두 차례 개정하여 사용하다가 1992년에 전면적으로 개정하여 최고인민회의 상설회의에서 채택하였다. 그 후 1995년부터 1999년까지 네 차례 부분적으로 개정하였으며, 2004년에 형법과 함께 다시 전면적으로 개정하였다.

2차 정기보고서"(CCPR/C/PRK/2000/2, 4 May 2000), 제7조에도 북한에서는 '고문과 비인간적 처우가 금지되어 있음'을 강력하게 주장하고 있다.

그러나 북한에서 피수용인들 특히 '정치적 범죄 혐의자들'은 일반적으로 예심과정에서 엄청난 고문을 받게 된다. 대부분의 탈북자들은, 중국에서 체포·송환된 뒤에 그들이 중국에서 남한 사람이나 종교인들과 접촉했는지 여부를 조사받으면서, 그리고 다시는 탈북을 시도하지 못하도록 북한의 국가안전보위부나 인민보안성, 노동단련대, 구류장 등에서 엄청난 구타와 온갖 비인격적인 처우를 받았다고 진술한다. 사건의 성격에 따라 혹은 남북정상회담을 앞두는 등 북한정부가 내부단속을 강화하기로 결정한 특정 시기에는 보위사령부에서도 같은 처우를 받은 것으로 조사되었다.

■ 사례1: (평양, 198*년생, 2003년 탈북, 같은 해 입국)

평양시 무진구역에 '무진강'이라고 부르는 작은 강 앞에서 공개처형을 많이 했는데, 내가 유치원생이었던 1991년경에 30대쯤 되는 남자가 소 2마리를 잡아먹었다고 사형을 당하는 것을 가족들과 함께 보았다. 공개처형은 평양에서도 시범으로 많이 있었는데, 1997년까지도 보통 공개처형을 할 때 재갈을 물리지 않아 마지막으로 무슨 말은 할 수 있게 했었는데, 서관히(당시 노동당 농업담당 비서) 처형 때는 직접 보지는 못했지만 재갈을 물려서 아무 말도 못하게 했다고 들었다.

1997년 *월에 어머니가 식량난으로 큰누나를 함북 무산군에 사는 이모댁에 보낸 뒤, 큰 누나가 소식 없이 사라진 것을 알고 어머니가 작은 누나를 데리고 큰 누나를 찾으러 중국으로 가서 나는 혼자 평양에 남아 있었다. 먹을 것도 없고, 돈도 없고 이렇게 있다간 죽겠다는 생각이 들어 집을 나와 대성산 유원지에서 만난 다른 떠돌이 아이들과 꽃제비 생활을 하게 됐다. 텃세가 심해서 많이 맞기도 했는데 2~3년 쯤 지나면서부터는 나도 자리를 잡아 맞는 것이 덜해졌다.

그 아이들과 함께 국가 골동(품)이 옮겨진다는 소문을 듣고 오랫동안 준

표 4-13-① 고문 및 학대 피해에 대한 탈북자들의 증언 요약

피해자	가해 주체	고문 및 학대 내용과 피해 결과	북한 국내 사후 조치 및 구제절차
ID 09	함경북도 온성군 안전부	긴 머리채를 잡고 머리를 벽에 찧음. 장작개비로 온 몸을 마구 때리고 양쪽 손목을 내리침. 장작개비로 왼쪽 쇄골을 잘못 맞는 바람에 쇄골뼈가 부러지고 왼쪽 팔 전체에 마비가 옴. 손바닥과 주먹으로 얼굴을 마구 때리고 구둣발로 얼굴을 차기도 함. 가죽혁띠를 풀어서 온 몸을 때림. 계속해서 바른말을 하지 않는다고 폭행을 반복함. 마지막 날 한참 폭행당한 뒤 담당부장에게 동복 옷깃에 숨겨둔 돈 600원을 주고 살려 달라고 하자, 부장이 50원을 차비로 주고 이후 함흥으로 후송할 테니 눈치껏 중간에 도망치라고 해서 탈출에 성공함. 왼쪽 쇄골에 금이 감. 얼굴 전체가 붓고, 왼쪽 얼굴이 파래지고 시뻘게짐. 장작개비로 양쪽 손목을 맞아 손목이 퉁퉁 붓고 피멍이 듦.	구제절차 없었음
ID 12	회령 보위부	오전 9시~12시, 휴식, 오후 2시~5시까지 일주일간 폭행당함. 족쇄로 머리 내리치기, 온 몸을 발로 차기, 뺨 때리기, 주먹으로 머리치기 등. 얼굴이 붓고, 머리에 혹 생기고, 온 몸에 멍이 듦.	구제절차 없었음
ID 18	홍원군 보위부 경포지구	잠도 안 재우고 한자세로만 있게 함. 각목, 통고무밸트, 쇠사슬 등으로 구타를 했으며 피멍이 들고 살점이 떨어져 나갔음. 두 달 동안 일어나지 못했음. 그 후 평소에도 머리가 너무 아프고 방향감각이 없음.	*나올 때 폭행당하지 않았다는 자술서를 작성하게 함 *구제절차 없었음
ID 55	평양 군보위 사령부	손발을 뒤로 묶은 뒤 바닥에 닿을 정도로 매달아 놓고 구타를 하면서 각종 고문을 가하는 '비행기고문'. 겨울에 옷 벗기고 바깥에서 기마자세로 밤새 세우두는 '동태고문'. 3일 정도씩 식사를 제공하지 않고, 가혹행위를 함. 조사과정에서 매일 구타를 비롯한 각종 폭행을 당함. 예심원이 피해자가 진술을 하지 않을 경우 책상 밑에 있는 벨을 누르면, 2~3명의 젊고 건장한 고문가해자들이 고문장으로 데리고 가서 폭행과 각종 가혹행위를 했음. 오른쪽 갈비뼈가 1개가 부러져서 돌출되어 있음. 현재 뼈가 잘못 붙어 있어서 통증이 있음. 머리를 심하게 폭행당해서 당시 오른쪽 안구가 빠져 나온 적이 있음. 피해자가 즉시 손으로 밀어 넣음. 당시 치료를 받을 수도 없었으며, 손으로 누르고 있었음. 현재 그 후유증으로 오른쪽 눈의 시력이 몹시 나빠져 있음. 심한 구타로 머리가 여러 번 손상당함. 고문으로 인해 윗니 3개, 아랫니 2개가 부러짐. 허리를 심하게 맞아서 척추가 휘어졌고 허리 디스크장애가 있음.	구제절차 없었음

표 4-13-② 고문 및 학대 피해에 대한 탈북자들의 증언 요약

피해자	가해 주체	고문 및 학대 내용과 피해 결과	북한 국내 사후 조치 및 구제 절차
ID 58	정보 없음	무릎을 꿇게 하고 구두 앞 쪽에 징이 박혀있는 구두발로 얼굴을 가격하는 과정에서 코 위에 상처가 생김.	정보 없음
ID 60	함경북도 회령시 사회안전부 구류장 간수, 00분주소 주재원	두발을 족쇄에 묶어서 거꾸로 매달아 놓고, 몽둥이와 불갈고리로 때림. 수시로 전신구타와 폭행을 함. 아랫니 2개가 부러져 현재 아랫니는 틀니를 사용함. 정신적인 불안감이 있으며, 고문 당시 안면마비, 하반신 마비 증세를 보였음. 폐결절은 감옥생활을 할 때 얻었음. 구타로 인해 양손이 붇고 잘 사용하지 못함.	구제절차 없었음
ID 92	함경북도 보위부	손을 뒤로 묶고 수갑을 쇠창살에 채워서 앉지도 서지도 못하게 방치하여 어깨 근육 및 몸 전체가 굳어버림('비둘기고문'). 사승오(4cm x 5cm) 각목으로 마구 구타함. 무릎을 꿇인 자세에서 허벅지를 구둣발 뒤꿈치로 내려찍음. 치아가 전부 부러짐.	구제절차 없었음
ID 95	무산 노동단련대	의자 없이 의자에 앉아 있는 자세를 취하게 함. 주먹으로 얼굴이나 몸을 가격함. 오승오 각자로 손바닥을 때리거나, 손을 쇠창살에 내밀게 한 뒤 플라스틱 자로 손가락을 때림. 단련대에서는 죄수들 간에 구타를 유발시킴.	구제절차 없었음
ID 96	함경북도 온성군 종성구 130호 보위부	양팔을 실내에 있는 스팀 관에 수쇄(수갑)로 묶어 앉기도 서기도 힘든 상황에서 구둣발로 차고 오승오(5cm x 5cm) 각자로 마구 내려침('비둘기고문'). 두께가 약 5cm 정도 되는 긴 몽둥이로 머리, 다리, 몸을 사정없이 내려침. 두 손을 살창위에 올려놓게 하고 권총을 청소하는 쇠 소재대로 내려침. 양 손의 엄지손가락을 포승으로 묶은 다음 팔위에 올라 발을 딛고 올라섬. 부삽, 불갈구리 등 보이는 흉기는 무엇이든지 활용함. 단 얼굴은 귀뺨 이외에 맞은 적이 없음. 손등이 멍들고, '비둘기고문'으로 팔목이 멍들고, 부삽에 머리를 제외한 온몸이 퍼렇게 멍들었고, 몸을 움직이는 것도 고통이었지만 지면이나 벽면에 기댈 수가 없었음. 오승오 각자에 맞아 머리가 찢어졌음. 날아오는 부삽을 막다가 왼쪽 손목이 3cm 가량 찢어졌음.	구제절차 없었음

표 4-13-③ 고문 및 학대 피해에 대한 탈북자들의 증언 요약

피해자	가해 주체	고문 및 학대 내용과 피해 결과	북한 국내 사후 조치 및 구제절차
ID 97	노동 단련대 주재원	마구 때림. 갈비뼈가 2개 부러지고 오승오 각목으로 허리를 맞아 허리가 손상되었음. 바른 자세로 오래 서 있기가 힘들고 무거운 물건을 들기가 힘듦.	구제절차 없었음
ID 98	평양시 대성구역 보위사령부	손가락 사이에 연필을 끼워 누르고, 물구나무를 서게 한 다음 오승오 각목으로 사정없이 때렸음. 각목을 막다가 손목이 터져 양팔이 10cm 가량 찢어졌음.	구제절차 없었음
ID 99	회령 보위부 간수장	손과 발로 몸을 사정없이 가격하고, '펌프질'(앉았다 일어서기를 반복하는 벌)을 시키거나 각종 기합을 주었음. 견디기 힘들어 자살을 시도해 왼쪽 손목에 상처 흔적이 있음. 왼쪽 무릎 관절에서 소리가 나고, 뼈가 튀어나와 있음. 본인은 보위부 조사 내내 거의 실신 상태여서 기억하지 못하나 다리가 골절 된 후에 뼈가 잘 못 붙은 것 같음. 6개월간 고개를 숙이고 지내 목 뒤 뼈가 휘어짐. 허리에 디스크 장애가 있음. 머리가 가끔 어지럽고 빈혈이 있음.	구제절차 없었음

비해서 2000년 4월에 평양에 있는 전시관에서 나와 이동하던 국가 골동(품)을 훔치는데 성공했다. 숨겨뒀다가 3개월쯤 후에 중국을 오가는 골동(품) 장사꾼에게 팔았다. 그런데 그 골동(품) 장사가 잡히는 바람에 안전부에서 우리들도 잡으려고 했고, 우리 얼굴도 그림으로 거리에 나붙었다. 그때가 남조선에서 김대중 대통령이 평양에 온다고 하던 시기였고, 안전부에서는 우리를 잡으려고 혈안이 되어 있었다. 그래서 지방으로 도망갔다. 하지만 돈이 다 떨어졌고, 오갈 데도 없어서 7월초에 돈을 좀 구해보기 위해 평양으로 다시 올라왔는데, 올라온 다음날로 바로 잡혔다. 붙잡힐 때 우리 중에 1명은 먹을 것을 사러 장마당에 나가 있었기 때문에 도망을 갔고, 8명이 붙잡혔다. 평양시 대성구역 보위사령부에서 나온 사람들에게 잡혔다. 당시에는 김대중 대통령이 온다고 해서였는지 안전부나 국가보위부의 일

을 보위사령부에서 맡고 있었다. 일단 **구역 안전부로 끌려가서 15일 동안 조사받았고, 그 다음에는 보위사령부 사람들이 와서 보위사령부 구류장으로 데려갔다. 그 때가 2000년 8월이었다. 처음 들어가자마자 심하게 두들겨 맞았다. 손가락 사이에 연필을 끼워 눌렀고, 물구나무를 서게 한 채로 오승오(굵기: 가로 5cm × 세로 5cm) 각목으로 사정없이 내려쳤다. 자백을 받기 위해서였는데 8명이 잡혀 있었으니 서로 말이 다 맞을 때까지 2달 내내 계속 맞았다. 각목을 막으려고 팔을 내밀었다가 왼쪽 팔목이 터져 10cm 정도 찢어졌고, 오른쪽 팔에도 10cm 정도가 찢어졌지만, 치료해주지는 않았다(관련사진 2매 제시). 그냥 상처를 놔뒀는데 곪다가 아물었다. 맞을 때 구석으로 피하고 발버둥을 치고 하니까, 움직이지 못하게 하려고 손가락 족쇄를 채워 머리 위로 두 손을 모아 바닥에 엎드려 눕게 하고 위에서 각목으로 두들겨 팼다. 조사실 방에 온수관이라고 부르는 난방관이 하나 있었는데, 손에 채운 족쇄를 그 관에 수갑처럼 걸어 채워 도망가지 못하게 하고 때리기도 했다. 양쪽 등허리와 등뼈가 많이 상해서 지금은 1~2시간 정도 앉아 있을 수 있지만, 3시간 정도가 넘으면 온몸에 쥐가 나고 통증이 온다. 거기서 치료는 받지 못했고, 한국에 온 뒤로 병원에 가서 물리치료만 좀 받았는데 나아지지 않는다.

　감방은 가로 1.5m × 세로 4m 정도 되는 독방이었고, 철문에 아래위로 열었다 닫았다 하는 작은 창만 있었다. 거기로 음식을 넣어줄 때 외에는 반대쪽에 창문도 없어서 빛도 들어오지 않았다. 우리가 있을 때는 조사받는 사람이 우리밖에 없는 것 같았다. 각 방마다 한 명씩 있는 독방이었고, 음식은 따로 식당 같은 것이 있어 지급되는 것이 아니라 조사하는 군관들이 장마당에서 파는 5cm 정도 길이의 작은 김밥 같은 것 3개 정도를 넣어주기도 하고, 한 줌 정도 되는 통강냉이죽 반그릇을 넣어주기도 했다. 가끔 자기들이 집에서 싸온 벤또(도시락) 같은 것을 먹고 남은 찌꺼기들을 넣어주기도 했다. 하지만 어떤 때는 주고, 어떤 때는 하루 종일 아무 음식도 주지 않을 때도 있었다. 자기들 마음 내키는 대로 주고 말고 했다. 방에는 화장실이 따로 없어서 문을 두드려 화장실을 가고 싶다고 말하면 보통 3~4시간 정도 안 열어주다가 미칠 정도가 되면 경비가 문을 열어 화장실에 갈 수 있게 했다.

조사는 주로 밤에 했다. 다른 보위원들이 퇴근하고 나면 저녁때부터 자정까지 조사를 했고, 한 사람이 계속 하는 것이 아니라 몇 사람이 교대로 들어와서 조사하고 때리곤 했다. 낮에 조사할 때는 엎드리게 해놓고 등에 이불 같은 천을 덮어 때리는 소리가 크게 들리지 않게 때렸다. 두 달 정도 맞아가며 조사를 다 받고 나니 자백한 내용에 서명을 하게 했다.

2000년 *월 초쯤에 보위사령부에서 나와서 평양시 ***구역 **역 바로 앞에 있는 '2.13 수용소'로 보내졌다. 그 전에는 **여관이라는 곳이었는데, 여관을 미성년자 수용소로 쓰는 것이었다. 보위원 선생님들이 나는 미성년자이기 때문에 그 곳으로 보내고, 8명 중의 다른 7명은 평남 중산군에 있는 11호 교양소라는 곳으로 보낸다고 이야기해줬다. 계급은 안전부나 국가보위부 사람들이 높아도 보위사령부에서 나온 사람들은 힘 센 기관 소속이라 그 사람들이 정해서 보내면 그렇게 가야 되는 것이었다.

'2·13 수용소'는 김정일이 꽃제비들을 잡아 가두라고 지시를 내린 날짜를 따서 붙인 이름이라고 나는 알고 있다. 그 전에 내가 평양에 살 때는 그런 게 평양에 있는 줄도 몰랐는데, 나중에 알고 보니, 평양에도 매 구역마다 '9·27 수용소', '2·13 수용소'가 하나씩 다 있다는 것을 알게 됐다. 사람들이 많이 다니는 평양 중구역의 제1여관도 이제 '2.13 수용소'로 쓰이고, 그런 수용소들은 각 구역마다 하나씩 다 있다.37) 아이들은 다 지방에서 온 걸

---

37) 북한정부가 제출한 경제적·사회적·문화적 권리에 관한 2차 정기보고서가 스위스 제네바에서 2003년 11월 19일과 20일에 유엔 경제적·사회적·문화적 권리 위원회의 심의를 받았다. 이때 심의에 참여한 유엔의 독립 인권전문가들이 제기한 다양한 질문들에 북한정부대표단의 부대표 자격으로 답변을 주도했던 심형일(SIM Hyong Il, Legal Councillor of the Central Court)은, 북한에는 "모든 사람들이 국가의 보호를 받고 있기 때문에 부랑자나 거지는 없다며, 한때 식량위기를 맞아 거리에 아이들이 나와 있었던 적이 있지만, 곧 북한정부는 그 아이들을 여관에 모아 놓고 교사들을 보내 교육시켰으며, 그 후에는 거리에 아이들이 나가는 일이 없다"고 진술했다.

로 되어 있다. 나도 집이 평양이었지만 잡혔을 때는 지방이라고 말했다. 아무 주소나 아는 대로 불렀지만, 컴퓨터도 없고 확인하기도 어렵고 하니 그냥 그런가 보다 한다. 대성산 유원지에서 만나 함께 잡힌 평양 애들도 모두 집이 지방이라고 얘기했다. 평양에는 먹을 것을 찾아 지방에서 숨어 들어온 아이들이 실제로 많았다.

　내가 있었던 ＊＊여관 2·13 수용소는 매 층마다 10개 정도의 방이 있는 2층짜리 여관건물을 개조해서, 1층은 아이들 수용소로 쓰고, 2층에는 안전원들이 쓰는 방이나 시설들이 있었다. 한 방의 크기는 가로 세로 6m × 6m 정도였고, 보통 30명에서 많을 때는 50명까지 들어갈 때도 있었다. 한 달에 2~3번 정도씩 아이들이 잡혀 들어오고, 많을 때는 약 400명 정도가 있었다. 2월 16일(김정일 생일)이나 4월 15일(김일성 생일, 태양절) 즈음이 되면 명절은 고향에서 보내라는 뜻에서인지 각 지방에 있는 수용소로 아이들이 옮겨지기도 한다. 30~50명 정도의 아이들은 좁은 방에서 벽쪽부터 쭉 빙 둘러 앉고, 가운데에는 서로 뒤엉켜서 잔다.

　미성년자 수용소이지만, 2살짜리 아기도 있었다. 그 아기는 부모도 없이 버려진 애였던 것 같은데, 수용소 안에서 약을 주는 의사 같은 보육사 여자가 데리고 있었다. 치료라고는 다른 게 없었고, 배가 아프고 머리가 아파 약을 달라고 하면, 약 한 알이나 꽃 같은 것을 먹으라고 주는 정도였다. 한 달에 1~2명 정도씩 죽었는데, 일곱 살 정도 아래는 굶어서 죽고, 그 이상은 맞아서 죽었다. 허약(영양실조)에 걸려 있으니까 각목으로 머리를 한 대만 맞아도 고꾸라져 죽기도 한다. 아이들이 죽으면 안전원들은 자기들이 꾸며낸 문서에 영양실조로 사망했다고 쓰고 안전부 도장을 찍어 처리하는데, 시체는 사체실로 보낸다. 사체실에 시체가 쌓이면 차로 바깥으로 옮겨 산에 가져가 구덩이에 모두 묻는다.

　나는 2001년 ＊월쯤 다른 아이들과 함께 11명이 한밤중에 화장실 벽을 뜯고 처음 탈출했다. 1층이었고 화장실에 덜렁거리는 작은 창문이 있어서 그 주변의 벽돌들을 다 뽑아내 도망쳤다. 하지만, 다음날 바로 역전에서 잡혀서 들어갔다. 오랫동안 있으면서 얼굴을 알게 되고 하니 특별히 많이 때리지는 않았다. 대신 다시 도망가지 말고 '고정'을 해보면 어떻겠냐고 말했다. 각 방마다 선생님들도 관리하지만, 아이들 중에서도 오랫동안 있었고 도망갈 곳도 없는 아이들은 '고정'이라는 일을 맡아 다른 아이들을 감시하고 도망가지 못하도록 하는 일을 맡긴다. 처음에는 하고 싶지 않았지만, 그나마 더 편하게 있을 수 있어서 하겠다고 했다. 10명 정도가 고정으로 있었는데, 다른 아이들보다는 편하게 지낼 수 있고 각자 맡은 시간을 채우고 교대하고 나면 수용소 바깥으로도 나다닐 수 있기 때문에 좋지만, 다른 아이들이 도망가거나 말썽을 부리면 그 책임으로 많이 맞기도 한다. 그렇게 2년 정도 고정으로 있다가 2002년 *월 중순에 이모가 데리러 와서 풀려났다.

■ 사례2: (함북 청진 **구역, 198*년생, 2000년 탈북, 2001년 입국)

나는 중국을 넘나들며 먹을 것을 가져왔고, 함경북도 온성군 종성구에서 그렇게 생활을 유지하여 왔다. 아는 사람의 밀고로 1998년 9월(혹은 10월)에 국가 보위부 130호 요원들과 종성보위부(리지도원) 소장 등이 나를 잡으러 왔다. 도망칠 틈도 없이 130호 요원들에게 포위되어 잡혔으며, 종성 보위부에 들어가게 되었다. '중국 사람들에게 불법으로 길을 인도한 죄'로 보위부에 구류되었다. 길이 2m 폭 1.5m정도의 작은 방에 갇혔는데, 먹을 것은 하루에 장마당 국수 한 그릇 혹은 찐빵 2개 정도였다.

1999년 1월에 온성군 종성구 분주소에 수감되었다가 1999년 3월 말에는 온성군 군(郡)안전부 구류장에 수감되었으며, 1999년 12월 말에 함경북도 전거리 제12 교화소에 수감되었다.

함경북도 온성군 종성구 130호 보위부 요원들에게 잡혀 종성 보위부에서 10월경부터 12월경까지 구류되면서 고문당했다. 나에게 고문을 가한 자들은 보위지도원 이 씨와 보위부 소장이었다.

교화소 수감 중에는 면회가 허용되지만 예심기간 중에는 허용되지 않는다. 단 사회적 배경이 든든한 사람이라면 예심기간 중에도 가능할 것이다. 보위부에서도 예심기간에는 면회가 불가능하다. 보통은 조사기간이 끝나고 범죄가 확정되면 그때 면회가 가능하다.

'비둘기고문' 즉, 양팔을 실내에 있는 스팀관에 수쇄(수갑)로 묶어 놓으면 앉기도 힘들고 서기도 힘든 상황이 되는데, 이렇게 뒤로 묶어 놓고 구둣발로 차고 5cm × 5cm 굵기의 각목으로 마구 내려친다. 5cm 정도 두께의 긴 몽둥이로 머리, 다리, 몸 어디든 사정없이 내려친다.

두 손을 살창 위에 올려놓게 하고 권총을 청소하는 쇠 소재대로 내려친다. 양 손의 엄지손가락을 포승으로 묶은 다음 팔위에 올라 발을 딛고 올라서기도 한다. 부삽, 불갈구리 등 보이는 흉기는 무엇이든지 사용한다. 그래서 양 엄지손가락에 원형의 흉터가 생겼다가 현재는 지워졌다.

손등이 멍들고, 비둘기고문으로 팔목이 멍들고, 부삽에 머리 이외 온몸이 퍼렇게 멍들었고, 몸을 움직이는 것도 고통이었지만 밤이 되면 눕기가 힘들었다. 땅에 대는 부위가 다 멍들어서 앉아서 자야 했다. 그렇게 매일 반복되었고, 그것이 3개월가량 갔다. 5cm × 5cm 각목에 맞아 머리가 찢어졌다. 날아오는 부삽을 막다가 왼쪽 손목이 3cm 가량 찢어졌다.

그들은 무서운 고문을 함으로써 그 고통에 못 이겨 죄를 시인한다고 생각하기 때문에 고문을 하지만, 아무 죄도 없는 사람에게 그렇게 고문하면 그것이 무섭고 두려워 거짓 자백을 하게 되고, 그래서 아무 죄도 없이 형벌을 받는 것이다.

예심과정의 고문으로 부추김을 받아야 겨우 일어설 수 있는 정도가 되었으며, 검진 따위는 받아 본적이 없다. 상처에 대한 어떠한 치료도 받아 보지 못했다. 만약 사후에 의료 검진을 받는다고 해도 의사가 쉽게 발설할 수 없으며, 잘못하였다가는 자신이 피해를 보기 때문에 폭로나 보고서 따위는 가능하지 않다. 어차피 일반사람들은 대부분 한 번씩은 들어가 본 경험이 있기 때문에 폭로나 얘기를 하지 않아도 알고 있으며, 그것을 두려워하고 있을 뿐이다.

희생자가 구금 중에 사망했을 경우, 법의학적 검사는 절대 이루어지지 않으며 해당 분주소 안전부 혹은 보위부에서 자살 같은 자신의 죄에 대한 의식(죄책감)으로 죽은 것이라고 둘러대거나 문서를 그런 식으로 꾸며버린다. 희생자가 구금 중에 사망해도 그것은 죽은 사람 잘못이다. 그 사람이 죄를 지어서 그 죄를 확인하는 구금 중에 죽었다면 시체를 돌려주기는 하나 죽은 사람이라도 죄인이며, 마땅히 받아야할 처분으로 여긴다. 부검은 가족들이 할 수 있는 것이 아니며, 안전부나 보위부 측에서 얘기 하지 않으면 전혀 이루어 질 수 없다. 또한 구금 중에 사망했을 경우, 죄를 지은 사람이 자신의 죄를 씻지 못하고 죽은 것으로 간주되어 후일 가족에게 악영향을 미친다.

고문 피해자라고 하여 북한 내에서는 구제행위를 취할 수 없다. 구제행위를 취한다고 하여 군(郡)당에서 입은 피해를 시(市)당에 가서 이야기 한다면 오히려 더 무서운 보복이 가해 질 것이다. 그것이 두려워 이야기를 못한다. 그 뿐만 아니라 분주소나 보위부에서 풀려 날 때, "내가 너를 좀 더 지켜보겠다"는 식으로 말끝을 흐리는데, 이는 "네가 죄가 없어서 풀려나는 것이 아니라 확실한 증거가 불충분해서 당분간 풀려나는 것이고, 말 한마디 잘못하면 다시 들어올 수도 있다"는 암시로 받아들여 구제행위 같은 딴 생각을 못하게 하려는 것이다. 설령 구제행위를 시도하였다고 하더라도 아랫사람의 꿀을 받아먹고 사는 윗놈이 자신의 경제적인 요소를 제거하려 하지 않기 때문에 결국 한통속이어서 성립이 되지 않을뿐더러, 성립이 되었다 하더라도 종국에는 죽음으로까지 가는 무서운 후과를 가져 올 것이다.

■ **사례3: (함남 요덕군 구읍리, 196*년생, 2003년 탈북, 2004년 입국)**

나는 회령에 살았다. 중국 연길에서 태어났지만 일곱 살 때 가족이 북한으로 이주했다. 북한에서 마지막 거주지는 함경남도 요덕군 구읍리였는데, 정치범으로 체포돼 요덕 15호 수용소에서 3년을 살았기 때문이다. 요덕 수용소로 이송되면 거주증을 수용소로 떼어간다. 그래서 북한에서의 마지막 거주지가 요덕군 구읍리다. 3년 형이었는데, 만기 후에 나왔다.

체포된 당시가 1998년이었는데 회령에서였다. 알아볼게 있으니 잠시 같이 가자고 했다. 그때 도망갔어야 했는데 술이 취해서 잠깐 자고 있다가 모르고 따라가서 회령시 보위부에 수감되었다. 체포된 다음 바로 회령시 지하 감방에 수감되어 1주일동안 감금되어 있었다. 1주일 후부터 조사가 시작되었는데, 보위부원 2명이 들어와 조사를 시작하면서 그곳에서 9개월 동안 조사를 받았다.

나를 구금한 곳은 온성 보위부였지만 취급은 함경도 도보위부에서 했다. 다행히 도보위부에 친구가 있었는데 친구가 나를 살려주었다. 보위부에 잡혀가면 대개 자동으로 이혼이 되는데, 나는 이혼 통지서도 받아보지 못하고 이혼 당했다.

처음 들어가서 사승오(4cm x 5cm) 각목으로 몸을 마구 뚜드려 맞았다. 내가 부인을 해서 2시간동안 맞았는데 뒤통수를 한번 맞아서 뒤통수 부위가 깨어졌다. 그 상처를 포함해서 지금도 머리에 상처가 3군데나 있다.

각목으로 때려 여기저기가 터지자 무릎을 굽히고 손을 뒤로 하고 앉게 한 다음에 발뒤꿈치로 허벅지를 내려찍었다. 보위부에서 조사를 받는 과정에서 이빨이 전부 나가서 4년간 이(齒)가 없이 살았다. 북한에서 치료를 받지 못해 나중에 중국에 나와서 이빨 치료를 받았다. 거의 5년 만에 중국의 한 병원에 가서 이빨 4개를 치료받았다. 보위부에서는 계속 맞고 조사받고 맞고 조사받는 일상이 반복되었다. 나는 당시 간첩질을 한 것은 아니었으나, 하도 맞아서 죄를 그냥 인정해버렸다. 보위부에서 마지막으로 나에게 "너는 보위부에서 못산다. 인정하지 않으면 죽어서 나가게 될 거다"라고 이야기했다. 또 육체적으로도 많이 힘들어서 "이렇게 살다가 이제 죽는가보다"하는 생각에 겁이 났다. 그래서 목숨이라도 부지하려고 죄를 모두 인정해 버렸다.

마지막에 보위부 검사장이 와서 조사를 했는데 검사 동지에게 "너무 맞아서 인정을 했는데 억울하다"고 했더니 나를 조사하던 조사관이 와서 "너 똑바로 대답 안 해?"하면서 또 마구 폭행을 했다. 국가재판부 검사의 역할은 유/무죄를 확인하는 것이지만, 검사가 보위부로 내려오면 보위부 조사관들이 허위조사를 한 적이 없으니 잘 봐달라는 부탁을 해서 피의자가 어떤 말을 해도 통하지가 않는다.

잠 안 재우고 하는 가혹행위 중에 '비둘기'라는 것이 있다. 손을 뒤로 묶고 쇠창살에 수갑을 채워놓는데 앉지도 서지도 못하고 하루가 지나면 어깨 근육이 굳고 몸 전체가 굳어버린다. 화장실도 안 보낸다. 보위부 지상에도 감옥이 있는데 주로 송환된 탈북자들이 들어가는 곳이고 간첩행위자나 정치범은 지하 감방에 넣는다. 지하 감방에서 소리를 아무리 쳐도 지상에서는 들리지도 않아 위의 사람들은 알지도 못한다. 그 당시에 나를 포함해 2명이 수감되어 있었는데, 나만 살았다. 조사를 받으면서 조사관들에게 "배가 고프니까 뭐 좀 먹고 진술을 해야 되겠다"라고 했더니 먹을 것을 많이 가져다 주었다. 그런 다음에 간첩 행위를 부인했더니 또 때렸다. 그러다가 목숨이라도 부지해야겠다는 생각에 죄를 인정해 버렸다.

지하 감옥에는 간수도 없었다. 셋방 같은 곳에 가두어 놓고 살면 살고 죽으면 죽으라는 식이다. 차라리 죽는 것이 낳으니 죽으라고 한다. 묶어놓으면 사람이 감각이 없어지는데 소변도 화장실을 갈 수 없어 바지에 질질 싼다. 내가 체포 되었을 때 75kg이었는데 조사를 받으면서 38kg으로 몸무게가 줄었다. 나중에는 내가 약해지니까 죽을까봐 때리지는 않았다.

식사도 완전 쓰레기를 갖다 주었는데, 보위부원들이 먹다가 남는 퇴식물(잔반)을 줬다. 그것도 이틀에 한 번 줄 때도 있고, 아무튼 지하 감옥에는 간수도 없어서 식사도 제대로 주지 않았다. 한 번은 열이 형편없이 났는데 봐주지도 않았다. 방 안에는 이불도 없고 아무것도 없다. 옷도 한 번 갈아입지 못했다. 내가 7월에 잡혔는데 12월까지 잡혔을 때 입고 있던 남방을 그대로 입고 있었다. 그때 얼마나 억울했는지 지금도 치가 떨린다. 보위부 지하 감방에서 죄를 다 인정한 다음에 재판이나 어떤 절차도 없었다. 지하 감방에서 나오자 이불짐 같은 보따리만 있었다. 이불을 보니 내가 집에서 덮던 이불이었다. 내 집에 가서 이불을 갖고 온 것 같았다.

요덕 수용소에 들어가면 외래(신입)작업반이 있는데, 그곳에서 일반적인 질서와 관리 내용에 대해서 1개월간 교육을 받는다. 교육 내용은 하루 일과와 하루 작업량, 하루 작업량을 채우지 못하면 배급이 없고, (일정기간의) 작업량을 다 채우지 못하면 식량공급이 짤린다(배급을 주지 않는다)는 내용이다. 하루 노동량은 1인 기준으로 350평 밭에 김을 매는 것인데, 노동량을 다 채우면 하루 기준으로 1인 600g의 배급량이 지급되고, 350평 중 반절만 채우면 배급량의 반량인 하루 300g의 식량이 배급된다. 즉, 기준 350평에 대한 하루작업의 분량에 따라서 1일 600g을 기준으로 차등 배급한다. 작업량이 적으면 배급이 안 나가는 경우도 있다. 1달간 외래반에서 작업을 하면서 교육을 받는데, 한마디로 적응시키는 것이다. 그 사람들은 숙소가 따로 있고, 보통 한 달에 30명 정도가 외래반으로 들어온다.

잡혀온 사람들은 대부분 북한에서 큰 사건에 연관된 사람들로 '제도비난유학생'이나 '말반동', 유학생 사건(독일 유학생 – 이전에 유학 갔던 사람들로 주로 전철우의 동기들이며 인민무력부 정찰국 등 현직에 있다가 다 잡혀왔다 – 또는 중국 유학생) 등 주로 정치범들이었다.

한 달간 외래반에 있다가 작업반에 배치되는데, 일반적으로 보위부원들이 구타를 하거나 폭행을 하는 것은 없었다. 그러나 예를 들어 내가 어떤 직책이나 책임자(반장이나 조장)로 있을 때 잘못을 해서 구타를 당하는 경우는 있었다. 집중적으로 마구 때리는 경우는 없었다. 나도 그곳에서 매를 맞았는데 거기서는 사람을 때려서 죽이지 않아도 죽이는 방법이 많았다.

주로 굶겨서 사람을 죽이는데 합법적으로 죽인다. 누구를 죽이려고 마음먹으면 그 사람에게 불가능한 일을 시켜서 하루 작업량을 채우지 못하게 만들어 식량배급이 잘리게 만든다. 배급량이 줄어들면 체력이 약해지고, 힘든 일을 계속 하니 힘이 계속 떨어져 체력저하로 죽는 경우가 많다. 보통 보름을 못 넘기고 죽는다. 그것은 허약(영양실조)으로 죽은 것이지 맞아서 죽은 것이 아니다. 사유가 명백하기 때문에 어떻게 할 수 없다. 철저한 약육강식으로 아버지가 아들 밥 빼앗아 먹는 곳이 요덕 수용소다.

사람이 죽으면 널빤지로 관을 대충 짜서 그냥 묻는데, 묻힌 곳을 평평하게 만들고 팻말도 없어서 1년이 지나면 누가 묻혔는지, 그 곳이 묘지였는지도 모른다. 한번은 냇가(하천) 옆에 관을 묻었는데 장마철에 파리가 고였었다. 수용자들이 하기 싫은 일을 억지로 시켜서 하는 것이라 대충 묻었기 때문이다.

한국에 와서도 수용소에 잡혀간 꿈을 자꾸 꾸고, 악몽을 꾼다. 술을 마시지 않으면 잠도 잘 오지 않는다. 잠만 자면 또 잡혀가는 꿈을 꾸는데, 꿈속에서 본 것을 생각만 해도 몸서리가 친다.

■ 사례4: (함경북도 경성군 **구, 195*년생, 2004년 탈북, 2006년 입국)

나는 중국 연길에서 태어나 **살 때 가족과 함께 북한으로 이주했다. 남편이 **였는데 형제가 많아서 생활형편은 좋지 않았다. 1998년에 처음 탈북해서 2002년 10월 중순에 중국에서 체포되었다. 연길감옥에 수감되어 그해 11월 초까지 있다가 도문 변방구류소로 이송되어 3일 후 온성 보위부로 이송되었다.

2002년 11월 초에 온성 보위부로 이송되어 구류장에서 한 달간 경성 보위부에서 데리러 오기를 기다렸다. 처음에는 누구든 들어오면 옷을 모두 벗고 '펌프질'(앉았다 일어서기를 반복하는 벌)을 50번 하라고 시키는데 몸 속에 숨긴 돈이 있는지 없는지 조사를 하는 과정이다. 어떤 사람에게서 돈이 나오면 다 뺏는다. 여자 안전원들이 몸을 몽땅 수색하고 돌아 세워서 펌프질을 50번씩 시키고 돈이 안 나오면 자궁에 손을 넣어서 검사를 한다. 나도 항문에 중국돈 600원을 넣고 있었는데 안 나타났다(걸리지 않았음). 5평 정도 되는 작은 방에 50명을 수감시켰다. 3일이 지나서 개별적으로 불러서 조사를 했는데, 중국에서 돈을 얼마나 벌었는지 벌어 놓은 돈을 가져올 수 있는지 등을 물어보고 그랬다. 다른 사람들 맞는 것도 많이 보았는데 태권도를 하는 식으로 사람을 때린다. 온성 보위부에 있을 때 동남아에서 한국으로 가다가 잡혀와 '한국문쇄'(한국행 시도)로 분류된 사람들이 6명 정도 있었는데, 나보다 먼저 들어왔으며 통제구역(정치범 관리소 특별독재대상구역)으로 보내졌다고 들었다.

경성 보위부로 이송되어 2002년 12월 초부터 다음해 1월 말까지 2달 반 동안 있었다. 아침 5시에 일어나 밤 10시까지 무릎을 구부리고 앉아서 손을 무릎 위에 올리고 다리도 펴지 못한 채 하루 종일 그 자세로 있어야 했다. 고향이라고 해서 더 나은 깃도 없었다. 온성 보위부와 똑같았다. 경성 보위부에서는 돈(뇌물)을 좀 바쳐야겠다는 생각에 중국돈 500원을 보위부에 주고 100원을 팔소매 사이에 숨겼는데, 다음날 팔소매가 다 따져 있고 돈도 없어졌다. 기분이 상해 있는데, 옆에 있던 사람들하고 말싸움을 했다고 아들만 한 간수가 불러 손을 철창 밖으로 내밀게 해서 장작개비로 손을 내리쳤다.

세 살 정도의 어린 아이가 있었는데 심하게 앓아서 보위부원 한 명이 아이를 업고 병원으로 데리고 가는 것을 보았다. 남자 죄수 한 명이 경성 보위부에서 죽는 것도 보았다. 14세 아이를 죽여서 들어왔는데 사형당할 것을 알아서 인지 먹는 것도 안 먹고 맞기도 많이 맞고 해서 허약으로 죽었다.

경성 보위부에 수감 되었을 때 대장균에 감염되기도 했다. 물에 김치를 풀어서 주었는데 균이 많아서 대장염에 걸렸던 것이다. 갈증이 와서 밥도 3일간 못 먹었다. 물을 좀 달라고 했더니 줘서 마셨는데, 그 물을 먹고 대장염이 더 심해졌다. 물에서 악취가 나기는 했지만 먹어도 되는 물이겠지 하고 먹었는데, 청소 물(걸레를 빠는 물)을 준 것 같기도 하고 하수구 물을 준 것 같기도 하다. 그 다음부터 복통이 더 심해져서 죽기 직전이 되었다. 담당 지도원이 안 되겠는지 자기 빨래를 해달라고 해서 빨래를 해줬다. 그 지도원이 밥을 먹으라고 주었는데 또 강냉이 밥이려니 하고 먹지 않으려다가 보니 비빔밥 같은 것이었다. 그래서 혼자 먹으려니 눈물이 나서 다른 사람들도 한 숟가락씩 떠주고 반절이 남아 먹었다. 혹시 죽으면 어떻게 하나 해서 그런지 함흥 **단련대로 이송했다. 탈북자 여자 한 명이 보위지도원과 함께 단련대로 가면서 인솔하던 보위지도원에게 "안전원들은 안전하게 해 먹고, 보위부 지도원들은 보이지 않게 해 먹는다"고 비판을 했는데도 가만히 있었다.

경성 보위부에서 함흥 **단련대로 가기 전에 의사로부터 진단을 받았는데 허약 3도에서 허약 2도가 되어서 함흥 **단련대에서 못 받겠다고 했다. 보위부에 다시 데리고 가라고 연락을 한다고 해서, 집에 남은 가족도 없고 죽어도 함흥에 가서 죽어야지 하는 마음에 함흥 노동단련대로 보내달라고 말해서 함흥 노동단련대로 이송되었다. 허약 2도가 되어 집에 가게 되더라도 형이 면제되는 것이 아니라 몸이 다시 나아지면 단련대에서 잡으러 오기 때문에 함흥 **단련대로 보내달라고 의사에게 말했다. 단련대로 가기 전에 재판은 따로 받은 적이 없는데, 경성에서 보위부 지도원이 "3년 정도 살아라"라고 지나가면서 이야기해서 처음에는 정말 3년을 살아야 하는 것인 줄 알았다.

도강(渡江)죄로 세 번 등록되었는데, 얼마나 형을 받았는지도 모르고 단련대로 갔다. 다른 사람들이 함흥 **단련대는 1년형이라고 이야기해줘서 1년인 줄 알았다. 2003년 *월 말에 도착해서 다음해 *월에 나가야 하는데 2003년 가을에 감면이 내려와 형이 1개월 줄었다. 이유는 모르겠는데 상급기관에서 사람이 나와서 그렇게 이야기 했다.

함흥 **단련대에 있는 동안 아침 8시부터 저녁 6시까지 노동을 했다. 아침 8시부터 12시까지 작업을 하고, 12시에서 1시까지 휴식시간이고, 1시부터 6시까지 노동을 하고, 6시부터 10시까지는 저녁도 먹고 집체로 (군가와 비슷한) 학습노래도 부르고 학습도 했다. 담당 지도원은 그때 텔레비전을 보러 갔는데, 지도원이 노래 부르는 것을 해제하기 전까지는 계속 노래를 불러야 했다. 화장실에 갈 때도 3명 이상이 되어야 화장실에 갈 수 있었는데, 어떤 사람들은 바지에 오줌도 싸고 그랬다.

치료도 크게 없었다. 죄수 중에 간호사를 하나 정해놓고 산에서 나무껍질을 벗겨다 그것을 다려 마시게 하는 등, 민간요법을 주로 썼다. 의사는 보위지도원을 보러 한 달에 한 번, 보름에 한 번 왔다.

2002년 말 함흥 **단련대에 도착했을 때 들었는데 김정일이 "외국에, 다른 나라에 가서 남의 옷을 입어도 마음만은 조국 통일의 염원을 잊지 않고 있으면 다 좋은 일이다"라고 했다고 들었다. 또, "도강해서 돈 벌어온 사람들 돈 빼앗지 말라. 돈 빼앗으면 다시 또 중국에 가게 되니 빼앗지 말라"고 했다고 들었다. 그런데 그런 말을 실제로 하지 않았더라도 정부 내에서 그런 말을 퍼트리는 사람도 있다.

한번은 중앙 기관에서 2명인지 3명인지 새카만 양복을 입고 승용차를 타고 파견을 나와, 한 그릇에 콩알이 얼마 있는가를 확인하고 제대로 하라고 지시를 했다. 2003년 가을이었는데, 그때 즈음에 형이 감면된 것 같다. 파견 온 사람들이 우리에게도 여러 가지를 물었다. 사람들이 하는 말이, 우리보다 단련대를 먼저 나간(출소) 사람들을 찾아가보니 대부분 중국에 다시 도망가고 사람이 얼마 없어서 다시 파견 나왔다고 했다. 그래서 내가 "중국에 아직 자식이 있는데, 나 혼자 나와 북한에 있는데, 한 집에서 다 모여 살았으면 얼마나 좋겠나" 이런 말을 했더니, 그 사람이 "근심하지 말라, 앞으로는 자식들이 다 근심에서 벗어나게 될 거다"라고 말을 했다.

마지막 나갈 때 우리 담당하던 담당 보위지도원이 "아주머니, 이제 나가면 어떻게 하실 겁니까?"하고 물어봐 "나도 모르겠습니다. 어떻게 할지." 그랬더니 "또 탈북 하겠습니까?"라고 물어 "잘 모르겠습니다. 어떻게 할지." 이렇게 말했는데도 가만히 있었다. 이제는 북한에서도 사람들이 많이 인식을 하는 것 같다(의식이 많이 변한 것 같다). 한국이 잘 살고 있는 것도 다 인식하는 것 같다. 똑똑한 사람들은 인간성도 발휘하고 문제도 인식하고 하는데, 구류장에 근무하는 둔한 사람들은 아직도 인간을 차별하고 그런다.

■ **사례5: (함북 무산군, 196*년생, 2005년 탈북, 같은 해 입국)**

나는 함북 청진에 살았다. 당시 남편은 직장이 있었기 때문에 직장에 나가지 않으면 안됐다. 그래서 내가 일을 해야 했는데, 처음에는 북한에서 장사를 시작했다. 북한에서는 여행을 하려면 허가증이 있어야 하는데 절차를 밟아 허가증을 발급받는 것보다 담당자에게 뇌물을 주고 허가증을 받는 것이 더 빠르고 쉬웠다. 당시 여행허가증 받는데 필요한 뇌물이 조선돈(북한돈)으로 500원이었지만 평양으로 가는 허가증은 1,500원이었다. 하지만 국내 장사는 돈벌이가 별로 되지 않았다. 중국으로 가면 돈을 많이 벌 수 있다고 생각해 밑천을 모아 중국으로 장사를 하러 다니기 시작했다. 2003년 초부터 중국 길림성 **현 **촌에 자주 다녔는데, 중국에서 신발을 사서 무산 장마당에 내다 팔기 시작했다. 이윤이 1/3정도 떨어져서 재미가 붙어 그 후 10번 정도 밀매를 계속 했다. 그 돈으로 가족 생계를 유지하면서 살았다.

2003년 *월 *일 중국 공안에 체포되어 도문 변방구류소에 잡혀갔다가 4월말에 북한으로 송환되었다. 당시는 중국에 한참 사스(SAS)가 유행해 탈북자들의 북송이 많았던 시기다. 구류소에서는 중국에 왜 왔는지 어떻게 왔는지 등을 심문받고 때로는 폭행(구둣발로 맞았음)을 당했다. 도문 변방구류소에서는 식사는 보장되었지만 속옷만 입고 있어야 했다. 2003년 4월 말에 도문 변방구류소에서 북한의 온성군 보위부로 이송되었다.

북한 온성군 보위부에서도 식사는 제공되었는데, 강냉이에 돌가루와 각종 가루를 섞어 100cc 정도의 죽을 하루 3끼 제공했다. 그것을 먹으면 체내 수분이 다 증발되어 여자의 경우 젖가슴이 사라지고 얼굴과 엉덩이 부위의 살이 사라져 뼈만 남을 정도가 되었다.

온성군 보위부는 온성군 안전부 바로 옆에 있었는데 1호, 2호, 3호 세 구역으로 구분되어 있었다. 작은 방에 사람이 꽉 차게 앉아 누울 수도 없고 앉아서 잠을 자야 했는데, 앉아서 자는 것도 힘들었다. 발 하나 옮길 틈도 없는 곳에서 20일이 넘게 구류되어 있었다.

무산군 보위부에 아는 사람이 있어 무산군 보위부에서 사람이 왔으면 뇌물을 통해 빨리 석방될 수 있었는데, 무산군 보위부에서 사람 오는 것이 늦어져 청진 도(道)집결소로 이송되었다. 그곳에서는 가로 10m × 세로 5m 정도의 방에 여러 명의 사람이 수감되어 있었는데, 변기가 구석에 있어 악취로 잠을 자기조차 힘들었다. 도집결소에서 가장 힘들었던 것은 강제노동이었다. 아침 해가 뜨자마자 수감자들에게 호미를 나눠주고는 산에 올라가

(김매기) 일을 하는데 풀이 조금이라도 있으면 호미자루로 머리나 신체 부위를 가격했다.

보위부에 수감되었을 당시에는 면회가 전혀 되지 않았고, 도집결소도 면회는 되지 않지만 가족들이 식사나 물건을 전해 줄 수는 있었다.

현재 무산지역에는 약 30%정도가 몰래 핸드폰을 소유하고 있다고 생각된다. 단속에 걸리면 조선돈 40~50만 원 정도의 벌금을 내라고 한다. 벌금을 내면 핸드폰만 빼앗기고 풀려나지만, 돈이 없어 벌금을 내지 못하면 단련대나 교화소 행 등, 처분이 내려오는 대로 처분을 받아야 한다. 보통 함경남도나 평안남도 등 국경에서 200km 정도 떨어진 곳으로 추방당하게 된다.

■ **사례6: (함북 무산군, 195*년생, 2002년 탈북, 2003년 입국)**

나는 함북 무산에 살았다. 북한에서는 공장 노동자로 생활했었다. 1994년부터 1998년까지 총 6차례 수감되었는데, 최하 1주에서 최고 석 달까지 수감되었었다. 당시 북한 경제상황이 형편없었는데, 나도 생활이 어려워 중국으로 도강을 자주 했다. 1995년 무산 국경을 통해서 강을 넘다가 국경수비대원에게 발각된 적이 있는데 다행히 체포되지는 않았지만 격투를 벌이다 총탁(개머리판)에 오른쪽 이마를 맞아서 이마가 찢어졌다. 총을 빼앗아 강에 던지고 도망을 쳤는데 그때 맞은 상처는 아직도 오른쪽 이마에 남아있다.

1997년도에는 중국에 들어갔다가 체포되었는데, 그때가 5월이었다. 그때 무산군 안전부 구류장으로 이송되었는데 방귀 사건이라고 하는 유명한 사건이 있었다. 안전부에는 총 10개의 감방이 있는데, 그때 나는 10호 감방에 수감되어 있었다. 감방이 원형이라 간수가 한눈에 모든 감방을 내다 볼 수 있는 형태였다. 하루는 대낮에 조용히 앉아서 있는데 그때 나는 잠시 졸고 있었다. 갑자기 간수가 방귀 낀 놈 나오라며 소리를 질러댔다. 아무도 나오지 않아 간수가 기합을 주었다. 한참을 기합을 받다가 저녁 식사 이후에 다시 간수가 들어와 방귀 낀 놈을 잡아내겠다며 재소자들을 하나씩 불러 조사를 했다. 나는 제일 마지막에 불려갔는데, 내 앞에 있던 재소자가 복도에서 무릎을 꿇고 앉아 있었다. 간수가 나를 그 재소자 옆에 데려가더니 같이 무릎을 꿇려 앉혔다. 그러더니 갑자기 발로 내 가슴을 걷어차는 것이었다. 나는 이유를 몰라서 왜 죄 없는 사람을 때리느냐며 대들었다. 그러다가 나도 간수를 때리면서 싸움이 붙었는데 그때 다른 간수가 오승오(5cm×5cm) 각목으로 내 허리를 내리쳤다. 다른 사람들 말로는 그때 내가 10분을 쓰러져 있었다고 했다. 알고 보니 내 앞에 있던 그 재소자가 방귀를 뀌었는데 기합을 받을 때 그가 "내가 동지들을 위해서 나서야 겠다"고 하여서 내가 그에게 "네가 안했으면 나서지 말라"고 했는데 알고 보니 그가 방귀를 낀 범인이었다.

그 방귀를 낀 재소자는 나와 친했던 관계로 그에게 나는 여러 가지를 말해 주었다. 한 예로 법정에서 그가 진술했던 이야기를 모두 번복하고 다시 하라고 알려주었는데, 북한에서도 법정에서 했던 진술을 번복할 수 있다. 구타를 당해서 억지로 했다고 진술을 번복할 수 있는데, 대신 진술을 번복할 경우 구타를 당하거나 폭행을 당하는 것은 본인이 감수해야 된다.

아무튼 하도 화가 나서 검찰소 부소장을 불러오라고 했다. 검찰소는 안전부 상급기관으로 안전부를 통제할 수 있는 권한을 갖고 있다. 그랬더니 안전부 소장과 정치부 소장이 나에게 와서 미안하다고 사과를 했다. 다음날 일요일이었는데, 원래 일요일에는 휴일이라 조사를 하지 않지만, 나는 일요일에 조사를 마치고 석방되었다.

그 일이 있고 그 다음해인 1998년에 가족을 모두 데리고 중국으로 탈북을 했다. 중국에 있을 때는 짱수(실내공사를 하는 사람)로 일 했는데, 때로는 탈북자라는 약점을 이용해 사장이 월급을 주지 않는 일도 겪었다. 그러다가 2002년 6월 초 중국 연길에서 혼자 체포되어 북한으로 송환되었다. 다행히 가족은 잡히지 않고 혼자 잡혔다. 6월 초부터 1주일간을 중국 왕천 간수소에 수감되어 중국에서의 거주지, 하던 일, 왜 탈북을 했으며 아는 사람이 누구인지를 조사받았다. 그러다가 도문변방구치소로 이송되어 그 다음날 북한으로 송환되었다.

6월 중순에 온성 보위부로 이송되었는데, 그 곳에서 열흘을 보냈다. 4~5평 정도의 방에 64명 정도가 수용되어 있었다. 당시 보위부에 400~500명 정도가 수감되어있었는데 식사는 하루 2번 옥수수가루를 갈아서 죽을 써 주었다. 숟가락으로 5번 정도 떠먹을 양이었다. 보위부에서는 탈북과정과 이유, 중국에서 어떤 일을 했고 중국에서 누구를 만났으며 어디에 살았었는지를 조사받았다. 그러다가 온성 안전부로 이송되어 며칠 후 온성 노동단련대로 보내졌다.

온성 노동단련대는 약 70평 정도의 방에 300명이 수감되어 있었는데, 감옥 안에는 화장실이 없었고 창문이 하나 있었다. 하루 세 끼를 주긴 주었는데 작은 엄지손가락보다 조금 큰 정도의 알감자 5개를 한 끼 식사로 주었다. 노동단련대에서는 별다른 조사는 없었다. 노동단련대에서는 재소자 중에 반장과 조장을 뽑아 일을 시키게 하는데, 반장이나 조장이 같은 재소자를 폭행하는 경우가 많았다. 그때 장마철이라 새벽 5시에 일어나 저녁 8시까지 계속 작업을 했는데 주로 도로복구 작업이나 김매기 작업을 했다. 그때 원산 출신의 재소자가 있었는데 하도 배가 고파서 호박을 훔쳐 먹었다가 담당 주재에게 걸려서 심하게 폭행을 당했다. 심한 폭행으로 머리가 터지고 팔과 다리가 꺾이는 등, 거의 죽기 직전까지 폭행당하는 것을 보았다.

그러다가 1주일 후에 청진 도(道)집결소로 이송되어 보름가량 있었다. 집결소에는 4~5평 정도의 방과 10평 규모의 큰 방이 있었다. 그때 남자가 150명 수용되어 있었고, 다른 건물에도 여자가 150명 정도 수감되어 있었다. 집결소에서도 하루 세 끼는 주었는데 양이 많지는 않았지만 단련대나 보위부보다는 많았다. 또 군의관이 1명 있었고 치료약이 있어서 환자들을 치료해주었다. 치료는 간단한 상처 치료나 약을 주는 것이었다. 노동단련대와 비교하면 비슷했지만 노동의 시간이 단련대 보다는 적었다.

도집결소에 수감되었을 당시에 탈출을 했었다. 근처에 아는 여자가 있어서 그 집에 숨어들어갔는데 다음날 어떻게 알았는지 찾아와 다시 체포되었다. 그때 체포되면서 폭행을 당했는데, 맞으면서 왼쪽 갈비뼈 2대가 부러졌다. 그러나 치료를 받지는 못했고 친구들이 구해준 천을 이용해 부러진 부분을 고정시켰다. 다시 도집결소로 잡혀와 갈비뼈가 부러진 상태로 삽질 등의 노동을 했다.

그러다가 무산광산 단련대로 보내져 2002년 7월 중순부터 10월 말까지 수감되었다. 그곳은 온성 노동단련대보다 규모가 작았는데, 40평 규모에 30명이 수감되어 있었다. 하루 세 끼는 주었는데 수수와 옥수수쌀, 강냉이 쌀을 가루로 만들어서 혼합한 것이었다.

당시 의사는 없었지만 환자가 생기면 병원으로 이송했다가 병원에서 나오면 단련대로 데려와 일을 시키곤 했다. 아침 8시부터 저녁 5시까지 노동을 했는데 탄을 캐는 일은 아니었고 대부분 시멘트 포대를 나르거나 화물을 운반하는 일이 이었다. 일은 저녁 5시에 끝났지만 화물이 새벽이나 밤늦게 도착하는 경우 야간에도 작업을 해야 했다.

탈북자 수가 증가하자 탈북자들만 따로 수용하기 위해서 55호 단련대를 만들었는데, 2001년에 만들어 진 것으로 알고 있다. 탈북자 중에서 엄중하게 처벌할 사람만 모아서 수감하는 곳인 것으로 안다. 내 친구 중에도 한 명이 55호 단련대를 갔다 왔는데, 들은 이야기로는 다른 노동단련대보다 더 힘들다고 했다. 3번째 송환되면 55호 단련대로 보내는 것으로 알고 있다. 나도 보위부에 잡혔을 때 엄중한 죄를 범하거나 규율을 위반했을 경우 55호 단련대로 보낸다는 벽보를 본 적이 있지만 경험해 보지 않아서 자세히는 모른다.

북한에서도 수감 중 부당하게 간수에게 폭행을 당했을 경우, 상급 기관에 문제를 제기할 수 있다. 검찰소가 안전부를 통제하기 때문에 가끔 검찰소에서 안전부로 감찰을 내려온다. 그때 재소자들에게 간수들이 괴롭힌 것이 있는지 등을 물어보는데 그때 이야기를 하면 간수를 처벌 할 수도 있다. 그러나 보위부에서의 일은 어떻게 할 수 없다.

수감되었을 때 여러 사례를 보았는데, 특히 재소자가 좋은 물건을 갖고 있으면 직접적인 압력이나 폭행을 행사하지 않고 다른 여러 가지 방법을 이용해 갈취한다. 한 번은 좋은 시계를 차고 있던 재소자가 있었는데 간수가 시계 좋다고 하면서 몇 번 이야기를 했다. 그러면서 그 수감자에게 화장실을 가지 못하게 하거나 여러 가지 압력을 행사해 결국에는 그 사람의 시계를 빼앗았다.

■ **사례7: (평양시 **구역, 195*년생, 2000년 탈북, 2003년 입국)**

나는 평양시에서 인민반장을 하였고 당원이었다. 남편은 노동자였고, 1999년에 평양에서 사망했다. 1997년 10월 중순에 중국으로 처음 도강을 했다. 1999년 7월에 체포되어 송환되었다가 다시 탈북해 2000년 7월에 다시 체포되었다. 1999년 7월 초에 중국에서 딸이 인신매매범에게 납치되어서 딸을 찾다가 나도 같이 납치되었다. 그 과정에서 납치범들의 칼에 가볍게 다치기도 했다. 그러다가 중국 화룡에서 체포되어 도문 변방구류소에 수감되었다.

도문 변방구류소에서 한 달 정도 있었다. 우리가 납치되었었기 때문에 그 납치범들을 잡느라고 그랬기도 하지만, 그때가 북한 보위부의 집중검열 기간이라서 그 기간이 끝날 때까지만 있게 해달라고 딸이 구치소에 부탁을 해서 한 달 있게 되었던 것이다. 구치소에서 오래 있다보니 다리가 굳고 몸이 안 좋아졌다. 북송된 다음에는 무산군 보위부에서 하루 만에 조사를 받고 다시 무산군 안전부에 하루 구류되었다가 무산군 노동단련대로 보내졌다. 단련대에서는 산에 나무를 하거나 작업장에 갈 때 잘 따라다니지 못해 상무들과 반장들(죄수들 중에서 선발)들이 발로 차고 때리고 그랬다.[38] 작업장이 기찻길 가까운 곳에 있었는데 기찻길 자갈로도 때렸다. 그래서 딸을 단련대에 내버려두고 3일 만에 도망 쳤다.

2000년 *월 중순 중국 **시에서 다시 체포되어 도문 변방구류소에 수감되었다가 무산군 보위부로 이송되었다. 중국에서 보위부로 서류를 함께 넘

---

[38] 상무는 안전원은 아니다. 제대군인들 중에서 뽑는데 안전부에서 배급과 로임을 받는다. 단련대에서 도망가면 잡아오는 일도 하고 죄수들에게 일도 시키고 한다.

기는데, 보위부에서 서류를 넘겨받아 세관에서 탈북자들에게 족쇄를 채워 무산군 보위부로 이송했다. 버스에 족쇄를 채워 묶어 놓는데, 보위부로 이송된 후에는 집주소를 적고 빈방에 들어가서 옷을 다 벗고 펌프질(앉았다 일어섰다)을 시킨다. 보통 여자들은 호문(항문)에 돈을 많이 감추는데 펌프질을 하면 자궁이나 호문에 숨겨둔 돈이 다 나온다. 23세의 교환수 출신 여자 두 명이 있었는데, 여자들의 생리대부터 몸속까지 조사를 했다. 그 다음 구류장에 쳐 넣는다. 방에는 화장실이 있었는데 그것을 사용하지는 못 하게 했고, 아침에 단체로 족쇄를 채워 바깥 화장실을 쓰게 했다. 1999년에는 보위부에 구류장도 없어서 보위부로 가서 그 날 조사를 받고 하루 만에 무산군 안전부로 갔었으나, 2000년에는 보위부에 구류장이 생겨있었다. 남자·여자 방 각 1개에 옆에 방 하나가 더 있었는데, 식당을 만드는 공사 중이라고 했다. 무산군 보위부는 혁명역사연구소와 가까이 있었다. 1999년에는 위치를 몰랐으나 2000년에는 무산에서 오래 있어서 대충 알고 있었다.

1999년에도 도망친 것이 있었고, 동생 문제도 있어서 보위부에서 쎄게(심하게) 다룰 줄 알았는데 쎄게 다루지는 않았다. 1999년에 남동생이 나를 찾으러 중국에 갔다가 그 곳에서 한국 사람의 도움을 받았던 일로 잡혀 정치범 수용소에 갔는데, 나와 딸이 그것과 연관이 있는지에 대해 보위부에서 조사를 더 받았다. 그 때 딸이 중국돈 300원을 입으로 삼키고 보위부에 들어갔는데 200원은 건지고 100원은 떠내려 보내 잃어버렸다. 이것을 옆에 있던 다른 사람이 신고해 내가 불려나가서 종합지도원에게 주먹으로 얼굴을 맞았는데, 그때 앞니 3개가 꺾어졌다(부러짐). 그때 100원만 내놓고 100원은 숨겼다.

보위부 조사가 끝나고 7월 말에 무산군 노동단련대로 이송되었는데, 아마 우리가 보위부에서 무산단련대로 바로 보내진 마지막 사람들이었을 것이다. 1999년과 달리 2000년에는 보위부에 구류장이 나오고(설치되고) 보위부 감옥이 나오면서 그 다음부터는 다 보위부에서 처리했다.

단련대에 오니까 안전원이 몽둥이로 겁을 주었는데 때리지는 않았다.

얼마 전 중앙에서 검열이 내려와 검열이 막 끝난 후라서인지 안전원들이 서로 조심하는 눈치였다.

철창에 앉아 있었는데 평양 사람이라고 간수가 계속 말을 시켰다. 이야기를 하다보니 간수가 내가 군인생활을 하던 때에 중대 사관장(하전사, 특무장)의 아들이었다. 그래서 봐주는 것도 있었고, 나에게 조장을 시켰다. 그런데 다른 죄수들은 조금만 움직여도 의자 없이 의자에 앉아있는 자세로 서 있게 하고, 오승오(5cm×5cm) 각자로 손바닥을 때렸다. 비행기 유리자(비행기 조종석 유리를 이용해 만든 자)가 있는데 그것으로 쇠창살에 손을 대라고 해서 손가락 마디를 때렸다.

노동단련대는 안전부 직속인데 안전원들이 전부 정복을 안 입는다. 단련대에서는 일만 시키고 안전원들이 때리지는 않았다. 거기도 담당 안전원이 한 명씩 있는데, 당시에는 조심도 할 때였고 안전원들이 때리지 않고 상무가 반장이나 조장을 시켜서 때리게 했다. 상무들이 재소자들 중에 "저거 죽여라, 저 새끼 죽여라!"라고 하면 재소자들이 가서 그 사람을 마구 때린다. 보통 조장은 10명에 한 명씩 있고, 반장은 남자가 하고 부반장은 여자가 한다.

단련대를 지키는 경비원들이 있는데 죄수들 중에 경비원을 뽑는다. 4~5명 정도 되는 것 같았는데 숙소도 따로 있고 근무 교대도 있었다.

내가 딸 나이를 속이고, 평양에서 무산으로 퇴거를 떼고 잃어버렸다고 했더니, 지도원이 말 똑바로 하라고 하며 어린 딸을 때리면 내가 똑바로 말을 할 것이라고 생각하여 나 몰래 딸을 데려다가 1시간 동안 식당에서 밥도 안주고 장작으로 때렸는데, 그때 딸의 어깨와 팔에 시커멓게 피멍이 들었다.

또 한 번은 개성에서 온 31세 정도로 보이는 남자가 골동품을 중국에 팔다가 걸려서 왔는데, 타 지방 사람이라고 엄청 맞았다. 맞아도 다음날 나가서 일을 해야 하니까 앓아눕지도 못한다. 조사받는 것 보다 일하면서 매 맞는 것이 실질적으로 더 힘들었다.

아침 5시에 일어나서 저녁 7시까지 노동을 하고 밤 10시까지는 대열훈련(제식훈련)을 했다. 무산은 아편으로 유명한데 우리는 무산읍 독소리 안전부 부업장에서 배추 영양단지 만들기와 아편밭 작업을 했다.

　1주일 후에 청진 도집결소로 이송되었는데, 2000년에는 김정일 지시로 도집결소가 각 지방에서 데리러 오는 대기실 역할을 했다. 당시 도집결소도 검열을 받은 후여서 구타는 없었다. 담당주재원들이 있고, 일은 안전원이 직접 시켰으며, 일의 강도가 높았다. 도집결소에서도 새벽 5시부터 오후 7시까지 안전부 부업장에서 일을 했다. 한국에서 들어온 비료로 강냉이에 비료를 주고 배추영양단지 만드는 일을 했는데, 당시에는 그 비료가 한국에서 온 비료 일 줄은 생각도 못했다.

　그러다가 *월 말, 평양으로 이송되던 중 청진 역에서 도망갔다. 족쇄를 채우고 청진역으로 갔는데 기차가 계속 연착되어 언제 도착할지 모르는 상황이었다. 나는 딸과 함께 있어서 그런지 풀어주었는데, 대신 심부름도 하고 밥도 하고 그랬다. 그러다 지도원이 돈을 주면서 돼지족발과 술을 사오라고 시켰는데, 내가 딸이 국수를 먹고 싶어 하는데 딸에게 국수 좀 먹이게 딸도 풀어달라고 했다. 그랬더니 족쇄는 통행증하고 같은 거라서 풀어주기 힘들다고 했다. 내가 도망갈 곳도 없다고 하니 딸을 같이 풀어줬다. 그러다 술도 먹고 기분이 좋고 하니까 단천으로 가는 죄수들을 모두 풀어줬다. 나에게 죄수들을 화장실에 인솔해서 다녀오게 했는데, 처음 화장실을 다녀온 후, 두 번째 다녀오면서 딸과 함께 대합실의 많은 사람들을 뚫고 도망쳤다.

■ **사례8: (함북 회령시 **동, 198*년생, 2002년 탈북, 2003년 입국)**

나는 회령에 살았다. 1997년에 처음 중국으로 도강을 했다. 당시 고모가 중국 장백에 살아 주로 고모 댁에 왕래를 했었다. 고모가 조금씩 도와주면서 돈도 주었는데, 그러면 북한 집에 가서 당분간 먹고 살았다. 원래 아버지 형제들은 중국에서 태어나 자랐는데 6·25전쟁 당시 큰아버지가 중국 지원군으로 북한에 왔다가 북한에서 살고 싶은 사람들은 북한에서 살아도 좋다고 해서 고모만 남겨두고 가족이 전부 북한으로 왔다. 당시 고모는 결혼을 하지는 않았지만 음악대학을 다니고 있어서 졸업을 하고 차후에 북한으로 나가든지 하겠다고 하다가 나중에 조선족 고모부를 만나 중국에서 살고 있었다. 아버지는 북한으로 오셨을 때 10대였으며, 북한에서 군대도 다녀왔고, 그 후 탄광에서 일도 하셨다.

처음 중국에서 잡혔던 것이 1998년이었다. 고모 집에 갔다가 고모가 "더 이상은 도와 못 주겠다. 이제는 도와 줄 힘이 없다. 우리도 살아야 하지 않냐?"고 해서 북한 집으로 돌아가는 길에 중국 공안의 검문에 걸려서 잡혀 량강도 혜산 보위부로 북송되었다가 혜산시 도(道)집결소로 이송돼 두 달 정도 집결소에 있다가 풀려났다. 원래는 회령에서 나를 데리러 올 때까지 있어야 하는데 누나가 뇌물을 주어 두 달 만에 풀려 날 수 있었다.

그 후에도 중국에 다녔는데, 이제는 친척 도움 바라지 않고 내 힘으로 중국에 가서 돈 벌고 살아야겠다고 생각하고 막무가내로 아는 사람도 없이 국경을 넘었다. 처음에는 농촌 시골집에서 농사일을 도와주고 용돈을 벌고 하다가 그곳의 소개로 나무껍질 벗기는 공장에 가서 일하기도 했다. 여러 가지 일을 하다가 사람들의 소개로 한국 목사님들을 만나 연길시 교회에 갔었다. 또, 연길에 관광 온 한국 사람들을 만나 한국에 대해 많은 이야기를 듣기도 했다.

그때는 중국에 오래 있다가 주변 사람이 신고를 해서 연길에서 잡혔는데 아마 한족이 신고를 했을 것이다. 중국 공안에 잡혀 연길 감옥에 있다가 용정 변방구류소에서 북한 회령보위부로 북송되었는데, 회령보위부에서 보름간 조사를 받고 안전부 구류장에 갔다가 풀려났다. 그런데 도강했던 전과가 있어서 안전부 조사를 받고 집에서 보름 정도 지내고 있는데 다시 안전부에서 잡으러 왔다. 다시 잡혀서 노동단련대에서 두 달간 노역을 하고 풀려났는데 그때가 2001년도였다.

그때 상황이, 내가 안전부 구류장에 있다가 관할 분주소에서 데리러 와서 최종 조사를 받고 내 진술서 문건을 회령시 안전부로 다시 넘겼는데, 안전부 감찰과 회의에서 내 문건을 보고 전과가 있으니 감옥에 보내야한다고 결정을 내려서 보름간 집에 있던 나를 다시 잡으러 왔던 것이다. 그때 내 나이가 스무 살 갓 넘었는데, 나이가 어리다고 '단련대 두 달 형'을 받았다.

처음 잡히면 '단순 도강(渡江)'으로 처리되어 보위부에서 안전부 구류장을 거쳐 관할 분주소에서 바로 풀어주는데, 전과가 있으면 단련대로 보낸다. 가끔 김정일의 방침으로 먹고살기 힘들어서 도강하는 경우는 약하게 처벌하라고 지시가 내려오는데, 그때는 전과가 있어도 무시하고 그냥 내보내기도 한다.

세 번째로 중국에서 잡혔던 때가 2001년 *월이었는데, 2000년 *월에 잡혀서 단련대에서 두 달을 채우고 나와 중국에 갔다가 바로 잡혔다. 중국에서 친구들과 일하려고 가다가 변방에서 친구들과 밥을 먹는데 동네 중국 사람이 신고를 해 중국 공안이 잡으러 왔다. 회령 보위부로 북송되었는데 운 좋게 친구 어머니들이 돈으로 뇌물을 먹여 안전부로 가기 전에 보위부에서 4일 만에 조사만 받고 풀려났다.

2001년 *월에 풀려난 다음 다시 중국과 북한을 계속 왔다 갔다 했다. 중국에서 돈을 벌면 북한 집에 돈을 주고 밤에 넘어갔다가 밤에 넘어오곤 했다. 중국에서 라디오를 듣다가 북한 사람을 남한에서 많이 받아주고, 또 남한에서 집도 주고 정착금도 주고 신분증도 준다고 해서 우리도 영사관이나 대사관에 다른 사람들처럼 들어가 볼까 하다가, 실수하면 어떻게 될지도 생각했다. 그러다가 교회에 가면 북한 사람들을 많이 도와주니 그쪽 도움을 받아서 한국에 갈 수 있지 않을까 하는 생각에 연길시 교회로 친구들과 함께 찾아갔다.

북한 사람인데, 중국에서 신분증도 없어 살기도 힘들고, 한국으로 가고 싶은데 방법을 모르니 알려 달라고 이야기했다. 그랬더니 잠시만 기다리라고 했다. 약 10분 후에 40대 남자가 찾아와 자기를 따라오라 했다. 그래서 따라갔더니 북한 사람들이 여러 명 기다리고 있었다. 물어보니 제3국을 통해 한국으로 가려는 사람들인데, 조금만 기다렸다 같이 가자고 했다. 그들과 함께 한국으로 가다가 운이 나빴는지 중국 **에서 잡혔다.

그때가 2002년 *월이었다. *월 **일에 잡혀 변방구류소로 같은 달 **

일에 이송되어 용정 변방구류소에서 두 달가량 있었다. 조사는 주로 중국에 몇 번째 왔고, 중국 어디에 거주했고, 거주했던 집과 전화번호, 주소, 중국에서의 직업, 한국으로 가는 방법을 어떻게 알았고, 이 사람들(브로커)을 어떻게 알았고, 언제부터 한국에 가려고 했으며, 이 사람들에 대해서 증인을 하고, 잡히지 않은 사람들의 전화번호와 행처를 밝히라는 내용이었다. 조사과정에서 제대로 말을 하지 않는다며 매도 때리고 밥도 제대로 주지 않아 먹지 못했다. 브로커로 잡힌 사람들은 전부 중국 법으로 처리해야 하니 판결을 위해 증인을 서야 한다고 했다. 그러나 법정에서 증인으로 직접 나선 적은 없고 증거 서류를 확인하는 식으로 조사서류에 서명만 했다.

중국에서 조사를 받을 때 때린 사람들은 전부 한족이었으며, 나는 전기곤봉으로 3번 정도 맞았다. 제대로 불지 않으면 때리는데 북한처럼 심하게 때리지는 않고, 그냥 몇 대씩만 때렸다. 주로 전기곤봉으로 배나 머리를 맞고, 발로 걷어차이고 했다. 그곳에서 두 달간 수감되었다가 북한으로 송환되었다.

교두(국경다리)를 넘어가니 보위원 두 명이 기다리고 있었는데, 차도 없이 자전거를 타고 나와 있었다. 그때는 단순 도강자와 '한국기도'(한국행 기도자)를 섞어서 1주에 세 번 정도 호송했으며, 한 번에 7명~10명씩 송환했다. 회령 보위부로 북송되어 수감되었는데, 중국에서 작성한 문건이 그대로 넘어와 나는 바로 '한국기도'로 분류됐다. *월 말부터 *월 초까지 5개월간 잡혀 있었는데 4호 감방에서 있었다.

일단 북송되어 보위부에 가면 무릎을 꿇게 하고 복도에 다 앉힌다. 중국에서 "이제 북한으로 송환되면 맞아서 죽든지, 정치범 수용소로 보내지든지, 총탄에 맞아 죽겠지"하는 생각에 "북한에 가서 죽느니 여기서 단식이라도 해서 차라리 중국 땅에서 죽어야지"하는 생각에 1주일 넘게 단식을 했다. 그러다가 쓰러졌는데, 병원에 데려가 링게르(링거 주사)를 맞춰줘 죽지도 못 했다. 두 달간 햇빛을 못 보아 얼굴도 창백해 있었다.

보위부 복도에 앉아 있는 나를 보위부원이 보자마자 '한국기도'로 중국에서 조사를 오래 받은 것을 알아챘다. 여자들의 경우에는 밖으로 데려가 햇볕도 쬐어주고 하는데, 남자는 반항도하고 도망갈 우려도 있어서 움직이지도 못하게 했다.

담당 보위부 조사관이 밑의 간수들에게 "중국 **에서 잡혔으니 문제가 있는 새끼니까 저 새끼 감시 제대로 하라"고 지시하고는 문건을 가지고 자기 사무실로 들어갔다. 그때 간교(간수)가 7명이 있었다. 그들은 집도 회령이 아니고 황해도 등 타지 출신들이었다. 또, 나이도 한 참 혈기 왕성한 나이에다 나쁜 것들만 배워서 사람 때리는 것을 개 때리는 것처럼 우습게 알았다.

감옥에서는 머리를 숙이고 뒷짐을 진 자세로 앉아야 하고, 간교들에게도 '간교'라고 부르지 못하고 '선생님'이라고 불러야 했다. 무릎을 꿇고 앉아 있는데 간교가 군화로 얼굴을 두 번 걷어차 얼굴에 코피가 터지면서 머리가 숙여졌다. 머리가 숙여졌다고 머리 뒷골을 구둣발로 다시 밟았는데, 입술이 다 터지고 저녁에 손으로 얼굴을 만져보니 왼쪽 눈이 빵처럼 부어올라 있었다. 그날은 첫날이라 그 정도만 하고 감방에 보냈는데 처음에는 1호 감방에 수감되었다.

감방 환경은, 화장실 변기가 안에 있는데 악취가 무척 심하였지만 그 정도는 북한 감옥에서 보편적인 것으로 빨리 적응해서 살아야겠다는 생각과 중국 감옥이 정말 좋았다는 생각이 들었다. 감옥에서는 보통 10시에 취침해 아침 5시에 기상했는데, 취침시간 전까지는 머리를 숙이고 앉아서 아무것도 하지 못했다. 그 사이 한 명씩 따내서(불러서) 조사를 받으러 갔다 오는데, 머리가 숙여진 상태에서 잠깐이라도 머리를 조금 들면 그것을 본 기호(간교)가 때리고 싶으면 때리거나, 펌프질(앉았다 일어섰다)을 1,000번 시키거나, 화장실 변기를 손으로 닦으라고 시키거나, 아무튼 기호가 노리개처럼 시키면 해야만 했다. 기호들은 가정이라도 있었으면 조금 낮았겠지만 나이도 어리고, 철도 없고, 악취 생활을 하면서 살아서 그런지 그것들이 몸에 배어 입에서 나오는 소리도 욕이 아니면 없었다.

다음날 아침에 보니 옷에 핏자국이 자욱했다. 오후에 담당 조사관이 불러 조사실로 갔는데 내 전과 기록을 보면서 '중국 **에서 잡혔는데, 어떻게 된 것인지' 처음에는 정중하게 물었다. 그래서 한국에 가려고 한 것은 절대 아니고, 그쪽에 회사도 많고 일자리가 많다고 들어서 일을 하러 간 것이라고 거짓말을 했다. 그랬더니 거짓말을 한다며, 네가 보위부에 대해서 잘 알고 있고, 안 불면 안 불수록 고통만 심해지고, 나도 바쁘고 지금 조사할 사람이 많으니 네가 진술서를 써서 시인하고 서명만 하면 끝이니 빨리 끝내자고 했다.

당시 중국에서 지내면서 신앙(기독교)이 생기고 의지할 곳도 없어 신에 의지하고 살았는데 감옥에 들어가니 더 간절해졌다. 그러다 살고 싶은 마음도 생기고 개보다 못한 쓰레기들한테 시인해서 개처럼 죽으면 누가 알아주는 사람도 없고, 기왕 죽을 것 개기다가(버티다가) 죽자는 마음에 처음부터 한국행을 부인했다. 내가 죽으면 죽었지 '한국기도'가 절대 아니라고 했다. 조사관도 사람을 많이 다뤄봐서 거짓말인지 다 알고 있었는데, 간수장을 하고 있는 기호를 불러 "이 새끼 제대로 안부니까 교양 좀 주고, 내일되면 제대로 불게 만들라"고 지시했다. 그래서 간교장이 나를 데리고 나갔다.

조사관들이 직접 때리는 경우도 있는데, 북한에는 컴퓨터도 보급되어있지 않고 해서 조사관이 손으로 문건을 전부 작성해야 한다. 거짓말을 하면 조사관들도 종이를 찢고 다시 써야 한다. 그럴 때 재떨이로 머리를 까는데(내려침) 그날은 조사관이 나에게 별로 신경을 쓰지 않았다.

조사가 끝나고 나를 1호 감방으로 보냈는데, 20명 정도가 수감되어 있었다. 각 감방에는 감방장이 있는데, 조금 특권이 있어 머리도 약간 들 수 있고 앉은 자리에서 조금씩 움직일 수도 있다. 그러나 기호가 시키면 시키는 대로 하는 꼭두각시다. 간교장이 감방장에게 "이 새끼 교양 제대로 시켜서 내일은 제대로 말하게 만들라!"고 지시하고 갔다. 그러자 감방장이 일어나 나에게 어떤 죄로 들어왔고, 이런 저런 것들을 물어보면서 "이 개새끼는 뭘 안 불어서 선생님이 이렇게 나오냐?"고 주먹으로 얼굴을 치고 발로 걷어찼다. 그리고는 펌프질을 500번 시켰는데 300번 밖에 하지 못했다. 그날 밤에 밥을 주지 않았는데, 밥이라고 해봤자 썩은 옥수수 가루 죽 2~3 숟가락 정도였고, 그걸 먹는 것보다 물을 한 모금 마시는 것이 더 낫았지만 물도 주지 않았다. 물은 밥을 먹고 난 뒤 조그마한 컵에 담아 두 명이 나누어 마시게 하는데 그것도 주지 않았다. 그 날은 감옥 변기 모서리에 서서 잠도 자지 못하고 온 밤을 지냈다.

　다음날 다시 조사를 받으러 갔는데, 조사관이 종이 세 장을 주면서 진술서를 작성하라고 했다. 같은 내용을 반복하자 조사관이 "나를 어떻게 보고 이러냐?"며 발로 무릎을 걷어차면서 간수장을 불러 욕을 하며 제대로 일하라고 소리쳤다. 그러자 간수장이 나를 기호들이 쓰는 방으로 데려가서는 혼자서 나를 때리기 시작했다. 얼굴을 사정없이 때려 뒤로 넘어지자 군화로 배를 걷어찼다. 군화에 한 대만 제대로 맞아도 숨이 넘어갈 정도로 아픈데, 10분 동안 쉬지 않고 맞았다. 그리고 머리를 잡고 다시 감방에 집어넣었다. 전날의 감방장에게 책임을 묻고 다른 죄수를 감방장으로 지목하면서 교양을 똑바로 시키라고 하고는 갔다. 나 때문에 감방 전체가 단체기합을 받았다. 펌프질 700번을 시켜서 하는데, 땀보다 눈물이 더 많이 흘렀다. 하도 맞아 얼굴과 다리, 배에 성한 곳이 한 군데도 없었고, 온 몸이 멍들고 상처자국이었다. 단체기합이 끝난 후, 새 감방장에게 또 맞기 시작했다. 단체기합을 받아 같은 감방 사람들이 모두 나를 원수로 여겼다. 저녁과 물을 안 주는 것은 필수였고, "내일도 제대로 말하지 않으면 껍데기를 벗겨놓겠다"고 했다. 그 날 저녁에는 매도 많이 맞고 전날 잠도 못자고 피도 많이 흘려서인지 변기가 있는 구석에다 잠을 재웠다. 다음날에는 조사관이 찾지 않고 그 다음날 다시 조사를 받으러 갔는데, 그날도 조사관에게 "지도원 동지, 내 대답은 처음부터 끝까지 하나입니다. 살아도 좋고 죽어도 좋지만 '한국기도'는 아닙니다"라고 우겼다.

　기합에 여러 가지가 있는데, 기호가 2시간에 한 번씩 바뀌고, 기호마다 좋아하는 기합이 다 다르다. '신문보기'라는 기합이 있는데, 의자 없이 신문

보는 자세로 있어야 하는데, 10분도 못 버틴다. 그러면 앞으로 나오라고 해서 손을 철창 안으로 넣어 머리를 잡고 철창으로 머리를 끌어당긴다. 그러면 머리가 철창에 세게 부딪친다.

다음날에는 부르지 않고 4일 정도 밥도 주지 않았다. 매도 하도 많이 맞아 온 몸이 만신창이가 돼서 맞을 곳도 없었다. 양쪽 눈은 시퍼렇고, 부어올라서 눈이 붙어 보지도 못하였고, 입술도 다 터져 엉망진창이었다.

4일을 그냥 놔두다가 도(道)보위부에서 검열이 나왔다고, 힘들지 않게 빨리 끝내자고 했다.

그때 이왕 죽을 것 다 시인하고 말뚝에 총탄을 맞아 죽는 것이나, 정치범수용소에서 개처럼 죽는 것보다 이왕 죽을 것 맞아 죽는 것이 더 낳을 것이라 생각해서 끝까지 부인했다. 그러다 한 동안은 조사실로 부르지도 않았고, 나중에는 며칠에 한 번씩 불렀다. 조사를 받으면 중국에서 시작해서 똑같은 내용을 처음부터 다시 말해야 하는데, 그때에는 벌써 다 외워 버렸다.

북한에서는 입으로 시인을 하면 내가 하지 않은 것도 죄를 지은 것으로 된다. 한국처럼 과학적인 증거로 살인자라는 증거가 나오지 않아도 누가 살인자라고 신고해서 나 살인자라고 인정하면 살인자로 된다. 반대로 내가 지은 죄도 끝까지 아니라고 우기면 죄가 되지 않는다. 이런 방법으로 법정에서 살아남은 사람도 많다. 악이 있는 사람들은 보위부 지하감방에서 1년이나 2년씩 있으면서도 끝까지 버텨서 죽은 사람들도 많지만 살아남은 사람들도 있다.

그러나 북한은 죄를 시인 받으려고 무조건 때리고 굶기고 고문하는데, 끝까지 아니라고 우기면 북한에서도 어떻게 하지 못한다. 그 과정에서 죽은 사람도 많다.

고문 과정에서 사람이 죽으면 심장마비나 병으로 인해서 사망한 것으로 문건을 작성하고 시체를 아무데나 묻어버린다. 가끔 치료를 해 주는 경우도 있는데, 고문 과정에서 뼈가 부러지면 그냥 당연하게 생각하고 내버려 두지만, 감옥이 더럽고 악취가 심해서 전염병이 돌때는 병원에 데려가서 치료를 하고, 그 과정에서 죽으면 내버려 두고 살면 다시 데려온다.

그렇게 한 달간은 기합도 많이 받고 매도 많이 맞고 제대로 먹지도 못하고 하다가 한 달이 지나면서 장기수 형태로 바뀌었다. 4호 감방은 특정 범죄인들만 수감되는 방인데, 1호 감방에서 보름을 지내고 4호 감방으로 옮겼다. 내가 처음에 왔을 때 4호 감방에 사람이 꽉 찼었는데, 그래서 나중에 4호 감방으로 보냈는지, 조사를 받기 전이라 1호 감방에 먼저 수감시켰는지는 모르겠지만 보름 후에 4호 감방으로 옮겨졌다.

4호 감방은 다른 감방보다 음식도 조금 좋았는데, 죽에 두부콩도 섞어주곤 했다. 1·2·3호 감방은 썩은 죽을 주는데 4호 감방은 장기수들이라 죽을까봐 영양분이 더 좋은 식사를 줬다. 4호 감방으로 옮겨서도 계속 매를 맞고 기합을 받다가 1달이 지나면서 담당 조사관도 나를 내버려 두었다. 그러면서 "그냥 썩어지게 거기서 죽어라. 내가 네 껍데기를 말려서 죽일 테니 썩어지기 전에 시인하라"고 했다.

문건이 다 있는데 계속 부인을 해서 매도 많이 맞고 고문도 많이 당했지만, 그렇다고 강제로 진술서를 만들어 지장을 찍게 하지는 않았다. 그때가 김정일이 도강자와 '한국기도'들을 엄격하게 처벌하라는 방침을 내렸던 때였다.

북한에서는 '시범괘'라고 해서 시범으로 처형을 하는데, 2002년 5월 29일에 방침이 내려와 '5·29방침'이라고 하였다. 아마 그때 진술서를 쓰고 시인을 했으면 총살당했을 것이다. 북한에서는 시범괘를 잘 넘겨야 하는데, 인신매매로 수십 명을 팔아넘긴 사람이 교화소 몇 년 다녀오고 마는 경우도 있는가 하면, 한 명 데려다주고 총살당하는 경우도 있다. 그래서 시범괘에 걸리면 죽는다.

그렇게 버티다가 나중에는 피도 많이 흘리고 먹지도 못하여 40kg도 채 안 되었고, 더 이상 때릴 곳도 없었다. 몸이 쪼그라들고 머리털도 다 빠졌다. 한 달이 지나고는 1주에 한 번씩 불러 조사를 했는데 두 달, 세 달 지나니 조사도 1주일에 한 번꼴도 안 되게 내버려두었다. 그래도 하루 세 끼는 다 챙겨주었다.

북한에서는 예심도중에 맞아서 죽으면 시신도 집에 보내지 않고 그냥 아무 곳에나 묻어버린다. 그래서 맞아 죽는 것보다 굶어 죽는 것이 차라리 낳겠다고 생각하기도 했다. 그리고 시신이라도 보기 좋아야 아버지가 제대로 묻어주겠지 하는 생각도 들었다. 그 심정은 느껴본 사람만 알 것이다. 죽으려고 숟가락을 바닥에 갈아서 날카롭게 만들어 왼쪽 손에 그어 동맥을 끊었다. 살 팔자인지 죽으려고 발버둥치는 것을 간수 서너 명이 잡고 팔을 천으로 감싸 피를 멎게 했다. 물론 병원에는 데려가지도 않았다. 그 일로 온몸이 시퍼렇게 피멍이 들도록 엄청 맞았다. 그 일을 기억에서 지우려고 해도 상처와 흉터가 있어서 지워지지가 않는다.

그때는 하도 약해서 군화로 한 대만 맞아도 쓰러지면서 의식을 잃었다. 그해 11월 이전에는 병보석도 없고 그냥 내버려 두었는데, 그때에 김정일이 도강한 사람들을 선처해 주라는 방침이 내려와 병보석으로 풀려났다. 처음 북송돼 보위부로 끌려가서 병보석으로 풀려 날 때까지 옷을 한 번도 갈아입지 못하고 잡혀온 옷 그대로 입고 있었다.

1996년도와 1997년도에는 그냥 죽게 내버려 뒀는데, 아는 형 말로는 보위부 감방에서 하루에도 시체가 10구 넘게 나왔다고 했다. 그나마 2002년에는 도강하는 사람들도 많고, 감옥도 많이 좋아져서 이 정도였다.

하도 썩어지게 되니까(몸이 망가져 있으니까) 보위부에서 집에 연락해 아버지가 와서 달구지에 나를 실어서 집으로 데려 왔다. 집에서 3일정도 쉬면서 의식을 차리고 걷지도 못하는 몸으로 밤에 몰래 기어서 아는 형의 집으로 도망갔다. 내가 몸이 약간이라도 회복되면 보위부에서 금방 또 다시 잡아가니 나를 형네 집에 좀 숨겨달라고 말하고 숨어 지냈는데, 20일 정도 지나면서 걸을 수 있을 정도까지 회복되었다. 그리고 중국에 전화를 걸어 한국에 가기로 통화를 했다. 중국에서 중국돈 1,500원을 보내줘 이전부터 알던 경비대원에게 300원을 주고 두만강을 건너 중국으로 와서 마중을 나온 전도사님 차를 타고 이동해 중국에서 10일정도 보양하다가 중국을 떠나 제3국을 거쳐서 2003년에 한국에 입국했다.

2) 국제규범에 따른 평가와 대책

앞에 소개한 사례들은 북한의 헌법, 형법, 형사소송법 등에 기술된 관련 규정들이 전혀 지켜지지 않는다는 것을 여실히 보여준다. 이는 그 자체로 세계인권선언 제6조와 7조를 북한정부가 위반하는 것이다. 그리고 체포 및 예심 과정에서 폭행과 각종 가혹행위를 가하는 것은 세계인권선언 제5조를 위반하는 것이다. 체포 후 무조건 죄인 시 하는 것은 세계인권선언 11조 1)항을 위반하는 것이고, 김일성·김정일 가계 비밀을 언급하였다고 처벌하는 것은 11조 1)항과 2)항을 동시에 위반하는 것이다. 예심과정에서 고문으로 사망하게 한 것 자체가 큰 죄악이고 각종 북한 국내 법규들과 국제인권규범들을 위반하는 것이지만, 피살자의 죄가 여전히 남아있는 것으로 간주되어 그의 가족에게 해악이 미치게 된다는 것은 세계인권선언 11조 1)항을 위반하는 것이고, 현대사회에서 금하고 있는 연좌제를 적용하는 것이다.

도강죄로 탈북자들을 처벌하고, 특히 한국행을 시도하였다고 사형 혹은 정치범 수용소에 보내는 등 엄하게 처벌하는 것은 이동 및 거주의 자유를 규정한 세계인권선언 13조 1)항과 나라를 떠나고 돌아올 자유를 규정한 13조 2)항을 위반하는 것일 뿐만 아니라, 타국에서 피난처를 찾을 수 있는 권리를 규정한 14조 1)항을 위반하는 것이다. 탈북자들이 중국에서 종교인들을 접하였다고 극형에 처하는 것은 종교탄압으로 세계인권선언 18조를 위반하는 것이다.

현대사회에서 '정치범'이란 성립될 수 없는 개념인데, 북한에서 정치범을 체포하면 강제이혼을 시키는 것은 세계인권선언 16조 3항을 위반하는 것이고, 그들의 공민권을 박탈하는 것은 15조 2항을 위반하는 것이며, 그들의 재산을 몰수하는 것은 17조 2항을 위반하는 것이다.

북한이 아직까지 고문방지 협약('고문과 기타 잔인하고 비인간적이거나 굴욕적인 처우 혹은 처벌에 관한 협약' Convention Against Torture and Other Cruel, Inhuman or Degrading Treatment or Punishment)에 가입하지는

않았지만 모든 공식적인 문건이나 선언에서 고문을 강력하게 부정하고, 고문방지 협약에 규정된 내용을 준수하고 있다고 주장하는데, 앞에 소개된 사례들은 이러한 공적 언명을 철저히 부정하는 것이다. 그리고 북한이 가입한 시민적·정치적 권리에 관한 국제규약(ICCPR)의 관련 규정들을 위반하는 것이다. 북한정부는 고문방지 협약에 가입하여 제도적으로 고문을 막을 수 있도록 해야 된다. 그리고 일반 피해 주민들이 개인통보제도를 활용할 수 있도록 시민적·정치적 권리에 관한 국제규약의 선택의정서에도 가입해야 된다.

3. 종교 및 신앙의 자유

북한의 1998년 헌법('김일성헌법') 제68조에 "공민은 신앙의 자유를 가진다. 이 권리는 종교건물을 짓거나 종교의식 같은 것을 허용하는 것으로 보장된다"라고 규정되어 있다. 2000년에 유엔 시민적·정치적 권리 위원회에 제출한 북한정부의 2차 정기보고서[Second periodic report: Democratic People's Republic of Korea. 04/05/2000. CCPR/C/PRK/2000/2. (State Party Report)] 제18조에서도 김일성헌법 68조를 근거로 제시하며 북한주민들이 종교를 선택하고, 포교할 수 있으며, 의식(儀式)을 집단적 혹은 개인적, 공개적 혹은 비공개적으로 할 수 있고, 이를 거부할 수도 있는 법적 권리를 가지며, 모든 종교들은 국가로부터 완전히 독립적이고 심지어 종교교육 기관들(소위 미션스쿨)도 있다는 등 종교적 신앙의 자유가 보장되고 있다고 장황하게 설명하고 있다.[39]

그러나 북한의 김일성헌법 제3조에는 "조선민주주의인민공화국은 사람중심의 세계관이며 인민대중의 자주성을 실현하기 위한 혁명인 주체사상을 자

---

39) 본 문건은 유엔 인권고등판무관(UNHCHR) 홈페이지에서 내려 받을 수 있다. http://www.unhchr.ch/tbs/doc.nsf/MasterFrameView/2847aadfc262cfe0c12569e40057e41a?Opendocument

기 활동의 지도적 지침으로 삼는다"라고 기술하고 있어 종교 및 신앙의 자유가 침해 될 수 있는 여지는 헌법에서도 발견된다.

1) 현황

북한정부의 공언(公言)과는 달리 북한에서 종교 및 신앙의 자유가 전혀 보장되지 않고 있는 것이 대한변협이 2006년에 실시한 100인의 탈북자들에 대한 인터뷰 조사에서 확인되고 있다.

북한에 어떤 종교가 있느냐는 질문(32-1)에 '비밀리에 불교가 존재 한다'는 한 응답자(ID 25)의 답 외에 '형식상 불교, 기독교 등이 존재하지만 일반주민들은 신앙생활을 못 하고 미신과 무속신앙을 많이 믿는다'는 대답이 전부였다.

다음은 ID 66이 경험한 북한에서의 종교생활에 대한 증언이다.

학교에서 유교, 불교 등이 있다고 배우기는 했지만, 북한에는 종교의 자유가 없다. 우리 어머니는 기독교 집안에서 태어나셨다. 그 사회에서 기독교인이거나 종교를 믿는다고 하면 그 자리에서 없어진다. 종교가 사회를 좀먹는 아편이라고 보기 때문에 종교의 유포는 조금도 허용하지 않는다. 지금에 와서 생각해보니 우리 어머니가 그때 기도를 하셨는데, 그 모습을 나는 그때 잠간 눈을 감고 사색하시는 것으로 생각했다. 어려움이 있을 때 마다 어머니는 눈을 감고 기도하셨다.
12월 25일 크리스마스 날이면 '산타클라 할아버지의 생일'이라며 어머니는 (종교생활을 할 수 있었던) 그 시절을 회고하며 뜻 깊게 보내던 생각이 난다. 그때 나는 산타클라 할아버지와 하나님과 예수님을 별개로 생각하였기 때문에 별일이 아니라고 생각했었는데 지금 생각하면 우리 어머니는 지혜 있게 우리들에게 (종교를) 심어주셨다.
"고요한 밤 거룩한 밤 어둠이 둘린 밤 …" 우리 집 식구들은 그 찬송가를 모르는 사람이 없다. 중국에 와서 어머니는 '종교를 믿으면서 왜 한마디도 말하지 않았느냐'는 질문에 그 이유로 '동생이 공산군들에게 학살당했고, 고모할머니도 외진 곳으로 추방되셨고, 자식들의 발전에 영향이 가기 때문에 말할 수가 없었다'고 하셨다. 그리하여 큰어머니가 원산에서 살았었는데 그 집에 가면 기도도 하고 찬송가도 부르면서 종교의 자유가 있었던 때를 회고하며 눈물을 흘렸다고 하셨다. 1948년도부터 종교탄압이 시작되었으며, 1950년대, 60년대에는 종교인을 무조건 죽이고 탄압하였다.

'신앙생활을 하는 사람을 목격하거나 그에 대해 들은 적이 있는가?'라는 질문(33)에 많은 응답자들이 주의할 만한 답을 했다.

ID 11은 1997년 11월에 중국에 잠깐 갔다가 한국목사가 북한에 있는 기독교인들을 알려주었다고 답했으며, ID 12는 1997년에 동네사람 중 김미옥의 가족이 신앙생활을 한다는 이야기를 들었다고 답했다. ID 44는 1985년에 평안남도 선천군 선천읍에서 천주교를 믿는 모습을 목격했으며, 그곳에는 지금도 일부 있는 것 같다고 대답했다. 그에 의하면, 평안남도 선천군은 과거 종교탄압을 심하게 받았던 곳이며, 그 곳 주민들은 현재까지도 북한정권에 대한 반항심이 강해서 그에 따른 차별과 멸시도 많이 받고 있다고 한다. ID 54는 2000년 겨울에 **로동자구에 있는 '**병원' 의사와 간호사(*영*)가 11명 정도의 주민들을 모아놓고 성경공부를 했으며, 참석자들에게 각 옥수수 10kg씩 나누어 주었는데, 얼마 뒤 발각당해 모두 끌려갔다고 증언한다.

ID 56은 2003년 3월에 '도문변방대에서 성경책을 빼앗았다'는 이야기를 변방대에 대기 중에 들었고. 도문변방대에서 기도하는 모습도 목격했다. 그리고 ID 65는 2002년 여름에 중국에서 성경책들 들여와서 비밀리에 신앙생활을 하다가 6명이 체포된 사건을 목격하였다.

ID 82의 진술에 따르면, 1975년에 요덕 수용소 용평리 7작업반에 목사와 장로 가족이 와 있었는데, 그 가족들 말로는 아버지는 다 처단되었다고 한다. 다 숨기고 살다가 주민등록재조사 사업을 하면서 들어오게 되었다는 것이다. ID 87은 자신이 1988년에 선천군에 갔을 때 군수와 대화하면서 "선천에는 기독교 신자가 꽤 많아서 김일성이 선천에는 안 온다"는 이야기를 들었다고 한다. 그는 북한에서 신앙생활을 하는 것은 목숨을 걸어야 하기 때문에 있을 수가 없다고 주장한다.

ID 88은, 1996년에 장사 다니면서 길주 역사(驛舍)에서 기차를 갈아타려는데, 한 할머니가 역사 구석에 앉아서 고개를 숙이고 뭐라고 중얼거려서 당시에는 정신 나간 사람인 줄 알았으나 여기(한국) 와서 보니까 그것이 기도했던 것이라는 것을 알게 되었다고 한다.

이와 같이 대부분의 목격담은 기독교(개신교 아니면 천주교)에 관한 것이고, 1988년에 산에서 부처상에 공양하는 것을 목격했다는 ID 93의 목격담과 같은 불교에 관한 증언은 극히 드물다.

이상과 같이 북한에서 종교생활은 결코 자유롭지 못하며, 목숨을 걸고 비밀리에 이루어지고 있다. 이런 상황은 종교로 인해 직접 처벌 받거나 다른 사람이 처벌당한 것을 목격한 여러 증언들로 뒷받침 된다.

ID 02는 2004년에 강제송환 된 탈북자가 종교활동을 해서 정치범 수용소에 수감된 것을 목격했다. ID 12는 1997년에 삼봉구 동네 사람 중 일가족 4명이 집에서 예배를 보다가 보위부에 잡혀가서 소식이 없다고 증언 한다. 그에 따르면, 김**(딸)의 어머니와 아버지가 중국에 식량을 구하러 다니다가 교회 사람들과 연이 닿아서 교회에서 식량지원도 받고 중국에 있는 교회를 다니게 되었는데, 북한으로 들어올 때 성경책을 들여와서 주일날 집에서 커튼을 치고 몰래 예배를 드리다가 인민반장이 보위부에 신고하여 잡혀갔다고 한다.

ID 16의 증언에 따르면, 2000년 3월에 리**(여성)가 화룡교회와 연계하여 돈을 받아서, 영예군인(전시 장애인)을 거두어주는 등 국가에 도움이 되는 일도 많이 하였으나, 돈의 출처가 교회라는 것이 밝혀져서 보위부에 의해 정치범 관리소로 끌려갔다. 관련된 다른 사람들은 교화소로 보내졌다.

ID 24는, 1998년경에 김**(남, 1976년생)이 탈북하여 중국에서 생활하다가 1998년에 송환되었는데, 조사과정에서 중국에서 교회 다닌 것이 밝혀져 함북 청진시 수성 정치범 관리소에 수감되었다고 증언한다. 그리고 ID 47의 증언에 의하면, 2000년 여름에 30대 중반의 남성(종성구 두만강건설사업소 노동자)이 분소 검열로 집에 성경책을 두었던 것이 발각되어 공개총살을 당했다.

ID 56은, 2001년 8월 온성보위부 감옥에 80명이 기독교를 믿다가 잡혀 왔다고 증언한다. 그는 중국 공안들이 특별한 범죄사실에 대해서는 해당지역 국경보위부에 서류를 넘겨주는데, 종교를 믿는 경우나 한국행 시도, 인신매매의 경우는 정치범으로 조사·분류한 후 인계할 때 자료를 보위부에 넘겨준다고 주장한다.

ID 65는 중국에서 늘여온 성경책으로 기도하면서 종교생활을 하다 처벌받은 사람들의 명단을 제시했다. ① 김**, 2006년 당시 40세 추정, 거주지는 함경북도 경원군, ② 조**, 2006년 당시 60세 추정, 거주지는 함경북도 경원군, ③ 김**, 2006년 당시 37세 혹은 38세로 추정, 거주지는 함경북도 경원군, ④ 김**, 모친 거주지 함경북도 경원군. 그리고 증언자가 인적사항을 모르는 두 명이 더 있었다고 한다.

ID 73은, 옛날에 목사였던 사람들을 1970년대부터 1, 2, 3차로 창평 독재대상구역, 함경북도 경성 부화골 등지에 수용하였다고 진술한다.

ID 74의 4째 아들은 2003년에 종교활동을 하였는지 조사받다가 사망했다고 한다. 그리고 ID 79는, 1970년대 어느 날 평안북도 어느 군에서 비밀교회 활동을 하다가 들킨 사건이 있었는데, 목사 2명은 총으로 쏴서 죽이고, 30명되는 신자들은 바닥에 다 눕히고 땅 파는 뜨락또르(트랙터)로 짓이겼다는 이야기를 보위부장의 딸을 통해서 들었다고 한다.

ID 83의 진술로는, 1967년경에 자신의 동네 10리 밖에 있던 전승리에 성이 강 씨인 30세 정도의 아가씨가 장기간 주일이면 '아프다'며 일하러 안 나오다가, 예배 보느라고 안 나오는 것으로 보위부가 적발하여 온 가족이 다 실려 갔다는 것이다.

ID 90의 진술에 의하면, 북한에서는 방학 후에 전체회의를 할 때 교사들이 책 검열을 받는다고 한다. 1년에 두 번 정도 실시하며, 학교세포비서나 선전부 사람 3~4명이 검열을 나오는데, 1980년대 초에 강**이라는 선생님이 집에서 성경책이 나왔다고 3년 징역을 살았다고 한다.

ID 92의 증언으로는 2000년에 남포시에서 여섯 명이 성경책으로 예배를 드리다가 15호 수용소에 수감되었으며, ID 99 역시 1999년에 무산에서 지하교회 사람들이 잡혀서 수용소에 가거나 총살당한 것을 들었다고 한다. 그 외 많은 증언자들이 이와 유사한 증언들을 하고 있어서 북한에서 종교 및 신앙의 자유가 보장된다는 주장은 명백한 거짓임이 증명된다.

2) 원인과 평가

북한사회는 주체사상을 국교화한 종교사회로, '당의 유일사상체계 확립의 10대 원칙'을 통해 김일성·김정일에 대한 숭배행위가 이루어지고 있으며, 종교의 성소(聖所)에 해당하는 '김일성혁명사상연구실'을 북한전역에 45만 개나 갖추고 있다. 소위 북한의 '십계명'인 '10대원칙'은 '주체종교의 이단' 이라 볼 수 있는 정치범과 사상범을 판단하는 기준이 되며, 북한의 모든 주민생활을 규제하는 궁극적인 규범으로 작용하고 있다.[40] 따라서 일반종교의 자유로운 신앙 활동이란 허용될 수 없다.

북한의 공식통계에 따르면, 해방 후 북한주민 916만 명 중 약 22.2%인 200만여 명이 종교인(천도교도 약 150만 명, 불교도 약 37만 5,000명, 개신교도 약 20만 명, 천주교도 약 5만 7,000명)이었다.[41] 물론 실제 종교인구는 이보다 훨씬 더 많았을 것으로 남한의 종교인들과 연구가들은 평가한다.[42]

그런데 6·25전쟁을 겪으면서 일반주민들이 갖게 된 반미·반기독교 정서를 이용하여 북한정부는 종교탄압을 본격화 했다. 그 과정에서 주민성분조사(1958~1960)를 통해 종교인과 그 가족을 '반혁명적 요소'로 규정하고

---

40) Philo Kim, "New Religious Policy and the State of Religious Freedom in North Korea," in NKHR & HFHR, *The 5th International Conference on North Korean Human Rights & Refugees*, 29 Feb.-2 Mar. 2004, Warsaw, Poland.
41) 조선로동당출판사, 『조선중앙년감 1950』 (평양: 조선로동당출판사, 1950), p. 365, 강인철, "월남 개신교·천주교의 뿌리," 『역사비평』, 1992년 여름, p. 109에서 재인용.
42) 이찬영 (편저), 『북한교회 사진명감』 (서울: 총회북한교회재건위원회, 2000), p. 10.

탄압한 것이 그 첫 분절점으로 보인다. 김일성은 1962년에 사회안전성에 내린 교시에서 다음과 같이 회고한 바 있다.

> 그래서 우리는 그러한 종교인들을 함께 데리고 공산주의사회로 갈 수가 없습니다. 그러므로 우리는 기독교, 천주교에서 집사 이상의 간부들을 모두 재판해서 처단해 버렸고, 그 밖의 일부 종교인들 중에서도 악질들은 모두 재판하였습니다. 그리고 일반 종교인들은 본인이 개심하면 일을 시키고 개심하지 않으면 수용소에 가두었습니다. … 그래서 우리는 그 일당을 1958년에 모조리 잡아들여 처단해 버렸습니다. 그래서 종교인들은 죽여야 그 버릇을 고친다는 것을 알게 되었습니다.[43]

이어서 주민재등록사업(1966~1967)에 기초한 '3계층 51개 부류' 분류 시(1967~1970), 천도교 청우당원, 기독교 신자, 불교 신자, 천주교 신자를 적대·복잡계층의 구성부류들로 규정하여 감시·탄압하였다. 이 때 파악된 종교인과 그 가족의 수가 약 10만 가구 45만 명이고,[44] 이 시기까지 약 40만 명의 종교인 가족들은 처형되거나 정치범 수용소에 수감된 것으로 추측된다. 그리고 숙청의 대상에서 살아남은 종교인 2세대 혹은 3세대들은 정부의 감시 속에 '반동분자'인 종교인 가족으로 분류·관리되고 있다.[45]

그런데 북한은 1972년에 남북대화를 시작하면서 그간 유명무실했던 종교단체들을「조선기독교도연맹」,「조선불교도연맹」,「조선천도교회 중앙지도위원회」등 세 개의 종교단체로 재조직하였다. 이는 북한 내에도 종교활동의 자유가 있는 것처럼 보이면서, 한국의 진보적 종교인들의 반정부 투쟁과 연대하여 통일전선을 형성하기 위한 것이었다.[46] 따라서 종교활동 자체에 목적을 둔 것은 결코 아니었다.

---

43) 고태우, 『북한의 종교정책』, (서울: 민족문화사, 1989), pp. 79-80.
44) 이항구, "북한의 종교탄압과 신앙생활," 『현실초점』(1990년 여름), Philo Kim (2004), 앞의 논문에서 재인용.
45) Philo Kim (2004), 위의 논문.
46) 허종호, 『주체사상에 기초한 조국통일리론과 남조선혁명』(평양: 사회과학출판사, 1976), pp. 112-113, Philo Kim, 위의 논문에서 재인용.

그런데 1980년대에 들어 남한과 서방세계로부터 북한의 종교자유 부재에 대한 거센 비난이 일고, 해외교포 종교인들의 빈번한 방북·접촉으로 영향을 받아 북한의 종교정책이 1986년에 종교에 대한 '긍정적 해석'으로 완화되기도 했다. 그래서 평양에 봉수교회와 장충성당을 1988년 9월에 건축하고, 1989년 1월에는 처음으로 불교의 성도절 기념법회를 전국 사찰에서 갖고, 김일성종합대학에 종교학과를 1989년에 신설하는 등, 외형적으로는 큰 변화가 있었다. 그러나 1990년 초에 황해남도 안악군에서 86명의 지하기독교인들이 국가안전보위부에 발각되어 처형되거나 정치범 수용소에 보내진 것을 보면 이와 같은 완화 조치가 대외 선전용에 지나지 않았다는 것을 알 수 있다.47)

그런데 김일성의 사망과 식량난으로 사회통제 상의 위기가 심화되면서 1998년부터 대내적으로 종교탄압을 다시 강화하고, 대외적으로는 통일교, 러시아 정교 등 다양한 종교와의 접촉을 통해 특정종교의 북한 내 영향력 확대를 견제하면서, 대미·대러 관계 개선과 '외화벌이' 수단으로 활용하는 2원적 종교정책을 구사하고 있다.

북한정부는 기독교가 체제유지에 미치는 부정적 효과를 막기 위해 1997년 이후 주민들에게 년 2회 이상 해당 보위지도원들을 통해 기독교 전파 방지교육을 시키고 있으며, 성경책을 발견한 사람은 해당기관에 신고하도록 교양교육을 하고 있다고 한다. 그리고 '좋은벗들'에 따르면, 2001년 11월에만 적어도 3차례에 걸쳐 기독교도들에 대한 처형이 있었다고 한다.

북한정부가 이와 같이 '반 종교정책'을 취하는 것은 단순히 종교를 사회주의혁명에 장애가 되는 '아편'으로 규정한 공산주의이념 때문만은 아니다. 그보다는 종교인들 혹은 종교단체들이 공산주의지배체제, 보다 구체적으로 김일성·김정일 정권에 대한 저항세력이 되는 것을 우려하여 탄압하는 측면이 더 강하다. 이는 북한 정부가 취해온 유교에 대한 정책이 어떠했는가를 통해 알 수 있다. 즉, 제3장에서 살펴 본 바와 같이, 유교는 북한 상층 지도부

---

47) 『연합뉴스』, 2001년 6월 15일.

의 통치이념 창출과 권력의 운용, 그리고 사회·경제적 위기극복에 활용하는 데 비해 기독교에 대해서는 대외선전을 위해 필요한 형식만 일부 갖추게 하고 일반주민들의 실제적인 종교생활에 대해서는 혹독하게 탄압하고 있다. 그러면서도 기독교의 유일신 사상은 '수령론'으로, 10계명은 '당의 유일사상체계 확립의 10대 원칙'으로 활용하는 측면이 있어 북한의 종교 및 신앙에 대한 정책은 그것이 공산주의이념과 어떤 관계에 있는가 보다 권력운용에 장애 혹은 도움이 되느냐에 따라 결정된다는 것을 알 수 있다.

이와 같이 북한 주민들의 종교 및 신앙의 자유를 침해하는 것은 시민적·정치적 권리에 관한 국제규약 제18조를 위반하는 것이다.

그런데 유엔 인권위원회는 세 차례에 걸친 대북한 결의에서 이런 종교적 박해 문제에 대해 의외로 일반적인 지적("사상, 양심, 종교, 의견표현, 평화적 집회·결사, 정보접근 등의 자유에 대한 광범하고 심각한 제약 … ")밖에는 하지 않았다.

현재 1만 2,000명 이상 되는 한국거주 탈북자들을 상대로 상당한 관련 정보를 수집할 수 있을 것이다. 따라서 그간 '종교적 불관용(종교나 신앙의 자유)에 관한 특별보고관'이 북한의 초청을 기다리며 아무런 역할을 못했던 소극적인 자세에서 벗어날 수 있도록 실태조사와 자료들을 한국의 종교단체나 관련 비정부단체들(NGOs)이 제공할 필요가 있다. 그리고 구체적 사례들에 대해 고발장을 접수시키는 일도 본 사안의 가시화·공론화를 위해 절실히 요청된다.

4. 자의적 구금

북한정부는 1999년 형사소송법 제11조에 "법에 규정되어 있지 않는 경우나 법에 규정된 절차를 따르지 않고서는 사람을 체포하거나 구속할 수 없다. 사람을 체포하였을 때에는 48시간 안으로 그의 가족 또는 소속단체에 체포 날자, 리유같은 것을 알려주어야 한다. 검사는 비법으로 체포 구류되어 있는 사람을 발견하였을 때에는 그를 놓아주어야 한다"고 규정했었다.

그런데 본 연구를 위해 대한변협에서 실시한 탈북자들에 대한 인터뷰 조사에서 "수사기관이 체포를 할 때 법적절차를 준수하는가?"라는 질문에 응답자의 90%가 아니라고 답했으며, "구금시설 수용 시 법적 절차를 준수하는가?"라는 질문에 71.1%의 응답자는 "영장발부 없이 2개월 이상 수사를 계속 했다"고 답했다.

2004년에 개정된 형사소송법에서는 1999년 형사소송법 제11조의 내용을 더욱 자세히 세분하여 규정하고 있다. 제5조에 "국가는 형사사건의 취급처리에서 인권을 철저히 보장하도록 한다"라는 규정과 제8조에 "국가는 형사사건에 대한 취급과 처리를 이 법에 규정된 원칙과 절차, 방법에 따라 하도록 한다"라는 규정이 있다. 177조에 "법에 규정되어 있지 않거나 법에 규정된 절차를 따르지 않고서는 사람을 체포, 구속할 수 없다. 검사는 비법적으로 체포, 구속되어 있는 자를 발견하였을 경우 그를 놓아주어야 한다", 그리고 제167조에는 "예심원은 피심자에게 강제의 방법으로 범죄를 인정시키거나 진술을 유도하지 말아야 한다"는 등 비법적인 체포, 구속과 강제적인 심문을 금지하고 있다. 또한 형법에서는 "법일군이 비법적으로 사람을 체포, 구속, 구인 (중략) 한 경우에는 2년 이하의 로동단련형에 처한다" (제252조)라고 규정하고 있다. 2004년 형사소송법 제178조에 따르면, "체포, 구속처분은 형사책임추궁결정을 한 다음에 한다. 특별히 필요한 경우 형사책임추궁결정을 하기 전에 예심원은 검사의 승인을 받고, 체포, 구류구속처분을 할 수 있다. 이 경우 10일안으로 형사책임추궁결정을 하며 그렇게 하지 못하면 구류구속처분을 취소하여야 한다"라고 규정하고 있다.

1) 현황

2004년 이후에 체포되었던 경험이 있는 조사대상 탈북자들이 충분하지 않아 형사소송법 개정이후의 변화는 확실히 알 수 없지만, 대체적으로 1999년 형사소송법이 적용되었을 탈북자들에 대해 "체포할 때 체포사실을 당사자에게 제대로 알리고 체포영장을 제시하는 등 법절차를 지키고 있습니까?"라는 질문에, 제대로 알려준 경우도 거의 없었을 뿐만 아니라 영장 제시는 전혀 없었던 것으로 대답했다.

100명의 답변자 가운데 '본인 확인을 하고 체포사실을 구두로 설명한 뒤에 수갑을 채우고 잡아 간다'고 답한 ID 02, ID 08, ID 14, ID 19 외에는, 모두 설명조차 없었다고 한다. 대부분 본인 확인 후 간단히 물어볼 것이 있으니 잠깐 가자고 하며 수갑이나 새끼줄, 신발 끈, 흰색 밧줄(포승줄) 등으로 묶어서 데리고 가며, 심지어 족쇄를 채워서 데려가는 경우(ID 05, ID 09, ID 38, ID 99)도 진술되었다.

ID 08과 ID 53은, 다른 용무로 지정한 날에 방문하라고 하여 체포한다며 후술 할 안혁 씨의 주장을 확인 시켜주었다.

그런데 ID 10의 진술에 따르면, 당 조직 간에는 사건명을 알려주고 서로 체포에 협조한다는 것이다. ID 18의 설명으로는, 낮에는 "가자"하고 바로 끌고 가고, 밤에는 몰래 차에 태워서 끌고 간다고 하며, ID 67과 ID 81도 "야밤에 그 누구도 모르게 체포한다"며 이를 확인하는 답을 했다.

ID 30의 설명으로는, 보통 무작정 들이닥쳐 체포하지만, 체포영장을 본 적이 있다고 한다. 1999년에 김**가 무산군 분주소 안전부에 도강죄로 체포되어, 무산군 단련대에 2개월 동안 구금되어 있었는데, 이 때 평안남도 남포시 안전부에서 면회를 와서 자신의 이름과 죄명이 적혀있는 체포영장을 제시하고 폭력을 행사하며 사실대로 얘기하라고 강요했다고 한다. 이 때 김**는 "구금 상태이므로, 남포시 안전부에게는 체포할 권한이 없다"고 대항했다고 하는데, 이 영장은 일반적으로 인정하는 영장으로 볼 수 없다.

앞에 소개한 탈북자 100명의 인터뷰 조사에서도 부분적으로 드러난 것처럼, 북한에서 정치범 수용소에 수감되는 사람들이 구속되는 과정은 거의 납치에 가깝다. 탈북자 안혁 씨의 설명에 따르면, 구속할 사람이 개인인 경우, 사회안전부(현 인민보안성) 등 일반 기관에서 정식공문이나 전화로 불러낸 뒤에 통보 받은 장소로 가는 도중에 그 사람을 납치한다. 따라서 가족은 물론 통보한 기관에서조차 그가 어디로 갔는지 알 길이 없게 되어, 자연히 '행방불명'으로 처리된다는 것이다.48)

납치된 피의자들 중에 경미하거나 확실한 물증이 없는 정치적 범죄 혐의자들은 '마람초대소'와 같은 국가안전보위부의 비밀초대소로 연행된다고 한다.49) 여기에서는 임의로 기간을 연장해 가며(안혁 씨의 경우 1년 8개월) 조사를 벌이는데, 그 과정에서 억지 자백을 강요하며 얼마나 심한 폭력을 가하는지 대부분의 피의자들이 간절히 자살을 원할 정도라고 한다. 그런데 탈북자 김혁, 문명옥, 배권철, 이영국, 지해남 씨 등의 경우, 예심기간이 모두 북한의 당시 형사소송법에 기술된 최장 6개월을 넘지 않았지만, 신정애 씨의 두 아들 장경철, 장경수와 질녀 장미화는 2003년 8월 중국에서 체포되어 10월에 북한에 이송되었지만 형 언도는 2004년 9월 초에 이루어져 실제적으로 거의 1년을 끌었다.

안혁 씨는 조사가 끝나면 재판절차 없이 피의자는 '범죄자'가 되어 "죽을 죄를 지었지만 친애하는 지도자 동지의 배려로 *년간 혁명화 지역으로 가게 된다"고 말한 뒤에 수용소로 이송된다고 주장한다. 그런데 1998년 9월에 북한을 떠나 한국에 귀순한 전 국가안전보위부원 윤대일 씨는 변호인이나 방청객은 없지만 어느 정도의 요식절차는 거친다고 하고,50) 신정애 씨의 두 아들과 질녀는 재판을 거쳐 각 10년과 5년의 교화형을 언도 받았다. 그러니 신정애 씨 자신은 재판절차 없이 1년간 요덕 수용소 혁명화구역에 수감되었

---

48) 안혁 (1995), 앞의 책, p. 61.
49) 탈북자들의 일반적인 심문과정은 다음을 참조하시오. David Hawk, *The Hidden GULAG, Exposing North Korea's Prison Camps* (Washington, D.C.: U.S. Committee for Human Rights in North Korea, 2003), pp. 56-72; Good Friends, *Human Rights in North Korea and the Food Crisis*, pp. 63-64.
50) 윤대일, 『「악의 축」 집행부 국가안전보위부의 내막』 (서울: 월간조선사, 2000), pp. 134-135.

고, 앞에 소개한 고문피해 사례3의 경우도 재판 없이 요덕수용소에 3년 수감되었던 것으로 봐서 '죄'의 경/중에 따라 차이가 있는 것으로 보인다.

그런데 안혁 씨는 '중범자'로 판명 될 경우에 형기도 알려주지 않고 완전히 밀폐된 호송차에 태워 별도로 교화소로 이송되는데, 그가 잡혀가는 것과 동시에 여러 명의 보위부원들이 그 '범죄자'의 집을 급습하여 전 재산을 몰수하고 그 가족을 관리소로 이송한다고 주장한다. 2004년 및 2005년 개정형법 제27, 28, 33조에 '재산몰수형', 2000년 개정 공민등록법 제13조에 '공민증 회수'를 각각 규정하고 있어서 이는 현재까지 유효한 것으로 짐작된다.

결국 북한에서는 대부분의 '범죄자' 장본인은 물론 그 가족들도 어떤 죄목인지 어디로 가는지 영문도 모르는 채, 아무런 준비도 안 된 상태에서 수용소로 끌려간다는 것이다. 이 모든 과정을 국가안전보위부에서 취급하고, 정식재판 없이 진행되어 무혐의 방면되는 경우는 전혀 없다고 한다.[51]

2004년과 2005년의 형사소송법 개정 이후에 상황이 얼마나 개선되었는지는 알려진 사례가 충분하지 않아 알 수 없다. 죄의 경/중에 따라 차이가 있겠지만, 크게 개선되었을 것 같지는 않다. 왜냐하면 윤대일 씨의 설명에 따르면, "국가안전보위부는 모든 사건을 형사소송법에 따라 처리하는 것을 원칙으로 하지만, 김 부자 가계의 추문에 대한 언급이나 소문을 퍼뜨린 '8, 9번 사건(10호실 사건)'은 형사소송법에 규정이 없어서 지키지 않는다"고 한다. 그래서 '김 부자의 권위를 손상시킨 행위'로 판명되면 재판도 없이 비밀리

---

51) 안혁 (1995), 앞의 책, pp. 61-62 ; ID 33의 증언:

안전부로 와보라고 해서 체포하는 경우, 집이나 직장으로 찾아가서 수갑을 채워 체포해가는 경우 등이 있다. 물어볼 게 있다며 따라오라. … 난 그런 일에 대해 들은 것이 없다 하면, 늙으나 젊으나 쌍 간나, 개새끼 …하고는 차고 때리기 시작한다. 그 다음 죄과에 대해서 본인이 인정하면 처벌하고, 인정하지 않으면 계속 구금해놓고 조사하고, 요해를 한다. 그런 다음에도 혐의가 없으면 내보내준다. 이때에는 계속 감시를 한다. 거의 혐의 없는 사람이 없다. 사회적 배경이 좋거나, 친척이 안전부, 보위부에 있는 경우를 제외하고는 풀려나는 경우가 없다. 면회는 못가고, 밥 등 음식은 넣어줄 수 있다. 교화소에 있을 경우에는 한 달에 몇 번 등의 제한이 있다고 한다.

에 처형한다는 것이다.52) 비록 형사소송법이 그 후에 개정되었어도 관련조항이 여전히 없고, 이런 상황을 개선시키는 데는 아무런 작용을 못하는 것으로 보인다.

2) 원인과 평가

이상과 같이 북한에서 정치범을 체포·수감하는 과정은 '죄형법정주의'를 부정하는 것이며, 가족연좌제와 같이 전 근대적이고 비인도적인 형사제도를 아직 운영하고 있다. 그 뿐만 아니라 법에 규정되어 있지 않은 수용시설들이 많이 있다. 본서의 제6장에서 자세히 다루게 될 여섯 곳의 정치범 관리소와, 대한변협의 2006년 탈북자 인터뷰 조사에서 ID 90의 진술에 소개된 군(軍) 내의 특수 수용시설들이 있다. 즉, 군대생활에서 과오가 있으면 영원히 못나오는 비공개 지하 노동시설들이 있고, '뚝섬'이라고 부르는 군대 내의 반정부 군관(군 장교)들만 수용하는 비공개시설이 있는데, 이 시설들은 법외의 구금시설들이라 피수용인들이 체포·구금되는 과정에서 법의 보호를 받을 수가 없다.

이런 체포·구금 과정은 북한의 형법, 형사소송법 등 국내법에도 저촉되고, 북한이 가입한 '시민적·정치적 권리에 관한 국제규약'에 대한 위반이다. 아울러 현재는 이혼이라는 방법을 통해 배우자에 대해서는 그 피해가 다소 줄어들었지만 직계 혈족에게는 여전히 해당되는 연좌제나, 2004년 및 2005년 개정 형법 제27, 28, 33조에 규정된 '재산몰수형', 2000년에 개정한 공민등록법 제13조에 규정된 '공민증 회수'는 앞에서 평가한 바와 같이 세계인권선언의 각 해당 조항을 위반하는 것이다.

이와 같이 북한에서 자행되고 있는 자의적 구금과 그 과정에서의 인권유린은 제도적·조직적으로 이루어지는 측면이 강하지만 가해자들의 자의

---

52) 윤대일 (2000), 앞의 책, p. 134.

적 행위인 경우도 있으나 국내 구제절차가 작동되지 않아 더욱 심각한 것이다. 따라서 국제사회는 국제규범에 위배되는 북한의 연좌제 관행을 철폐하고, '재산몰수형'과 '공민증 회수' 규정을 없애도록 촉구해야 된다. 그런데 그 무엇보다 북한의 위정자들과 법집행자들이 최소한의 인권의식이라도 가질 수 있도록 다각도, 다차원의 인권교육이 필요하다. 그리고 현재로서는 쉽지 않을 것으로 보이지만, '개인청원에 관한 선택의정서'에 가입하도록 북한정부에 지속적인 요구와 압력을 행사하여 북한주민들이 개인 통보 제도(Personal Communication)를 활용할 수 있도록 해야 된다.

5. 의견 및 표현의 자유

북한에서 인권유린의 대상이 가장 광범위하고, 상황이 개선될 수 없는 근본적인 원인이 그 속에 있다는 면에서 '의견 및 표현의 자유' 침해가 가장 중대하고 시급히 해결되어야 할 현안이다.

1) 현황

북한정부는 1998년 헌법('김일성헌법') 제67조와 출판법 등 관련법에 '의견 및 표현의 자유'를 명시하고 있으며, 이를 북한주민들이 구가하고 있다고 2000년에 유엔 시민적·정치적 권리 위원회에 제출한 '시민적·정치적 권리에 관한 정기보고서'에서 강조하고 있다. 그러나 북한의 김일성헌법 제10조에 "조선민주주의인민공화국은 로동계급이 령도하는 로농동맹에 기초한 전체 인민의 정치사상적통일에 의거한다"라고 기술하고 있다. 제63, 81, 85조에서 "전체", "인민의 정치사상적 통일", "혁명적 경각성", "국가의 안전" 등을 강조하고 있어 개인의 '의견 및 표현의 자유'에 대한 침해는 제도적으로 뒷받침되고 있다. 그리고 일반주민들의 실생활에서 헌법 보다 더 우위에 있는 '당의 유일사상체계확립의 10대원칙'이 개인의 '의견 및 표현의 자유'를 허용하지 않는 정도가 아니라 적극적으로 따르지 않으면 '정치범'이 되도록 규정하고 있다.

그뿐만 아니라 개인의 '의견 및 표현의 자유'를 억압하는 각종 통제장치가 발달되어 주민들의 삶 속에 깊숙이 침투해 있다. 그리고 항시적 통제장치(국가안전보위부, 인민보안성, 국가검열위원회, 사회주의법무생활위원회, 인민반 등과 같은 감시장치와 여섯 곳의 정치범 수용소, 30여 개소의 강제노동소 및 노동교양소와 교화소 등과 같은 처벌장치) 외에 '9·27 상무위원회'처럼 상황별 통제장치도 만들어 운용할 만큼 통제에 대한 정책적 대응이 신속하다. 또한, 만 17세 이상의 전 주민 필적을 매년 갱신해 가며 보유하여 반김·반정부 낙서·전단사건 수사에 활용한다고 윤대일 씨는 증언한다.53)

그런데 '의견 및 표현의 자유 신장'이라는 측면에서 바람직한 현상이 북한의 식량위기 이후에 나타나고 있는 것 같다. 즉, 대한변협이 실시한 100인의 탈북자 인터뷰 조사(「북한인권 실태조사 보고」)에서 "생활에서 '당의 유일사상 체계 확립의 10대원칙'이 얼마나 준수되고 있습니까?"라는 질문에 일부 응답자들은 "전혀 혹은 거의 지켜지지 않는다"(ID 04, ID 23, ID 31 등)고 대답했으며, 적지 않은 응답자들은 "일부 혹은 형식적으로 지켜지고 있다"(ID 05, ID 52, ID 56, ID 61 등)고 대답했다. 이와 같은 현상은 의견 및 표현의 자유가 신장 된 결과라기보다 식량위기 이후 급격히 늘어난 '일탈현상'에 대해 국가의 통제기제가 효과적으로 작동하지 못한 결과로 보인다. '10대 원칙'이 공직자들에게는 아직도 준수되고 있고(ID 20), 일반주민들에게는 자발적 동의는 이끌어 낼 수 없어도 '생활총화' 등을 통해 '통제의 준거'(reference)로 아직 구속성이 강한 것으로 보인다.

100인의 탈북자 인터뷰 조사에서 "귀하는 김부자 상징물과 관련된 실수

---

53) 윤대일 (2000), 위의 책, pp. 81-87.

(또는 기타 10대 원칙)로 처벌 받은 경험이 있거나 처벌받은 이야기를 들은 적이 있습니까?"라는 질문에 거의 모든 응답자들이 자신들의 주변에서 있었던 구체적 사례들을 소개했다.

그런데 1990년대 후반을 기점으로 상당한 변화가 있는 것 같다. 1970년대 후반에 함경북도 샛별군에서 김**의 시아버지가 김일성초상휘장을 술과 바꾸어 먹어서 정치범 수용소인 함북 정거리 수용소에 끌려간 사건이나, 1986년에 청진에서 ID 01의 철도전문학교 친구(무산군 **리 67년생)가 김일성 신문사진으로 담배를 말아 피워서 4년 교화 형을 받은 사례나, ID 03의 어머니가 1993년에 옆집 아주머니와 다투다가 그 아주머니를 벽 쪽으로 밀어 목이 뒤로 젖혀지면서 김일성 초상화를 건드려 초상화가 바닥으로 떨어지는 바람에 그 아주머니가 '말반동' 죄까지 포함하여 교화소 3년 형을 산 것과 같은 사례는 1990년대 후반 이후에 다소 줄어든 것 같다. 그러나 1997년에 온성에서 김일성초상화의 유리를 판매하여 정치범 수용소에 수감된 사례, 1995년에 청진에서 초상화에 금이 갔다고 정치범 수용소에 끌려간 사례, 1996년에 온성에서 초상화의 먼지를 닦지 않았다고 보위부에 잡혀가 6개월 후에나 풀려난 사례, 1999에 온성에서 신문에 있는 김부자 초상화로 담배 말아 피워서 정치범 수용소에 수감된 사례들이 여전히 보고되고 있다.

아울러 1997년에 함경북도 청진시 **구역 **동에서 김**(여, 당시 32세)가 송평시장에서 김일성, 김정일 사진이 있는 로동신문을 엉덩이로 깔고 앉아 있는 것을 본 사람이 보위부에 신고하여 정치범 수용소로 보내진 사건이나, ID 53이 2005년에 경험한 사건 등은 아직까지 '10대원칙'이 북한 일반 주민들의 의견 및 표현의 자유를 강력하게 억압하고 있다는 것을 증명한다.

> ID 53의 증언: "2005년에도 '초상화 정성사업'이라고 부르는 검열이 있었다. 동(洞)당비서, 기업소 비서들이 사전에 알려주고 검열한다. 아들이 "우리 아버지가 김정일 동창인데, 성분이 나빠서 ***밖에 못 한다"고 했다가 이것이 군(郡)당 10호 지도원의 귀에 들어가서, 지도원이 **구에 내려와 내사를 하였다. 그 후 군당 10호로 불러. 온 동네에서 근심들 많이 했다. 갔더

니, '10호 지도원'인 젊은 사람이 눈을 부라리며, "죽고 싶어 그러는가?"라고 하며, "최고사령관 김정일 동지 얘기를 왜 하나," "지도자동지가 어떤 분이야," "그렇게 잘 아는 영감탱이가 도처에 그런 얘기를 하고 다니는가?", "어떻게 장군님께서 동창생이 될 수 있어? 하늘이 내리신 분인데"라고 하여 "잘못했습니다"라고 말했더니, 앉아서 비판서 쓰라고 하여 "하늘이 내신 분이신 21세기 태양 김정일 장군님과 제가 감히 동창생이란 소리를 아들이 했습니다. 죽을죄를 지었습니다. 앞으로는 그런 말을 추호도 내지 않겠으며, 같이 공부했다는 것도 생각을 하지 않겠습니다. 저뿐 아니라 자식에게도 명심시켜, 다시 이런 일이 있을 경우, 모든 처벌을 받겠습니다"고 비판서를 쓰고 나왔다. 구체적으로 쓰라고 해서 다시 쓰고 글씨가 안보여 비틀게 쓰니, 다시 쓰라고 욕을 해서 비판서를 2장이나 썼다."

북한에는 의견 및 표현의 자유를 억압하는 대표적 표현으로 '말반동'이라는 죄명이 있다. 즉, 김일성·김정일 개인이나 정책·체제에 대한 비판적 언행과 허용되지 않는 임의적 자기표현 등을 그렇게 지칭한다. 이에 대한 100인의 탈북자 인터뷰 조사에서 다양한 사례들이 많은 응답자들에 의해 소개 되었다.

ID 75의 증언으로는, 1994년과 95년에는 한 달에 두 번씩 말을 잘못한 사람들을 살인을 한 사람들과 함께 30여 명씩 죽였는데, 그에 대한 여론이 좋지 않자 중단했다고 한다. 그들은 "이놈의 세상 못 살겠다"고 말했다가 잡혀가 총살당했다는 것이다. ID 88도 자신의 고장에서 귀국동포 세 사람이 술자리에서 "못살겠다"고 말했다가 3명 다 정치범 수용소로 갔는데, 한 명도 못 나왔다고 한다. ID 04의 진술에 따르면, 리**(1949년생, 무산군 **구 **반 거주)의 남편이 1993년경 "김평일이가 머리가 많이 좋다고 한다"고 말했다가 보위부에 체포되었고, 아내와 자녀들은 서호리로 추방되었다고 한다. ID 23의 증언에 의하면, 1998년경 최**(사망, 당시 60세 이상, 갱목사업소 부지배인)이 "세상이 언제까지 이렇게 될른지"라고 낙서 했다가 사망 후에 이 사실이 발각되어 2000년에 보위부에서 무덤을 파갔다고 한다. ID 48은 2000년경에 김** 씨(당시 나이 56세가량)가 김일성·김정일

부자를 비판하는 내용으로 말을 잘못하여 보위부에 끌려가서 사라졌다고 진술한다. 그리고 전 모 씨(49세)라는 경포 TV중계소를 관리하던 사람이 한국 TV를 보고 와서 술자리에서 한국정치에 대해서 말했다가 친구들이 고발하여, 정치범 수용소로 밤에 몰래 끌려갔다고 한다.

ID 66은 북한이 언론의 자유가 전혀 보장되지 않는 나라여서 '말반동' 처벌 사례가 수없이 많다면서 자신의 친구 아버지 사례를 소개한다. 친구 아버지는 군부대에서 돼지치기를 하였는데, 중국에서 친척들이 자주 나와 자본주의에 대하여 말한 것도 들었고, 한 친척이 "너네 나라에서는 왜 김일성을 그렇게 칭송하느냐? 우리 강택민은 칭송하지 않아도 우린 이밥에 배불리 먹고 사는데 못살면서 그게 뭐냐?"라고 한 말을 그 친척이 간 다음 술 먹은 김에 옮겼다고 한다. 그 말 한 마디로 다음날 보위부에서 조사할 것이 있다고 하여 데려갔는데 그것이 마지막이었다고 한다. 그런데 ID 66은 수령의 로선이 근10년 동안 현실화 되지 못했고, 극심한 식량난으로 탈북을 희망하는 사람들이 많기 때문에 지금은 '말반동'은 그대로 놔두고 '행동반동'만 붙들어 간다고 주장한다.

그렇지만 ID 66과 ID 67은 북한의 경제나 정치 상황에 대해 불만을 표현하지 못하는 이유로, 사람은 누구나 자기의 생명을 귀중히 여기는 동시에 가족의 생명도 귀중히 여기는데, 한 사람의 잘못으로 자기 일생의 거취는 물론이고 가족 몇 대에 이르기까지 고통을 당해야 되기 때문에 표현을 하지 못한다고 답하였다.

2) 원인과 평가

북한의 일반주민들이 의견 및 표현의 자유를 스스로 포기 할 수밖에 없는 것은 제2장과 제3장에서 분석된 바와 같이 억압기제의 효율성과 규모로서 부분적인 설명을 할 수 있을 것이다. 중·동부유럽 사회에 비해 '비공산화영역'

이 거의 없는 북한사회에서 이와 같은 종적·횡적 통제장치들은 의견 및 표현의 자유를 추구하고, 신장시킬 수 있는 여지를 허용하지 않고 있다.

북한에서 자행되고 있는 언론 및 표현의 자유에 대한 억압은 세계인권선언 제19조, 시민적·정치적 권리에 관한 국제규약 제19조와 제20조, 인종차별 철폐 협약 제4조 (a), (c) 및 제5조(d-ⅷ), 아동권협약 12조와 13조를 위반하는 것이다.

그 무엇보다 북한정부는 '죄형법정주의'와 이미 갖추어져 있는 북한의 형법과 형사소송법을 지켜야 된다.

북한의 출판법(조선민주주의인민공화국 출판법, 1999년 1월 21일 수정) 제6조에는 "공민은 저작 또는 창작 활동을 자유롭게 할 수 있다. 국가는 광범한 대중을 저작 및 창작 활동에 적극 참가시키도록 한다"고 규정하고 있다. 그러나 이 출판법 제47조에는 "출판사업에 대한 감독통제는 출판지도기관 또는 해당 기관이 한다. 출판지도기관과 해당 기관은 출판물을 통하여 기밀이 새여 나가거나 반동적인 사상과 문화, 생활풍조가 퍼지지 않도록 하며 인쇄설비를 등록하고 그 리용을 감독통제하여야 한다"고 규정하고 있다. 그리고 제48조에 "기밀을 루설시키거나 반동적인 사상과 문화, 생활풍조를 퍼뜨릴 수 있는 출판물은 생산, 발행, 보급과 반출입을 중지시키고 회수한다"라는 규정과 제49조, "등록하지 않고 리용한 인쇄설비는 몰수한다"는 규정 및 제50조, "이 법을 어겨 엄중한 결과를 일으킨 기관 기업소, 단체의 책임 있는 일군과 개별적공민에게는 정상에 따라 행정적 또는 형사적 책임을 지운다"는 규정 등은 북한 공민들이 저작 또는 창작 활동을 자유롭게 할 수 없도록 극도로 언론 및 출판의 자유를 억압하는 것이다.

이와 같은 법규들에 따라 북한에서는 팩스(Fax)나 컴퓨터 프린터도 등록해야 되며, 인쇄한 종이 매수까지도 감독하고 있어서 일반주민들이 팩스(Fax)나 컴퓨터 프린터를 사용하는 것은 실제적으로 불가능하다. 이런 현상은 국제규범에 어긋날 뿐만 아니라 북한의 출판법 제6조에도 배치된다.

6. 여성에 대한 폭력

유엔의 독립 인권전문가들은 2003년 11월에 북한의 '경제적·사회적·문화적 권리에 대한 2차 정기보고서'를 심사하면서 북한의 가정에서 자행되는 폭력에 대해 특별한 관심을 표명하고 적극적인 방지책 강구를 촉구하였다. 2004년에 유엔 인권위원회가 두 번째 대북 결의를 채택할 때 이 주제에 대한 특별보고관을 추가로 지정한 것은 이를 반영한 것으로 판단된다. 현재 북한 내 가정폭력에 대해서는 대한변협의 2006년 탈북자 인터뷰 조사에서 부분적으로 드러난 것 외에 어떠한 체계적 조사 결과도 알려져 있지 않다. 그러나 탈북자들의 증언이나 한국에 정주하고 있는 탈북자들의 가정을 보면 심각한 수준임을 알 수 있다.

1) 현황

대한변협의 탈북자 인터뷰 조사 표 4-14에서는 90.7%의 가정에서 가정폭력을 경험한 것으로 나타났다. 인터뷰 응답자 100명 중 해당자 54명이 진술한 가정이 북한 전체가정에서 차지하는 대표성의 문제 즉, 탈북자들의 가정이나 그들이 목격한 가정이 예외적으로 폭력적인지 아닌지에 대한 체계적 조사가 실시되지 않아 일반화 시킬 수는 없지만 이는 대단히 높은 비율이다.

설령 북한의 일반가정이 응답한 탈북자 54명의 가정이나 그들이 목격한 가정보다 다소 덜 폭력적이라 전제하더라도 국가 간 부부폭력 발생비율[미국가정 16.1%(1985년 3,520가정 조사), 재미 한국인가정 18.8%(1993년 260가정 조사), 홍콩가정 14.2%(1994년 382가정 조사), 한국가정 31.4% (1998년 1,523가정 조사), 일본가정 17.0%(1999년 2,800가정 조사)]에 비하면 극단적으로 높은 것이다.[54]

---

54) 김재엽, "한국인의 가정폭력 실태와 현상," 『가정폭력 대응전략 수립을 위한 대

북한의 가정폭력 현황과 구제노력에 대한 가용 자료가 충분하지 않아 비교연구가 불가능하므로 현재로서는 일반적인 평가를 내리기 힘들다. 그런데 서방국가들에서는 지역사회의 협력적 대응이 모아지는 형태로 개입이 이루어질 때 가정폭력을 효과적으로 줄일 수 있는 것으로 나타났다. 그리고 체포나 벌금형, 집중적 보호관찰, 상담 등 여러 형태의 개입들을 혼합하면서 포괄적이고 지역사회 전반에 걸쳐 접근할 때 유용한 결과들이 도출된다는 연구들이 있다.55) 이런 연구결과들에 따른다면, 표 4-15에 나타난 남편의 가정폭력에 대한 주변의 반응과 개입은 상황해결에 결코 바람직하지 못한 경향을 보인다. 북한에서 가정폭력의 정도와 주변의 반응 및 개입 정도에 대한 표 4-14와 표 4-15는 상황의 심각성을 충분히 인식하게 한다. 그런데 표 4-16에 나타난 바와 같이 가정폭력을 상담할 기관이 거의 없다는 사실은 이 현안이 사회적으로 주목받고 있지 못하다는 것을 의미한다. 이는 병리적 현상을 아직까지 제대로 인식하지 못하고 있다는 것을 의미하며, 그 결과 한국이나 여타 국가들에서와 같이 여성들을 가정폭력으로부터 보호하기 위한 입법조치를 아직까지 하지 않고 있다.56) 가장 심각한 북한의 '여성들에 대한 폭력'은 여성 탈북자들이 인신매매를 당하면서 경험하게 되는 정신적·육체적 폭력이다. 북한인권시민연합의 조사보고에 의하면, 탈

토론회』(보건복지부 주최, 세계은행 The World Bank 후원, 2000년 3월 24일~3월 25일, 서울교육문화회관), p. 17 〈표 2〉 참조.
55) Daniel G. Saunders, "Programs for Men Who Batter: A Summary of Models & Recent Research," July 20, 2000, World Bank Project on Enhancing Institutional Capacity of the Ministry of Health and Welfare for Dealing in Family Violence, Seoul, Korea.
56) 예를 들어, 한국에는 '가정폭력 방지 및 피해자 보호 등에 관한 법률'(1998년 7월 제정), '가정폭력범죄의 처벌 등에 관한 특례법'(1998년 7월 제정, 1999년 1월 21일 수정), '성폭력 범죄의 처벌 및 피해자 보호 등에 관한 법률'(1994년 4월 제정, 1997년과 1998년 각각 수정) 등 가정폭력과 성폭력으로부터 여성을 보호하기 위한 법률과 특별법이 있다. 그러나 북한정부가 북한의 법들을 일반대중에게 알리기 위해 2004년에 처음으로 출판한 『조선인민민주주의공화국 법전 (대중용)』에 헌법을 비롯한 112가지의 각종 법률이 수록되어 있지만 여성을 가정폭력이나 어떠한 폭력으로부터 구제하기 위한 법은 수록되어 있지 않다.

표 4-14 가정폭력을 경험하거나 목격한 경우가 있습니까?

항목	빈도	비율	유효 비율
예	49	49.0	90.7
아니오	5	5.0	9.3
계	54	54.0	100.0
해당없음	46	46.0	
합계	100	100.0	

표 4-15 남편의 가정폭력에 대한 주변의 반응은 어떠합니까?

항목	빈도	비율	유효 비율
우선 싸움을 말린다	14	14.0	26.4
간섭하지 않는다	29	29.0	54.7
아내 잘못으로 생각	5	5.0	9.4
남편의 성격 탓으로 생각	2	2.0	3.8
단속원에게 신고한다	2	2.0	3.8
기타	1	1.0	1.9
계	53	53.0	100.0
해당없음	47	47.0	
합계	100	100.0	

표 4-16 가정폭력을 상담할 수 있는 기관이 있습니까?

항목	빈도	비율	유효 비율
예	3	3.0	5.6
아니오	51	51.0	94.4
계	54	54.0	100.0
해당없음	46	46.0	
합계	100	100.0	

표 4-17 인신매매를 당하는 과정에서 폭력을 경험한 적이 있습니까?

항목	빈도	비율	유효 비율
예	7	7.0	13.2
아니오	45	45.0	84.9
모름	1	1.0	1.9
계	53	53.0	100.0
해당없음	47	47.0	
합계	100	100.0	

북자들의 60%~70%가 여성이고 그 여성들의 70~ 80%가 인신매매를 당하는데, 그때 거의 공통적으로 폭력에 시달리게 된다.57)

그런데 강제·납치에 의한 인신매매의 경우, 그 정도는 더욱 심각하다. 위 보고에 따르면, '강제납치형 인신매매'는 보통 3단계[1단계: 조선족 현지 모집책(국경지대), 2단계: 중간상(중소도시), 3단계: 중국 전문 인신매매조직(내륙지방 혹은 대도시)]로 이루어진다. 일단 납치된 여성들은 국경 주변 도시의 아파트 등에 집결되어 거래자를 기다리게 된다. 이 단계에서 여성들의 옷을 벗기거나 폭력을 행사하는 경우가 대부분이다. 거래자와 흥정이 이루어지면 여성들은 차량이나 기차로 대도시 혹은 내륙지방으로 이송된다. 여자들은 나이, 미모, 결혼 유무 등의 등급에 따라 가격이 매겨지는데, 2000년의 경우 3단계 수요지역인 외몽골에서 2천 위안(圓)~5천 위안 정도(2000년 8월 내몽골의 가축가격: 양 1,300위안, 말 2,000위안, 육우 4,000위안)에 거래되는 것으로 조사되었으나, 2007년에는 1단계 공급지역인 국경지대에서 3,000 위안~7,000 위안에 거래되는 것으로 보도되고 있다.58) 아울러

---

57) 김영자, "중국내 탈북여성들의 인권실태와 정책제안," 『제2회 북한인권·난민문제 국제회의』(북한인권시민연합 주최, 조선일보 후원, 서울 이화여자대학교, 2000년 12월 8일).
58) 김영자 (2000), 위의 보고서; 『조선일보』, 2008년 3월 3일.

중국 내 인신매매가 범죄 집단에 의해서 조직적으로 일어나기 때문에 그 과정에서 탈출을 시도하다가 대부분 다시 잡혀 엄청난 폭력을 당하게 된다.

그런데 대한변협에서 실시한 탈북자 인터뷰에서는 "사람장사꾼(인신매매)이나 팔려가는 과정에서 폭력을 받은 적이 있습니까?"라는 질문에 직접 물리적 폭력을 경험한 사례는 13.2%로 낮게 나타났다. 이는 피해자들이 인신매매(human trafficking)보다 인신밀수(human smuggling)를 경험했기 때문으로 짐작된다.

그러나 인신매매 경험자들의 진술을 심도 있게 경청할 필요가 있다. ID 08은 자신의 경험에 대해 "올케언니의 오빠 부인과 아는 사람을 통해 동창과 함께 중국으로 팔려갔는데, (중국돈) 5천원에 1차 팔리고, 되팔려고 했으나 단속이 심해 18세 연상인 조선족과 흑룡강성 지역에서 1998년 4월부터 12월까지 동거하다가, 화북성으로 이동하였다"고 진술하였다. ID 88은, 자신이 두만강 연선에 있을 때 40대 여자 둘이 밭에서 일하는 데에 있었는데, 그곳에서 데리고 나가서 파는 것을 보았다고 한다. "그 여자가 가다가 돌아와서 울면서 자기를 그런데 보내지 말라고 말하는 것을 봤으며, 그 여자들이 가고 난 다음에 밭주인하고 그 여자를 데리고 간 사람이 돈을 주고받는 것을 봤다"고 ID 88은 증언한다. 그리고 ID 95는 자신이 납치당했을 때 팔려가기 싫다고 하니까 중국인들이 주먹, 발 등으로 폭행했다고 증언한다. 앞의 두 사례는 인신매매 과정에서 직접 물리적 폭력을 경험했다는 진술은 하지 않았지만, ID 95의 경우를 통해 개연성이 충분히 있을 것으로 추측되며, 정신적 폭력이라는 또 다른 형태의 폭력을 경험한 것은 분명하다.

그 뿐만 아니라 체포·송환된 여성 탈북자들이 인민보안성이나 국가안전보위부로부터 남한 사람이나 종교인과의 접촉 여부, 중국인과의 성적 접촉 여부를 조사 받으면서 온갖 육체적·정신적 폭력에 시달리고, 심지어 조사원들로부터 성고문을 당하는 사례까지도 보고되고 있다.[59] 그리고 임신

---

59) Good Friends (2004), 앞의 책, pp. 63-64.

한 여성들을 유도분만 시켜 산모가 보는 앞에서 아이를 살해하는 것도 당사자에게 엄청난 정신적·육체적 충격을 주는 행위다.60)

대한변협의 탈북자 인터뷰 조사에서 "영아살해에 대해 직접 목격하거나 들은 적이 있습니까?"라는 질문에 ID 08은, "정치범인 경우 가정생활이 금지되어 있기 때문에 정치범 간수들이 여성 재소자들을 임신 시킨 경우 강제낙태 시키거나, 임신사실을 몰랐을 경우 출산 후 살해한다"는 소문을 들었다고 대답했다. ID 09는, "**관에서 함께 일하던 김**로부터 들었는데, 온성군 노동단련대에서 탈북여성 수감자가 출산한 아이를 비닐에 싸서 죽이는 것을 김**가 목격하였다"고 한다. ID 12는, "자신의 2차 강제송환 시기였던 1997년 겨울에 청진 집결소에서 영아살해를 직접 목격하였다"고 진술했다. "중국놈의 아이를 뱄다는 이유로 아이를 낳자마자 비닐에 싸서 질식사 시켰는데, 안전원들이 직접 하지 않고 죄수 중에 나이 많은 여자에게 빨리 퇴소하게 해줄 터이니 아이를 살해하라고 지시했다"는 것이다. ID 14도 강제송환 되었을 때 보위부에서 영아살해를 목격했다. ID 25는 부모가 다른 국적을 가지고 있을 때(중국인 남편에서 태어난 자녀의 경우)에 영아살해를 한다고 진술했으며, ID 34는 1997년~1998년도에 영아살해가 많았던 것으로 알고 있다고 진술했다.

북한에서 특정여성들은 김정일과 고위관리들을 즐겁게 해주기 위해서 특별히 교육을 받는다. '기쁨조'라고 불리는 이들은 성적 쾌락을 위한 '만족조'와 마사지를 전담하는 '행복조' 그리고 반나체 상태로 춤을 추고 노래를 부르는 '가무조'로 나뉜다.

기쁨조의 시원은 1978년에 문수 초대소에서 김정일을 기쁘게 해주기 위해서 당시 로동당 통일전선부 부부장이었던 이동호에 의해서 모아진 것이다. 현재는 로동당 조직지도부 간부 5과가 기쁨조를 모으고 훈련시키는 업무를 담당하고 있다.

---

60) David Hawk (2003), 앞의 책.

교육은 약 20개월이 걸리고 14세에서 20세까지의 처녀를 대상으로 한다. 교육기간에 전문분야가 세분화된다. 김선희(가명, 증언당시 24세, 전 기쁨조)와 신영희(증언당시 43세, 전 기쁨조)의 증언에 의하면, 만족조원들은 온갖 성적인 테크닉을 훈련 받으며, 행복조원들은 마사지 훈련을 위해서 해외로 보내지기도 한다.61)

기쁨조로 선택이 되면 당 간부의 딸일지라도 거부할 수 없다. 이 여성들이 25세가 되면 은퇴하여 김정일의 경호원이나 국가 영웅과 결혼하게 되며 그 이후로 기쁨조로서의 그들의 과거는 비밀에 부쳐진다.

2) 원인과 평가 및 대책

앞에 소개된 다양한 형태의 여성에 대한 폭력은 세계인권선언, 인종차별철폐 협약, 아동권협약 등 관련 국제규범에 대한 심각한 침해행위다.

북한의 가정에서 남편이 아내에게 폭력·욕설을 하거나 무시하는 이유로 대한변협이 실시한 탈북자 인터뷰 조사에서 '어려운 경제사정'(ID 07, ID 12, ID 13, ID 24, ID 28, ID 39, ID 54, ID 61, ID 64, ID 65, ID 91 등)을 꼽기도 했지만, '남성 제일주의 혹은 우월주의'(ID 02, ID 03, ID 06, ID 40, ID 41, ID 69, ID 82, ID 88, ID 95 등), '의견 불일치'(ID 34, ID 94, ID 100 등), '말대답'(ID 14, ID 70 등), '여맹사회활동을 너무 열심히 한다고'(ID 11) 등 사회적 전근대성에서 비롯된 의식의 낙후성도 큰 비중을 차지하고 있다. 그 외 성격 및 정신 장애, 주벽(ID 05, ID 07, ID 35 등)도 요인으로 다수

---

61) 김선희의 증언과 사진은 다음을 참조하시오.
http://news.hot.co.kr/2003/04/28/200304281115584512.shtml
신영희의 증언과 사진은 다음을 참조하시오.
http://kr.dailynews.yahoo.com/headlines/so/20030713/gd/gd200307131331394311.html
신영희, 『진달래꽃 필 때까지』, 1, 2권, (서울: 문예당, 1996); 기쁨조에 대한 다른 증언들은 다음을 참조하시오. 이한영(김정일의 내연의 처, 성혜림의 조카), 『대동강 로열 패밀리 서울 잠행 14년』 (서울: 동아출판사, 1996); 고영환(전 북한 외교관), 『김일성의 꿈, 서울에서 이루어지다』 (서울: 조선일보사, 2000).

의 응답자들에 의해 지적 되었다. 그런데 ID 66은 "가정에서 남편이 아내에게 폭력·욕설을 하는 것은 예사로운 일이며, 사람들이 너무나 어려운 생활을 하다 보니 짜증과 폭언은 물론이고, 술주정하거나 하면 있는 것을 다 던지고 여자를 너무 때려서 여자가 뇌 타박상을 입어 병원에 입원까지 한 것도 보았고, 탈북자 중에는 남편이 허리를 발로 밟아 허리척추가 눌러 앉은 병이 생겨 장애 5급으로 생활하고 있는 여성도 있다"고 진술하였다.

　북한에서 가정폭력의 발생빈도가 유난히 높은 것은 경제적 어려움에서 비롯된 생활고와 의식의 낙후성에 기인한다고 평가할 수 있다. 따라서 경제성장과 의식개혁이 선행되어야 개선될 것으로 보인다. 그러나 가정에서 여성에 대한 폭력을 근절시키기 위해 북한정부가 어떤 정책을 취했는지는 알려진 바가 없다. 이에 대해 2003년 11월에 북한의 '경제적·사회적·문화적 권리에 대한 2차 정기보고서'를 심사하면서 유엔의 독립 인권전문가들이 북한대표단에 질문했을 때 심형일 부단장은 '인민반 회의에서 자아비판을 하게 한다'는 것 외에 구체적 대책을 제시하지 못했다.

　북한에서 자행되고 있는 영아살해는 그 자체가 반인륜적 살인행위이지만, 그것이 인종적 이유로 체계적으로 이루어지고 있다면, 이는 제노사이드 범죄에 해당된다. 영아살해의 체계성 여부는 차치하더라도, 강제송환 된 탈북여성이나 정치범 수용소 여성 재소자들이 임신했을 경우 유도분만 혹은 자연분만 후 아이를 살해하는 것은 "모든 아이들은 결혼에 의한 출생이든, 혼외 출생이든 동일한 사회적 보호를 누릴 수 있다"고 규정한 세계인권선언 제25조 2)항을 위반하는 것이다.

　북한의 여성들에 대한 인신매매는 한국과 중국 양정부가 조금만 성의를 갖고 북한정부에 시정 요구를 하면 현저히 막을 수 있는 사안임에도 불구하고 거의 방임하고 있는 것은 예방조치들을 취해야 될 의무에 대한 국제규범들을 위반하는 것이다.

　현 시점에서 볼 때 이 문제는 상당한 기간 혹은 항구적으로 제기 될 수 있는 문제다. 특히 여성인신매매 문제는 북한과 중국 정부가 포함되는 다자간 협의체가 구성된다면 최우선적으로 다루어져야 되고, 다루어질 가능성이 높은 사안이다. 그런데 이런 다자간 협의체가 구성되려면 적지 않은 시간이 걸릴 것이고, 이를 독려하기 위해서도 비정부단체들(NGOs)이 적극적으로 문제제기를 할 필요가 있다. 그래서 비정부단체들이 구체적인 사례들을 모아서 유엔의 관련 주제별 특별보고관들과 북한담당 특별보고관 및 관련 실무단(Working Group)에 제공하고 공론화 시켜 한국·중국·북한 세 정부에 계속 압력을 행사해서 문제를 인정하고 개선책을 찾도록 해야 된다. 그 무엇보다 북한정부가 마치 아무 일도 없는 것처럼 태연해 하는 것을 막는 것이 첫 번째 과제다.

5

미송환 국군포로 및 납북자 문제

6·25전쟁이 약 반세기 전에 종결되었으나, 북한에 억류된 한국군포로 문제는 여전히 해결되지 않은 채로 남아있다. 5만 명 이상의 한국군포로가 종전 후에 북한에 억류되었다. 그들 중 대다수는 사망했을 것으로 추정되며, 생존자들도 비참한 상황에서 죽어가고 있다.[1] 북한당국은 그들의 존재를 부인해 왔으며, 한국정부도 그들을 구출하기 위해 최선을 다하지 않았다.

8년 6개월(1964. 9.~1973. 3.) 동안 325,517명의 한국군 장교와 사병들이 베트남전쟁에 참전했는데 한국정부와 당시 지휘관들은 한국군포로가 한 명도 없다는 납득하기 힘든 주장을 하고 있다. 그러나 적지 않은 한국군이 베트콩(Viet-Cong) 민병대와 베트남독립동맹(Viet-Minh)군에 의해 포로가 되어 북한으로 보내진 것으로 추정된다. 북한은 오직 2명만 망명자로 인정해 왔으며, 한국정부는 오직 6~8명만을 실종자로 인정하고 있다.

6·25전쟁 종결 이후, 남북한 정부는 평화구축과 통일을 위해서 많은 노력을 해왔다. 그러한 노력들은 7·4남북공동성명(1972), 남북기본합의서와 부속합의서(1992), 4자회담(1997~1998), 남북정상회담(2000), 남북장관급

---

[1] 2001년 9월 9일 현재 파악된 생존자는 385명이다. 국방부 군사편찬연구소, 『한국전쟁 포로관련 자료집』, 2001년 10월 25일, p. 20.

회담(2000~2001), 최근의 6자회담과 같은 결실을 맺었으나, 남북한 정부는 북한에 억류된 한국군포로 문제에 대해서는 어떠한 노력도 기울이지 않았다. 그러나 한반도에서 평화를 공고히 하기 위해서는 한국군포로들의 존재는 반드시 인정되어야 하며, 그들이 원한다면 한국으로 반드시 송환되어야 한다.

1. 한국군포로 문제의 경과 및 쟁점

1) 6·25전쟁 시의 한국군포로

6·25전쟁의 정전협상을 시작하며 많은 사람들이 포로교환 문제는 협상의 제들 중에서 가장 쉽게 해결될 것으로 예상했었다. 그러나 이 문제는 1년 5개월이나 정전협상을 지체시키며 난제(難題)로 부각되었다.

물론 현시적(顯示的)인 원인은 송환을 거부하는 다수의 포로가 있다는 사실이었고, 따라서 이들에 대한 강제송환 여부가 주요 쟁점이 되었다.[2] 그러나 문제의 근원은 6·25전쟁이 기존의 전쟁과는 달리 이념대립의 성격을 강하게 내포하고 있는 내전(內戰)과 국제전(國際戰)이 혼재된 전쟁이었고, 승자와 패자가 가려지지 않은 상태에서 전쟁이 종결됨에 따라 전통적인 개념의 '전쟁포로'의 실체에 대해 당사국들이 합의에 이르지 못한 것에 있다. 물론 이 문제를 이렇게 왜곡시킨 것은 정통성을 스스로 부여하며 모든 비전통적·비인도적 행위도 스스로 정당화시키는 공산측의 이념투쟁의 결과이지만, 전쟁의 성격과 종결방식에 기존의 포로 문제 해결방식이 적용

---

2) 1952년 2월 현재, 13만 2,000명 정도의 포로 가운데 약 2만 8천명이, 3만 8천명의 민간인 가운데 약 3만 명이 각각 송환을 거부하고 있었다. 김학준, 『한국전쟁 - 원인·과정·휴전·영향』 (서울: 박영사, 1989), p. 286. 공산군포로의 발생 및 처리에 대한 보다 자세한 설명은 다음을 참조하시오. 국방군사연구소, 『한국전쟁의 포로』, 1996.

되기 힘든 부분이 있었던 것을 간과해서는 안 된다.

강제송환 원칙에 대해 이승만 정부의 격렬한 저항도 있었지만, 미국이 자발적 송환의 원칙을 고수한 것은 대소 냉전에서 긍정적인 효과를 얻기 위한 것이었다. 특히, D. 애치슨(Dean G. Acheson) 국무장관은 미래에 가능한 양 진영 간의 전쟁에서 '자발적 송환의 원칙'은 공산진영 군인들의 이탈(離脫)을 자극할 것이고, 따라서 이는 궁극적으로 소련의 침략 야욕(野慾)을 억제시키는 요소가 될 수 있다고 생각했다. 그러나 이 원칙을 관철시키는 데에만 집착하고 포로교환 문제를 미진하게 해결함으로서 최소한 5~6만 명, 많게는 8만 명 이상의 국군포로 중 8,341명이라는 극히 소수 인원만 귀환하고(부상포로 교환 471명, 정규 교환 7,862명, 중립국송환위원회 조정 후 귀환 8명), 다수가 북한에 억류되었다.

억류된 국군포로의 수는 현재 이용할 수 있는 그 어떤 통계로도 정확하게 제시할 수는 없다. 다만 여러 통계를 비교·분석하여 근사치를 추정하는 방법만이 가능할 따름이다.

휴전협상을 종결 지웠던 유엔군 총사령관 M. W. 클라크 장군(Mark W. Clark)은 그의 회고록에서 "공산군은 6·25전쟁 초기에 5만 명의 한국군포로들을 본인들의 수락에 따라 '전선에서' 석방하였는데, 이는 물론 육전에서의 포로처우에 관한 모든 규칙들을 위반해 가며 이 포로들을 북한 인민군에 강제징모(徵募)했다는 것을 의미한다"라고 기술하고 있다.[3]

자신이 피억류 국군포로였던 북한문제 전문가 이기봉 씨는 7만 명 정도가 억류되었을 것이라고 주장한다.[4] 인민군 출신 북한문제 전문가 이항구 씨는 전쟁 중 8만 2,000명 내지 8만 7,000명의 한국군이 포로가 되었는데, 종전 후 귀환하지 못한 한국군포로 8만 명 중에서 2~3만 명은 전쟁 중에 사망했을 것

---

3) Mark W. Clark, *From the Danube to the Yalu* (New York: Harper, 1954), p. 102.
4) 李基奉, "지하실에서는 포로가 된 국군장교들의 비명소리가 수시로 새어 나왔다," 중앙일보사, 『월간중앙』, 1995년 2월호.

이고, 5~6만 명 정도가 공산측에 의해 억류되었을 것으로 보고 있다.[5]

서울 국립묘지 위폐봉안관에서 그간 실종 및 미확인 전사 처리자들로 게시되어 있던 사람들을 1997년 7~8월에 자체 실사(實査)를 한 결과, 102,384명이 그 대상자들인 것으로 최종 확인 되었다(육군: 장군 1명, 장교 2,924명, 사병 92,213명; 해군: 장교 49명, 사병 1,173명; 공군: 장교 4명, 사병 68명; 종군자 및 군무원: 3,672명 ; 경찰: 간부 352명, 비간부 1,578명; 경찰애청원: 267명; 제1학도 의용군: 83명). 그런데 실무자들은 그들 중 반수인 약 5만 명 정도는 종전 후 북한에 억류되었을 것으로 추정하고 있다.[6]

정전협상 의제 중의 하나로 포로 문제를 다루기 시작했던 1951년 12월에 유엔군측에서 파악한 한국군실종자 수는 8만 8,000명 정도였다. 그런데 같은 해 12월 18일에 포로명단 교환 시 공산군측은 한국군포로로 7,412명의 명단만을 제시하였다.[7] 이는 실종자들의 9%도 안 될 뿐만 아니라, 공산군측이 개전 초에 포획했다고 발표한 한국군포로 5만여 명의 14% 정도에 지나지 않는 수치다.[8]

---

5) 국제인권옹호 한국연맹, 「북한억류 한국군포로들의 실태 보고서」, p. 15. 본 보고서는 동일한 제목으로 다음에 요약 수록되어 있다. "북한억류 한국군포로들의 실태 보고서," 자유평론사, 『새물결』, 1995년 10월호, p. 101.

6) 한국정부는 1954년부터 1974년까지 총 8회에 걸쳐 유가족 신고, 내무부 자체조사, 경찰서 확인, 미신고자 특별 구제조치 등을 거쳐 총 88,466명을 전사처리 하였다. 이후 1974년 8월에 한국 국방부는 총 55,108명의 「실종자 명부」를 작성하였다. 1993년 7월부터 1994년 10월말까지 「실종자 명부」에서 이중등록자, 파견자, 전공상자, 형 확정자 등으로 분류된 사람들을 제외한 41,954명의 명부를 작성하였고, 그 후 재확인을 거쳐 1997년 10월에 41,971명을 「전사 및 실종자」로 정리하여 명부를 작성하였다. 다시 1997년 10월부터 12월까지 국방부, 계룡대 및 전국 7개 향토사단에 비치하여 관련자들이 열람하고 추가 신고토록 했다. 그 결과 264건이 신고 되어 이중등재, 전역, 탈영 등을 제외한 132명을 추가로 전사처리 하였다. 국방부, 『국군포로 문제-실상과 대책-』, 2004. p.18.

7) 1951년 12월 18일 현재의 포로 현황으로 유엔군측은 공산군 132,474명(북한군 111,754명, 중공군 20,720명)을, 공산군측은 유엔군 11,559명(한국군 7,412명, 미군 3,198명, 영국군 919명, 터키군 234명, 기타 66명)을 체포한 것으로 각각 발표하였다. 국방정보본부, 『군사정전위원회편람』, 1986, p. 23.

8) 공산군측은 비교적 개전 초기인 1951년 3월에 총 6만 5,000명의 유엔군측 포로를

공산군측의 이와 같은 태도는 유엔군측과는 아주 대조적인 것이었다. 1951년 12월에 공산군측이 발표한 실종자는 18만 8,000명이었다. 그런데 1951년 여름에 유엔군측이 공산측 포로들을 분류한 결과, 13만 2,000명은 순수한 포로였고, 3만 7,000명의 민간인 억류자들은 전쟁초기에 북한군에 의해 강제징집된 남한인들 이었다. 유엔군측이 1951년 12월 18일에 132,474명의 포로들(북한군 111,754, 중공군 20,720)을 확인시켜 숨으로써 순수한 포로들에 대해서는 100%, 공산측이 주장하는 실종자 18만 8,000명 중에서도 결과적으로는 16만 9,000여 명 즉, 90% 가까이 확인시켜 준 셈이다.

유엔군측이 실종자 수와 공산군측이 제시한 포로명단 간의 현저한 차이에 대해 항의하자, 공산군측은 '나머지는 유엔군의 폭격과 질병 등으로 사망하거나, 과오를 시인하는 포로는 전선에서 석방하여 본대(本隊)나 고향으로 귀환하는 것을 허용하였기 때문'이라는 옹색한 변명만을 되풀이했다.9) 이에 대해 유엔군측은 강제로 북한군에 입대시킨 모든 남한 출신자들을 포로로서 송환할 것을 주장하며, 쌍방의 전체장병을 면담하여 본인의사를 확인하도록 하자고 제안했다. 그러나 공산측은 전부가 자발적인 지원자라고 강변하며, 유엔군측 제안은 10만 명 이상의 북한군을 납치하려는 음모라고 매도했다.

그런데 6·25전쟁에 대해 비교적 근년(近年)에 간행된 중국 공간사(公刊史)인 『中國人民志願軍 抗美援朝戰史』에 따르면 1950년 10월 25일부터 53년 7월 27일 사이에 중공군에 의해서만 37,815명의 한국군이 생포되었다.10) 이 문헌에서 중국측은 '살상', '포로', '투항'으로 전과(戰果)를 구분하고 있고, 이 37,815명은 포로와 투항인원을 합한 수치이므로 이 한국군포로들은 종전 시 생존해 있었을 가능성이 매우 높은 것으로 판단된다. 그리고 같은

획득했다고 발표했었다. 당시 유엔군 대 한국군의 구성비로 봐서 이들 중 한국군 포로가 5만여 명이라는 것은 납득하기 어려운 측면이 있다.
9) 실제로 이렇게 귀환한 사람들도 있었지만, 그 수는 200명이 되지 않는다.
10) 軍事科學院軍事歷史研究所 編著, 『中國人民志願軍 抗美援朝戰史』, 軍事科學出版社, 1988, 한국전략문제연구소 역, 『중공군의 한국전쟁사』 (서울: 세경사, 1991).

기간에 북한군에 의해 포로가 된 한국군과 전쟁초기 4개월간 특히, 개전부터 낙동강방어전선으로 후퇴하는 동안에 많은 한국군포로들이 발생했을 것을 감안한다면, 공산측에 생포된 한국군포로는 한국 국방부가 1994년에 공식집계 했던 수치인 19,409명보다는 훨씬 많을 것이며11), 종전 시 적어도 5~6만 명 이상은 생존해 있었을 것으로 쉽게 추정할 수 있다.12)

조사시점에서의 누락 가능성 때문에 정확한 계산은 사실상 불가능하지만, 현재까지 인용된 통계수치에 따라 다음과 같은 추론(推論)이 가능하다. 즉, 한국군 최종 실종자 102,384명에서 1951년 말까지의 실종자 8만 8,000명을 뺀 수치인 14,384명은 전선이 고정된 뒤에 실종된 것으로 판단할 수 있다. 그런데 이들 중 중공군에 의해 포획된 한국군포로는 7,885명이다. 북한군에 의해 획득된 포로도 있을 것이므로 한국군실종자들 중에서 포로 발생비율은 60%가 훨씬 넘을 것으로 판단된다(현 가용 수치만으로도 54.8%가

---

11) 한국정부는 1994년에 실종자들을 그들의 소속부대를 통해 집계·검토한 후에 19,409명의 한국군이 공산군에 체포된 뒤에 사망하였거나 억류된 것으로 공식 발표하였다. 국방부, 『국군포로 문제』, 1999, p. 17, p. 31. 한국 국방부는 행방불명자 신고와 병적부 확인을 거쳐 최종 집계한 19,409명의 「6·25참전 행불자(실종자)명부」를 1997년 10월에 공개하였다. 그런데 이 숫자는 행방불명자 신고를 받아 군적과 대조한 뒤에 정리한 것이므로 신고하지 않은 인원은 누락될 수밖에 없었고, 군적에 있는 인원만 정리한 것이기 때문에 학도의용군이나 유격대원 등은 제외된 한계가 있다고 국방부도 인정하고 있다. 국방부 (2004), 앞의 책, p. 13. 그런데 유엔군 측은 1953년에 한국군실종자를 총 82,319명으로 집계했다.

12) 한국군포로의 귀환: 8,341명 (부상포로 교환 471명, 정규교환 7,862명, 송환위 조정 8명)
　　　　　　　　　(Little Switch, 53년 4월) (Big Switch)
　　북한군포로의 귀환 : 76,011명 (LS 5,640, BS 70,183, 송환위 조정 188명)

	실종자	귀환자	미 귀환자(※)	송환 거부자
국군포로 :	88,000명-	8,333명(+8)	= 79,667명(-8)	327명
북한군포로:	111,754명-	75,823명(+188)	= 35,931명(-188)	
미군포로 :	11,500명-	3,746명(+2)	= 7,754명(-2)	21명
중공군포로 :	20,720명-	6,670명(+440)	= 14,050명(-440)	

( ) : 중립국송환위원회 조정 후 귀환
(※) 이는 1951년 12월에 파악된 실종자를 기초로 한 계산이므로 실제적 미 귀환자는 국가별로 차이는 있겠지만 이보다 훨씬 더 많을 것으로 판단된다.

표 5-1 중공군의 포로 획득 추이

		한국군	유엔군	계
운동전 시기	제1차 전역 (1950.10.25~11.5)	4,741	527	5,268
	제2차 전역 (1950.11.25~12.24)	5,568	3,523	9,091
	제3차 전역 (1950.12.31~1951.1.8)	5,967	367	6,334
	제4차 전역 (1951.1.25~4.21)	7,769	1,216	8,985
	제5차 전역 (1951.4.22~6.10)	5,233	2,073	7,306
진지전 시기	1951년 하계 방어 작전 기간 (1951.6.11~11.30)	652	334	986
	1952년 춘계진지공고기간 (1951.12.1~1952.3.31)	834	124	958
	전술반격과 상감령 방어작전기간(1952.9.1.~11.30)	919	160	1,079
	1953년 봄 대상륙작전 준비 기간 (1952.12.1~1953.4.30)	555	134	689
	1953년 하계 반격작전 기간 (1953.5.1~7.27)	5,577	250	5,827
계		37,815	8,708	46,523

출처: 『中國人民志願軍 抗美援朝戰史』 부록2, 3을 발췌·재구성함.[13]

넘는 것을 확인할 수 있다). 그런데 통상 전선이 수시로 변하는 운동전(運動戰) 시기에 포로가 많이 발생하고, 북한이 부족한 전시인력을 국군포로로 충당하려 했다는 점을 고려한다면 1951년 말에 파악된 실종자 8만 8,000명 중에는 포로 발생비율이 훨씬 더 높을 것이다.[14]

---

13) 한국전략문제연구소 역 (1991), 앞의 책, pp. 361-394.
14) 1951년 현재 유엔측에서는 미군 6,200여 명, 한국군 7,000여 명, 기타 유엔군 130

당시 공산군측 사령부가 발표한 바에 의하면, 공산군이 한국군을 포함한 유엔측 포로로 1950년 6월 25일~12월 25일 간에 38,500명, 1950년 12월 26일~1951년 3월 25일간에 26,865명을 각각 포획했다.15) 공산측의 이와 같은 발표내용을 전적으로 믿기는 어렵지만, 이를 통해 두 가지를 확인할 수 있다. 먼저, 개전 후 9개월간에 포획된 유엔측 포로 65,365명에, 51년 말까지 중공군에 의해 포획된 유엔측 포로 1만 1~2,000명과 북한군에 의해 포획되었을 유엔측 포로들을 합치면 최소한 8만 명 이상이 공산측에 의해 포로가 되었을 것으로 추정할 수 있다. 즉, 9만 9,500여 명의 당시 유엔측 실종자들 중에서 8만 명 이상이 포로가 되었다는 사실은 포로 발생비율에 대해 전술(前述)한 추측과 일치하는 측면이 있다. 그리고 이와 같이 높은 실종자 대 포로발생 비율로 볼 때, 10만 명 이상의 한국군실종자들 중에서 8만 명 이상은 공산측에 의해 포로가 되었을 것이라는 확신을 가질 수 있다. 현재 사용할 수 있는 수치로 추산(推算)할 수 있는 최소한의 포로 수만으로도 79,030여 명(88,000명의 80%, 14,384명의 60%)이다. 그리고 중국측 자료만 보더라도 그들 중 최소한 5~6만 명 이상은 종전 시(終戰 時)에 생존해 있었을 것이라는 확신을 가질 수 있다. 이와 같은 계산에 따른다면 이기봉 씨나 이항구 씨의 주장은 상당히 신빙성이 있는 것으로 판단된다.

그런데 정전협상 과정에서 관심의 초점이 다수의 한국군포로에 주어지지

여 명, 합계 1만 3,000여 명이 학살된 것으로 추산했다. New York Times, 1951년 11월 17일. 김학준 (1989), 앞의 책, p. 293에서 재인용. 그러나 종전 후, M. 클라크 장군은 귀환한 미군포로들을 심문한 결과를 토대로 작성한 그의 미발표 유엔 연설문에서 1만 32명의 미군포로와 12,622명의 기타 유엔군포로를 합쳐 전체 29,815명의 유엔측 병사들이 공산측에 의해 학살되었다고 밝히고 있다. 이를 토대로 한다면, 7,161명의 한국군이 공산군에 의해 학살되었다는 것이다. 이는 당시 한국군의 학살에 대한 실태파악이 제대로 이뤄지지 않아서 그 수가 축소되었다고 볼 수 있겠으나, 한국군포로들을 가급적이면 전시인력(戰時人力)으로 이용하고자 했던 공산군측의 포로정책의 결과로도 보여 진다. Mark W. Clark (1954), 앞의 책, p. 300.

15) 유병화, "북한 억류자 송환의 법적 문제와 해결방안," 최성철 (편), 『북한인권의 이해』 (서울: 북한인권개선운동본부, 1995), p. 353.

못하고 미군포로에 주어졌으며, 송환방식의 대립에 주요쟁점이 형성됨으로써 5만 명 이상의 국군포로들은 '아시아의 심연' 속으로 사라져 버린 것이다.

이 문제의 해결책을 찾기 위해서는 이토록 많은 한국군포로들이 송환되지 못한 이유에 대해 좀 더 면밀히 살펴볼 필요가 있다. 먼저, 공산측이 한국군포로를 전쟁포로로 인정하지 않은 측면이 있다. 북한은 외상 박헌영의 이름으로 1950년 7월 13일에 전쟁포로에 관한 제네바협정의 세 원칙을 준수하겠다고 밝혔다. 그러면서 동시에 전쟁에 참여한 군인들을 '인민에 대한 전범'으로 간주한다며, 이들에 대해서는 1949년 제네바 제3협약 제85조에 대해 유보한다는 입장을 취했다. 그리고 이들을 전시인력(戰時人力)으로 쓰기 위해 돌려보내지 않고 북한 인민군에 재 입대 시켰다. 이러한 공산측의 이념투쟁에 기초한 입장과 전쟁수행 및 전후복구사업에서의 필요성은 국군포로들을 중립국송환위원회의 관리 하에 넘기지 않은 중요한 동기가 되었을 것이다.

물론, 한국정부가 반공포로 33,206명중에서 2만 7,000여 명을 1953년 6월 18일과 19일에 일방적으로 석방시킨 것도 어느 정도 영향을 주었을 것이다.[16] 그러나 이것이 절대적인 변수로 작용한 것으로 보기는 어렵다. 왜냐

---

16) 김학준 (1989), 앞의 책, pp. 211-222. 김용삼 기자의 조사로는 총 27,388명이 석방되었다고 한다. 김용삼, "국군포로 양순용 씨 귀환기," 『월간조선』, 1998년 6월호. 현재 주장되고 있는 1953년 6월 18일의 구체적인 석방자 수는 26,666명이므로 19일에는 722명이 석방된 것이다.
이승만 대통령의 반공포로 석방에 대해서는 다음과 같이 평가할 수 있을 것이다. 먼저, 법리적 면에서는 제네바협정에 대한 위반이라 볼 수 있다. 개전 직후(1950년 7월 5일), 이승만 대통령은 '제네바협정의 조건을 따를 것'을 다짐했었다. 그런데 1949년 제네바 제3협약 제118조에 의하면 "포로는 적대행위의 종결 후 지체없이 석방되고, 송환되어야 한다"고 규정하고 있으므로 이 대통령의 조치는 이에 대한 위반이다.
그러나 이는 법리적 미비점을 보완하는 조치였다고 볼 수 있다. 즉, 1929년 제네바협정과 1949년 제네바협정은 각각 제1, 2차 세계대전의 경험에 비추어 문명국으로서 포로들에 대한 인도주의적 대우를 규정한 것이다. 그런데 이 협정들은 포로들이 본국에 돌아가서 학대받을 상황은 상정하지 못했고, 포로들 간의 관계에 대한 규정도 마련하지 못한 한계를 안고 있다. 이 대통령의 조치는 이러한 미비점

하면 전술(前述)한 것처럼, 공산군측은 반공포로 석방문제가 대두되기 전인 1951년 12월에 이미 한국군포로를 7,412명으로 축소 발표했었기 때문이다. 즉, 한국군포로를 귀환시키지 않으려는 공산측의 의도는 포로 문제에 대한 협상쟁점이 형성되기 이전에 이미 서 있었다는 것이다. 다시 말해서 한국군포로들은, '정통성을 스스로 부여하며 모든 비전통적, 비인도적 행위도 스스로 정당화' 시키는 공산주의자들의 속성과 그들의 이념투쟁의 재물로 희생된 것이다.

따라서 근본적인 원인은 개전원인(casus belli)이 해소되지 않은 채 종전되어 서방측의 의지가 공산측에 부과될 수 없었다는데 있다. 그리고 휴전협상과정에서 휴전을 반대했던 한국정부의 소극적인 참여가 이들을 희생시킨 측면도 있다.

그런데 휴전협정이 체결된 후에도 미송환 포로 문제에 대해 한국정부는 소극적인 자세를 취했다. 1953년 9월 9일부터 1964년 12월 14일 사이에 군사정전위원회에서 아홉 차례의 미송환포로 문제에 대한 공방이 있었는데, 공산측은 여섯 차례 문제 제기를 했는데 비해 유엔군측은 겨우 세 차례(제47차, 67차, 119차 회의)에 걸쳐 해명이나 자료제출을 요구한 후에 자포자기 상태에 들어가 버렸다.

물론 이 사안이 이렇게 방치된 근본적인 원인은 협상과 타협을 불가능하게 했던 남북한 간의 완강한 적대자 관계에 있지만, 이는 또한 남북한 각각의 대내적 민주화 및 정치발전 수준과 밀접한 관련이 있다. 물론 한국 정치체계의 역량이 과연 이 문제를 처리하기에 부족했는지는 보다 면밀하게 분석해 봐야 될 것이다. 그러나 정치발전을 '요구에 대한 정치체계의 대응능력'과 관련 지워 봤을 때, 이 문제가 혹시 북한의 대남공세의 소재로 쓰일까 우려하여 한국정부가 의도적으로 방치한 측면도 없지 않다. 그리고 그

을 보완한 것으로 평가할 수 있다. 그리고 국제정치적인 면에서는 약소국가의 거부권 행사였고, 냉전체제 하에서 공산국가들의 전쟁도발 의지를 약화시킨 일면도 있다고 볼 수 있다.

간 공공연한 '연좌제(連坐制)' 등으로 실종자 소재파악 및 포로송환에 대한 관련 가족들의 요구도 미약했다. 그 뿐만 아니라 초기단계에서 한국정부가 무관심하여 국내 관련자료 축적에 실패했고, 관련 법률적·제도적 장치나 인적·물적 자원이 구비되지 못하여 송환사업을 추진하고자 해도 실행하기가 힘들었다.

2) 베트남전쟁 시의 한국군실종자와 포로

한국 국방부는 1994년에 8명의 베트남전쟁 한국군실종자가 있으며, 그들 중 3명은 북한에 있다고 발표했다. 그리고 그 8명의 실종자를 사망자 4명, 탈영병 1명, 북한 망명자 3명으로 구분하였다. 2000년 7월 27일에 한국 국방부는 다시 6명의 실종자(안학수 하사, 박성열 병장, 김인식 대위, 정준택 하사, 이용선 병장, 안상이 상병)가 있다고 발표했다. 그리고 안학수 하사와 박성열 병장은 북한에 체류 중이라고 했다.17) 그러나 베트콩(Viet-Cong) 민병대로부터 탈출한 전 한국군포로 박정환은 개인적인 경험과 미국정부 문서 조사를 통해 최소한 9명 이상의 베트남전쟁 한국군포로가 북한에 있을 것이라고 주장한다.

그런데 현재까지도 남북한 양측 모두 베트남전쟁 한국군 전쟁포로의 존재를 부인하고 있다. 북한당국은 안학수 하사와 박성열 병장이 북한으로 망명했다고 주장하며 다른 실종자들에 대해서는 어떠한 언급도 하지 않고 있다.

주월 한국군 사령관 이세호는 1973년 3월 20일에 귀국보고를 하면서 한국군 전쟁포로나 실종자에 대해 한마디도 언급하지 않았다. 한국정부는 한국군이 공세작전이나 확인정찰을 주로 담당했기 때문에 파병군 중에 실종자

---

17) 金成東, "安鶴壽 하사·朴聖烈 병장은 포로가 된 뒤 납북됐다." 『월간조선』, 2000년 9월호, p. 262.

표 5-2 1994년 4월 22일 베트남전쟁 한국군실종자에 대한 한국정부의 발표

소 속	계 급	성 명	실 종 일	비 고
수도사단	병장	박성열	1965년 11월 3일	월북
건설지원단	하사	안학수	1967년 3월 22일	월북
주월사	하사	정준택	1967년 5월 7일	수배 중
제9사단	대위	박우식	1967년 12월 2일	전사(KIA) 처리
제9사단	상병	김인수	1968년 2월 18일	순직 처리
해병여단	상병	안상이	1969년 7월 27일	전사(KIA) 처리
해병여단	병장	이용선	1969년 11월 2일	전사(KIA) 처리
주월사태권단	대위	김인식	1971년 7월 19일	월북

가 거의 없다고 주장한다. 베트남전쟁 중 주 베트남 한국 대사였던 유양수, 대사관 공사 이대용, 이세호의 전임자였던 주월 한국군 사령관 채명신, 국방부의 실무자들이 이러한 입장을 지지하고 있다.[18]

그런데 한국군은 577,487회의 각종 작전에 참가했다. 때때로 그들은 베트남독립동맹(Viet-Minh) 정규군에 맞서 안케패스(An Keh Pass) 전투나 짜빈동(Tra Binh Dong) 전투와 같은 큰 전투에도 참가했다. 한국군은 베트남 남부 밀림과 농촌지역 대부분을 장악한 베트콩의 게릴라전에 맞서 많은 작전에 참가했으며, 작전 중 낙오된 병사들이 돌아오는 것은 매우 어려웠다. 따라서 한국의 고위 관료들이 언급한 것과는 달리, 상당히 많은 한국군 포로가 있을 것이다.

한국정부의 공식 발표에 의하면, 5,066명의 한국 군인이 베트남전쟁에서 사망하였다. 이 가운데 전사자(KIAs)가 4,650명, 순직자가 213명, 질병이나

---

18) 주월한국군 사령관 채명신 씨는 자신의 회고록에서 한국군은 태권도를 익혀 베트콩이 한국군을 "총을 쏘아 죽일 수는 있지만 생포는 안 된다"고 문서에 기록할 정도였으며, 그 결과 "이 세상에서 놀라운 신화를 창조했는데 그 가운데 하나가 '한국군포로가 없다'는 것이다"라고 기술하고 있다. 채명신, 『베트남전쟁과 나』 (서울: 팔복원, 2006), p. 241.

기타 이유로 사망한 자가 203명이다.[19] 그러나 국방부의 전사편찬위원회는 4,960명으로 사망자를 계산하고 있다(전사자 3,806명, 그 외 사망자 1,154명).[20] 앞서 언급한 박정환 소위의 사례와 안케패스(An Keh Pass)전투에서 포로가 되었다가 베트남에서 한국군이 철수한 지 5일 후에 귀환한 유종철 일병의 경우를 통해서, 5,066명의 공식적인 사망자, 특히 4,650명의 전사 처리자들 중에서 많은 군인들이 베트콩(Viet-Cong) 민병대나 베트남독립동맹(Viet-Minh)군의 포로가 되어 북한으로 이송되었을 것으로 추측할 수 있다.

미국의 경우, 파병된 총 300만여 명의 장교와 사병 가운데 3,000명 이상이 실종자(MIAs)로 분류되고, 591명의 전쟁포로는 종전 후에 송환되었다. 따라서 파병된 325,517명의 한국군 장교와 사병 중에서 오직 6~8명의 실종자만 있을 뿐 포로는 하나도 없다는 한국정부의 공식발표는 신빙성이 매우 낮다.

베트남전쟁 미군포로였던 F. 안톤(Frank Anton) 씨는 송환된 후에 『왜 나를 구출해 주지 않았소?(Why didn't you get me out?)』이라는 회고록을 썼는데, 이 책에서 그는 자신이 만났던 한국군포로가 '우리들(we)'라고 자신들을 지칭했던 것으로 봐서 최소한 2명 이상의 한국군포로가 존재했음을 확신하고 있다. 그리고 미국 국방부의 1996년도 연구보고서 "국방부 포로/실종자국(局) 조회문서(Defense Prisoner of War/Missing in Action Office Reference Document)"에 수록된 한국군포로 및 실종자들 중에서 조준분(CHO JOON BUN), 김홍삼(KIM HEUNG SAM), 김수근(KIM SOO KEUN), 김성모(KIM SUNG MO), 이창훈(LEE CHANG HOON), 이길영(LEE KIL YUNG), 이윤동(LEE YOON DONG), 민경윤(MIN KYUNG YOON), 박양정(PAK YANG CHUNG), 신창화(SHIN CHANG WHA) 등은 1994년 4월 22일과 2000년 7월 27일에 각각 한국정부가 발표한 '베트남전쟁 한국군실종자' 명단에 누락된

---

19) 군사편찬연구소, 『증언을 통해 본 베트남전쟁과 한국군』, 1권 (서울: 국방부, 2001), p. 18.
20) 전사편찬위원회, 『파월한국전사』, 10호 (서울: 국방부, 1985).

군인과 민간인들이다.21)

　CIA나 국무부 기록과 같은 미국 공식기록 역시 베트남전쟁 초기 한국군 포로의 존재를 확신케 한다.22) 즉, 1968년에 꽝 뜨리(Quang Tri)에서 5명, 1968년에 꽝 남(Quang Nam)에서 1명, 1967년에 꽝 응아이(Quang Ngai)에서 1명, 1970년에 빈 딘(Binh Dinh)에서 1명, 1966년과 1969년에 후옌(Phuyen)에서 3명, 1968년에 람 동(Lam Dong)에서 1명, 1967년에 닌 투안(Ninh Thuan)에서 1명, 1968년에 키엔 퐁(Kien Phong)에서 1명 등이 미국 정부문서들에서 발견된다. 즉, 적어도 18명의 한국군 전쟁포로가 있었으며, 1968년 4월에 제출된 미국의 한 연구보고서(All POW-MIA ARPA Report)에 따르면 20명의 한국군포로가 있었다는 것이다.23)

　그런데 적어도 종전 시점인 1973년에는 최소한 15명의 군인 및 민간인 실종자들의 존재에 대해 한국정부 역시 파악하고 있었다. 인도차이나전쟁에서 실종된 미군의 행방을 추적하기 위해 미군이 태국 낙혼파놈(Nakhon Phanom)에 설치하여 운영했던 '합동 사상자문제 해결 센터(JCRC: Joint Casualty Resolution Center)'에서 파악하여 미국대사관을 통해 1973년 7월 28일에 한국 국방장관과 중앙정보부장에게 통보한 명단에 이 15인의 신상명세가 자세히 기록되어 있다.24) 그러나 당시 박정희 정부는 베트남전쟁

---

21) US Department of Defense, *Defense Prisoner of War/Missing in Action Office Reference Document, U.S. Personal Missing, Southeast Asia (and Selected Foreign Nationals) (U), Alpha, Chronological and Refno Reports*, Unclassified, May 1996, DPMO/RD. 이들 중 일부는 당시 베트남에 파견되었던 민간인 기술자들이다. 각주 24번 참조.
22) http://lcweb2.loc.gov/cgi-bin/query (검색일: 2002년 5월 14일).
23) Anita Lauve Nutt, *All POW-MIA ARPA Report*, Memorandum RM5729-1 ARPA January 1969.
24) 외무부, 『월남전포로 및 실종자 송환 (1969-1982)』, p. 325. 베트남전쟁 종전 후 파악한 한국인 실종자 15명의 명단은 다음과 같다. 박성열 병장, 김인식 대위, 정준택 하사, 안학수 하사, 조준범 중위, 안상이 상병, 이용선 병장(이상 군인) 김성모, 김흥삼, 민경윤, 이기영, 김수근, 이창훈, 신창화, 채교상(이상 민간인). 민간인 8명 중 김성모 씨와 김흥삼 씨는 당시 한양건설 직원들로서 1968년 베트남에 파견되었다가 도로 공사 중 실종되었다. 이들의 유해는 미국정부가 종전 후 한국인

종전 무렵까지 자국민 포로와 실종자에 대해 거의 무신경했을 뿐만 아니라 국민이 알까 봐 쉬쉬했다는 사실이 정부문서 여러 곳에서 드러난다.[25] 사실 1970년 이후 월맹측과 월남정부, 그리고 국제적십자사 간에 포로교환 협상이 활발하게 벌어지고 있었다. 특히, 1970년 12월 10일 제94차 파리회담에서 월남 외상이 공산측 포로 약 9,000명을 잡고 있다면서 월맹이 억류한 연합군포로 1,000여 명과 맞바꾸자고 제안했을 때 한국군포로도 구제할 수 있는 좋은 기회가 있었다. 그러나 한국정부는 연합군포로 속에 한국군 포로가 몇 명 있는지 파악하려고 들지도 않았다. 이렇게 한국정부가 자국군 포로들에 대해 수수방관하고 있는 사이에 1971년 봄 미군과 월맹군 간에 합의가 이루어져 결정적인 기회를 놓치고 말았다.

이는 당시 중앙정보부에서 작성한 것으로 추정되는 한 문서의 "4. 정보사항, 주월한국인포로 인수대책에 결함노정"에서도 지적하는 바와 같이, 외무부와 국방부 간에 실종자 문제의 책임을 서로 떠넘길 정도로 업무관할이 분명하지 못했던 행정체계 상의 문제에도 그 원인이 있지만, 주무 기관 책임자들의 의식에 더 큰 원인이 있다고 하겠다.[26] 이를 말해주는 한 사례로, 1973년 3월 27일에 개최된 국무회의에서 당시 주월대사가 "주월 한국군실종자는 전투 중에 발생한 행방불명자가 아니고 모두 자의에 의한 탈영자로서, 일부는 북한에서 방송한 사실이 있고, 나머지도 범법 도주자임으로 주월사령부는 이들을 포로로 간주하지 않고 있으며, 송환 요청을 제기할 대상이 되지 못한다는 견해"를 가지고 있다고 보고한 것이 수기록(手記錄) "주월국군실종자문제"에 기술되어 있다.[27] 당시 한국정부 당국자들의

사망자로 분류해 보존해둔 것으로 나중에 밝혀졌다.
http://news.media.daum.net/economic/others/200503/24/dkbnews/v8672826.html (검색일: 2007년 7월 2일).

25) 예를 들어, 1972년 12월 18일에 국방부가 외무부 장관에게 보낸 문서 "실종자 통보"(「작전」)에서 수신 실종자 명단을 'Ⅱ급 비밀'로 분류하고, '1973년 12월 31일까지 파기하라'는 도장까지 찍혀 있다. 외무부, 위의 문서집, p. 254.
26) 외무부, 위의 문서집, pp. 274-275.
27) 외무부, 위의 문서집, p. 278.

자국민보호 의식수준을 충분히 가늠케 한다.

이런 측면에서 보면 베트남전쟁 한국군포로와 실종자 문제는 반구제기(反求諸己)에서 원인과 해결의 실마리를 찾아야 될 것이다.

2. 북한 내 억류자들의 생활

1) 6·25전쟁 억류자

이항구 씨의 증언에 따르면, 한국군포로는 3가지 범주로 분류된다. 첫 번째 범주는 그들이 붙잡혔던 현지 일선에서 전투나 정찰의 업무를 하는 것이다.28) 한국군 전쟁포로로 북한에 40년 이상 억류되어 있다가 1994년 10월

---

28) 전쟁초기에 체포된 상당수의 국군포로가 강제로 북한군에 재 입대 되었다. 전쟁 중 한국군 8사단과 연락업무를 하다가 중공군에게 체포된 한 미군 포병중위의 다음과 같은 증언은 이들의 재 입대 과정을 짐작할 수 있게 한다.
"그들은 한 학교 건물로 이송되었다. 그 곳에는 당일 아침에 포로가 된 약 300명의 한국군 8사단 병력들이 수용되어 있었다. 그 가운데는 12명의 한국군 간호장교와 한국소년이 1명 포함되어 있었다. … 얼마 후 … 한 북한군 장교가 수명의 경비병을 대동, 한국군 장병들에게 연설을 시작하였다. … 그는, 한국군포로들은 조선인민에게 반역한 죄과를 심판 받기 위하여 북한 보안경찰에 인계되거나, 아니면 투항 후 북한인민군에 지원하여 미국 침략자를 몰아내고 조국통일사업에 동참할 것 등 두 가지 가운데 하나를 선택하되, 거수로써 각자의 의사표시를 하도록 요구하였다. … 한국군포로들은 처음에는 약간 머뭇거렸으나, 겁을 먹은 대다수는 인민군에 지원하는 쪽을 선택하였다. 그러나 간호장교들은 단 한 명도 손을 들지 아니하였다. 이때, 인민군 장교는 경비병으로부터 기관단총을 한 정 낚아채어, 오른손으로 총구를 잡고 가장 가까이 서 있는 간호장교에게 접근, 개머리판으로 그녀의 얼굴을 강타하여 안면과 코에 파열상을 입혔다. 그가 구타를 중지하고 다시 둘러보았을 때에는 간호장교를 포함한 모든 포로들이 손을 들고 있었다."
William Lindsay White, *The Captives of Korea*, 국방부전사편찬위원회 역, 『한국전쟁포로』, 1986, p. 45.
당시 유엔군이 체포한 북한군포로의 11%가 원래 국군신분이었다는 사실은 이런 식으로 북한 인민군에 재 입대된 한국군포로들의 규모를 짐작할 수 있는 한 예증이 될 것이다. 종전 후 귀환하지 못하고 북한에 억류된 5만 명 이상의 한국군포로들 중 상당수는 이렇게 인민군에 강제로 재 입대된 사람들이었을 것으로 추측된다.

에 남한으로 탈출·귀환한 고(故) 조창호 중위는 이 범주에 속한다.29) 두 번째 범주는 복구업무를 하는 것인데, 가장 많은 사람들이 이에 속한다. 세 번째 범주는 한반도의 최북단인 벽동군 등지에서 수용된 포로들이다. 휴전 이후에 송환된 한국군포로들의 대부분은 이 세 번째 범주에 속하며 처음 두 범주의 포로들은 거의 송환되지 않았다. 그런데 미국정보기관에 의해서 제시된 자료에 따르면, 북한에는 적어도 29개의 포로수용소가 있었으며, 중국에도 18개의 포로수용소가 있었다. 1951년 12월에 공산군이 제시한 명단상의 한국군포로는 대부분 북한의 11개 포로수용소에 있었으며, 중국과 북한의 다른 포로수용소에 있었던 포로들은 명단에서 누락되었다.30)

이항구 씨의 진술에 따르면, 자신이 정찰중대 분대장으로 있었던 조선인민군 제22여단은 1951년 10월 9일에 창설되었는데, 간부를 제외하고는 모두가 한국군포로들로 구성되어 있었다고 한다. 이 부대에서 한국군포로들에 대해 실시한 주요 훈련 내용은 그들을 세뇌시키기 위한 정치·사상교육이었다. 6~8개월의 훈련 뒤에 이 포로들은 여러 부대로 나뉘어졌다. 그 중의 하나가 철로복구를 주 임무로 했던 인민군 584부대였다. 이 부대의 산하에 한국군포로들로 구성된 3개의 여단이 있었고, 각 여단은 2,000~5,000명 정도의 포로로 구성되어 있었다. 그런데 당시 유엔군은 공산측 수송선을 효과적으로 마비시키기 위해서 철로에 시한폭탄을 투하하였다. 이 폭탄은 투하되면 철로 변 땅속 1~2m에 박혀 있다가 수시로 폭발했는데, 이것을 캐낸 뒤 인근의 논·밭으로 가져가 폭발시키는 것이 한국군포로들

---

29) 1994년 고(故) 조창호 중위 귀환 이후 2008년 6월 초까지 국군포로 74명, 가족 158명이 국내로 귀환하였다.
30) 당시 미국 정보기관이 파악한 바에 따르면, 포로명단에서 누락된 한국군포로들의 수용소 위치는 다음과 같다. 북한의 중강진(동경 126도 50분, 북위 41도 48분), 강계(동경 126도36분, 북위 40도 58분), 신의주(동경 124도 24분, 북위 40도 06분)와 중국의 Antung (동경 124도 20분, 북위 40도 10분), Mukden (동경 123도 30분, 북위 41도 45분), Peiping-Tientsin (동경 116도 25분, 북위 39도 55분). US Department of State, *Foreign Relations of the United States*, 1951 Vol. Ⅶ, Korea and China Part 1 (Washington, D.C.: U.S.G.P.O., 1983), pp. 1,399-1,400.

의 임무였다. 4~8명이 한 조가 되어 일을 했는데, 사고율이 높아서 대개 한 사람이 다섯 번째 일을 넘기지 못하고 변을 당하였다고 이항구 씨는 진술한다.31)

한국군포로들로 편성된 또 하나의부대가 인민군 218군부대였는데, 평양, 신의주, 온천, 황주에 있는 비행장의 복구작업에 투입되었다. 이 작업 역시 폭격의 위험 속에서 이루어졌기 때문에 사망자가 많았다고 한다.

북한당국은 전쟁이 끝난 뒤에 한국군포로들을 제대시키기 시작해서 1956년에 완료했다. 이 포로들은 '해방전사(解放戰士)'라는 딱지가 붙어 사회로 내보내졌지만, 대부분이 광산, 협동농장, 제철소에서 힘든 일을 계속해야만 되었다. 귀순한 북한 간첩 강대진 씨에 의하면, 1950년 중공군에게 포로가 된 박승일 대령과 고근홍 대령을 포함하여 수 백 명의 한국군포로들은 1960년대에 황해도의 광산이나 공장에서 일을 했다.32) 조창호 씨는 북한에 억류되었던 40여 년 동안 아오지 탄광 등에서 노동을 했었는데, 자신이 1953~1957년 동안에 갇혀 있던 '아오지 제1특별수용소'에만도 300~400명의 송환되지 않은 한국군포로가 수감되어있었다고 했다. 그는 대부분의 포로가 장티푸스, 콜레라, 발진티푸스, 폐결핵과 같은 전염병으로 죽었으며, 자신의 손으로 묻어준 한국군포로만도 100명이 넘는다고 증언했다.33)

조창호 씨의 귀환 후 국방정보본부가 1960년대 이후에 북한에서 한국으로 귀순·귀환한 18명으로부터 얻은 정보와 1994년에 국방군사연구소(國防軍史硏究所)가 조사한 귀환 전쟁포로 13명의 증언을 살펴보면 국군포로들의 북한 억류생활을 추측할 수 있다.

북한에서 석방되거나 제대한 한국군포로들은 재정비정책을 겪었다. 이 정책에 따라, 포로들은 1960년대 후반부터 1970년대 후반까지 2~3차에 걸

---

31) 이항구 씨와의 인터뷰, "돌아오지 못한 용사들," 대구문화방송 6·25 보도특집, 1997년 6월 26일자 방영;「조선일보」, 1994년 11월 5일.
32)「조선일보」, 1996년 7월 10일.
33) 군합동 신문조서(1994. 11. 5), 전화인터뷰(1997년 6월 26일자 방영 "돌아오지 못한 용사들," 대구문화방송 6·25 보도특집)

쳐 '통제구역'이나 농촌에 보내졌다. 1980년대 초에 북한당국은 아주 소수의 포로들에 대해서 노동당 입당과 간부임용을 허용하였다. 이런 상대적인 완화조처는 국가보위부 및 사회안전부 포고의 기본적인 틀에 따라 이루어졌다. 그러나 대다수의 한국군포로는 광산, 공장, '통제구역'의 농장에서 일을 했다. 그들의 생활은 항상 국가보위부의 통제와 감시 속에 있었다. 탈북·귀순사 강명도 씨의 증언에 따르면, 국군포로 출신이었던 최병남의 경우, 평양외국어학원의 교사로 근무하다가 1976년 8·18사태(판문점 도끼만행 사건)가 발생하자 체포되어 국가보위부수용소에 수감되었다고 한다.[34] 이 예는 국군포로 출신들에게 '재정비정책' 혹은 '관대처리방침' 등에 의해 정상적인 사회활동이 허용되더라도 이는 어디까지나 임시적인 조치에 지나지 않는다는 것을 말해준다. 그들은 비록 결혼을 하더라도 한국군포로 출신이라는 것이 알려져 이혼당하는 경우가 많았으며, 그들의 자녀 역시 대학에 들어갈 수 없었다. 그나마 이런 생활이라도 할 수 있는 사람은 전쟁동안 포로가 된 후에 인민군에 재입대한 경우이고, 다른 포로들은 교화소 등지에서 비인간적인 삶을 살아야만 했다.

20년 이상 광부로 일하다가 1996년에 탈북·귀순한 동용섭 씨의 증언에 의하면, 자신이 일했던 함경남도 허천군 소재 용양광산에서 1,000명 이상의 한국군포로들이 광부로 일하고 있었으며, 그곳에서 2km정도 떨어진 검덕광산에서는 수 천 명의 한국군포로들이 엄중한 감시 속에서 일하고 있었다고 한다. 그들은 40년 동안 외출이 결코 허용되지 않았다. 북한당국은 심지어 그들의 자녀들에게도 외부 여행을 금지하고 광산에서 강제노동을 시켰다. 동용섭 씨는 이러한 전쟁포로들은 절대로 본인의 의사에 의해 남은 것이 아니며, 한국에 돌아가기를 간절히 바라고 있다고 증언하고 있다.[35]

---

34) 강명도 씨와의 인터뷰, 1997년 11월 21일.
35) 『중앙일보』, 1996년 8월 26일. 동용섭 씨의 이러한 증언 내용은 탈북·귀환포로 유**(79세) 씨의 증언으로도 확인되었다. 유** 씨와의 인터뷰, 2008년 3월 15일.

2) 베트남전쟁 억류자

사실 우리는 베트남전쟁 한국군포로들의 억류과정과 북한생활에 대해서 매우 한정된 자료만 가지고 있다. 북한은 자국 내 한국군포로들의 존재를 부인하고 있으며, 역대 남한정부들은 각자 다른 이유로 지금까지 이 문제에 대해서 언급하려 들지 않았다. 베트남전쟁 중에 박정희 정부는 한국군의 베트남 파병에 대한 야당의 비난을 피하기 위해 한국군포로들의 존재를 부인했고, 실종자들의 숫자를 최소화했다. 이후의 역대 한국정부들도 자신들의 무책임함이 국민들에게 알려질까 우려하여 이 문제에 대해 소극적인 자세를 취했다. 예를 들면, 서울대학교 전경수 교수가 한국사회사연구회 월례발표회(1994년 4월 16일)에서 자신의 논문 "베트남전쟁 동안의 한국군포로와 실종자"를 통해 베트남전쟁에서 엄청난 한국군실종자들이 발생했을 가능성을 제기하자, 국방군사연구소(國防軍史硏究所)는 1994년 6월 14일에 "월남전 실종자에 관한 검토"를 통해서 그것을 부정하였다.[36] 이 보고서는 결론부분에서 더 이상 이 문제에 대해 언급하지 말 것을 제안했는데, 여론이 이 문제에 주목하게 된다면 정부에 대한 불신이 커질 것이라는 이유 때문이었다. 김대중·노무현 2정부도 남북한 관계에 미칠 부정적인 영향 때문에 이 문제에 대해 수동적인 자세를 취했다.

비록 얻을 수 있는 정보가 제한되어 있기는 하나 박정환 소위와 안학수 하사의 사례를 통해서 한국군실종자의 억류과정을 추측할 수 있다.

박정환 소위는 1967년 10월 15일에 태권도 교관으로 베트남에 파병되어, 1968년 1월 30일 '구정공세(舊正攻勢)' 동안 사이공(Saigon, 현 호치민 시) 근처 미토시(Mytho City)에서 전기 기술자인 김규식 씨와 함께 베트콩 민병대의 포로가 되었다. 그와 김규식 씨는 두 차례 탈출을 시도했다. 베트

---

36) 國防軍史硏究所, 「월남전 실종자에 관한 검토」, 1994년 6월 14일.

남에서 시도했던 첫 번째 탈출에서 그들은 일단 성공했으나 당시에 밀림과 농촌지역을 베트콩이 장악하고 있었기 때문에 곧 다시 붙잡혔다. 그들은 월맹(Viet-Minh)으로 보내지는 '호치민 루트(Ho Chi Minh Trail)'에서 다시 탈출을 시도했으나 이번에는 베트남전쟁에 대해 공식적으로는 중립적 입장을 표방하고 있던 캄보디아의 민병대에 붙잡혔다. 캄보디아 수용소에서 박정환 소위와 김규식 씨는 북한으로 가도록 강요받았으며, 북한으로 가라는 제안을 받아들일 때까지 감금되어 있어야 했다. 박정환 소위가 캄보디아 주재 캐나다 대사관에 편지를 비밀리에 보내 그들의 억류상황을 알리는데 성공하여 그들은 502일간의 억류생활을 끝낼 수 있었다.[37]

박정환 소위와 김규식 씨의 경험은 다음과 같은 사실을 알려준다. 첫째, 한국 군인이 일단 작전 중에 낙오되면 복귀는 거의 불가능하다. 둘째, 많은 한국군이 북한으로 보내졌을 것이다. 체포되어 있는 동안 박정환 소위는 북한으로 보내진 한국군 장교와 병사들의 명단을 보았는데, 그들은 한국정부에 의해서는 전사자(KIAs)로 분류되어 있었다. 셋째, 많은 한국 민간인들이 베트콩 민병대에 의해 포로가 되어 북한으로 이송되었다. 사실 베트남전쟁 동안 베트남에는 한국 군인들과 비슷한 수의 한국 민간인들이 있었다. 그런데 한국정부는 박정환 소위와 김규식 씨가 귀국한 후에 자신들의 경험에 대해 침묵을 지키도록 강요했다.

안학수 하사는 한국군이 어떻게 베트콩에 의해서 북한에 보내졌는지를 보여주는 또 다른 사례다. 그는 제대를 며칠 앞둔 1966년 9월 어느 날에 실종되었다가 1967년 3월에 북한 라디오 방송에서 연설을 했다. 북한 당국은 안학수 하사가 본인 의사로 북한에 망명하였다고 주장하고 있으나 사실은 베트콩에 의해서 포로가 되어 중국을 거쳐 북한으로 이송되었던 것이다. 북한 간첩으로 남파되었다가 1970년에 전향한 정차랑 씨의 목격담에 따르면, 안학수 하사는 다리에 상처가 매우 많았는데, 안 하사는 한 작업장에서

---

[37] 박정환, 『느시』, 1, 2권 (서울: 문예당, 2000).

그 상처를 정차랑 씨에게 보여주며 북베트남(Viet-Bak)으로 이송되는 도중에 입은 상처라고 설명해 주었다고 한다.38) 게다가 자신의 어머니에게 보낸 다음과 같은 마지막 편지는 결정적인 증거다. " … 엄마, 이 편지 받고 답장하지 마세요. 곧 귀국하게 되니까 받아볼 수 없을 거예요. 귀국할 때는 군의관들 하고 비행기로 서울로 가게 되니까 서울 외갓집에서 기다려주세요."39) 그러나 안 하사는 북한 선전원으로 복무하며 북한당국이 써준 원고를 읽어야 했다.

한국 군인들은 일단 베트콩 민병대의 포로로 잡히면 '호치민 루트'를 통해서 월맹(Viet-Minh)에 보내졌다가, 이어서 월맹에 파병되어 있던 북한군에 인도된 것으로 보인다.

이렇게 끌려간 한국군포로들의 북한 내 생활은 거의 알려져 있지 않다. 안학수 하사와 박성열 병장의 경우, 북한은 이데올로기 선전에 그들을 이용할 목적으로 대중적인 환영회를 개최했다. 그러나 북한당국은 자국 내에 다른 한국군실종자가 존재한다는 것은 결코 인정하지 않고 있다. 북한당국은 그들을 남파공작원 - 간첩이나 특공대 - 의 교관으로 이용했을 가능성이 매우 높다. 북한이 그 당시와 그 후에 한국 민간인들을 납치하여 같은 목적으로 이용한 사실을 고려할 때 이 같은 추측은 충분히 가능하다. 귀순자 안명진 씨의 증언에 따르면, 그는 김정일정치군사대학에서 남한의 정치, 경제, 사회, 문화에 대해 남한 출신으로 추정되는 60명 이상의 교관들에게서 배웠다고 한다. 전향한 북한 공작원 출신인 최정남 씨 역시 비슷한 증언을 하고 있다. 그러나 이용가치가 없다고 판단되는 한국군포로들은 산간오지로 보내지거나 정치범 수용소에 수용되었을 것으로 보인다.

---

38) 정차랑 씨와의 인터뷰, MBC 프로덕션, 〈이제는 말할 수 있다〉 "베트남의 한국군 실종자들" 편, 2000년 7월 30일 방영, 비디오카세트.
39) 金成東 (2000), 앞의 기사, p. 266에서 재인용.

3. 민간인 납북자

한국정부의 발표에 따르면, 6·25전쟁 당시 북한은 84,532명의 민간인들을 납치하였다.[40] 그런데 1955년 9월 8일에 대한적십자사가 국제적십자사에 제시한 납북인사는 17,500명이었고, 1956년 6월 15일부터 8월 16일까지 대한적십자사가 실시한 '실향사민의 신청접수'에서는 7,034명만이 접수되었다.[41] 정부의 발표 수치는 과장되었을 것이라는 주장도 있으나, 대한적십자사가 제시한 수치나 신고·접수된 수치는 전체의 극히 일부분에 지나지 않는 것으로 판단된다.

그 정확한 수를 현재로서는 알 수 없다 하더라도, 이 전시(戰時) 민간인 납북자 문제는 그간 너무 도외시 되어왔다. 이들의 북한생활은 국군포로나 종전 후에 납북된 민간인들의 예를 통해 짐작할 수 있겠으나, 분명한 것은 그들 중의 일부는 정치범 수용소에 보내졌다는 것이다.

북한은 휴전 이후 1955년 5월에 대성호 어부 10명을 납치하여 억류한 것을 필두로 하여 현재까지 총 407명의 어부를 납치하여 억류하고 있다. 그리고 1969년 12월에 대한항공 여객기 승무원 및 승객 중에서 12명과 1970년 6월에 납치한 I-2정 승무원 20명을 억류하고 있다. 그 외에 북한은 1970년 4월에 노르웨이 대사관에서 납치한 교사 고상문과 1983년 7월에 납치한 재미 유학생 이재환, 1995년 7월에 중국 옌지(延吉)에서 납치한 순복음교회 목사 안승운 등을 억류하고 있는 것으로 알려져 있다.

또한 1997년 10월에 검거된 북한의 공작원 최정남으로부터 확인된 바로는, 1978년 8월에 선유도 해수욕장에서 실종된 당시 고교생 김영남과 홍도 해수욕장에서 실종된 고교생 홍건표와 이명우 등도 북한에 납치·억류되어

---

40) 국방정보본부 (1986), 앞의 책, p. 543.
41) 대한적십자사, 「실향사민등록자명부」, 1956, pp. 3-4, 신율, "한국전쟁 당시 납북자 문제 해결을 위한 현실적 대안 모색," 6·25사변 납북자 가족회, 「한국전쟁 중 납북자 실태와 해결방안」, 2001년 2월 22일, p. 3에서 재인용.

있다. 이는 김정일이 "6·25때 월북자는 나이가 많으므로 새로 남조선 사람들을 납치하여 공작에 이용하라"는 지시를 내림으로써 자행된 것이다. 따라서 이렇게 납치된 사람들이 더 있을 것으로 판단되나, 현재까지 확인된 휴전 후의 피랍·억류자는 485명이다.

이들 피랍·억류자들 중에는 1969년에 납치된 대한항공 스튜어디스 성경희, 정경숙 등과 같이 대남 방송에 활용되거나, 홍건표, 이명우의 경우처럼 대남 공작원들에게 한국의 실상과 말씨 등을 교육하는 '이남화 교육'의 교관으로 쓰이는 사람들도 있다. 귀순자 안명진의 증언에 따르면, 자신이 김정일 정치군사대학에서 훈련을 받는 동안에 60여 명으로부터 한국의 정치, 경제, 사회, 문화 등을 비롯하여 생활실상 및 생활방법 등에 대해 교육을 받았다고 한다. 그리고 북한의 공작원 최정남도 평양시 순안초대소에서 교육을 받는 동안에 홍 교관(홍건표), 마 교관(이명우)으로부터 안명진이 받았던 교육과 같은 내용의 교육을 받았다고 한다. 그러나 이용가치가 더 이상 없다고 판단되는 사람들은 정치범 수용소에 수용되어 있는 것으로 보인다.

그런데 6·25전쟁 시의 미송환 국군포로 문제와 민간인 납북자 문제의 양 측면을 모두 가지고 있는 것이 베트남전에서 베트콩이나 월맹군에 의해 생포되어 북한에 이송된 국군포로와 민간인 문제일 것이다. 국방부의 공식 발표에 따르면, 1964년 9월부터 주월 사령부가 해체된 1973년 3월말까지 베트남전에 참전한 한국군은 32만여 명인데, 그 가운데 공식적으로 인정된 국군포로는 고작 3명이다. 한국 군인들과 비슷한 수의 한국 민간인들이 미국회사나 미군에 소속된 기술자로, 혹은 돈을 벌기 위해 베트남에 상주하고 있었다. 그런데 그들의 실종도 등한시 되어왔다. 『느시』의 저자 박정환의 경험과 RAND 보고서 등은 보다 많은 한국인 군인과 민간인들이 베트남전 당시에 북한으로 강제 송환된 것을 보여준다.[42]

북한에서의 이들의 삶은 거의 알려진 것이 없다. 그러나 6·25전쟁 당시

---

42) 박정환 (2000), 앞의 책.

의 국군포로나 민간인 납북자, 전후 납북자들의 삶을 통해 짐작할 수는 있다. 이들의 문제에서도 가장 큰 어려움이 남한정부가 그 실태를 제대로 파악하지 못하고 있는 상태에서 북한이 그들의 존재를 부정하고 있는 데 있다. 따라서 앞에 기술한 6·25전쟁 포로 문제와 같이 다각적으로 대응방안을 마련해야 될 것이다.

　한국정부는 6·25전쟁 이후 납북사건이 발생할 경우 다양한 경로를 통하여 해결 노력을 기울여 왔다. 모두 한국정부의 노력 결과는 아니지만, 6·25전쟁 이후 시기의 납북자 3,790명 중에는 귀환자가 3,305명에 이르고 있다. 그러나 6·25전쟁 당시 납북자에 대해서는 전쟁이라는 당시의 상황과 납북과 월북에 대한 객관적인 평가의 어려움, 그리고 50여 년이라는 세월의 경과 등을 이유로 내세우며 한국정부는 매우 소극적인 태도로 일관해 왔다.

　6·25전쟁 납북자 가족들은 모임을 결성한 후 전쟁 당시 정부가 작성한 납북자 명부를 발견하였다. 이와 같은 객관적 자료의 발굴에도 불구하고 정부는 당시 상황에 대한 판단 근거 부족과 북한이 납북자의 존재를 부인하고 있다는 현실적 이유를 제시하면서 넓은 의미의 이산가족으로서 생사확인과 서신교환, 그리고 제한적인 상봉에 대한 노력만을 밝히고 있다. 또한 6·25전쟁 이후 시기의 납북자 가족들도 모임을 결성하여 적극적인 활동을 벌려왔다. 이러한 결과 정부는 정부 내에 전담자를 배정하였으며, 이후 진행된 남북회담에서 6·25전쟁 이후 납북자 문제를 부분적으로 제기하고 있다. 그러나 이들 역시 이산가족의 범주에 포함하여 해결방법을 모색하고 있으며 남북이산가족 상봉 시 일부가 포함되어 가족상봉을 이루었다.

　그간 한국정부는 6·25전쟁 당시 납북자는 물론이고 이후 납북자에 대해서도 북한 측에 이들의 생사확인과 송환을 적극적으로 요구하지 못했다. 이러한 입장은 북한과 화해·협력 관계를 유지하려는 거시적 측면의 통일정책과 상충될 가능성이 높았기 때문으로 보인다. 즉, 북한을 자극하는 요인으로 작용할 것을 우려하여 매우 소극적인 접근방법을 채택했던 것으로 보인다. 물론 이러한 입장은, 북한이 납북자를 인정하지 않고 있으며, 납북자 문제가 의제로 채택되는 것을 원하지 않는 현실을 반영한 것이다. 즉, 정부는, 북한이 납북자에 대한 기존의 입장을 변경시키도록 강제하거나 유도할 수 있는 방안을 찾지 못한다면, 납북자에 대한 현재의 정책 방향을 변경시키는 것이 어려울 것이다. 이와 같이 납북자 문제는 한국정부의 무관심으로 국내 관련 자료의 축적이 이루어지지 못하였고, 법률적·제도적 장치와 전문인력, 그리고 적극적인 송환노력이 미비하여 큰 성과를 보이지 못하고 있는 실정이다.

이런 가운데 2007년 3월 2일에 '납북피해자 보상 및 지원에 관한 법률안'이 마침내 국회 통일외교통상위원회에서 통과되었다. 이 법률에 따라 1953년 정전협정 체결 이후에 납북되어 3년 이상 북한에 억류 된 당사자와 가족에게 피해 위로금과 정착 및 주거 지원금을 지급할 수 있게 되었다. 그러나 6·25전쟁 시 납북자나 3년 미만의 납북자 및 그들의 가족은 보상 대상에서 제외 되어 있다.

4. 법리적 조명

1) 한국군사정전협정과 1949년 제네바 제3협약

6·25전쟁 한국군포로의 송환에 관한 법적용 문제를 연구하기 위해서는 먼저 1949년 제네바 제3협약에 대한 전쟁 당사국들의 입장을 살펴보아야 한다.[43]

6·25전쟁이 발발하자 국제적십자사 총재 P. 루거(Paul Ruegger)는 남

---

[43] 이 협약의 정식 명칭은 "포로의 대우에 관한 1949년 8월 12일자 제네바협약(Geneva Convention Relative to the Treatment of Prisoners of War of August 12, 1949)"이다. 이 협약은 "1949년 제네바 제3협약"으로 보통 불리우는데, 다양한 범주의 전쟁희생자를 보호하기 위한 네 개의 협약 중의 하나이다. 이 협약은 제2차 세계대전에서 발견된 누락사항을 보충하기 위한 것이다. 북한은 1957년에, 한국은 1966년에 각각 가입했으며, 오늘날 대부분의 국가들(194개국)이 가입해 있다.

북한 각 측에 대해, 비록 1949년 제네바협정에 서명한 국가는 아니지만 협정의 혜택을 받을 수 있을 것임을 타전(打電)하였다. 이에 대해 미 국무부는 1950년 7월 3일에, 미국이 제네바 제3협약의 인도적 원칙을 존중하고 국제 적십자사와 철저히 협력할 것이라고 천명했고, 다음날 D. 맥아더(Douglas MacArthur) 장군은 실제적 조처들을 밝히면서 이를 재확인하였다. 맥아더 장군은 방송을 통해 '자신의 부대에 의해 포획된 북한인들은 문명국가에 의해 인식되고 있는 인도주의적 원칙에 따라 대우 받을 것이고, 포로가 된 자신의 부대원도 같은 대우를 받기를 기대한다'고 천명하였다. 아울러 그는 북한을 위하여 '이 원칙에서 벗어나던가 아니면 그러한 원칙에서 벗어나도록 원인을 제공하거나, 허가하거나, 혹은 명령하는 어떤 개인의 행위도 책임지고 통제할 것'을 다짐하였다. 이 선언은 H. 트루먼(Harry S. Truman) 대통령이 승인함으로서 미국정부의 공식적인 입장이 되었다. 이어서 이승만 대통령은 1950년 7월 5일에 한국도 제네바협약의 조건들을 따를 것이라고 선언하였다. 북한에서는 1950년 7월 13일 외상 박헌영이 트리그브 리(Trygve H. Lie) 유엔 사무총장에게 전문을 보내, 조선민주주의인민공화국은 전쟁포로와 관련한 제네바협약의 제 원칙을 엄격히 준수할 것이라고 천명하였다.44)

---

44) 그러나 공산군측은 전쟁을 수행하며 제네바협정의 조문과 정신에 위배되는 많은 행동들을 했다. 그 대표적인 예가 유엔측 포로들에 대한 학살과 생체실험일 것이다. 체포된 포로 중 자기발로 걸어서 수용소로 갈 수 없는 포로들은 대부분 현장에서 학살되어 버려졌다. 때로는 집단적으로 학살되기도 했는데, 그 한 예로 평안북도 운산에서 전투가 끝난 뒤인 1950년 11월 5일에 약 400명의 미군 부상포로들을 중공군으로부터 넘겨받은 운산내무서원들은 11월 6~7일에 내무성 경비대와 협동하여 이들을 운산읍 남쪽 제안리의 구룡강 다리 밑과 상구동 나루의 백사장에 끌고 가 경기관총으로 학살하고 강변의 모래로 덮어 버렸다고 한다. 이기봉, "6·25 전쟁 포로 출신 전문가 진단, '북한 달러박스' 미군유해 발굴, 몇 구나 가능할까," 「신동아」, 1996년 8월호, p. 377. 공산군이 자행한 보다 다양한 형태의 유엔군 학살행위는 전술한 M. 클라크 장군의 미발표 유엔 연설문을 참조하시오. Mark W. Clark (1954), 앞의 책, pp. 302-306.
미 하원 국가안보위 군인소위원회에서 1996년 9월 17일에 개최한 한국전 및 베트남전 참전 실종미군관련 청문회에서 전 체코군 고위관계자 잔 사스나와 아이젠하

그런데 중국은 전쟁 초기에 제네바협약에 반대하였다. 중국공산당국은 '관용정책(寬容政策)'이라는 자의적인 전쟁포로 취급원칙을 천명하였다. 중국정부는 "제네바협정이 자본주의자, 전쟁광, 부르조아들의 문서이기 때문에 받아들일 수 없다"는 것이었다. 심지어 북한이 제네바협정을 준수할 것이라고 천명한 것에 대해서도 "그것은 김일성의 입장일 뿐이고, 자신들은 중국인민지원군이기 때문에 자신들에게는 적용되지 않는다"는 입장을 취했다. 그러나 중국은 1952년 7월 13일에 기존의 입장을 바꾸어 제네바협약을 인정하였는데, 이는 본 협약이 유엔측에 억류된 모든 공산측 병사들의 송환을 요구하는 데에 유리한 논거가 될 수 있음을 인식했기 때문이다.45) 그러나 중국은 이 협약을 인정하면서 '뉘른베르크 및 동경 국제군사재판의 결과, 전범으로 유죄판결을 받은 포로들은 협약의 혜택을 누릴 권리가 없다'는 유보조항을 첨가하였다.46) 즉, 중국공산당국의 논리에 따르면 모든 유엔측 군인들은 '제국주의 침략전쟁'에 참여했으므로 전범이 되기 때문에 제네바협약의 혜택을 받을 수 없고, 공산측 병사들은 이 협약에 따

워 대통령의 군사보좌관이었던 필립 코로소의 증언에 따르면, 한국전 발발 직후에 소련은 북한에 병원을 세워 포로들을 대상으로 각종 인체 및 심리 실험을 했다고 한다. 소련은 심지어 한국군, 미군 등 각 국가별로 다른 환경에서 성장한 인종들이 특정 약물, 생화학무기, 방사능 등에 어떻게 반응하는 지도 실험했다고 한다. 이들은 소련, 체코, 중국 등에도 실험용으로 집단적으로 보내졌으며, 6·25전쟁이 끝났을 때 북한에서 실험대상으로 쓰이던 포로들 중 약 100명 정도는 살아있었는데, 체코에서 신체검사를 받은 후 소련으로 이송되었다고 한다.『조선일보』, 1996년 9월 19일.

45) 정전협상 과정에서 포로송환방식에 관한 유리한 논거(論據)를 제시하기 위해 중국정부는 1952년 7월 13일에 주은래 외상 명의로 "제네바협정은 근본적으로 평화의 유지에 이바지하는 국제협약으로 판단되었으므로 중국은 그것을 인정하기로 결정하였다"고 제네바 당국자들에게 통보하였다.

46) 제2차 세계대전 당시 소련의 유보조항을 그대로 복사한 중국의 유보조항은, 비록 포로교환방식에서 유리한 논리적 근거 마련을 위해 제네바협정을 받아들이지만, 유엔군포로들에게 이 협정의 혜택을 부여하지 않겠다는 것을 의미한다. 왜냐하면 공산측은 6·25전쟁에 참가한 모든 유엔측 군인들은 침략전쟁에 참여한 외국의 주구(走狗)들이므로, 전쟁범죄자인 그들에게는 제네바협정이 적용될 수 없다는 논리를 펴고 있었기 때문이다.

라 전원 귀환되어야 한다는 것이었다.

　6·25전쟁 당사국들은 미국의 경우처럼 협약에 가입은 하였지만, 아직 비준을 하지 않았거나, 중국과 남·북한의 경우처럼 아직 협약에 가입하지도 않았기 때문에 협약의 규제를 받지 않았으며, 그에 승복하려 들지도 않았고, 협약에 대해 자의적인 입장들을 취하였다. 그러나 전쟁포로에 대한 협정은 매듭지어야 했기 때문에 전쟁포로 취급에 대한 조항들이 한국군사정전협정에 삽입되었다. 그리고 제네바협약은 정전협정에 기술되지 않은 부분에 대해 보완적인 조처로서 적용되게 되었다.

　비록 양 진영 모두 전쟁 중에 제네바협약을 여러 차례 위반하였지만, 그들은 협약을 각자 적극적 혹은 소극적인 방법으로 이용하였다. 북한은 정전협정에 관하여, 남한이 협정에 직접 서명하지 않았다는 이유를 들어 남한을 당사자로 인정하지 않고 있다.[47] 따라서, 한국군포로의 송환문제는 한국군사정전협정 뿐만 아니라 1949년 제네바 제3협약에도 기반을 두어 분석해야 된다.

　1949년 제네바 제3협약 118조는, "포로는 적극적인 적대행위(active hostilities)가 종료된 후 지체 없이 석방·송환되어야 한다"고 규정하고 있다. 북한이 5만 명 이상의 한국군포로들을 북한에 억류한 것은 이 조항에 대한 위반이다. 또한, 정전협정 제3조 51항은 "정전협정이 효력을 발생한 후 60일 이내에 각방(各方)은 그 수용 하에 있는 송환을 견지(堅持)하는 전체 전쟁포로를 포로된 당시에 그들이 속한 일방에 집단적으로 나누어 직접 송환 인도하며 어떠한 장애도 가하지 못한다"고 규정하고 있다. 정전협정 부록 제2조 4항에는 "정전협정 발효일 이후 피송환권을 행사하지 않은 전체 전쟁포로는 정전협정 발효일 이후 가능한 속히 최대한 60일 이내에 억류측의 군사통제와 수용소로부터 석방되어 억류측이 지정하는 한국 내의 지구에서 중립국송환위원회에 넘긴다"고 규정되어 있다. 마찬가지로, 정

---

47) 자세한 내용은 허만호, "휴전체제의 등장과 변화," 한국정치외교사학회, 『정치외교사학회논총』 제16집(한국전쟁과 휴전체제), 1997 참조.

전협정 제4조 11항에 따르면, "중립국송환위원회의 관리하에 있었던 포로는 동(同) 위원회가 해산되고 난 뒤에도 전쟁포로의 신분에서 해제된 사민(私民)으로서 조국으로 돌아가기를 희망하는 자가 있으면, 그들이 있는 곳의 당국은 그들의 귀환을 책임지고 협조" 하도록 되어 있다.

그런데 현재 북한에 억류 중인 한국군포로들은 중립국송환위원회의 관리 하에 들어가지 않았기 때문에 군사정전위원회를 통해 송환을 요구하기 어렵다는 주장이 있다. 그러나 북한이 송환을 원하는 포로들이 송환·인도되는데 '장애'를 가한 것은 정전협정 위반이다. 북한은 피송환권을 행사하지 않은 포로들을 중립국송환위원회의 관리 하에 넘겼어야 했다. 당시에 협정을 이행하지 않은 것이 오늘날의 협정 이행에 대한 제약으로 간주될 수는 없다.

그러나 한국군포로 송환문제를 위해 한국군사정전협정을 적용하는 데에는 적잖은 어려움이 따른다. 1991년 3월에 군사정전위원회 유엔측 수석위원을 한국군 장성으로 교체한 이후, 정전체제는 파행적으로 운영되고 있다.48) 사실, 정전협정의 당사자문제는 한국에게 항상 걸림돌이 되어 왔다. 정전협정은 공산측에서는 북한과 중공에 의해서, 서방측에서는 한국이 아닌 유엔군 사령관에 의해서 서명 되었는데, 북한은 이를 이유로 수석위원 교체 이후 군정위에 참여하는 것을 거부하고 있다. 한국이 군정위를 통해 한국군포로 송환문제를 해결하려 하더라도 당사자문제는 한국에 장애가 될 것이다.

베트남전쟁 한국군포로에 대해서는 당사국들 간에 어떤 조약도 없다. 1973년 1월 27일, 파리에서 평화조약이 타결되었을 때 한국군포로들은 제외되었다.49) 그러나 그들은 1949년 제네바 제3협약에 의해서 보호 받을 수 있다.

---

48) 보다 자세한 내용은 허만호 (1997), 위의 논문 참조.
49) 베트남전쟁에서의 포로 문제에 대한 미국의 인식 및 정책적 고려에 대해서는 다음을 참조하시오. *Reference Information Paper 90, Records Relating to American Prisoners of War and Missing in Action from the Vietnam War Ear, 1960-1994* (Washington, D. C: National Archives and Records Administration, 1995).

2) 남북기본합의서와 부속합의서

1991년에 남북기본합의서(남북사이의 화해, 불가침 및 교류·협력에 관한 합의서)가 채택되고 다음해에 부속합의서도 채택되었으나, 곧 이어 발생한 북한의 핵개발에 대한 국제적 의혹과 김일성조문 문제가 계기가 되어 남북한 관계가 다시 악화되면서 이 합의서는 현재까지 이행되지 못하고 있다. 그러나 어떤 경로를 통해서든 일단 남북한 관계가 정상화되면, 남북기본합의서는 한국군포로 송환문제를 해결하는 법적 기반이 될 것이다. 한국은 정전협정의 당사자문제에 대해 북한을 설득할 논리를 남북기본합의서 제5조에서 찾을 수 있다. 남북기본합의서 제5조에는 "남과 북은 현 정전상태를 남북 사이의 공고한 평화상태로 전환시키기 위하여 공동으로 노력하며 이러한 평화상태가 이룩될 때까지 현 군사정전협정을 준수한다"고 되어 있다. 만일 북한이 한국을 정전협정의 당사자로 인정하지 않는다면, 한국은 정전상태를 평화상태로 전환시키기 위해 북한과 공동으로 노력할 주체자가 될 필요가 없을 것이고, 북한은 한국에 대해 정전협정을 준수하라고 요구할 수도 없는 것이다.

그런데 남북기본합의서 제3장 제17, 18조와 관련 부속합의서는 북한에 억류되어 있는 한국군포로 문제를 해결할 수 있는 가장 현실적인 대안이 될 수 있다. 기본합의서 제3장 17조는 "남과 북은 민족구성원들의 자유로운 왕래와 접촉을 실현한다"고 기술하고 있기 때문이다. 또, 제18조에는 "남과 북은 흩어진 가족·친척들의 자유로운 서신거래와 왕래와 상봉 및 방문을 실시하고 자유의사에 의한 재결합을 실현하며, 기타 인도적으로 해결할 문제에 대한 대책을 강구한다"라고 규정되어 있다. '남북교류협력 부속합의서' 제2장 제10조에는 이를 실천하기 위한 좀더 구체적인 사항들이 8개 항목으로 제시되어 있다.50) 미송환 한국군포로들은 이들 조항에 근거하여 법

---

50) '남북교류·협력 부속합의서' 제2장 제10조에는 다음과 같은 8개 항목으로 좀 더 구체적인 사항들이 기술되어 있다.

적문제 없이 한국으로 되돌아올 수 있다. 이 같은 접근을 통해, 한국군포로들이 북한 인민군에 강제적으로 편입되었는가 아니면 자발적으로 재입대한 것인가에 대한 논쟁과, 억류되어 반세기가 지난 현 시점에서 제기될 수 있는 그들의 국제법적 지위에 대한 불확실성 등을 피할 수 있을 것이다. 이는 또한 '의거입북'이라는 이름으로 북한에 억류된 베트남전 한국군포로에 대해서도 유효하다.

그 뿐만 아니라, 남북기본합의서 제17조를 적용하면 억류된 한국군포로들의 상황을 조사할 수 있다. 아울러 남북기본합의서 제18조는 생존해 있는 피 억류 한국군포로들과 그 가족들이 '자유의사에 의한 재결합'이라는 이름으로 한국에 돌아올 수 있는 법적기반이 된다. 만일 사안의 특수성 때문에 기본합의서 제17조, 제18조를 일괄적으로 적용하는 데에 어려움이 따르면, 이들에 대한 사업을 '기타 인도적으로 해결할 문제'로 따로 추진할 수도 있다. 그러나 이 접근의 유효성은 남북한 관계 진전에 달려있다.

"남과 북은 민족구성원들의 자유로운 왕래와 접촉을 실현한다.
① 남과 북은 모든 민족구성원들이 자기 의사에 따라 자유롭게 상대측 지역을 왕래하도록 하기 위한 조치를 공동으로 취한다.
② 민족구성원들의 왕래는 남북사이에 개설된 육로, 해로, 항로를 편리한대로 이용하여 하도록 하며, 경우에 따라 국제항로도 이용할 수 있다.
③ 남과 북은 민족구성원들이 방문지역에서 자유로운 활동을 하도록 하며, 신변안전 및 무사귀환을 보장한다.
④ 남과 북은 민족구성원들이 상대측의 법과 질서를 위반함이 없이 왕래하고 접촉하도록 하기 위한 조치를 취한다.
⑤ 남과 북을 왕래하는 인원들은 필요한 증명서를 소지하여야 하며, 쌍방이 합의한 범위 내에서 물품을 휴대할 수 있다.
⑥ 남과 북은 자기측 지역에 들어온 상대측 인원에 대하여 왕래와 방문목적 수행에 필요한 편의를 제공한다.
⑦ 남과 북은 자기측 지역에 들어온 상대측 왕래자에게 불의의 사고가 발생할 경우 긴급구제조치를 취한다.
⑧ 남과 북은 민족구성원들의 자유로운 왕래와 접촉을 실현하는데 필요한 절차와 실무적 문제들을 사회문화교류·협력공동위원회에서 협의하여 정한다."

5. 송환대책

1) 북한의 예상 제안과 협상대책

북한 억류 한국군포로 문제를 단독 현안으로 한 남북한 간의 양자협상이 가까운 시일 내에 이루어지기는 현실적으로 어려울 것이다. 가장 현실성 있는 방법은 6자회담이나 장관급회담에서 한국정부가 이 문제를 의제화(議題化) 시키는 것이다. 특히, 6자회담의 한 의제가 9·19선언 제4항에 명시한 바와 같이 6·25전쟁을 종료시키기 위한 제도적 장치를 마련하기 위한 것이란 점에서 이 문제는 반드시 다루어져야 되지만, 6자회담에서 직접 다루지 못한다면 최소한 이 문제를 염두에 둔 합의사항은 이끌어 내야 한다.

이런 측면에서 노무현 정부가 제20차 남북장관급회담(2007년 2월 27일~3월 2일)에서 제8차 적십자회담을 2007년 4월 10~12일에 개최하여 '전쟁시기와 그 이후 소식을 알 수 없게 된 사람들의 문제'를 협의·해결하기로 합의 한 것은 납북자와 포로 문제를 해결하는 데 초석이 될 수 있다.

그간 4자회담과 6자회담의 한 의제로 한국과 미국이 주장해온 '한반도 평화체제 구축'안이 남북기본합의서 및 부속합의서와 어떤 관계를 맺게 될 지는 미지수이다. 그러나 적어도 남북한 관계에 있어서는 기존의 합의서들과 연계를 맺지 않을 수 없을 것이다. 따라서 북한에 억류되어 있는 한국군포로의 송환문제도 이런 맥락에서 고려되어야 할 것이다.

그림 5-1은 1990년 이후 남북관계를 좌우해온 주요 의제들을 보여주고 있다. 1990년 남북총리회담을 시작으로, 남북한 양측은 평화통일의 첫 단계로서 양자 간의 불신을 해소하려고 노력해왔다. 또, 남북한은 남북기본합의서와 부속합의서에 기초하여 신뢰구축조치들(CBMs)을 취하였다. 그러나 이러한 시도들은 구체화되기 전에 남북한 간의 상호불신으로 인하여 중단되고 말았다. 양측은 상대편이 받아들이기 어렵거나 불가능한 것들을

그림 5-1 영역교차를 통한 손실보상전략

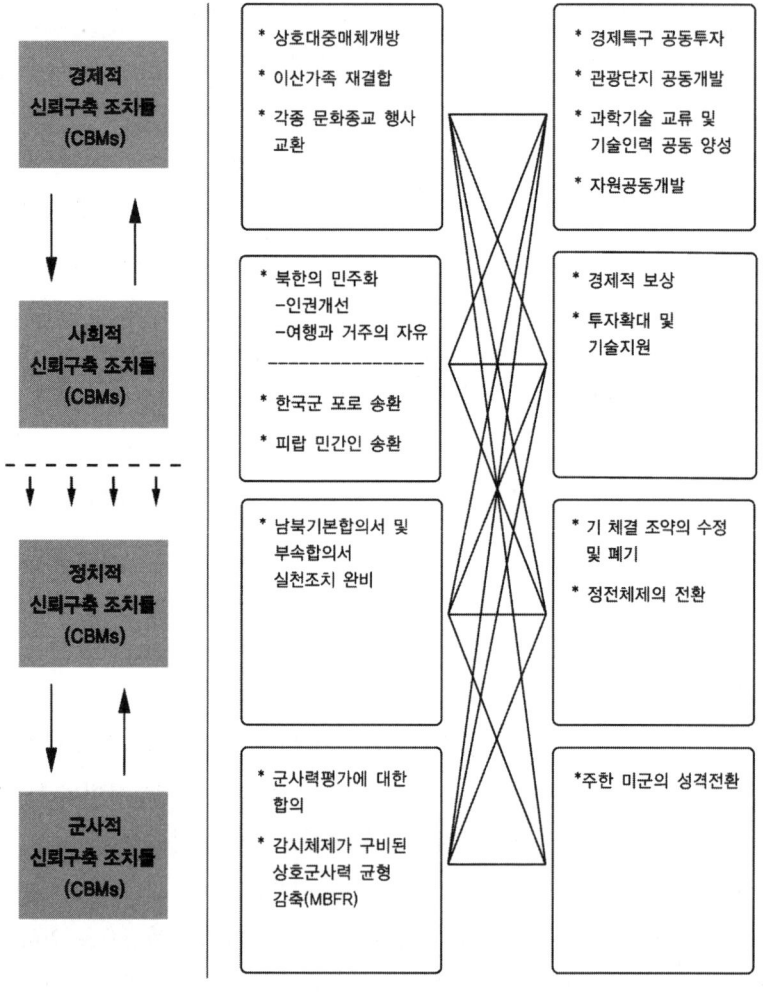

제안해서, 어떤 때에는 신뢰를 구축하기 위한 이러한 조처들이 신뢰를 무너뜨리는 것처럼 보이기도 했다.

한국의 민주주의가 공고화되고, 북한이 통일전선전략을 실질적으로 포기하기 전에, 이러한 조처들이 남북한 관계에서 중요한 성과를 거두기를 기대하는 것은 무리이다. 우선은 형식적인 조처들만이 가능할 것이다. 따라서 경제·사회·문화적인 조처에 우선순위를 두면서 협상운영의 원칙을 세우는 것이 필수적이다. 또한, 비용 대 효과 비율(cost-benefit ratio)에 기초한 경제적 합리성에 따라 경제적 조처들을 협상하여, 북한이 사회·문화적 신뢰구축조치들(CBMs)에 대해 양보를 하면, 이 '경제적 합리성의 원칙'을 유보해 주는 대북전략이 필요하다. 이와 같이, 양측은 여러 영역에서 협상칩을 늘려 나아가야 한다.

남북한 간의 신뢰구축조치가 상당히 진전되기 전에는, 한국군포로 송환문제가 양자 간 직접협상을 통해 해결될 것을 기대하기는 어렵다. 우선, 전체적인 맥락에서 이 문제를 반드시 다루겠다는 확고한 원칙을 세워야 한다. 그런 다음에 각각의 신뢰구축조치가 구체적으로 논의될 때 한국군포로 송환문제도 협상 테이블에 올려질 수 있을 것이다. 이 단계에서 한국은 이 문제로 인한 북한의 손실을 다른 영역의 이익으로 보상해줄 수 있을 것이다. 이 경우 한국은 각 영역에서 손익균형점을 찾으려 하지 말고, 영역 간의 교차를 통해 최종적인 손익균형점을 찾도록 해야 될 것이다. 이것은 일괄거래 협상방식(package dealing)과는 다르다. 영역교차방식의 손익균형점 산정방식은 다차원 순차방식이므로, 이 전략에서는 시간과 공간 개념이 중요해진다. 그런데 이를 위해서는 협상운영체계가 효율적으로 운영될 수 있어야 되고, 단호한 유연성(firm flexibility)을 기조로 한 일관성 있는 대북정책이 수립되어야 한다.

이 전략은 한국군포로 송환문제의 협상이 갖고 있는 어려움을 생각할 때 더욱 중요하다. S. 헌팅턴(Samuel P. Huntington)의 관점에 따르면, 한국은 민주주의 공고화 단계에 있다.[51] 북한의 통일전선전략은 적어도 한국에서는 그 힘을 거의 잃었다. 따라서 제2단계는 가까운 장래에 도래할 것이다. 그런데 제2단계의 도래를 가속화시키기 위해서는, 인권을 옹호하는 비정부기구들(NGOs)이 솔선하여 북한정부에 압력을 가해야 된다. 이 비정부기구들은 유엔경제사회이사회의 결의 1235호와 1503호에 토대를 두어야 한다. 이들 두 결의는 '막대하고, 명백하게 증명되는 인권침해의 지속적인 관행'에 관한 것인데, 북한에 억류되어 있는 한국군포로들이 바로 그 전형적인 예라 하겠다.

지난 반세기 동안 북한이 대남협상에서 보인 공통된 협상태도는 다음 표 5-3과 같이 요약될 수 있다.52) 북한의 협상행위는 협상일반론에서 봤을 때 대단히 변칙적이다. 협상전략은 대체로 논쟁, 요구사항의 천명, 위협을 기본으로 하는 대립전략에 편중되어 있고, 효과적인 협상을 위해서는 조화시켜야 되는 4대 협상요소 중, 세력균형에 영향을 주기 위한 기법 및 태도에 편향되어 있다. 이와 같은 전략적 편향성과 협상행태 상의 이론적 괴리는 혁명적 전투의식에 기초하여 협상을 혁명의 도구로 생각하는 그들의 협상관과 협상목적에서 비롯되는 것이다. 즉, 협상을 자본주의자들에 대항하는 강력한 무기로서, 사회주의국가의 이념적 목표와 외교정책 목표를 달성하기 위해 사용하는 전술적 도구이고, 정치적 수단을 사용하여 상대방이 수용할 수 없는 목표를 달성하는 전쟁으로 보는 공산주의 협상관에서 본다면, 북한의 협상행태도 체계성과 일관성이 있는 것이다.

이와 같은 협상관에 따라 그간 북한은 '협상의 성공'보다 정치선전의 목적에서 협상과정 그 자체를 이용해 왔다. 따라서 한국이 북한에 억류된 한국군포로의 송환 문제를 협상의제로 제기할 경우, 북한은 반공포로 송환문제를 제기하면서 정치선전공세를 강하게 전개할 것이다. 그리고 협상이 시작

---

51) Samuel P. Huntington, *The Third Wave: Democratization in the Late Twentieth Century* (Norman: University of Oklahoma Press, 1991), p. 267.
52) 북한의 협상행태에 대해서는 허만호, "북한의 협상행위의 특징: 이론적 괴리와 규칙성," 『국제정치논총』, 제36집 2호, 1996년 참조.

표 5-3 북한의 단계별 협상기법

구 분	특징적 협상행태		비 고
협상준비 단계	· 사전(事前) 정지작업 · 신중한 대표단 선발		
협상개시 단계	· 결론이 내포된 제안 전술 · 원칙 제시 전술 · 용어 혼란 전술		
협상진행 단계	· 총력협상	- 사건조작 - 진실조작과 왜곡 - 협상장외(場外)활용: 협박, 무력시위, 군중동원 등	협상기법상 효과적 협상을 위한 4대 협상행위 중 세력균형에 영향력을 행사하기 위한 행위들임
	· 주도권 장악 전술	- 협상을 자기들이 주관한 것처럼 위장 - 착취적, 협박적 언행 - 발언권 독점	세력균형에 영향력을 행사하기 위한 조작(manipulating)에 해당함
	· 상황 만회 전술	- 감정자극 - 억지논리전개 - 마타도어	감정자극은 투쟁에 해당됨
	· 기타 세력균형에 영향력 행사 기법	- 기습제안 - 상대편대표 배제 - 통신방해 - 실수유도	시간을 이용한 북한의 협상전술은 협상을 정치선전의 場으로 활용하고, 상대측의 실수를 기다렸다가 최대의 협상효과를 얻으려 하는 공산주의자들의 일반적인 협상행태와는 차이가 있음. 북한은 시한설정전술을 마지막 순간에 극적양보를 해서 상대측의 多幸症을 유발하기 위해 많이 활용함
	· 협상이익에 따라 협상진행 조절전술	- 유보전술 - 연계전술 - 지연전술	
	· 협상영향요소 활용	- 시한설정 - 극적양보	
협상종료 단계	· 협상손실 만회 전술	- 거부권 확보 - 합의사항 파기	

되면 결론이 삽입된 의제를 고집하며 협상결과를 한정 지우려 들것이다. 그리고 일종의 총력협상으로 진실조작과 왜곡도 시도할 수 있고, 다른 협상의제와 이 포로 문제를 연계시키며 협상이익을 극대화시키기 위해 협상진행

속도를 조절하는 데 이를 최대한 이용하려 들것이다.

북한이 반공포로 송환문제를 제기할 경우, 본 사안에 대한 국제사회의 인지도나 한국의 인권상황에 비추어 그다지 큰 악영향은 없을 것이다. 그러나 북한이 이와 같은 협상행태를 취한다면, 이 문제가 단독 현안으로 해결되기는 힘들 것이다. 그래서 '다차원적 손실보상전략'을 구사하던지, '협상외적 기법'을 사용하는 것이 더 효과적 일 것이다. 그러나 순수 협상론의관점에서는 다자간 협상이나 국제기구를 활용하는 중재자가 동반된 협상형태를 취하는 것이 보다 나은 결과를 얻을 수 있을 것이다.

2) 국제기구 활용방안

북한이 현재까지도 한국군포로들을 억류하고 있는 것은 명백한 불법행위이다. 이는 당사자들 간에 직접 합의한 정전협정에 대한 위반일 뿐만 아니라, 세계인권선언(Universal Declaration of Human Rights)의 13조 2항에 규정된 자신의 나라로 돌아갈 권리, 어느 국가를 떠날 권리를 명백히 침해하는 것이다. 그리고 1966년 시민적·정치적 권리에 관한 국제규약 제12조 2항 및 4항에 규정된 같은 권리 역시 침해하는 것이다.[53]

그러나 본 사안에 대하여 한국이 권리를 행사하기 위해 국제사법재판소(ICJ)에 제소하는 것도 다음과 같은 현실적인 한계 때문에 실효성을 기대하기는 힘들다.

먼저, 국제사법재판소가 재판권을 행사할 수 있는 사항은 "당사국이 법원에 부탁하는 모든 사건이나 유엔헌장 또는 현행조약에 특별히 규정된 사항"(IJC규정 제36조 1항)이며, "당사자가 국제사법재판소의 관할권에 복종할 것을 일방적으로 수락한 경우"(IJC규정 제36조 2항)로 한정되어 있다. 그

---

53) 유병화, "북한 억류자 송환의 법적 문제와 해결방안," 최성철 (편), 『북한인권의 이해』 (서울: 한양대학교 통일전략연구소), 1997, p. 384.

런데 36조 1항의 내용은 분쟁 당사국이 사전 또는 사후에 국제사법재판소에 재판관할권이 있음을 합의한 경우를 의미한다. 그리고 유엔헌장에 규정된 사항이란 같은 조문 3항에 의해 안전보장이사회에서 분쟁 당사국들에게 그들의 법적 분쟁을 국제사법재판소에 제기하여 해결하도록 권유하는 것을 의미하는데, 이 권유는 법적 구속력이 없다. 그 뿐만 아니라 북한은 현재까지 본 사안에 대한 국제사법재판소의 관할권에 복종할 것을 수락한 적이 없다.

둘째, 전술한 바와 같이 억류된 국군포로들의 실태파악이 현재로서는 부족하여 소송의 사건성(事件性)이 결여되어 있다. 물론 이러한 문제점들을 극복하기 위해 실태파악에 더욱 힘써야 되겠지만, 현 상태에서 사건성이 성립될 수 있는 부분에 대해서 만이라도 제소하는 것은 실효성을 떠나 국제여론을 환기시킨다는 의미에서 가치가 있을 것이다.

그러나 본 사안의 기본성격이 인권에 관계되는 것이므로 유엔 산하의 관련 인권기구들을 이용하여 국제여론을 환기시키는 것이 보다 더 효과적일 것이다.

세계인권선언이 1948년에 채택된 이후에 유엔에서 그간 많은 인권관련 활동들을 해왔다. 특히, 냉전이 종식된 오늘날 인권문제는 국제사회에서 큰 비중을 차지하고 있다. 이는 대부분의 국가들이 인권의 보편성을 인정하여 인권 위반국에 대한 비난과 양자적·다자적 제재를 강화시키고 있고, 선진국들은 이를 원조에 연계시키는 추세에 있기 때문이다. 그런데 한국정부에서는 유엔이나 기타 국제기구에서 북한의 인권문제를 거론하면 북한이 곧 반격과 선전공세를 펴, 남북한 간의 대결양상이 빚어지므로 이를 자제해 왔다. 그런데 유엔 인권위원회(Commission on Human Rights)와 총회의 결의 등이 특정 관련국가에 대한 제재와 원조 결정에 객관적인 기준으로 사용되고 있다. 따라서 한국정부도 유엔의 북한인권상황 전담 특별보고관(현 윗팃 문타폰 교수), 불법구금문제실무단(Working Group on Arbitrary Detention)나 강제실종실무단(Working Group on Enforced/Involuntrary Disappearance)

이 본 사안을 조사함으로써 국제사회에 이 문제가 공론화 될 수 있도록 외교적 노력을 경주해야 될 것이다. 물론 이들의 활동이 당장 어떤 해결책을 마련하지는 못한다 하더라도 사건성 확립에 필요한 자료 마련과 중요한 대북 압력 수단이 될 수는 있을 것이다.

3) 민간단체의 역할

본 사안의 성격상 현 단계에서는 민간단체의 운동을 활용하면서 인도적 차원에서 접근하는 것이 가장 바람직할 것이다. 2007년 4월 합의처럼 남북적십자사가 이 문제를 직접 취급하는 것이 단기적으로는 가장 실현 가능하다. 그리고 남북적십자사가 한계에 부딪힐 때에는 중재자로서, 또 국제사회에 이 문제를 공론화시키기 위한 목적에서도 국제적십자사에 본 사안을 의뢰하는 것이 좋을 것이다.

특히, '국군포로 문제'의 경우 민간인들이 접근하는 데 한계가 있을 수밖에 없다. 그리고 탈북자 문제가 시급한 현안으로 대두되고 있어서 국내의 북한인권 관련 민간단체들은 이 문제에 적극적이지 못하다. 그간 국제인권옹호 한국연맹이 '국군포로 문제'에 대해 가장 적극적으로 활동해 왔고, 여타 단체들에서는 북한의 인권문제 전반을 다루면서 이 문제를 극히 부분적으로만 취급하고 있다. 물론 북한인권시민연합이 재중·재러 탈북자 문제를 주로 취급하는 것처럼, 북한 인권문제도 효율성을 극대화시키기 위해서는 분야별로 전문화·특성화시켜 접근해야 된다. 따라서 모든 인권단체에서 북한 억류 피랍 민간인 문제나 한국군포로 문제를 취급하는 것은 바람직하지 못할 것이다. 그런데 본 사안은 무엇보다 체계적인 실태파악이 필요하고, 조사된 자료의 공유화와 사업추진에 동력을 불어넣을 압력단체가 필요하다. 이런 면에서 그간 정부에서 조사한 자료를 기초로 하여 전술한 유엔 인권기구들이나 국제사면위원회(Amnesty International)와 협력하여 조사를 더욱 진전시키는 한편, 북한에 대해 구체적인 조치를 취하도록 압력을 행사해야 될 것이다. 그리고 본 사안이 한국정부의 대북정책에서 우선순위를 차지할 수 있도록 대한민국재향군인회에서 적극적으로 노력해야 된다.

납북자 문제의 근본적인 해결을 위해서는 기존 납북자의 송환과 함께 재발방지 대책과 가족들에 대한 정책적 지원이 준비되어야 한다. 이를 위해서는 다음과 같은 필요성이 논의되어야 한다.

첫째, 지속적인 관심과 항의, 송환요구가 필요하다.

가족들은 물론이고 한국정부와 국제사회의 지속적인 관심과 추적이 절실히 요구된다. 이러한 지속적인 관심과 항의 그리고 송환요구는 납북자들의 생명보존과 생활환경 개선에 긍정적 영향을 미칠 것으로 보인다. 북한은 납북자 등과 같이 국제사회의 비판을 받을 수 있는 인권문제에 대해서는 국제사회의 사찰을 대비해 당사자의 생명을 유지시키고 생활환경을 개선하는 것으로 보인다. 이러한 사례는 가족과 한국정부, 그리고 국제사회의 항의에 대한 대응책으로서 고상문, 유성근, 최종석, 안승운 등에 대해 기자회견이나 성명서 발표를 통해 '자진월북'을 주장하는 것에서도 찾을 수 있다. 또한 한국과 국제사회의 강한 반발을 가져왔던 '북송된 러시아 7인 탈북자 사건'의 경우, 이들의 북한 내 생존사실을 중국 외교부 대변인이 공식적으로 밝힌 사례도 있다. 이처럼 납북자에 대한 관심과 항의가 강하게 제기될 경우 북한은 공개 기자회견 또는 국제사면위원회 등의 공개시찰 등을 대비해 생존을 보장하고 생활환경을 개선해 줄 가능성이 높다. 그러나 일회성 또는 단기간의 관심 표명에 그칠 경우 성과가 불투명하기 때문에 지속적인 관심 표명이 필요하다.

둘째, 정부가 납북자 문제에 대하여 적극적으로 개입할 수 있는 이론적, 국제법적 논리개발이 필요하다.

한국정부가 납북자 문제에 대하여 소극적인 자세를 견지하는 것은 객관적이며 실체에 근접할 수 있는 자료의 부족과 북한을 자극하지 않으려는 정책적 배려뿐만 아니라 합법적으로 개입할 수 있는 논리의 부족에 기인한 것으로 보인다. 납북자 문제는 국제법에 의하더라도 한국정부가 정당하게 개입할 수 있는 사안이다. 국제법은 국가가 타국의 국내사항에 대하여 개입하는 것을 엄격히 금지하고 있으나, 자국민 보호를 위한 간섭과 인도적 간섭은 용인하고 있다. 더구나 납북자는 한국국민으로서 강제 납치된 인사들이다. 그러므로 정부는 납북자의 생사확인과 송환을 북한 측에 요구하는 것이 정당성을 부여받고 있음을 인식해야 한다.

또한, 6·25전쟁 시기 납북자에 대한 생사확인과 송환을 요구하는 것도 국제법적으로 당위성을 갖는 것이다. 북한이 전시 납북자를 송환하지 않는 것은 전시 민간인 보호에 관한 제네바협약에 대한 위반이며, 한국휴전협정 위반인 동시에 국제인권법 위반이다. 전시 민간인 보호에 관한 제네바협약 제49조는 전시에 민간인을 개인적 또는 집단적으로 강제 이송 또는 추방하는 것은 그 이유 여하를 불문하고 금지하고 있으며, 제133조와 134조는 적대행위 종류 후 억류를 조속히 종료하고 최후거주지로 송환하도록 노력해야 한다고 명시하고 있다. 1953년에 체결된 휴전협정 Ⅲ조 59항은 민간인들도 희망에 따라서 전쟁 발생 이전의 고향으로 보내주도록 규정하고 있다. 더구나 북한의 민간인 납치와 억류는 세계인권선언 제13조 2항과 시민적·정치적 권리에 관한 국제규약 제12조 2항과 4항을 위반하는 것이다. 따라서 정부는 6·25전쟁 시기와 그 이후 시기에 발생한 납북자들의 생사확인과 송환을 더욱 적극적으로 북한과 관련 국제기구에 요구해야 한다.

셋째, 납북자 가족, 정부, 국제기구, 시민단체 등이 역할 분담과 함께 상호 협동할 필요가 있다.

납북자 문제는 세계에서 가장 폐쇄적이고 억압적인 체제를 유지하고 있는 북한을 상대해야 하는 복잡하면서도 매우 어려운 문제이다. 따라서 납북자 가족과 정부 내외의 관련 기관과 기구들이 협력하여 상호보완적으로 역할을 분담하는 것이 필요하다. 특히 문제의 해결을 위해서는 정확한 사실 관계를 입증할 수 있는 자료의 축적이 필요하다. 아울러 북한의 논의 거부와 사실자료의 조작 가능성에도 대비하여야 한다.

넷째, 국제기구와의 연계와 국제적 압력 행사가 필요하다.

납북자 문제의 해결을 위해서는 북한에 대한 다양한 압력수단의 개발이 필요하다. 특히 유엔을 비롯한 국제기구와 미국, 유럽연합, 일본, 중국 등을 통한 국제 이슈화 전략이 요구된다. 미국과 일본 등 북한과 수교협상을 벌이는 국가와의 협력이 주효할 수 있다. 또한 관련 국내·외 비정부단체들의 활동이 압력수난이 될 수 있을 것이다.

다섯째, 남북정상회담과 적십자회담, 남북경제협력을 위한 회담 등에서 주요의제로 다루어져야 하며, 북미, 북일 수교협상과 여타 회담 시 주요의제로 설정하거나 전제조건으로 제시해야 될 것이다.

남북정상회담과 각급의 남북간 대화가 재개될 경우 납북자 문제가 주요의제로 다루어질 수 있도록 정부 부처간, 민·관간에 사전조율과 여론 형성이 필요하다. 북한의 지속적인 미전향장기수 송환요구에서 보듯이 납북자 문제는 다양한 통로를 통해 지속적으로 제기되어야 효과적인 결과를 가져올 수 있을 것이다. 또한 납북자 문제는 이들에 대한 조기 송환뿐만 아니라 재발방지에도 역점을 두어야 한다.

여섯째, 납북자 가족들에 대한 피해보상과 지원이 이루어져야 한다.

전후 시기 납북자의 대부분은 가족을 두고 있는 어부 출신 가장들이다. 납북은 이산의 한(恨)을 남겨주는 것만이 아니라 경제적 파탄을 가져와 가족들에게 가난과 고통을 남겨주고 있다. 그럼에도 불구하고 정부는 이들에 대한 보상과 지원은 도외시 한 채 감시와 차별, 그리고 '연좌제'의 성격을 갖는 다양한 제한들을 강요해 왔다. 상당수의 일반 시민들 역시 레드 콤플렉스의 영향을 받아 납북자 가족에 대해 곱지 않은 시선을 가져온 것이 사실이다. 이러한 문제가 해결될 수 있도록 전향적인 정책적 대안이 제시되어야 한다. 현재까지 억류 중인 납북자 가족뿐만 아니라 억류 중에 귀환한 납북자 가족에게도 보상과 지원이 주어져야 한다. 특히, 이재근과 진정팔 씨가 귀환함에 따라 현실적으로 법률의 필요성이 제기되었다. 그런데 앞에 언급한 바와 같이 '납북피해자 보상 및 지원에 관한 법률'에 의해 피해자 및 가족

일부에 대한 보상과 지원의 길이 열렸지만, 6·25전쟁 시기의 납북 피해자나 단기 납북·억류자들과 그들의 가족에 대해서는 그렇지 못하다.

일곱째, 납북자 전담부서의 설치와 전문인력이 확보되어야 한다.

전후 납북자와 국군포로 그리고 6·25전쟁 시 민간인 납북자를 포함할 경우 그 수가 적지 않은 규모가 된다. 따라서 전담부서의 설치와 전문인력의 확충이 절실히 요구된다.

여덟째, 납북자에 대한 구체적인 송환대책이 논의되어야 한다.

납북자들은 대부분 북한에서 가족을 구성한 것으로 알려져 있다. 따라서 당사자만을 한국으로 송환할 경우 새로운 이산가족이 발생하게 되고, 잔여가족의 출신성분이 공개되어 더욱 어려움에 처할 수 있다. 그러므로 지속적이고 제도적인 보장을 위해서는 송환 대책을 대북 경제협력과 연계할 필요가 있다. 그러나 장기적으로는 동서독의 경우와 같이 비밀거래를 통한 송환이 추진되어야 할 것이다.

한국은 영내에 들어온 모든 북한 어선과 선원, 민간인은 물론이고 심지어 현역 군인까지도 본인의 의사를 확인 한 후 북한으로 귀환시켜 주었다. 납북자 문제는 가장 절실한 인도주의적 문제이다. 따라서 납북자 문제의 해결을 위해 남북한과 국제사회는 정치적 이해관계가 아닌 인도주의적 입장에서 중대한 성과를 보여야 할 것이다.

6. 소결

납북자 문제는 일가족의 파탄이라는 단순한 가족사의 문제를 넘어서 가장 긴급한 인도주의적 사안이며, 인간 생존의 문제로 제기되어야 한다. 더구나 납북자 문제는 언제든 발생할 수 있는 개연성을 안고 있는 것이다.

2000년 이후 설립된 납북자 가족 단체들과 관련 비정부단체들, 그리고 언론의 적극적인 관심으로 납북자 문제는 가족들의 정서적인 문제에서 정부정책의 영역으로 전환되어 '납북피해자 보상 및 지원에 관한 법률'이 채택됨으로써 절반의 성공을 거두었다. 그러나 한국정부는 이들의 성격규정과 사실규명 상의 애로, 실향민과 반공포로 등에 대한 북한측의 문제제기 가능성, 지난 50년 동안의 환경변화 등으로 인해 어려움에 직면해 있다. 특히 납북자 문제는 인도주의적 접근을 요구하는 것이지만 전쟁과 이념이 혼재되어 있어 남북한 모두에게 정치적 고려사항이 되어 버렸다. 그러나 납북자 문제는 가장 기본적인 '인권의 문제'로 돌아와야 한다. 납북자 문제는 '가장 현실적이고, 가장 성공 가능한 수단'이 무엇인가라는 현실적 접근방법이 필요한 사안이다. 그 성격상 매우 감정적이고 정적인 접근이 용이한 분야이지만 실질적인 효과를 제고시킬 수 있는 것은 사안의 성격과 대상자를 객관적인 입장에서 분석한 후 가장 적실성 있는 대안을 선택하는 것이다.

이제 납북자와 그 가족에 대한 송환과 지원 문제는 당위성 제기나 원론적 논의의 단계를 지나 해결과 개선을 위한 구체적인 방법 강구와 정책적 우선순위 선택을 위해 납북자들의 규모와 인적사항에 대한 객관적 자료 확보, 이들의 무사귀환 및 송환대책, 납북자의 현지 신변확보 방안 등이 강구되어야 한다. 그래서 한국정부와 국제기구, 학계와 언론계, 그리고 관련 비정부단체들과 납북자 가족들은 지혜를 모으고 상호협력과 역할분담을 해야 될 것이다.

1990년 이후 북한 억류 한국군포로 및 피랍 민간인 송환문제를 다룰 기회가 남북고위급회담, 4자회담, 그리고 남북장관급 회담 등 세 번 있었다. 그러나 이 회담들은 송환문제를 다룰 정도로 진전되기 전에 중단되고 말았다. 현재로서는 가능성이 불투명하지만, 6자회담의 한 의제가 6·25전쟁을 종결짓기 위한 제도적 장치를 마련하기 위한 것이라는 점에서, 한국군포로 및 피랍 민간인 송환문제는 이 회담에서 어떤 식으로든 다루어져야 한다.

현재와 같이 불확실한 남북한 관계에서, 남북기본합의서에서 기술하고 있는 '공고한 평화상태'와 6자회담의 연장선에서 다루어지게 될 '한반도 평화체제 구축 안'이 어떤 상관관계를 맺으며 어떻게 귀결될지는 미지수다. 그러나 남북한 관계는 남북기본합의서에 바탕을 두어야 한다. 그리고 한국군 포로 및 피랍 민간인 송환문제도 이러한 맥락에서 고려되어야 할 것이다.

한국군포로들은 최소한의 인권조차도 누리지 못한 20세기의 마지막 노예들이다. 그들은 북한 공산주의자들의 이념투쟁과 역대 한국 정부당국자들의 무능과 무책임성의 희생양이다.

지금까지 한국정부는 한국군포로 송환문제에 대해 수동적이었다. 6·25 전쟁 포로 문제에 대해서는 1953년에 이승만 정부가 석방한 반공 북한군포로들의 송환을 요구하며 북한이 맞대응 할 것을 우려해서, 그리고 베트남전쟁 포로에 대해서는 한국국민들로부터 정부가 무책임함을 질타당할까 우려해서 수동적일 수밖에 없었다.

이 문제에 대한 김대중 정부의 초기 계획은 한국에 있던 '미전향장기수'들과 북한에 억류되어 있는 한국군포로들을 교환하는 것이었다. 그러나 '미전향장기수'들은 '이산가족 재회사업'과 거래되었으며, 현재 이 문제는 여전히 원점에 머물러 있다. 노무현 정부도 이 문제가 남북한 간의 공식대화에 장애가 될 것을 우려해 왔다. 그런데 비정부기구들의 활발한 탄원운동이 이 문제에 대한 남북한 정부당국자들의 인식을 바꾸었고, 한국정부의 대북한 설득력도 강화시켜 제20차 남북장관급회담(2007년 2월)에 따라 제8차 남북적십자회담(2007년 4월)을 열어 '전쟁시기와 그 이후 시기 소식을 알 수 없게 된 사람들의 생사 주소 확인 문제'를 협의·해결하기로 한 것이다.

따라서 남북적십자회담의 진전에 일정 수준 기대를 해 볼 수도 있다. 그러나 그간 북한이 보여 온 대남 협상행태를 보면 이 문제를 여타의제를 관철시키기 위한 지렛대로 쓰거나 협상이 불리하게 전개될 경우 반공포로와 국내 정착 탈북자들의 송환 문제 등을 제기하며 '상황만회전술'을 구사할 개연성도 충분히 있다.

본 사안을 해결하는 데 있어 가장 심각한 장애는 '노력해 보지도 않고 포기하는 것'과 계속적으로 여론의 관심을 유지시키지 못하는 데 있다. 정치사회적 문제들은 대중의 관심으로부터 동력을 얻을 수 있다는 사실을 고려한다면 제네바 유엔 인권센터에 편지를 보내고 청원서를 제출하는 것과 같은 캠페인을 벌이는 것이 절대적으로 필요하다. 국제적십자사의 개입도 본 사안을 국제사회에 알려 사건성을 확보하는 데 크게 기여할 것이다. 현재까지 북한의 전반적인 인권 문제를 개선시키기 위해, 혹은 특정 피랍억류자 문제와 관련하여 비정부단체나 개인이 이와 같은 운동을 펼친 적은 있으나 한국군포로 문제에 대해서는 아직 시도되지 못했다.

아울러 한국정부도 본 사안에 대해 다시 인식할 필요가 있다. 그간 '불가역적 적대자(strident antagonist)'였던 북한을 상대로 하여 한국정부가 할 수 있는 해결책은 극히 제한될 수밖에 없었다. 그러나 남북한 관계가 대화와 협상이 가능한 '협력적 적대자(cooperative antagonost)' 관계로 발전되고 있고, 한국의 정치발전은 이제 한국정부의 보다 적극적인 노력을 기대할 수 있게 했다. 본 사안이 남북한 관계의 발전에 크게 좌우될 수밖에 없는 것은 사실이나 그간 방기되어 왔던 한국의 국가적 의무라는 점을 고려한다면 본 사안을 단순히 남북한 관계의 종속변수로 규정할 수만은 없을 것이다.

6

북한에서의 개혁과 정치범 수용소

비 전시(非 戰時)에 북한에서 벌어지고 있는 것과 같은 인권유린 상황은 그 유례를 찾기 힘들 것이다. 앞에서 살펴 본 바와 같이 북한의 인권문제는 정치범 수용소에 수감된 사람들에만 한정되는 것이 아니라 성격을 달리하는 여러 가지 측면으로 이루어져 있다. 특히, 북한의 일반주민들은 일상사에서도 인권을 유린당하는 일이 비일비재(非一非再) 한 것으로 알려져 있다. 이는 북한사회 내에서 자체적으로 인권이 개선될 수 있을 것으로 낙관하기 힘들게 한다.

본 장에서는 상대적으로 가장 많이 거론되면서도 실증적 자료나 증거가 가장 부족한 정치범 집단수용소와 관련된 인권유린 문제에 대해 조명하고자 한다. 저자가 인용할 주요 자료는 일부 경험자들의 증언이 전부이며, 그나마도 일정한 시간이 경과되어 최근에 발생한 변화를 제대로 반영하지 못하는 한계가 있다.

이와 같은 중요한 제약이 있지만, 저자는 실태를 정리하고 한국과 국제사회에서 개입할 수 있는 여지를 찾아보고자 한다. 북한의 정치범 수용소 문제는 북한체제의 변화를 가늠할 수 있는 결정적인 잣대다. 더욱이 통일의 한 주체로서 남한정부와 국민들은 이 문제에 대해 당연히 관심을 갖고 개선책을 마련해야 됨에도 불구하고, 최근에는 관심도 현저히 줄어들었고, 자포자기 (自暴自棄) 상태에 있기 때문에 새롭게 문제제기를 할 필요가 있다.

1. 북한 강제수용소의 형성 과정

북한의 집단수용소로 현재까지 알려진 바에 의하면, 최근의 식량사정 악화로 급격히 늘어난 유랑·걸식인들을 수용하는 시설 외에 5~6개의 대규모 정치범 수용소와 30여 개의 강제노동소 및 노동교양소와 교화소가 있다.

그런데 그 중에서 북한주민들의 인권을 가장 심각하게 유린하고 있는 곳은 정치범 수용소이다. 이를 북한당국은 'OO호 관리소'라는 명칭으로 부르고 있고, 주민들은 '특별독재대상구역', '정치범 집단수용소', '유배소', '종파굴', '이주구역' 등으로 부르고 있다.

그런데 북한의 정치범 수용소가 오늘날의 모습을 갖추게 된 것은 몇 단계를 거친 후인 것으로 보인다.

1) 강제수용소의 변천: '특별노무자수용소'에서 '특별독재 대상 구역'으로

북한의 강제수용소는 해방 직후부터 있었던 것으로 보인다. 6·25전쟁 당시 미국 국무부가 노획한 북한의 한 문서에 따르면 1947년 10월에 이미 17개소의 '특별노무자수용소'가 있었다.[1] 그런데 이 수용소들의 수감자는 소장의 허가를 받으면 가족과 면회도 할 수 있고, 영화 관람을 위해 외출도 할 수가 있었다고 한다. 따라서 이 '특별노무자수용소'는 현재의 정치범 수용소 모습과 완전히 다르며, 서방세계의 일반 형무소 모습을 띠었다고 볼 수 있다.

---

1) 萩原 遼 (편), 『北朝鮮の秘密文書』(上) (東京: 夏の書房, 1996).

그런데 오늘날의 강제수용소 모습으로 변해 간 과정에 대해서 다소 다른 설명들이 있지만, 공통적으로 지적되는 사실은 김일성·김정일의 권력투쟁과 계급정책이 결정적인 계기가 되었다는 것이다.

먼저, 탈북자 김용 씨는, 국가안전보위부가 운영하는 정치범 관리소는 1972년 전 국가보위부장 김병하의 발의와 "종파분자와 계급의 원수는 그가 누구이건 3대에 걸쳐서 씨를 없애야 한다"는 김일성의 교시에 의해 설립되었다고 주장한다. 그리고 그 초기 모습에 대해 다음과 같이 설명한다. 즉, 1968년에 황해남·북도의 군사분계선 주변지역 즉, 개성, 금천, 용연, 장연, 안악, 은율, 취하, 장풍, 개풍, 판문 등지에 거주하던 월남자 가족과 6·25전쟁 당시 치안대 가담자, 한국군과 미군에 협조한 자, 지주, 친일파 본인들과 그들의 가족을 북쪽의 주민들과 거주지역을 교환한다면서 화차에 실어서 12곳의 험준한 산악지역에 설정해 놓은 특수구역으로 대대적으로 이주시켰다는 것이다. 이들에 대해 외부와의 접촉은 물론 서신 거래도 못하게 하는 등 사회와 완전히 차단시켰다는 것이다. 이는 1966년 4월에 실시한 주민들의 사상조사, 즉 '주민재등록사업'과 1967년 5월에 '유일사상체계'를 노동당의 공식노선으로 채택한 뒤에 취해진 조치이므로 계급정책의 결과라고 해석된다.

그러나 그 무렵에는 수용소의 형태를 완전히 갖춘 것이 아니었고, 수감자 관리와 시설 운영은 사회안전성 안전과가 담당했다고 한다. 그런데 격리 수용된 사람들 중에서 본인에 한해 죄가 엄중하다고 분류된 사람들은 개천교화소와 청진에 있는 수성교화소를 정치범 교화소로 개조하여 별도로 수용한 것이 정치범 수용소의 시작이라고 한다.

그러나 정치범 수용소의 시원(始原)을 이보다 더 앞선 시기로 보는 증언과 주장도 있다.

탈북자 강철환 씨의 주장에 의하면 함경남도 요덕군에는 1959년 이전에 이미 강제수용소의 일부분이 건설되고 있었던 것 같다. 요덕군의 비옥한 지역에는 원주민(原住民)들이 살고 있었는데 어느 시기부터 타지(他地)에서 추방당해 온 사람들이 원주민들과 섞여 살게 되었다고 한다. 1959년경부터 원주민들에 대한 강제이주가 시작되어 1964년경에는 완료되었다는 것이다. 이런 조치는 1958년 연말에 시작되어 2년간 계속된 '중앙당 집중지도사업' 과 깊은 연관이 있는 것으로 보인다. 즉, 전 주민의 성분과 사상을 조사하여 3계층 51개 부류로 나눈 뒤에 적대계층으로 분류된 사람들은 강제수용소에 가두었는데, 요덕 수용소는 이런 맥락에서 탄생된 것으로 추측된다.

그런데 김일성이 1968년에 "관리소 안에서 계급의 원수들이 폭동을 번번이 일으킨다면 군대를 배치해서 다시는 폭동을 일으키지 못하도록 해야 한다"고 교시를 내렸던 것으로 봐서 1968년 이후에 각 경비소에 군대(경비대)가 배치되어 오늘날의 수용소 형태가 되었던 것으로 보인다. 따라서 1968년 내지 1969년경을 오늘날의 정치범 수용소의 시원으로 볼 수 있을 것 같다.

그 후 1980년 노동당 6차 대회에서 김정일이 당권을 장악한 후에 권력세습 반대자를 숙청하는 과정에서 약 1만 5,000여 명을 특별독재대상구역에 수감하였으며, 동구 공산주의체제들이 붕괴된 이후 1990년대에 내부통제를 강화하면서 특별독재대상구역이 확대·개편되었다고 한다. 그래서 1997년 경에는 평남 개천, 함남 요덕, 함북 회령·청진 등지에 약 20만 명을 수감하고 있었던 것으로 알려져 있다.

2) 정치범 수용소의 종류와 최근의 변화

북한 정치범 수용소의 위치는 다음과 같다. 함경남도의 요덕, 단천, 덕성군, 함경북도의 온성에 2곳, 회령, 화성, 부령군, 평안남도의 개천, 북창군, 평안북도의 천마군, 자강도의 동신군(본서의 부록 '북한의 강제수용소 분포도' 참고). 이 집단수용소들에는 '완전통제구역'(특별독재대상구역)과 일부 수용소에 한하여 '혁명화구역'(혁명화대상구역)이 있는 것으로 알려져 있다.[2)]

이들 중에서 알려진 바는 다음과 같다.3)

14호 관리소: 국가안전보위부 소속, 평안남도 개천군 보봉리에 위치하며, 수용인원은 1만 5,000명 정도이다. 1950년대 말~1960년대 말 사이에 김일성 체제에 반대했던 당, 정, 군의 고위관료들과 그들의 가족·친지들이 주로 수용되어 있다.

1999년 12월에 귀순한 탈북자 김용 씨의 경우를 보면, 간첩죄로 처형된 사람들의 가족도 수용되어 있는 것으로 보인다. 김용 씨는 아버지가 1957년에 간첩으로 몰려 처형된 뒤에, 호적을 위조하여 전쟁고아로 신분위조를 했다가 뒤늦게 발각되어 1993년 5월에 수용된 경우이다. 당시 14호 관리소에는 비슷한 처지의 사람들이 많이 있었다고 한다.4)

15호 관리소: 국가안전보위부 소속, 함경남도 요덕군에 위치하며, 수용인원은 2만 명 정도라고 한다. 이 수용소에는 월남자 가족, 지주 및 자본가 가족, 재일교포 가족 중에서 당과 국가에 대해 불만을 표현한 사람들이 주로 수용되어 있다. 그런데 이 수용소에는 당, 정, 군에서 혁명화 대상자로 분류된 사람들도 수용되어 있다고 한다. 이 혁명화 대상자는 공민권을 유지한 채 수용되며, 일정한 기간이 지난 후에 석방되는 사람들로서 비교적 가벼운 처벌을 받은 사람들이다. 이 관리소는 강철환 씨가 1977년부터 1987년까지 수감되어 있던 곳으로 1992년에 탈북해서 한국에 온 이후 탈북자 안혁 씨와 함께 그 실상을 외부에 알려 왔다. 그리고 탈북자들이 늘어나면서 요덕 수용소의 혁명화구역에서 출소한 탈북자들도 최근 잇달아 입국하고 있어 비교적 최신의 정보를 얻을 수 있는 곳이기도 하다.5)

---

2) 통일원, 『북한의 인권실태』(서울: 통일원 정보분석실, 1994년 8월), pp. 65-66.
3) 강명도, "북한의 인권," 『북한의 인권문제, 통일안보포럼 자료집』, 경북대학교 평화문제연구소, 1997년 11월 21일.
4) 김용삼, "『북한의 아우슈비치』14호 관리소의 내막," 『월간조선』, 2000년 5월호 참조.
5) 요덕 수용소에 1995년부터 1999년까지 수용되어 있었던 이백룡 씨(이영국의 가명, 2001년 증언 당시 44세)는 1999년까지 대숙리 8호 구역의 피수용인 15명의 명단을 제시하였다. 그 중 일부를 소개하면 다음과 같다. 이원조(47세, 1996년 수

16호 관리소: 국가안전보위부 소속, 함경남도 화성군 고창리에 위치하며, 1만 명 정도가 수용되어 있다. 전 부주석 김동규의 경우처럼, 1970년대~1980년대 초 사이에 김정일 후계체제 형성과정에서 이에 반대하여 반당·반혁명 분자로 분류된 사람들이 주로 수용되어 있다.

21호 관리소: 국가안전보위부 소속, 함경남도 경성군 창평리에 위치한다. 박금철, 김도만, 최창익, 김광협 등 1950년대 말~1970년대 초 사이에 김일성 체제를 반대했던 고위관료들과 그 추종세력들 1만 5,000명 정도가 수용되어 있었는데, 현재는 한 명도 남아 있지 않다고 한다.

청진시 수성 정치범 교화소: 국가안전보위부 소속, 청진시 수남구역에 위치하며, 약 3,000명이 수용되어 있다. 여기에는 평양에서 추방된 인사들의 가족, 종교지도자 가족, 재일교포 가족 등으로 국가·사회체제에 반항했거나 불만을 가진 사람들이 수용되어 있다. 그 실례로 재일교포 출신 강회택 씨 형제, 황해남도의 목사와 장로들의 가족이 수용되어 있다고 한다.

18호 관리소: 사회안전부 (現 인민보안성) 소속, 평안남도 북창군 득장리에 위치하며, 2만 5,000명 정도가 수용되어 있다. 여기에는 월남자 가족, 종교인 가족, 상습범죄자 가족, 혁명화 대상자들이 수용된다. 이들은 의사(醫師) 황순일의 경우처럼, 사회제도에 불만과 불평을 토로하다가 억류된

감, 전 인도네시아 주재 북한대사, 북한의 폐쇄적 외교정책에 대해 비난한 죄), 김대성(62세, 1996년 수감, 전 리비아 주재 무역참사, 리비아 재직 시 아들이 한국으로 망명한 죄), 김희철(61세, 1997년 수감, 황해남도 무역관리소 소장, 김정일의 경제정책 실패 비난 죄), 백남칠 (42세, 1996년 수감, 전 대남 연락소 3호 청사 지도원, 웅담회사인 곰열회사 설립 실패 죄), 김형섭 (29세, 1997년 수감, 전 사회안전성 하사관, 사회안전부 하사관학교 동창생 7명과 함께 "북한 당국이 자유를 짓밟고 있다"며 인민무력상, 사회안전상 등 주요 인물들에게 테러를 가하려 했던 죄), 이철 (57세, 1997년 수감, 전 함경남도 태권도연맹 위원장, 북한의 식량난에 대해 "김정일이가 백성의 시체위에 올라선다"고 말한 죄), 김명화(일본인 여성, 1960년 8월 2일 생, 1991년 수감, 니노키 사관학교 출신이라고 간첩죄를 적용, 그녀의 일본 이름은 미쯔비시 다미코이며 1997년 9월에 용평구역으로 끌려간 뒤 사망) 등.

http://monthly.chosun.com/html/200101/200101220008_5.html (검색일: 2003년 6월 18일).

사람들로서 공민권은 유지하며, 일정 기간 수용된 뒤에는 사회에 환원된다고 한다.

탈북자 강명도 씨는 이외에 17호, 19호, 22호, 23호 관리소에 수감된 인원만 30만 명에 이른다고 주장한다. 18호 관리소와 15호 관리소의 일부 혁명화 대상구역 피수용인들을 제외 한 모든 사람들이 공민권을 박탈당한 채, 인간 이하의 생활을 하고 있다는 것이다.

전술한 바와 같이, 북한은 정치범 수용소를 '완전통제구역'과 '혁명화구역'으로 나누어 관리하고 있는데, 종신 수감되는 완전통제구역은 아직 그 실상이 외부에 별로 알려져 있지 않다. 그런데 최근의 증언자들은 1990년대 중반 이후 정치범 수용소가 거의 완전통제구역으로 전환되었다고 진술한다. 혁명화구역의 규모가 줄어든 것은 가족연좌제에 의해 가족 전체가 수감됐던 과거와 달리 당사자만이 수감되는 형태로 바뀌었기 때문이라는 것이다.

강철환 씨의 설명에 따르면, 1987년 이전에는 요덕 수용소(15호 관리소)의 경우 요덕군 구읍리, 립석리, 대숙리를 포함해 수용소 면적 절반 정도가 '혁명화구역'이었고, 벼농사가 가능한 평야지대인 룡평리, 평전리가 완전통제구역이었다고 한다. 그러나 1987년경 구읍리, 립석리 혁명화구역이 완전통제구역화 되면서 이 지역에 수감돼 있던 가족세대는 요덕 수용소의 끝자락에 위치한 대숙리로 옮겨가게 됐다고 한다. 그래서 수용소의 80%가 완전통제구역으로 변하고 대숙리만이 혁명화구역으로 남았다는 것이다.[6]

2000년대 입국자들의 증언에 따르면, 1990년대 중반에 다시 혁명화구역의 가족세대가 완전통제구역으로 옮겨가거나 대거 출소하게 되는 큰 변화가 있었다고 한다. 탈북자 이영희 씨(가명, 2001년 증언 당시 38세, 1995년 출소)에 따르면 혁명화구역의 수감자들은 1987년부터 꾸준히 풀려나기

---

6) 사회(1329/14156) '요덕수용소'에선 지금 무슨 일이? 탈북자들 '살벌 기류' 증언, 강철환 기자, http://nk.chosun.com/news/news.html?ACT=detail&cat=4&res_id=12176 (검색일: 2003년 9월 28일).

시작했는데, 일본에서 온 북송교포 세대가 먼저 나가고 일반 세대도 점차 풀려났다고 한다. 강철환 씨도 기억하고 있는 수감자들로, 1984년 일본에서 남편을 만나기 위해 북한을 방문했다가 아들·딸과 함께 수용소에 수감됐던 이춘옥 씨 가족은 출소해서 1990년대 말에는 함남 고원군에 거주하고 있었던 것으로 알려졌다. 그러나 20년 이상 장기 수용돼 '관리소 고정재산'으로 불리던 북송교포 김대인 씨 가족과 박순옥(일본인 처였던 어머니는 수용소에서 사망) 씨 가족은 다시 완전통제구역으로 들어갔다고 한다. 이들처럼 '악질반동'으로 분류된 가족세대는 완전통제구역으로 이동시켰다는 것이다. 관리소 측은 이들을 사회로 내보낸다고 안심시킨 후에 사람과 짐을 국가안전보위부 트럭에 싣고 이동시켜버렸다고 한다. 여기에는 재독(在獨) 학자로 가족과 함께 북한에 들어갔다가 통역관으로 북한 대표단을 대동하여 다시 유럽으로 나온 후 한국으로 돌아온 오길남 씨의 부인인 신숙자 씨와 두 딸 혜원, 규원이 포함되어 있다고 한다. 그리고 최초의 김일성 전용기 조종사였다가 1978년에 '곁가지사건(김정일과 이복동생 김평일 간의 암투)'으로 수용됐던 김형락 씨와 그의 아들·딸, 그리고 1978년에 월남한 이영선 씨의 부모 형제들도 포함돼 있다고 한다.

혁명화구역에 남게 된 800~1,000명 가량의 독신자들은 대부분 해외파견자, 북한 내외에서 체포된 탈북미수자들이라는 것이다.

1995년 8월에 북한군 공군사령부 제3비행전단의 황주 비행장 소속 이철웅 편대 조종사 7명이 체포되었다. 이들은 모두 러시아 비행학교를 졸업하고 당시 소련제 신형전투기 수호이-23을 조종하고 있었는데, 한 술자리에서 북한체제를 비판하다가 "비행기를 몰고 주석궁을 들이받자"는 말을 주고받은 것이 보고되어 수용소에 끌려왔다고 한다.[7] 1998년에는 신의주에서 반정부사건이 일어나 200여 명의 젊은이들이 한꺼번에 수감되기도 했다는 것이다. 1995년 4월부터 1999년 1월까지 요덕 수용소에 수용됐던 이

---

7) 이백룡 씨의 증언, http://monthly.chosun.com/html/200101/200101220008_2.html (검색일: 2003년 8월 10일).

백룡(가명) 씨는 "97년 동해안 잠수정 침투사건과 관련해 인민군 장성과 군관(장교)들도 대거 숙청돼 수용소로 끌려왔다"고 진술했다.8)

식량난이 본격화되면서 요덕 수용소는 최악의 상황을 맞았다고 한다. 이백룡 씨는 "대숙리의 800명 독신자 가운데 1년에 200명이 영양실조와 강제노동으로 사망했다"고 증언한다. 이들은 하루 80g의 옥수수와 시래기국으로 연명했다는 것이다. 그러나 계속해서 죄수들이 보충되기 때문에 아무리 죽어도 사람은 줄어들지 않았다고 한다. 그리고 요덕 수용소에서는 한때 국제 인권단체에서 요덕을 방문할지도 모른다고 해서 겨울에 집을 모두 부순 뒤에 땅을 파고 그 속에서 20일간 기거하면서 추위에 떨기도 했다고 이백용 씨는 증언한다.9)

현재 북한에 있는 6곳의 대규모 정치범 수용소(14호, 15호, 16호, 18호, 22호, 25호 청진시 수성 정치범 교화소)는 파악되고 있으나, 11호 경성 가족수용소(1989년 10월 위치 변경), 12호 온성·창평 가족수용소(1987년 5월 위치 이동), 13호 종성 가족수용소(1990년 12월 이동), 26호 평양 승호구역 화전동 본인 수용소(1990년 1월 이동), 27호 천마 가족수용소(1990년 11월 위치 변경)는 어떻게 되었는지 파악되지 못하고 있다.10) 그러나 앞에 소개한 증언들이나, 2000년 5월에 귀순한 북한 '정치범' 출신 탈북자 이영국(이백룡의 본명) 씨의 사례를 보면 가족 연좌제는 어느 정도 완화된 것으로 보인다. 그리고 안혁 씨와 같이 단순히 중국을 다녀온 것만으로 중범죄자로 취급하여 정치범 수용소에 보내는 일은 줄어든 것으로 보인다.

그러나 이것만 가지고 북한의 인권상황이 개선된 것으로 보기는 어렵

---

8) 강철환 기자의 앞의 기사.
9) 이백룡 씨의 증언, http://monthly.chosun.com/html/200101/200101220008_3.html (검색일: 2003년 8월 10일).
10) 최근에 22호 정치범 수용소의 일부인 행영지구와 중봉지구가 위성사진으로 언론에 공개된 적이 있다. 회령시의 중봉리, 굴산리, 행영리, 락생리, 사을리, 남석리 등에 위치한 이 수용소에는 현재 5만여 명이 수용되어 있는 것으로 알려져 있다. Lakin, John, "North Korea Exposed-Kim's Slave Camps," *Far Eastern Economic Review*, Dec. 12, 2002, pp. 14-16.

다. 이는 북한 위정자들의 인권의식이 신장된 결과라기보다는 경제난과 극심한 식량난으로 사회질서가 과거처럼 유지되기 힘들어졌고, 탈북자들이 워낙 많아 이들을 모두 과거처럼 엄하게 처벌할 수 없는 현실의 반영이라고 봐야 될 것이다.

3) 수용소에서의 인권유린 실태

(1) 과도한 노동과 영양부족

수용소에서의 하루 일과는 수용소마다 다소 차이가 있고, 각 수용소에서도 시기와 업무에 따라 다소 달라질 수 있다고 한다. 그러나 큰 틀은 대략 다음과 같은 것으로 보인다.

수감자들은 새벽 5시에 기상(안혁 씨가 수용되었던 요덕 15호 관리소에서는 4시에 기상)하여 6시까지 아침식사를 하고, 6시 30분에 대열점검을 한 뒤에 7시에 작업장에 간다. 작업장에 수감자들이 도착하면 갱에 들여보내기 전에 몸수색을 하여 폭약 소지 여부를 확인한다. 그래서 오전 8시부터 12시까지 오전 작업을 하고, 12시부터 12시 30분까지 점심식사를 한 뒤에 곧바로 20시까지 오후작업을 하게 되는데, 요덕 15호 관리소에서는 오후에 휴식시간이 한 번 있는데 비해 14호 관리소에서는 없다고 한다.

김용 씨의 증언으로는, 14호 관리소에서는 토·일요일 휴무(休務)가 없고, 1월 1일 하루만 휴무인데, 관리소 규정에는 김일성·김정일 생일이 휴무일로 되어 있으나 이날도 노동을 했다는 것이다. 그리고 14호 관리소의 경우 수감자들의 생산성이 워낙 낮아 생산계획이라는 것이 존재하지 않는 반면, 18호 관리소의 경우 생산계획이 있어 이 작업량을 중요하게 여긴다고 한다.

따라서 북한의 정치범 수용소에서는 하루 평균 12시간 노동을 하는데, 작업계획에 따른 작업량이 달성되지 않으면 보통 23시까지 작업을 하여 하루 평균 15시간 노동을 하게 된다.

김용 씨의 증언에 따르면, 14호 관리소 수감자의 한 끼 양식은 통강냉이 20~30알과 배춧잎이 둥둥 뜨는 소금국이 전부라고 한다. 그 결과 수감자들이 갱도에서 100미터 이동하는데 15분 이상이 걸리고, 삽질 한 번 하는 것도 현기증이 난다는 것이다. 수감자 대부분이 펠라그라(pellagra)라는 단백질 결핍증에 걸려 있으며, 영양 결핍에서 오는 각종 전염병과, 심지어 정신병까지 앓게 된다고 한다.

수감자들은 이런 극도의 허기를 면하기 위해 돼지사료도 훔쳐 먹고, 심지어 생선저장탱크 씻은 물에 밥을 말아먹는 일도 있으며, 쥐와 벌레도 잡아먹고, 나무껍질도 벗겨 먹고, 풀도 뜯어먹는다. 그나마 이런 일도 허용되는 것이 아니어서 지도원에게 들키면 죽음에까지 이를 수 있는 가혹한 징벌을 받는다고 한다.

(2) 수용소 내의 처벌: 구류장(특수 아지트) 감금, 공개/비밀 처형, 임의 처형

북한의 '정치범'들에게는 두 종류의 구류장이 있는 것으로 파악된다. 수용소에 최종적으로 수감되기 전에 예심을 받으면서 수감되는 '마람초대소'와 같은 구류장과 수용소 내의 구류장이 있는 것 같다. 수감자들에게 가혹한 육체적·정신적 고통을 주는 것으로는 어느 쪽이든 비슷해 보이는데, 수용소 내의 구류장의 경우 수감자가 일단 끌려가게 되면 남녀를 불문하고 삭발한 후에 1차로 모두 매를 때려 초죽음을 시킨다고 한다. 그리고 질질 끌고 가서 두 무릎 사이에 4각 각자(角字)를 끼우고 24시간 동안 꿇어앉히는데, 조금이라도 움직이거나 불손하게 행동하면 사정없이 구타한다는 것이다. 하루에 100그램의 콩밥과 시래기 소금국이 지급되는데, 그것도 말을 잘 듣지 않거나 움직이면 처벌로 주지 않는다고 한다. 그래서 수감자들은 양식을 얻기 위해 다리에 피가 통하지 않아 일주일 후부터는 살이 썩어 들어가도 참는다고 한다. 그 결과 3개월 후에는 폐인이 되어 들것에 실려 나가 5개월

후에는 병사한다고 한다. 그래서 수감자들 사이에는 구류장에 들어가는 것은 곧 죽음을 의미하는 것으로 인식되어 있다는 것이다.11) 그런데 김용 씨의 증언에 따르면, 이 구류장을 18호 관리소에서는 '특수 아지트' 혹은 '영창'이라고 부른다고 한다.12)

김용 씨는 14호 관리소에서 2년 동안 15건의 즉결처분을 목격했고, 18호 관리소로 이송된 뒤에는 3년 동안 30회 정도의 공개처형 장면을 목격했다고 한다. 14호 관리소에서는 공개처형 대신에 주로 비밀처형을 했는데, 이렇게 공개처형이 비밀처형으로 바뀐 것은 수용소 내에서 너무 자주 공개처형을 해서 일벌백계(一罰百戒)의 효과가 없고, 오히려 수감자들을 자극하여 1990년에는 이 관리소 내에서 폭동이 일어나 1,500명의 수감자가 사살된 적도 있기 때문이라고 한다.13)

안명철 씨의 증언에 따르면, 경비대는 도주자를 잡으면 크게 표창한다는 말에 수감자들을 사살하는 일이 빈발하였다고 한다. 수용소의 경계철조망으로부터 50미터 이내는 통행금지구역이지만, 그 안쪽은 수감자들이 다녀도 되는 지역이었다. 그런데 1987년 10월말에 13호 관리소 19반 농산분조 달구지공이 새벽에 쥐를 잡으러 산에 올라갔는데 경비원 강영철이 그를 사살한 사건이 있었다고 한다. 피살자는 경계선과는 멀리 떨어진 곳에 있었으나 도주자로 몰렸으며, 강영철은 그 공으로 추천되어 1989년 8월에 김일성대학에 입학하였다.14)

같은 맥락에서 1988년 함남 요덕 15호 수용소에서는 경비대원 2명이 산에서 부식토를 모으고 있던 수감원들을 강제로 철조망을 넘게 한 뒤에 사살한 일까지도 있었다고 한다.15)

---

11) 안명철, 『그들이 울고 있다』 (서울: 천지미디어, 1995), pp. 107-108.
12) 김용삼 (2000), 앞의 기사, p. 328.
13) 김용삼 (2000), 위의 기사, p. 339.
14) 안명철 (1995), 앞의 책, pp. 62-63.
15) 안명철 (1995), 위의 책, p. 64.

(3) 영아살해(嬰兒殺害)

북한의 정치범 수용소에서 "종파분자와 계급의 원수는 그가 누구이건 3대에 걸쳐서 씨를 없애야 한다"는 김일성의 교시가 철저하게 지켜진 결과는 '영아살해'라고 볼 수 있다. 수용소에 가족 단위로 수감된 예외적인 경우를 제외하고 일반 정치범 수용소 내에서의 임신과 출산은 또 다른 중죄를 짓는 것으로 간주된다. 그래서 본인들은 죽음에 이르는 처벌을 받게 되며, 아기는 곧 바로 살해되는데 그 방법 또한 "처참하다"는 표현이 부적절할 정도로 비인도적인 것으로 보인다.

사실 영아살해에 대한 증언은 여러 맥락에서 있어 왔다. 그 한 예로, 13호 관리소 19반 수감원 최 양(회계원)이 경비대 부소대장 김만순과 성관계를 가져 아이를 낳자 보위1과에서 아이를 개에게 던져주고 최 양은 성기(性器)와 배에 막대기를 꽂아 살해했다고 한다.16)

다음은 2건의 영아살해에 대한 이순옥 씨의 목격담이다.

제가 1989년에 파라티푸스에 걸렸다가 기적적으로 살아난 뒤에 위생소에 보고를 하러 갔습니다. 저는 위생소에 도착해서 출산을 기다리는 6명의 임산부를 발견했습니다. 그곳에서 저의 관리원이 와서 저를 데려가기를 기다리고 있으라고 했습니다. 제가 그곳에서 기다리고 있을 때 3명의 임산부가 모포도 한 장 없이 시멘트 바닥에서 아이를 출산하였습니다. 수용소 의사가 워커 발로 임산부를 차는 것을 보는 것은 끔찍했습니다. 아기가 태어나자 그 의사는 외쳤습니다. "빨리 죽여버려. 감옥에 있는 죄수가 어떻게 아이를 가질 수 있단 말인가? 죽여." 그 여인들은 손으로 얼굴을 가리고 울었습니다. … 죄수 간호원들이 떨리는 손으로 아기의 목을 비틀어 죽였습니다. 아기들이 죽자 더러운 헝겊으로 싸서 양동이에 담아서 뒷문으로 가지고 나갔습니다. …

1992년에 제가 늑막염이 걸렸다가 나아서 보고를 하러 같은 위생소에 다시 갔습니다. 이번에는 약 10명의 임산부들이 좁은 위생소에 있었습니다. … 저는 복도 밖에서 저의 관리원이 의사로부터 저를 넘겨받기를 기다리고 있었습니다. 저는 김병옥(32세)의 울부짖는 목소리를 듣고 반쯤 열린 문으

---

16) 안명철 (1995), 위의 책, pp. 40-41.

로 방안을 들여다봤습니다. 그녀는 아기를 막 출산하고 나서 외쳤습니다. "선생님, 아기를 살려주십시오. 제 시부모님들이 아기를 몹시 기다리고 있습니다. 제발, 제발 아기를 살려 주십시오." 그녀는 너무 슬퍼서 정신이 나가 있었습니다. 모든 다른 여인들은 조용히 있는데 그녀만이 울면서 큰 소리로 애걸하고 있었습니다. 의사는 순간적으로 놀랐습니다. 그러나 곧 자신을 가다듬고는 외쳤습니다. "너 죽고 싶어, 응? 애를 죽여버려!" 그는 그녀를 거세게 찼습니다. 그러자 위생소장이 들어와서는 "누가 이렇게 소리지르는 거야? 구류장에 쳐 넣어!"라고 외쳤습니다. 위생소장은 그녀를 여러 차례 거세게 차고는 구류장으로 질질 끌고 갔습니다. 그녀는 구류장에서 풀려난 지 며칠 뒤에 죽었습니다.[17]

(4) 여성들에 대한 성적 학대(性的 虐待)와 살해

정치범 수용소에 수용된 여성들의 경우 얼굴이 예쁘게 생겼을수록 수난을 많이 당하는 것으로 보인다. 국가보위부장이었던 김병하는 관리소에 내려오면 자기 별장에서 예쁘게 생긴 여자들을 골라 동침하고는 보위부 3국(예심국) 국장에게 넘겨 실험용으로 쓰이다가 죽게 했다는 것이다.

이와 유사한 내용의 증언을 동료 수감원 김영일을 통해 들은 김용 씨는 다음과 같이 진술한다.

> 14호 관리소에는 간부 초대소라는 것이 있는데 이곳은 평양에서 부부장급이 내려오면 숙식하는 일종의 특각입니다. 평양에서 간부들이 내려오면 여성 수감자 중에서 얼굴이 반반한 21~25세 사이의 처녀들을 선발하여 목욕을 시킨 후 간부들에게 바친다고 합니다. 간부들은 이런 여성들을 온갖 성적(性的) 노리개로 삼은 후 비밀유지를 위해 '도주분자'로 몰아 비밀리 죽인답니다.[18]

---

17) "Babies Born and Killed, Witnessed by Sun-ok Lee, former prisoner of a political prison," United Volunteers International to Stop North Korean Crimes against Humanity (e-mail: guygeo@softgram.com), *Are They Telling Us the Truth? An Analysis and Summary of the Five North Korean Witness Accounts on the Crimes against Prisoners in North Korea*, October, 1999, pp. 193-194.

그리고 김병하는 보위원들과 여자 수감원들 간에 성추문(부화사건)이 자주 생기자 모든 관리소에 얼굴이 곱게 생긴 여자들을 모두 죽여버리라는 명령을 내려 1970년대 말에는 250여 명의 여수감원들이 처형되었다고 한다.[18]

1989년 가을 경 종성관리소 풍계지구 17반 보위원 자살사건이 있었는데 안명철 씨는 이에 대해 다음과 같이 증언한다.

17반 지도원(보위원)은 자기 담당 작업반 내의 정치범 여자들을 모두 성적 노리개로 삼았다. 그 중 통계원 여자 수감원이 임신을 했다가 발각되자 보위1과 계호원들이 그녀의 배를 갈라 태아를 꺼내 밟아 죽이고, 산모의 음부에 지렛대를 박아 전기를 투입해 죽였다고 한다. 그 보위원은 정치범이 될 것을 두려워하여 자살하였다는 것이다.[20]

(5) 예고된 사고들

인명을 경시하는 정치범 수용소 내에서 각종 사고로 '정치범'들이 생명을 잃는 것은 어쩌면 당연한 일일 것이다.

안명철 씨가 11호 관리소에 경비원으로 있었던 1987년 6월 중순 어느 날 관리소 앞산 구역에서 불이 났는데 약 2,000명의 수감자들을 동원하여 불을 껐다고 한다. 그 과정에서 관리원들이 수감자들의 안전은 생각하지 않고 불 끄는 데에만 몰두하여 수감자들을 불 속에 몰아넣는 바람에 5명이 질식하여 죽었고, 2명이 불에 타 죽었다고 한다.[21]

안명철 씨가 22호 관리소에 있었던 1993년 10월 어느 날 초소를 허물고 다시 짓는 공사를 하면서 무리하게 서두른 바람에 골재해체 작업에 동원되었던 남녀 수감자 20여 명이 깔려 죽은 사건이 있었다고 한다. 그러나 이 20여 명은 락생지구 야산에 공동매장 되고 아무 일 없이 지나갔다고 한다.[22]

---

18) 김용삼 (2000), 앞의 기사, p. 339.
19) 안명철 (1995), 앞의 책, p. 129.
20) 안명철 (1995), 위의 책, pp. 128-129.
21) 안명철 (1995), 위의 책, pp. 18-21.

북한정부가 외화부족으로 제때에 군견(軍犬)을 확보해 주지 못하자 관리소에서는 수감자 감시를 위해 잡종견으로 민견(民犬)을 쓰고 있었다고 한다. 이 민견들은 관리원(보위원이나 경비원)과 수감자를 구분하고, 수감자들에게 사납게 굴도록 길들여져 있었다고 한다. 그런데 1989년 5월에 13호 관리소에서 이 민견들이 학교에 갔다 오던 동포지구 19반 '정치범' 여학생(13살) 2명을 잡아먹었다고 한다. 이 사건이 있은 후 관리소 부부장은 민견 관리병들에게 "개를 잘 길렀다"며 칭찬하였다고 한다. 1991년 22호 회령 관리소에서도 중봉지구 29작업반 여자 '정치범' 2명이 산에서 도토리를 줍다가 민견에게 잡아먹혔다고 한다. 희생자들은 조용히 암매장되고 말았다는 것이다.23)

2. 통시적 분석: 1970년대 외자유치기부터 2002년 '7·1경제관리개선조치' 까지

북한에서 '경제적·사회적·문화적 권리'가 더 중요해서 부득이 하게 '시민적·정치적 권리'가 억압되고 있는 것인지를 규명하기 위해서는 북한 인권문제의 지배적 변수인 계급차별정책(3계층 51개 부류에 기초한 성분 차별정책)과 정치범 수용소가 형성된 시원과 작동하는 메커니즘을 살펴볼 필요가 있다.

북한의 계급차별정책과 정치범 수용소들이 1945년 해방 직후 혹은 1948년 건국 직후에 채택·건설되었다면 사회주의혁명을 위해 부득이한 선택이었다는 주장이 다소나마 설득력을 가질 수 있을 것이다. 그러나 전술한 바와 같이 북한정부는 1966년~1967년에 실시한 주민조사사업을 기초로 1967년~1970년에 분류한 3계층 51개 부류에 따라 계급차별정책을 1970년대 초에 와서 확정했다. 그리고 정치범 수용소는 1956년 '8월 종파분자사건'을

---

22) 안명철 (1995), 위의 책, pp. 91-95.
23) 안명철 (1995), 위의 책, pp. 118-127.

계기로 김일성의 반대파들을 숙청·제거하면서 건설하기 시작하여 1972년에 현재의 모습으로 정형화 되었다. 그 후 김정일 후계체제 건설과정에서 반대파를 숙청하면서, 그리고 1990년대에 중·동부유럽의 공산주의 체제 붕괴에 직면하여 내부통제를 강화하면서 다시 대규모로 수감했다. 즉, 사회주의 혁명보다 김일성·김정일의 권력투쟁과 권력 강화가 정치범 수용소 건설의 직접적인 계기였고, 효율성이 떨어진 체제를 유지시키기 위한 통제 메커니즘으로 정치범 수용소가 활용되었던 것이다. 그리고 북한주민들의 경제적·사회적·문화적 권리가 정치적 성격을 띤 계급차별정책의 결과인 성분에 따라 결정되므로 '경제적·사회적·문화적 권리'가 더 중요해서 부득이 하게 '시민적·정치적 권리'가 억압되고 있는 것이 아니라 오히려 그 반대의 논리가 성립되는 것이다.

개혁·개방과 경제적 조건 향상이 단선적으로 인권상황 개선을 보장할 수 없는 이유는 후기 공산주의 단계(late-communist state)에서 탈 스탈린주의(Post-Stalinism) 단계로의 전환 여부, 리더십의 민주화 여부, 개혁·개방정책의 채택 여부, 정치범 수용소의 폐쇄 여부 등 다양한 유형의 변이(transition)가 가능하고, 그 유형에 따라 인권상황이 크게 달라지기 때문이다.

공산주의국가들이 초기 대중동원 단계, 중기 안정기와 후기 위기상황에서 각각 경험한 바와 표방해 온 정책에 따라 개혁·개방정책의 내용과 방법에 다소 차이가 있을 것이다. 그러나 시장경제의 도입, 국가배급제도의 폐지, 자급자족 경제체제(Autarky System)의 포기, 시민적 자율성의 신장 등을 그 주요 내용으로 전제 할 수밖에 없다. 이 기준에 따른다면, 북한의 개혁·개방은 아직 실현되지 않은 미래의 일이다. 그러나 1998년의 신헌법 채택과 2002년의 '7·1 경제관리 개선조치' 채택 이후에 취해진 일련의 정책적 변화들과 의도하지 않은 동반효과들(ripple effects)은 '방향과 틀'이라는 점에서 북한이 '개혁·개방'을 향해 나아가고 있다고 평가 할 수 있을 것이다.[24]

그러나 아직은 북한의 '개혁·개방'이 어떤 궤적을 그을 지, 그리고 인권 문제에 어떤 결과를 초래할 지 판단할 수 있는 변수들이 충분하지 않다. 후기 공산주의 단계에서 취할 수 있는 개혁·개방 정책의 다양한 모습은 정책을 채택 할 시점에 체제가 직면하고 있던 위기의 내용, 리더십의 성격(집단지도 혹은 절대권력자의 1인 지배)과 대체 가능성 등이 규정 변수로 작용했다.25) 그런데 기존의 정치체제를 유지한다는 전제 하에 개혁·개방정책을 취하는 것이므로 체제유지를 위한 정치·사회적 통제와 시민적 자율성에 대한 보다 높은 요구 간의 길항관계를 어떻게 조절·통제하는 가는 곧 '시민적·정치적 권리'에 반영될 것이다.

북한은 이미 1970년대에 서독, 프랑스 등 서방국가들로부터 차관을 도입하고, 1980년대에 외자유치를 위한 합영법을 채택하는 등, '7·1 경제관리 개선조치'가 2002년에 실시되기 훨씬 이전에도 몇 단계에 걸쳐 서방세계로부터의 자본유입을 시도 하였다. 북한의 1차 개방이라고 볼 수 있는 1970년대 서방외채 도입 시기의 인권상황 즉, 정치범 수용소의 완결(1972년)과 주민요해 사업(1972~1974), 북한의 2차 개방이라 평가할 수 있는 합영법 채택 전후 시기의 인권상황 즉, 외국귀화인 및 월북자에 대한 요해사업

---

24) 북한정부는 2002년 '7·1 경제관리 개선조치'의 연장선에서 2003년 종합시장 도입조치를 통해 기업의 자율성을 높이고 시장메커니즘을 부분적으로 도입한 데 이어, 2005년에는 공장 기업소(기업) 개혁 조치를 실시할 것으로 알려졌다. 2003년부터 공장과 기업소가 국가 계획에 따라 생산과 판매를 하되 부산물로 만든 생산물의 30%까지를 시장에 팔 수 있도록 허용했다. 그러나 극심한 물자 부족으로 시장가격이 또 오르자 개인과 기업, 협동농장 등은 국영 판매소에 갈 물건을 시장에서 판매해 돈을 벌었다. 이 조치는 공장 기업소가 사실상 자신들의 결정으로 시장가격에 따라 물건을 만들어 파는 현실을 국가가 인정한 것으로 해석된다. http://www.donga.com/fbin/news?f=print&n= 200501160167 (검색일: 2005년 2월 1일)

25) Man-Ho Heo, Contrôle social et changement politique dans les sociétés communistes subsistantes: une application des cas chinois et est-allemand à la Core du Nord, *Revue Internationale de Politique Comparée*, De Boeck Université, Bruxelles, Novembre 2002; 허만호, "베트남과 북한에서의 2분법적 사회분화와 정치변동: 유교적 가치와 사회통제에 대한 비교연구," 한국정치학회, 『한국정치학회보』 38집 1호, 2004년 봄.

(1980), 북송재일교포 요해사업(1981), 공민증 검열(1980) 및 갱신사업(1983~1984), 종교에 대한 '긍정적 해석'(1986) 등을 통시적으로 고찰함으로써 2002년 '7·1경제관리개선조치' 이후 가속화 될 사회분화 현상에 대한 통제정책과 초래될 수 있는 인권유린 현상을 추정해 볼 수 있을 것이다.

본서의 제2장과 제3장에서 분석한 바와 같이 공산주의국가들이 이데올로기 단일주 체제를 건설했지만, 실제 사회에는 이와 배치되는 비공식적인 영역들이 존재하여 '병행 사회' 혹은 '2차 사회'를 형성해 왔다.26) 북한사회에서도 이런 2분법적 사회분화가 그간 진전되어 왔지만, 경제위기는 이를 더욱 가속 시키고 있다. 그런데 확장되어 가고 있는 제2 사회영역을 제도권 내에 어느 정도 수용하고 얼마나 효과적으로 관리·통제하는 가에 따라 체제의 안정도가 결정될 것이다. 북한주민들의 경제생활에 있어 1차 경제영역의 실제적 범위는 아직까지 확장되어있지 못하여, 중국이나 베트남의 경우와 비교해 볼 때, 공공영역의 규정력이 여전히 신장되지 못하고 있다.

표 6-1 북한의 개혁정책과 인권관련 정책

개혁정책	인권관련 정책
1970년대 외채도입기	- 정치범 수용소의 완결(1972년) - 주민요해 사업(1972년-1974년)
합영법 채택 전후 시기	- 외국귀화인 및 월북자에 대한 요해사업(1980년) - 북송재일교포 요해사업(1981년) - 공민증 검열(1980년)과 갱신사업(1983년~1984년) - 종교에 대한 '긍정적 해석'(1986년)
'7·1경제관리개선조치'	- 형법 및 형사 소송법 개정(각각 2004년 및 2005년) - ?

26) 서재진, 『또 하나의 북한사회, 사회구조와 사회의식의 이중성 연구』, 나남출판, 1995; Elemr Hankiss, "The 'Second Society': Is there an alternative social model emerging in contemporary Hungary?," *Social Research*, Vol.55, Nos.1-2(Spring/Summer 1988); 장경섭, "북한의 잠재적 시민사회," 『현상과 인식』, 18권 4호 통권 63호, 1994.

현재의 북한 인권상황에서 남북한 관계가 진전되면, 확장되는 사회의 제2 영역에 대한 북한 지도부의 통제와 새롭게 요구되는 시민적 자율성 간의 마찰에 의해 인권유린은 더욱 심각해질 수 있다. 전술한 바와 같이 사회적 규제는 사회적 통합이 일정 수준 이상일 경우에 효과적이다. 그런데 북한사회는 그 통합의 수준이 대단히 낮기 때문에 사회통제가 효과적으로 이루어지지 못 할 것이므로 사회제도가 비효율적으로 되는 사회적 해체(social disorganization) 속에서 꾸준히 새로운 역학적 균형을 찾게 될 것이다. 이는 곧 정치체제에 대한 압박으로 나타날 것이며, 따라서 이를 극복·제거하려는 북한 위정자들의 시도로 인권상황이 악화될 소지는 충분히 있다.

또한 북한의 계급차별정책은 인권문제에 있어 노멘클라투라의 체제접합도와 인권의식이 지배적인 변수로 작용하게 만든다. 즉, 식량을 포함한 사회적 가치들을 노멘클라투라에 집중하는 체제에서는 노멘클라투라의 체제접합도가 강하면 강할수록 인권 개선의 필요성도 덜 느낄 것이며, 현 인권상황의 극복도 그만큼 어려울 것이다. 그런데 앞으로 개혁·개방정책을 취할 경우 사회의 변동과 일반주민들의 의식변화를 제도화(institutionalization) 해내지 못하고, 노멘클라투라의 의식이 이러한 변화를 수용해내지 못하면 북한의 인권상황은 단기간에 있어서는 더욱 악화 될 수도 있다.

3. 공시적 분석: 중국, 베트남, 북한

북한이 개혁·개방정책을 취하더라도 북한의 정치범 수용소가 폐쇄될 것으로 낙관할 수 없는 이유는 중국과 베트남의 사례가 말해준다. 중국은 개혁·개방정책을 취한지 30년 가까이 경과한 지금까지 정치범 집단수용소(노동개조대 lao dong gai zao dui, 노동교양소 lao dong jiao yang suo, 강제취업 qiang zhi jiu ye 등)를 유지하고 있다. 그에 비해 베트남은 도이머이 정책을 취하면서 2년 이내에 노동개조장(Trai Cai Tao Lao Dong 강제노동을 통한 재교육을 위한 집단수용소)을 폐쇄시켰다. 저자는 아직 베트남 당정부가 노동개조대를 폐쇄시키기로 결정한 직접적인 이유와 구체적인 과정에 대해 충분한 자료를 가지고 있지 못하다. 그러나 이들을 규명하면 북한 정치범 수용소의 미래상을 예측할 수 있을 것이다. 그리고 중국과 베트남의 현 상황은 북한이 개혁·개방정책을 취한 뒤에 도래 할 수 있는 시민적·정치적 권리 억압 상황을 예상하는 데 유효한 준거점이 될 것이다.

1) 중국의 개혁·개방정책 채택과 정치범 집단수용소

중국은 1950년대 계급투쟁을 하면서 지주, 부자, 반동, 악인, 우파분자(地, 富, 反, 塊, 右)들로 분류된 사람들을 강제노동과 정치사상 공작을 통해 '개조'시키는 정책을 취했다. 그래서 이 다섯 부류의 억압 대상자들은 감옥(jian yu), 흔히 '라오가이'라 부르는 노동개조대(lao gai dui), 노동교양소(lao jiao suo), 공안국(公安局)에서 운영하는 정신병원, 그리고 강제취업(qiang zhi jiu ye) 등에 수감되었다.

이런 중국의 정치범 집단수용소는 북한의 노동교화소, 노동교양소, 노동단련대, 집결소 등에 견줄 수 있다. 이런 노동교화형은 북한의 경우 2004년과 2005년의 형법개정으로 다소 달라지기는 했지만, 그간 정식 재판 없이 수감되어 왔으며, 행정령으로 사법적 범위에 들어가 있지 않았고, 그 존재가 비밀에 부치어져 있거나 부정되고 있다는 점에서 중국과 북한이 비슷한 측면이 있다.

그래서 중국의 라오가이(Laogai)는 북한의 정치범 교화소에 비유될 수 있겠지만, 정치범 관리소 내의 '특별독재대상구역'과도 유사점이 많다. 중국의 라오지아오(Laojiao)는 북한의 노동교양소와 유사하지만, 북한 정치범 관리소 내의 '혁명화대상구역'과도 유사한 측면이 많이 있다. 아울러 라오가이와 라오지아오 수감자들이 수형생활 말기에 혹은 종료 후에 수감되어 그

기간이 임의적으로 연장되는 '강제취업(Jiuye)' 제도는, 북한의 노동단련대나 집결소와 유사한 측면이 있는 것으로 보인다. 그런데 형기(刑期)가 정해져 있다는 점에서 라오가이는 정치범 관리소 내의 '특별독재대상구역'과 차이가 있으며, '강제취업' 대상자들은 노동자 평균임금의 40% 정도에 지나지 않는 소액이지만 월급이 지급되고, 년 2주간의 휴가가 있다는 점에서 북한의 노동단련대나 집결소보다는 북한에 1940년대 말부터 1950년 대 초에 존재 했던 특별노무자관리소와 비슷한 측면이 더 많다. 이런 점에서 북한의 정치범 관리소 특히 '특별독재대상구역'은 특이한 존재다.

그런데 중국이 개혁·개방정책을 취하면서 나타나는 정치사회적 불안정을 막기 위해 1970년대 말~1980년대 초에 각종 사회악에 대한 '엄중한 타격(嚴打)'이라는 구호를 제창하면서 '문화대혁명' 기간에 중단되었던 '노동교양' 제도를 다시 실시하였다. 그리고 1982년에 중국 국무원은 회람을 통해 공안국이 개인(반혁명분자, 반당반사회주의 분자 등)을 재판 없이 3년 이하의 '노동교양 형'에 처 할 수 있도록 했다. 제5기 전국인민대표대회 상임위원회 제19차 회의(1981. 06. 10)에서는 '강제취업' 정책을 다시 채택하면서 '반혁명 범죄자들'에 대해서는 무조건 '강제취업(Jiuye)' 조치를 취하라고 지시했다. 즉, 중국정부는 반체제인사들에 대한 통제정책으로 이 '강제취업' 형을 활용하고 있는 것이다. 그리고 최근에는 노동교양소를 더 많이 만든 것으로 알려지고 있다.

2) 베트남의 도이머이 정책 채택과 노동개조장

베트남 공산정부는 1975년 남부해방 후에 '사회주의체제로의 전환'과 '재통일 정책'을 실시하면서 통제 메커니즘으로 노동개조장(Trai Cai Tao Lao Dong)을 설치하였다. 남부 베트남(구 월남)의 주민들에 대해 3부류의 '반동'으로 분류하고 그 중 1, 2부류 즉, 공무원과 군인들은 이 노동개조장에

표 6-2 개혁·개방과 인권정책의 변화

	개혁·개방 전		개혁·개방 후	
	대 상	수용시설	정 책	조 치
중국	지주, 부자, 반동, 악인, 우파분자 (地, 富, 反, 塊, 右)	감옥(jian yu) 노동개조대 (lao gai dui) 노동교화소 (lao jiao suo) 강제취업(qiang zhi jiu ye)	1970년대말~1980년대 초, 각종 사회악에 대한 '엄중한 타격(嚴打)' 구호 제창 '강제취업' 정책 재채택(5기 전인대상임위원회, 19차 회의, 1981. 06. 1)	'문화대혁명'기간에 중단되었던 '노동교양' 제도를 되살림: 1982년 중국 국무원은 회람을 통해 공안국이 개인(반혁명분자, 반당반사회주의 분자 등)을 재판 없이 3년 이하의 '노동교양형'에 처할 수 있도록 함. 최근에 노동교양소를 더 만듦
베트남	3부류의 '반동': · 제1, 2부류: 공무원과 군인 · 제3부류: 공산주의체제를 지지하지 않았던 일반주민들	노동개조장: 제1, 2부류 '신경제구역': 제3부류	억압과 강제동원에 기초한 '북화정책' 실패에 대한 반성	노동개조장(Trai Cai Tao Lao Dong) 패쇄 주요 정치범 수감 혹은 가택연금
북한	적대계층: 8·15 이후 전락노동자, 부농, 지주, 친일친미행위자, 반동관료배, 천도교 청우당원, 입북자, 기독교 신자, 출당자, 철직자, 적기관복무자, 체포투옥자가족, 간첩관계자, 반당반혁명종파분자, 처단자 가족, 출소자, 정치범, 민주당원, 월남자가족	노동교화소, 노동교양소, 정치범 관리소 (특별독재 대상구역, 혁명화 대상구역) 집결소 노동단련대	자유주의 및 황색 바람 차단	합영법 채택(1984) 후 특별독재대상구역 확대 (1985년 이후) '7·1경제관리 개선조치' (2002년) 이후 형법 개정 (2004년 4월, 2005년 7월) 형사소송법 개정(2004년 5월, 2005년 7월)

수용하고, 제3부류의 '반동'인 '공산주의체제를 지지하지 않았던 일반주민들'은 '신경제구역'으로 내 몰았다. 그래서 1975년~1981년 사이에는 중부 산악지대를 제외한 베트남의 거의 전 지방에 산재해 있던 이 노동개조장과 형무소에 약 34만 3,000명의 정치범이 수감되어 있었다.27) 이는 관점에 따

라 1950년대 중반에 북한이 요덕과 평안남도 일부 지역에 설치했던 정치범 관리소의 초기 모습과 비슷한 측면이 있다.

그런데 1986년에 도이머이 정책을 채택하면서 남부해방 후에 수감되었던 정치범들을 대부분 석방시키고, 1987년과 1988에 걸쳐 노동개조대들을 해체시켰다. 대부분의 서방 학자나 인권운동가들은, 비록 노동개조대는 해체 시켰으나 중요한 정치범들은 일반법 범법자로 여전히 감옥에 수감하고 있거나 가택연금 상태로 묶어두고 있기 때문에 결과적으로 크게 달라진 것은 없다고 주장한다. 그리고 300~500명을 감독하는 지역비밀경찰(policier du secteur)이 주민들에게 재판 없이 5~6개월간의 강제노동형(Cuong bue lao dong)을 명할 수 있어서 주민들의 근본적인 자유는 여전히 억압받고 있다는 것이다.

개혁·개방 후 북한의 정치범 수용소 폐쇄 여부를 예측할 수 있는 정교한 준거를 마련하기 위해서는 베트남의 노동개조장 해체 결정요인과 과정에 대해 보다 심도 있는 분석이 필요하다. 그런데 도이머이 정책의 채택과정과 실행에서 노동개조장의 폐쇄 결정요인을 어느 정도는 규명할 수 있다. 본서의 제3장에서 살펴 본 바와 같이 도이머이 정책은 통일 후 남부지역에 강제동원과 억압에 기초하여 실시한 '북화정책'의 실패에 대한 반성 덕분에 가능했다. 이는 노동개조장 해체를 결정한 내부적 요인으로 작용했을 것으로 짐작된다. 그리고 도이머이 정책 실시에 필요한 외자 유치를 위해 인권 문제에 대한 외부의 압력에 저항 할 수만은 없었던 현실이 주효했던 것으로

---

27) 피수감자의 수에 대해서는 시점과 주장자에 따라 큰 차이를 보이고 있다. Pham Van Dong은 1977년 수감자로 5만 명을 인정하지만, Vo Van Aï는 1985년 보고서에서 50만 명이 수용되었던 것으로 추정했고, Doan Van Toai는 자서전에서 80만 명으로 추정했다. Joël Kotek et Pierre Rigoulot, *Le siècle des camps* (France: JC Latts, 2000), pp. 657-658; Vo Van Ai, VIETNAM TODAY, QUE ME, VIETNAM COMMITTEE ON HUMAN RIGHTS, Press File for the Press Conference on 30th April 1985 at Freedom House, New York, pp. 7-8; Doan Van Toai, *le goulag vietnamien* (Paris: Robert Laffont, 1979).

판단된다.

베트남 사회의 다른 부문과 마찬가지로 인권환경도 유동적인 상태에 있고, 전환기에 격렬한 압력을 받고 있다. 이 국내적·국제적 압력들은 베트남 경제가 발전하면 할수록, 베트남의 세계공동체에 대한 통합이 진전되면 될수록 증가하고 있다.[28] 그래서 이 발전이 궁극적으로는 인권을 신장시킬 것이다.

그간 북한정부가 유엔 경제사회이사회의 국제규약과 협약들에 따른 성기보고서도 제때에 제출하지 않았을 뿐만 아니라 지적 사항들을 시정한 것을 확인 할 수 있는 기회도 제공하지 않는 등, 조약 상의 의무를 성실히 수행하지 않았던 것이 사실이다. 그리고 북한정부가 자국의 인권문제에 대해 국제사회와 협력하지 않는 것도 사실이다. 그러나 신소청원법을 1998년에 채택하고 익년에 수정·보충 한 것, 사회주의노동법을 1986년 이래 처음으로 1999년에 개정한 것, 1990년대 이래 형법과 형사소송법을 각각 6회, 7회 수정·보충한 것은 유엔 경제사회이사회의 조약상의 의무를 활용한 외부의 개입(engagement)이 초래한 긍정적인 결과다. 즉 외부개입에 대해 그 즉시는 부정적인 반응을 보이지만 일정부분 호응하고 있는 것이 분명하다.

따라서 북한이 개혁·개방정책을 취할 때 인권과 관련하여 중국 형보다는 베트남 형을 따르도록 중요한 지원은 반드시 인권현안들과 연계시켜야 된다.

4. 소결

북한의 인권유린 상황에 대해 한국정부는 현재까지 거의 방임하는 자세를 취해 왔다. 불가역적 적대관계(strident antagonistic relations)에서는 개입을 하려해도 방법이 없었다. 그러나 H. 라이화 교수(Howard Raiffa)가 가

---

[28] http://www.hrw.org/reports/1995/Vietnam2.htm (검색일: 2005년 1월 6일).

정한 협상이 가능한 최소한의 전제조건인 협력적 적대관계가 형성되면 한국이나 미국 등 서방세계에서 개입할 수 있는 지렛대(leverage)를 확보할 수 있기 때문에 북한의 인권문제에 실제적인 효과를 미칠 수 있는 노력들이 가능할 것이다.

현재 북한사회의 불안정성은 외부개입의 중요한 장애가 되고 있다. 북한의 지도자들은 북한사회에 대해 자신감을 가지고 있지 못하기 때문에 남한을 비롯한 여타 국가들의 제안을 받아들일 수 없다. 그들은 외부의 개입이 비공식 영역 즉, '사회의 제2영역'을 확장시킬 것이고, 그 결과 그들의 정치체제를 불안정하게 만들 것을 두려워하고 있는 것이다.

역대 남한정부들은 북한의 정치범 수용소 문제에 대해 소극적이었다. 왜냐하면 그들은 북한이 남한의 인권상황에 대해 비판해 올 것을 두려워했기 때문이다. 김대중 정부와 노무현 정부도 이 문제에 대해 침묵을 지켰다. 아마도 북한당국과 공식적인 대화를 계속하는데 장애가 되는 것은 피하려 했기 때문인 것으로 보인다. 그래서 남북한 관계의 전체적인 틀 속에서 남한정부가 어떤 조치를 취하는 것은 시간이 걸릴 것이다. 그렇기 때문에 비정부단체들의 보다 적극적인 개입이 요청된다.

북한의 지도자들이 과거 동구 국가들과의 외교관계 속에서 폭 넓은 인적 유대를 형성했던 것을 고려하면, 그래서 남한이나 서방국가들보다 동구 국가들에게 적대감을 덜 가지고 있다는 사실을 고려하면, 동구의 비정부단체들이 북한의 지도자들을 설득할 수 있는 가능성은 더 크다.

비정부단체들은 북한당국이 정치범 수용소의 존재를 인정하도록 부단히 문제를 제기하고 도전을 해야 될 것이다. 이 문제를 해결하는 데 가장 큰 장애는, 시도해 보지도 않고 포기하는 것과 여론의 관심을 지속시키지 못하는 데 있다. 비록 비정부단체들의 활동이 당장에 어떤 가시적 결과를 가져오지는 못한다 할지라도 존재 자체를 부정하고 있는 북한 당국에 대해 본 사안의 사건성 성립을 위한 증거자료들을 확보하여 국제적 압력을 행사할 수 있을 것이다.

북한의 인권문제에는 여러 측면이 있고, 근본원인도 강조점에 따라 다르게 부각될 수 있다. 그러나 북한인권문제의 근간(根幹)은 공산주의 단일주체제(monolithic regime)를 건설하고 김일성·김정일의 권력을 강화시키기 위해 지난 반세기 가까이 실시·운영해 온 계급차별정책과 정치범 수용소라고 말할 수 있다. 그리고 대부분의 북한 인권현안들은 전체주의적 통제와 체제의 비효율성에 그 근본원인이 있어서 정치적 민주화와 체제변혁이 선행되지 않는 한 개선 노력에 일정한 한계가 있을 것이다. 그러나 인권신장 노력을 통해 정치적 민주화와 다원주의의 도입이 가능하고, 특정 인권유린 현상들은 정치변동을 전제하지 않고도 개선될 수 있는 것이다.

그간의 북한 인권문제는 그 성격상 남북한 간의 완강한 적대자 관계에서 비롯되는 바가 컸다. 그리고 그 해결책 또한 이런 남북한 관계 때문에 찾기 어려웠던 것이다. 그러나 현 시점에서 북한의 인권문제는 기존의 계급정책과 더불어, 체제가 극도의 비효율성을 드러내고 있는 가운데 김정일이 권력을 유지하려는 데에서 비롯되는 바가 더 크다고 볼 수 있다. 즉, 제한된 사회적 제 가치들을 핵심계층에 집중시켜 체제의 유지를 도모함으로써 소외된 일반인들과 체제 이탈자들에 대한 인권 유린이 포괄적으로 이루어지고 있다는 것이다.

북한사회 내에 인권의식이 결여되어 있는 것이 북한의 인권상황을 개선시키는데 가장 큰 장애라는 사실에 유의하면, 북한 내에서의 인권 교육과 확산이 북한인권 신장 노력에서 최우선 순위를 차지해야 될 것이다. 그럼에도 불구하고 현재까지 북한 내에서 실시할 인권교육 프로그램이 개발되어 있지 않고, 한국에서 개발된 한글 인권교재들도 북한에 유입시킬 계획이 수립되어 있지 않으므로 한국의 정부 및 비정부 단체들은 국제사회의 협력을 얻어 이 분야에 전략적으로 집중할 필요가 있다.

7

유엔에서의 북한인권 논의: 기여와 한계

1. 유엔 인권위원회의 대북 결의 채택과정

북한의 인권문제에 대한 일련의 유엔 인권위원회 결의 채택이 북한의 핵문제를 해결하기 위한 미국의 대북한 압력용 카드라고 볼 수 없는 이유는 이 결의들의 상정 및 채택 과정에 있다. 이 일련의 결의들은 미국의 주도로 갑자기 준비되어 채택된 된 것이 아니고, 오랜 기간에 걸쳐 시행되어온 유럽연합(EU)의 대외정책에 따른 것이다.

1) 유럽연합 국가들의 대북한 수교교섭 시 인권문제

유럽연합 국가들은 1999년 7월부터 북한과의 외교관계 수립을 위해 노력을 기울였다. 2000년 6월에 남북정상회담이 성사되고, 그해 10월 20~21일에 서울에서 개최된 제3차 ASEM회의를 전후하여 김대중 정부가 대북 수교를 적극적으로 권유함으로써 유럽연합 국가들은 북한과의 수교문제에 대해 본격적으로 논의하게 되었다. 비록 짧은 기간이었지만, 당시에 미국과 일본의 대북한 수교가 가시화된 것 또한, 유럽연합 국가들이 북한과의 수교를 서두르게 했던 한 요인으로 평가된다.

그런데 그간 유럽연합이 추구해온 대외정책 상의 원칙들은 북한과의 수교문제를 논의하는 과정에서 북한의 인권문제를 주요 의제로 부각시킬 수 밖에 없었다. 그 과정에서 대북수교를 서두른 독일, 영국과 여타 유럽연합 국가들 특히, 프랑스와는 적지 않은 견해 차이도 있었다. ASEM회의 직전, 영국과 독일이 대북 수교문제와 관련하여 일방적으로 결정한 것에 대해 프랑스를 비롯한 여타 유럽연합 국가들이 '공조정책'을 주장하며 비판을 가하자, 독일의 G. 슈뢰더(Gerhard Schroeder) 수상은 "어떤 시점에서도 북한에 대해 공조정책 같은 것은 없었다"고 말했고, 영국의 R. 쿠크(Robin Cook) 외상은 "많은 국가들이 북한과 관계를 맺으면 남북한 간에 좋은 관계가 형성될 기회가 많아질 것"이라고 언명하였다.[1] 그런데 프랑스는 북한의 핵, 미사일 등 대량살상무기 문제의 해결, 남북한 관계의 실질적 진전과 함께 외국 비정부단체들에 대한 구속(constraints) 철폐와 북한 정치범 수용소의 개방 등 인권문제를 대북한 수교 조건으로 제시하며 유보 내지 거부 입장을 견지하였다.

이와 같이 수교과정에서 입장 차이가 있었지만, 이는 2000년 11월 20일에 유럽연합의 총괄이사회(General Council)에서 '대북한 행동노선(EU Lines of Action Towards North Korea)'을 채택함으로써 해소·정리되었다. 이 행동노선의 제2조에서 "유럽연합과 유럽연합 회원 국가들의 대북한 관계 개선에는 다음 요인들이 특히 고려되어야 한다"며, '인권상황의 개선 특히, 인권에 관한 유엔 협약들의 준수', '(북한의 일반) 주민들의 외부지원에 대한 접근', '외국의 비정부단체들이 만족할 만한 조건 하에서 북한에서 활동할 수 있는 가능성' 등을 제시하였다. 그리고 이 행동노선 제3조에서 "유럽연합과 유럽연합 회원국가들의 정책은 북한의 입장에 대한 평가에 기초해

---

[1] "Pyongyang Welcomes EU Nations' Positive Gesture," http://www.korea-np.co.jp/pk/150th_issue/2000102702.htm (검색일: 2003년 5월 16일).

야 된다"며, "그 단계에서는 2000년 10월 9일에 총괄이사회(General Council)에서 결정한 인센티브와 부대조치들의 적용이 유럽연합의 행동의 관건(a key element)"이나, "새로운 조치들이 적당한 시점에 유럽연합에 의해 결정될 것이다"고 규정하고 있다.[2]

아울러 이 행동지침은, "유럽연합이 북한과 이 문제들에 대한 특별대화를 할 준비가 되어 있다는 것을 북한에 알릴 것"과 프랑스, 영국, 독일 대표를 북한에 파견할 것을 제시하고 있다.

비록 대북수교 접근자세에 있어 독일이 프랑스와 다소 차이를 보였지만, 이 행동지침이 마련되고, 인권문제를 중시했던 녹색당 출신의 J. 피셔(Joschka Fischer) 독일 외무장관이 북한과의 수교협상을 주도하면서 북한의 인권문제는 중요한 의제로 다루어졌고, 그래서 수교협상이 길어질 수밖에 없었다. 특히, 베를린에서 개최된 수교협상의 마지막 단계에서 양측은 북한의 인권문제에 대해 4일 동안 논쟁을 벌인 뒤에 이 문제에 대해 정기적인 대화를 갖기로 했다.[3]

2) 2002년의 결의안 상정유보와 2003년 결의 채택과정

북한과 수교를 한 유럽연합 국가들도 북한의 인권문제에 대해 북한당국과 꾸준히 대화를 추구하였으나 별 진전이 없었고, 프랑스는 북한의 인권문제에 대해 여러 차례 질의서를 보냈으나 북한당국으로부터 답변을 받지 못했다.[4] 그래서 2002년 제58차 유엔 인권위원회에서 대북한 결의안을 상정하

---

[2] EU LINES OF ACTION TOWARDS NORTH KOREA, Text Adopted by the General Council, November 20, 2000.
http://www.info-france-usa.org/news/statmnts/2000/EU2000/korea.asp (검색일: 2003년 5월 17일).
[3] Sung Jo Park, "Germany Gets Maximum Concessions from NK," March 11 2001, http://english.chosun.com/w21data/html/news/200103/200103110153.html (검색일: 2003년 5월 16일).
[4] François Descoueyete 주한 프랑스 대사 인터뷰, 2003년 5월 2일.

려 했다. 그러나 당시 김정일의 서울 답방을 고대하고 있던 김대중 정부는 이런 유럽연합의 시도를 만류하였다.5) 명분은, '이제 막 북한이 서방세계에 문을 열기 시작하였는데, 유럽연합이 북한 인권 결의안을 상정하게 되면 북한이 다시 폐쇄·고립정책을 취할 것이니 북한에 좀 더 시간을 주자'는 것이었다. 그러면서도 '한국정부는 유럽연합의 결정을 존중 하겠다'는 여지를 남겨두었다.6) 그래서 유럽연합은 제58차 유엔 인권위원회에서 북한이 유럽연합과 인권대화에 건설적인 자세로 임할 것을 촉구하면서, "차기 유엔 인권위원회를 비롯한 인권관련 포럼에서 적절한 조치를 검토할 목적으로 북한 내 인권상황의 전개를 매우 긴밀하게 지속적으로 주시해 나갈 것"이라고 밝혔다.7)

그런데 2002년은 재중 탈북자 기획망명 사건들로 북한의 인권문제가 국제사회에 크게 부각된 한 해였다. 북한의 인권상황은 전혀 개선되지 않았고, 북한당국이 노력하는 모습도 발견할 수 없었다. 그래서 제59차 유엔 인권위원회를 앞두고 유럽의회가 채택한 결의[P5_TA-PROV(2003)0034]에서 북한의 인권문제에 대한 결의안을 상정하도록 유럽연합에 천명하게 된 것이다.

먼저, 앞에 언급한 유럽의회 결의[P5_TA-PROV(2003)0034, "European Parliament resolution on the EU's rights, priorities and recommendations for the 59th Session of the UN Commission on Human Rights in Geneva" (17 March to 25 April 2003)] 전문 H항에서, "유럽의회는 그간 북한과 여타 인권 유린 국가들에 대한 결의를 발기(sponsor) 하든지, 공동발기 하라고

---

5) 당시 유럽연합의 대북한 인권결의안 상정을 만류하기 위해 한국의 외교력이 집중되었다고 라종일 당시 주영대사가 59차 유엔 인권위원회에서 대북한 인권결의가 채택된 후에 국회에서 진술한 적이 있다.
http://www.chosun.com/w21data/html/news/200304/200304230357.html (검색일: 2004년 4월 19일).
6) 정의용 주 제네바 한국대표부 전 대사 인터뷰, 2003년 4월 8일.
7) 『연합뉴스』, 2003년 3월 26일.

유럽연합에 요청했음에도 아무런 결의가 채택되지 않았다"는 것을 특별히 유념하며, 전문 I항에서 "유럽연합과 제 3국간에 인권에 대한 논의가 있다는 사실이 유럽연합으로 하여금 그 나라의 인권상황에 대한 결의를 상정하거나, 다른 나라가 주도하는 것을 지지하는데 방해가 되지 않아야 된다"고 천명하고 있다.

본 결의[P5_TA-PROV(2003)0034]가 채택되기 전에 유럽연합 의장이 유럽의회에 보고한 성명(EU Presidency statement on the 59th Session of the UNCHR, Ref: CL03-027EN)에서는, 유럽연합 회원국 외무부 관리들로 구성된 '인권에 관한 위원회 실무단(COHOM: Council's Working Party on Human Rights)'이 2003년 2월 5일 회의에서 2003년 59차 유엔 인권위원회와 관련된 현안들을 최종적으로 결정할 것이라고 언급하고 있다. 그런데 2003년 1월 29일에 행해진 이 유럽연합 의장의 성명에서 수단, 이라크, 미얀마, 콩고민주공화국, 점령지에서의 이스라엘인 정주(Settlement)에 대한 결의들에 대해서는 COHOM 내에서 이미 개략적인 합의를 이루었다고 언급하고 있으나, 북한에 대한 결의에 대해서는 구체적인 언급이 없다. 저자가 프랑스 외교 실무자와 면담하여 확인한 바로는 아시아 지역 위원회 실무단인 COASI 회의에서 이 시기에 대북 결의안에 대한 논의와 최종적인 결정이 있었다고 한다.[8]

이와 같은 일련의 과정을 거쳐 마침내 2003년 3월 하순에 대북 인권결의 초안이 프랑스의 주도로 작성되었다.[9] 그리고 그 초안은 4월 둘째 주에 위원회 실무단 회원국가들 및 공동발기 국가들 간의 논의를 거쳐 4월 15일에 상정되면서 완성이 되었다. 그래서 이 결의의 최초 안은 불어로 작성되었던 것이고, 최종적인 안으로 상정되기까지 논의되는 과정에서 영어로 번

---

8) Nicolas Thiriet, 인터뷰, 2003년 10월 1일.
9) 초안 작성자는 프랑스 외무성의 극동담당 부과장(Sous-direction d'Extrême-Orient) 띠리에 (Nicolas Thiriet) 씨임이 본인과의 면담을 통해 확인 되었다. Thiriet (2003), 위의 인터뷰.

역되고, 영어본도 수정을 거쳐 확정된 것이다.

따라서 2003년의 첫 번째 대북한 인권결의(E/CN.4/2003/L.31/Rev.1)는 미국이 북한의 핵문제를 해결하기 위해 급작스럽게 제안·채택한 것이 아니라, 오랜 기간에 걸쳐 유럽연합 내에서 논의되어 왔던 사안을 유럽연합 주도로 매듭지은 것이다.

그런데 유럽연합이 결의안을 준비하는 과정에서 북한의 참여를 요청했으나, 북한은 이를 일언지하(一言之下)에 거절했다. 그리고 북한이 자신에 관한 이 결의안에 투표할 수 없었던 것은, 북한의 인권상황이 워낙 열악하여 유엔 인권위원회 위원국에서 배제되어 있었기 때문이다. 유엔 인권위원회의 위원국 구성이 지역별로 되어 있었기 때문에 비 서방국가들이 압도적으로 많았는데도 북한이 위원국이 되지 못했던 것은 북한이 자초한 결과이다.10) 따라서 결의안이 논의·채택되는 과정에서 북한 스스로 자신을 배제시켰던 것이지, 유럽연합이나 미국과 같은 어떤 특정세력이 악의를 가지고 북한을 배제시켰던 것은 결코 아니다. 그러므로 "북한을 결의안 논의과정에서 철저히 배제시켰다"고 주장하는 것은 표면적 현상을 가지고 진실을 왜곡시키는 것이다.

3) 2003년 결의의 후속조치들과 북한의 B규약 2차보고서 심사

2003년에 유엔 인권위원회는 북한인권결의문을 채택하면서 북한의 인권상황을 총체적으로 지적하고, 북한당국에 포괄적 기술협력을 촉구했다. 그리고 3주제의 특별보고관(식량권, 고문, 종교적 불관용)과 2주제의 실무단(자의적 구금, 강제적 혹은 바자발적 실종)으로 하여금 북한의 인권상황을 조사하여 2004년의 제60차 인권위원회에서 보고하도록 규정하였다.

---

10) 2006년 3월 이전의 유엔 인권위원회 체제에서는 지역별 회원국 배정이 다음과 같았다. 라틴아메리카 및 카리비아 국가: 11개국, 서유럽과 기타 국가: 10개국, 아프리카 국가: 15개국, 아시아·태평양 국가: 12개국, 동유럽국가: 5개국

그래서 북한과의 기술적 협력 방법을 찾기 위해 유엔 인권고등판무관실(OHCHR)은 북한의 제네바 상주 대표부에 접근하였다. 인권고등판무관실 관리들과 북한 상주대표부 간의 실무접촉을 추적하면서 B. 람차란(Bertrand Ramcharan) 고등판무관 서리(Acting High Commissioner)는 2003년 8월 8일에 기술협력에 대한 논의를 하기 위해 북한 상주대표부를 초대하는 서한을 보냈다.11) 이 서한에서 고등판무관 서리는 실천조치로서 협력할 수 있는 분야를 찾아보기 위한 평가단을 북한정부가 초청할 수 있다는 것을 알렸다. 고등판무관 서리는 이 평가단이 북한에서 발견한 것을 고려하여 그의 관찰과 가능한 기술협력에 대해 유엔 인권위원회에 보고할 생각이었다. 그러나 북한은 아무런 답변을 주지 않았다.12)

이런 상황에서 북한의 경제적·사회적·문화적 권리에 관한 제2차 정기보고서가 2003년 11월 19일~20일에 유엔 경제적·사회적·문화적 권리 위원회에서 검토되었다. 5년마다 정기보고서를 제출·검토해야 되는데 1991년 이후 처음 하는 것이어서 그 자체가 북한이 이 위원회와 건설적인 대화를 시작할 수 있는 좋은 계기라고 긍정적으로 평가되기도 했다.

주제네바 북한 대사인 리철이 이끈 대표단은 평양의 여러 부서에서 파견된 6명으로 구성되었다. 북한 대표단은 시작부터 군사적 압박과 경제적 제재, 자연재해로 인한 어려움을 강조하였다.

유엔의 독립인권전문가들은 심사를 하며 많은 현안들에 대해 문제제기를 하였다. 특히, 사법부의 독립성, 인권규약의 국내법적 효력, 여성의 권리, 중국에서 체포되어 강제송환 된 탈북자들의 신변, 차별적인 사회계급 정책, 개인 또는 단체협상의 자유, 고용계약의 존재 여부, 강제노동의 존재 여부 그리고 AIDS 방지책 등이 강조되었다.

---

11) 데 멜로(Sergio Vieira de Mello) 유엔 인권고등판무관은 2003년 5월에 4개월간의 한시적 이라크 특사로 임명되어 현지에서 임무 수행 중이던 8월 19일에 폭탄테러로 사망하였다. 그의 공석과 사망은 북한인권결의 이행을 위한 유엔 인권고등판무관실의 후속조치를 늦고, 소극적이게 만든 중요한 요인으로 보인다.
12) E/CN.4/2004/31, February 17, 2004.

그러나 북한 대표단은 현실과 괴리된 불성실한 답변으로 일관했다. 처음 몇 차례의 질문 후에 북한 대표단은 위원회가 비정부단체(NGO)의 자료들에 지나치게 의존하고 있다며, 그것들은 정치적인 목적에 의해서 작성된 것으로 신빙성이 없다고 주장했다. 그들은 또 탈북자들이 거짓 정보를 전파하고 있다고 덧붙였다. 대표단은 '3계층 51개 부류'에 따른 계급차별정책에 대해서도 '순 거짓말'이고, '매우 악랄한 정치적 목적을 위한 것'이라고 강력하게 부인하였다.

대표단은 1992년 비엔나 회의의 결과로 채택해야 되는 '국가 인권 실천계획(National Plan of Action on Human Rights)'과 관련된 논의가 외무성 내에서 시작단계에 있다고 밝혔다. 그리고 대표단은 북한정부가 개인적 신소(individual complaints)를 허용하는 '규약에 대한 선택적 의정서(Optional Protocol to the Covenant)'에 가입할지 아직 결정하지 않았으며, 국제노동기구(ILO) 가입문제에 대해서도 3자 협의 형식이 장애물인데, 이를 아직 해결하지는 못했다고 대답했다.

사법부의 독립에 대해서 대표단은 이 문제가 정치쟁점화 되지 않았고 "북한에서는 전통적으로 사법부가 독립적인 기관이었기에 이 문제에 대해서 아무런 보장이 필요 없다"고 답하였다.

고용계약과 단체교섭권에 대해 북한 대표단은, 근로자들이 생산수단의 주인이고, 공장이 근로자의 소유이므로 고용계약서, 단체협상권 혹은 파업권이 필요 없다고 답하였다.

결정권이 있는 고위직에 여성이 적다는 지적에 대해 심형일 부단장은, "북한에서는 법적으로 남성과 여성이 평등하나, 충원이 개인의 능력에 따라 이루어지고, 여자는 남자만큼 능력을 갖추지 못 해서 고위직에 여성이 적다"고 답을 하여 전문가들이 귀를 의심하며 되묻기도 했다.

전문가들이, 지난 몇 년간 중국과의 접촉이 늘어났으므로 북한 내에 AIDS가 확산되었을 가능성에 대해 우려를 표명하자, 북한대표단은, "북한에서는 AIDS의 발병 사례가 하나도 없다"며, 방지책으로 강한 통제만을 강

조하였다.13)

북한 대표단은, "북한에서는 모든 사람들이 국가의 보호를 받고 있기 때문에 부랑자나 거지는 없다"며 현실을 호도했다. 그리고 '꽃제비' 문제에 대해서도, "대홍수 직후 거리에 나온 아이들이 일부 있었으나, 그 아이들을 여관에 데려다 놓고 교사를 보내 교육 시켰다. 그러나 이제는 그런 아이들이 없다"고 대표단은 답했다.

이 회의를 마치고 프랑스의 국제인권연맹연합(FIDH)은 기자회견을 통해 "벽보고 대화하는 것 같다"는 회장 성명을 내기도 했다.

유엔 경제적·사회적·문화적 권리 위원회는 2003년 11월 28일에 채택한 '결론적 관찰문(E/C 12/1/95)'을 통해, 사법부의 독립성과 중립성 부족, 인종차별에 대한 유엔협약(CERD)의 비준 부재, 여성권리의 실태와 가정폭력 그리고 양성평등법안의 부족, 국가에 의한 강제적 직업배치로 인한 직업선택권의 침해, 탈북자들이 북송 될 경우에 그들이 받는 처벌에 관한 정보 결여, 당에 의해 통제되는 단일 노동조합 체제로 인한 파업의 권리와 노동조합 권리에 대한 침해, 사회보장제도에 대한 정보부족, 사회의 특정 부문(취약계층)이 유난히 기아피해가 크고 필요한 지원을 받지 못하는 상황, 아동의 상태(영양실조에 걸린 아동의 비율, 학교 출석률의 감소, 보통 학교의 장애 어린이들 입학 거부) 등을 지적하였다. 그리고 위원회는 다음 사항들을 북한에 권고하였다. 인종차별에 관한 유엔협약을 비준할 것, 국제노동기구(ILO)에 가입하고 그 주요 협약들을 비준할 것, 여성들이 차별을 받지 않도록 필요한 법을 만들고, 그들의 권익을 신장시키기 위해서 구체적인 방안을 강구할 것, 직업선택권의 보장, 해외로 여행을 한 사람들에 대한 처벌 금지, 독립적인 노동조합을 결성하고 파업을 할 권리를 포함한 노동조합의 권리를 보호하기 위해 법을 검토할 것, 취약한 부문(사회 취약 계층)에도 국제적 식량지원에 대한 접근을 보장하고, 식량 계획 수립 및 이행 시

---

13) 세계보건기구는 100건이 있다고 하는데, 이는 부분적으로만 알려진 매우 제한적인 숫자에 불과하다.

이러한 부문에 대해서 우선권을 부여토록 할 것, HIV/AIDS를 방지할 수 있는 포괄적인 계획을 채택할 것.

위원회는 또한 "당사국이 조약을 실현하기 위해서 취하는 조치와 노력들을 확인하기 위해 조선민주주의인민공화국이 초청을 할 경우에 조사단을 보낼 준비가 되어있다"(제47항)고 하였다.

그런데 북한으로부터 아무런 답변이 없자 람차란 고등판무관 서리는 2003년 12월 16일에 북한 상주대표부에 서한을 다시 보냈다. 이 서한에서 고등판무관 서리는 2003년 11월에 북한의 경제적·사회적·문화적 권리에 대해 관련 위원회가 북한정부 대표단과 대화한 것을 높게 평가하며 아시아·태평양지역에서의 인권보호 및 신장을 위한 지역협력의 틀 속에서 인권고등판무관실의 활동에 북한당국이 협력해 줄 것을 촉구하였다. 그러나 인권고등판무관실은 북한 상주대표부로부터 "편지가 평양에 전달되었고, 북한정부가 긴밀한 협력을 소중하게 생각하고 있다"는 답신만을 2003년 12월 30일에 받았다.

이와 같이 2003년의 결의 이행을 위한 실질적 협력조치는 없었다. 그리고 지난 수년 간 요청해 왔던 분야별 현장조사나 현안논의를 위한 관련 위원회와 특별보고관의 북한방문 요청에 대해서도, 북한정부는 2004년 4월에 인권위원장(Chairman of the Human Rights Committee)과 한 명의 위원을 초청하는 것 외에는 모두 무 답변으로 거절하였다. 그래서 식량권 특별보고관 J. 지글러(Jean Ziegler) 씨는 60차 인권위원회 회기 중인 2004년 4월 7일에 북한정부를 향해 비정부단체들과 함께 기자회견을 갖기도 했다.

4) 2004년 결의안에 대한 북한 및 위원국 대표들의 반응과 채택

2004년에도 북한 대표부는 결의문 초안 수령 자체를 거부하며 결의문 작성을 위한 유럽연합과의 논의에 참여하지 않았다. 그러나 거의 방치상태로 내버려 두었던 전년과는 달리 2004년에는 신경을 곤두세우고 회의장 주변에서 아프리카 지역 국가대표들을 접촉하는 모습이 눈에 많이 띠었다.

2004년에는 대북 인권결의에 대한 한국대표부의 접근방법도 전년과는 사뭇 달랐다. 먼저 개별국가의 인권상황에 관한 9번 의제(Item 9: "Question of violation of human rights and fundamental freedoms in any part of the world")에 대해 논의하던 2004년 3월 25일에 한국 대표부의 최혁 대사는 북한을 직접 거명하지는 않았으나 공개처형, (강제)노동수용소 등 전체주의체제에서의 체계적 인권유린 상황에 대해 강도 높게 지적하였다.14) 북한 대표부도, "유럽연합이 이중잣대를 가지고 미국의 이라크 침공에 따른 인권침해에 대해서는 침묵하면서, 북한과는 대화도 중단하고 결의안을 상정함으로써 북한을 공격하였다"며 유럽연합을 맹비난 하였다.

'한 여성의 목소리, 인터내셔날(A Woman's Voice, International)'의 이름으로 연세대학교 국제대학원의 정지선 양이 2004년 4월 7일에 13번 의제(아동권)에 대한 구두질의(oral intervention)를 하면서 '북한 아동의 식량권', '공개처형을 강제로 관람케 하여 받는 정신적 충격', '계급차별정책에 따른 의료 및 교육 혜택의 불평등 문제' 등을 지적하자15), 북한 대표부는 특별 진행발언권을 요청하여, "이는 어른이 뒤에서 조정한 것이다. 어린 학생이 학교에 있어야지 왜 이 자리에 있느냐?"고 비난하였다. 함께 참여했던 탈북자 강원철 군은, "만 24세의 대학원생이 구두질의를 하기에 어리면, 17세의 소년들을 군대에 대려다 사람 죽이는 연습 시키는 것은 합당한가?"라고 주변 청중들에게 반문했다.

---

14) Choi, Hyuck, "Statement by H. E. Ambassador CHOI Hyuck, Permanent Representative of the Republic of Korea on Agenda Item 9, Question of the violation of human rights and Fundamental freedoms in any part of the World, Before the 60th Session of the Commission on Human Rights," Geneva, March 25 2004.

15) Jeong, Ji Sun, 구두질의(oral intervention), 2004년 4월 7일, http://wmail.knu.ac.kr/mail/index.neo (검색일: 2004년 4월 27일).

2004년 4월 13일에 '희년운동(Jubilee Campaign)'의 이름으로 한동대학교의 원재천 교수[16], 헬싱키 인권재단(Helsinki Foundation for Human Rights)의 파견원 J. 호사니악(Joanna Hosaniak)[17], 그리고 '한 여성의 목소리, 인터내셔날'의 이름으로 북한인권시민연합의 김영자 사무국장[18]이 14번 의제(소수자, 집단이동 및 이주민, 대규모의 재정착) 하에서 탈북자 문제에 대해 각각 구두질의를 하였다. 세 구두질의가 있은 후 북한 대표부는, '유엔 인권위원회가 악의를 가진 세 비정부단체에 의해 북한에 대한 공격의 장소로 쓰이고 있다'는 비난 외에는 설득력 있는 발언을 하지 못했다.

2004년에 한국 대표단은 전년과는 달리 대북한 인권결의에 기권표를 던지며 "남북한 관계의 특수 상황 때문에 기권을 하지만, 북한정부가 자국의 인권상황 개선을 위해 국제사회와 협력해야 된다"고 입장표명을 하였다.

전년에 채택된 결의문 덕분인지, 2004년에는 저자가 만난 아프리카 대표들도 전년과는 달리 정치적 의도를 의심하는 경우는 없었다. 2004년에 새롭게 유엔 인권위원국이 되면서 아프리카 지역 15개 위원국의 대표국가가 된 콩고의 대사와 부대사도 북한의 인권상황에 대한 저자의 설명을 경청하며 호의를 보여주었다. 그래서 북한인권결의안이 표결되기 직전에 투표에 부쳐진 쿠바인권결의안에 대해서는 콩고 대사가 반대연설을 할 정도로 적극적인 반대 입장을 취했으나, 북한결의안에 대해서는 기권을 하였다. 지역국가들이 집단투표를 하는 것이 관행이어서 콩고가 적극적으로 북한결의안에 반대했으면 투표에 상당히 부정적인 영향을 미쳤을 것이다.

원재천 교수가 만난 중국대표도 "중국에서 북한여성들이 인신매매를 당

---

16) Won, Jae Chun, 『연합뉴스』, 2004년 4월 13일.
   http://www.nkhumanrights.or.kr/index5.html (검색일: 2004년 4월 27일).
17) Hosaniak, Joanna, 『연합뉴스』, 2004년 4월 13일.
   http://www.nkhumanrights.or.kr/index5.html (검색일: 2004년 4월 27일).
18) Kim, Young Ja, 『연합뉴스』, 2004년 4월 13일.
   http://www.nkhumanrights.or.kr/index5.html (검색일: 2004년 4월 27일).

하고 있고, 그 여성들이 북한으로 송환된 뒤에 임신한 것이 드러나면 인종적 이유로 강제낙태 시키고, 영아를 살해하는 사실에 대해 설명하자, 동요하는 모습을 보였다'고 한다.19) 2003년에 이어 2004년 표결에서도 기권을 한 바레인과 부르키나파소 대표들도 북한의 인권상황에 대해 알고 있었으며, 2004년에는 반응이 좀 다르다는 느낌을 주었다. 쿠바 대표단도 비록 반대하였으나, 우방이어서 북한을 도운 것이지 북한의 인권상황을 긍정적으로 평가한 것은 아니었다.

2004년에 대북한 인권결의를 주도했던 유럽연합 의장국 아일랜드는 전년과는 달리 결의문 2차 초안에 대한 공개 토론회도 4월 6일에 개최하여 결의문 작성에 비정부단체들도 참여할 수 있게 했다. 그래서 초안에 기술된 탈북여성들에 대한 '중매(arranged marage)'를 '강제결혼(forced marriage)'으로 고칠 수 있었다.

이와 같이 2004년의 제60차 유엔 인권위원회에서는 북한의 인권개선 촉구 결의에 대해 전년에 비해 상당히 전향적인 입장을 보여 북한의 인권문제가 더 이상 국제사회에서 숨기거나 부정할 수 없는 하나의 '사실'이 되었음을 실감케 했다.

5) 2005년 결의안 채택 과정

스위스 제네바에서 2005년 3월 14일부터 4월 22일까지 열린 제61차 유엔 인권위원회에서 북한의 인권상황 개선을 촉구하는 세 번째 결의가 채택되었다. 이 세 번째 결의는 유럽연합 의장국인 룩셈부르크와 일본이 주도하

---

19) 2003년 중국대표의 반응은 Sha, Zukang, Statement by H. E. Ambassador SHA Zukang, Head of the Chinese Delegation, on Item 9 at the 59th Session of the Commission on Human Rights. April 1 2003. Geneva. http://www.china-un.ch/eng/45906.html (검색일: 2003년 5월 17일) 참조. 2004년에도 표결 전에 중국대표는 북한을 비호하는 발언을 하였으나 북한의 인권상황 자체를 부정하지는 않았다.

여 준비했으며, 유엔 인권위원회에 4월 11일에 상정되어 4월 14일(현지시간)에 표결되었다.20)

이 결의문에서 북한의 인권상황 그 자체에 대해서는 2004년 2차 결의문과 비슷하게 규정하고 있다. 그런데 북한정부에 대한 촉구 내용과 향후 대책은 주목을 끌만큼 강도가 높다. 먼저 북한정부에 대해 민주적 다원주의, 법치와 함께 국제적 인권기준에 부합되도록 하고, 모든 수준의 의사결정과 집행에 시민사회가 참여 할 수 있도록 하며, 국가인권위원회 같은 기관을 설립할 것을 촉구하고 있다. 이는 유엔 회원국으로서 당연히 실천해야 될 사항들이지만, 북한의 현 정권으로서는 받아들일 수 없는 주문이다.

그리고 2005년 결의문에서는 북한정부가 계속 특별보고관과 협력하지 않고, 인권이 신장된 것이 관찰되지 않으면 유엔총회를 비롯한 여타 유엔 기구들에서 북한의 인권문제를 다루어야 된다고 규정하고 있다. 이는 북한정부에게 유엔헌장에 기초한 더 강도 높은 압박을 가할 수 있는 여지를 마련하려는 것으로 보인다.

2005년에도 북한대표부는 결의문안 작성에 전혀 협력하지 않았다. 그러나 거의 방임·거부하는 자세를 취했던 과거와는 달리 2005년에는 의장단에 접근하여 '세 번째 결의보다 의장성명(Chairman statement)을 내는 것이 어떠냐'고 제안하는 등, 새로운 결의를 피하기 위해 적극적으로 노력하는 변화된 모습을 보였다.21)

---

20) 그 과정에서 가장 큰 관심을 모았던 것은 3월 29일 오전(현지시간)에 있었던 북한 인권담당 특별보고관 윗팃 문타폰(Vitit Muntarbhorn) 교수의 보고와 그에 대한 북한정부의 반응이다. 문타폰 특별보고관은 북한정부의 비협조로 현지조사를 실시 할 수 없었던 현실적 제약 속에서도 많은 자료를 모으고, 정부·비정부 단체 인사들과 국제기구 요원들을 접하고, 몽골을 방문하여 탈북자들을 직접 면담하였으며, 일본을 방문하여 납북자 가족들의 이야기를 경청하는 등 많은 노력을 경주하였다(본서의 부록 참조). 문타폰 특별보고관은 역시 아시아 인권 전문가답게 북한의 인권상황 전반에 대해 소상하게, 균형 있는 시각을 견지하며 보고를 하였다. 이에 대해 북한 대표부는 북한의 적대세력이 지난 반세기 동안 해온 심리전 내용과 같다며 인정하려 들지 않았다.

21) 그러나 의장성명은 상황이 현저히 개선되었을 때 가능한 것인데, 그렇지 못할 뿐

2005년 3월 31일에 유엔 인권위원회 회의장에서 비정부 인권 단체들이 연합하여 준비한 북한의 인권에 대한 한 모임(parallel meeting)에서 공개 총살형을 집행하는 기록영화를 보고 한 서방 참석자는 왜 한국정부가 이를 중단시키기 위해 군사적 행동을 하지 않느냐고 물을 정도로 극단적인 반응을 보였다. 이 행사를 준비했던 영국의 한 인권 변호사는 국제형사재판소(ICC)에 김정일이 지난 수십 년간 대량학살(genocide)을 저지른 것으로 제소하는 것을 다음 활동목표로 제시하기도 했다. 이런 반응이 국제사회에서 어느 정도 호응을 얻고 지속성을 가질 수 있을 지는 미지수다. 그러나 한국에서 지난 2정부와 같이 정반대의 입장만 고수한다면 이 또한 국제사회에서 설득력을 얻지 못하고, 한국의 입지를 좁힐 뿐만 아니라 북한의 인권신장에 전혀 도움이 되지 못할 것이다. 이런 관점에서 진보적임을 자처하는 한국의 북한인권 관련 정부·비정부 단체들도 북한의 입장을 대변하기보다 북한의 위정자들에게 국제사회의 흐름을 알리고 개선시킬 것을 적극적으로 설득해야 된다.

따라서 본 장에서는 이 세 번째 대북 결의 상의 촉구 내용들을 북한이 받아들이는 문제와 관련하여 장애요인들과 가능성을 짚어보고자 한다. 즉, 민주적 다원주의를 수용하고, 사회 각 수준에서의 의사결정에 시민사회가 참여할 수 있는 여지를 살펴보겠다. 아울러 만약 유엔 차원에서 대북 제재를 가한다면 어떤 제재가 가능한가를 고찰하면서 향후 예상되는 현안의 전개 양상과 대책을 논하고자 한다.

6) 세 결의문 비교

유엔 인권위원회는 대북 결의를 거듭하면서 북한의 인권상황에 대해 자세

만 아니라 북한정부가 2004년의 2차 결의를 인정할 수 없다며 유엔 인권위원회와 협력하지 않았기 때문에 설득력을 얻지 못했다.

히 거론했다. 북한 내의 상황에 대해서는 고문과 기타 잔인하고 비인간적인 처우 또는 처벌, 공개처형, 비법적・임의적 구금, 정치적 이유에 의한 사형선고, 다수의 정치범 수용소의 존재, 광범위한 강제노동의 사용 등을 거듭 지적했다. 그런데 송환된 탈북자 문제에 대해 제59차 유엔 인권위원회 결의문에서는 '북한시민이 다른 나라로 떠난 것을 구금형, 비인간적 처우, 사형으로 처벌하는 배반행위로 취급하지 말도록 촉구'하는 데 그쳤으나, 제60차 유엔 인권위원회 결의문에서는 감옥과 노동 캠프(집결소, 교화소, 관리소 등 각종 수용소)에서의 영아살해를 추가로 지적하고 있다. 그리고 매춘과 강제결혼을 위한 여성들의 인신매매, 송환된 임신여성들에 대해 인종적인 이유로 자행되는 강제낙태, 특히 구류장이나 노동단련대에 수감된 임신여성들이 유도분만 혹은 자연분만 한 뒤에 자행되는 영아살해도 지적하며, 금지를 촉구하고 있다. 그리고 여성 인신매매 종식을 위해 인근국가들과 협력할 것을 권고하고 있다.

　제60차, 제61차 유엔 인권위원회 결의문들에는 제59차 유엔 인권위원회 결의문에서 임무를 부여한 3주제의 특별보고관들(식량권, 고문, 종교적 불관용)과 2주제의 실무단들(임의적 구금, 강제적 혹은 비자발적 실종) 외에 '의견 및 표현의 자유권에 대한 특별보고관', '여성폭력에 대한 특별보고관'을 추가로 지정하며 북한당국이 협력할 것을 촉구하고 있다.

　그리고 세계식량계획(WFP)을 포함한 인도적 기관이나 비정부단체들이, 인도적 지원을 하는 데 있어 본래의 원칙에 따라 수요에 기초한 공정한 분배를 확실히 할 수 있도록 북한 전역에 대한 무제한적 접근을 허용하라고 강력히 촉구하고 있다.

　그런데 제60차 유엔 인권위원회에서 채택한 결의에 따라 임명된 북한전담 국가특별보고관(Country Special Rapporteur)은 제61차 인권위원회에서 임기가 1년 갱신되었으며, 그 특별보고관은 유엔 사무총장으로부터 필요한 모든 지원을 받아 북한 방문과 주민 접견을 비롯하여 여타 정부 및 비정부단체, 관련 전문가 등 모든 관련자들로부터 정보를 얻고, 관찰하여 건의할

표 7-1 유엔 인권위원회 3결의 채택 비교

		제59차 유엔 인권위 대북 결의문(2003년)	제60차 유엔 인권위 대북 결의문(2004년)	제61차 유엔 인권위 대북 결의문(2005년)
상황인식		포괄적·원론적	포괄적·구체적	포괄적·구체적
대북한 촉구 내용		기술적 협력, NGOs와 국제 인권 및 인도적 지원 기구들 북한 방문 허용	좌동	• 좌동 + • 민주적 다원주의, 법치, 국제적 인권기준에 부합, 모든 수준의 의사결정과 집행에 시민사회 참여, 국가인권위원회 설립
실행조치		주제별 3특별보고관과 2실무단 조사 후 인권위 보고	주제별 5특별보고관과 2실무단 및 북한전담특별보고관 조사 후 인권위와 총회 보고	• 좌동 + • 특별보고관에 비협조적, 인권 미신장 시 유엔총회를 비롯한 여타 유엔 기구들에서 북한 인권문제를 다룸
주도 국가		프랑스	아일랜드	룩셈부르크, 일본
공동발기 국가 수		29	38	45
투표 결과	찬성	28	29	30
	반대	10	8	9
	기권	14	16	14
	불참	1	0	0

사항들을 다음 유엔총회와 유엔 인권위원회에 각각 보고토록 했다. 아울러 다른 주제별 특별 보고관과 실무단 대표들에 대해서도 같은 요구를 했다.

이상과 같이 유엔 인권위원회는 대북한 결의를 거듭할수록 북한정부에 대해 강도 높은 요구를 하고 있으며, 유엔 차원에서의 포괄적이고 지속적인 후속 조치들을 천명하고 있다. 그런데 제61차 유엔 인권위원회 결의에서 추가된 요구사항들(민주적 다원주의, 법치 등)은 존 카일(John Kyl) 미국 상원의원이 제출한 북한민주법안(2003년 1월 23일)과 샘 브라운백(Sam Brownback) 미국 상원의원과 짐 리치(Jim Leach) 미국 하원의원이 각각 제출한 북한자유법안(2003년 11월 20일, 2003년 11월 21일)의 주요 내용과 일치하는 측면이 있어 '미국의 입장관철'이라는 추측도 가능하게 한다.

2. 유엔에서의 논의

2005년 결의문에서는 북한정부가 계속 특별보고관에게 협력하지 않고, 인권이 신장된 것이 관찰되지 않으면 유엔총회를 비롯한 유엔의 여타 기관들에서 북한의 인권문제를 다루어야 된다고 규정하고 있다. 그런데 유엔 인권위원회의 이 세 번째 대북 결의에 대해 북한 외무성은 2005년 4월 20일자 성명을 통해 "우리 공화국을 악랄하게 모해·중상하는 결의"라며 "허위자료와 독소조항으로 일관돼 있는 결의는 무엇보다 우리의 제도전복을 목적으로 하고 있다"고 주장했다. 아울러 외무성 대변인은 이 성명에서 "우리는 황당하기 그지없는 인권문제라는 것을 거들면서 우리를 무근거하게 헐뜯은 이번 결의를 절대로 인정하지 않으며 적대세력들의 대(對)조선 고립·압살 책동의 일환으로 단호히 전면 배격 한다"고 말했다. 그리고 "인권문제가 반공화국(反北韓) 적대행위의 공간으로 계속 악용된다면 우리는 그에 결정적 조치로 대응할 것"이라고 경고했다.[22]

이런 입장을 표명한 북한정부는 세 번째 결의의 실행을 위해서 필요한 어떠한 협력도 하지 않았으며, 이는 지속될 것으로 보인다. 그렇다면 유엔

---

22) 북한 외무성 대변인은 또 "미국이 핵문제와 함께 인권문제를 조선반도(한반도)에서 긴장을 격화시키며 우리 제도를 고립·압살하기 위한 주요 공간으로 삼고 있다는 것은 주지의 사실"이라며, "이번 결의 채택 놀음 역시 미국의 사촉을 받고 대조선 압살 책동에 적극 편승한 영국과 일본 등 서방 나라들의 비열한 적대소동"이라고 비난했다. 대변인은 이어 "일본이 조·일 사이에 이미 다 해결된 '납치문제'를 제네바에까지 들고 가 결의에 집어넣고 반공화국 소동에 극성을 부린 데 대해 단단히 계산할 것"이라고 덧붙였다. "북, 유엔 北인권결의안 채택에 '적대소동'," http://nk.chosun.com/news/news.html?ACT=detail&cat_id=11&res_id=62067&page=2 (검색일: 2005년 5월 24일).

에서는 어떠한 후속 조치들을 취할 수 있을 지, 그 조치들의 신빙성과 구속성을 살펴볼 필요가 있다.

1) '평화에 대한 위협'으로서의 강제조치 가능성

유엔헌장 제7장에 의하면 유엔 안전보장이사회는 경제적·사회적·문화적 문제들과 인도적 문제들에 대해서도 행동 이행을 위해 법적 구속력이 있는 결정을 할 수 있다. 즉, 유엔 안전보장이사회는 평화에 대한 위협, 평화의 파괴 또는 침략행위의 존재를 결정하고, 아울러 국제평화와 안전을 유지 혹은 회복하기 위하여 권고를 하거나 군사적 혹은 비군사적 강제조치를 취할 수 있다(유엔헌장 제39조).

유엔 안전보장이사회는 1990년대 이후 일련의 국제인권침해사례에서 인권침해사태가 '평화에 대한 위협'에 해당하는 것으로 판단하고 일련의 비군사적 강제조치를 취하거나, 가맹국으로 하여금 군사적 개입을 허용하는 조치를 취해 왔다. 예를 들어, 1991년 이라크의 쿠르드족(Curds) 박해사건(안전보장이사회 결의 제688호), 1992년 소말리아에서의 내전과 그에 수반하는 기아 등의 사태(제794호), 1993년 구유고 내전과 그에 수반된 인권탄압 사태(제757호, 제836호)와 앙골라에서 반정부세력의 군사행동 결과로 발생한 사태(제864호), 1994년 르완다 내전과 그에 수반된 집단살해 등의 사태(제918호, 제929호) 및 아이티 군사정권에 의한 민정복귀합의의 불이행 사태(제940호) 등이 그것이다. 이 일련의 유엔 안전보장이사회의 결의들은, 한 국가 내에서의 인권침해가 유엔헌장 제39조 상의 '평화에 대한 위협'을 구성한다는 것을 확인한 유엔 안전보장이사회의 성숙된 관행으로 평가되기도 한다.[23]

---

23) 김석현, "인권보호를 위한 안보리의 개입," 『국제법학회논총』, 제40권 제1호, 1995년 6월, pp. 40-43; 김태천 "유엔 인권보장제도의 기본구조," http://www.humanrights.or.kr/HRLibrary/HRLibrary1-tckim8.htm#6. (검

이런 전례들에 따라 북한에서의 대규모 인권유린 사태에 대한 유엔 안전보장이사회의 강제조치를 논의 할 경우 2가지 쟁점이 대두된다. 먼저, 구유고 내전이나 르완다 사태 등과 같이 내전이나 국제적 무력충돌을 통해 대규모의 중대한 인권침해행위가 전제되어야 하는데, 북한에서의 인권침해는 적어도 현재까지는 무력충돌은 없이 압제에 의한 구조적·체계적 인권침해다. 그래서 현재의 양상으로서는 강제조치를 취하기가 용이하지 않겠지만, 현재의 인권상황이 개선되지 않은 상태에서 급격한 정치변동이나 체제변동이 발생하면 무력분규는 충분히 예상할 수 있다. 따라서 그 시점에서는 강제조치가 설득력을 얻을 수 있을 것이다.

그리고 인권침해가 대규모적이고 중대할 경우 대부분 기존의 행정적, 준사법적 혹은 사법적 인권보장제도는 그 실효성이 없다. 그래서 유엔 안전보장이사회에 의한 강제조치 혹은 군사적 개입 허용조치는 실효성도 있고 현실적인 필요성도 있다. 유엔 안전보장이사회가 1994년에 아이티사태에 대한 미국의 군사적 개입을 허용함으로써, 아이티에서의 민주정부 수립과 국민의 인권보호를 확보하게 된 사례가 좋은 예다. 그런데 문제는 유엔 안전보장이사회가 '평화에 대한 위협'이라고 확인하고 개입할 수 있는 인권침해의 내용이 무엇인가를 규정하는 것이 용이하지 않기 때문에 북한의 인권문제에 대해서도 같은 논란이 야기될 것이다. 그러나 냉전종식 이후 '평화에 대한 위협'의 인정대상이 되는 분쟁 혹은 사태의 범주가 과거에 비해 매우 확대되었다는 사실을 유념하면, 북한의 인권문제에 대한 강제조치 가능성도, 현재로서는 그다지 높아 보이지 않지만, 체제변동기에 무력분규가 동반 될 경우 충분히 있다.

그리고 유엔 헌장 제2장 6조에 따르면 유엔 회원국이 헌장에 있는 원칙들을 지속적으로 어길 경우에 유엔총회는 안전보장이사회의 권고에 따라 그 회원국을 추방할 수 있다. 따라서 북한을 유엔에서 추방할 수도 있는 것이다.

색일: 2005년 5월 24일).

2) 국제사법제도

전술한 바와 같이 제61차 유엔 인권위원회에 참석했던 서방의 인권단체 대표들은 국제형사재판소에 김정일이 지난 수십 년간 대량학살(genocide)과 반인륜적 범죄를 저지른 것으로 제소하는 것을 검토하고 있다. 이런 시도가 국제사회에서 어느 정도 호응을 얻고 지속성을 가질 수 있을지는 아직 미지수다. 그러나 가볍게 무시할 수만은 없을 정도로 비중 있는 인권단체들의 대표들이 적극적으로 고려하고 있어서 그 가능성을 검토해볼 필요가 있다.

국제인권법(조약 혹은 관습법) 상의 분쟁은 국제사법재판소의 관할권에 속한다. 그리고 집단살해방지조약 제9조에 의하면, 만약 위 조약의 해석과 관련하여 어떤 두 나라 혹은 여러 나라들이 의견의 일치를 보지 못할 경우에는 이들 국가 중 한 나라가 국제사법재판소에 그 해석을 의뢰할 수 있다. 인종차별 철폐 조약(제20조)과 고문방지 조약(제30조 제1항)도 그와 유사한 규정을 두고 있다. 따라서 집단살해, 인종차별 및 고문에 관한 인권침해가 발생했을 경우, 비록 당사국이 국제사법재판소의 강제관할권을 수락하는 선언을 하지 않았더라도 위 각 조약의 당사국이라면 국제사법재판소는 위 각 조약 규정에 근거하여 강제관할권을 가질 수 있다.

그간 국제사법재판소는 쟁송적 절차와 권고적 절차에서 인권문제의 심사를 종종 요청받아 왔다. 경우에 따라 국제사법재판소는 인권조약의 해석을 직접 하기도 했고, 발생한 인권문제를 간접적으로 다루기도 했다.[24] 따

---

[24] E. Schwelb and P. Alston, "The Principal Institutions and Other Bodies Founded Under the Charter," In Karl Vasak(ed.), *The International Dimensions of Human Rights* (Westport, Connecticut; Greenwood Press, 1982), p. 266. 전자의 예로는, 비호권 사건(1950년)과 Haya de la Torre 사건(1951년), 제노사이드조약유보 사건(1951년), 그리고 1950년부터 1971년 사이의 Namibia 사건 및 구유고 내전에 있어서의 제노사이드조약위반 사건(1994년) 등을 들 수 있다. 후자의 예로는, 평화조약해석 사건(1950년), 유엔행정법원의 보상판결효력 사건(1954년), 바르셀로나전력회사 사건(1970년), 핵실험 사건 (1974년), 테헤란미대사관원인질 사건(1979년)

라서 북한의 인권사안들 중에 국가의 개인에 대한 인권침해 문제를 해결하는 데는 분명히 한계가 있지만, 관련 조약의 해석을 통해 북한의 억지논리를 저지 시킬 수 있고, 납북자 문제 등과 같이 인권침해와 관련된 국가 간의 분쟁(dispute) 해결에는 일정한 기여를 할 수 있을 것이다.

그런데 김정일에 대해 대량학살(genocide) 범죄를 저지른 것으로 국제형사재판소에 제소하는 것은 국제형사재판소의 관할권이 소급되지 않고, 로마규정이 발효된 시점인 2002년 7월 1일 이후의 범죄만을 취급할 수 있으며, 자국 영토 내에서 범죄가 발생한 국가 또는 피의자의 국적국이 로마규정의 당사국인 경우에 관할권을 행사할 수 있어서 부정적이다. 그러나 유엔 안전보장이사회로부터 사건이 회부된 경우에는 로마규정의 당사국이 아니더라도 국제형사재판소가 관할권을 행사할 수 있어서 전혀 가능성이 없는 것은 아니다.

3. 소결

가까운 장래에 북한 당국이 민주적 다원주의를 수용하고, 사회 각 수준에서 의사결정을 하는 데 시민사회가 참여할 수 있도록 하는 것은 가능성이 희박하다. 그러나 북한의 개혁·개방은 '제2 사회영역'의 확장과 어느 정도의 시민적 자율성을 신장시킬 것이다.

북한의 인권문제는 그 구조적 성격 때문에 자체적으로 개선시키기는 어려울 것이다. 그래서 외부의 개입(engagement)이 절대적으로 요청된다. 따라서 관련 국가들과 논의의 기회를 마련하는 것이 현재로서는 가장 시급하다. 그런데 북한의 인권문제가 가지고 있는 최대의 난점은 공식적인 선언과 현실 간에 현저한 괴리가 있고, 이를 북한당국이 인정하지 않기 때문

등이 있다. 김태천, 위의 논문.

에 개선 방법을 강구할 수 없는데 있다. 따라서 북한의 인권문제에 대해 국제사회가 개입하여 개선시키는 일의 핵심은 이 간극을 어떻게 효과적으로 좁혀 갈 것인가에 있다.

아울러 북한의 인권문제를 안보문제의 한 부분으로 간주하여 접근 할 필요가 있다. 북한의 위기상황이 계속되어 급격한 정치변동이 야기된다면 인권문제와 안보문제가 함께 초래될 것이다. 특히, 김성일은 "조선 없는 지구는 필요 없다"고 언명할 정도로 극단적 국수주의와 비이성적 정권보호 욕구를 가지고 있어서 정권붕괴 시 대규모의 조직적 인권침해가 충분히 예상된다.

유엔 회원국들 중에서 인권문제 때문에 유엔에서 추방된 사례는 현재까지 없다. 이런 선례의 부재는 인권신장을 촉구하기 위한 유엔헌장 제6조 적용의 신빙성을 떨어뜨리기 때문에 이 6조 적용 가능성으로 북한 위정자들을 압박하기는 힘들다. 북한의 인권문제는, 그것을 규정하는 국제적·국내적 규범은 마련되어 있지만 그 규범들이 지켜지지 않고 있는 것이 문제의 핵심이므로 정치적 타협을 통해 지켜지도록 하는 것이 이 문제 해결의 관건이다. 이런 현실론을 고려할 때 사건별·현안별로 접근하는 것이 효과적일 것이다. 이런 접근을 통해 개별적 합의·해결이 누적되어 일반적 구속력(general binding force)을 확보하도록 하는 것이 바람직 할 것이다.

8

북한의 인권문제에 대한 다자적 접근: 제약과 적실성

 탈 냉전기에 접어들면서 인권문제는 국제사회의 주요 현안으로 부상되었다. 동북아에서도 가속되는 중국의 개혁·개방정책은 대외관계의 내용과 범위를 심화·확대 시키고 있다. 북한 역시 아직은 개혁·개방의 초기 단계에 머물러 있다고 볼 수 있지만, 이미 경제난·식량난을 피해, 보다 나은 삶을 찾아 국외로 나오는 이민자들(대부분은 불법적인 탈북자들이지만)이 늘고 있고, 개혁·개방이 본격화 되면 역내에서의 인적접촉(human contacts)은 현저히 늘어날 것이다.
 다가올 '동북아시대'에는 국가주권이 상대적으로 약화될 것이다. 그때는 현재의 국가 공권력이 약화된다기 보다 시민사회 혹은 사회적 잔차(아시아 공산주의사회에서 시민사회의 형성 여부가 불확실하여 논란을 야기할 수 있지만, 가정과 국가를 제외한 순전히 영리 목적만 추구하지는 않는 사회영역)가 확대되고, 시민적 자율성(civic autonomy)에 대한 요구가 그만큼 커질 것이다. 이런 상황에서 동북아 역내 국가들이 사회통제를 효과적으로 하지 못하면 그 사회는 기존의 제도가 효율성을 상실한 해체 현상이 도래하는 가운데 지속적으로 역학적 균형(continuing dynamic equilibrium)을 추구하게 될 것이다. 이는 곧 정치체제에 대한 압박으로 나타날 것이어서 인권상황이 악화될 소지가 충분히 있다. 따라서 역내국가들 간의 관계발전이 초래할 수 있는 긴장 해소책으로 지역인권보호체계가 필요하다.

아시아대륙에는 미주대륙의 미주인권위원회(the Inter-American Commission on Human Rights)와 미주인권법원(the Inter-American Court), 유럽대륙의 유럽인권위원회(the European Commission on Human Rights)와 인권법원(the European Court), 아프리카대륙의 인간과 인민의 권리에 대한 아프리카위원회(the African Commission on Human and People's Rights)와 같은 기구/제도들이 없다. 이런 모든 인권기구들은 대부분 국제권리장전(the International Bill of Rights)을 보강하는 헌장 또는 협약에 기초해 있다.[1] 현존하는 인권관련 위원회들은 모두 국가 간의 경계를 초월하는 쟁점으로서 인권을 절대적으로 인정하고 있으며, 개인과 정부가 청원과 구제를 제기·요청 할 수 있는 불만해소과정을 가지고 있다.

그러나 아시아 지역에서 유엔의 노력과 아시아의 민주주의 발전, 점증하는 Track II의 비정부간 접근에도 불구하고 지역수준과 하위지역수준에서 조사 - 판결 - 집행력을 가진 독립적 초국가 기구가 아직까지 존재하지 않는다. 그런데 2004년에 채택·발효된 미국의 '북한인권법'은 아시아·태평양 지역에 다자간 인권보호체계를 구성하는데 중요한 시발점을 제공하고 있다. 즉, 북한의 인권문제를 유럽안보협력기구(OSCE)와 같은 다자적 형태를 통해 과학·교육 협력, 경제, 통상 문제 등과 함께 논의·해결하고(106조 a항), 헬싱키 프로세스와 같이 지역의 모든 국가들이 인권과 근본적 자유를 존중하는데 공동으로 노력하는 지역적 차원의 대북 인권대화 구도를 개발하자(106조 b항)는 제안은 지역인권보호체계 구성에 역동성을 제공할 것이다.

---

[1] 이 권리장전은 세계인권선언(Universal Declaration of Human Rights), 시민적·정치적 권리에 관한 국제규약(International Covenant on Civil and Political Rights), 경제적·사회적·문화적 권리에 관한 국제규약(International Covenant on Economic, Social and Cultural Rights)을 일컫는다.

이런 문제의식에 따라 본 장에서는 다음과 같은 일련의 질문들에 대한 답을 구하고자 한다.

첫째, 아시아·태평양 지역 인권체계 혹은 포럼(Forum)이 형성 될 수 있겠는가?

둘째, 아시아·태평양 지역 인권체계 혹은 포럼(Forum)이 결성 될 경우 북한에는 어떤 유리한 점과 불리한 점이 있겠는가?

셋째, 아시아·태평양 지역 인권체계 혹은 포럼(Forum)을 형성하기 위해 지역국, 유엔, 비정부단체(NGO) 등의 움직임은 어떠하며, 어떤 촉진요인과 장애요인이 있는가?

넷째, 아시아·태평양 지역 인권체계/포럼(Forum) 형성의 향후 전망은 어떠하며, 북한과 중국에게 어떻게 참여를 유도할 것인가?

1. 아시아·태평양 지역 인권체계/포럼(Forum) 형성 가능성

인권문제에 대한 아시아 국가들의 입장과 현재까지 진전되어 온 지역인권 보호체계 마련을 위한 노력들을 종합적으로 판단 할 때, 아시아 전체를 관장할 수 있는 단일 보호체계를 만들기는 어려운 것으로 보인다. 물론 장애요인들 중의 일부분(역내 국가들의 정치적 의지 결여, 강한 국가주권주의와 타국의 내부문제에 대한 불개입 전통 등)은 범세계적 국제기구나, 역외 국제기구의 개입, 비정부단체들(NGOs)의 촉구로 개선될 수 있을 것이다. 국가들 간의 상이성(heterogeneity) 문제는 세계화, 지역경제블록의 활성화 등을 통한 보편성 확보로 극복 될 수 있을 것이다. 그리고 역내 특정국가의 인권침해가 분규 발생과 제재를 초래할 것에 대한 우려는 신뢰구축으로 극복 될 수 있을 것이다. 그렇지만 '아시아적 가치', '지역적 현명함(local wisdom)' 등 가치의 문제는, 이 지역의 근대화와 더불어 그 비중이 약화될 수 있는 것이지만, 상당한 시간이 소요 될 것이다.

그런데 이 모든 장애요인들은 근본적으로 전근대성, 경제적 낙후성, 정치적 저발전에서부터 비롯되는 것이므로 이에 대한 극복 없이는 즉, 경제성장과 정치발전이 선행되지 않고는 지역적 인권보호체계의 구성도 어렵고, 구성되더라도 구속성을 확보하기는 더욱 힘들 것이다.

아시아에서는 하위지역 차원의 체계 마련이 가장 효과적일 것으로 판단된다. 이런 측면에서 동북아시아가 가장 낙후된 지역이다. 국가주권주의가 강하고, 북한, 중국 등 전체주의 이념이 시민적·정치적 권리를 구조적으로 심대하게 침해하고 있는 현실을 고려하면, 정치적 다원주의와 민주화가 선행되지 않고는 지역적 인권보호체계를 갖추는 것이 현실적으로 어렵다.

그런데 유럽의 초기 상황은 동북아시아에서도 가능성을 찾을 수 있게 한다. 즉, 유럽공동체(EC)와 다른 조약기구들이 주로 정부차원으로 구성되어 제정법과 판례법(legislation and case law)이 발전 초기 단계에 있었을 때, 인권을 구성하는 것으로 간주될 수 있는 어떤 법조문도 명백히 문구화 되지 못했다. 그렇지만 로마조약에는 '차별 받지 않을 권리', '동일한 일에 대해 동일한 급료를 받을 권리', '자유로운 이동의 권리' 등 시민적·정치적 권리들의 일부가 포함되어 있다.

유럽안보협력회의(CSCE) 모델을 받아들여 아시아·태평양 지역 인권체계/포럼(Forum)을 만들어 인권문제를 다루게 하는 것은 아직 상당한 시일이 걸릴 것으로 예상된다. 그래서 현재 진행 중인 상황을 최대한 활용한다면, 아세안 지역포럼(ARF: ASEAN Regional Forum)에서 인권문제를 하나의 의제로 채택하여 포럼의 발전과 더불어 확대·적용 될 수 있도록 하는 것도 한 방법이 될 것이다. 이 방법을 택할 경우, 여성·아동의 권리 등 비교적 쉽게 공감할 수 있는 특정 주제에서 출발 하는 것이 좋을 것이다.

6자회담에서 북한의 인권문제를 추가 의제로 삼는 것도, 이미 미국 대표는 언급해 오고 있으므로, 가능성은 있다. 그런데 탈북자 및 인신매매 문제 등 특정사안에 대해서는 가능성이 있을지 모르지만 다른 사안들에 대해서는, 특히 북한의 참여를 유도하기에 동기부여가 약하다. 물론 김정일 정권에 대한 보장 (체제 보장, 선제공격 및 적대정책 포기 등으로 포장되겠지만) 이나 경제 지원 등으로 유인책을 개발 할 수는 있을 것이다.

　아시아·태평양 지역 인권체계/포럼(Forum)을 결성하여 인권, 과학·교육협력, 경제·교역문제를 협의하고, 헬싱키 프로세스(Helsinki Process)와 같은 방법을 통해 인권과 근본적 자유를 존중하기 위한 공동책임에 지역의 모든 국가들이 관여하는 방법을 취하는 것이 제도의 구속성과 지속성 확보를 위해 가장 이상적일 것이다. 그러나 이는 새로운 역사를 여는 일인 만큼 적극적인 의지가 필요하다.

　동북아에 국가주권주의가 팽배해 있고, 다자간협의체를 통해 역내 국가들의 인권문제를 논의하는 것이 현실적으로 많은 시간을 요구하는 것임을 고려하면 국가인권위원회를 설치하게 독려하여 이 기관을 활동주체로 하고, 비정부단체들이 감시와 정보·자료 제공 등을 통해 협력·보완해 나아가는 것도 한 방법이 될 수 있다.

　유럽의 지역인권보호체계는 다양성을 종합한 역사적 미봉(彌縫)이고, 현재까지도 협상이 진행 중인 사안이다. 인권이라는 보편적 가치를 추구하기 위해 아시아의 다양성도 유럽의 사례처럼 대화와 협상을 통해 미봉 될 수 있는 대상이다.

2. 아시아·태평양 지역 인권체계/포럼(Forum) 결성 시 북한의 유/불리점들

'지역인권체계(Regional Systems of Human Rights)'가 될 것인지, 아니면 지역인권대화체인 '포럼(Forum)'이 될 것인지에 따라 적지 않게 차이가 있을 것인데, 그 차이는 주로 실행되고 난 뒤에 적용될 구속력의 차이가 될 것이다. 현재로서는 어느 쪽이든 북한의 위정자들 입장에서는 북한의 인권상황을 국제사회에서 논의하고 이를 시정하라는 압력으로 다가올 것이므로 거의 전적으로 불리하게 생각될 것이다. 물론 김정일 정권에 해가 되지 않는 범위 내에서 인권현안들이 시정이 될 수 있다면, 이를 통해 외부의 압력을 줄이고, 대외원조 증대와 대외관계 개선 등을 기대할 수 있으므로 현재의 위기에서 벗어날 수 있는 소재로 인식될 수도 있다.

그리고 '북한'이라는 주체를 단일주체로 볼 것인지, 아니면 김정일과 소수의 노멘클라투라, 일정 수 이상의 지배엘리트(혹은 핵심군중), 북한의 일반주민들(기본군중과 복잡군중) 등으로 나누어 볼 것인지에 따라서도 유·불리는 다를 것이다.

그래서 현재 국제사회에서 논의되고 있는 북한의 인권 현안들이 아시아·태평양 지역 인권체계/포럼(Forum)이 결성되면 어떻게 처리 될 지 집어봄으로써 유·불리점을 파악하려 한다.

1) 북한의 인권 현안별 유·불리

(1) 식량권

북한의 만성적인 식량부족은 영농체계의 비효율성과 농업구조의 모순성, 공업부문의 생산마비에서 비롯된 비료와 농약 부족, 경제체제의 모순(지나친 자급자족체제, 인센티브 부족, 비생산부문으로의 지나친 자원유출 등)에서 비롯된 전반적 경제난, 사회주의권과의 농업협력 중단, 무리한 다락밭 개간으로 빈발·심화된 자연재해 등 복합적 요인에서 비롯된 구조적인 문제다. 이런 구조적 문제는 외부개입 없이는 해결될 수 없으며, 체계적이고 장기적인 계획에 따라 농업생산기반을 재건해야 극복될 수 있는 문제다. 따라서 아시아·태평양 지역 인권체계/포럼(Forum)이 결성되면 북한의 식량문제에 대해 항시적으로 논의하고, 체계적이고 장기적인 계획에 따라 농업생산기반을 재건할 수 있을 것이므로 북한에게 유리한 측면이 있다.

그러나 북한의 식량분배 상의 문제 즉, 선군정치에 따라 원조식량을 군

량으로 전용하는 문제, 계급차별정책에 따라 특권층에 과도하게 분배하고 소외층(복잡군중, 경우에 따라서는 기본군중)에 과소분배하는 문제, 높은 실업률 등 사회문제가 분배에 반영되지 않는 문제 등은 아시아·태평양 지역 인권체계/포럼(Forum)이 결성되면 시정하도록 요구할 것이고, 따라서 김정일과 노멘클라투라가 현상유지를 추구하는 데는 크게 불리할 것이다.

(2) 고문과 기타 잔인하고 비인간적이거나 굴욕적인 처우

북한에서 '정치범들'은 일반적으로 예심과정에서 엄청난 고문을 받게 된다. 고발장 작성과정에서 저자가 알게 된 탈북자 김혁, 문명옥, 배권철, 이영국, 지해남 등의 경우, 중국에서 체포되어 북한으로 송환 된 뒤에, 그들이 중국에서 남한 사람이나 종교인들과 접촉했는지 여부를 조사받으면서, 그리고 다시는 탈북을 시도하지 못하도록 북한의 국가안전보위부나 인민보안성으로부터 엄청난 구타와 온갖 비인격적인 처우를 받았다고 한다.

북한에서 빈번히 발생하고 있는 고문들은 저발전 사회에서 흔히 볼 수 있는 전 근대적 수사방식의 한 측면을 보이는 것이기도 하다. 그러나 본서의 제4장에서 조사·분석한 바와 같이, 북한에서 '정치범'에게 자행되는 고문은 정권체가 인간의 가학성을 이념적 동기로 격려하고 '집단목표 성취'로 포장한 총체적이고 체계적인 것이다.

아시아·태평양 지역 인권체계/포럼(Forum)이 결성되면 역내 국가들 간에 인권에 대한 공약들(commitments)을 국가들이 이행하는 것을 모니터링하게 될 것이다. 고문 피해자들은 개인통보제도(Personal Communication)를 활용하려 들 것이다. 그리고 북한 내에서 다른 국가 국적인들이 인권을 침해당했을 경우, 개인적 사건이나 상황에 대해 특정 국가가 외교채널을 통해 문제를 제기할 수 있고, 해당국 간의 쌍무회의와 더 나아가 구성국가 모두와 협의 할 수 있을 것이다. 따라서 북한의 특권층에게는 몹시 곤혹스러운 일이 될 것이며, 주민들에 대한 통제방법도 물리적 폭력을 동원한 직접적

통제에서 자발적 동의를 유도하는 간접적 통제로 바꾸어야 될 것이다.

(3) 종교 및 신앙의 자유

전술한 바와 같이 북한사회는 주체사상을 국교화한 종교사회로 '당의 유일사상체계 확립의 10대 원칙'을 통해 김일성·김정일에 대한 숭배행위가 이루어지고 있다. 따라서 일반종교의 자유로운 신앙 활동이란 허용될 수 없으며, '주체종교의 이단자들'은 곧 정치범과 사상범으로 간주된다.

그럼에도 불구하고 유엔 인권위원회가 세 차례의 대북한 인권결의에서 종교적 박해문제에 대해 일반적인 지적밖에는 하지 않았다는 것은 이 문제가 국제사회에 충분히 알려지지 않았다는 것을 의미한다. 그런데 아시아·태평양 지역 인권체계/포럼(Forum)이 결성되면 이에 대한 자세한 정보가 외부에 알려질 것이고, 지속적인 논의의 대상이 될 것이다. 그리고 아시아·태평양 지역 인권체계/포럼(Forum)은 1989년 비엔나 결론문건(Concluding Document of Vienna)처럼 참여 국가들이 '종교적 공동체가 자유롭게 접근 할 수 있는 숭배나 집회의 장소를 만들고, 유지할 수 있는 권리'와 '모든 사람들이 그들이 선택한 언어로 종교교육을 주고받을 수 있는 권리'를 존중하도록 원칙을 만들거나 이에 대한 논의가 계속 제기 될 것이다. 물론 이런 원칙제정이나 논의는 중국과 북한에 사회주의체제가 유지되는 한 마지막까지 논쟁점으로 남아 있을 것이다. 그렇지만 이 국가들이 유엔 회원국으로서 그 권리들을 존중하기로 이미 약속했고, 그 약속 이행을 보장하라는 것이므로 계속 거부할 수만은 없을 것이다.

(4) 자의적 구금

아시아·태평양 지역 인권체계/포럼(Forum)이 결성되면 최우선적으로 가족연좌제와 같이 전 근대적이고 비인도적인 형사제도를 폐지하고 정치범관리소와 군(軍) 내의 특수 수용시설 등과 같은 법외의 구금시설들을 폐쇄

하라는 압력이 가해질 것이다. 특히, 체포·구금 과정에서 발생한 인권유린 사건들이 구체적으로 외부에 알려질 경우, 이는 북한의 형법, 형사소송법 등 국내법에도 저촉되고, 북한이 가입한 '시민적·정치적 권리에 관한 국제규약'에 대해서도 위반하는 것이므로 법집행(law enforcement)과 가해자 처벌에 대한 요구도 거세질 것이다. 물론 '재산몰수형', '공민증 회수' 등도 세계인권선언의 각 해당 조항을 위반하는 것이므로 폐지 요구가 제기될 것이다. 아시아·태평양 지역 인권체계/포럼(Forum)이 결성되면 자의적 구금과 관련된 피해사건들에 대해 개인통보제도가 작동될 것이고, 현장방문을 포함한 각종 모니터링 제도가 실행될 것이다. 따라서 김정일과 소수의 지배자들에게는 그만큼 통제와 통치가 어려워지겠지만 다수의 피지배자들에게는 환영 받을 일이며, 여타 분야에서 인권신장의 토대가 될 것이다.

(5) 한국군포로 및 민간인 납북자 송환 문제

이 현안은 다자간 인권협의를 통해 해결되어야 할 대표적 사례다. 많은 논란이 야기되겠지만 아시아·태평양 지역에 헬싱키 프로세스처럼 자유로운 인적접촉이 보장되면 많은 부분이 해결될 수 있는 현안이다. 이 문제들은 북한의 위정자들에게 도덕적 상처를 주겠지만 체제에 위협을 줄만큼 불리한 일도 아니다. 잘 해결되면 오히려 그들에게 국면을 유리하게 전환시킬 수 있는 소재이기도 하다.

(6) 의견 및 표현의 자유

전술한 바와 같이 북한에서 인권유린의 대상이 가장 광범위하고, 인권상황이 개선될 수 없는 근본적인 원인이 그 속에 있다는 점에서 '의견 및 표현의 자유' 침해가 가장 막대하고 시급히 해결되어야 할 현안이다. 아시아·태평양 지역 인권체계/포럼(Forum)이 결성되면 개인통보제도, 현장방문 등의 모니터링을 통해 외부 관찰과 개입의 단초가 마련 될 것이다. 그리고 '죄형법정주의'와 이미 갖추어져 있는 북한의 형법과 형사소송법을 지킬 것을 북한정부에 강력히 지속적으로 요구할 것이므로 단기간에 주민들의 자발적 동의를 유도해낼 만큼 체제를 안정시키지 못하면 김정일은 정권을 유지하기가 현실적으로 어려울 것이다.

(7) 여성에 대한 폭력

본서의 제4장 6절에서 소개한 바와 같이, 북한의 가정 내에서 여성들에게 가해지는 폭력은 미국과 일본 가정의 5배 이상, 한국 가정의 거의 3배로 매우 심각한 수준이다. 그런데 이에 대한 전근대적 사회인식과 북한정부의 미온적인 대책이 상황개선을 어렵게 하고 있다. 따라서 북한정부는 입법조치를 통해 상황개선을 위한 제도적 토대를 마련해야 되고, 정규·비정규 교육과 각종 사회학습 프로그램을 통해 '여성에 대한 폭력' 문제와 관련 한 주민들의 인식을 재고시켜야 된다. 물론 이 사안에 대해서도 북한정부의 노력을 촉진시키기 위해 국제사회는 기존의 국제규범에 따라 북한정부를 압박할 필요가 있다.

그런데 국제적 노력으로 시급히 근절 시켜야 될 긴박한 현안은 여성 탈북자들이 인신매매를 당하면서 경험하게 되는 정신적·육체적 폭력이다. 이 사안은 북한정부의 노력뿐만 아니라 아시아·태평양 지역 국가들 모두의 관심과 노력이 요청된다. 그리고 체포·송환된 여성 탈북자들이 인민보안성이나 국가안전보위부로부터 남한 사람이나 종교인과의 접촉 여부, 중국인과의 성적접촉 여부를 조사 받으면서 당하는 육체적·정신적·성적 폭력을 근절시키기 위해서는 북한 내의 구금 여성들에 대해 아시아·태평양 지역 인권체계/포럼(Forum)의 제도적 뒷받침에 따라 조사와 모니터링이 가능해야 된다. 이것이 가능 할 경우에는 인종적 이유에 의한 영아살해도 근절될 수 있을 것이다.

북한의 경제·사회 상황과 통제메커니즘, 중국정부의 탈북자정책이 만들고 있는 현재의 구조적 상황이 크게 개선되지 않는 한 이 문제는 앞으로 상당한 기간 혹은 항구적으로 제기 될 것이다. 그런데 북한과 중국 정부가 포함되는 아시아·태평양 지역 인권체계/포럼(Forum)이 결성되면 탈북여성들의 인신매매 문제는 여타 구성국의 인신매매 문제들과 함께 다루어질 가능성이 높다. 그러나 현재라도 탈북여성들의 인신매매 문제는 아시아·태평양 역내 국가들이 조금만 성의를 갖고 북한정부에 시정 요구를 하면 현저히 호전시킬 수 있다. 이 사안은 북한의 사회질서나 체제에 아무런 위협을 주지 않고 상황을 개선시킬 수 있으므로 앞에 전제한 '북한'이라는 주체의 단/복수를 떠나 모두에게 아시아·태평양 지역 인권체계/포럼(Forum)의 결성이 유리하게 작용할 것이다.

이상과 같이 북한의 유/불리점은 김정일이 원하는 것, 지배엘리트들이 원하는 것, 북한의 일반주민들이 원하는 것이 사안에 따라 각각 다르므로 일괄되게 평가할 수는 없다. 그러나 북한의 각종 인권문제들을 공론화 시키고, 국제인권규범을 준수하라는 압력은 북한의 위정자들이 현상유지를 하는 데 불리하게 작용할 것이다. 그렇지만 인권신장으로 이미지를 개선하고, 외부로부터 원조와 지원을 더욱 많이 받아 현재의 위기를 극복할 수 있다면, 장기적으로는 체제를 공고화 시킬 수 있어 전화위복(轉禍爲福)의 계기가 될 것이다. 이를 위해서는 규제(regulation)와 통합(integration)을 효과적으로 끌어낼 수 있는 보완적 가치나 대체적 통제수단을 개발해야 된다.

2) 형태[체계/포럼(Forum)]와 기능에 따른 유/불리

아시아·태평양 지역 인권보호체계를 만들 경우에는 먼저 아시아·태평양 인권협약(Asia-Pacific Convention on Human Rights)을 채택해야 될 것이다. 그리고 이에 기초하여 아시아·태평양 인권위원회(Asia-Pacific Commission of Human Rights), 아시아·태평양 인권재판소(Asia-Pacific Court of

Human Rights), 각료회의(Committee of Ministers), 개인통보제도(Personal Communication) 등이 갖추어져야 될 것이다.

그런데 다른 대륙의 경우 여러 개의 제도가 순차적으로 구비된 것을 감안하면, 아시아·태평양 지역에서도 비슷한 수순을 밟을 수밖에 없을 것이다. 그럴 경우 북한에게 구체적으로 무엇이 유리하고, 무엇이 불리할 것인지 예측하는 것은 무리한 억측에 지나지 않는다. 다만 위에 예시된 제도들이 갖추어졌을 경우에 현재 국제사회에 부각되어 있는 북한의 인권 현안들 즉, 식량권, 고문, 종교적 불관용, 임의적 구금, 강제적 혹은 비자발적 실종, 의견 및 표현의 자유권, 여성폭력, 정치범 수용소, 인신매매, 영아살해, 법치, 다원주의, 시민사회의 참여 문제 등에 어떻게 작용할 것인지 예측해 볼 수 있을 것이다. 물론 시간의 경과가 사안들을 변모시킬 것이기 때문에 이 또한 무리가 있을 수밖에 없다.

아시아·태평양 지역 인권포럼(Forum)을 만들 경우, 가장 현실성 있는 방식은 헬싱키 프로세스의 인권부문(Human Dimension)이나 그 중 일부를 논의하는 형태가 될 것이다. 그렇다면 아시아·태평양 인권부문 메커니즘을 상정해 볼 수 있고, 유럽의 사례에 준거하여 다음과 같은 몇 가지 가능성을 추정해 볼 수 있다.

이 경우, 무엇보다 아시아·태평양 역내 국가들 간에 인권에 대한 공약들(commitments)을 국가들이 이행하는 것을 모니터링 하는 데 필요한 외교적 절차를 만드는 것이 핵심 사안이 될 것이다. 참고로 유럽의 경우, 1989년 비엔나 후속회합에서 유럽안보협력회의(CSCE)의 인권에 대한 공약을 국가들이 이행하는 것을 모니터링 하는 데 필요한 외교적 절차를 만들었다. 이 인권공약은 1990년 코펜하겐 회합과 1991년 모스크바 회합에서 더욱 확장되었다. 이렇게 아시아·태평양 국가들 간에도 인권공약에 대한 모니터링 절차가 확실히 갖추어 질 경우, 이는 앞에 예시한 북한의 모든 인권현안들에 있어 현재의 북한 위정자들에게 불리하게 작용할 것이다. 특히, 식량지원에 대한 창구의 단일화와 검증제도의 강화는 현재와 같은 형식적 검증만 요구하는 개별국가의 일방적 지원을 어렵게 할 것이고, 아시아·태평양 역내 국가들의 구체적이고 직접적인 개입을 정당화 시킬 것이 명백하기 때문이다. 그러나 북한의 일반주민 혹은 소외·피억압 계층에게는 이 모든 인권현안들에서 유리하게 작용할 것이다. 아울러 북한의 현 위기를 극복하고 김정일 정권이 아닌 사회주의체제의 유지를 추구하는 일정 수 이상의 지배 엘리트들의 입장에서는 이 인권 현안들 중에서 상당부분, 예를 들어 식량권, 종교적 불관용, 임의적 구금, 강제적 혹은 비자발적 실종, 여성폭력, 정치범 수용소, 인신매매, 영아살해, 법치 문제 등을 현저히 개선시킬 수 있어서 외부의 압력을 줄이고, 체제 불안요인을 제거할 수 있기 때문에 오히려 유리하게 판단할 수 있다.

그런데 아시아·태평양 인권부문 메커니즘(Human Dimension Mechanism)은 다른 국가에서 발생한 인권에 관한 개인적 사건이나 상황에 대해 특정 국가가 외교적 채널을 통해 문제를 제기할 수 있고, 해당국 간의 쌍무회의와 더 나아가 구성국가 모두와 협의 할 수 있을 것이다. 유럽의 경우, 헬싱키 프로세스의 인권부문 메커니즘이 1989년에 만들어지면서 그렇게 할 수 있게 되었다. 1991년에 약간 수정되었지만, 이 메커니즘은 문제제기를 받은 나라가 10일 이내에 서면으로 답변을 해야 되고, 그래도 문제가 해결되지 않으면 문제 제기국은 관련국에 그 문제에 대한 토의를 위해 쌍무회의를 가질 것을 요구할 수 있다. 또한 문제 제기국은 외교채널을 통해 다른 유럽안보협력회의(CSCE) 국가들이 관심을 갖도록 알릴 수 있으며, 그래도 문제가 해결되지 않으면 유럽안보협력회의(CSCE)의 다음 회의에 넘길 수 있다.

이런 점을 고려하면, 북한에 대한 유/불리의 면에서 지역인권보호체계를 만들었을 경우와 비슷한 양상이 보인다. 즉, 현 지배 상황을 유지하고자 하는 김정일과 소수의 노멘클라투라는 절대로 받아들일 수 없는 불리한 점으로 파악하겠지만, 피지배·억압계층에게는 환영할 해방의 기제로 인식될 것이다.

3. 아시아·태평양 지역 인권체계/포럼(Forum) 형성을 위한 지역국, UN, NGO 등의 움직임: 촉진요인과 장애요인

1) 촉진요인과 장애요인

다분히 원칙적이고 실천성은 약하지만 아시아 지역에도 인간의 생명과 존엄성을 소중하게 생각하던 인권의 뿌리는 있다. 현재 해체되고 있지만, 공동체나 확대된 가족관계가 전통적 안전망을 형성하고, 사회를 돌보고 있다. 그리고 집단이 개인을 부양하는 문화적 유대가 있다. 그뿐만 아니라 동티모르의 탄생과 같은 인권과 민주화의 긍정적 결실들도 있다.

그러나 아프가니스탄과 이라크에서처럼 대규모의 인권침해와 무력분규들이 있다. 아직 몇몇 국가들에서는 권위주의가 유지되고 민주주의가 결여되어 있다. 그래서 여성과 아이들에 대한 폭력이 만연해 있고, 고문과 살인, 표현·결사·종교의 자유 박탈 등이 자행되고 있다. 만성적인 가난과 환경악화, 1997년 이후 동아시아 경제위기와 그 비참한 후속상황, 정치적 트라우마(Trauma)와 테러 등이 부정적 요소로 남아 있다. 이런 가운데 국제인권조약들에 대한 가입이 아주 저조하며, 당사국들도(물론 조약 당사국이 아니어도 어떤 인권에 대해서는 존중을 해야 되지만) 조약을 제대로 준수하지 않고 있다. 그 뿐만 아니라 개인주의적 인권은 유럽중심적인 것으로 비판받고, 아시아적 가치 즉, 강한 정부, 권위에 대한 복종, 공동체에 대한 존중, 정치발전에 앞선 경제발전 등이 강조되고 있다. 아울러 인간의 권리보다 인간의 의무를 더 우선시하며, 발전권과 연계된 경제적 권리를 선호한다.[2]

---

2) Vitit Muntarbohrn, "International Protection of Human Rights in Asia," In IIHR, *Fundamental Courses, Documentary File*, Vol.2, 35th Annual Study

말로는 생명권이나 반(反)고문·반(反)노예 등 '핵심적' 인권에 대해 찬성하지만, 표현의 자유, 결사의 자유, 다당제 민주주의, 국가안보에 대한 제한, 소수민족이나 토착민과 관련한 자치권, 비정부단체들(NGOs)에 대한 불간섭 등에 대해서는 주저 내지 이율배반적인 태도를 취하고 있다.3) 그리고 선진국과 개도국 간의 이중 기준에 대해 교정할 것을 주장하지만, 그렇다고 유럽, 미주, 아프리카와는 달리 아시아·태평양 지역을 위한 정부간 조약도 없다.

역내 국가들의 정치적 의지 결여, 국가들 간의 상이성(heterogeneity), 강한 국가주권주의와 타국의 내부문제에 대한 불개입 전통, 특정 국가들의 경우 민주주의 결여, 모니터링과 의무사항에 대한 두려움에서 비롯되는 많은 인권조약들에 대한 경계심, 인권의 보편성과 특수성 문제 등을 아시아 지역인권보호체계가 형성되지 못한 이유로 꼽을 수 있다.

아울러 인권(시민적·정치적·경제적·사회적·문화적 권리들)의 불가분성(indivisibility) 대 가분성(divisibility) 문제 즉, 아시아에서 시민적·정치적 권리 보다 경제적·사회적·문화적 권리를 더 선호하는 것과, '아시아적 가치', '지역적 현명함(local wisdom)' 등 가치의 문제가 아시아에서 정부간 인권체계가 형성되지 못한 이유이기도 하지만, 보다 실제적인 이유는 지역 국가들이 인권을 침해 한 것에 대해 분규를 일으키거나 제재를 받을 것을 우려하기 때문이다.4)

이런 속에서 아시아 지역에서는 정부와 비정부단체들 간에 인권문제에 대한 현저한 인식의 차이를 보이고 있다. 예를 들어, 1993년 「인권에 관한 아시아·태평양 지역 정부 선언」에서 참여정부들은 '유엔헌장과 세계인권

Session, July 2004a, Strasbourg, p. 117; Vitit Muntarbohrn, "VERS UN MECANISME SUR LES DROITS DE L'HOMME DANS LE CADRE DE L'ASEAN," In *COURS FONDAMENTAUX*, Dossier documentaire, Volume 2, 35e Session Annuelle d'Enseignement, 5-30 juillet, 2004b, Strasbourg, p. 120.
3) Muntarbohrn (2004b), 위의 강의록, p. 118, p. 120.
4) Muntarbohrn (2004b), 위의 강의록, p. 119.

선언에 담겨있는 원칙들에 대한 공약을 재확인'하면서 유엔 체계의 민주화에 대한 긴박한 필요성을 강조하였다. 그리고 "개발 지원의 조건으로 인권문제를 이용하는 것을 억제 한다"고 천명하면서, "국민주권과 국토보전에 대한 존중, 국가 내부문제에 대한 불간섭, 인권문제를 정치적 압력수단으로 사용하지 못한다"는 등의 원칙을 강조하였다. 아울러 모든 인권의 보편성, 객관성, 비 선택성과 더불어 이중 기준 적용을 피할 필요성도 강조하였다. 특히 제8항에서, "인권은 그 성격 상 보편적인 것이지만, 민족과 지역의 특수성과 다양한 역사적·문화적·종교적 배경을 유념하여 국제적 규범 설정(norm-setting)의 동태적 진화과정의 맥락에서 고려되어야 한다"고 천명하였다.5)

이에 대해 비정부단체들은 「1993년 인권에 관한 아시아·태평양 지역 비정부단체 선언」에서 다음과 같이 인권의 보편성과 불가분성 문제에 대해 상반된 견해를 제시했다. 먼저 보편성의 문제와 관련하여, 보편적 인권 기준은 많은 문화에 그 뿌리를 두고 있으며, 인권이라는 것은 보편적 관심사이고, 가치에 있어서도 보편적인 것이기 때문에 인권옹호가 국민주권에 대한 침해로 간주 될 수 없다고 주장하였다. 그리고 불가분성의 문제와 관련하여 "우리는 제 인권의 불가분성과 상호의존성의 원칙에 대한 우리의 공약과, 인권들이 시민적, 정치적, 경제적, 사회적 혹은 문화적이라는 것을 확인한다. 한 세트의 권리가 다른 것을 위한 흥정에 사용 될 수는 없다"고 천명하였다.

그런데 1993년 6월 14일부터 개최된 비엔나 세계인권회의에서 각국 지도자들과 역대 노벨평화상 수상자들, 유엔기구, 국가기구 및 841개 비정부단체들이 참석하여 채택한 「1993년 비엔나 선언 및 인권에 관한 행동강령」(Vienna Declaration and Programme of Action on Human Rights, 1993) 제5조에서 "모든 인권은 보편적이고, 불가분이며, 상호의존적이고, 상

---

5) *Our Voice: Bangkok NGO Declaration on Human Rights*, Bangkok, Asian Cultural Forum on Human Rights, 1993, pp. 242-244.

호 연관되어 있다. 국제공동체는 인권을 총체적으로 공정하고 동등한 방법으로, 동일한 토대에서 동일하게 강조하며 다루어야 된다. 민족적·지역적 특수성의 의미와 다양한 역사적·문화적·종교적 배경은 반드시 유념해야 되지만, 국가들이, 그들의 정치적·경제적·문화적 체계와 상관없이, 모든 인권과 근본적 자유를 신장하고 보호하는 것은 의무다"고 규정함으로써 결과적으로 아시아·태평양 지역 비정부단체들의 입장을 지지하게 되었다.6)

이상의 논의에서 우리는, 최근에 한국에서 북한의 인권문제에 대해 '문화적 상대주의', '북한인권문제에 대한 내재적 접근' 등을 주장하며 진보적임을 자처하는 사람들의 주장은 개발도상국에서 인권을 보호하려는 비정부단체들의 주장보다 인권을 유린하는 압제자들의 주장에 가깝다는 것을 알 수 있다.

2) 지역차원의 조치들

아시아 지역에서도 최근에 와서는 지역차원의 인권상황 개선조치들이 활발하게 논의·채택되고 있다. 유엔의 후원 하에 '아시아·태평양 인권 체제(framework)'를 1998년 테헤란에서 채택하면서 호의적이지 못한 현실을 고려하여 블록형성방법(building blocks approach)으로 진1보(step by step) 전략을 택했다.7)

아울러 최근에는 아시아·태평양 정부간 회의가 2002년 베이루트, 2003년 이슬라마바드, 2004년 도하(개혁 후 주제별 연례 워크샵)에서 각각 열렸다. 특히 개혁 후 아시아·태평양지역을 위한 인권고등판무관사무소(OHCHR)

---

6) United Nations, *World Conference on Human Rights: The Vienna Declaration and Programme of Action*, June 1993 (New York: UN, 1993), p. 30.
7) Vitit Muntarbohrn, "Recent Developments concerning Regional and Sub-regional Initiatives for the Promotion and Protection of Human Rights in the Asia-Pacific Region," in *Fundamental Courses, Documentary File*, Vol.2, 35th Annual Study Session, July 2004c, p. 109.

가 방콕에, 아랍지역을 위한 사무소가 베이루트에 각각 설치되었다. 국가인권행동계획(National Human Rights Action Plans)을 호주, 태국, 필리핀, 인도네시아가 채택하였으며, 태국, 필리핀, 일본 등이 국가인권교육계획을 갖고 있다. 또한 아프가니스탄, 호주, 인도, 인도네시아, 요르단, 말레이시아, 몽골, 네팔, 뉴질랜드, 필리핀, 대한민국, 스리랑카, 태국, 동티모르가 '국가인권기구'를 설립하여 아시아・태평양 국가인권기구 포럼(Asia Pacific Forum of National Human Rights Institutions)의 정회원으로 참여하고 있으며, 팔레스타인, 카타르, 몰디브가 준회원(Associate Members)으로 참여하고 있다. 아울러 경제적, 사회적, 문화적 권리와 발전권 신장을 위해 세미나들을 개최하고 계획을 수립하고 있지만, 이에 동반되어야 할 정치발전에 대한 세미나나 구체적 실천계획은 수립하지 않고 있다.

주목할 만한 정부 차원의 인권 논의로 아시아・태평양지역의 국가인권네트워크인 '국가인권기관들의 아・태포럼(Asia-Pacific Forum of National Human Rights Institutions)'이 2004년에 카트만두에서 열렸으며, 법률가자문위원회(Advisory Council of Jurists)가 사형제도, 인터넷을 통한 아동포르노, 인신매매, 법치와 테러에 대해 자문했다. 2004년 9월에는 서울에서도 이 아・태포럼이 한국국가인권위원회의 주관으로 개최 되었다.

아시아지역 의회 협회인 '아시아국회의원평화협회(Association of Asian Parliamentarians for Peace)'도 2001년 이래 활동하고 있다. 그래서 '아시아국가인권헌장(Charter of Human Rights for Asian Nations)' 초안이 준비되었는데, 국제적・세계적(international/universal) 기준보다 낮다. 즉 피수감자에 대해 질병예방 조치 정도 취하는 것을 적법한 것이라고 생각하고 있으며, 재판에 대한 대중매체의 보도 단속에 대해 재량권을 넓게 인정하고 있어 이현령비현령(耳懸鈴鼻懸鈴)식 단속이 가능하며, 독립성이 보장되지 않은 아시아인권위원회를 제안하고 있다. 무엇보다 의문시 되는 것은 '이 아시아인권위원회가 조약기구인가, 그렇다면 정부부속기관과 어떻게 다른가'라는 점이 분명하지 않다는 것이다.

아시아의 비정부단체들은 1997년에 아시아 인권헌장(Asian Human Rights Charter)을 채택하면서 인권의 보편성과 불가분성을 강조하였다. 이 헌장의 채택은 '가난과 권위주의에 대한 도전이며, 아시아적 가치에 대한 대응론'이라고 평가된다. 이 헌장은 침해(violations)에 노출된 특별집단 즉, 여성, 아동, 불구자, AIDS, 노동자, 학생, 죄수 및 피수감자 등의 사회적 취약집단에 초점이 맞춰져 있으며, 인권문제뿐만 아니라 지속할 수 있는 환경문제도 고려하고, 생명, 평화, 민주주의, 발전에 대한 권리를 담고 있다. 그런데 이 헌장이 주목받을만한 의의는 "문화적 정체성에 대한 권리를 존중하지만, 보편적 원칙들에 반대되는 문화적 관행은 제거되어야 한다"고 천명한 데 있다.[8]

현재 아시아 지역에서 요구되는 인권보호 조치들은 헌법에 인권을 강화하고, 국제인권제도(instruments)를 비준해야 하며, 국제기준에 맞게 국내 입법과 행정적 관행을 재검토해야 된다. 아울러 인권을 강화하는 데 사법부(judiciary)의 역할을 극대화 할 것과 사회단체들이 피해자들을 위해 활동할 수 있도록 할 것, 국가인권위원회를 만들 것, 일반 국민들의 재판소(tribunal)를 법정(court)이 아닌 압력용 도덕적 수단으로 인정할 것 등이 요구된다.

3) 하위지역 차원의 조치들

1994년에 제정되어 2004년에 개정된 아랍인권장전(Arab Charter on Human Rights)은 생명, 자유, 법 앞에서의 평등에 대한 권리를 강조하고 있어 국제적 제도와 비슷하다고 평가된다. 그러나 종교 개종의 권리가 없고, 결사의 자유는 시민에게만 허용되는 등 시민/비 시민 간의 권리 차이가 있으며, 인권

---

8) 북한의 인권문제에 대해 진보적임을 자처하는 한국의 비정부단체들과 '북한전문가들'의 주장이 얼마나 왜곡되어 있는 지를 가늠할 수 있는 주장이라는 면에서 우리도 주목할 만하다.

위원회(Human Rights Committee)의 독립성 문제가 제기되고 있다. 그리고 아직 발효 되지 못하고 있다.

남아시아지역협력협회(SAARC: South Asian Association for Regional Cooperation)가 채택한 '여성·아동 윤락·인신매매 예방과 투쟁을 위한 2002년 SAARC 협약(2002 SAARC Convention on Preventing and Combating Trafficking in Women and Children in Prostitution)'은 관행에 대한 범죄 규정, 여성과 아동 등 민감한 문제에 대한 사법 절차 규정, 상호 사법공조와 범죄자 인도, 훈련과 교육을 통한 예방조치, 피해자 보호와 귀환 등을 담고 있다. 아울러 '남아시아 아동복지 신장을 위한 지역제도에 관한 200년 SAARC 협약(2002 SAARC Convention on Regional Arrangements for the Promotion of Child Welfare in South Asia)'은 회원 국가들을 지원하기 위해 '적합한 지역제도'를 만들었다. 즉, 양자간·다자간 정보교환과 아동권과 발전을 위한 SAARC 연례고등훈련프로그램을 실시하고, 한 SAARC 국가에서 다른 국가로 아동을 이동시키는 데 대한 사법적 조사와 특별한 제도를 마련하는 한편, 아동착취와 학대를 국제적으로 방지하기 위한 지역전략을 수립하였다. 그리고 2004년 SAARC 사회헌장은 특히 반(反) 빈곤을 추구하고 있다.

2000년에 시민단체인 'ASEAN 인권메커니즘을 위한 실무단(Working Group for an ASEAN Human Rights Mechanism)'이 ASEAN 인권위원회(ASEAN Human Rights Commission)를 제안했었다. 동남아 정부들은 1993년에 ASEAN 인권메커니즘의 가능성을 언급했으나, 실제적인 메커니즘은 제안하지 않았다. 2001년에 정부들은 상기(上記) 실무단이 ASEAN 주민들을 위한 의제(議題)의 일부분으로 ASEAN 안보·국제학연구원(Institute of Security and International Studies, ISIS)과 연계를 가질 것을 제시했다.

'ASEAN 인권메커니즘을 위한 실무단'이 제안하는 협정문 초안에는 협정을 비준한 ASEAN 국가 외무장관들에 의해 선출된 7인의 위원회(Commission)가 국제인권법, 지역/국가차원의 법, 국제법에 부합하는 정책과 관행에 의해 고취되며, 독립적으로 행동하게 되어 있다. 최소한 3개국 이상의 ASEAN 국가가 비준해야 발효되며, 구속력은 비준한 국가들에게만 적용된다. 주요 기능은 정부들에 대해 권고하고, 독자적인 이니셔티브에 따라 조사할 수 있으며, 개인이나 비정부단체들과 비준한 국가들의 청원을 수용하는 것이다. 우호적 해결(화해)을 우선시하며, 우호적 해결이 불가능 할 경우, 위원회는 인권침해가 발생했는지 사실 규명을 한 뒤에 판결이 아닌 권고를 할 수 있다. 더욱 압력을 가하기 위해 외무장관이나 정부수반에게 문의를 할 수 있다. 그리고 정부가 인권메커니즘에 대한 연례회의를 후원하게 되어 있어서 2001년 자카르타, 2002년 마닐라, 2003년 방콕, 2004년 자카르타에서 각각 연례회의가 정부 후원 하에 개최되었다.

아마도 여성·아동권 ASEAN 위원회(ASEAN Commission on Women's and Children's Rights)는 가능할 것으로 판단된다. 2004년부터 ASEAN 장관회담을 통해 인권에 관계(혹은 준거) 될 수 있는 ASEAN의 국제적 법인격에 관한 ASEAN 헌장을 만들기 위해 노력해 오다가 2007년에 채택하였으나 메커니즘으로 발전하기에는 부족한 점이 많다.

비록 공식적인 메커니즘은 없지만, 아·태지역과 하위지역에서의 인권활동 네트워크는 정부차원이든, 비정부차원이든 존재한다. 아동권에 대한 ASEAN 사무국요원(ASEAN Desk Officers on Child Rights)은 초기아동 보호 및 개발 훈련을 실시하고 있으며, 지역의 법조인들은 Lawasia를 통해 인권관련 법률자문을 하고 있다. 그리고 비정부단체(NGO) 네트워크인 포럼아시아(Forum-Asia), ALTSEAN 버마(ALTSEAN Burma), 남아시아 문서센터(South Asian Documentation Center), 아시아 인권위원회(Asian Human Rights Commission) 등이 활동 혹은 태동 중이다. 아울러 인권보호자(운동가) 훈련, ASEAN 인권메커니즘을 위한 국제형사재판소 지지운동, 침해 모니터링 등이 실시·진행 중이다.

그러나 아시아의 하위지역 인권보호체계도 아직은 시작 단계에 있으며 극복해야 될 과제들이 많다. 즉 '국제적 틀'에 대한 가치부가 문제, 국제기준에 부합하는 문제와 더불어 '인권문제를 전반적으로 다룰 것인가, 아니면 여성/아동 등 특정 목표를 추구 할 것인가'라는 전략적 선택의 문제도 있다. 아시아 지역의 현 실태로 보아서 하위지역 차원의 정부 간 인권보호 메커니즘이나 체계가 더 가능성이 있지만, 이 역시 실행 과정에서 극복해야 될 수많은 장애 요인들을 갖고 있다.

4) APF(Asia Pacific Forum) 회원국들의 국가인권제도

인권관련 APF(Asia Pacific Forum) 회원국 중 동아시아 국가들의 인권제도를 간단히 살펴보면 다음과 같다.

국가기구의 성격을 띤 인도네시아의 국가인권위원회(The Indonesian National Commission on Human Rights)는 1993년 대통령령에 의거하여 설립되었고, 1999년 인권법에 의해 법률기구화 되었다. 인도네시아의 국가인권위원회는 개인의 진정이나 위원회의 직권으로 인권침해 행위를 조사하고, 인권의식 증진을 위한 교육과 홍보활동을 하며, 유엔 조약 가입과 비준에 관해 대정부 조언을 한다. 1999년 인권법 제89조에 따른 인도네시아 국가인권위원회의 기능은 첫째, 가입 비준 가능성과 관련한 권고를 목적으로 국제인권협약 연구·조사, 둘째, 인권관련 법령에 대한 입안, 수정 및 폐지와 관련한 권고를 제공하기 위한 법령의 연구·조사, 셋째, 연구·조사 보고서 발간, 넷째, 문헌연구, 현장조사 및 다른 나라와의 비교 연구, 다섯째, 인권 보호, 옹호, 증진에 관한 논의, 여섯째, 지역, 국가 및 국제적 수준의 기관, 단체 등과의 인권분야 연구·조사 협력 등이다. 또한 1993년 인도네시아 국가인권위원회에 관한 대통령령 제5조에 의하면, 국내·외의 인권관련 정보의 보급, 각종 유엔 인권협약의 가입과 비준에 관한 의견 제시, 인권 기준의 이행을 위한 감시 및 조사와 이에 관한 의견 제시, 인권보호를 위한 국내·외적 협력관계 증진의 기능을 수행하게 되어 있다. 인도네시아 인권위원회는 공무원에 의한 인권침해행위와 차별행위 뿐만 아니라 철거민에 대한 적정보상과 이주대책, 근로자의 휴일수당 인상문제, 수용토지에 대한 적절보상요구 등에 관한 조사와 시정권고 등 다른 국가의 인권위원회보다 광범위한 업무를 담당하고 있다.

국가기구이자 헌법기구의 성격을 띤 필리핀 국가인권위원회(The Commission on Human Rights of the Philippines)는 1987년 헌법과 1987년 행정명령 제163호에 의해 설립되었다. 이 기구는 인권침해행위 조사, 인권의식 증진을 위한 교육, 연구 활동, 법령, 정책, 제도의 인권침해요인 검토와 시정 권고, 국내 인권상황을 국제기준에 적합하도록 개선하기 위한 정부조치 건의 등의 권한과 기능을 가지고 있다. 필리핀 헌법 제18조에 따르면, 이 기구는 직권이나 진정(complaint)에 의하여 시민적, 정치적 권리를 포함한 모든 형태의 인권침해행위를 조사하고, 운영지침과 절차규칙을 제정하여 이에 위반되는 행위에 관하여 법정모독죄를 적용하며, 국내 및 해외거주 국민의 인권보호를 위한 적절한 법적 지원을 제공하고, 인권이 침해되었거나 보호가 필요한 서민에 대하여 법률구조를 제공하게 되어 있다. 그리고 구치소, 교도소 기타 구금시설을 감찰하며, 인권신장을 위한 연구, 교육 등의 활동을 수행하고, 인권증진에 필요한 조치와 인권침해를 당한 피해자나 그 가족에 대한 효과적인 보상수단을 의회에 권고하며, 필리핀 정부의 국제인권조약상의 의무 이행상황을 감시하게 되어 있다. 그 뿐만 아니라, 인권위원회의 조사와 관련하여 증언을 하거나 증거를 제공한 자에 대하여 면책특권(immunity from prosecution)을 부여하고, 행정부처 및 정부기관에 인권위원회의 기능수행을 위한 지원을 요청하는 등 기타 법에 규정된 기능을 수행하는 것으로 되어 있다.

인권문제와 관련하여 필리핀의 다음과 같은 제도는 주목할 필요가 있다. 첫째, 필리핀의 인권계획(HRP: Philippine Human Rights Plan)으로, 이 계획에 따라 인권보호에 대한 기획·연구를 위한 부처 간 태스크포스(Task Force)팀이 운영되며, 이 팀은 지역적·부문별 협의와 전국적 공청회를 통해 장기 인권계획 형성을 임무로 하고 있다. 둘째, 인권에 대한 국내 부처간

위원회(NIACHR: National Inter-Agency Chamber of Human Rights)로, 필리핀국가인권위원회는 내무부, 국방부 등과 부처간 위원회를 구성하여 교육훈련, 조사, 고발 및 인권침해사례의 조속한 해결, 국제인권협약상의 의무 이행 문제를 다루고 있다. 셋째, 중기(Medium-Term) 5개년 계획인 필리핀 개발계획의 일환으로 1994년부터 시작된 인권훈련센터(HRTC: Human Rights Training Center)는 여성, 청소년, 노인, 구금인, 국내이주민, 도시빈민, 회교도, 원주민문화공동체, 장애인, 이주민노동자, 근로자, 농촌 노동자 등 취약계층과 불리한 처지에 있는 사회계층을 포괄하는 다양한 문제에 대한 대응을 목표로 하고 있다.

2000년 국가인권위원회법에 의해 국가기구로서 설립된 몽골국가인권위원회(The National Human Rights Commission of Mongolia)는 1999년 국가인권위원회법 제15조에 의거하여, 인권관련 문제에 대한 제안, 주요 인권원칙과 관련한 국내법령 및 정책결정에 대한 권고와 제안, 국제인권협약의 효과적인 이행에 대한 제안과 국가보고서 초안에 대한 제안, 인권문제 조사와 필요한 정보 제공, 국제적·지역적 협력과 다른 국가인권위원회와의 협력, 몽골에서의 인권상황에 대한 보고서 작성, 인권법과 인권조약에 대한 일반인의 인식제고, 인권교육활동 진흥, 국제인권조약 가입·비준 촉구 등의 권한과 기능을 가진다.

1999년 인권위원회법에 의해 법인(body corporate)의 성격으로 설립된 말레이시아 국가인권위원회(The Human Rights Commission of Malaysia, SUHAKAM)는 1999년 인권위원회법 제4조에 의거하여, 인권의식 제고, 프로그램, 세미나 워크숍을 통한 연구 수행, 연구결과의 배포와 보급, 정부 또는 피진정 기관에 대한 조언, 적정 조치 권고, 동 법률에 따른 인권침해 조사·확인, 규정된 절차에 따라 구금시설 방문과 필요조치 권고, 필요한 경우 인권에 대한 공개성명 발표, 동 활동과 관련하여 필요한 경우 성문법에 따라 기타 적정 활동 수행, 인권에 대한 인식제고와 인권교육 진흥, 정부의 입법, 행정지침과 절차에 대한 조언과 지원 및 필요 조치의 조언, 인권분야의 협약과 국제규범에 대한 서명·가입에 관하여 정부에 권고, 인권침해에 대한 진정 조사 등의 권한과 기능을 가진다.

　1997년 헌법과 1999년 국가인권위원회법에 의거하여 국가기구의 성격으로 설립된 태국국가인권위원회(The National Human Rights Commission of Thailand)는 1997년 헌법 제200조에 따라, 작위 또는 부작위에 의한 인권침해 조사 보고, 태국이 당사국인 국제협약에 대한 위반사례 조사 보고, 작위 또는 부작위에 의해 인권침해를 한 개인 또는 기관에 적정한 구제조치 제안 등의 권한과 기능을 갖고 있다. 1999년 국가인권위원회법 제15조에 의거하여, 국내 및 국제적 수준에서의 인권에 대한 존중 증진, 태국이 당사국인 국제인권조약에 따른 의무 이행 조사, 인권의 보호와 증진을 위한 법령, 규칙 및 규정에 대한 정책과 수정안 발의(국회, 각료회의), 인권홍보를 포함한 인권교육과 연구 증진, 인권증진을 위해 정부기관·비정부기구 등과 협력 증진, 국내 인권상황에 대한 보고서와 위원회 연간 실적에 대한 보고서 준비, 정부가 인권조약에 가입·비준을 고려할 때 의견 제시 등의 권한과 기능도 가지고 있다.

4. 아시아·태평양 지역 인권체계/포럼(Forum) 형성에 대한 향후 전망과 북한·중국에 대한 유도책

중국과 북한이 아시아·태평양 지역 인권체계/포럼(Forum)에 참여하도록 유도하는 최선의 방책은 중국과 북한이 스스로 그 필요성과 유용성을 느끼게 하는 것이다. 그런데 현 상황에서 중국과 북한이 그 필요성과 유용성을 느끼고 주체적으로 아시아·태평양 지역 인권체계/포럼(Forum)을 결성하자고 나서기를 기대하는 것은 요원한 일로 보인다. 그래서 중국이나 북한이 참여하지 않은 채 아시아·태평양 지역 인권체계/포럼(Forum)을 설립하여 운영하면서 중국과 북한이 스스로 그 유용성을 느끼고 추후에 참여하도록 유도하는 방법이 가장 가능성이 있을 것으로 판단된다. 그럴 경우 아시아·태평양 지역 인권체계/포럼(Forum)이 중국과 북한에 줄 수 있는 불리한 점들은 최소화 하고, 유리한 점들을 극대화시킴으로써 동기부여를 하고, 비교적 빠른 시간에 참여 할 수 있도록 유도할 수 있을 것이다.

1) 주제별 점진적 접근

전술한 바와 같이 국제사회에서 북한의 인권현안으로 식량권, 고문, 종교적 불관용, 임의적 구금, 강제적 혹은 비자발적 실종, 의견 및 표현의 자유권, 여성폭력, 정치범 수용소, 인신매매, 영아살해, 법치, 다원주의, 시민사회의 참여 문제 등이 부각되어 있다. 중국의 인권현안으로는 티베트 문제를 비롯한 소수자에 대한 억압, 파룽궁(Falungong) 문제로 대표되는 종교적 탄압, 공개처형을 비롯한 법치주의 부정, 라오가이로 상징되는 시민적·정치적 권리 침해 문제 등이 부각되어 있다.

중국과 북한이 참여하지 않은 채 아시아·태평양 지역 인권체계/포럼(Forum)을 결성하여 참여국들이 관련된 사안들을 논의하면서 중국과 북한이 관여된 개별 현안들에 대해 한시적으로 초대·논의 하다가 주제를 확대하고 점차적으로 참여의 폭을 넓혀가는 것이 좋을 것이다.

이런 취지에서 처음에는 아동권, 여성권 등 정치적 성격이 배제된 주제를 택하는 것이 좋을 것이다.

유럽안보협력기구(OSCE)의 인권부문(human dimension)은 인권과 근본적 자유(fundamental freedoms) 뿐만 아니라 인적접촉과 인도적 성격을 띤 다른 현안들까지도 점차적으로 그 범주에 넣었다. 마찬가지로 아시아·태평양 지역에서, 특히 동북아에서 인적접촉의 범위와 빈도가 급속히 확대·성장하고 있는 데 비해, 관련국가의 구제제도는 충분히 구비·운용되고 있지 못하고, 유엔의 인권메커니즘도 현실적으로 활용할 수 없으므로 지역 인권체계 혹은 포럼(Forum)의 필요성을 느낄 수밖에 없을 것이다. 특히, 폐쇄·고립정책에서 벗어나 대외접촉이 확대 될 북한의 경우, 현재까지 취해온 무시 내지 부정 일변도의 대외 인권정책은 더 이상 불가능하므로 김정일 정권에 직접적인 위협이 되지 않을 사안들에 대해서는 전향적인 자세를 취할 가능성이 충분히 있다.

2) '안보에 대한 협력적 접근'

유럽안보협력기구가 다른 국제기구들과는 달리 안보에 대해 포괄적으로 접근함으로써 안보문제가 군사부문 뿐만 아니라 정치·경제·환경·인권 부문과도 관련이 있으며, 각 부문들이 서로 밀접하게 연관되어 있다는 것을 인정하게 되었다.

북한의 인권문제 역시 안보문제로 간주되어야 할 여지가 있다. 탈북자들을 체포·송환하고 양산(量産)을 억제하기 위해 중국정부는 2003년에 15만 명의 군인들을 조·중 국경지역에 이동·배치 시켰고, 곧 이어 북한정부도 같은 목적으로 20만 명의 정규군을 국경지역에 재배치 시켰다. 그리고 김정일은 김일성 생전에 그에게 "조선(북한) 없는 지구는 필요 없다"고 말한 적이 있는데, 이 말을, 자신의 정서적 수사로 그치지 않고, 그 후에 10여 만 명의 특수부대 훈련장에 휘호로 내건 것으로 보아서 김정일이 어느 정도로 정권안보에 집착하고 있는지를 알 수 있다.9) 이런 군사적 조치들과 정권

---

9) 2005년에 주한미군사령관이 미 상원 군사위원회에 제출한 보고서에서 밝힌 북한의 특수부대 요원 수는 12만 2,000명이다. http://cafe312.daum.net/_c21_/bbs_search_read?grpid= D1V0&fldid=Hh6l&contentval= 000ijzzzzzzzzzzzzzzzzzzzzzzz& nenc=QCg5-MLQ9QZZr7ipa8_e5w00&dataid=2773&fenc=I6lmh4BnGQA0&docid=CDd0hTjH& from=tot&q=%BA%CF%C7%D1%20%C6%AF%BC%F6%BA%CE%B4%EB%2010%B8%B8 (검색: 2007년 12월 3일); 북한의 특수부대에 대한 보다 자세한 설명은 다음을 참조하시오. http://cafe218.daum.net/_c21_/bbs_search_read?grpid=17p5z&fldid=28gK&con tentv-al=0003izzzzzzzzzzzzzzzzzzzzzzzz&nenc=QCg5-MLQ9QZZr7ipa8_e5w00& dataid=230&fenc=hTbmkWelJC50&docid=CDaByyWG&from=ot&q=%BA %CF

안보 의식은 그 자체로도 동북아 역내 국가들의 안보현안이 될 수 있지만, 김정일의 실각과 같은 북한의 급격한 정치변동 과정에서 대규모의 인권유린 사태발생을 동반한 안보문제를 야기 시킬 수 있다.

김정일 정권이 2006년 7월에 미사일 발사를 단행하자 노무현 정부는 미사일과 핵무기를 포기하면 10년에 걸쳐 수십 조 원을 지원하여 사회간접자본(SOC) 구축을 돕겠다고 제안했지만 10월에 핵실험을 단행했다.10) 북한 주민들에게 의견 및 표현의 자유를 비롯한 근본적 자유가 보장되어 있었다면 이런 정책적 선택은 결코 불가능 했을 것이다.

특정 유럽안보협력기구 참여국가 내부의 인권부문 현안에 대해 여타 참여국들이 정당하게 관여할 수 있었고, 이런 제도적 토대위의 국가 간 대화가 중·동부유럽에서 변동을 촉발시킨 역사적 경험은 중국, 북한, 베트남 등 아시아 공산주의국가들이 아시아·태평양 지역 인권체계/포럼(Forum)에 대해 의구심을 갖게 하여 참여하는 데 부정적으로 작용할 것이다. 그러나 헬싱키 프로세스 Basket Ⅲ가 사람들의 접촉(특히 이산가족 접촉과 재결합), 자유로운 정보의 흐름, 문화·교육협력을 다루었던 것처럼 아시아·태평양 지역에서도 안보에 대한 '포괄적이고 협력적인 접근'이 가능하다면 인권신장을 위한 외부개입의 여지가 그 만큼 더 커질 것이고, 안보현안들을 해결하는 데에도 긍정적 파급효과를 기대할 수 있을 것이다.

북한정부는 그동안 다자간 안보협의체 구성에 대해 "쌍무적 신뢰조성이 없는 지역다자안보 논의는 사실상 무의미하다"며 반대 입장을 표명해 왔다. 이에 대해 다자안보협의체 구성이 체제붕괴와 같은 극단적 위기상황에서는 생존과 같은 본질적이고 긴박한 정책목표에 비해 우선순위에 있어 밀

%C7%D1%20%C6%AF%BC%F6%BA%CE%B4%EB%2010%B8%B8 (검색: 2007년 12월 3일).
10) 당시 한국정부의 입장은 최근에 공개된 "평화경제체제 형성 전략" 용역 보고서를 통해 보다 자세히 알려지게 되었다. 이 보고서는 2020년까지 최대 108조원을 지원하여 3단계에 걸친 사회간접자본(SOC) 구축을 통해 북한의 산업을 정상화시킴으로써 북한의 일인당 GNP를 2,330달러로 끌어올리겠다는 계획을 담고 있다. 2007년 남북정상회담에 이 보고서가 반영되었을 것으로 추정된다.

릴 수밖에 없기 때문이라고 보는 견해도 있다.11) 그러나 다자간 안보협의를 통해 특정 사안에 관한 특정 국가들의 일방적인 간섭이나 체제 위협을 막을 수 있고, 경우에 따라서는 다자적 체제보장을 얻어낼 수도 있을 것이다. 특히, 북한의 2000년 ARF 가입이나 최근의 6자회담 진전을 통해 보인 기존의 입장 변화는 북한정부가 인권문제와 같은 보다 더 민감한 사안들에 대해서도 다자간 협의에 전향적인 자세를 취할 여지가 있음을 보여준다.

3) 적극적 의지

주지하는 바와 같이 유럽안보회의에 대한 구상은 유럽집단안보체제를 만들려고 했던 소련의 시도와 더불어 1950년대에 동구블록에서 비롯된다. 물론 주요 목표는 서독이 서방의 군사동맹에 가입하지 못하도록 하는 것이었다. 공산권 참여 국가들은 서방세계로부터 기존의 국경선을 인정받고 동/서 유럽 간의 경제관계를 발전시키는 데 주요 관심을 두고 있었다. 물론 이런 제안들은 서방진영으로부터 긍정적인 반응을 얻지는 못했다. '유럽에서의 안보협력회의(CSCE)' 소집은 서독의 동방정책(Ostpolitik)과 1차 전략핵무기제한협정(SALT I)의 타결을 비롯한 데탕트 분위기가 형성된 1960년대 말, 70년대 초에 가서야 받아들여질 수 있었다. 물론 중·소분쟁이 본격화되면서 전선을 동·서 양면에 형성할 수 없었던 소련의 현실적 필요성이 소련으로 하여금 이 유럽안보협력회의에 적극적이게 만든 측면도 있다. 이런 사실은, 중국과 북한이 망라된 아시아·태평양 지역 인권체계/포럼(Forum)을 만들기 위해서는 역내 국가 모두가 전략적·현실적 필요성을 느껴야 되고, 그런 상황이 선행되어야 된다는 것을 시사한다. 그리고 중국과 북한의 필요성 인식도 중요하지만 역내 비공산주의 국가들이 적극적인 의지를 갖고 아시아·태평양 지역 인권체계/Forum을 결성해야 된다는 것을 의미한

---

11) 엄태암, 『동북아 다자안보협력 - 한국의 선택』 (서울: KIDA Press, 2006), pp. 227-228.

다. 극단적으로 중국과 북한의 대외관계 전 분야에 걸쳐, 특히 대중국, 대북한 투자와 수출입에 인권문제를 옵션으로 걸고, 아시아·태평양 지역 인권체계/포럼(Forum) 가입을 종용한다면 아프리카의 지역인권체계처럼 제도의 실제적 구속력은 약하겠지만 체계나 포럼(Forum) 구성 자체는 가능할 것이다.

4) 조속한 토대 마련

유럽안보협력회의가 2년간의 정부 간 대화를 거쳐 1975년 8월에 헬싱키 최종의정서(Final Act of Helsinki)를 채택했지만, 이 '최종의정서'는 법적구속력을 갖춘 조문이라기보다 회합(meeting)이나 회의(conference)의 결론적 문건(concluding document)에 더 가깝다. 이것은 유럽에서 기존의 국경선을 법제화하려는 어떠한 조문도 서방진영이 받아들이려 하지 않았기 때문에 참여 국가들이 동의할 수 있도록 취한 방법이었다. 그래서 이 최종의정서에 담겨있는 결정들은 국제공법 상의 규약이나 조약으로 간주되지 않았고, 회의 참여 국가들이 받아들일 준비가 되어있는 정치적 타협으로 간주되었다. 물론 자국의 인권상황을 인정하려 들지 않는 중국과 북한을 상대로 이런 '의정서'를 논의·채택하는 것도 현재로서는 요원해 보이지만, 현재의 국면에서 진일보하면 가능성은 있을 것으로 생각된다.

유럽안보협력회의(CSCE) 참여국들은 Basket IV에 따른 논의를 진행하면서 후속 회합을 조직하여 유럽안보협력회의를 쫓아가기로 합의하였다. 이것이 참여 국가들 간에 공약의 이행에 관한 시각을 교환 할 수 있는 가능성을 제공했을 뿐만 아니라, 그들 간의 관계와 협력을 심화·진작 시키고, 유럽에서의 안보를 강화 시킨 소위 '헬싱키 프로세스'를 등장시켰다. 모든 Basket들을 담당하는 일반적 회합이든 특화된 회합이든 일련의 후속 회합들이 시작되어 현재까지도 새롭고 더 자세한 유럽안보협력기구(OSCE)의 공약들을 만들고 있으며, 인권부문에서의 공약들을 포함하여 그 공약들을 이행하는 문제에 대해 검토하고 있다.

적어도 현 시점에서는 이와 같은 다자간 안보협의(체)를 통해 북한의 핵·미사일 문제, 한반도 평화정착의 제도화 문제, 북한의 인권문제를 해결하려는 구상을 북한의 김정일이 받아들이기에는 동기부여가 약하다. 그러나 김정일은 '체제보장'이라는 이름으로 자신의 정권을 보장해 달라고 요구하고 있어 이를 유인요인으로 활용할 수 있는 여지는 있다. 그러나 이에 대해 주권재민(主權在民)과 내정불간섭(內政不干涉) 등 국제사회의 일반적인 원칙들을 대응 논리로 내세우며 정권 보장에 대해서는 유보적인 입장을 견지해야 된다. 그래야 김정일 정권이 현재와 같이 자국민에 대해 무절제한 인권유린을 자행하는 것을 억제할 수 있고, 현상유지를 통한 정권유지를 위해 국제적 보장체제의 필요성을 강하게 느끼게 할 수 있다.

5) 동기유발과 구속요인 개발

동구블록에서는 개인주의적 정향(orientation)을 가진 시민적·정치적 권리의 개념이 사회주의국가조직의 기본적인 모습들과 모순된다고 생각하여 시작단계에서는 유럽안보협력회의(CSCE)의 인권부문에 대해 의구심을 가졌다. 그러나 동구블록은 유럽안보협력회의 프로세스(CSCE process)의 시작과 지속을 위한 조건으로 인권부문의 여러 측면들을 받아들여야만 했다. 즉, 동구블록은 인권부문에 대한 논의를 수용 할 수밖에 없을 정도로 유럽안보협력회의 프로세스에 대해 강한 동기를 가지고 있었다는 것을 의미한다. 그렇다면 북한의 인권문제를 다자간 협의를 통해 논의·해결하기 위해서는 북한 및 중국 정부와 서방세계가 마주앉아 논의할 기회를 마련하는 것이 우선적인 과제다. 그러기 위해서는 북한의 인권문제에 대한 다자간 협의를 받아들일 수밖에 없는 유인책과 구속 요인을 찾는 것이 급선무다.

서방블록은 인권부문 특히 Basket III의 현안들을 필수적인 것으로 생각하였다. 서유럽 국가들은 특히 인적접촉과 정보가 동구블록에서 정치체제를 흔들고 변화시킬 수 있는 수단을 제공해 줄 것으로 생각했다. 더욱이 Basket III에 포함된 현안들의 진전과 다른 Basket들의 현안들 간에 내적 연계관계를 형성시킴으로써 동구블록의 다른 영역에서의 요구 특히 기존의 국경선들을 정당화 시키는 것을 좌절시킬 수 있었다. 북한의 인권문제와 관련하여서도 조·중국경선 문제, 김정일 정권 혹은 북한체제 보장 문제 등이 대안적 카드가 될 수 있을 것이다. 물론 조·중국경선 문제를 북한인권 문제에 대한 대응 카드로 우리 스스로 제시하는 것은 바람직하지 않지만, 중국 측에 동기부여를 하기 위해 조·중국경선 문제를 현안으로 부각시킬 필요는 있다.

헬싱키 최종의정서의 Basket I 상의 원칙들과 특히 1983년 마드리드 후속회합의 결론문건(the Concluding Document of the Madrid Follow-up Meeting) 속에 시민적·정치적·경제적·사회적·문화적 권리와 자유들(freedoms)에 대한 존중과 이들의 효과적 실현에 관한 일반적 언급 외에 사상, 양심, 종교나 신앙의 자유에 대한 보호와 신장을 강조하고 있는 것도 동구체제의 변화를 유도하기 위한 것이었다. 이런 맥락에서 '각 개인이 자신의 권리와 의무를 알고 그에 따라 행동할 권리'가 특별한 주목을 받았던 것이다. 이는 북한주민들에게 무엇보다 필요한 조치다. 북한 당국은 노동자·농민이 주인인 북한사회에서는 모든 주민들의 권리가 완벽하게 보호되고 있어 인권문제는 북한사회와 무관하다고 주장하며 주민들이 자신들의 권리를 알 수 있는 기회를 주지 않는다. 따라서 북한의 인권상황을 개선시키기 위한 노력의 시작은 북한주민 각 개인이 자신의 권리를 알 수 있는 기회를 마련·보장해 주는 것이다.

참여국 간의 관계 지도원칙들에 관한 선언(Declaration on Principles Guiding Relations between Participating States)은 인권과 근본적 자유에 대한 존중의 맥락에서 소수민족에 대해 특별히 언급하고 있다. 또한 '8번 원칙'은, 인권보호를 유럽안보협력기구(OSCE)의 맥락에서 봐야 된다는 안보관을 제시하면서 평등한 권리와 인민의 자결권을 헌정하고 있다. 마찬가지로 Basket III의 부제들(subheadings)은 동·서 블록에서 살고 있는 개인이나 집단 간의 인적 의사소통과 연계를 용이하게 함으로써 인권을 말하고 있다. 이 연계들이 국민들 간의 우호적 관계와 국가들 간의 평화적 관계를 증진시키는 데 긍정적으로 작용하도록 반복적으로 언급되고 있다. Basket III의 규정들이 국제인권제도의 진반을 다루기보다 매 국가의 엉토 내에서 개인이나 집단과 국가 간의 관계에 초점을 두고 있는 것도 같은 측면이다. 북한인권 문제에도 특히 탈북자 문제나 계급차별정책 등에는 개인이나 집단과 국가 간의 관계가 중요한 비중을 차지하는 것이므로 주목할 만한 대목이다.

인권부문에 관한 초기의 두 특별회합(1985년 오타와에서 개최된 '인권과 근본적 자유에 관한 회합'과 1986년 베른에서 개최된 '인적접촉에 관한 회합')에서는 최종문건에 동의할 수 없었지만, 비엔나에서 1986년~1989년에 열린 일반적 주제에 관한 후속회합에서는 페레스트로이카의 분위기와 군사부문에서의 성과에 기초하여 인권부문에서 대단히 중요한 진전이 있었다. 1989년 비엔나 결론문건(Concluding Document of Vienna) 상의 원칙들의 절(section)에서 참여 국가들은 특히 '종교적 공동체가 자유롭게 접근 할 수 있는 숭배나 집회의 장소를 만들고, 유지할 수 있는 권리'와 '모든 사람들이 그들이 선택한 언어로 종교교육을 주고받을 수 있는 권리'를 존중해야 될 의무를 지도록 했다. 이는 북한이 개혁·개방정책을 표방할 때 한국을 포함한 서방국가들이 요구할 만한 사항이다. 이로써 개혁·개방을 불가역적 흐름으로 굳히고 정치·사회적 다원주의를 유입 시킬 수 있을 것이다.

5. 소결

북한뿐만 아니라 동아시아 국가들이 안고 있는 인권문제의 대부분은 근본적인 성격이 구조적인 것으로 자체적인 노력을 통해 개선시키는 데는 일정한 한계가 있다. 그러므로 초국가적 협력과 외부의 개입(engagement)이 절대적으로 요청된다. 이런 측면에서 현재 가장 시급한 일은 북한 인권문제에 직·간접적으로 관련되어 있는 국가들이 현안들에 대해 논의를 시작하는 것이다. 그래서 우선적으로 북한의 인권문제를 다자적 형태를 통해 과학·교육 협력, 경제, 통상 문제 등과 함께 논의·해결하고, 지역 차원의 대북 인권대화 구도를 개발하자고 관련 국가들을 독려하는 것이 필요하다. 그리고 북한의 인권문제 해결을 위한 다자간 협의는 앞으로 동북아에 인적접촉이 더욱 활발해지면 반드시 필요하게 될 지역인권보호체계를 만드는데 좋은 시작이 될 것이라는 사실을 관련 국가들에게 설득해야 된다.

북한의 인권문제에 대해 다자간 논의가 이루어질 경우 최우선 과제는 공약과 현실을 부합시키기 위해 북한당국이 기울이고 있는 노력을 측정·평가 할 수 있는 척도와 노력의 방향과 내용을 구체적으로 제시할 수 있는 지표를 기술적으로 만드는 일이다. 아울러 인권 모니터링을 반드시 실시해야 된다. 물론 북한의 강한 거부로 어려울 것이다. 그러나 유럽안보협력회의/기구의 경우에도 처음에는 논쟁만 야기했지만, 안보문제에 대한 타협이 모니터링에 대한 합의를 가능하게 했다. 따라서 비록 시간이 걸리겠지만 지속적으로 모니터링을 요구하면서 협상의제로 부각 시켜야 된다.

민주주의, 인권, 법치가 삼위일체인 점을 고려하여 북한의 인권신장 레버리지로 법치를 요구하는 것은 가장 무리 없는 접근이 될 것이다. 그래서 현 시점에서는 북한정부의 비법적·임의적 처벌 사례들에 대해 지속적으로 정보를 수집·축적하고, 시정조치를 대북원조에 어떤 형식으로든 반드시 연계 시키는 적극적인 정책을 구사해야 된다. 시민적·정치적 권리와 관련하여 다원적 민주주의의 발달에는 북한 당국자들이 계속 경계하고 거부하겠지만 법치(法治)는 거부할 수 없을 것이다. 이는 유럽안보협력회의/기구(CSCE/OSCE) 구성국가들 간에도 그러했던 것처럼 동북아에서도 인권부문 개념과 역내 국가들 간의 대화와 안보문제에 대한 접근에서 핵심요소가 될 것이다.

아울러 북한의 인권문제를 안보문제의 한 부분으로 간주하여 접근 할 필요가 있다. 특히, 탈북자 문제는 중국과 북한 양측에게 적지 않은 군 병력을 이동·재배치케 했다. 유럽안보협력기구처럼 안보에 대해 포괄적으로 접근하여 안보문제가 정치·경제·환경·인권 부문과도 관련이 있으며, 각 부문들이 서로 밀접하게 연관되어 있다는 것을 관련 국가들이 인식하게 해야 된다. 더 나아가 아시아·태평양 지역 인권체계/포럼(Forum) 특정 회원국 내부의 인권부문 현안들에 대해 다른 회원국들이 정당하게 관여할 수 있도록 해야 된다. 중국, 북한, 베트남 등이 반대하겠지만, 유럽에서는 '안보에 대한 협력적 접근'이 공동의 항구적 제도들을 만들 수 있게 했고, 그 결과 유럽안보협력기구의 활동을 증진시켜 인권부문 현안들이 유럽안보협력기구의 분쟁예방노력과 관련하여 중요한 요인으로 작용하게 했다. 따라서 아시아·태평양 지역에서도 '안보에 대한 협력적 접근'이 가져올 수 있는 긍정적 파급효과로 반대국가들의 의구심을 해소시켜야 될 것이다.

아울러 중·동부유럽 사회의 앞선 경험이 보여주는 바와 같이, 국내·외 단체들 간의 네트워크가 인권침해국 정부의 인권정책을 변화시킬 수 있는 가장 큰 요인이다. 따라서 북한에 국제인권단체들과 연계 될 만한 자율적 시민단체가 자생되도록 여건을 조성하는 한편, 조선노동당의 전위조직들 혹은 외곽단체들이 이에 준하는 역할을 하도록 유도하는 데 중·단기 대북 인권정책의 주안점을 두어야 한다. 그리고 한국 및 국제 지원단체들이 일정수준 대체역할을 할 수 있도록 대북 지원전략을 구사해야 된다.

9
결 론

'인권의 보편성'에 대해 일부 비판적인 사람들은 '보편성'이란 제2차 세계대전 이후 서구 국가들이 인권담론을 지배해 오면서 만들어 낸 환상이며, '문화제국주의'를 위한 하나의 이데올로기적 위장술일 뿐이라고 주장한다. 그들은 인권개념이 서구의 자유주의적 개인주의에서 비롯된 것이며, 다수의 비서구문화에서는 그 뿌리를 찾을 수 없다고 한다. 그러나 문화권을 달리해도 '인간'에 대한 존중은 공통적으로 있어 왔다. 그리고 '인권의 보편성'에 대한 비판론자들은 비서구문화권을 다루면서 다양한 도덕 개념들을 인권 개념으로 발전시킬 수 있는 역량에 대해 과소평가하고 있다.

그동안 한국에서 북한의 인권문제에 대해 '문화적 상대주의', '북한인권 문제에 대한 내재적 접근' 등을 주장하며 진보적임을 자처하는 사람들의 주장이 얼마나 왜곡되어 있었는지는 여타 인권억압국가들에서 인권을 보호하려는 비정부단체들과 인권을 유린하는 압제자들 간의 논쟁을 통해 알 수 있다. 그런데 우리는 인권문제를 논할 때, 현재 피해를 당하고 있는 사람들의 입장에 서서 그들이 원하고 있는 것이 무엇인지를 우선적인 기준으로 삼아야 될 것이다.

현재 인권에 대해 국제사회가 합의하여 기술한 대표적인 약속은 유엔헌장과 세계인권선언인데, 북한은 유엔 회원국이 됨으로서 이 약속을 지키기로 천명한 것이다. 그리고 유엔 경제사회이사회의 경제적·사회적·문화적 권리에 관한 국제규약, 시민적·정치적 권리에 관한 국제규약, 모든 형태의 여성차별 철폐에 관한 협약, 아동의 권리에 관한 협약에 가입하였기 때문에 이를 준수해야 될 실정(實定)적 의무가 있다.

북한의 인권문제를 논하면서 국제사회에서 인정하는 인권의 보편성에 대해 회의를 가지는 것은 북한의 인권실태에 대해 제대로 인식하지 못하고 있기 때문이다.

북한의 인권문제에는 여러 측면이 있고, 고려해야 될 변수들도 많이 있다. 그러나 정치범 수용소 폐쇄, 여성인신매매 금지, 영아살해 중단, 탈북자 은신처 제공 등은 시급한 현안들이다. 이중 여성인신매매나 인종적 이유에 의한 영아살해는 북한의 체제 위협과는 무관한 문제로서 북한과 중국 정부가 사태의 심각성을 인식하고 조금만 노력하면 현저히 개선·해결될 수 있는 사안들이다.

북한의 인권문제는 유엔이 규정하는 '막대하고, 명백하게 증명되는 인권침해의 지속적인 관행'의 전형이며, 전체주의적 통제와 체제의 비효율성에서 비롯된 것이다. 그러나 전쟁의 위험성과 불확실한 결과 때문에 '체제붕괴론'이 대안이 될 수 없다면, 국제인권보호체계에 북한을 연계시켜 대화를 통해 지속적으로 시정요구를 하고, 인권개선이 궁극적으로는 북한의 정치·사회적 안정을 보장하는 길이라는 것을 북한 지도부에 설득해야 된다.

그런데 이 모든 사안들은 소수의 민간인들이나 비정부단체들이 감당하기에 너무도 버거운 일이며, 한국정부의 힘만으로도 한계가 있다. 북한이나 중국 정부에 영향력을 행사할 수 있는 국제적 연대와 강대국들의 적극적인 협력이 요구된다.

북한의 인권문제는 보편적 가치와 인도주의적 관점에서도 당연히 해결되어야 하지만, 통일의 동반자인 우리에게는 해결되어야 할 또 다른 이유들이 있다.

첫째, 김정일 정권의 전쟁도발을 억지(抑止)시키기 위해 북한주민들의 인권신장은 최우선 과제다.

제2차 세계대전이라는 전대미문(前代未聞)의 대참사를 초래하고 온갖 '인도에 반하는 범죄(crime against humanity)'를 저지른 나라는 바로 자국민의 인권을 유린하던 비민주적 독재국가였다. 그래서 서유럽인들은 인권을 전후(戰後) 대내·외정책의 근간으로 삼았던 것이다. 이는 유럽안보협력회의(CSCE)와 헬싱키 프로세스를 낳게 했고, '77헌장(Charter 77)'과 같은 중·동부유럽 지식인들의 인권존중 촉구와 헬싱키선언 지지 운동이 가능하게 했으며, 그 결과 이 지역에서 인권신장과 민주화가 가능했던 것이다.

북한의 전쟁도발을 억지시키기 위해서는 북한의 인권을 우선적으로 신장시켜야 한다. 근본적 자유와 권리에 대한 침해가 일상화 되어있는 사회에서 독재권력이 최후의 순간에 전쟁도발을 결정하면 주민들은 비판과 저항이 용인되지 않기 때문에 쉽게 전쟁에 동원될 수밖에 없을 것이다.

둘째, 남북한 사회통합을 위해 북한의 인권신장은 화급한 문제다.

북한의 인권이 신장되어야 하는 또 하나의 이유는 통일 후에 남북한 양측의 주민들이 모두 일체감을 느낄 수 있는 사회를 조속히 건설하기 위해서다. 현재 북한에서는 성장기의 영양결핍 때문에 자식세대가 부모세대보다 신체적으로 작다. 이는 통일 후에 남북한 주민들 간의 인종적 동질성을 해칠 것이다.

그런데 통일 후에 남북한 주민들이 사회적 통합을 이루는데 이런 육체적인 차이보다 정신적인 차이가 더 심각한 문제가 될 것이다. '의사의 자율성', '행위의 자기결정성' 그리고 '행위결과의 자기책임성'이 민주주의의 세 가지 핵심 요소임을 고려한다면, 주체적·비판적 사고력과 결정력을 충분히 키우지 못한 북한주민들과 함께 통일된 민주사회를 건설하는 것은 대단히 어려울 것이다. 따라서 북한의 인권신장은 화급한 사안이 아닐 수 없다.

셋째, 북한의 개혁·개방과 경제성장이 인권신장으로 연결되도록 개입·유도해야 된다.

노무현 정부나 진보적임을 자처하는 인사들의 주장과는 달리, 북한이 개혁정책을 취하여 현재의 경제위기가 극복되더라도 중국과 베트남의 경험으로 봐서 인권상황이 나아 질 것으로 낙관할 수만은 없다. 북한의 개혁·개방이, 1978년에 개혁·개방정책을 취한 이후 지금까지도 정치범 집단수용소를 유지하고 있는 중국형 보다 1986년에 도이머이 정책을 취하면서 2년 이내에 노동개조장을 폐쇄시킨 베트남형이 되도록 유도해야 된다. 그리고, 우리의 대북지원과 각종 개발사업이 그 지역주민들의 생존권을 위협하는 결과를 낳지 않도록 감시·감독해야 된다.

우리의 의지와는 상관없이 이제 북한의 인권문제는 국제사회의 주요 현안이 되어 그 자체로 동력을 얻어 전개되고 있다. 따라서 한국의 '진보단체들'이든, 한국정부든, 북한의 인권문제에 대해 계속 침묵을 지키거나 호도하는 데만 급급해 하면 국제적인 고립만 자초할 뿐이다.

이미 북한의 인권문제를 규정하는 국제적·국내적 규범들은 마련되어 있다. 다만 이 규범들이 지켜지지 않고 있는 것이므로 정치적 타협을 통해 지켜지도록 하는 것이 이 문제 해결의 핵심이다. 이런 현실론을 고려할 때 사건별·현안별로 접근하는 것이 더 효과적일 것이다. 이런 접근을 통해 개별적 합의·해결이 누적되어 일반적 구속력(general binding force)이 확보되도록 하는 것이 바람직할 것이다. 이때 무엇 보다 중요한 것은 북한의 위정자들을 단죄하려는 태도보다 문제해결전략(problem solving)을 구사하며 건설적 대안을 창출하고, 현안 타결을 위한 공동 프로그램 혹은 프로젝트를 개발하는 긍정적인 태도를 취하는 것이다.

인권침해국가들의 정책변화에 대한 선행연구들에 따르면, 초국가적 네트워크들이 국내 저항세력들로부터 정보를 입수하고, 국제인권규범들에 호소하며, 억압국가들을 압박하고, 국제기구들과 자유국가들을 동원해야 되고, 더 나아가 양자적·다자적 네트워크의 지속적 압박이 있어야 인권정책의 변화가 가능하다.

북한의 경우 자생적인 저항세력이나 비정부단체들이 현재로서는 없으므로 국제 비정부단체들(International NGOs)이 제한적으로나마 이를 대체할 수 있도록 여지를 만드는 것이 급선무다. 그리고 잠재적 저항세력을 키우는 한편, 비록 북한의 민간 안내요원들과 지원 대상기관 요원들이 북한정부의 감독·지시 하에 활동하고 있더라도 개인적 차원에서 임의적으로 자생적인 저항세력이나 비정부단체들의 기능 공백을 메우는데 일정부분 기여할 수 있는 여건을 마련해야 된다. 이런 관점에서 한국정부의 대북 지원정책은 명확한 방향성을 가지고 단계별 목표달성(goal attainment)을 추구해야 될 것이다. 그리고 한국의 인도적 지원단체들도 북한 내에서 활동하면서 '선의에 기초한 특수성과 예외성'이 아니라 국제규범과 일반관행을 준거로 삼아야 된다. 아울러 북한 입국이 상대적으로 용이하고, 중국에서 북한사람들을 자주 접할 수 있는 조선족의 역할이 크다 하겠다. 따라서 이들에게 그 공백을 메울 수 있는 동기 부여와 오리엔테이션 제시를 직·간접적으로 하는 것이 필요하다.

가까운 장래에 북한 당국이 유엔에서 권유한 것처럼 민주적 다원주의를 수용하고, 사회 각 수준에서 의사결정을 하는 데 시민사회가 참여할 수 있도록 할 가능성은 희박하다. 그러나 북한의 개혁·개방은 사회 비공식영역의 확장과 어느 정도의 시민적 자율성을 신장시킬 것이다. 그런데 북한의 지도자들이 북한사회의 제도적 영역을 확장하고, 사회통제방법도 중국처럼 물리적 강제력을 사용하는 직접적 통제로부터 사회통합을 추구하는 간접적 통제로 바꾸게 하기 위해서는 북한에 지원과 접촉을 계속해야 되겠지만 일정한 방향성과 지표를 가지고 해야 된다. 그리고 이에 대한 강한 집행의지를 보여야 실질적으로 북한의 인권신장에 일조할 수 있을 것이다.

부록

Reform and Human Rights in North Korea A Comparative Approach to the Political Change and Social Control in Late-Communist Society

* 북한의 주요 국제인권조약 가입현황
* 북한의 강제수용소 분포도
* 당의 유일사상체계 확립의 10대 원칙
* 제59차 유엔 인권위원회 북한인권결의
* 제60차 유엔 인권위원회 북한인권결의
* 제61차 유엔 인권위원회 북한인권결의
* 제60차 유엔총회 제3위원회 북한인권결의
* 제61차 유엔총회 제3위원회 북한인권결의
* 제62차 유엔총회 제3위원회 북한인권결의
* 제61차 유엔 인권위원회에 제출된 북한인권특별보고관(윗팃 문타폰)의 보고서
* 제60차 유엔총회에 제출된 북한인권특별보고관(윗팃 문타폰)의 보고서
* 제62차 유엔총회에 제출된 북한인권특별보고관(윗팃 문타폰)의 보고서
* 미국의 「2004년 북한인권법」
* 유럽의회의 대북한 결의
* 「납치문제, 기타 북한당국에 의한 인권침해 문제에의 대처에 관한 법률」(일본의 북한인권법)
* 김동식 목사 유해송환 대국민 호소문

북한의 주요 국제인권조약 가입현황

국제인권조약	가입현황
경제적·사회적·문화적 권리에 관한 국제규약(A규약) (International Covenant on Economic, Social and Cultural Rights)	가입(1981.9.14.)
시민적·정치적 권리에 관한 국제규약(B규약) (International Covenant on Civil and Political Rights)	가입(1981.9.14.) 1997년 탈퇴 선언 (UN이 인정하지 않음)
시민적·정치적 권리에 관한 국제규약 선택의정서(Optional Protocol to the International Covenant on Civil and Political Rights)	미가입
사형폐지를 위한 시민적·정치적 권리에 관한 국제규약 제2선택의정서 (Second Optional Protocol to the International Covenant on Civil and Political Rights aiming at the Abolition of the Death Penalty)	미가입
모든 형태의 인종차별 철폐에 관한 국제협약(International Covenant on the Elimination of All Forms of Racial Discrimination)	미가입
대량학살 범죄의 방지와 처벌에 관한 협약(Convention on the Prevention and Punishment of the Crime of Genocide)	가입(1989.1.31.)
전쟁범죄 및 반인도적 범죄에 대한 국제법상의 시효의 부적용에 관한 협약 (Convention on the Non-Applicability of Statutory Limitations to War Crimes against Humanity)	가입(1984.11.8.)
아동의 권리에 관한 협약(Convention on the Rights of the Child)	가입(1990.9.21.)
모든 형태의 여성차별 철폐에 관한 협약(Convention on the Elimination of All Forms of Discrimination against Women)	가입(2001.2.)
여성의 정치적 권리에 관한 협약(Convention on the Political Rights of Women)	미가입
고문과 기타 잔인하고, 비인간적이거나 굴욕적인 처우 또는 처벌의 방지에 관한 협약(Convention against Torture and other Cruel, Inhuman or Degrading Treatment or Punishment)	미가입
인신매매 금지 및 타인의 성매매 행위에 의한 착취 금지에 관한 협약 (Convention for the Suppression of the Traffic in Persons and the Exploitation of the Prostitution of Others)	미가입
무국적자의 지위에 관한 협약(Convention relating to the Status of Stateless Persons)	미가입
난민의 지위에 관한 협약(Convention relating to the Status of Refugees)	미가입
난민의 지위에 관한 의정서(Protocol relating to the Status of Refugees)	미가입

북한의 강제수용소 분포도

당의 유일사상체계 확립의 10대 원칙[1]

전문 1. 위대한 수령 김일성동지의 혁명사상으로 온 사회를 일색화하기 위하여 몸 바쳐 투쟁하여야 한다. 수령님의 혁명사상으로 온 사회를 일색화하는 것은 우리 당의 최고강령이며 당의 유일사상체계를 세우는 사업의 새로운 높은 단계이다.
 1) 당의 유일사상체계를 세우는 사업을 끊임없이 심화시키며 대를 이어 계속해나가야 한다.
 2) 위대한 수령 김일성동지께서 창건하신 우리 당을 영원히 영광스러운 김일성동지의 당으로 강화발전 시켜 나가야 한다.
 3) 위대한 수령 김일성동지께서 세우신 프로레타리아독재정권과 사회주의제도를 튼튼히 보위하고 공고발전 시키기 위하여 헌신적으로 투쟁하여야 한다.
 4) 주체사상의 위대한 혁명적기치를 높이 들고 조국통일과 혁명의 전국적승리를 위하여, 우리 나라에서의 사회주의, 공산주의 위업의 완성을 위하여 모든 것을 다 바쳐 투쟁하여야 한다.
 5) 전세계에서 주체사상의 승리를 위하여 끝까지 싸워나가야 한다.
2. 위대한 수령 김일성동지를 충성으로 높이 우러러모셔야 한다. 위대한 수령 김일성동지를 높이 우러러모시는 것은 수령님께 끝없이 충직한 혁명전사들의 가장 숭고한 의무이며 수령님을 높이 우러러모시는 여기에 우리 조국의 끝없는 영예와 우리 인민의 영원한 행복이 있다.
 1) 혁명의 영재이시며 민족의 태양이시며 전설적영웅이신 위대한 김일성동지를 수령으로 모시고 있는 것을 최대의 행복, 최고의 영예로 여기고 수령님을 끝없이 존경하고 흠모하며 영원히 높이 우러러모셔야 한다.
 2) 한순간을 살아도 오직 수령님을 위하여 살고 수령님을 위하여서는 청춘도 생명도 기꺼이 바치며 어떤 역경속에서도 수령님에 대한 충성의 한마음을 변함없이 간직하여야 한다.
 3) 위대한 수령 김일성동지께서 가리키시는 길은 곧 승리와 영광의 길이라는 것을 굳게 믿고 수령님께 모든 운명을 전적으로 의탁하며 수령님의 령도따라 나아가는 길에서는 못해낼 일이 없다는 철석같은 몸과 마음을 다 바쳐야 한다.
3. 위대한 수령 김일성동지의 권위를 절대화하여야 한다. 위대한 수령 김일성동

---

[1] 『김정일 주체혁명위업의 완성을 위하여』 3권(평양: 조선로동당출판사, 1987) 수록. 북한 주민들을 일상적으로 규율하는 최고의 규범으로, 1967년에 김영주가 제기하여 1974년에 김정일이 공식 발표하였다. http://www.nknet.org/bbs/view.php?id=nkdata&page=2&sn1=&divpage=1&sn=off&ss=on&sc=on&select_arrange=headnum&desc=asc&no=13

지의 권위를 절대화하는 것은 우리 혁명의 지상의 요구이며 우리 당과 인민의 혁명적의지이다.
1) 위대한 수령 김일성동지밖에는 그 누구도 모른다는 확고한 립장과 관점을 가져야 한다.
2) 위대한 수령 김일성동지를 정치사상적으로 옹호하며 목숨으로 사수하여야 한다.
3) 경애하는 수령 김일성동지의 위대성을 내외에 널리 선전하여야 한다.
4) 위대한 수령 김일성동지의 절대적인 권위와 위신을 백방으로 옹호하며 현대수정주의와 온갖 원쑤들의 공격과 비난으로부터 수령님을 견결히 보위하여야 한다.
5) 위대한 수령 김일성동지의 권위와 위신을 훼손시키려는 자그마한 요소도 비상사건화하여 그와 비타협적인 투쟁을 벌려야 한다.
6) 경애하는 수령 김일성동지의 초상화, 석고상, 동상, 초상휘장, 수령님의 초상화를 모신 출판물, 수령님을 형상한 미술작품, 수령님의 현지교시판, 당의 기본구호들을 정중히 모시고 다루며 철저히 보위하여야 한다.
7) 경애하는 수령 김일성동지의 위대한 혁명력사와 투쟁업적이 깃든 위대한 수령 김일성동지의 뜻있는 혁명전적지와 혁명사적지, 당의 유일사상교양의 거점인 《김일성동지혁명사적관》과 《김일성동지혁명사상연구실》을 정중히 잘 꾸리고 잘 관리하며 철저히 보위하여야 한다.
4. 위대한 수령 김일성동지의 혁명사상을 신념으로 삼고 수령님의 교시를 신조화하여야 한다. 위대한 수령 김일성동지의 혁명사상을 확고한 신념으로 삼고 수령님의 교시를 신조화하는것은 끝없이 충직한 주체형의 공산주의혁명가가 되기 위한 가장 중요한 요구이며 혁명투쟁과 건설사업의 승리를 위한 선결조건이다.
1) 위대한 수령 김일성동지의 혁명사상, 주체사상을 자기의 뼈와 살로, 유일한 신념으로 만들어야 한다.
2) 위대한 수령 김일성동지의 교시를 모든 사업과 생활의 확고한 지침으로 철석같은 신조로 삼아야 한다.
3) 위대한 수령 김일성동지의 교시를 무조건 접수하고 그것을 자로하여 모든 것을 재여보며 수령님의 사상의지대로만 사고하고 행동하여야 한다.
4) 위대한 수령 김일성동지의 로작들과 교시들, 수령님의 영광찬란한 혁명력사를 체계적으로, 전면적으로 깊이 연구체득하여야 한다.
5) 위대한 수령 김일성동지의 혁명사상을 배우는 학습회, 강연회, 강습을 비롯한 집체학습에 빠짐없이 성실히 참가하며 매일 2시간이상 학습하는 규률을 철저히 세우고 학습을 생활화, 습성화하며 학습을 게을리하거나 방해하는 현상을 반대하여 적극 투쟁하여야 한다.
6) 위대한 수령 김일성동지의 교시 침투체계를 철저히 배우고 수령님의 교시와

당의 의도를 제때에 정확히 전달침투하여야 하며 왜곡전달하거나 자기 말로 전달하는 일이 없어야 한다.
7) 보고, 토론, 강연을 하거나 출판물에 실릴 글을 쓸 때에 언제나 수령님의 교시를 정중히 인용하고 그에 기초하여 내용을 전개하며 그와 어긋나게 말하거나 글을 쓰는 일이 없어야 한다.
8) 위대한 수령 김일성동지의 교시와 개별적간부들의 지시를 엄격히 구별하며 개별적간부들의 지시에 대하여서는 수령님의 교시에 맞는가 맞지 않는가를 따져보고 조금이라도 어긋날때에는 즉시 문제를 세우고 투쟁하여야 하며 개별적간부들의 발언내용을 《결론》이요, 《지시》요 하면서 조직적으로 전달하거나 집체적으로 토의하는 일이 없어야 한다.
9) 위대한 수령 김일성동지의 교시와 당정책에 대하여 시비중상하거나 반대하는 반당적인 행동에 대하여서는 추호도 융화묵과하지 말고 견결히 투쟁하여야 한다.
10) 위대한 수령 김일성동지의 혁명사상과 어긋나는 자본주의사상, 봉건유교사상, 수정주의, 교조주의, 사대주의를 비롯한 온갖 반당적, 반혁명적, 사상조류를 반대하며 날카롭게 투쟁하며 수령님의 혁명사상, 주체사상의 순결성을 철저히 고수하여야 한다.

5. 위대한 수령 김일성동지의 교시 집행에서 무조건성의 원칙을 철저히 지켜야 한다. 위대한 수령 김일성동지의 교시를 무조건 집행하는 것은 수령님에 대한 충실성의 기본요구이며 혁명투쟁과 건설사업의 승리를 위한 결정적조건이다.
 1) 위대한 수령 김일성동지의 교시를 곧 법으로, 지상의 명령으로 여기고 사소한 리유와 구실도 없이 무한한 헌신성과 희생성을 발휘하여 무조건 철저히 관철하여야 한다.
 2) 경애하는 수령 김일성동지의 심려를 덜어드리는 것을 최상의 영예로, 신성한 의무로 간주하고 모든 것을 다 바쳐 투쟁하여야 한다.
 3) 위대한 수령 김일성동지의 교시를 관철하기 위한 창발적의견들을 충분히 제기하며 일단 수령님께서 결론하신 문제에 대해서는 중앙집권제원칙에 따라 자그마한 드팀도 없이 정확히 집행하여야 한다.
 4) 위대한 수령 김일성동지의 교시와 당정책을 접수하면 곧 집체적으로 토의하여 옳은 집행대책과 구체적인 계획을 세우고 조직정치사업을 짜고들며 속도전을 벌려 제때에 철저히 집행하여야 한다.
 5) 위대한 수령 김일성동지의 교시 집행대장을 만들어놓고 교시집행정형을 정상적으로 총화하고 재포치하는 사업을 끊임없이 심화시켜 교시를 중도반단함이 없이 끝까지 관철하여야 한다.
 6) 경애하는 수령 김일성동지의 교시를 말로만 접수하고 집행을 태공하는 현

상, 무책임하고 주인답지 못한 태도, 요령주의, 형식주의, 보신주의를 비롯한 온갖 불건전한 현상을 반대하며 적극 투쟁하여야 한다.
6. 위대한수령 김일성동지를 중심으로 하는 전당의 사상의지적통일과 혁명적단결을 강화하여야 한다. 전당의 강철같은 통일단결은 당의 불패의 힘의 원천이며 혁명승리의 확고한 담보이다.
 1) 위대한 수령 김일성동지를 중심으로 하는 전당의 사상의지적통일을 눈동자와 같이 지키고 더욱 튼튼히 다져나가야 한다.
 2) 모든 단위, 모든 초소에서 수령님에 대한 충실성에 기초하여 혁명적동지애를 높이 발양하며 대렬의 사상의지적단결을 강화하여야 한다.
 3) 위대한 수령 김일성동지에 대한 충실성을 척도로 하여 모든 사람들을 평가하고 원칙적으로 대하며 수령님께 불충실하고당의 유일사상체계와 어긋나게 행동하는 사람에 대해서는 직위와 공로에 관계없이 날카로운 투쟁을 벌려야 한다.
 4) 개별적간부들에 대하여 환상을 가지거나 아부아첨하며 개별적간부들을 우상화하거나 무원칙하게 내세우는 현상을 철저히 반대하여야 하며 간부들이 선물을 주고받는 현상을 없애야 한다.
 5) 당의 통일단결을 파괴하고 좀먹는 종파주의, 지방주의, 가족주의를 비롯한 온갖 반당적사상요소를 반대하여 견결히 투쟁하며 그 사소한 표현도 절대로 묵과하지 말고 철저히 극복하여야 한다.
7. 위대한 수령 김일성동지를 따라배워 공산주의풍모와 혁명적사업방법, 인민적사업작풍을 소유하여야 한다. 위대한 수령 김일성동지께서 지니신 고매한 공산주의적풍모와 혁명적사업방법, 인민적사업작풍을 따라배우는 것은 모든당원들과 근로자들의 신성한 의무이며 수령님의 혁명전사로서의 영예로운 사명을 다하기 위한 필수적요구이다.
 1) 당과 로동계급과 인민의 리익을 첫자리에 놓고 그것을 위하여 모든 것을 다 바쳐 투쟁하는 높은 당성, 로동계급성, 인민성을 소유하여야 한다.
 2) 계급적원쑤들에 대한 비타협적투쟁정신과 확고한 혁명적원칙성, 불요불굴의 혁명정신과 필승의 신념을 가지고 혁명의 한길로 억세게 싸워나가야 한다.
 3) 혁명의 주인다운 태도를 가지고 자력갱생의 혁명정신을 높이 발휘하여 모든 일을 책임적으로 알뜰하고 깐지게 하며 부닥치는 난관을 자체의 힘으로 뚫고나가야 한다.
 4) 로쇠와 침체, 안일과 해이를 반대하고 왕성한 투지와 패기와 정열에 넘쳐 언제나 긴장하게 전투적으로 일하며 소극과 보수를 배격하고 모든 사업을 대담하고 통이 크게 벌려나가야 한다.
 5) 혁명적군중관점을 튼튼히 세우고 청산리정신, 청산리방법을 철저히 배우고

대중속에 깊이 들어가 대중을 가르치고 대중에게서 배우며 대중과 생사고락을 같이하여야 한다.
   6) 이신작칙의 혁명적기풍을 높이 발휘하며 어렵고 힘든 일에서 언제나 앞장서야 한다.
   7) 사업과생활에서 항상 검박하고 겸손하여 소탈한 품성을 소유하여야 한다.
   8) 관료주의, 주관주의, 형식주의, 본위주의를 비롯한 낡은 사업 방법과 작풍을 철저히 배격하여야 한다.
8. 위대한 수령 김일성동지께서 안겨주신 정치적생명을 귀중히 간직하며 수령님의 크나큰 정치적신임과 배려에 높은 정치적자각과 기술로써 충성으로 보답하여야한다. 위대한 수령 김일성동지께서 안겨주신 정치적생명을 지닌 것은 우리의 가장 높은 영예이며 수령님의 정치적신임에 충성으로 보답하는 여기에 정치적생명을 빛내여나가는 참된 길이 있다.
   1) 정치적생명을 제일생명으로 여기고 생명의 마지막순간까지 자기의 정치적신념과 혁명적지조를 굽히지 말며 정치적생명을 위해서는 육체적생명을 초개와 같이 바칠 줄 알아야 한다.
   2) 혁명조직을 귀중히 여기고 개인의 리익을 조직의 리익에 복종시키며 집단주의정신을 높이 발휘하여야 한다.
   3) 조직생활에 자각적으로 참가하며 사업과 생활을 정규화, 규범화하여야 한다.
   4) 조직의 결정과 위임분공을 제때에 성실히 수행하여야 한다.
   5) 2일 및 주 조직생활총화에 적극 참가하여 수령님의 교시와 당정책을 자로 하여 자기의 사업과 생활을 높은 정치사상적수준에서 검토총화하며 비판의 방법으로 사상투쟁을 벌리고 사상투쟁을 통하여 혁명적으로 단련하고 끊임없이 개조해나가야 한다.
   6) 혁명과업수행에 투신하고 로동에 성실히 참가하며 혁명적실천과정을 통하여 혁명화를 다그쳐야 한다.
   7) 가장 고귀한 정치적생명을 안겨주신 수령님의 크나큰 정치적신임과 배려에 충성으로 보답하기 위하여 높은 정치적열성을 발휘하여 정치리론수준과 기술실무수준을 높여 언제나 수령님께서 맡겨주신 혁명임무를 훌륭히 수행하여야 한다.
9. 위대한 수령 김일성동지의 유일적령도 밑에 전당, 전국, 전군이 한결같이 움직이는 강한 조직규률을 세워야 한다. 위대한 수령 김일성동지의 유일적령도체계를 튼튼히 세우는 것은 당을 조직사상적으로 강화하고 당의 령도적역할과 전투적기능을 높이기 위한 근본요구이며 혁명과 건설의 승리를 위한 확고한 담보이다.
   1) 위대한 수령 김일성동지의 혁명사상을 유일한 지도적지침으로 하여 혁명과 건설을 수행하며 수령님의 교시와 명령, 지시에 따라 전당, 전국, 전군이 하

나와 같이 움직이는 수령님의 유일적령도체계를 철저히 세워야 합니다.
2) 모든 사업을 수령님의 유일적령도체계에 의거하여 조직진행하며 정책적문 제들은 수령님의 교시와 당중앙의 결론에 의해서만 처리하는 강한 혁명적 질서와 규률을 세워야 한다.
3) 모든 부문, 모든 단위에서 혁명투쟁과 건설사업에 대한 당의 령도를 확고히 보장하며 국가, 경제 기관 및 근로단체 일군들은 당에 철저히 의거하고 당의 지도밑에 모든 사업을 조직집행해나 가야 한다.
4) 위대한 수령 김일성동지의 교시를 관철하기 위한 당과 국가의 결정, 지시를 정확히 집행하여야 하며 그것을 그릇되게 해석하고 변경시키거나 그 집행을 어기는 현상과는 강하게 투쟁하며 국가의 법규범과 규정들을 자각적으로 엄격히 지켜야 한다.
5) 개별적간부들 아래단위의 당, 정권 기관 및 근로단체의 조직적인 회의를 자의대로 소집하거나 회의에서 자의대로 《결론》하며 조직적인 승인없이 당의 구호를 마음대로 떼거나 만들어붙이며 당중앙의 승인없이 사회적운동을 위한 조직을 내오는 것과 같은 일체 비조직적인 현상들을 허용하지 말아야 한다.
6) 개별적간부들이 월권행위를 하거나 직권을 람용하는 것과 같은 온갖 비원칙적인 현상들을 반대하여 적극 투쟁하여야 한다.
7) 위대한 수령 김일성동지에 대한 충실성을 기본척도로하여 간부들을 평가하고 선발배치하여야 하며 친척, 친우, 동향, 동창, 사제 관계와 같은 정실, 안면 관계에 의하여 간부 문제를 처리하거나 개별적간부들이 제멋대로 간부들을 떼고 등용하는 행동에 대하여서는 묵과하지 말고 강하게 투쟁하며 간부사업에서 제정된 질서와 당적규률을 철저히 지켜야 한다.
8) 당, 국가 및 군사 기밀을 엄격히 지키며 비밀을 루설하는 현상들을 반대하며 날카롭게 투쟁하여야 한다.
9) 당의 유일사상체계와 당의유일적지도체제에 어긋나는 비조직적이며 무규률적인 현상에 대하여서는 큰 문제이건 작은 문제이건 제떼에 당중앙위원회에 이르기까지 당조직에 보고하여야 한다.
10. 위대한 수령 김일성동지께서 개척하신 혁명위업을 대를 이어 끝까지 계승하며 완성하여나가야 한다. 당의 유일적지도체제를 확고히 세우는 것은 위대한 수령님의 혁명위업을 고수하고 빛나게 계승발전 시키며 우리 혁명위업의 종국적승리를 이룩하기 위한 결정적담보이다.
1) 전당과 온 사회에 유일사상체계를 철저히 세우며 수령님께서 개척하신 혁명적위업을 대를 이어 빛나게 완수하기 위하여 수령님의 령도밑에 당중앙의 유일적지도체제를 확고히 세워야 한다.
2) 위대한수령 김일성동지께서 항일혁명투쟁시기에 이룩하신 영광스러운 혁명전

통을 고수하고 영원히 계승발전 시키며 혁명전통을 헐뜯거나 말살하려는 반당적행동에 대해서는 그 자그마한 표현도 반대하며 견결히 투쟁하여야 한다.
3) 당중앙의 유일적지도체제와 어긋나는 사소한 현상과 요소에 대해서도 묵과하지 말고 비타협적으로 투쟁하여야 한다.
4) 자신뿐아니라 온 가족과 후대들도 위대한 수령님을 우러러모시고 수령님께 충성 다하며 당중앙의 유일적지도에 끝없이 사수하여야 한다.
5) 당중앙의 권위를 백방으로 보장하며 당중앙을 목숨으로 사수하여야 한다.

제59차 유엔 인권위원회 북한인권결의[1]

2003년 4월 16일 채택

인권위원회는,

모든 유엔회원국이 인권과 근본적 자유를 향상시키고 보호하며 다양한 국제적 문서 하에서의 의무를 이행해야 함을 확인하고,

조선민주주의인민공화국이 시민적·정치적 권리에 관한 국제규약, 경제적·사회적·문화적 권리에 관한 국제규약, 아동권리협약 그리고 모든 형태의 여성차별 철폐 협약의 가입국이라는 사실을 염두에 두고,

조선민주주의인민공화국이 제출한 시민적·정치적 권리에 관한 국제규약, 경제적·사회적·문화적 권리에 관한 국제규약, 아동권리협약 그리고 모든 형태의 여성차별 철폐 협약의 이행에 관한 보고서들에 주목하며 조선민주주의인민공화국이 정기적으로 관련 보고서를 제출해 줄 것을 요구하며, 또한 그 보고서들에 대한 아동권리위원회 및 인권규약위원회(Human Rights Committee)의 최종평가에 주목하며,

특히 최근의 상황개선에도 불구하고 여전히 다수의 아동들의 신체적·정신적 발달에 악영향을 끼치는 유아 영양실조가 만연되어있는 사실을 비롯하여 전반적인 인도적 상황이 열악함에 대해 깊은 우려를 표명하며,

모든 자국민이 인권 및 근본적인 자유를 향유하도록 보장함이 조선민주주의인민공화국 정부의 의무임을 재확인하며,

남북한 화해과정의 효과적 지속의 중요성을 강조하고, 이 같은 맥락에서 최근의 진행상황에 주목하며,

인권분야에서 구체적 진전을 이끌어 낼 수 있는 건설적인 방안들을 조성하기를 희망하며,

1. 조선민주주의인민공화국에서 조직적이고 광범위하고 심각한 인권 침해가 일어나고 있다는 보고에 대해 깊은 우려를 표명하는 바, 이 우려에는 다음 사항들이 포함된다.
   (a) 고문과 기타 잔인하고 비인간적이거나 굴욕적인 처우 또는 처벌, 공개처형,

---

[1] 본 문서의 번호는 E/CN.4/2003/L.31/Rev.1 이며, 다음 주소에 영어원문과 발의 및 표결에 대한 자세한 정보가 있다. http://daccessdds.un.org/doc/UNDOC/GEN/G03/162/27/PDF/G0316227.pdf?OpenElement

정치적 이유에 의한 사형 부과, 많은 강제수용소의 존재, 광범한 강제 노동, 자유를 박탈당한 이들에 대한 인권 존중의 부재.
(b) 사상·양심·종교·의견·표현·평화적 집회·결사·정보접근 등의 자유에 대한 광범하고 심각한 제약과 국내외를 자유롭게 여행하기를 원하는 모든 시민들에게 부과되는 제한.
(c) 장애자에 관한 법안이 준비되고 있다는 소식을 환영하면서 장애 아동들에 대한 부당한 처우와 차별 그리고 그들의 필요가 충분히 고려되고 있지 않는 사실.
(d) 여성의 인권과 근본적 자유에 대한 지속적인 침해.
2. 조선민주주의인민공화국 당국이 국제사회가 북한인권상황을 독립적으로 조사할 수 있는 여건을 조성하지 않고 있는 사실을 유감으로 생각하며, 동 정부가 이러한 국제사회의 우려에 대해 아래와 같은 조치들을 포함하여 즉각적으로 대응해주기를 요청한다.
(a) 아직도 가입하지 않고 있는 인권문서, 특히 고문과 기타 잔인하고 비인간적이거나 굴욕적인 처우 또는 처벌에 관한 국제협약, 모든 형태의 인종차별 철폐에 관한 국제협약에 가입할 것과 특히 굶주림에서 자유로울 수 있는 모든 이들의 권리와 관련하여 이미 가입해있는 인권문서, 즉 경제적·사회적·문화적 권리에 대한 국제규약 하에서, 그리고 시민적·정치적 권리에 대한 국제규약, 모든 형태의 여성차별 철폐에 관한 국제협약, 아동권리협약 하에서 지고 있는 모든 의무들을 성실히 수행하고 이를 위해 모든 조치들이 취해질 것에 대한 보장.
(b) 위에 언급된 문제들에 관한 적절한 정보 제공.
(c) 아동권 위원회 와 인권규약위원회(Human Rights Committee)의 권고사항 이행.
(d) 특히 인도주의적 이유로 다른 국가로 이동한 조선민주주의 공화국 시민들을 규제하고 또 그들의 탈출을 반역으로 취급하여 구금형, 비인도적이거나 굴욕적인 처우, 또는 사형에 처하는 일의 중단.
(e) 인권분야에서 유엔시스템과 협력하고, 조선민주주의인민공화국의 상황과 관련이 있는 유엔 인권위원회의 주제별 절차, 특히 식량권 특별보고관·고문에 관한 특별보고관·종교적 불관용에 관한 특별보고관·자의적 구금에 관한 실무단·강제적 또는 비자발적 실종에 관한 실무단 및 국제인권단체와의 제한 없는 협력.
(f) 외국인 납치와 관련해 해결되지 않은 의문들에 대한 분명하고 투명한 해결.
(g) 국제적으로 인정된 노동 기준의 준수.
3. 열악한 인도적 상황들에 대한 보고에 대해 깊은 우려를 표명하며,
4. 인도주의적 지원이 인도주의 원칙에 따라 필요한 곳에 공평하게 배급되도록 보장하기 위해, 인도주의적 지원 단체, 특히 유엔기관들이 북한 전역에 자유롭게 그리고 방해 받지 않고 접근할 수 있도록 보장할 것을 조선민주주의인민

공화국 당국에게 촉구한다.
5. 조선민주주의인민공화국 주민들을 위해 제공되는 인도주의적 원조, 특히 식량원조가 인도주의 원칙에 따라 분배되도록 할 것과, 국제 인도주의 기관 대표들이 그 배급을 감시할 수 있도록 전국을 여행할 수 있도록 허용할 것, 그리고 비호(asylum)에 관한 기본원칙 존중을 보장할 것을 국제사회가 조선민주주의인민공화국 정부에게 계속 촉구할 것을 요청한다.
6. 우리는 유엔 인권고등판무관(UNHCHR)이 인권 분야 기술협력 프로그램을 마련할 목적으로 조선민주주의인민공화국과 포괄적으로 대화를 가질 것과, 다음 60차 인권위원회에 조사결과들 및 권고사항들을 제출할 것을 요청한다.
7. 다음 제 60차 인권위원회에서도 같은 의제 하에 우선적인 문제로 계속 다룰 것을 결정한다.

부 록 | 335

제60차 유엔 인권위원회 북한인권결의[1]

2004년 4월 15일 채택

인권위원회는,
유엔헌장, 세계인권선언, 국제인권규약 및 기타 인권제도들의 향도를 받아, 모든 유엔회원국들은 인권과 근본적 자유를 증진·보호하고 적용 가능한 국제협약상의 의무를 이행할 책무가 있음을 재확인하며, 조선민주주의인민공화국이 '시민적·정치적 권리에 관한 국제규약', '경제적·사회적·문화적 권리에 관한 국제규약', '아동권리협약' 및 '모든 형태의 여성차별 철폐 협약'의 당사국임에 유의하며, 동 건에 관한 이전 결의(2003년 4월 16일의 결의 2003/10호)를 상기하며, 조선민주주의인민공화국의 '경제적·사회적·문화적 권리에 관한 국제규약' 이행에 관한 보고서 및 '아동권리협약' 이행에 관한 제2차 정기보고서 제출을 인권분야에서의 국제협력 노력에 보다 적극적으로 참여코자 하는 표시로서 주목하고, 조선민주주의인민공화국이 기한 내에 보고서를 계속 제출할 것을 권장하며,
　조선민주주의인민공화국이 제출한 보고서들에 대한 '경제적·사회적·문화적 권리 위원회'의 최종 검토 의견을 주목하며,
　조선민주주의인민공화국의 불안정한 인도적 상황, 특히 최근의 진전에도 불구하고 상당히 많은 아동들에게 영향을 미치고, 아동들의 육체적·정신적 성장에도 영향을 미치고 있는 아동 영양실조 문제의 만연에 대한 심각한 우려를 표명하며,
　조선민주주의인민공화국 주민 전체가 모든 인권 및 근본적 자유를 완전히 향유할 수 있도록 보장 하는 것은 조선민주주의인민공화국 정부의 책임임을 재확인하며,
　남북한 간 화해과정의 효과적이고 지속적인 추진의 중요성을 강조하며, 이 분야에서의 진전 상황을 주목하며,
　조선민주주의인민공화국이 일부 유엔회원국들과 인권문제에 관한 협의회를 개최한 것을 환영하며,
　인권분야에 있어서의 구체적인 진전을 가져오는 건설적인 접근자세를 증진하기를 희망하며,
　1. 다음 사항들을 포함한 조선민주주의인민공화국에서의 조직적이고 광범위하며 심각한 인권침해 상황에 관한 계속되는 보고들에 대해 깊은 우려를 표명한다.

---

[1] 본 문서의 번호는 E/CN.4/2004/31 이며, 다음 주소에 영어원문과 발의 및 표결에 대한 자세한 정보가 있다. http://daccessdds.un.org/doc/UNDOC/GEN/G04/162/00/PDF/G0416200.pdf?OpenElement

(a) 고문과 기타 잔인하고 비인간적이거나 굴욕적인 처우 또는 처벌, 공개처형, 불법적·자의적 구금, 정치적 이유에 의한 사형 부과, 많은 강제수용소의 존재 및 강제노동의 광범위한 사용과 자유가 박탈된 사람들의 권리에 대한 존중 결여
(b) 조선민주주의인민공화국 이탈을 반역행위로 간주하여 외국에서 송환되어 온 조선민주주의인민공화국 주민들에 대한 구금, 고문, 비인간적 또는 굴욕적 처우, 사형 등의 처벌 부과와 감옥과 노동 수용소에서의 영아살해
(c) 사상, 양심, 종교, 의견 및 표현, 평화적 집회 및 결사의 자유, 모든 사람의 정보 접근에 대한 광범위하고 심각한 제한과 국내이주와 해외여행의 자유를 희망하는 모든 사람들에게 부과된 제한
(d) 여성의 인권 및 근본적 자유에 대한 지속적인 침해, 특히 매춘 또는 강제 결혼을 위한 여성 인신매매, 인종적 동기에 의한 강제유산 및 특히 경찰유치소와 노동 교화소에서 일어나는 송환된 임신 여성에 대한 유도 분만 또는 자연 분만 후의 영아살해
2. 조선민주주의인민공화국 당국이 유엔을 포함한 국제사회가 조선민주주의인민공화국 인권 침해상황 관련 보고들에 대해 독립적인 검증을 할 수 있도록 필요한 환경을 조성하지 않는 것에 대해 유감을 표명하고, 다음 조치를 포함하여 이러한 보고들과 우려들에 대해 공개적이고 건설적인 자세로 다룰 것을 조선민주주의인민공화국 정부에 촉구한다.
(a) 위에서 언급한 문제에 관한 모든 적절한 정보를 제공하고, 국제사회의 조선민주주의인민공화국에 대한 접근제한을 제거할 것
(b) 조선민주주의인민공화국이 아직까지 가입하지 아니한 인권제도들, 특히 '고문방지 협약'과 '인종차별 철폐 협약'에의 비준 및 조선민주주의인민공화국이 당사국인 모든 인권 제도들, 즉 굶주림으로부터 자유로울 권리를 포함한 '경제적·사회적·문화적 권리에 관한 국제규약', '시민적·정치적 권리에 관한 국제규약', '모든 형태의 여성차별 철폐 협약' 및 '아동권리협약' 상의 제반의무 이행을 위한 모든 필요한 조치가 취해지도록 보장할 것
(c) 국제적으로 인정된 노동기준을 준수하고, 국제노동기구(ILO) 가입과 ILO강제 또는 의무노동에 관한 1930년 협약(제29호)과 가혹한 형태의 아동노동 금지와 근절을 위한 즉각적 조치에 관한 1999년 협약(제182호)에의 가입을 최우선 과제로 고려할 것
(d) 아동권리위원회, 인권규약위원회(Human Rights Committee) 및 경제적·사회적·문화적 권리 위원회의 권고 사항을 이행할 것
(e) 특히 다른 국가로 이주한 조선민주주의인민공화국 시민들에 대한 제재를 자제할 것과, 이들의 이탈을 반역으로 간주하여 구금, 비인간적이거나 굴욕적인 처우 또는 사형에 처하지 말고, 감옥과 노동단련대에서의 학대와 영아살

해를 즉각 중단할 것
(f) 인권분야 유엔기구와 협력하고, 조선민주주의인민공화국 상황과 관련된 인권위원회의 주제별 절차, 특히 식량권에 관한 특별보고관, 고문과 기타 잔인하고 비인간적이거나 굴욕적인 처우 또는 처벌에 관한 특별보고관, 종교적 자유 또는 신앙에 관한 특별보고관, 의견 및 표현의 자유에 관한 특별보고관, 여성에 대한 폭력에 관한 특별보고관, 자의적 구금에 관한 실무단, 강제적 또는 비자발적 실종에 관한 실무단, 인권옹호자들을 포함한 국제인권기구들과 제한 없이 협력할 것
(g) 유엔인권고등판무관 및 동 판무관실과 건설적인 대화를 발전시킬 것
(h) 외국인 납치와 관련된 모든 미해결 문제를 명확하고 투명하게 긴급히 해결할 것
(i) 여성 인신매매 종식을 위해 인근국가들과 협력할 것

3. 조선민주주의인민공화국 당국이 비정부기구(NGO)를 포함한 인도적 기구들과 유엔기구들, 특히 세계식량계획이 인도적 원칙에 따라 주민의 필요를 토대로 공평하게 인도적 지원을 시행할 수 있도록 조선민주주의인민공화국 전역에 완전하고 자유롭고 안전하며 방해받지 않는 접근을 할 수 있도록 보장할 것을 촉구한다.

4. 인도적 지원, 특히 조선민주주의인민공화국 주민을 대상으로 한 식량지원이 인도적 원칙에 따라 배분되고, 국제 인권기구들의 대표들이 식량 분배를 감시할 수 있도록 조선민주주의인민공화국 전역을 여행할 수 있도록 조선민주주의인민공화국정부가 보장하고, 아울러 비호(asylum)에 관한 기본원칙을 존중하도록 국제사회가 조선민주주의인민공화국 정부에게 계속 촉구하도록 요청한다.

5. 유엔 인권위원회 의장단과 협의 후 국제적 명망과 인권전문지식이 인정된 인사를 조선민주주의인민공화국 인권상황에 관한 특별보고관으로 임명할 것을 유엔 인권위원회 의장에게 요청한다.

6. 조선민주주의인민공화국 정부 및 주민들과 직접 접촉채널을 구축하고, 조선민주주의인민공화국의 국제 인권 관련 제 문서 상의 의무 준수를 포함한 조선민주주의인민공화국의 인권상황에 관해 조사하고 인권위원회에 보고하도록 특별보고관에게 요청한다.

7. 또한, 이러한 임무를 수행할 때, 각국 정부, 비정부단체(NGO) 및 동 건에 관한 지식을 갖춘 여타 기관을 포함한 모든 관련 행위자들로부터 신뢰할 만한 정보를 요청하고 접수하도록 특별보고관에게 요청한다.

8. 특별보고관이 임무를 완수할 수 있도록 충분하고 아낌없이 협력을 제공하고 지원하며, 이를 위해 특별보고관이 만나기를 희망하는 조선민주주의인민공화국 내 모든 사람들에게 자유롭고 무제한적인 접근을 할 수 있도록 필요한

모든 조치를 취할 것을 조선민주주의인민공화국 정부에게 촉구한다.
9. 특별보고관이 임무를 완수할 수 있도록 모든 필요한 지원을 제공할 것을 유엔 사무총장에게 요청한다.
10. 자신이 파악한 사실과 권고사항을 제59차 유엔총회와 제61차 유엔 인권위원회에 보고하도록 특별보고관에게 요청한다.
11. 조선민주주의인민공화국 내 인권위반 관련 주장들에 대해 조사하고 제61차 유엔 인권위원회에 이를 보고할 것을 모든 관련 특별보고관들과 특별대표들에게 요청하며, 특별보고관들과 특별대표들이 이러한 사명을 맡아 수행하고 자신들의 임무를 완전히 이행 할 수 있도록 모든 필요한 지원을 제공할 것을 유엔사무총장에게 요청한다.
12. 인권분야에서의 기술협력 프로그램을 수립할 목적으로 조선민주주의인민공화국 당국과 포괄적인 협의를 진행하고, 자신이 파악한 사실과 권고사항을 제61차 인권위원회에 제출할 것을 인권고등판무관에게 요청한다.
13. 제61차 인권위원회에서 같은 의제 하에 최우선적 문제로서 동 건에 대한 심의를 계속하기로 결정한다.
14. 경제사회이사회가 다음과 같은 결의안을 채택할 것을 권고 한다:

"경제사회이사회는 2004년 4월 15일자 인권위원회 결의 2004⟨1/4⟩/⟨1/4⟩L21에 주목하며, 유엔 인권위원회 의장이 유엔 인권위원회 의장단과 협의 후 국제적 명망과 인권전문지식이 인정된 인사를 조선민주주의인민공화국 인권상황에 관한 특별보고관으로 임명하고, 동 보고관이 조선민주주의인민공화국 방문을 포함하여 조선민주주의인민공화국 정부 및 주민들과 직접 접촉 채널을 구축하여 조선민주주의인민공화국의 국제 인권 관련 제 문서상의 의무 준수를 포함한 조선민주주의인민공화국의 인권상황에 관해 조사·보고하고, 모든 관련 행위자로부터 신뢰할 만한 정보를 요청·접수하는 것을 승인한다."

제61차 유엔 인권위원회 북한인권결의[1]

2005년 4월 11일 채택

인권위원회는, 유엔헌장, 세계인권선언, 국제인권규약 및 기타 인권조약들의 향도를 받아,

모든 유엔회원국들은 인권과 근본적 자유를 증진·보호하고 국제조약 상의 의무를 이행할 책무가 있음을 재확인하며,

인권위원회가 채택했던 2003년 4월 16일의 결의 2003/10호와 2004년 4월 15일의 결의 2004/13호를 상기하며,

조선민주주의인민공화국이 '시민적·정치적 권리에 관한 국제규약', '경제적, 사회적, 문화적 권리에 관한 국제규약', '아동권리협약' 및 '모든 형태의 여성차별 철폐 협약'의 당사국임을 유념하며,

조선민주주의인민공화국의 '경제적·사회적·문화적 권리에 관한 국제규약' 이행에 관한 제2차 정기보고서(E/1990/6/Add.35) 및 '아동권리협약' 이행에 관한 제2차 정기보고서(CRC/C/65/Add.24) 제출을 인권분야에서의 국제협력 노력에 보다 적극적으로 참여코자 하는 표시로 간주하고, 조선민주주의인민공화국이 계속해서 기한 내에 보고서를 제출할 것을 권장하며,

기아로부터 자유로울 권리를 보장하기 위해 제안된 방안들이 포함되어 있는 조선민주주의인민공화국의 보고서들에 대한 '경제적·사회적·문화적 권리 위원회'의 최종검토 의견에 주목하며, 조선민주주의인민공화국의 아동권리위원회 위원들과 여성에 대한 폭력, 그 원인과 결과에 관한 특별보고관의 자국방문 초대를 환영하며,

조선민주주의인민공화국이 몇몇 나라들과 인권문제에 관한 협의를 가진 것을 또한 환영하며,

남북한간 화해과정의 효과적이고 지속적인 추진의 중요성을 강조하며, 이 분야에서의 진전사항을 주목하며, 이 분야에서의 진전에 주목하며,

조선민주주의인민공화국의 인권상황에 관한 특별보고관의 보고서(E/CN.4/2005/34)를 환영하며,

인권분야에 있어서의 구체적인 진전을 이끌어낼 공개적이고, 건설적인 접근자세를 고양시킬 것을 희망하며,

---

1) 본 문서의 번호는 E/CN.4/2005/32 이며, 다음 주소에 영어원문과 발의 및 표결에 대한 자세한 정보가 있다. http://www.ohchr.org/english/bodies/chr/docs/61chr/reportCHR61.pdf

1. 다음 사항들을 포함한 조선민주주의인민공화국에서의 조직적이고 광범위하며 심각한 인권 침해에 대한 계속되는 보고들에 대해 깊은 우려를 표명한다.
   (a) 고문과 기타 잔인하고 비인간적이거나 굴욕적인 처우 또는 처벌, 공개처형, 적법 절차에 의거하지 않은 자의적 구금, 정당한 법 절차와 법치의 부재, 정치적 이유에 근거한 사형 실시, 다수 수용시설의 존재 및 강제노동의 광범위한 사용
   (b) 국가 이탈을 반역행위로 간주하여 구금, 고문, 비인간적이거나 굴욕적인 처우, 사형 등에 처하는 것과 같은 국외로부터 송환되어오는 조선민주주의인민공화국 공민들에 대한 법적 제재
   (c) 사상, 양심, 종교, 의견 및 표현, 평화적 집회 및 결사의 자유와 모든 사람의 정보 접근에 대한 광범위하고 심한 제약과 자유로운 국내 이동과 해외여행을 희망하는 모든 사람들에게 가해지는 제한
   (d) 여성의 인권 및 근본적 자유에 대한 지속적인 침해, 특히 매춘 또는 강제 결혼을 위한 여성 인신매매나, 경찰 구류장과 노동단련대 등에서 벌어지고 있는 분만유도 주사 또는 자연분만을 통한 것도 포함한 인종적 동기에 근거한 강제유산과 국외로부터 송환된 임산부의 아이에 대한 영아살해
2. 조선민주주의인민공화국 정부가 위원회에서 2004년 4월 15일에 채택한 결의 2004/13이 담고 있는 특별보고관의 권한을 인정하지 않는 것과 함께 어떤 협조도 하지 않는 것에 대해 심각한 우려를 표명한다.
3. 이와 관련하여, 조선민주주의인민공화국 당국과 대화를 갖고자 하는 유엔 인권고등판무관의 노력에도 불구하고 조선민주주의인민공화국 정부가 유엔인권고등판무관 및 동 판무관실과 함께 기술적 협력 활동을 하지 않는 것에 대하여도 우려를 표명한다.
4. 더 나아가, 국가 내의 불안정한 인도주의적 상황, 특히 최근의 진전에도 불구하고 여전히 상당한 비율의 아동들의 육체적·정신적 발육에 영향을 끼치고 있는 유아 영양실조의 만연에 대해 깊은 우려를 표명한다.
5. 다음 조치들을 포함하여, 이러한 우려 사항들에 대해 공개적이고 건설적인 자세로 다룰 것을 조선민주주의인민공화국 정부에게 강력히 촉구한다.
   (a) 위에서 언급한 조직적이고, 광범위하며, 심각한 인권 침해를 즉각 중단할 것
   (b) 위에서 언급한 문제에 관한 모든 관계 정보를 제공하고, 국제사회의 자국내로의 접근제한을 제거할 것
   (c) 특별보고관의 권한을 인정하고, 특별보고관이 그의 권한을 행사하는 데 충분하고 아낌없는 협력과 지원을 하며, 이를 위해 특별보고관이 만나기를 희망하는 조선민주주의인민공화국 내 어떤 사람들에게도 자유롭고 무제한적인 접근을 할 수 있도록 필요한 모든 조치를 취할 것
   (d) 조선민주주의인민공화국이 아직까지 가입하지 아니한 인권조약, 특히 '고

문과 기타 잔인하고 비인간적이거나 굴욕적인 처우 또는 처벌의 방지에 관한 협약'과 '모든 형태의 인종차별 철폐에 관한 국제협약'을 비준하고, 조선민주주의인민공화국이 당사국인 모든 인권조약 상의 제반 의무 이행을 위해 모든 필요한 조치가 취해지도록 보장할 것
(e) 국제적으로 인정된 노동기준을 준수하고, 국제노동기구(ILO) 가입과 ILO의 강제 또는 의무노동에 관한 1930년 협약(제29호)과 가혹한 형태의 아동노동 금지와 근절을 위한 즉각적 조치에 관한 1999년 협약(제182호)에 가입하는 것을 최우선 문제로서 고려할 것
(f) 아동권리위원회, 인권규약위원회(Human Rights Committee) 및 경제적·사회적·문화적 권리 위원회의 권고 사항을 이행할 것
(g) 인권분야에서 유엔기구와 협력하고, 조선민주주의인민공화국 상황과 관련된 인권위원회의 주제별 진행절차, 특히 식량권에 관한 특별보고관, 고문과 기타 잔인하고 비인간적이거나 굴욕적인 처우 또는 처벌에 관한 특별보고관, 종교 또는 신앙의 자유에 관한 특별보고관, 의견 및 표현의 자유에 관한 특별보고관, 여성에 대한 폭력, 그 원인과 결과에 관한 특별보고관, 자의적 구금에 관한 실무단, 강제적 또는 비자발적 실종에 관한 실무단, 인권옹호자들을 포함한 국제인권기구들과 제약 없이 협력할 것
(h) 유엔 인권고등판무관 및 동 판무관실과 인권 분야에서 기술적 협력 프로그램들을 만드는 것을 목적으로 건설적인 대화를 전개하고 다른 나라들과도 인권문제에 관한 협의를 전개할 것
(i) 비정부기구(NGO)와 유엔기구들, 특히 세계식량계획을 포함한 인도주의적 기구들이 인도주의적 원칙에 따라 주민의 필요에 근거하여 공평하게 인도주의적 지원을 시행할 수 있도록 조선민주주의인민공화국 전역에서의 완전하고 자유롭고 안전하며 방해 받지 않는 접근을 보장할 것
(j) 국제인권기준을 민주주의적 다원성과 법치주의, 모든 의사결정 및 집행 단계에서의 시민사회 참여 공간 확대와 함께 유지해 나가고, 국가인권위원회나 그에 상응하는 기관을 창설할 것
(k) 납북자들의 즉각적인 송환 보장을 포함하여 심각한 인권유린으로 남아 있는 외국인 납치와 관련된 모든 미해결 문제를 명확하고 투명하고 신속하게 해결할 것
(l) 여성 인신매매 종식을 위해 인근국가 정부들과 협력할 것

6. 국제사회에 요청 한다:
(a) 조선민주주의인민공화국이 특별보고관에게 완전하게 그리고 기탄없이 협조할 것을 촉구할 것
(b) 조선민주주의인민공화국 주민을 대상으로 한 인도적 지원, 특히 식량지원이 인도적 원칙에 따라 배분되고, 국제 인도주의 단체 대표들이 식량 분배를 감

시하기 위해 국내 전역에서 여행하는 것을 허용하도록 계속적으로 촉구할 것.
   (c) 피난과 보호에 관한 기본원칙을 존중하도록 국제사회가 국가들에게 촉구할 것
7. 조선민주주의인민공화국 정부 및 사람들과 직접적인 접촉을 구축하기 위한 노력을 계속하고, 해당국 방문과 각국 정부, 비정부단체(NGO) 및 관련 지식을 갖고 있는 여타 기관들을 포함한 모든 관련 행위자들로부터 입수한 정보를 통하여 조선민주주의인민공화국의 인권상황과 정부의 국제인권조약 하의 의무 준수 여부에 대해 보고하도록 특별보고관에게 요청한다.
8. 조선민주주의인민공화국 내 인권침해 주장들에 대해 조사하고 제62차 유엔 인권위원회에 이를 보고할 것을 모든 관련 특별보고관들과 특별대표들에게 요청하며, 특별보고관들과 특별대표들이 해당국 방문을 포함하여 이러한 임무를 완전히 이행할 수 있도록 모든 필요한 지원을 제공하도록 유엔사무총장에게 요청한다.
9. 인권분야에서의 기술협력 프로그램을 수립할 목적으로 조선민주주의인민공화국 당국과 포괄적인 대화를 가지려는 노력을 계속하고, 자신이 파악한 사실과 권고사항들을 제62차 유엔 인권위원회에 제출할 것을 인권고등판무관에게 요청한다.
10. 2004년 4월 15일의 위원회 결의 2004/13호에 담고 있는 특별보고관의 임무를 1년 더 연장하기로 결정한다.
11. 특별보고관이 임무를 수행할 수 있도록 모든 필요한 지원을 제공하도록 유엔 사무총장에게 요청한다.
12. 자신이 파악한 사실과 권고사항을 제60차 유엔총회와 제62차 유엔 인권위원회에 보고하도록 특별보고관에게 요청한다.
13. 만약 조선민주주의인민공화국이 특별보고관과 협조하지 않고 해당국의 인권상황이 개선되는 기미가 보이지 않는다면 다른 유엔기구 특히, 유엔총회가 조선민주주의인민공화국의 인권상황 문제를 의제로 다룰 것을 요구한다.
14. 제62차 인권위원회에서 이 문제에 관한 심의를 같은 의제 하에서 최우선적 문제로 계속하기로 결정한다.
15. 경제사회이사회가 다음과 같은 결의안을 채택할 것을 권고한다.
   "경제사회이사회는 2005년 4월 14일의 유엔 인권위원회 결의 2005/11호에 주목하여, 2004년 4월 15일의 위원회 결의 2004/13호에서 담고 있는 조선민주주의인민공화국의 인권상황에 관한 특별 보고관의 임무를 1년 연장하는 위원회의 결정을 승인한다. 더 나아가 이사회는 특별보고관에게 자신이 파악한 사실들과 권고들을 제60차 유엔총회와 제62차 유엔 인권위원회에 보고하도록 하고, 사무총장에게 특별보고관이 임무를 완수할 수 있도록 모든 필요한 지원을 제공하도록 하는 (인권 위원회의) 요청을 승인한다."

제60차 유엔총회 제3위원회 북한인권결의[1]

유엔총회는,

유엔회원국들이 인권과 근본적 자유를 보호하고 증진하며, 이 분야의 다양한 국제협약에 따라 부여된 의무를 이행할 책무가 있다는 점을 재확인하고,

조선민주주의인민공화국은 '시민적·정치적 권리에 관한 국제규약', '경제적·사회적·문화적 권리에 관한 국제규약', '아동의 권리에 관한 협약', '모든 형태의 여성차별 철폐에 관한 협약'의 당사국이라는 점에 유의하며,

인권위원회의 결의들, 2003년 4월 16일의 2003/10호, 2004년 4월 15일의 2004/ 13호, 2005년 4월 14일의 2005/11호를 상기하며,

특히 2005/11호 결의에서 (북한) 정부가 위원회의 조선민주주의인민공화국 인권상황 전담 특별보고관에게 협력하지 않고, 그 국가에서의 인권상황 개선이 가시화되지 않으면 유엔총회가 조선민주주의인민공화국에서의 인권문제를 다룰 것을 촉구했다는 점을 상기하고,

특별보고관의 2005년 8월 29일자 보고서를 주목하면서,

1. 다음의 사항에 심각한 우려를 표시한다.
 (a) 조선민주주의인민공화국 정부가 유엔 특별보고관의 위임사무(mandate)를 인정하지 않고 보고관에게 협력도 하지 않는 점.
 (b) 조선민주주의인민공화국에서 다음의 사항을 포함한 조직적이고 광범위하며 심각한 인권침해가 행해지고 있다는 보고가 잇따르고 있는 점.
  (i) 고문과 기타 잔인하고 비인간적이거나 굴욕적인 처우 또는 처벌, 공개처형, 불법적·자의적 구금, 적법한 절차와 법치의 부재, 정치적 이유로 인한 사형, 다수의 정치범 수용소, 광범위한 강제노역.
  (ii) 조선민주주의인민공화국 이탈을 반역행위로 간주하여 외국에서 송환되어 온 조선민주주의인민공화국 주민들에 대해 행해지는 구금, 고문, 비인간적이거나 굴욕적인 처우, 사형 등의 처벌.
  (iii) 사상, 양심, 종교, 의견 및 표현, 평화적 집회와 결사, 평등한 정보접근과 관련된 자유와 권리의 광범위하고 심각한 제한. 국내 이주자와 해외여행자의 자유이동의 제한.
  (iv) 여성의 인권 및 근본적 자유의 지속적인 침해. 특히 매춘 또는 강제결혼을

---

[1] 제60차 유엔총회 제3위원회 의제 71(C) 인권문제들 인권상황에 대한 특별보고관들과 대표들의 보고서(A/C/13/60/L48) 이 문서는 알바니아 등 26개국이 2005년 11월 2일 유엔총회 제3위원회에 상정한 북한인권 결의 초안으로, 12월 16일 찬성 88, 반대 21, 기권 60으로 총회에서 가결되었다.

목적으로 하는 여성의 인신매매, 강제유산, 경찰 구치소(인민보안성 구류장)와 노동 교화소 등에서 자행되는 송환된 임산여성의 아이에 대한 영아살해.
(v) 강제적 실종 형태의 미해결된 외국인 납치 문제.

2. 유엔 인권고등판무관의 대화 노력에도 불구하고 조선민주주의인민공화국은 고등판무관 및 판무관사무실과 기술적인 협력활동을 하지 않고 있다는 점에 또한 우려를 표명한다.
3. 그 국가에서의 심각한 인도적 상황, 특히 상당수 아동의 신체적 정신적 발달에 영향을 미칠 유아 영양실조가 널리 퍼져 있는 상황에 깊은 우려를 표명한다.
4. 비정부단체들과 특히, 세계식량계획(WFP) 같은 유엔 산하 기관들을 비롯한 인도적 지원기관들이 조선민주주의인민공화국 내 인도적 지원이 인도주의 원칙에 따라 필요한 사람에게 공평하게 전달되고 있는지 확인할 수 있도록 이들 인권기구가 조선민주주의인민공화국의 모든 부분에 자유롭고 안전하고 완전하게 접근할 수 있도록 조선민주주의인민공화국 당국이 보장할 것을 촉구한다. 이 문제에 대한 우려는 조선민주주의인민공화국이 2006년 1월부터 인도적 지원을 받아들이지 않겠다고 선언하면서 더욱 가중되었다.
5. 조선민주주의인민공화국 정부가 모든 인권과 근본적 자유를 철저히 존중할 것과 이와 관련하여 특별보고관에게 충분히 협력하는 것을 비롯한, 앞에 언급한 인권위원회의 결의들의 내용을 이행할 것을 촉구한다.

제61차 유엔총회 제3위원회 북한인권결의[1]

2006년 11월 2일

유엔총회는,
　모든 유엔회원국이 인권과 근본적 자유의 보호 및 증진 의무가 있으며, 인권과 관련된 다양한 국제협약에 따라 부여된 의무를 이행할 책무가 있다는 점을 재확인하고,
　조선민주주의인민공화국은 '시민적·정치적 권리에 관한 국제규약'과 '경제적·사회적·문화적 권리에 관한 국제규약', '아동의 권리에 관한 협약', '모든 형태의 여성차별 철폐에 관한 협약'의 당사국이라는 점에 유의하며,
　조선민주주의인민공화국이 경제적·사회적·문화적 권리에 관한 국제규약 제2차 이행보고서, 아동의 권리에 관한 협약 제2차 이행보고서 및 모든 형태의 여성차별 철폐에 관한 협약 제1차 이행보고서를 제출한 것을 인권 분야에서의 국제협력 노력에 참여한 표시로서 주목하며,
　가장 최근인 2005년 7월 여성차별 철폐 위원회의 북한 인권상황에 대한 관찰을 포함, 4개 협약 이행기구의 북한 인권상황에 대한 결론적 관찰에 주목하며,
　유엔총회의 2005년 12월 16일(60/173) 결의 및 유엔 인권위원회의 2003년 4월 16일(2003/10호) 결의, 2004년 4월 15일(2004/13호) 결의, 2005년 4월 14일(2005/ 11호) 결의를 상기하고 이러한 결의의 이행을 위해 국제사회가 노력을 강화할 필요성에 유의하며,
　유엔 북한인권특별보고관의 보고서 중 특히 북한 내 여성, 아동, 노인, 장애인, 난민들의 권리에 대한 특별한 우려에 주목하면서,

1. 다음의 사항에 심각한 우려를 표명한다.
　가. 조선민주주의인민공화국이 지속적으로 유엔 북한인권특별보고관의 위임사무(mandate)를 인정하지 않고 동 보고관에게 협력하지 않는다는 점.
　나. 조선민주주의인민공화국에서 다음의 사항을 포함한 조직적이고 광범위하며 심각한 인권침해가 행해지고 있다는 보고가 잇따르고 있는 점.
　　1) 고문과 기타 잔인하고 비인간적이거나 굴욕적인 처우 또는 처벌, 공개처형, 불법적·자의적 구금, 적법한 절차와 법치의 부재, 정치적 이유로 인한

---

[1] 제61차 유엔총회 제3위원회 A/C.3/61/L.37 의제 67(C) 이 결의는 2006년 11월 17일 제61차 유엔총회 제3위원회에서 통과되었고, 같은 해 12월 20일 제61차 유엔총회에서 찬성 99, 반대 21(불참 56)로 통과되었다.

사형, 다수의 정치범 수용소, 광범위한 강제노역이 존재한다는 점.
2) 조선민주주의인민공화국으로 추방되거나 송환된 명명자들의 상황과 조선민주주의인민공화국 이탈을 반역행위로 간주하여 외국에서 송환되어 온 조선민주주의인민공화국 시민들에 대해 행해지는 구금, 고문, 비인간적이거나 굴욕적인 처우, 사형 등의 처벌. 또한 모든 국가에 강제송환 금지의 기본원칙 존중을 촉구하는 것.
3) 사상, 양심, 종교, 의견 및 표현, 평화적 집회와 결사, 평등한 정보접근과 관련된 자유와 권리에 대한 광범위하고 심각한 제한. 국내 이동과 해외여행의 자유에 대한 제한.
4) 여성의 인권 및 근본적 자유의 지속적인 침해. 특히 매춘 또는 강제결혼을 목적으로 하는 여성의 인신매매, 강제낙태, 경찰구치소(인민보안성 구류장)과 수용소 등에서 자행되는 송환된 임산부의 아이에 대한 영아살해.
5) 다른 주권국가 국민의 인권을 침해하는 강제적 실종 형태의 미해결된 외국인 납치 문제.
6) 조선민주주의인민공화국 주민의 심각한 영양실조 및 어려움을 야기하는 경제적·사회적·문화적 권리에 대한 침해.
7) 장애인의 경우 몇 명의 자녀를 낳을지, 그리고 몇 살 터울로 낳을지를 정하는 등 자유로운 결정권을 제한하는 집단 수용소의 운용 및 강제적인 조치 실시 등을 비롯한 장애인의 인권 및 기본적 권리 침해와 관련된 보고가 계속해서 나오고 있는 점.

2. 유엔 인권고등판무관의 대화 노력에도 불구하고 조선민주주의인민공화국이 고등판무관 및 동 판무관실과 기술적인 협력을 실행하지 않고 있다는 점에 대해 강한 우려를 표명한다.
3. 조선민주주의인민공화국 당국의 잘못된 관리로 인해 심각한 인도적 상황, 특히 아동의 영양실조가 만연된 상태와 관련, 최근 개선됐음에도 불구하고 이것이 계속해서 상당수 아동 인구의 신체적, 정신적 발달에 영향을 미치는 것에 대해 깊은 우려를 표한다.
또한 인도주의 원칙에 따라 인도적 지원이 한 쪽에 치우치지 않고 모든 지역에 공평하게 전달되는지 확인하기 위해 인도적 지원 단체들이 계속해서 그 나라에 주재할 수 있도록 조선민주주의인민공화국 정부가 보장할 것을 촉구한다.
4. 조선민주주의인민공화국이 모든 인권과 근본적인 자유를 완전히 존중할 것과 이와 관련된 상기 유엔총회 및 유엔 인권위원회의 결의, 유엔 특별 절차 및 조약기구가 조선민주주의인민공화국에 대해 권고한 조치를 완전히 이행할 것, 특별보고관에게 조선민주주의인민공화국에 대해 완전히 자유롭고 방해

받지 않는 접근권을 허용하는 등 충분한 협력을 제공할 것과 여타 유엔 인권 메커니즘에 충분한 협력을 제공할 것을 강력히 촉구한다.
5. 제62차 총회에서 계속적으로 조선민주주의인민공화국 인권상황에 대해 검토하기로 결정하고 이 검토를 위해 사무총장은 조선민주주의인민공화국의 상황에 대한 포괄적인 보고서를 제출할 것과 특별보고관은 그가 찾은 사실관계 및 권고사항을 보고하도록 촉구한다.

제62차 유엔총회 제3위원회 북한인권결의*
조선민주주의인민공화국의 인권상황

알바니아, 안도라, 오스트레일리아, 오스트리아, 벨기에, 보스니아와 헤르츠고비나, 불가리아, 캐나다, 크로아티아, 사이프러스, 체코 공화국, 덴마크, 에스토니아, 핀란드, 프랑스, 독일, 그리스, 헝가리, 아이슬란드, 아일랜드, 이스라엘, 이탈리아, 일본, 라트비아, 리히텐슈타인, 리투아니아, 룩셈부르크, 몰타, 미크로네시아 연방국, 몰도바, 모나코, 몬테네그로, 네덜란드, 노르웨이, 팔라우, 폴란드, 포르투갈, 루마니아, 세르비아, 슬로바키아, 슬로베니아, 스페인, 스웨덴, 스위스, 구유고연방의 마케도니아, 터키, 그레이트브리튼과 북아일랜드연합 왕국, 미합중국: 수정된 결의문 (초안)

유엔총회는,
    모든 유엔회원국들이 인권과 근본적 자유를 증진·보호하고 다양한 국제협약 상의 의무를 이행할 책무가 있음을 재확인하며,
    조선민주주의인민공화국이 '시민적·정치적 권리에 관한 국제규약'[1], '경제적·사회적·문화적 권리에 관한 국제규약'[2], '아동권리 협약'[3], '모든 형태의 여성차별 철폐에 관한 협약'[4]의 당사국임에 유념하며,
    조선민주주의인민공화국이 '경제적·사회적·문화적 권리에 관한 국제규약' 이행에 관한 제2차 정기보고서[5] 및 '아동권리 협약' 이행에 관한 제2차 정기보고서[6]와 '모든 형태의 여성차별 철폐에 관한 협약' 이행에 관한 최초 보고서[7] 제출을 인권분야에서의 국제협력 노력에 보다 적극적으로 참여코자 하는 표시로 간주하며,
    위에 언급된 네 조약 상의 조약 감시기구들의 최종검토의견서들과 2005년 7월, 여성차별 철폐 위원회가 최근에 제출한 최종검토의견서에 주목하며,[8]

---

* 2007년 11월 20일에 유엔총회 제3위원회에서 통과된 이 결의안은 12월 18일 제62차 유엔총회에서 찬성 101, 반대 22, 기권 59의 투표결과로 최종 채택되었다.[번역: 민경제, 박수진 (사단법인 북한인권시민연합)]
1) resolution 2200 A (XXI), annex 참조.
2) 본 결의문 각주 1번 참조.
3) United Nations, Treaty Series, vol. 1577, No. 27531.
4) Ibid., vol. 1249, No. 20378
5) E/1990/6/Add.35
6) CRC/C/65/Add.24
7) CEDAW/C/PRK/1

조선민주주의인민공화국의 자국 내 보건상황 개선을 위해 수립한 유엔아동기금 및 세계보건기구와의 협력관계와 아동교육의 질을 향상시키기 위해 수립한 유엔아동기금과의 협력관계를 높이 평가하며,

(유엔총회의) 2005년 12월 16일의 60/173호 결의와 2006년 12월 19일의 61/174호 결의, 인권위원회의 2003년 4월 16일의 2003/10호 결의9)와 2004년 4월 15일의 2004/13호 결의10), 2005년 4월 14일의 2005/11호 결의11) 그리고 인권규약위원회(Human Rights Council)의 2006년 6월 30일의 1/102호12) 결정을 상기하고, 이 결의들의 이행을 목표로 공동의 노력을 강화하기 위한 국제사회의 의무를 유념하며,

조선민주주의인민공화국의 인권상황에 관한 특별보고관의 보고서13)와 (유엔총회의) 61/174호 결의14)에 따라 제출된 조선민주주의인민공화국의 인권상황에 관한 유엔 사무총장의 보고서를 주목하며,

2007년 10월 2일부터 4일까지 개최된 남북정상회담과 조선민주주의인민공화국과 대한민국의 두 정상이 2007년 10월 4일에 채택한 남북관계발전과 평화번영을 위한 선언, 그리고 6자회담에서 달성한 최근의 진전을 환영하고, 효과적인 후속조치 등을 통해 조선민주주의인민공화국의 인권개선을 장려하며,

1. 다음 사항들에 대해 심각한 우려를 표명한다.
 (a) 유엔 북한인권특별보고관의 위임사무를 인정하거나 특별보고관에게 협력하는 것에 대한 조선민주주의인민공화국의 지속적인 거부;
 (b) 다음 사항을 포함하는, 조선민주주의인민공화국의 시민적, 정치적, 경제적, 사회적, 문화적 권리에 대한 조직적이며 광범위하고 중대한 침해들에 관해 계속되는 보고들;
  (i) 고문과 기타 잔인하고 비인간적이거나 굴욕적인 처우 또는 처벌, 공개처형, 불법적이고 자의적인 구금, 공정한 재판보증과 독립적인 사법부를 포함한 정당한 법 절차와 법치의 부재, 정치적이거나 종교적인 이유에 근거한 사형 부과, 다수의 정치범 수용소의 존재 및 광범위한 강제노역;

---

8) Official Records of the General Assembly, Sixtieth Session, Supplement No. 38 (A/60/38), part two, paras. 26-76 참고.
9) *Official Records of the Economic and Social Council, 2003, Supplement No. 3* (E/2003/23), chap. II, sect. A. 참조.
10) Ibid., 2004, *Supplement No. 3* (E/2004/23), chap. II, sect. A.
11) Ibid., 2005, *Supplement No. 3* and corrigendum (E/2005/23 and Corr.1), chap. II, sect. A.
12) Official Records of the General Assembly, Sixty-first Session, Supplement No. 53 (A/61/53), chap. II, sect. B. 참조.
13) A/62/264. 참조.
14) A/62/318.

(ii) 조선민주주의인민공화국으로 추방 및 송환된 망명자들과 난민들의 실태와, 구금, 고문, 비인간적이고 굴욕적인 처우, 사형 등에 처하는 것과 같은 국외로부터 강제 송환되어 오는 조선민주주의인민공화국 공민들에 대한 법적 제재, 그리고 이와 관련하여 모든 국가들은 '강제송환금지' 원칙을 준수할 것을 보장하고 피난처를 찾는 사람들에 대해 인도적으로 대우할 것을 촉구하며,
(iii) 사상, 양심, 종교, 의견 및 표현, 평화적 집회 및 결사의 자유와 평등한 정보 접근에 대한 광범위하고 심한 제약과 언론 및 표현의 자유를 행사한 개인 및 그들의 가족에게 가해지는 박해들,
(iv) 허가 없이 본국을 떠나거나 떠나려고 시도하는 사람들과 그들의 가족들에 가해지는 처벌을 포함하여 자유로운 국내 이동과 해외여행을 희망하는 모든 사람들에게 강요된 제한,
(v) 조선민주주의인민공화국의 주민들, 특히 여성, 아동, 노인들의 심각한 영양실조와 광범위한 보건문제 그리고 여타 결핍에 이르게 하는 경제적, 사회적, 문화적 권리의 침해,
(vi) 여성의 인권 및 근본적 자유에 대한 지속적인 침해, 특히 매춘 또는 강제결혼을 목적으로 하는 여성 인신매매나, 인신밀매(human smuggling), 강제유산, 성에 근거한 차별 및 폭행,
(vii) 장애인들의 인권과 근본적 자유 침해, 특히 장애인들이 그들 스스로 자유롭고 책임감 있게 자녀의 수와 양육 장소를 결정하는 것을 통제하기 위한 당국의 집단수용소와 강압적 조치들의 사용에 관해 계속되는 보고들,
(viii) 경제적·사회적·문화적 권리에 관한 국제규약에 따른 조선민주주의인민공화국의 의무를 이행해야 함에도 불구하고 인민들의 집회와 단체교섭에 관한 자유권을 포함한 노동자의 권리 침해, 그리고 조선민주주의인민공화국이 가입한 아동권리협약상 규정되어 있는 아동의 경제적 착취와 유해하고 위험한 노동의 금지에 대한 위반,
2. 다른 주권국가 국민들의 인권을 침해하는 강제실종형태의 외국인 납치와 관련된 국제적 우려에 관한 풀리지 않는 의문들에 대해 깊은 우려를 재표명하며, 이와 관련해 기존의 채널을 통해 투명하게 납북자들의 즉각 귀환을 보장함으로서 이 문제들을 해결할 것을 조선민주주의인민공화국 정부에 강력히 촉구한다.
3. 최근에 발생한 홍수에 대한 조선민주주의인민공화국 정부의 신속한 대응과 외부의 지원을 요청하면서 보여준 개방성에 주목하면서, 인민의 기본적 욕구의 충족과는 거리가 먼 잘못된 자원배분과 빈번한 자연재해에 의해 더욱 악화된 주민들의 불확실한 생활상황, 특히 어머니들의 영양실조가 만연되어 있고 최근 상황이 보다 나아졌음에도 불구하고 상당수 아동들의 신체적 정신적 성장

에 계속하여 영향을 미치는 유아들의 영양실조가 만연되어 있다는데 심각한 우려를 표명하고, 이와 관련해 예방과 보완의 조치를 취하고 인도주의적 원칙에 따라 필요에 기반한 국가 전 지역으로의 공평한 배급을 보장하도록 인도주의적 기관들의 접근을 허용하고 지속가능한 농업을 통해 식량안보를 확보하도록 조선민주주의인민공화국 정부에 강력히 촉구한다.

4. 모든 인권과 근본적 자유와 이하의 내용들을 준수 할 것을 조선민주주의인민공화국 정부에 강력히 촉구한다.
(a) 앞서 언급한 유엔총회와 인권위원회의 셜의에서 언급된 소치들과 유엔 특별절차와 조약들에 의해 조선민주주의인민공화국에 제시한 권고들을 완전히 이행함으로써 위에서 언급한 조직적이고, 광범위하며, 심각한 인권 침해를 즉각 중단할 것.
(b) 난민 발생으로 이어지는 근본 원인들을 근절하고 피해자는 처벌하지 않는 대신, 인신밀매, 인신매매와 금전착취를 통해 난민을 착취한 자들을 처벌할 것.
(c) 조선민주주의인민공화국으로의 충분하고 자유롭고 제한받지 않는 접근을 허용함으로써, 특별보고관과 여타 유엔인권기구들에게 전적으로 협력할 것.
(d) 조선민주주의인민공화국의 인권상황을 개선하기 위해 판무관이 최근에 추구했듯이 유엔 인권고등판무관 및 동 판무관실과 인권 분야에서 기술적 협력 활동을 전개할 것
(e) 유엔기구들과 기타 인도주의적 기구들에게 그들의 임무를 수행하는 데 필요한 모든 접근을 제공할 것.

5. 제63차 총회에서도 조선민주주의인민공화국의 인권상황을 계속해서 조사할 것을 결정하며 이에 따라 유엔사무총장이 조선민주주의인민공화국의 인권상황에 관한 보고서와 특별보고관의 조사결과와 권고안을 계속해서 제출할 것을 요청한다.

제61차 유엔 인권위원회
북한인권특별보고관의 보고서(E/CN.4/2005/34)
제출일: 2005년 1월 10일

세계 모든 지역의 인권위반과 근본적 자유의 문제:
조선민주주의인민공화국의 인권상황*

윗팃 문타본 / 북한인권특별보고관

요약문

인권위원회는 2004/13 결의 속에 조선민주주의인민공화국 정부 및 국민들과 직접 접촉을 실시하고 그 지역의 인권상황에 대한 조사 및 보고를 수행할 특별보고관을 선임할 것을 결정하였다. 2004년 7월 윗팃 문타폰(Vitit Muntarbhorn)이 특별 보고관으로 선임되었다.

최근의 상황은 다음과 같이 요약될 수 있다. 첫째, 건설적인 측면에서 볼 때, 조선민주주의인민공화국은 네 개의 핵심 인권조약, 즉「시민적·정치적 권리에 관한 국제규약」,「경제적·사회적·문화적 권리에 관한 국제규약」,「아동의 권리에 관한 협약」, 그리고「모든 형태의 여성차별 철폐에 관한 협약」의 당사국이다. 조선민주주의인민공화국은 관련 감시위원회에 상당수의 보고서를 제출하였다. 둘째, 조선민주주의인민공화국은 간헐적으로 외부의 인권활동가들이 조선민주주의인민공화국 내 인권상황을 평가하기 위해 입국하는 것을 허용하였다. 2004년에는 아동권리위원회의 위원들이 조선민주주의인민공화국을 방문하도록 초청을 받았다. 셋째, 다양한 유엔산하기구들이 조선민주주의인민공화국 내에서 다양한 현안들을 중심으로 활동하고 있으며, 이들의 국내 체류는 국제적으로 뿐만 아니라 조선민주주의인민공화국에서도 높게 평가되고 있다. 넷째, 몇몇 활동분야에서는 조선민주주의인민공화국과 지역 안팎의 많은 국가들 사이에 관계개선이 이루어져 왔다. 다섯째, 많은 여타 국가들과 마찬가지로 조선민주주의인민공화국은 헌법과 같이 인권의 신장과 보호에 도움이 될 수 있는 몇 가지 법적 장치 및 실행 인프라를 갖추고 있다.

다양하고 심각한 문제점들도 지적될 필요가 있다. 즉, 식량권과 생명권; 신체안

---

* 번역: 양순창 (대구외국어대학교 교수, 사단법인 북한인권시민연합). 북한인권특별보고관의 정식명칭은 '조선민주주의인민공화국에서의 인권상황에 대한 특별보고관'이다.

전권, 인간적 대우를 받을 권리, 차별을 받지 않을 권리, 그리고 재판을 받을 권리; 이동의 자유와 격리수용자가 보호를 받을 권리; 실행 가능한 최상 수준의 의료혜택을 받을 권리와 교육을 받을 권리; 자결권, 참정권, 정보에 대한 접근, 표현/신념/의견의 자유, 결사의 자유 그리고 종교의 자유; 여성과 아동을 포함하는 특정 부류의 사람들의 권리. 이런 현안들은 본 보고서에서 심도 있게 다루어질 것이다.

요약컨대, 최근 몇 십 년 동안 조선민주주의인민공화국에서 어느 정도 건설적인 진전이 이루어져 왔음에도 불구하고, 인권의 실행에 있어서는 다양한 격차와 위반이 있어 왔으며, 그 중 몇몇은 참으로 어처구니없는 성격의 섯인 바, 이와 같은 폐해를 방지하고 시정방안을 마련하기 위해서는 즉각적인 행동이 요구되고 있다. 본 보고서는 한편으로는 조선민주주의인민공화국 그리고 다른 한편으로는 본 위원회의 여타 회원국들에게 제출될 것이며, 본 보고서의 말미에는 다양한 권고사항들이 제시되어 있다.

서론

1. 인권위원회는 2004/13호 결의에서 조선민주주의인민공화국의 인권상황에 대해 깊은 우려를 표명하였으며, 동 위원회의 의장에게 조선민주주의인민공화국의 정부 및 주민들과 직접적인 접촉경로를 구축하고 조선민주주의인민공화국의 인권상황과 조선민주주의인민공화국 정부의 국제적 인권협약 상의 의무 이행 여부를 조사 및 보고할 특별보고관을 선임할 것을 요청하였다. 동 위원회는 "조선민주주의인민공화국 방문을 통해 각국 정부, 많은 비정부기구 그리고 위의 문제들에 대해 알고 있는 여타 회원국들의 관련 분야 활동가들로부터 신뢰할 수 있고 또한 의지할 수 있는 정보를 조사 및 수집할 것을" 특별보고관에게 요청하였다. 동 위원회는 또한 특별보고관이 총회와 동 위원회에 보고해 줄 것을 요청하였다. 본 보고서는 그러한 요청에 따라 제출된 것이다.
2. 본인은 인권위원회 의장으로부터 2004년 7월 특별보고관의 직책을 담당하도록 초빙되었고, 그에 따라 본인이 이를 수락하였다.

활동방식

3. 본인에게 사무를 위임한 결의의 요건들을 충족시키기 위한 노력의 일환으로 본 보고서는 본인이 채택한 활동방식에 대한 독특한 통찰과 조선민주주의인민공화국의 인권상황과 관련된 실제 내용에 대해 본인이 보고 느낀 바를 제시하고자 한다.
4. 사무를 개시한 첫 몇 주 동안 본인은 정부, 비정부 그리고 정부 간 부문과 같은 다양한 출처들로부터 관련 정보들을 수집하기 시작하였다. 본인은 정부, 비정부 그리고 정부 간 부문의 다양한 핵심 대표자들과 회합을 가져왔다. 2004

년 9월 서울에서 인권신장을 위해 효과적인 거버넌스 실행방안에 대한 세미나가 개최되었을 때 본인은 보고관으로 활동하였는데 - 이는 특별보고관으로 임명되기 전에 본인에게 요청된 업무였다 - 당시 본인은 조선민주주의인민공화국의 인권상황에 관심을 갖고 있는 다양한 인사들 및 조직들과 비공식적으로 회합할 수 있는 기회를 얻었다. 2004년 9월 하순경 본인이 제네바에 일주 간 체류하는 동안 많은 핵심 활동가들을 접견하였는데, 기뻤던 것은 비록 특별보고관의 자격이 아니라 학자의 자격으로였기는 하지만 제네바 주재 조선민주주의인민공화국 대표와의 회합을 수락 받은 것이었다. 회합은 우호적이고도 건설적이었으며, 본인은 이후 더 진전된 회합을 기대하게 되었다.

5. 2004년 10월말 경 본인은 위임사무와 관련된 최초의 진술서를 총회의 제3위원회에 제출하였다. 진술서에 제시된 조사결과는 본 보고서에서 보다 상세하게 다루고 있다. 본인은 또한 2004년 12월초 서울에서 개최된 조선민주주의인민공화국 인권관련 회의에 초청을 받았다. 유감스럽게도 건강상의 이유로 그 회의에는 참석하지 못하였다. 하지만 본인은 진술서를 그 회의에 제출하였고, 인권고등판무관실(OHCHR) 임원이 대신하여 회의에서 발표를 하였으며, 정부, 비정부 그리고 정부간 부문의 다양한 활동가들과 회합을 가졌다.

6. 본인은 그 동안 친절하게 도와주신 많은 정부, 정부간 기구들, 비정부 기구들, 기타 단체 그리고 인권고등판무관실의 임원에게 감사를 드린다. 본인이 모든 관계자들에게 전달하고자 하는 메시지는 조선민주주의인민공화국으로 하여금 본 위임사무가 조선민주주의인민공화국에서의 인권상황을 개선하기 위해 전 세계, 특히 유엔과 관계할 수 있는 하나의 기회의 창으로 볼 수 있도록 촉구하는 것이다. 본 특별보고관에 의해 채택된 절차는 건설적인 단계적 접근법에 기초해 있으며, 조선민주주의인민공화국의 인권을 정당하고, 균형 잡힌, 그리고 자주적인 방식으로 신장시키고 보호하기 위해 점진적으로 사무를 처리해나가는 것이었다.

7. 보고서를 준비하는 것이 본 위임사무의 중요한 한 부분이기도 하지만 본인은 본 위임사무를 관심 있는 개인과 조직들을 서로 이어주는 하나의 소박한 "변화의 매개자", 즉 변화를 위해 기꺼이 나설 수 있는 하나의 촉매로 보고자 한다. 아직까지 초청을 받지 못하였지만, 본인은 또한 조선민주주의인민공화국을 방문할 수 있기를 기대한다. 본인은 조선민주주의인민공화국 당국이 가능한 빠른 시일 내에 공개적이며 접근 가능한 방식으로 조선민주주의인민공화국을 방문할 수 있도록 허용해줄 것을 요청하고자 한다. 본인은 또한 조선민주주의인민공화국의 상황에 대응하는 데 있어 주변국들의 경험에 대해 알아보고자 몇몇 인접 국가들을 방문하기를 기대한다. 본인은 조선민주주의인민공화국 당국의 관심과 효과적인 대응책을 요하는 구체적 사안들을 가지고 조선

민주주의인민공화국과 접촉하기를 희망한다.
8. 이 시점에서 본인은 조선민주주의인민공화국의 인권상황과 관련해 본인이 독자적으로 보고 느낀 바를 제시하고자 한다.

I. 조선민주주의인민공화국의 인권상황

A. 건설적 요소들

9. 첫째, 건설적인 측면에서 볼 때, 조선민주주의인민공화국은 네 개의 핵심 인권조약, 즉, 「시민적·정치적 권리에 관한 국제규약」, 「경제적·사회적·문화적 권리에 관한 국제규약」, 「아동의 권리에 관한 협약」, 그리고 「모든 형태의 여성차별 철폐에 관한 협약」의 당사국이다. 조선민주주의인민공화국은 이미 위의 조약들과 관련된 자국 상황에 대해 다양한 보고서를 제출하였으며, 위에서 든 앞의 세 가지 조약에 의해 설립된 인권단체들, 즉 인권규약위원회(Human Rights Committee), 경제적·사회적·문화적 권리위원회, 그리고 아동권리위원회와 관계를 맺어왔다. 중요한 것은, 가까운 장래에 여성의 인권에 대한 최초의 조선민주주의인민공화국측 보고서(CEDAW/C/PRK/1)가 여성차별 철폐 위원회에서 심의될 것이라는 점이다.

10. 둘째, 조선민주주의인민공화국은 간헐적으로 외부의 인권 활동가들이 조선민주주의인민공화국 내 인권상황을 평가하기 위해 입국하는 것을 허용하였다. 1990년대 중반에는 국제사면위원회가 조선민주주의인민공화국에 들어갈 수 있었고, 2004년에는 아동권리위원회의 위원들이 조선민주주의인민공화국을 방문하도록 초청을 받았다. 이것은 여성에 대한 폭력 관련 특별보고관의 초청에 앞서 이루어진 것이었다.

11. 셋째, 조선민주주의인민공화국은 「새천년 발전목표(Millenium Development Goals)」를 비롯하여 다양한 형태의 전 세계적 사업에 참여하고 있으며, 아동 문제에 관한 총회의 특별회의에서 채택된 「아동들에게 적합한 세계(A world fit for children)」와 같은 전 세계적 행동계획에도 참여하고 있다. 다양한 유엔 산하 기구들이 조선민주주의인민공화국 내에서 다양한 현안들을 중심으로 활동하고 있으며, 이들의 조선민주주의인민공화국 내 체류는 국제적으로 뿐만 아니라 조선민주주의인민공화국 내에서도 높게 평가되고 있다.

12. 넷째, 몇몇 활동분야에서는 조선민주주의인민공화국과 지역 안팎의 많은 국가들 사이에 관계개선이 이루어져 왔다. 조선민주주의인민공화국은 또한 많은 여타 현안들이 해결되지 않은 채로 있음에도 불구하고 인접 국가들과 양자간 해결을 요하는 몇몇 현안에 관해서는 기꺼이 협상할 자세를 보여 왔다.

13. 다섯째, 많은 여타 국가들과 마찬가지로 조선민주주의인민공화국은 헌법과 같이 인권신장과 보호에 도움이 될 수 있는 몇 가지 법적 장치 및 실행 인프라

를 갖추고 있다. 예를 들어, 1972년에 제정되고 1992년과 1998년에 개정된 조선민주주의인민공화국 헌법과 기타 국내법들은 인권에 대한 보장을 규정하고 있다. 하지만 시행문제와 관련해서는 중대한 문제점들이 있다.

14. 여섯째, 1995년 이전에 조선민주주의인민공화국은 몇몇 영역, 특히 여성 및 아동과 관련된 경제적, 사회적 그리고 문화적 영역에서 주목할 만한 진보를 이룩하였다. 1999년에는 11년간의 무상 의무교육을 제공하기 위한 새 교육법이 통과되었으며, 2003년에는 심신장애자들에게 동등한 공공서비스를 제공할 수 있도록 하기 위하여 장애자의 보호에 관한 법률이 통과되었다. 조선민주주의인민공화국은 또한 상당히 높은 수준의 어린이 예방접종률을 보이고 있다. 하지만, 이러한 성과들은 식량부족위기와 1990년대 중반의 자연재해로 인해 무디어져 버렸으며, 그 여파는 지금도 계속 체감할 수 있다.

15. 일곱째, 여성의 지위는 헌법에 보장되어 있으며, 많은 국가의 계획과 활동에 반영되어 있다. 1992년 헌법 제77조는 다음과 같이 규정하고 있다.

"녀자는 남자와 똑같은 사회적 지위와 권리를 가진다. 국가는 산전산후휴가의 보장, 여러 어린이를 가진 어머니를 위한 노동시간의 단축, 산원, 탁아소와 유치원망의 확장, 그 밖의 시책을 통하여 어머니와 어린이를 특별히 보호한다. 국가는 녀성들이 사회에 진출할 온갖 조건을 지어준다."

하지만 실제에 있어서는 여성들의 권리를 시행하는 데 있어 중대한 문제점들이 존재한다.

16. 여덟째, 1995년까지만 하여도 조선민주주의인민공화국에는 국가가 제공하는 의료서비스로부터 사회보장에 이르기까지 주민들을 돕기 위한 다양한 안전망이 존재하였다. 중앙계획경제인 조선민주주의인민공화국의 경제체계는 노동자들에게 도움이 될 수 있는 국가의 지원장치들뿐만 아니라 높은 수준의 의사 대 주민비율을 갖춘 의료 인프라를 발전시키고 있었다. 국가는 또한 방대한 공공분배체계를 통하여 배급방식으로 식량을 제공하였다. 이러한 공공서비스는 1990년대 중반의 위기로 인하여 쇠퇴하였다.

17. 2004년 7월 유엔개발계획(UNDP)과 유엔인구기금(UNPF)에 제출된 조선민주주의인민공화국의 발전계획 초안 문건(DP/DCP/PRK/1)에 따르면, 비록 어느 정도 양의성이 있기는 하지만 몇몇 분야에서 조선민주주의인민공화국의 경제적 및 사회적 상황은 개선되었다고 한다. 2002년 이래 주요한 경제적 변화로는 다음과 같은 것들이 있다.

"(a) 가격 및 임금조정. 공공분배체계(PDS)는 현저하게 조정되었는데, 공공분배체계의 목표는 더 이상 상품에 대한 획일적인 접근 기회를 제공하는 것이 아니다. 주민들이 그들의 최소한의 필요를 충족시킬 수 있도록 핵심적이고 기본적인 배급은 여전히 이루어지고 있지만, 소비자들은 또한 새로이 생겨난 "소비자 시장"같은 다른 분배경로를 통해서도 상품과 재화를 구매할 수 있다. 소규모 생산자들도 또한 시장에서 생산물을 판매할 수 있다. 소비측면에서 볼 때, 최근의 조정조치들은 여타 노동자들에 비해 광부들과 군인들의 임금수준을 높였으며, 이는 구매력의 차이로 이어지고 있다. 식량가격은 400 퍼센트나 등귀하였다. 주거와 연료비 보조는 감소하였다. 원화의 가치가 현저히 하락하여 수출이 보다 유리하게 되었다. 또 하나의 핵심적인 조정조치는 도시의 소비자들에 대한 보조금 지급을 철폐한 것이었다. 최근의 가격조정은 농민들로 하여금 농산물의 판매로부터 더 많은 이익을 얻을 수 있게 하였다."

"(b) 시장경로의 확대. 조선민주주의인민공화국은 상당 기간 동안 제한된 범위의 텃밭 생산물들을 거래할 수 있는 농민시장의 존재를 수용해왔다. 교환되는 상품의 범위는 최근 확대되었으며, 소비자 시장이 기존의 농민시장을 대체하고 있는데, 이는 경제활동에 있어 보다 확대된 자율성을 나타내는 지표라고 할 수 있다."

"(c) 외국인 직접투자(FDI)의 허용. 조선민주주의인민공화국은 수년 동안 외국인이 투자를 할 수 있는 경제특구를 설립하는 등 외국인 직접투자 유치를 모색해왔다. 조선민주주의인민공화국 정부가 금강산 지역의 관광 인프라 구축을 위한 외국인 직접투자를 받아들였음에도 불구하고 외국인 직접투자는 아직 보잘 것 없는 수준이다."

"(d) 공급측면의 조정. 조선민주주의인민공화국 정부는 보조금지급을 중단하고 투입 및 산출에 대한 결정에 있어 기업의 자율성을 더 많이 허용하고자 하는 의도를 표방하기 시작하였다. 그 결과 국제적 경영실제에 대한 훈련 수요가 나타났고, 비교적 젊은 30대와 40대 경영간부들이 선발되었다. 그들중 일부는 경영수업을 위해 외국으로 파견되고 있다."

"2002년에 시작된 이런 조정조치들은 현재 진행 중인 조정조치들을 평가하고 공급과 수요 상황을 개선하기 위한 보다 확대된 대책들을 강구하기 위하여 지속적인 검토를 거치고 있다. 미래의 핵심적인 과업은 사회안전망의 유지를 위한 정부의 보조를 제외하고는 광대하고 영속적인 보조를 요하지 않는 자생적인 경제를 발전시키는 것이다."

18. 위에서 제시한 변화들은 국내외적인 요인과 압력들에 영향을 입은 조선민주주의인민공화국 당국의 생존전략의 일부라고 할 수 있을 것이다. 사실상 현재에도 도시 주민들의 경제적 곤란은 심각한데, 이는 도시민들이 시장체계에 접근하는 것뿐만 아니라 식품과 농산물 등을 포함하여 치솟고 있는 물가에 대응하는 것이 여전히 어렵기 때문이다. 또 한가지 문제는 조선민주주의인민공화국 당국이 선호하지 않는 부류의 사람들이 겪는 차별대우로서 특히 식량에 대한 접근성에 있어서 더욱 심각하다.

B. 기초적 맥락

19. 위에서 밝힌 건설적 요소들은 대국적 관점에서 조망할 필요가 있다. 아래에서 제시하는 조선민주주의인민공화국 사회의 맥락들은 그러한 대국적 조망에 매우 도움이 될 것이다.

20. 첫째, 인권문제에 관한 조선민주주의인민공화국 권력자들의 의식은 기본적으로 국가주권과 집체적(국가 중심적) 권리의 보호에 기초해 있어서 정치적 권리보다는 경제적 및 사회적 권리를, 그리고 개인과 다양한 집단들의 권리보다는 정부당국의 권리를 더 선호한다. 이러한 관점의 한 변형태가 바로 조선민주주의인민공화국 당국이 강조하고 있는 내정불간섭의 원칙과 생존권인데, 여기에는 조선민주주의인민공화국의 국가와 현존하는 권력구조의 존속이 내포되어 있다. 이와 같은 의식이 조선민주주의인민공화국에서의 인권실현문제가 놓여진 맥락을 규정하고 있다. 이 같은 맥락은 국제적 인권기준에 비추어 검증해 볼 경우 중대한 상이점을 낳게 된다. 즉, 국가 당국에 의해 권리를 침해 받은 개인이나 집단을 대신하여 국제사회가 요구하는 것에 대해 조선민주주의인민공화국 당국은 그것을 거부하기 일쑤이다. 그러므로 조선민주주의인민공화국의 인권상황을 이해하고자 하는 모든 시도는 인권의 보편성 그리고 하나의 총체성으로서의 인권의 불가분성을 옹호하고 촉진시키는 것이며, 이는 조선민주주의인민공화국에서 시민적, 정치적, 경제적, 사회적 및 문화적 권리 등 인권에 대해 포괄적 접근을 촉진시켜야 할 필요성과 연관되어 있다.

21. 둘째, 조선민주주의인민공화국은 세계공동체 내에서 매우 독특한 국가라고 할 수 있는데, 권력은 최상층부에 절대적으로 집중되어 있으며, 국가는 국민들에게 전면적이며 매우 침투성 높은 권력을 행사한다. 이것은 외부세계와의 관계에 있어 조선민주주의인민공화국 당국이 느끼는 고립감의 원인이기도 하고 또한 결과이기도 하다. 이런 점에서 볼 때, 조선민주주의인민공화국에서의 인권상황을 이해하고자 하는 어떠한 시도도 조선민주주의인민공화국의 민주화라는 난제와 전적으로 분리될 수 없는 것이다.

22. 셋째, 1950년부터 1953년 사이에 한반도에서 일어났던 전쟁의 영향은 오늘날에도 감지할 수 있으며, 이는 인권문제에 중대한 영향을 미치고 있다. 주목할 것은 전쟁 동안 그리고 전쟁 이후에 발생한 이산가족의 문제가 여전히 남아있다는 점이다. 비록 최근에 이산가족을 상봉시켜주고자 하는 환영할 만한 노력들이 있어왔지만, 이 사안은 보다 체계적일 필요가 있다. 조선민주주의인민공화국의 인권상황을 이해하고자 하는 어떠한 시도도 조선민주주의인민공화국 지역에서의 평화 및 주민들의 안전이라는 난제와 전적으로 분리될 수는 없을 것이다.

23. 넷째, 비군사화 문제는 인권문제와 구별되는 것임에도 불구하고 전자는 불가

부 록 | 359

피하게 후자에 대해 영향을 끼친다. 조선민주주의인민공화국이 아주 중무장을 하고 있다는 사실은 자원분배상의 형평성과 관련된 문제, 즉 인권의 신장과 보호를 위해 그러한 자원들을 재분배해야 할 필요성을 제기한다. 조선민주주의인민공화국의 인권상황을 이해하고자 하는 어떠한 시도도 조선민주주의인민공화국 지역에서의 비군사화 및 무장해제라는 난제와 전적으로 분리될 수는 없을 것이다.

24. 다섯째, 조선민주주의인민공화국은 오랫동안 중앙계획경제를 유지해왔으며, 주체사상을 추종하고 있다. 최근에 식량부족에 의해 촉발되어 이전의 국가후원 체계로부터 보다 소비자에 기반을 둔 체계에 이르기까지 다양한 시장경제형태를 실험하고 있다. 하지만 정책결정과정은 여전히 일반 주민들의 적절한 참여가 없이 위로부터 아래로의 과정을 통해 이루어지며, 그 결과 1990년대 경제쇠퇴기에는 취약한 집단들이 희생을 치러야했다. 조선민주주의인민공화국의 인권상황을 이해하고자 하는 어떠한 시도도 취약한 집단의 보호에 대한 관심 속에서 이루어지는 조선민주주의인민공화국 지역에서의 지속적 발전과 보다 광범한 대중적 참여의 필요성이라는 난제로부터 전적으로 분리될 수는 없을 것이다.

25. 여섯 번째는 1990년대 중반에 조선민주주의인민공화국을 강타하여 오늘날에도 그 다양한 악영향을 체감할 수 있는 경제위기의 중요한 배경이다. 유엔아동기금의 국가발전제안서(E/ICEF/2003/P/L.10)는 다음과 같이 적고 있다.

"3. 조선민주주의인민공화국 경제는 사회주의 진영의 해체로 심각한 곤란을 겪어야 했는데, 그 동안 사회주의 진영은 조선민주주의인민공화국의 공산품을 판매할 시장과 연료를 포함하여 저렴한 우호가격으로 제공되는 원료들을 조달할 수 있는 원천을 제공하였다. 1990년대 중반에 넓은 지역에 걸쳐 일어났던 자연재해 그리고 세계경제와의 한정된 상호작용 등이 복합적으로 작용하면서, 이 사회주의 진영의 해체는 급격한 경제적 쇠퇴를 야기하였고, 그 결과 주민들을 먹이고 보호할 수 있는 조선민주주의인민공화국정부의 능력을 심각하게 구속하였다. 1995년 이후 국제사회에 구호를 요청하면서 매우 요긴한 대규모 인도적 구호의 혜택을 받아왔다."

"4. 조선민주주의인민공화국정부가 발표한 수치에 의하면, 1993년부터 1998년까지 일인당 소득은 991달러에서 457달러로 감소하였으며, 영아 사망률은 출생자 1,000명 당 14명에서 24명으로 증가하였고, 5세 이하 아동의 사망률은 출생자 1,000명 당 27명에서 50명으로 증가하였다. 이와 같은 아동 사망률의 증가는 심각한 식량부족의 결과였으며, 여기에 발병률의 상승, 그리고 심각한 필수의약품 부족과 의료 인프라, 물 그리고 위생의 전반적 수준저하에 의해 야기된 아동들의 질병을 관리할 수 있는 의료체계의 능력감소가 가세하면서 더욱 증가하였다. 아동 사망의 주된 원인은 설사와 심각한 호흡기 감염(ARI)이었는데, 그 중 절반 정도는 영양실조가 밑바탕에 깔려 있는 것으로 추정된다."

C. 특정한 난제들

27. 아래에서 강조하는 난제들은 조선민주주의인민공화국이 당면하고 있는 상황을 나타내는 지표로 중요하지만, 난제들을 총망라하는 것은 아니다.

1. 식량권 및 생명권

28. 이미 언급된 바와 같이, 1990년대 중반 홍수와 기근에 의해 야기된 극심한 식량부족은 권력의 불균형과 권력구조로부터의 부적절한 대응에 의해 증폭되었다. 이러한 요인들은 조선민주주의인민공화국의 발전에 지대한 영향을 미쳤으며, 많은 생명과 민생을 위험에 빠뜨렸다. 식량권의 문제는 또한 인권위원회의 다른 특별절차를 통해 다루어지고 있다. 본인은 해당 특별절차를 지지하며 또한 찬사를 표하고자 한다.

29. 본인은 많은 인도주의적 단체들과의 면담을 통하여, 대체적으로 식량사정이 호전되었지만 아직도 식량이 부족하기 때문에 조선민주주의인민공화국은 여전히 인도주의적 지원을 필요로 한다는 느낌을 받았다. 세계식량계획(WFP)의 최근 활동평가 결과는 다음과 같이 통지하고 있다.

"2004년 8월에 공공분배체계(PDS) 하의 곡물배급량이 각 지역에 따라 다소 차이가 생겨났는데, 대부분의 지역에서는 배급량이 7월의 하루 300그램에서 350그램으로 증가하였지만 그 외 지역에서는 여전히 하루 300그램에 머무르거나 혹은 250그램으로 감소하였다. 배급되는 곡물은 주로 감자, 밀 그리고 보리와 같은 조선민주주의인민공화국지역 내의 생산물들로 구성되어 있었지만 일부 지역에서는 쌍무계약을 통해 차관으로 도입된 한국 쌀을 분배하기 시작하였다. 시장에서의 쌀 가격이 킬로 그램당 240원(미화 1.5달러)에서 킬로 그램당 700원(미화 4.3달러)으로 지난 두 달 사이에 거의 세 배 가까이 등귀한 시점에서 볼 때, 쌀은 각 가계에 경제적 가치가 대단히 높다고 할 수 있다. 더구나 쌀은 한국인들이 선호하는 주식이기 때문에 식량을 제대로 조달하지 못하는 가정에서는 배급 쌀과 상대적으로 덜 선호되는 주식인 옥수수를 교환함으로써 가족들을 위해 더 많은 양의 식량을 얻을 수 있다.

"8월에 배급량 감소를 가져왔던 요인 중의 하나는 심한 홍수로 인하여 조기에 수확되는 밀과 보리의 수확량에 손실이 있었기 때문이다. 홍수는 또한 국영상점에서 판매하는 채소류의 공급부족도 야기하였다. 이와 같은 현상은 즉각적으로 가계에 영향을 미치는데, 그 이유는 군 단위에서의 흉작은 군 단위들 간의 작물이동에 의해 자동적으로 상쇄되지 않으며, 더구나 일반적으로 곡물은 즉각적인 부족현상으로 인해 지역 간의 이동이 일어나지도 않는다.

'장마철의 고온을 동반한 높은 습도는 설사병의 증가로 이어졌는데, 이는 주로 아동들이 오염된 강이나 농수로에서 수영을 하기 때문이었다. 긍정적인 측면에서 볼 때, 장마는 저수지의 수위 상승을 가져왔고, 그로 인해 많은 지역에서는 더 많은 발전량과 더 긴 시간의 전기공급을 받을 수 있었다.'

30. 본인이 만나 본 인도주의 단체들의 몇몇 회원들은 현 시기를 인도주의적 지원단계로 보아야 하며, 아직도 조선민주주의인민공화국 주민들을 돕기 위해서는 지속적으로 식량을 지원할 필요가 있다고 하였다. 식량지원으로 대략 640만 명의 인구, 특히 여성, 아동 그리고 노년층이 원조의 혜택을 보게 된다. 조선민주주의인민공화국 당국이 지금까지 유엔 산하기구들이 자국에 대한 원조를 후원하고자 협력해왔던 방식인 현재의 「통합원조요청절차(Consolidated Appeals Process)」를 더 이상 유지하기를 원하지 않으며, 조선민주주의인민공화국 당국은 보다 축소된 감시를 받으면서도 장기적인 경제개발 원조를 제공받는 방향으로 이행하기를 선호한다는 보고도 있다. 본인의 관점에서 볼 때, 필요한 것은 실행과정에 대한 감시의 축소가 아니라 최상의 투명성을 확보할 수 있는 보다 효과적인 감시이다.

31. 과연 외국으로부터 제공되는 원조식량이 목표로 설정된 주민들에게 얼마만큼 실질적으로 전달되며 과연 외국으로부터 제공되는 원조식량의 어느 정도가 다른 비밀스런 용도로 전용되는지에 대해서는 지속적인 논란이 있어 왔다. 본인이 면담을 했던 한 소식통에 의하면, 기타 용도로의 문제가 될 만한 전용은 없었다고 한다. 하지만 다른 소식통들은 이런 관점에 동의하지 않는다. 입수된 정보에 의하면, 유엔 산하의 한 기구는 조선민주주의인민공화국의 한 지역에 대한 식량원조 제공을 2004년 말까지 중단하였는데 이는 그 기구가 주민들에게 원조식량이 배급되는 것을 감시하기 위해 해당 지역의 주민들에게 접근하는 것을 조선민주주의인민공화국 당국이 허용하지 않았기 때문이었다. 그러므로 투명성 및 석명 문제를 개선하고 극대화할 필요가 있다는 것은 명백한 사실이다. 현재 원조식량의 분배를 감시하기 위한 몇몇 조사활동이 시행되고 있지만, 외국 인도주의 단체들에 의한 임의적 조사활동은 조선민주주의인민공화국 당국에 의해 허용되지 않고 있다.

2. 신체안전권, 인간적 대우를 받을 권리, 차별을 받지 않을 권리, 그리고 재판을 받을 권리

32. 다양한 소식통들에 의해 제출된 많은 보고서들에 의하면, 이 분야에서 이미 알려진 위반사례들은 흔히 법률 및 시설, 특히 교도소나 구치소와 같은 시설들과 관련되어 있는데, 법률 및 제도의 상황은 국제적 표준에 미치지 못하며, 이는 신뢰할 만한 재판을 거치지 않은 예방적 및 행정적 구금과 같이 열악한

법집행 및 직무집행에 의해 악화되고 있다. 신체에 대한 폭력과 관련된 간행물들은 무수히 많은데, 그 중 일부는 특별보고관의 위임사무를 설정하기 위한 인권위원회의 결의에 배경을 제공하였다. 동 결의에서 인권위원회는
"1. 다음과 같은 사안에 대한 계속적인 보고에 깊은 우려를 표명하였다.
 "(a) 고문과 기타 잔인하고 비인간적이거나 굴욕적인 처우 혹은 처벌, 공개처형, 비법적 및 자의적인 구금, 정치적 이유로 인한 사형부과, 많은 수용소의 존재와 강제노동의 광범한 이용, 그리고 자유를 박탈당한 사람들의 권리에 대한 존중의 부족;
 "(b) 외국으로부터 강제 송환된 조선민주주의인민공화국 주민에 대한 제재, 예를 들어, 그들의 탈북을 반역행위로 다루어 수용형, 고문, 비인도적 혹은 굴욕적인 처우나 처벌 혹은 사형, 그리고 교도소 및 노동수용소에서의 영아살해;
 "(c) 사상, 양심, 종교, 의견 및 표현, 평화적 집회와 결사의 자유 그리고 정보에 대한 접근에 대한 만연되어 있고 엄혹한 구속, 국내에서 자유롭게 이동하고자 하는 사람 그리고 해외여행을 하고자 하는 사람들에게 부과되는 제한;
 "(d) 매춘이나 강제결혼을 위한 여성의 인신매매와 같은 여성의 인권과 근본적 자유에 대한 지속적인 침해, 송환된 산모들을 대상으로 경찰 유치장과 노동수용소 등에서 인종적 동기에 의해 행해지는 강제낙태 및 유도분만이나 자연분만 후의 영아살해."
33. 결의에서 제기된 몇 가지 현안들은 「시민적·정치적 권리에 관한 국제규약」에 입각하여 조선민주주의인민공화국이 제출한 제2차 정기보고서에 대해 인권규약위원회(Human Rights Committee)가 2001년도의 최종 관찰결과(CCPR/CO/72/PRK) 속에서 밝힌 우려들을 재확인하고 있다.
34. 한 가지 매우 당혹스런 실제, 즉, 공동의 죄에 기초하여 행해지는 집단적인 처벌에 대해서는 다양한 소식통들에 의해 증거가 기록되어 있다. 이것은 만일 어떤 사람이 정치적 혹은 이데올로기적 범죄를 이유로 처벌받을 경우 그의 가족들도 또한 처벌받는다는 것을 의미한다. 이러한 사실은 수평적 및 수직적인 영향을 미치게 되는데, 직접적으로 가족을 처벌한다는 점에서 수평적 영향이며, 다음 세대에게도 범죄자의 낙인을 찍는다는 점에서 수직적 영향이라고 할 수 있다. 물론 이것은 당국이 주민들을 철통같이 장악하기 위한 수단의 일환으로 각 가족들에 대한 기록을 잘 관리하고 있다는 전제 하에서이다.
35. 다른 분야를 보자면, 비록 헌법과 기타 법률들이 차별금지의 원칙을 옹호하고는 있지만 실제에 있어서는 별로 준수되지 않고 있다. 많은 보고서들에 의하면, 과거 조선민주주의인민공화국 주민들은 당국에 의해 가장 선호되는 집

단으로부터 경계선 집단 혹은 기피집단에 이르기까지 다양한 집단으로 분류되어 있었는데, 분류집단의 최하층은 당국의 적이라고 간주되는 집단이었다. 이러한 실제가 법적으로는 철폐되었지만 아직도 존속하고 있는 것으로 보이며, 이는 망명처를 찾아 조선민주주의인민공화국을 이탈한 많은 사람들의 증언 속에 나타나고 있다.

36. 체포된 사람들이 죄의 경중에 따라 다양한 집단으로 분류되고, 적절한 법적 절차나 재판을 거치지도 않은 채 대단히 많은 수의 사람들이 여러 형태의 교도소로 보내지고 있으며, 이런 상황은 광범하게 통용되고 있는 고문에 의한 진술, 강제노동 그리고 법률구조의 결여 등에 의해 악화되고 있다는 점에 대해 충분한 우려가 표명되어야 할 것이다. 조선민주주의인민공화국의 형법 하에서 살인죄 외에 반역죄, 소요죄 그리고 테러리즘과 같이 국가에 대항하는 다양한 범죄들에 대해서도 사형으로 처벌할 수 있다는 것은 매우 당혹스런 사실이다.

37. 2004년 말에 입수된 정보에 의하면, 2004년 4월에 형법에 대한 다양한 개정이 있었는데, 형법 조문의 수가 두 배로 늘어났고 반국가 범죄에 대한 처벌이 강화되었다. 반국가적 방송 자료를 소지하거나 타인에게 유포하는 것이 이제는 범죄로 되는데, 이는 아마도 외부의 압력이나 언론매체들에 반격하기 위한 일환으로 보인다. 이 같은 경과는 퇴보적인 변화라고 할 수 있다.

38. 또 다른 측면에서 볼 때, 이미 보고된 바와 같이 개정 형법은 인접 국가에서 경제적 기회를 찾기 위해 조선민주주의인민공화국을 떠나는 것과 같이 비정치적 이유로 조선민주주의인민공화국을 이탈하는 사람들에 대한 처벌을 약하게 하고 있다. 또한 이탈자들을 용서해준다고 약속함으로써 조선민주주의인민공화국으로 되돌아오도록 하고자 하는 새로운 정책도 있다. 하지만 중대한 문제는 법률의 시행이며, 그 중에서도 귀환자들을 인간적으로 대우해야 할 필요성이다.

39. 몇 가지 실제도 또한 다른 국가의 국민들에게 악영향을 끼치고 있다. 예를 들어, 조선민주주의인민공화국 당국이 많은 일본인 납치를 용인해왔는데, 그 중 상당수는 양자간 협상을 통해 해결되었다. 하지만 여타의 경우 아직도 사실 규명과 해결을 기다리고 있다. 한 사건의 경우, 조선민주주의인민공화국 당국이 납치된 사람이 자국 내에서 사망하였다고 주장하지만, 일본으로 송환된 유해를 DNA 감식한 결과 그 뼈들은 다수의 다른 사망자들 것이라고 밝혀지면서 2004년 말경 대단한 경악을 야기하였다.

40. 조선민주주의인민공화국 당국의 기관에 의해 행해진 납치문제에 대해서는 조선민주주의인민공화국 당국이 신속하고 또 효과적으로 입장을 밝혀야 할 절박한 필요성이 있다. 입수된 정보에 의하면, 정치적 목적을 위하여 조선민주주의인민공화국 당국의 기관에 의해 여러 나라에서 납치된 사람들이 상당히 많이 있다. 이 문제 또한 인권위원회의 또 다른 특별절차를 통해 다루어지

고 있으며, 본인은 해당 특별절차를 지지하고 또한 찬사를 표하고자 한다.
41. 조선민주주의인민공화국에서의 신체안전권, 인간적인 대우를 받을 권리와 차별 받지 않을 권리 등의 침해사례에 관해 지금까지 제출된 많은 보고들을 감안할 때, 여기에는 우려를 표명해야 할 심각한 근거들이 있다. 주민들의 재판을 받을 권리의 일부인 독립된 사법기관이 존재하지 않는다는 보고들도 많이 있다. 비록 본인은 이런 모든 보고와 진술들을 검증할 수 있는 위치에 있지 않지만, 본인이 받은 즉각적인 인상은 그 많은 보고와 관련 진술들이 결코 단순한 우연의 일치일 수는 없다는 것이다. 왜냐하면, 그런 보고와 진술들은 즉각적인 개선을 요하는 그릇된 관행의 일정한 패턴을 보여주고 있기 때문이다. 조선민주주의인민공화국 당국은 이러한 상황에 대해 투명하고 효과적인 방법으로 대처하도록 압박을 받고 있다.
42. 인권문제에 감수성 있는 법률을 개발하고, 국내법과 법집행 실제를 국제적 표준과 조화되도록 하며, 인권에 부응할 수 있도록 법집행 기관과 기타 관련 행위자들의 능력을 향상시킬 필요가 있다는 것은 너무나 자명한 사실이다. 이 문제는 정부 당국의 명확한 지시가 요구되고 있는 부분으로 조선민주주의인민공화국 내의 모든 관련 당국은 인권을 존중하고 인권침해의 희생자를 만드는 것을 회피하여야 한다. 이 문제는 또한 유엔과의 협력을 통해 능력 향상을 모색해 볼 수도 있는 영역이며, 특히 교도소의 개혁이나 법치 원칙의 진작, 제대로 기능하는 독립된 사법기관, 그리고 권력의 남용을 방지하기 위한 견제와 균형의 원리 등의 분야에서는 더욱 그렇게 해야 할 필요성이 높다.

3. 이동의 자유와 격리수용자가 보호를 받을 권리

43. 일반적으로 조선민주주의인민공화국 당국은 주민들의 이동에 대해 엄격한 통제를 가하고 있다. 조선민주주의인민공화국 내의 어떤 지역에서 다른 지역으로 이주를 하자면 이주 예정자는 당국으로부터 대단히 번거로운 절차를 거쳐 여행증명을 받아야 한다. 외국으로 여행하기 위해서는 출국비자나 그에 상응하는 증명을 받아야만 한다. 이 문제에 관해 국내법규를 위반하면 처벌을 받게 된다. 이러한 구속들은 분명 이동의 자유에 부합되지 않는다. 인권위원회는 최종 관찰결과(CCPR/CO/72/PRK) 속에서 이 문제에 관해 다음과 같이 동 위원회의 입장을 밝혔다.

"19. 본 위원회는 조선민주주의인민공화국 주민들이 자국 내에서 여행을 하기 위해 획득할 것이 요구되는 여행증명에 대한 조선민주주의인민공화국 당국의 해명을 주의 깊게 검토하였으나 조선민주주의인민공화국 당국의 그러한 제한은 「시민적·정치적 권리에 관한 국제규약」 제1장 12조와의 부합여부에 대해 심각한 의문을 제기하는 것으로 간주한다."

"20. 본 위원회의 입장에 의하면, 조선민주주의인민공화국의 현행 출입국

관리법 하에서 외국여행에 행정관청의 허가를 요구하는 것과 조선민주주의인민공화국 내에 체류하는 외국인이 조선민주주의인민공화국을 떠나기 위해 출국비자를 받도록 요구하는 것은 「시민적·정치적 권리에 관한 국제규약」 제2장 12조의 규정과 부합하는 것으로 본다."

44. 조선민주주의인민공화국 주민들은 다음과 같은 두 가지 주된 이유로 국경을 넘어 다른 나라로 이동하고 있다. 첫째, 정치적인 구속과 박해는 많은 사람들이 다른 나라로 망명을 모색하는 일종의 압박으로 작용하고 있다. 2002년부터 2004년 동안에 조선민주주의인민공화국 주민들은 다른 나라의 대사관이나 학교에 들어가는 등 매우 다양한 방식으로 망명을 모색하였다. 이러한 사태는 어떤 국가의 경우 체포나 송환과 같은 당국의 엄중한 단속으로 이어졌다. 일반적으로 정치적인 이유로 인해 조선민주주의인민공화국지역을 이탈한 조선민주주의인민공화국 주민들의 경우 전통적으로 국제법이 규정하는 망명자, 즉 근거가 명확한 박해의 공포로 인하여 원래의 국적지역을 이탈한 사람에 해당된다.

45. 둘째, 1990년대 중반의 식량위기는 많은 사람들로 하여금 다른 곳에서 생계해결을 모색하도록 강제하였다. 이들은 만약 조선민주주의인민공화국으로 송환될 경우 박해를 받을 것으로 예상되었기 때문에 이들 또한 난민으로 분류될 수 있다. 국제법에 의하면, 이들은 "현지 체제 중에 난민이 된 자(refugees sur place)," 즉 비록 박해의 공포로 인하여 원국적 국가를 이탈하지는 않았지만 그곳으로 돌아갈 경우의 박해를 두려워하는 사람으로서 제3국에 체류하는 사람에 해당된다.

46. 난민의 보호에 관한 주요한 국제적 원칙은 송환금지이다. 최근에 조선민주주의인민공화국으로부터 망명하고자 들어온 사람들을 받아들인 국가들 중에 이 원칙을 따르지 않는 일탈 사례도 있었지만, 이 원칙은 모든 국가들에 의해 견지되어야 할 필요가 있다.

47. 관련된 문제로서, 피난처를 찾는 사람들이 과연 불법이주자인지 난민인지에 관해서는 여전히 논란이 있다. 불법이주자라고 보는 관점에서는 그들을 그들의 원국적지로 송환할 수 있게 되며, 난민으로 보는 관점에서는 그들이 송환금지의 원칙에 의해 보호받아야만 된다는 것을 의미한다. 본인은, 그들이 그들의 원국적국에 의해 보호되는지의 여부가 핵심적 판단 기준이라고 제안한다. 만약 그들이 자신의 원국적 국가로부터 보호받지 못한다면 국제적 보호를 향한 문을 열고 자신이 난민으로 분류되도록 합법화하여야 한다. 비록 상당수 국가들이 그들을 공개적으로 난민으로 분류하기를 꺼려하고 있지만, 적어도 그들은 국제적 보호를 필요로 하는 사람들로 취급되어야 하며, 송환금지와 같은 기본적인 국제법상의 원칙들이 적용되어야만 한다.

48. 망명을 모색하는 사람들이 유엔난민고등판무관실(UNHCR)에 접근할 수 있도록 보장하고 또 그들의 지위를 결정하기 위한 절차에 접근할 수 있는 기회를 보장하는 것도 또한 필요하다. 만약 그들이 난민의 범주에 속하게 된다면 그들은 적어도 잠정적으로라도 망명국에 체류할 수 있고 또 인간적으로 대우를 받아야만 한다.
49. 입수된 정보에 의하면, 최근 매우 걱정스런 경향이 나타나고 있는데, 많은 외국에 새로이 도착하는 탈북자들 중에 여성의 비율이 높아지고 있다. 이러한 경향은 다른 나라에서 피난처를 찾거나 생계수단을 찾고자 하는 여성들이 주로 인신밀수꾼, 인신밀수나 인신매매범의 피해자가 되고 있기 때문에 실로 중대한 우려사항이 아닐 수 없다. 비록 조선민주주의인민공화국의 국내법이 다른 나라들과 마찬가지로 인신밀수꾼, 인신밀수나 인신매매를 불법으로 규정하고는 있지만, 출발지인 국가와 목적지인 국가 모두 인신밀수꾼, 인신밀수나 인신매매와 같은 범죄에 대응할 수 있는 보다 효과적인 대책들을 마련할 필요가 있다.
50. 또 다른 측면에서 볼 때, 피난처를 찾는 사람들을 받아들이는 국가의 곤경도 간과되어서는 안 되는데, 이는 피난처를 찾는 사람들이 대량 유입하는 경우 더욱 그러하다. 이는 그들 국가의 어깨에 지워진 짐을 덜어주는 국제적 유대와 책임분담의 문제에 해당한다. 만약 최초의 망명국이 피난처를 찾는 사람들에게 도피처를 제공할 수 없거나 제공하고자 하지 않을 경우 다른 국가들이 정착할 장소를 제공하여야 한다. 이런 일은 이미 조선민주주의인민공화국으로부터 피난처를 찾는 사람들과 관련하여 어느 정도는 행해지고 있는 일이지만 지원이 보다 잘 되어야 할 필요가 있다. 국제법에 따라 망명을 허용하는 것이 비우호적 행위로 간주되어서는 안 된다는 점 또한 다시 한번 강조할 가치가 있다. 더구나 조선민주주의인민공화국과 같은 시발지 당국은 주민들의 이탈을 야기한 근본원인에 대한 접근과 조사를 돕는 동안 그러한 절차를 존중하고 또한 시발지로 다시 돌아가기를 원하는 사람들에 대해서는 처벌받지 않고 안전하게 귀환할 수 있도록 해주어야 한다.

4. 실행 가능한 최상 수준의 의료혜택을 받을 권리와 교육을 받을 권리

51. 이미 언급한 바와 같이, 1990년대 중반 이전까지만 하여도 경제적 및 사회적 상황, 특히 의료와 교육에 대한 접근성에 있어서는 대체로 건설적이었다. 예를 들어, 2003년도에 유니세프(UNICEF)의 후원 하에 이루어진 여성과 아동의 상황에 대한 분석은 다음과 같은 조사결과를 내놓았다.
"1945년 이래 조선민주주의인민공화국은 교육 분야에서 놀라운 발전을 이룩하였다. 전 주민의 문자해독과 100퍼센트에 달하는 공식 취학률을 자랑하는 조선민주주의인민공화국은 광대한 초등 및 중등교육 체계뿐만 아니라 고등교육기관까지도 성공적으로 설립하였다. 광대한 인프라의 발전으로 이어진 국가재건 기간 동안에 정책의 최우선 순위는 교육에 놓여져 있었다. 약 1,600개의 초등학교와 섬지역 등 벽지에 26개 분교를 설립한 것은 이러한 정책의 실행을 잘 나타내는 지표이다. 조선민주주의인민공화국에는 학교에 가기 위해 원거리를 이동해야 하는 아동이 하나도 없다. 2000년 「교육에 관한 국가별보고(EFA)」에 의하면 초등학교의 교사 대 학생 평균비율은 1 대 23 그리고 중등학교의 경우 1 대 12로 나타났다."

52. 하지만 교육 및 완전고용에 대한 보편적인 접근성과 같은 발전에 대한 공식 자료들의 주장에도 불구하고 사회보장제도가 포괄하는 실제 영역을 검증하는 데에는 항상 어려움이 있었다. 더구나 실행상의 문제도 항상 있는데, 이는 다음과 같은 사실과 관련되어 있다. 즉, 정치적·경제적·사회적으로 박탈당한 부류나 교도소에 수감된 사람들과 같이 조선민주주의인민공화국 사회의 주변권에 사는 사람들은 사회보장제도에 대한 접근성의 부족이나 부적절한 접근성으로 인해 어느 정도 배척을 당하는 고통을 감수해야 함에 비해 당국에 의해 선호되는 부류는 공공서비스에 대한 접근이 상대적으로 용이하다. 이와 같이 우려하던 상황은 이 문제에 대해 2003년에 조선민주주의인민공화국이 제출한 제2차 정기보고서를 검토한 후 나온 경제적·사회적·문화적 권리위원회의 최종 관찰결과(E/C.12/1/Add.95.paras.17-20) 속에도 포함되어 있다.

53. 1990년대 중반의 경제위기로 상황이 악화되면서 기본적인 사회적 서비스의 제공, 관련 예산편성 그리고 일반 주민들의 서비스에 대한 접근성 등에 심각한 악영향을 끼쳤다. 1990년대 중반 이후로 영양실조에 의해 심화된 폐렴 등 다양한 질병이 발생하는 사태가 증가하였으며, 학교교육에 대한 접근성도 전기와 기타 설비의 부족으로 인하여 심각한 방해를 받았다. 2003년도에 경제적·사회적·문화적 권리에 대한 위원회는 이 문제에 관해 다음과 같은 우려사항들을 첨가하였다(출처는 위와 같음).

"21. 본 위원회는 1990년대 중반 이후 조선민주주의인민공화국이 겪고 있는 광범한 기아의 결과에 대해 그리고 특정 부류의 사람들, 특히 여성, 아동 그리고 노인들이 다른 부류의 사람들보다 더 심각한 영향을 받았으며, 그들의 곤경을 경감하기에 적절한 지원을 받지 못한 것에 대해 우려하고 있다.

"22. 본 위원회는 5세 이하 아동들 중 높은 비율(정부의 통계에 의하면 약 45%)이 만성적인 영양실조 상태에 있으며, 또한 높은 수준의 빈곤과 관련된 질병 발병률을 보이고 있다는 점에 대해 깊은 우려를 표명하고자 한다.

"23. 본 위원회는 임산부 사망률의 놀라운 증가세에 대해 우려하고 있다.

"24. 본 위원회는 조선민주주의인민공화국측의 자료를 통해 국가적인 재앙의 결과로 등교율이 99퍼센트로부터 85퍼센트로 하락한 점에 대해 우려스런 입장을 견지하고 있다.
"25. 본 위원회는 언제라도 가능한 일임에도 불구하고 정규 학교교육제도에 포함되지 못한 심신장애아동들에 대해 우려스런 입장을 견지하고 있다."
54. 최근 몇몇 분야에서 경제적 및 사회적 상황은 개선되었으며, 이와 같은 발전을 반영하는 정보들은 아래 여성 및 아동에 관한 부분에 제시되어 있다. 하지만 질적인 면에서 볼 때, 조선민주주의인민공화국의 상황은 항상 위태롭기만 하다. 의료서비스는 당국에 가까운 사람들에게 보다 접근이 용이하며, 교육제도도 국가에 의해 심하게 통제를 받고 있다. 높은 수준의 세뇌교육이 행해지고 있고, 그로 인해 아동들은 일찍부터 국가와 국가의 이데올로기에 순종적이도록 훈련되고 있으며, 더구나 젊은 연령층의 주민들에 대해서는 기존의 정치적 생활양식을 정당화하고 또 영속화하기 위하여 만연된 도구화 작업이 당국에 의해 행해지고 있다. 이러한 사정은 다양한 정보 원천에 대한 접근성의 부족 그리고 비판적이며 분석적인 사고를 길러 선택과 발언권의 다원성이 허용되는 공간을 마련할 수 있도록 하는데 필요한 참여형 방법론의 부족에 의해 더욱 악화되고 있다.
55. 본인은 이 문제를 다루는 유엔의 다양한 절차를 지지함을 강조하며 그들의 직무에 대해 찬사를 표하고자 한다.

5. 자결권, 참정권, 정보에 대한 접근성, 표현/신념/의견, 결사 그리고 종교의 자유

56. 참정권은 자결권의 고유한 부분이며 이는 국가를 개인화 하고자 주장하는 국가 당국의 의지가 아니라 인민들의 의사에 기초해야만 한다. 하지만 조선민주주의인민공화국의 권력구조 속에서 만연되어 있는 것은 오히려 후자이다.
57. 비록 조선민주주의인민공화국 당국이 정보에 대한 접근성, 표현/신념/의견, 결사 및 종교와 관련된 권리가 엄연히 존재한다고 주장하지만, 현실은 종종 그 반대이다. 이것은 다음과 같은 사실에 의해 예증되는데, 조선민주주의인민공화국에서는 아직도 허가 없이 외국 라디오방송을 듣는 것이 불법이다. 정치적 반대자들이 용인되지 않고 엄중한 처벌을 받기 때문에 국가의 바로 그러한 성격 자체가 표현/신념/의견과 같은 다양한 자유를 침해하고 있다. 조선민주주의인민공화국에 노동조합이 존재하기는 하지만 국가에 의해 통제되고 있으며, 국가의 독점적 권력기반이 허용하지 않기 때문에 다당제 정치체계는 아예 존재하지도 않는다. 또한 국가의 간섭으로부터 자유로운 순수 비정부기구를 설립하거나 운영하는 것도 불가능하다.
58. 종교의 자유에 관해서 보자면, 조선민주주의인민공화국 당국이 다양한 종교들에 대해 보다 자유롭게 활동할 수 있도록 허용하고 있다는 자유화에 대한 보고들이 다소 있기는 하지만, 자유화라는 것이 어느 정도로 말 그대로의 순수한

자유화인지는 아직도 불확실하다. 입수된 정보에 의하면, 종교 신앙자들과 다양한 종교단체의 구성원들은 때로 납치를 당할 정도로 박해를 받고 있다.

59. 「시민적·정치적 권리에 관한 국제규약」에 입각하여 조선민주주의인민공화국이 제출한 제2차 정기보고서에 대한 인권규약위원회(Human Rights Cimmitte)의 최종 관찰결과(CCPR/CO/72/PRK)는 다음과 같이 우려를 표명하고 있다.

"22. … 조선민주주의인민공화국에서는 종교활동이 억압되거나 강력하게 훼방을 받고 있다는 본 이사회가 입수한 정보에 비추어 볼 때, 본 이사회는 이 문제와 관련된 조선민주주의인민공화국의 실제가 「규약」 제18조의 요구사항을 충족시키지 못함에 대해 심각하게 우려하고 있다.

"23. 본 이사회는 다양한 「출판법」의 규정들 그리고 빈번하게 그런 규정들을 원용하는 것은 「규약」 제19조의 규정과 조화되기 어렵다는 점에 대해 우려하고 있다. 본 이사회는 '국가 안전에 대한 위협'이라는 개념이 표현의 자유를 제한하는 방식으로 사용될 수도 있음에 대해 우려하고 있다. …

"24. … 본 이사회는 집회에 관한 법적 요구사항의 가능한 남용을 포함하여 공공 회합과 시위에 대한 제한에 대해 우려스런 입장을 견지하고 있다.

"25. 「규약」 제25조의 규정은 당사국의 모든 시민들이 제2조에 언급된 제약 없이 그리고 합리적이지 못한 제약을 받지 않고 직접 혹은 자유롭게 선택한 대표들을 통해 공공사무의 처리에 참여할 수 있는 권리(25조(a))와 유권자들의 소망을 자유롭게 표현할 수 있는 것이 보장되는 가운데 보통 및 평등선거, 그리고 비밀투표에 의해 치러지는 진정한 정기적 선거에서 투표를 하거나 선출될 수 있는 권리를 포함하고 있다. 본 이사회는 조선민주주의인민공화국 대표의 석명 문서를 접수하였는데, 그는 조선민주주의인민공화국에서 새로운 정당을 설립하고자 하는 어떠한 대중적 열망의 표출도 없었다고 하지만, 최근에도 정당의 설립 및 등록에 관한 어떠한 규정이나 법률도 확인하지 못하였다. 본 이사회는 이러한 상황이 「규약」 제25조의 규정에 반하는 것이며, 이는 역으로 「규약」 제25조가 요구하는 바와 같이 자유롭게 선택된 대표를 통해 공공사무의 처리에 참여할 수 있는 시민의 권리를 침해할 수 있는 것으로 간주한다."

6. 여성과 아동을 포함하는 특정 부류의 사람들의 권리

60. 조선민주주의인민공화국은 1995년 식량부족 위기가 시작되기 전까지 여성의 권리와 관련된 다양한 영역에서 다양한 성과를 입증하였다.

"양성 간의 평등을 촉진하는 데 있어서의 진보는 조선민주주의인민공화국에서 양성 간의 평등이 최초로 법규화 되었던 1946년부터 현저하게 이루어졌다. 이 같은 주목할 만한 성공은 양성 간의 평등에 대한 국가의 일관성 있는 접근방식의 덕택으로 돌려질 수도 있을 것이다. 양성 간의 평등은 여성 개개인이 아이를 돌보아야 하는 생식에 대한 책임을 경감하고 그로 인해 여성들이 생산적인 영역 그리고 공공영역에 효과적으로 참여할 수 있도록 해줌으로써 혁신적으로 진작되었다. 여성은 헌법상 남자와 동등한 사회적 지위 및 권리가 부여되고 있다.(조선민주주의인민공화국 헌법 제 77조) … 조선민주주의인민공화국은 여성을 노동인구 속으로 끌어들이는 데 있어 실질적인 진전을 가져왔는데, 1998년의 경우 여성노동인구는 전체 노동인구의 48.4%에 달하였다. 조선민주주의인민공화국은 또한 남녀 간에 보수가 완전히 평등한 매우 드문 사례의 하나에 속한다. 비록 고숙련도를 요하는 (따라서 보수가 더 좋은) 지위는 여성보다 남성이 더 많이 점하고 있어 양성간의 위계가 아직은 존재하지만, 공공의료분야(67.3%) 및 교육 분야와 같이 특정 국가기관을 여성화하려는 조선민주주의인민공화국 정부의 계획적인 시도는 양성 간의 평등을 위한 조선민주주의인민공화국 정부의 노력이 성공했음을 실증적으로 보여주고 있다."

61. 경제적 및 사회적 분야에서의 그와 같은 성취들이 제도의 시행 초기부터 제도 내에 깊숙이 침투해 있었던 다양한 어려움들을 덮어 감추게 해서는 안 된다. 법적인 보장과 사실상의 시행 사이에는 본래부터 차이가 있게 마련이다. 또한 틀에 박힌 편견도 있어 왔는데, 특히 여자가 있을 곳은 가정이라고 하는 신념이 전통적으로 여성의 권리를 침해하였다.

62. 아동문제에 있어서의 발전과 관련하여 조선민주주의인민공화국이 취한 행동의 건설적인 측면들은 다음과 같은 분석 속에 나타나 있다.

"조선민주주의인민공화국은 오랜 기간에 걸쳐 아동들의 보육, 양육, 교육 그리고 전반적인 사회화과정에 대해 집산주의적 방식으로 지원하는 국가 정책을 실시하고 있다. 아동보육에 대한 표준의 명문화는 일찍이 1947년에 「탁아소 규칙」의 제정과 함께 시작되었는데, 동 규정에 의해 국가가 아동보육에 관한 책임을 떠맡게 되었다. 1949년의 후속 입법인 「탁아소에 관한 규정」은 행정규제상의 표준을 더 한층 발전시켰다."

63. 다음과 같은 관찰에 내포되어 있듯이, 이와 같은 건설적인 측면의 배후에는 언제나 양의적 의미가 존재한다.

"아동과 관련된 조선민주주의인민공화국의 정책틀은 극단적으로 포괄적이다. 하지만, 그것의 실현은 많은 부문과 각급 보육기관에 대한 집약적인 투자 여부에 달려 있다. 경제적인 제약은 사실상 저투자로 이어졌으며, 이는 아동들의 수혜권에 부응해야 할 시설능력에 의문을 제기하였다."

64. 사실상 1995년 이래로 아동문제의 발전에 있어 현저한 퇴보가 있었는데, 영아사망, 성장장애 그리고 영양실조가 우려스런 정도로 증가하였다. 또한 아

래에서 보는 바와 같이, 여성과 아동들에게 악영향을 미치는 제도와 실제간의 다양한 간헐도 존재한다.

65. 1990년대 중반 이래로 여성과 아동은 다양한 요인들로 인해 훨씬 더 피해 입기 쉽게 되었다. 첫째, 경제위기는 많은 여성들과 아동들로 하여금 다른 곳에서 일자리나 식품을 찾기 위해 집을 떠나도록 강요하였다. 유기되거나 거리에서 떠도는 아동들의 수 또한 증가하였다. 둘째, 그들이 여행증명도 받지 않고 집을 떠난다는 사실은 주민들의 이동에 대한 만연된 국가통제로 인하여 그들이 다양한 제재를 받게 만든다. 셋째, 많은 여성과 아동들이 기본적인 필수품을 찾아 국경을 넘어 다른 나라로 가고 있는데, 그 과정에서 그들은 밀수와 암거래의 희생자가 되는 수도 있다. 넷째, 그들은 또한 다양한 형태의 희생으로 고통을 겪을 수도 있는데, 한편으로는 많은 사람들이 불법이주자로 분류되어 강제추방을 당할 수도 있으며, 다른 한편으로는, 귀환 시 처벌을 받을 수도 있다. 다섯째, 여성과 아동에 대한 폭력문제에 대해서는 공식적인 정보가 없다. 하지만, 비정부 소식통들은 많은 폭력사례들을 보고하고 있다.

66. 「아동의 권리에 관한 협약」에 입각하여 조선민주주의인민공화국이 제출한 제2차 정기보고서를 검토한 후 아동권리위원회가 채택한 최종 관찰보고(CRC//15/Add.239 참조)는 이 같은 우려의 많은 부분을 재확인하고 있다. 보다 긍정적인 기록에 의하면, 극심한 영양실조(소모성)의 감소라는 측면에서 보았을 때 식량위기가 완화되고, 최근의 법률개정에 기인한 심신장애아동들에 대한 보다 포용적인 정책이 환영을 받으면서 여성과 아동의 건강 및 영양상태와 관련된 상황은 근소하게나마 개선되었다고 할 것이다. 동 위원회와 조선민주주의인민공화국측 위원회간의 식량 및 영양상태에 관한 새로운 현지조사가 가까운 장래에 조선민주주의인민공화국에서 이루어질 예정인데, 이것은 최신의 평가결과를 제공하는 데 도움이 될 것이며, 최근 몇 년 동안 외국의 인도적 원조에 의해 제공된 식량의 어느 정도가 실제로 여성과 아동에게 도달되었는가 하는 문제에 대해서도 영향을 미치게 될 것이다.

Ⅱ. 권고사항

67. 회고해 볼 때, 최근 몇 십 년 동안 조선민주주의인민공화국에서 어느 정도 건설적인 발전이 이루어져 왔음에도 불구하고 인권의 실행에 있어서는 다양한 격차와 위반이 있어왔으며, 그 중 몇몇은 참으로 어처구니없는 성격의 것인바, 이와 같은 폐해를 방지하고 시정하기 위해서는 즉각적인 행동이 요구되고 있다. 조선민주주의인민공화국에서 인권을 신장하고 또 보호하기 위해서는 다음과 같은 권고사항들의 시행이 절박하다. 하지만 이것들이 가능한 모든 권고사항들을 망라하는 것은 아니다.

68. 조선민주주의인민공화국은 다음과 같은 권고사항들을 시행하여야 한다.

(a) 자신이 당사국의 하나인 네 가지 인권조약을 포함하여 국제적 인권표준들을 준수하여야 하고, 그 중 세 가지 조약에 의해 설정된 감시위원회의 권고들을 따라야 하며, 기타 관련 조약들을 수용하고 이를 실천하여야 한다.
(b) 그와 같은 표준에 부합하지 않는 법률과 시행방식을 개선하여야 한다.
(c) 민주주의, 평화, 지속 가능한 발전 그리고 비군사화와 함께 인권을 존중하여야 하며, 정책결정과 시행의 모든 수준에 걸쳐 시민사회의 참여를 위한 보다 확대된 공간을 마련하여야 한다.
(d) 예를 들어, 국가인권위원회나 그에 상응하는 조직, 순수한 비정부기구 그리고 활동적이며 독립적인 언론매체의 설립을 통하여 법의 지배, 특히 독립적이며 투명한 사법부의 촉진, 피고와 구금자들을 위한 보호 장치, 재판을 받을 기회와 시민사회의 참여, 그리고 권력의 남용에 대한 견제와 균형 등을 존중하여야 한다.
(e) 특히 교도소체계를 개선하고, 사형 및 체형 그리고 강제노동을 폐지하며, 예방적 또는 행정적 구금과 정치범의 억류를 종식시키기 위해 사법행정을 개혁하여야 한다.
(f) 격리수용의 근본원인을 제시하고, 격리수용된 사람들이 그들의 원래 거주지로 귀환할 경우를 포함하여 그들을 박해하거나 희생물로 삼는 것을 방지하며, 격리수용자와 인신밀수 그리고(또는) 인신매매를 당한 사람들을 인간적으로 대우하며, 귀환자들의 사회적 재통합을 조장하여야한다.
(g) 신속하고 효과적인 절차를 통하여 외국인의 납치와 같은 위반사례에 대해 개선책을 마련하여야 한다.
(h) 성별과 아동의 실정에 맞는 혁신적인 인권교육 프로그램을 통하여 법집행기관과 대중이 인권을 보호할 수 있는 능력을 증진시키고 인권상황에 대해 비판적인 분석을 촉진시켜야 한다.
(i) 가능한 한 광범한 대중적 참여와 함께 마련된 범국가적 인권활동계획의 형태로 법집행기관과 기타 정부 기관들이 인권을 존중하도록 명확한 지시를 공포하여야 한다.
(j) 식량원조를 포함한 인도주의적 지원이 목표집단에 도달할 수 있도록 방해받지 않는 접근과 투명한 감시 그리고 책임의식이 보장되어야 한다.
(k) 특별보고관 그리고 다른 기구들을 적절한 때에 초청하고 그들이 조선민주주의인민공화국을 방문하여 인권상황의 실적을 평가하고 개선책을 권고하도록 하여야 한다.
(l) 인권을 신장 및 보호하기 위한 활동을 지원하기 위하여 적절한 때에 인권고등판무관실 및 기타 기관으로부터 기술적 지원을 얻도록 노력하여야 한다.
69. 기타 국제사회의 구성원들은 다음과 같은 권고사항들을 시행하여야 한다.

(a) 위에서 제시한 지시사항을 따르도록 조선민주주의인민공화국에 건설적으로 영향력을 행사하여야 한다.
(b) 송환금지의 원칙 그리고 적어도 일시적인 도피처와 보호를 제공하는 것을 포함하여, 조선민주주의인민공화국으로부터 이탈한 난민과 기타 이탈자들의 보호를 지지하고, 도피처를 찾는 사람들의 생명을 위태롭게 하는 쌍무적 및 여타 일체의 장치들을 종식시켜야 한다.
(c) 조선민주주의인민공화국과의 사이에 비밀 이주경로를 줄이기 위하여 질서 있고 안전한 이주경로를 촉진시키며, 인신밀수 및 인신매매의 피해자들을 인간적으로 대우함과 동시에 인신밀수와 인신매매에 대응하기 위한 국가 간 협력을 증진시켜야 한다.
(d) 첫 번째 망명국 내에서의 정착, 제3국에서의 정착, 그리고 적절한 후속조치가 강구된 상태 하의 안전하고 자발적인 귀환 등을 포함하여 난민을 도울 수 있는 장기적인 해결책을 마련하여야 하며, 난민과 이주자들을 돌보는 책임을 분담함에 있어 국제적 유대를 강화하여야 한다.
(e) 인도주의적 단체들의 방해받지 않는 접근성에 의해 지지되고, 투명한 감시와 책임의식을 통하여 원조와 지원이 피해 입기 쉬운 집단들에게 도달할 수 있도록 보장하여야 한다.

제60차 유엔총회
북한인권특별보고관의 보고서(A/60/306)
제출일 : 2005년 8월 29일

조선민주주의인민공화국의 인권상황

윗팃 문타폰/북한인권특별보고관

요약문

2004/13호 결의에서 인권위원회는 조선민주주의인민공화국 정부 및 주민들과 직접적인 접촉과 조선민주주의인민공화국의 인권상황에 대한 검토와 보고를 위해 특별보고관을 임명하기로 결정했다. 윗팃 문타폰은 2004년 7월 특별보고관으로 임명되었다. 2005/11호 결의로 특별보고관의 임기는 1년 연장되었으며 본 보고서는 그 결의에 따라 제출된다.

 현 상황은 다음과 같이 요약될 수 있다. 긍정적인 측면으로는 첫째, 조선민주주의인민공화국은 4대 핵심 인권조약인 「시민적·정치적 권리에 관한 국제규약」, 「경제적·사회적·문화적 권리에 관한 국제규약」, 「아동의 권리에 관한 협약」, 「모든 형태의 여성차별 철폐에 관한 협약」의 당사국이다. 조선민주주의인민공화국은 관련 위원회에 많은 보고서를 제출했다. 둘째, 조선민주주의인민공화국은 다양한 유엔기구들과 협조를 해왔다. 2005년 조선민주주의인민공화국은 UN아동기금(UN Children's Fund)과 함께 '아동건강의 날'을 정했다. 이는 약 2백만 명의 아동들이 비타민 A 공급 등의 의료 서비스를 제공했다. 셋째, 조선민주주의인민공화국은 많은 다른 나라들과 마찬가지로, 인권 보호와 증진에 도움이 되는 법적·행정적 토대를 갖추고 있다. 넷째, 최근 몇 년간 조선민주주의인민공화국은 개혁을 추진하였으며, 특히 법률 분야에서 그러했다. 2004년 형법을 '죄형법정주의'라는 국제 원칙에 맞추어 개정했다. 다섯째, 일부 측면에서 개선이 이루어졌다. 특히 경제 자유화 실험(experimentation with liberalizing economy)을 하고 있으나, 아직 경제적·사회적 상황이 불안한 실정이다.

 그러나 아직 중대한 과제들이 많이 남아있다. 식량권과 생명권; 개인의 안보권, 인도적 대우를 받을 권리, 차별받지 않을 권리, 사법 정의에의 접근; 거주이전의 자유에 관한 권리, 실향민의 보호; 건강권, 교육권; 자기결정권, 참정권, 정보접근권, 표현/신념/의견의 자유, 결사의 자유, 종교의 자유; 특정인 또는 여성과 아동 등 특정집단의 권리가 그것이다. 이 현안들은 본 보고서에서 거론될 것이다. 또한 이 보고서는 조선민주주의인민공화국의 인권상황이 일본과 몽골에 미치는 영향을 평가하기 위해 일본과 몽고 출장에 관한 요약 보고서도 제공하겠다.

결론적으로, 최근 몇 십 년간 조선민주주의인민공화국에서 긍정적인 변화가 있었다는 것은 분명하지만, 인권의 이행에서 다양한 형태의 불일치와 (몇몇 끔찍한 형태의) 인권침해가 벌어지고 있으며, 이러한 인권침해를 막고 해결책을 제공하기 위한 즉각적인 조치가 필요하다. 보고서의 마지막은 조선민주주의인민공화국에 대한 권고와 국제사회에 대한 권고도 포함한다.

이 보고서는 유엔 특별보고관이 조선민주주의인민공화국 인권상황에 대한 초기 관찰(initial observations)을 제시한 특별보고관의 첫 번째 보고서에 근거한다.

목차

I. 서론
II. 연구방법
III. 조선민주주의인민공화국 인권상황
  A. 건설적 요소
  B. 구체적 과제
IV. 관련국 방문
  A. 일본
  B. 몽골
V. 권고

I. 서론

1. 2004/13호 결의에서 인권위원회는 조선민주주의인민공화국의 인권상황에 대해 깊은 우려를 표명했고, 조선민주주의인민공화국과 직접적인 관계를 맺고 인권상황 및 조선민주주의인민공화국 정부의 국제협약 준수에 대한 검토와 보고를 위해 위원장에게 특별보고관을 임명할 것을 요청했다. 위원회는 특별보고관에게 해외 국가 방문 등을 통해서, 그리고 정부, 비정부기구, 정부간 기구로부터 확실하고 신뢰성 있는 정보 수집과 이를 총회와 위원회에 보고하도록 요청했다. 2004년 인권위원회는 본인에게 이 특별보고관 역할을 맡아 줄 것을 요청했다. 2004년 총회에서 조선민주주의인민공화국 인권상황에 대한 초기 성명을 발표했고, 2005년 인권위원회에 첫 보고서를 제출했다. 특별보고관의 임기는 2005/11호 결의로 1년 연장되었다. 이 보고서는 유엔 특별보고관의 조선민주주의인민공화국 인권상황에 대한 초기 관찰(initial observations)에 근거한다.

II. 연구방법

2. 현재까지 본인은 조선민주주의인민공화국 방문을 시도했으나 초청받지 못했고, 조선민주주의인민공화국 당국도 위임업무에 협조하지 않았다. 그러므로 본인은 보고서를 정부, 비정부기구, 정부간기구 등 다양한 출처로부터의 관련 정보에 근거하여 작성했다. 또한 본인은 정부기구와 비정부기구, 정부간기구 대표들과 만났다. 또한 조선민주주의인민공화국 인권상황이 일본과 몽골에 미치는 영향을 파악하기 위해 2005년 초 일본과 몽골을 방문했다. 그에 대한 요약 보고서는 이 보고서에 포함되어 있다.
3. 친절한 도움을 준 모든 정부, 비정부기구, 정부간기구, 다른 독립적인 단체, 그리고 유엔 인권고등판무관실 직원들에게 감사드리고 싶다. 모든 관계자들에게 본인이 전달하고자 하는 메시지는 조선민주주의인민공화국이 인권상황 개선을 위해 이번 위임업무를 세계와, 특히 유엔과 관계를 가지는 기회로 바라볼 수 있도록 촉구하는 것이었다. 특별보고관으로서 채용한 과정은 공정하고, 균형적이며 독립적인 태도로 그 나라에서 인권을 신장시키고 보호하기 위해 진보적으로 일하는 건설적이고 단계적인 접근에 토대를 두고 있다.

III. 조선민주주의인민공화국 인권상황

A. 긍정적 요소

4. 첫째, 긍정적인 측면에서는 조선민주주의인민공화국은 4대 핵심 인권조약인「시민적·정치적 권리에 관한 국제규약」,「경제적·사회적·문화적 권리에 관한 국제규약」,「아동의 권리에 관한 협약」,「모든 형태의 여성차별 철폐에 관한 협약」의 회원국이다. 조선민주주의인민공화국은 관련 감시위원회에 많은 보고서를 제출했고 인권규약위원회(Human Rights Committee), 관련 감시위원회, 즉 경제사회문화권위원회, 아동권위원회, 그리고 최근에는 여성차별 철폐 위원회(CEDAW)와 관계를 가져왔다. 2005년 여성권에 대한 조선민주주의인민공화국의 보고서는 여성차별 철폐 위원회의 제33차 회의에서 검토되었으며 본 연구에서 여성차별 철폐 위원회의 권고들이 고려되었다.
5. 둘째, 조선민주주의인민공화국은 다양한 유엔기구들과 협조해왔다. 2005년 조선민주주의인민공화국은 UN아동기금(UNICEF)과 함께 '아동건강의 날'을 제정했다. 이는 약 2백만 명의 아동들이 비타민 A 공급 등의 의료 서비스를 받을 수 있게 했다. 2004년 아동권위원회가 조선민주주의인민공화국의 초청을 받아 방문한 바 있다.
6. 셋째, 조선민주주의인민공화국은 많은 다른 나라들과 마찬가지로, 인권 보호와 증진에 도움이 되는 법적·행정적 기반을 갖추고 있다. 예를 들면, 1972년에 채택되고 1992년과 1998년에 개정된 헌법 등 국가 법률과 정책들은 몇 가

지의 인권보장을 제공한다. 그러나 이것들의 이행에 관한 핵심적인 문제들이 존재한다.
7. 넷째, 최근 몇 년간 조선민주주의인민공화국은 개혁을 추진하였으며, 특히 법률 분야에서 그러했다. 조선민주주의인민공화국은 2004년 형법을 '죄형법정주의'에 맞춰 개정하였다. 형법 제6조는 "국가는 형법에서 범죄로 규정한 행위에 대해서만 형사책임을 지우도록 한다"라고 규정하고 있다. 이는 형법에 규정되지 않은 행위들을 유추해석을 통해 처벌하던 과거의 태도에서 개선된 점이다. 또한 조선민주주의인민공화국 당국은 일반배포용 법령집을 발간하였다.
8. 다섯째, 1995년 이전까지는 인민들을 위한 의료, 사회보장, 교육 제도가 잘 마련되어 있었다. 이는 식량난, 자연재해, 국제지원의 감소, 국가차원의 관리실패 등의 다양한 요인으로 인한 1990년대 중반의 위기로 인해 쇠퇴했다. 이후 일부 측면에서 개선이 이루어졌다. 특히 조선민주주의인민공화국은 경제 자유화 실험을 하고 있으나, 아직 경제적·사회적 상황이 불안한 실정이다.

B. 구체적인 과제

9. 조선민주주의인민공화국의 인권상황을 제대로 평가하려면 국제인권기준, 민주주의, 평화, 인간안보, 비무장/무장 해제, 지속 가능한 발전과의 상호관계를 고려하는 것이 필수적이다. 조선민주주의인민공화국의 권력 기반의 비민주적인 성격이 인권의 보장에 어려움을 준다. 동시에 소위 집단의 권리와 국가 주권을 내세우면서 정권 수뇌부가 살아남기 위해 국가중심을 강조하는 것은 인권의 실현과 위의 요인들과의 상호관계를 어렵게 한다. 더구나 조선민주주의인민공화국의 비핵화 문제는 한반도와 국제사회 전체의 복잡하고 오래된 과제로 자리 잡고 있다. 이 현안에 대한 주요 관계자들 간의 회담이 2005년 안에 재개된다면 이는 환영받아야할 것이다. 왜냐하면 이 회담은 국제적으로 민감한 사안의 해결에 중요할 뿐만 아니라 이로 인한 긍정적인 발전은 조선민주주의인민공화국 인권의 증진을 위한 분위기 형성에 도움이 될 것이기 때문이다.

1. 식량권과 생명권

10. 1990년대 중반, 조선민주주의인민공화국은 홍수와 가뭄 같은 자연재해와 이에 대한 권력 기구의 부적절한 대응, 그리고 권력 불균형 문제로 끔찍한 식량부족 위기를 겪었다. 이는 조선민주주의인민공화국의 발전에 큰 영향을 미쳤으며, 많은 사람들의 생명과 생존을 위협했다. 식량권 문제는 식량권 특별보고관의 보고 영역이기도 하다. 나는 그 위임업무를 지지하고 보완하고 싶다.
11. 2005년의 상황이 여전히 심각하다는 것이 일반적인 견해이다. 국내 생산된 식량과 외부로부터의 인도주의적 지원이 많이 부족한 상태이다. 최근 운영보

고는 다음과 같다.

조선민주주의인민공화국 내 세계식량계획(WFP)의 작업은 자금 부족으로 계속 어려움을 겪고 있다. 그 결과 5월에 임산부와 유치원·탁아소 아동들 1백 20만 명에 대한 콩과 식용유 공급이 중단되었다. 상황은 여전히 심각하며 자금 확보 노력에도 불구하고 WFP는 2004년 10월부터 한정된 지원 약속만 받아 왔다. 획기적인 상황 변화가 없다면 WFP는 6월 중순부터 3백 60만 명의 노인, 작업과 식량연계(food-for-work) 참여자들과 그들의 가족들, 초등학생, 그리고 도시 극빈층에 대한 식량 배급을 중단할 수밖에 없을 것이다.

공공분배시스템(PDS) 배급은 하루에 일인당 옥수수와 쌀 250g으로 변함이 없다. 그러나 많은 조선민주주의인민공화국 당국 관계자들이 7월에는 배급량이 200g으로 다시 줄어질 가능성이 높다고 WFP직원에게 말했다. 그렇다면 이는 2001년 이후로 가장 낮은 수준일 것이다.[1]

12. 그 동안 유엔기구들이 합동국제호소(Consolidated Appeal Process)를 통해 지원증대를 위한 협조를 해왔으나, 2004년에 조선민주주의인민공화국은 더 이상 합동국제호소에 참여할 의사가 없음을 표명했다. 조선민주주의인민공화국 당국은 모니터링에 대한 보장이 상대적으로 낮은 장기적 발전 지원의 방향으로 가는 것을 선호했다. 수정된 접근법은 2005년 국제협력구조(Framework for International Cooperation)에서 완성되었다.

13. 사실상, 유엔 지원은 '무접근 무제공(no access, no food)'의 원칙으로 제공된다. 즉 식량 원조를 필요로 하는 목표 집단에 접근이 이루어지지 않으면, 지원은 이루어지지 않을 것이다. 지원된 식량 원조가 실제 지원 대상에게 얼마나 전달되는지, 그리고 다른 용도로 빼돌려지는 식량이 어느 정도인지에 대한 논란이 계속되고 있다. 본인이 면담한 한 출처는 다른 목적을 위한 대량의 유용이 없다고 한 반면 다른 이들은 이에 반대하는 입장이다.

14. 현재 모니터링 과정이 잠재적으로 더 나은 질적 모니터링으로 변화하고 있다. WFP의 새로운 모니터링 시스템의 일부로서 정기적인 가구별 식량안보 평가(Household Food Security Assessment)가 5월 말부터 6월 초에 걸쳐 실시되었다. 10일 동안 WFP 모니터링 팀들은 240가구 면담과 10개의 포커스집단 토론, 가족면담을 실시한 마을 내에서 70 차례의 시찰활동을 실시했다. 특히 포커스 집단 토론은 성공적이었고 그로 인해 정보를 많이 얻을 수 있었다. 조선민주주의인민공화국 당국이 예민하게 생각하는 비공식적 경제, 가계지출, 악화되

---

1) United Nations Office for the Coordination of Humanitarian Affairs: OCHA Office in the Democratic People's Republic of Korea, DPR Korea Situation Report for April-May 2005, No. 03/05, p. 1.

는 식량 안보 상황 등과 같은 문제들에 대한 토론이 이루어졌다. 토론의 목적은 일 년에 세 번씩 이러한 평가 실시, 농경 주기의 특정 시기에 발생하는 식량요구들을 반영 그리고 식량지원 우선순위를 더 정확하게 결정하는 것이다.[2]

15. 본인의 의견으로는, 필요한 것은 모니터링의 감소가 아닌 투명성과 책임을 최대한 보장할 수 있는 더욱 효과적인 모니터링이다. 몇몇 장소에서 식량 지원 분배에 대한 모니터링이 이루어지고 있지만, 외국 인도주의적인 단체들에 의한 무작위 점검은 조선민주주의인민공화국 당국에 의해 아직 허용되지 않고 있다.

16. 또 다른 측면에서 볼 때, 한편으로는 식량 지원이 지속되는 것을 지지할 필요가 있지만, 높은 군사 예산으로 인한 왜곡을 간과해서는 안 된다. 식량 위기로부터 벗어나고 시대착오적인 인프라, 에너지 등의 부족을 해결하기 위해서는 군사·국방 예산을 사회·경제 분야에 사용 하는 것이 훨씬 나은 선택일 것이다.

추정되는 북한의 군사비용

북한 군사비 - 북한 통화 : 10억원

1998	1989	1990	1991	1992	1993	1994	1995	1996	1997	1998	1999	2000	2001	2002	2003	2004
3.9	4.3	(4.3)	(4.5)	(4.6)	(4.7)	(4.8)	"	"	"	(2.9)	(2.9)	(3)	(3.1)	(3.3)	(3.9)	4.2

북한 군사비 (2003) : 백만 USD

1998	1989	1990	1991	1992	1993	1994	1995	1996	1997	1998	1999	2000	2001	2002	2003	2004
25.8	27.1	(28.8)	(29.8)	(30.6)	(31.3)	(32.1)	"	"	"	(19.5)	(19.5)	(20)	(20.9)	(22)	(26)	27.9

출처: 스톡홀름 국제 평화 연구원 http://www.sipri.org/contents/milap/milex/mex_database1.html

17. 식량 지원 문제에만 초점을 맞추는 것으로는 부족하다. 조선민주주의인민공화국 당국에게도 국방비를 줄이고, 식량위기와 발전이 필요한 다른 분야에 효과적으로 대응하기 위하여 공정한 자원 재분배를 보장할 책임이 있다.

2. 개인의 안전권, 인도적 대우를 받을 권리, 차별받지 않을 권리, 사법 정의에의 접근

18. 이 분야의 권리 침해에 대한 많은 보고가 다양한 출처를 통해 들어오고 있다. 이러한 권리 침해는 주로 법률이나 제도와 관련된 것으로, 특히 국제기준에

---

[2] Ibid.

미치지 못하는 감옥이나 수용소에서 많이 발생하며, 공정한 재판을 받을 기회도 없이 이루어지는 예방적 행정적 구금 등과 같이 빈약한 법집행에 의해 더욱 악화되고 있다.[3] 개인에 대한 폭력과 관련된 수많은 보고가 있으며, 이들 자료 중 일부는 유엔 결의 2005/11호 (특별보고관의 위임업무가 부과된)의 배경이 되기도 했다. 이 유엔 결의는 다음과 같은 내용을 담은 보고가 계속되는데 대해 깊은 우려를 표명하고 있다.

a) 고문과 기타 잔인하고 비인간적이거나 굴욕적 처우 또는 처벌, 공개처형, 초법적이고 자의적인 구금, 적법절차 및 법치주의 부재, 정치적 이유로 인한 사형 선고, 많은 수용소의 존재와 강제 노동의 광범위한 사용
b) 송환된 조선민주주의인민공화국 국민들에 대한 재제, 즉 이들의 출국을 반역으로 간주하여 구금, 고문, 비인도적이거나 굴욕적 처우 혹은 사형선고가 잇따름
c) 사상, 양심, 종교, 의견, 표현의 자유, 평화적인 집회와 결사의 자유, 정보접근의 자유에 대한 광범위하고 심각한 제한 또한 국내외 이동에 대한 통제
d) 계속되는 여성의 인권과 근본적인 자유에 대한 침해, 특히 성매매나 강제

---

[3] 출처: Human Rights Watch, "The Invisible Exodus: North Koreans in the People's Republic of China," *Human Rights Watch*, vol. 14, No. 8 (c) (November 2002), pp. 1-36; Amnesty International, "Starved of Rights: Human Rights and the Food Crisis in the Democratic People's Republic of Korea (North Korea)," ASA/24/003/2004 (January 2004); D. Hawk, *The Hidden Gulag: Exposing North Korea's Prison Camps* (Washington, D.C.: US Committee for Human Rights in North Korea, 2003); Korean Institute for National Unification, *White Paper on Human Rights in North Korea 2004* (Seoul: Korean Institute for National Unification, 2004); Good Friends, *Human Rights in North Korea and the Food Crisis* (Seoul: Good Friends, 2004). 인도적 처우문제는 난민문제와 밀접하게 연계되어 있다. 다음을 보라. The Commission to Help North Korean Refugees, *The Reality of Forced Repatriation of North Korean Refugees* (Seoul: The Commission to Help North Korean Refugees, 2000); Citizens' Alliance for North Korean Human Rights and Helsinki Foundation for Human Rights, *The Fifth International Conference on North Korean Human Rights and Refugees* (Seoul: Citizens' Alliance for North Korean Human Rights, 2004). 열거한 다양한 비정부 정보출처들과 관련하여, 인권과 조선민주주의인민공화국에 대해 일하는 많은 비정부단체들이 문제를 대하는 전략에 있어 차이를 보인다는 것을 밝히고 싶다. 종교문제와 관련해서는 다음에서 볼 수 있다. The United States Commission on International Religious Freedom, *Annual Report* (Washington D.C.: United States Commission on International Religious Freedom, 2004). 좀 더 정책지향적이고 정치적인 접근은 다음을 보라. International Crisis Group (ICG), "North Korea: Where Next for the Nuclear Talks?," *Asia Report*, No. 87 (Brussels: ICG, 2004) and ICG, *North Korea: Can the Iron Fist Accept the Invisible Hand?* (Brussels: ICG, 2005).

결혼을 위한 인신매매, 구금시설이나 노동단련대(labour training camp)
에서 이루어지는 강제유산과 낙태 그리고 송환된 여성이 출산한 영아살해

19. '연좌제(guilt by association)' 개념에 근거한 집단처벌은 여러 자료에 기록되어 왔으며 이는 우려스러운 관행이다.4) 연좌제란 한 사람이 정치적 또는 사상적 범죄를 저질렀을 때 그의 가족이 함께 벌을 받는 것을 의미한다. 당국이 강한 주민통제를 위해 이러한 가족기록을 관리하는 것은 그 가족들에게 수직적·수평적 타격을 준다. 현재의 가족들이 박해를 받는다는 점에서 수평적이며, 후손들에게 낙인이 찍힌다는 점에서 수직적이다.

20. 헌법과 다른 법률들이 차별금지 원칙을 옹호하고 있으면서도, 실제로는 잘 지켜지지 않고 있다. 과거 조선민주주의인민공화국에서는 주민들을 당국이 선호하는 집단에서부터 적대적인 집단에 이르기까지 다양한 집단으로 분류했다는 내용의 보고가 많이 있었다. 이러한 분류가 법으로는 폐지되었을지 모르나 관행적으로 계속 이어지고 있으며, 피난처를 찾아 그 나라를 떠난 사람들의 증언에서도 이를 알 수 있다.

21. 2004년 형법이 개정되면서 반국가 범죄에 대한 처벌 증가 등 다양한 부정적 요소들이 추가되었다. 국방관리 질서를 침해한 죄(제4장), 사회주의 문화를 침해한 죄(제6장) 등 새로운 범죄 범주들이 생겼다. 국가를 전복하려는 음모, 테러행위, 조국반역죄, 민족반역죄 그리고 계획적인 살인에 대한 의무적 사형 선고들도 추가되었다.5)

22. 또한, 개정 형법은 이웃나라에서의 경제적 기회 추구 등 비정치적인 이유로 나라를 떠나는 이들에 대한 처벌을 축소하였다. 특사의 약속과 함께 조선민주주의인민공화국에 돌아가도록 하는 새로운 정책이 취해졌다. 그러나 핵심적 문제는 법률의 집행이다. 바로 법률이 제대로 집행되는가 하는 것이다. 특히 조선민주주의인민공화국에 돌아온 이들은 인도적 대우를 받을 필요가 있다.

23. 조선민주주의인민공화국이 저지른 몇 가지 잘못들은 외국인에게 피해를 주었다. 예를 들면, 조선민주주의인민공화국 당국은 이미 많은 일본 국민을 납치한 것을 인정했으며, 이 문제의 내용은 아래에 요약되어 있다. 입수한 정보에 따르면, 다른 외국인들도 납치되었다고 한다. 이 문제는 강제적 비자발적 실종에 관한 실무단이라는 다른 UN특별절차가 다루고 있으며, 특별보고관은 이 기구의 활동에 대해 지지와 경의를 표한다.

24. 개인의 안전권과 인도적 대우, 차별금지 등에 영향을 미치는 권리 침해에 관해 접수된 수많은 보고를 보면, 심각히 우려할 만한 근거가 충분하다. 또한 조

---

4) Ibid.
5) *White Paper on Human Rights in North Korea 2005* (Seoul: Korean Institute for National Unification, 2004), p. 38.

선민주주의인민공화국에는 법치주의의 부재를 포함하여, 주민들의 사법 정의에 대한 접근을 보장하는 독립된 사법부가 존재하지 않는다는 보고도 있다. 특별보고관이 이런 모든 보고와 주장들을 증명할 위치에 있지는 않지만, 이렇게 많은 분량의 보고와 관련 주장들이 단지 우연의 일치일 수는 없으며, 이 주장들이 즉각적인 대처와 권력 남용에 대한 견제와 균형이 필요한 권리 침해 문제가 있다는 것을 제기하고 있다는 인상을 받았다.

3. 거주이전의 자유에 관한 권리, 실향민의 보호

25. 일반적으로, 조선민주주의인민공화국 당국은 주민의 이동을 엄격히 통제하고 있다. 물론 최근 들어 약간 유연해지기는 하였다. 조선민주주의인민공화국의 한 지역에서 다른 지역으로 이동하려면 당국으로부터 여행증명서를 발급받아야 하는데, 이것은 매우 번거로운 과정이다. 국경을 넘어 다른 나라로 여행을 하기 위해서는 출국비자나 그에 상응하는 증명서를 받아야 한다. 이와 관련된 법을 어긴 경우에는 처벌을 받는다. 2004년 법 개정으로 일부 처벌은 원칙적으로 감소하였으나, 이러한 제약은 인권에 보장된 거주이전의 자유에 위배된다.

26. 조선민주주의인민공화국 국적인들은 두 가지 주요한 이유로 국경을 넘어 다른 나라로 이탈하고 있다.6) 첫째, 정치적 압박과 박해가 많은 사람들이 다른 나라에서 피난처를 찾도록 밀어내는 요인으로 작용하고 있다. 2002년부터 2004년까지 많은 조선민주주의인민공화국 국적인들이 외국 대사관이나 학교에 들어가는 등의 많은 방법으로 망명을 시도하였으며, 이는 이들에 대한 체포와 강제송환 같은 탄압으로 이어졌다. 최근에 보고 되기로는 더 많은 사람들이 다른 나라들에서 가족들과 재결합하기 위해서 떠난다고 한다. 일반적으로 정치적 이유들로 나라를 떠나는 사람들은 전통적 국제법 상의 '망명자'의 정의, 다시 말해 그들의 출신국으로부터 근거가 충분한 처벌의 두려움을 느끼는 사람들에 부합된다.

27. 둘째, 1990년대 중반의 식량위기로 인해 많은 사람들이 생존을 위해 타지로 떠나야만 했으며, 때로는 국경을 넘어 다른 나라로 가기도 했다. 이 범주에 속하는 사람들도 조선민주주의인민공화국으로 돌아가게 되면 출국비자 없이 본국을 떠났다는 이유로 처벌을 받기 때문에, 이들도 역시 '현장(sur place)' 난민 즉 박해에 대한 두려움 때문에 출신국을 떠나지는 않았지만 본국으로 돌아갈 경우 박해받을 우려가 있는 사람들로 분류될 수 있다.

28. 난민 보호를 위한 핵심적 국제규범은 강제송환금지, 즉 난민을 위험지역으로

---

6) 최근의 정보에 대해서는 북한인권시민연합 홈페이지(www.nkhumanrights.or.kr/nkhr_new/main.htm)에 있는 「제6회 북한인권·난민문제국제회의」(서울, 2005년 2월 14일~16일) 자료들과 J. R. Charney, *Acts of Betrayal: The Challenge of Protecting North Koreans in China* (Washington, D.C.: Refugees International, 2005)를 보라.

되돌려 보내지 않는 것이다. 현재, 조선민주주의인민공화국의 망명 신청자들을 수용하고 있는 몇몇 나라들에서 이 원칙이 준수되지 않고 있는 바, 모든 나라에서 이 원칙이 효과적으로 준수될 필요가 있다.

29. 이와 관련된 또 다른 한편, 망명 신청자들이 (경제적 이유로 인한 이주자와 자주 연계되는) 불법 이주자들인지 난민인지에 대하여 아직 논란이 있다. 전자는 그들이 본국으로 송환 될 수 있지만 후자는 강제송환 금지의 원칙에 의해 보호받을 수 있다. 이에 대해 내가 제시하는 핵심적인 판단 기준은 그들이 본국으로부터 보호를 받을 수 있는지를 살펴보는 것이다. 그들이 보호를 받지 못하면, 국제적인 보호가 가능해 지고 난민 지위가 인정될 것이다. 일부 국가들이 그들에게 공개적으로 난민 지위를 부여할 준비가 되어 있지 않더라도, 적어도 그들을 국제 보호를 받아야할 사람들로서 대우해야 한다. 또한 강제송환 금지 등의 기본적인 국제법 원칙들은 그들의 보호를 위해 준수되어야 한다.

30. 또한 망명 신청자들이 유엔난민고등판무관실(Office of the UN High Commissioner for Refugees)과 그들의 지위를 결정하는 절차에 접근할 수 있도록 보장할 필요가 있다. 그들이 난민 범주에 속하게 되면 망명 국가에서는 일시적인 체류를 허용해야 하며 강제송환금지의 원칙에 따라 인도적으로 대우를 해야 한다. 최근 연구 중 우려스러운 점은 많은 나라들에 새로 도착하는 사람들 중 여성의 비율이 증가하고 있다는 점이다.

31. 한편, 망명 신청자들을 수용하고 있는 나라들, 특히 망명자들이 대량으로 유입되는 나라들의 어려움을 외면해서는 안 된다. 그 나라들의 부담을 함께 나누는 것은 국제사회의 단결과 책임 분배에 달려 있다. 첫 번째 망명국가가 망명자들을 보호하지 못하거나 보호하지 않을 경우 다른 나라들이 재정착지를 제공하는 등의 도움을 주어야 한다. 이는 조선민주주의인민공화국 망명 신청자들과 관련하여 어느 정도 이루어지고 있으며 지지받아야 한다. 또한 국제법에 따라 난민을 보호하는 것이 비우호적 행위로 간주되어서는 안 된다. 조선민주주의인민공화국과 같은 출신국들은 그 과정을 존중해야 하며, 국민 이탈의 근본 원인 해결에 노력해야 하고 귀국을 원하는 자들이 처벌의 우려 없이 안전하게 돌아올 수 있도록 해야 한다.

4. 도달 가능한 최고 수준의 건강을 향유할 권리와 교육에 대한 권리

32. 1990년대 중반까지 경제적 사회적 상황은 특히 의료보장 및 교육과 같은 사회복지권의 접근과 관련하여 대체로 건설적이었다. 조선민주주의인민공화국은 공식자료를 통해 교육에 대한 보편적 접근과 실업의 부재와 같은 발전을 주장하고 있지만 실질적인 적용범위를 확인하는 것은 어려운 상황이다. 더군다나 복지에 대한 접근은 당국에 호의적인 이들에게 더욱 용이한 한편 정치적, 경제적, 사회적으로 소외된 사람들이나 감옥에 수감 중인 사람들은 상당

한 배제정책과 사회보장제도에의 접근 부족 및 불충분에 시달린다는 점에서 실제적인 도전이 있어왔다. 현재로서는 의약품이 심각한 부족 상태에 있는 한편 전기 및 수도 공급의 붕괴 그리고 불결한 위생상태가 의료 및 교육 복지를 저하시키고 있다.

33. 경제적 사회적 상황이 어떤 면에서는 호전된 반면 질적인 측면에서 본 국내 상황은 언제나 양면적이다. 의료 복지는 정권에 밀접한 이들에게 용이한 경향이 있으며 교육제도는 국가에 의해 강하게 통제되고 있다. 높은 정도의 주입교육을 통해 어린이들은 어린 시절부터 국가와 이념 (주체사상 및 지도자 숭배)에 복종하도록 훈련되고 당국이 정치적 생활방식을 정당화하고 영속시키기 위하여 청년인구를 수단화하는 것이 만연해 있다. 이것은 다양한 정보 자원에 대한 이용가능성 결여와 선택과 의견의 다양성의 토대가 될 만한 비판적, 분석적 사고를 양성하기 위한 참여적 방법론의 결여가 함께 복합되어 있다. 본인은 이러한 문제들에 대응하기 위한 다양한 유엔 절차를 강조하는 바이며 그들의 일을 보완하고자 한다.

5. 자기 결정권과 참정권, 정보 이용권, 표현/신앙/의사의 자유, 결사의 자유, 종교의 자유

34. 참정권은 자기결정권의 고유한 요소이며 국가를 의인화한 국가권력이 아닌 인민의 의지에 근거한 권리이다. 그러나 조선민주주의인민공화국의 권력 정치 배경 하에서는 국가권력이 우선시 된다.

35. 당국의 주장에 의하면 정보이용, 표현/신앙/의사, 결사 및 종교와 관련한 권리가 존재한다고 하지만 현실은 그와 반대된다. 공식 허가 없이는 외국 라디오를 청취하는 것이 불법이라는 사실이 이를 예증한다. 국가의 성격 그 자체에 의해 표현/신앙/의사 등 다양한 자유가 저해되는 등 정치적 반대자가 용납되지 못하며 중한 처벌을 부과된다. 단일의 노동조합이 존재하기는 하나 국가에 의해 통제되고 있으며 복수정당제도는 그것을 허용하지 않는 독점적인 권력 기반 때문에 존재하지 않는다. 또한 국가의 영향력으로부터 독립된 진정한 비정부기구를 설립하여 운영하는 것도 불가능하다.

36. 종교의 자유와 관련하여 당국이 종교의 자유화를 주장하긴 하나 많은 정보가 상반된 지적을 한다. 종교적 활동가 뿐 아니라 그들과 연계된 사람들까지 억압의 대상이 된다. 입수한 정보에 의하면 수많은 종교행위자들과 종교 활동의 구성원들이 박해받거나 때로는 납치당하기도 하였다.

6. 특정 개인/집단의 권리: 여성과 아동

37. 조선민주주의인민공화국은 1995년 식량난이 시작되기 전에 여성의 권리에 있어서 헌법을 포함한 여러 법률을 통해 양성 평등을 보장하는 등 다수의 성

과를 이루어냈다. 중하위 수준의 노동력에 대한 여성의 광범위한 참여도 있어왔다. 그러나 이와 같은 성과들 때문에 처음부터 제도 내에 스며있던 여러 어려움들을 간과해서는 안 된다. 법적인 보장과 사실상의 이행 사이에는 분명한 내재적 차이가 있다. 여성의 권리를 전통적으로 손상시켜온 고정관념들, 특히 여성의 역할은 가정 내에 있다고 하는 차별적 고정관념이 여전히 존재한다. 정치, 사법 및 공공행정의 주요 의사결정 지위에 여성의 오직 제한적인 접근만이 존재한다.

38. 또 다른 우려할 만한 현상들이 있다. 먼저, 다수의 어머니들이 1990년대 중반부터 식량난을 겪었고 그들의 영양 상태는 개선되지 않았다. 2004년에 조선민주주의인민공화국의 협조 하에 유엔 기관이 실시한 대규모 식량 및 영양 조사를 통해 아동의 영양상태는 영양실조와 관련하여 여러 면에서 호전된 반면 여성의 상태는 호전되지 않았다는 사실이 드러났다. 1/3의 어머니들이 영양실조와 빈혈이 있는 것으로 나타났으며, 이는 분명 아동의 영양실조에 영향을 미치는 것으로 보인다. 마지막으로 조사가 실시되었던 2002년과 비교하여 최근에 나타난 2004년 조사 결과는 상황이 개선되지 않았다는 것을 보여준다.[7]

39. 두 번째로, 다른 국가에 피신하거나 그 곳에서 생활하고자 하는 여성들을 착취하는 인신밀수자(human smuggler)들과 인신매매업자들이 큰 문제로 대두되고 있다. 최근의 보고서들이 남성보다 더 많은 비율의 여성들이 이웃 국가로 피신하고 있다고 주장하는 이유는 무엇인가? 어떠한 다른 사람들이 밀입국되고 매매되는가? 인신밀수자들과 인신매매업자들이 최근 들어 여성을 목적으로 삼고 있는 듯하다. 이러한 본인의 생각은 몽골 방문 중에 인신매매 여성을 면담한 후 작성한 보고서를 통해 확인할 수 있다. 또한 인신밀수자들과 인신매매업자들은 여성이 약속한 대가를 남성보다 더 잘 지불한다고 믿는다. 또 다른 정보에 의하면 이웃 국가에 밀입국한 여성들에 대한 처벌가능성이 남성들보다 약하다고 한다.[8]

40. 세 번째로, 여성에 대한 폭력의 문제가 있다. 이 문제는 가정 내에서 가족들 간의 폭력의 형태로 나타나는 가정적 측면과 교도소나 폐쇄된 수용시설에서 나타나는 제도적 측면으로 나타난다. 이로 인해 엘리트 지배계층에 속하지 않거나 고착화된 정치제도에 의해 주변화 된 여성들이 특히 영향을 받는다.

---

7) UNICEF Humanitarian Action DPR Korea Donor Update, 12 May 2005, p. 1과 DPRK 2004, *Nutrition Assessment: Report of Survey Results* (Pyongyang: Central Bureau of Statistics and Institute of Child Nutrition, 2005). 다음을 보라. UNICEF, Analysis of the Situation of Children and Women in the Democratic People's Republic of Korea (Pyongyang: UNICEF DPRK, 2003).

8) N. K. Muico, *An Absence of Choice: The Sexual Exploitation of North Korean Women in China* (London: Anti-Slavery Society, 2005) and op. cit. note 6.

CEDAW는 조선민주주의인민공화국에 대하여 다음과 같이 요구하였다. 가정폭력을 포함한 여성에 대한 모든 형태의 폭력의 발생, 원인, 결과를 조사하고 그 결과를 다음 이행보고서 작성에 포함하여야 한다. 이와 관련하여 위원회는 예컨대 보건 종사자들이 폭력의 흔적을 식별하도록 훈련시키는 등 가정폭력의 존재를 가시화하는 수단을 강구하도록 당사국에게 촉구한다. 위원회는 또한 당사국이 가정폭력에 관한 구체적인 법률을 채택하며 여성과 소녀에 대한 폭력이 범죄를 구성하고 폭력의 피해자인 여성과 소녀가 손해배상과 보호의 즉각적인 수단을 이용할 수 있도록 하고 가해자가 기소되고 처벌될 수 있도록 확보할 것을 권고한다(CEDAW/C/PRK/CO/1,para.38).

41. 아동발달에 관하여, 위에서 언급한 2004년 식량 및 영양조사는 2002년의 상황에 비하여 아동의 영양실조가 감소된 것을 나타내고 있으나 영양실조의 비율이 여전히 높게 나타나고 있다. 조사 대상 아동들 중에서는 1세~3세 집단의 괄목할만한 개선과 함께 발육부진은 37%, 체중미달은 23%, 소모성 질환은 7%로 보고 되고 있다.[9]

42. 근저에는 양면성이 존재하고 있다. 아동권의 이행은 권력의 기저에 속하지 않는 사람들의 입장에서 접근해야 한다. 엘리트 지배계층으로부터 벗어나거나 배제된 사람들의 자녀들은 복지의 이용에 있어 차별을 받는다. 교도소 제도와 여타 시설들의 열악한 조건은 수용된 아동과 미성년재판제도를 경험하는 아동에게 명백히 부정적인 영향을 끼칠 것이다. 많은 아동들은 식량부족으로 인해 거리로 내몰렸다. 현재의 심각한 상황은 이동과 이웃국가로의 유입의 증가에 대한 두려움을 가져왔다.

IV. 국가별 방문

A. 일본

43. 본인은 2005년 2월 24일부터 3월 4일 동안 일본을 방문하여 조선민주주의인민공화국의 인권상황이 일본에 미친 영향, 특히 조선민주주의인민공화국에 의해 납치된 일본국민들에 관하여 조사하였다. 지난 수 십 년 동안, 특히 1970년대와 1980년대에 조선민주주의인민공화국의 기관에 의해 일본 국적인들이 납치되었다. 2002년 평양에서 이루어진 두 국가 간의 최초의 정상회담에서는 평양측이 여러 건의 납치에 조선민주주의인민공화국이 관련되어 있음을 시인하고 그에 따른 사과를 하였다. 양측은 양자관계의 토대가 되는 조-일 평양선언을 채택하였다. 3항은 다음과 같은 기초를 제시한다.

"양측은 국제법을 준수할 것과 상대방의 안보를 위협하는 행위를 하지 않

---

[9] UNICEF, op. cit. at note 9.

을 것을 확인하였다. 현저한 우려의 대상이 되는 일본인들의 생명과 안전에 관한 문제에 관하여 조선민주주의인민공화국 측은 비정상적인 양자관계 하에서 일어난 이러한 유감스런 사건들이 장래에 발생하지 않도록 적절한 조치를 취할 것을 확인하였다."

44. 2004년에는 2차 정상회담이 이어졌다. 여기에서 조선민주주의인민공화국은 사건의 철저한 재조사를 통해 생사여부가 알려지지 않은 피랍자의 소재를 확인하기로 하였다. 일본과 조선민주주의인민공화국은 실무수준협의를 통해 교섭을 지속하였다.

45. 다양한 불확실성이 존재하고 있으며 그러한 것들은 건설적 대화의 방식과 후속조치를 통해 충분히 다루어져야 한다. 본인이 방문할 당시 일본은 15명이 조선민주주의인민공화국에 의해 납치되었다고 주장했다. 2005년 4월 21일, 일본은 1명의 일본인 남성이 추가적으로 납치되었다고 주장했다. 그중 5명만이 일본으로 송환되었으며 나머지 10명에 대해서는 조선민주주의인민공화국이 그들 중 8명만을 납치했으며 다른 2명은 그 나라에 입국한 사실조차 없다고 했다. 조선민주주의인민공화국은 언급된 8명이 사망했으며 그들 중 2명의 유해를 2002년과 2004년에 일본으로 반환시켰다고 발표했다.

46. 일본은 유해의 진위성 여부를 다투었다. 조선민주주의인민공화국에 의해 납치되었다는 남성의 유해가 2002년과 2004년에 반환된 후 법의학 실험을 실시하였다. 2002년에 반환된 유해는 문제의 남성의 것이 아닌 것으로 판명 났고, 2004년에 반환된 것들은 서로 다른 4명의 유해인 것으로 나타났다. 조선민주주의인민공화국에 의해 납치되고 자살했다고 주장된 여성의 유해가 2004년에 반환되어 같은 해 다양한 법의학적 실험을 거쳤다. 실험은 유해가 피랍자의 것이 아닌 것으로 나타났다. 이후에 조선민주주의인민공화국은 문제가 해결된 것으로 보아 일본과 더 이상 피랍자 문제에 관하여 대화를 재개하지 않겠다는 취지의 성명을 발표하였다. 그리고 2005년 2월에 조선민주주의인민공화국은 법의학 실험의 결과에 관련된 일본의 주장을 반박하고 유해를 반환하라고 요구했다.

47. 사망으로 추정된 8명의 피랍자와 조선민주주의인민공화국이 부인하는 2명과 관련된 정황은 양면성과 불명확성을 띤다. 강제 또는 비자발적 실종에 관한 실무그룹은 이들 중 여러 사건에 관하여 논제로 삼고 있다.

48. 일본에 있는 많은 정보 출처, 특히 피랍자의 가족들은 조선민주주의인민공화국이 납치한 일본인 들 중 몇 명은 아직 조선민주주의인민공화국에 생존하고 있다고 믿고 있다. 그들의 의견은 피랍자들이 속히 일본으로 송환되어야 한다는 것이다. 일본에 반환된 유해와 일본에 의해 문제된 피랍자의 것이 아님이 드러난 유해의 문제는 일본 사회에 엄청난 충격을 주어 조선민주주의인민

공화국의 해명과 책임 인정을 요구하는 여론이 일어나게 하였다. 일각에서는 효과적인 반응을 도출해내기 위한 강경한 조치를 주장하기도 하고 사회 일부분에서는 조선민주주의인민공화국이 납치한 사람의 숫자가 언급된 15건을 크게 상회할 것이라는 의견도 있다.

49. 또 다른 측면에서는 납치 문제가 일본에게 중대하지만 인권에 영향을 주는 다른 주요 당면 현안들(특히 조선민주주의인민공화국의 비핵화에 관한 다자협상)을 고려하여 균형 있는 접근이 필요하다고 권고하기도 한다. 동북아의 인권, 평화, 안보 간에는 분명한 연관성이 존재한다. 혹자는 한반도에 영향을 주는 역사적 전례의 문제나 관련된 참여 당사국들의 책임 문제를(related challenge of accountability) 제기하기도 한다. 이러한 측면에서 나는 양국 간의 정상회담의 정신, 특히 상호간에 있었던 과거의 여러 행위들에 관하여 사과하고 덧붙여 후속조치에 합의를 이루었던 2002년 회담의 정신을 환영한다.

50. 개인의 납치('강제실종')는 국내법과 국제법 상 모두 금지되는 것이 일반적이라는 점을 기억해야 한다. 생명과 신체의 안전에 관한 권리를 포함한 모든 인권은 납치 행위가 저질러 진 때에 위반된다. 세계인권선언과 시민적·정치적 권리에 관한 국제규약과 같은 핵심 국제인권법은 납치로부터 개인 보호의 척도를 제시한다. 중요한 것은 납치 또는 강제실종의 문제를 특별히 다루는 유엔 협약이 존재한다는 것이다. 유엔총회 결의 47/133호에 의해 1992 강제실종으로부터 모든 사람의 보호를 위한 선언이 채택되었다. 이 선언에 따르면 납치를 방지하고 배상을 하기 위해 몇 가지 조치가 필요하다. 그러한 조치들은 납치를 방지하고 종료시키기 위한 각국의 효과적인 법률 기타 조치, 납치의 법률상 금지, 위반자들의 재판 회부, 자유를 박탈당한 사람의 소재를 규명하는 방법으로서 즉각적이고 효과적인 사법적 구제, 자유를 박탈당한 사람의 석방과 석방의 신뢰할만한 증명을 허용하는 것 등을 포함한다. 납치는 위반자가 계속적으로 피해자의 소재를 은폐하고 사실을 규명하지 않는 한 계속적 위반으로 본다. 이 선언은 피해자와 그의 가족의 고통과 그들의 정의에 대한 요청에 특별히 주의를 기하고 있다.

일본 방문에 따른 권고

51. 나는 이 문제에 대하여 깊은 우려를 표명하는 바이며 인도주의적 요청으로서 다섯 가지 핵심 메시지를 전달하고자 한다.

 (a) 책임(responsibility): 조선민주주의인민공화국은 조선민주주의인민공화국에 의해 납치된 일본 국민이 아직 조선민주주의인민공화국에 생존 중이며 그들이 즉시 안전하게 일본으로 반환되어야 한다는 일본의 청구에 대해 효과적이고 신속하게 응답할 것을 요청한다.

 (b) 투명성: 조선민주주의인민공화국은 조선민주주의인민공화국에 의해

납치된 여러 명의 일본 국민의 사망에 대한 주장의 신뢰할만하고 객관적인 증명과 관련된 모호함과 모순을 규명하고 다른 일본 국민들이 납치된 바가 있는지에 대하여 확인할 것을 요청한다.
- (c) 가족 상봉: 조선민주주의인민공화국은 특히 납치의 결과로서 고통 받은 이들의 가족 상봉을 존중하고 보장할 것을 요청한다.
- (d) 책임(accountability): 조선민주주의인민공화국은 모순을 교정하고 납치의 피해자들과 가족들이 재판을 이용하고 납치의 행위에 책임 있는 자들을 재판에 회부하는 등 효과적이고 즉각적인 배상을 받도록 할 것을 요청한다.
- (e) 지속성: 조선민주주의인민공화국은 조선민주주의인민공화국에 의해 납치된 일본 국민의 문제를 평화적으로 해결하기 위해 일본과의 대화와 활동을 재개하고 유지할 것과 문제의 만족할 만한 해결을 확보하고 납치의 재발을 방지할 것을 요청한다.

52. 이 메시지는 문제의 건설적 해결을 위한 양국의 양자대화 및 관계를 지원하려는 국제연대의 요청이라는 측면에서 보아야 하며 국제법과 국제인권법의 체계에 기초한 포괄적인 인권의 개선과 보호의 필요를 반영하는 것이다.

B. 몽골

53. 본인은 2005년 3월 4일부터 11일까지 몽골을 방문했다. 이 방문의 주 목적은 조선민주주의인민공화국의 인권상황에 대한 결과들을 조사하는 것이었으며 그 중 특히 월경 난민과 난민사태 간의 관계에 관한 것이었다.
54. 몽골은 1999년을 시작으로 조선민주주의인민공화국에서 유입되는 피난민들을 경험하였다. 몽골의 동쪽 변경을 통해 매 년 수 백 명의 사람들이 홀로 또는 무리지어 국경을 넘고 있다. 최근에는 젊은 여성과 아동의 유입이 더 많아지고 있다. 유형을 살펴보면 상당수가 몽골 영토에 입국하기 전에 일정기간을 중국에서 보낸 것으로 나타난다. 몽골 입국은 그들의 몽골 입국을 조력하기 위해 비밀리에 활동하고 있는 다양한 주체들에 의해 조직되는 것으로 보인다.
55. 일단 몽골 영토에 입국하게 된 피난민들은 국경직원과 관련 당국과의 면담을 거친 후 수도로 이송되어 심층 면접과 의료지원을 받게 된다. 몽골의 현재 입장은 이러한 사람들에게 임시거처를 제공하고 인도주의적 처우를 하는 것이다. 이 정책은 난민을 박해의 위협이 존재하는 본국으로 송환 (또는 추방)하는 것을 금지하는 강제송환금지(non-refoulement)의 원칙과 합치한다. 사실상 이들 난민은 대한민국에서의 장기적 정착을 위해 몽골을 떠나기 때문에 이곳을 통과하는 것에 불과하다. 공식적인 정보원에 의하면 몽골 내 난민들은 출국 일까지 울란바토르에서 보호되고 있으며 몽골 정부는 그들을 수용하기 위한 난민캠프를 설치할 계획이 없다고 한다.

56. 몽골 당국이 인도주의적 입장을 취함으로써 민주주의와 인권에 대한 책임을 다하는 것에 대하여 격려와 지원을 보내야 한다. 또한 몽골은 인권을 보호하고 개선하기 위해 조사와 조정의 역할을 하는 국가인권위원회와 같은 다양한 메커니즘을 가지고 있다. 몽골이 아직 개발도상국이며 제한된 자원과 만연한 빈곤으로 국내적으로 경제적 어려움을 겪고 있다는 점을 기억해야 한다. 조선민주주의인민공화국의 난민들에 대한 처우 방법에 있어서 몽골과 다른 견해를 취하는 인접국가들 때문에 인도주의적 입장을 취하는 것이 정치적으로 곤란을 주고 있기도 하다.

57. 2001년부터 유엔 난민고등판무관(UNHCR)이 몽골에 상주하여 난민 신청자들의 상황에 대처할 수 있는 역량을 구축하는데 도움을 주고 있다. 본인이 만난 정보원들은 국가 당국이 정보를 공유하고 난민 유입에 관한 투명성을 제고하기 위해 UNHCR과 협력할 수 있는 여지가 있다는 의견을 가지고 있었다. 최근에는 몽골이 1951 난민의 지위에 관한 협약과 1967 의정서에 가입하고자 하는 움직임을 보이고 있으며 이는 매우 환영할 만한 일이다. 몽골에는 난민고등판무관실(OHCHR) 대표부가 상주하고 있기도 하다.

58. 위와 같은 시나리오는 상황에 맞게 안배되어야 한다. 두 강대국 사이의 전략적 위치와 조선민주주의인민공화국과 대한민국과의 지리적 인접성은 몽골이 전반적인 국제관계 – 특히 망명과 난민 – 에 관한 진로를 정하는 데 신중을 기하여야 한다는 점을 분명히 해준다. 몽골은 인접 강대국과 조선민주주의인민공화국 및 대한민국과 우호적인 관계를 유지하고 있다. 한반도와의 역사적인 우호관계는 1950년대에 한국전쟁으로 인해 발생한 고아들의 거처를 제공하였던 사실을 보아 알 수 있다. 조선민주주의인민공화국이 얼마 전 몽골 주재 대사관을 철수하였으나 최근에 재개하였으며 의심의 여지없이 몽골 내에 존재하는 난민에 대해 인지하고 있다.

59. 몽골이 채택한 조심스러운 정책은 모든 당사자들과 우호적인 관계를 유지하는 한편 난민에 대하여는 인도주의적 접근을 취하는 것이다. 외국으로부터의 대량 인구유입과 그로 인해 야기될 수 있는 불안정의 여파에 대한 염려가 정책결정과 안보적 관심사에 영향을 주는 것은 불가피하다. 이 점은 조선민주주의인민공화국의 난민뿐만 아니라 다른 국가들로부터 유입되는 인구에도 동일하게 적용되는 문제이다.

60. 본인은 몽골에 피난한 몇 명의 난민들과의 면담을 통해 난민 지위에 관련된 몇 가지 주요 지적을 받았다. 그들의 대부분은 20,30대의 여성들이었으며 그들은 조선민주주의인민공화국에서 겪었던 비참하고 괴로웠던 경험들을 말해주었는데 내용은 박해, 차별, 가족의 실종, 연좌제, 기아와 경제적 궁핍, 권력자의 특권적 지위, 권력자에 반대하는 사람들에 대한 국가의 비관용, 강제노

동, 교화, 당국의 허락 없이 출국을 감행한 자에 대한 비인간적 수감환경 등 다양한 것들이었다. 어떤 이들은 두 번이나 출국을 감행했으나 이웃 국가에 도착하자마자 조선민주주의인민공화국으로 강제송환 되었고 그 곳에서 감금되고 범죄자 또는 반역자로 낙인 찍혔다고 한다. 그 후 그들은 또 다시 탈출했고 조선민주주의인민공화국과 몽골 간의 육로를 통하여 몽골에 도착했다.

61. 인근 국가를 가로질러 몽골에 도착한 이들은 모두 어떤 조직의 도움을 받는데, 엄청난 액수(300만원/미화 3,000)를 지불하거나 대한민국 입국 후에 지불하기로 하는 계약을 체결하였다. 본인이 만난 사람들 중 어떤 이들은 그것이 몽골 국경에 접근하여 피난하는 유일한 수단이라고 여기고 있었다. 여정은 위험할 뿐 만 아니라 몽골 국경에 도달하기까지 통행을 허락받기 위해 관리들에게 돈을 바쳐야 하는 등 수많은 난관이 존재한다. 어떤 한 여성은 몽골 국경으로 오기 위한 도움을 받아 그 곳에 도착하기 전까지 인근국가로 인신매매 당했었다는 증거를 제시했다. 그들은 모두 그들에게 피난처를 제공한 몽골 당국에 감사함을 가지고 있었고 대한민국에서 정착하기를 바라고 있었다. 본인은 또한 어떤 종교적 단체들이 피난민들에게 목적지 국가로 이동하도록 돕고 있다는 보고서를 받았다.

62. 지속적으로 당면하고 있는 국제적, 국내적 도전은 난민의 지위를 확인하고 인정하는 것이며 난민의 지위는 국가의 보호가 부재한 경우에 국제적 보호를 가능케 한다는데 의의가 있다. 국제법에서 난민은 대체로 박해를 받을 우려가 있다는 충분한 근거가 있는 공포로 인하여 출신국을 떠나는 사람이다. 이는 개인의 감정과 경험 같은 주관적 요소와 국적국의 상황 같은 객관적 요소 모두를 조건으로 하고 있다. 난민지위에 해당하는 핵심적인 권리는 강제송환의 금지이다.

63. 현재 몽골은 조선민주주의인민공화국 출신의 피난민들을 인도주의적 사안으로 간주하며 특별히 난민으로 지칭하지는 않는다. 몽골은 아직 난민의 지위를 결정하기 위한 법을 가지고 있지 않으나 당국은 국내법상의 여러 규정을 통해 망명을 부여할 수 있는 재량을 가진다. 이들에게 임시적 피난처를 제공하는 현재의 정책을 보더라도 출입국 관련법의 적용에 어느 정도의 유연성이 존재함을 알 수 있고 따라서 국내법 상 불법월경자인 그들을 불법월경자와 같이 처우하지 않는다. 그들은 비자 없이 국경을 통과한 것에 대한 처벌을 받지 않으며 인도주의적 차원에서 타국에서의 재정착 시점까지 몽골의 임시적인 보호를 받는다.

64. 앞선 분석에서는 현재 조선민주주의인민공화국에서 몽골로 입국한 피난민들은 난민 또는 현지난민(refugee sur place) 두 개의 집단 중 하나에 속한다고 제안하고 있다. 피난민들이 어느 집단에 속하는 지 알아내는 가장 확실한 방법

은 이 사안에 대한 최고 유엔기관인 유엔 난민고등판무관(UNHCR)의 참석 하에 지위의 확정을 위한 심사절차를 가지는 것이다. 현재 피난민들에 관하여 몽골 정부가 비공식적 면접을 수행하고 있으나 위와 같은 성질의 형식적 메커니즘은 마련되어 있지 않으며 개발의 필요성이 있다. 이러한 메커니즘을 통해 난민신청자의 지위 결정에 명확성, 확실성, 그리고 객관성을 확대시킬 수 있다. 관행상 몽골 당국은 조선민주주의인민공화국에서 피난민들에 대하여 난민 여부의 형식적 수사를 통한 조사 없이 인도주의적 사안으로 분류하는 경향을 보이고 있다. 이와 같은 접근법은 상황을 저자세로 일관하는 한편 다른 국가들로부터 인도주의적 정책에 적합하지 않은 부정적 반응을 피하려는 일종의 완곡어법이라고 볼 수 있다.

65. 최근에 피난민들에게 영향을 주고 있는 한 가지 문제점은 인신매매와 인신밀수의 문제다. 기본적으로 인신매매는 착취의 목적을 위해 사람이 다른 사람을 이동시키는 것이며 그 예로써 성적 착취, 강제결혼, 그 외의 다른 형태의 노예제가 있는데 한 국가 내에서 또는 국경을 넘어서 발생한다. 다른 한편 인신밀수는 중간업자가 다른 사람의 불법 월경을 돕는 것이다. 이들에 대한 국제적인 입장은 2000년 유엔 초국가적 조직범죄 방지협약과 이를 증보하는 개인 특히 여성과 아동의 인신매매 방지, 억제, 처벌을 위한 의정서와 영토, 영해, 영공상의 이주자밀수 방지 의정서에 의해 명확하게 드러난다. 몽골은 이들 협약에의 가입을 고려하고 있는 중이다. 국제법상 인신매매와 인신밀수의 피해자들은 피해자로 처우하여야 하고 처벌해서는 아니 된다. 그러나 인신매매와 인신밀수는 법률로 금지하여 인신매매범과 인신밀수꾼을 처벌하기 위한 행동을 취해야 한다. 많은 경우 난민들은 다른 국가로의 피난의 유일한 수단으로 인신매매범 또는 인신밀수꾼을 활용하거나 또는 안전한 은신처를 물색해주는 비정부단체 및 시민사회 구성원에 의존해야 하는 절박한 상황에 처해 있다는 사실에 근거하여 판단해야 한다. 따라서 법률상의 금지의 요청은 후자가 아닌 전자에 대하여 이루어져야 한다.

66. 관련된 인물이 인신매매 또는 인신밀수의 피해자라고 하더라도 그들의 난민 지위가 영향을 받아서는 아니 된다. 이 점은 위에서 말한 두 개의 의정서 상의 '예외조항'에서 인신매매 또는 인신밀수의 대상으로서의 지위가 난민의 지위에 관한 협약을 포함한 국제법상 조건이 충족된 개인의 난민 지위를 위태롭게 하지 않는다고 명백히 표현되어 있다. 개인은 단순히 인신매매를 당하거나 인신밀수를 당한 사실만으로 그의 난민지위를 상실하지 않는다.

몽골 방문에 따른 권고

67. 장래에 대하여 몽골에 대한 핵심적 지침은 다음과 같다.
    (a) 인도주의적 정책을 유지하고 국가 내의 피난민들에 대한 비호를 실행할 것.
    (b) 여성 및 아동과 같은 다양한 취약집단 그리고 유엔 난민고등판무관(UNHCR)

과의 긴밀한 협력의 필요를 유념하면서 난민을 보호하고 지원할 것.
(c) 국제인권법과 난민 관련 국제법의 준수를 계속하고, 효과적인 이행 조치를 확보하며, 국경직원들에 대한 인권과 난민법(특히 강제송환금지원칙) 훈련을 통해 법집행관들의 역량을 구축하며 피난민에 대한 동정과 이해를 양성하기 위해 대중의 의식을 높일 것.
(d) 인신매매 또는 인신밀수를 당한 개인의 경우, 그들을 피해자로 간주하고 그들을 처벌받지 않고 피해자에게 민감한 절차를 활용하도록 보장할 것.
(e) 난민의 지위에 관한 협약과 의정서에 가입하고 유엔 난민고등판무관(UNHCR)과 다른 유엔기관의 핵심적 지지와 협력을 통해 국내법, 정책 및 메커니즘을 그에 알맞게 조정할 것.
(f) 몽골 국가인권위원회와 같은 독립적 메커니즘을 활용하여 상황을 모니터하고 비정부단체와 시민사회를 지원하여 국내 망명자들을 돕도록 하며 핵심 활동주체들 간의 네트워크를 형성하고 난민과 기타 외국인에 관한 데이터를 전산화 할 것.

V. 권고

68. 결론적으로, 최근 몇 십년간 조선민주주의인민공화국에서 긍정적인 변화가 있었다는 것은 분명하지만, 인권의 이행에서 다양한 형태의 불일치와 (몇몇 끔찍한 형태의) 침해가 벌어지고 있으며, 이러한 인권 침해를 막고 해결책을 제공하기 위한 즉각적인 조치가 필요하다는 것이다. 조선민주주의인민공화국에서의 인권보호와 증진을 위해 인권위원회에 제출한 보고서에 포함되었던 권고를 반복하고자 한다. 권고는 긴급한 것들이지 모든 것을 망라하고 있는 것은 아니다.
    (a) 조선민주주의인민공화국은 다음을 이행해야 한다.
        (i) 조선민주주의인민공화국은 조선민주주의인민공화국이 가입한 4대 인권조약을 비롯한 국제인권기준을 준수하고, 이들 규약에 따라 설립된 감시위원회의 권고에 따라 후속조치를 취하며, 다른 관련 규약에 가입하고, 이를 이행해야 한다.
        (ii) 국제인권기준에 어긋나는 법과 관행을 개혁해야 한다.
        (iii) 민주주의, 평화, 지속가능한 발전, 탈군사화와 함께 인권을 보호하고, 시민사회가 정책결정 및 이행의 모든 단계에 참여할 수 있도록 해야 한다.
        (iv) 법치를 존중해야 한다. 특히 독립적이고 투명한 사법부를 설립하고, 피고인 또는 피구금인이 사법 정의에 접근할 수 있는 안전장치를 마련하며, 국가인권위원회 또는 그에 상응하는 비정부기구와 적극적이

고 독립적인 언론기관의 설립을 통해 권력 남용에 대한 견제와 균형 체계를 갖추어야 한다.
(v) 사법행정을 개혁해야 한다. 특히 교도소 체계를 개선하고, 사형과 태형, 강제노동을 폐지하며, 예방적·행정적 구금과 정치범의 구금을 금지해야 한다.
(vi) 외국으로의 이탈이 발생하는 근본원인을 제거하고, 탈북자들에 대한 박해와 피해를 예방하고, 이들이 본국으로 돌아왔을 때 고향을 떠나 인신밀수나 인신매매를 당한 사람들에 대한 대처방안을 마련하며, 돌아온 사람들의 사회 재통합을 장려해야 한다.
(vii) 외국인의 납치와 같은 권리 침해가 발생했을 때에는 즉각적이고 효과적인 과정을 통해 구제책을 제공해야 한다.
(viii) 법 집행자들과 대중에 대한 적극적인 인권교육을 통해 여성과 아동 문제에 대한 의식, 비판적 분석력과 함께 인권을 보호하는 능력을 키워야 한다.
(xi) 광범위한 대중의 참여를 통해 마련된 국가인권행동계획 같은 형태로, 법 집행자들과 여타 권력기관에 인권을 존중하라는 분명한 지시를 내려야 한다.
(x) 식량원조를 비롯한 인도주의적 지원이 대상 집단에게 제대로 전달되도록 하고, 인도주의 기구들에게 방해받지 않는 접근과 투명한 감시를 허용하며, 책임성을 높여야 한다.
(xi) 특별보고관 및 다른 인권구조들이 적시에 조선민주주의인민공화국을 방문하여 조선민주주의인민공화국의 인권상황을 조사하고 개혁 권고를 할 수 있도록 해야 한다.
(xii) 유엔 인권고등판무관 및 다른 기구들로부터 적시에 기술적 도움을 받아 인권보호와 증진을 위한 활동을 지원하도록 해야 한다.
(b) 국제사회의 다른 구성원들은 다음을 이행해야 한다.
(i) 조선민주주의인민공화국이 위에 명시된 지시를 따를 수 있도록 긍정적인 영향력을 행사한다.
(ii) 난민과 탈북자들의 보호를 지지한다. 강제송환금지원칙을 지키고, 최소한 현재의 난민 보호 수준을 유지하며, 망명 신청자들의 생명을 위협하는 양자협정 및 여타 협정을 폐지한다.
(iii) 불법적이고 은밀한 이주통로를 줄이기 위해 합법적이고 안전한 이주통로를 장려하고, 피해자들에게 인간적 대우를 하며 인신밀수와 인신매매에 대처하기 위한 국가 간의 협력을 증진한다.
(iv) 최초 도피국에서의 정착과 제3국에서의 재정착, 안전하고 자발적인

본국 귀환 등과 같이 난민을 돕기 위한 장기적 해결책을 마련하고, 난민 및 이주자들을 돌볼 책임을 공유하기 위한 국제연대를 강화한다.
(v) 투명한 감시와 책임성을 증진하고, 인도주의 기관들이 방해받지 않고 접근할 수 있도록 함으로써, 원조와 지원이 취약집단에게 제공될 수 있도록 한다.

제62차 유엔총회
의제 72(C)
북한인권특별보고관의 보고서 (A/62/150)
제출일: 2007년 8월 15일

조선민주주의인민공화국의 인권상황*

윗팃 문타폰/북한인권특별보고관

요약

현 보고서는 조선민주주의인민공화국의 인권상황에 대해 분석하고 있다. 특히 생존권(식량권, 영양 및 그와 관련된 문지들); 자유권(신체의 안전과 인간적 처우, 그리고 재판받을 권리); 비호권 (난민 또는 은신처를 찾는 사람들과 관련된 권리들); 취약성(특별한 관심을 기울여야할 집단에 대한 보호), 책임성(인권과 근본적 자유의 보호 등에 관한 국가기관들의 책임성)의 문제들에 초점을 두고 있다.

조선민주주의인민공화국의 현재 인권상황은 각종 분야에서 본질적으로 침해가 이루어지고 있다고 간주되고 있다. 국제사회의 비난과 그에 따른 유엔 안전보장이사회의 제재결의에도 불구하고 조선민주주의인민공화국 당국이 계속 다양한 미사일과 핵실험을 강행함으로써 조선민주주의인민공화국 내 인권상황은 더욱 악화되었다. 중국과 북한, 일본, 한국, 러시아, 미국이 참여한 6자회담에서 조선민주주의인민공화국의 핵시설 불능화와 6자회담의 경과보고로 2007년 상황은 좀 더 고무적일 것이라고 판단되었다.

하지만 조선민주주의인민공화국 내 기본적인 인권상황을 평가해보면, 당국의 권력에 고통을 받으며 조직적이고 만연되어 있는 인권 유린을 견뎌내야 하는 사람들은 유감스럽게도 조선민주주의인민공화국의 평범한 인민들이다.

본 보고서는 조선민주주의인민공화국과 국제사회에 권고사항을 밝히는 바이다. 권고사항은 다음을 포함한다. 조선민주주의인민공화국이 가입하고 있는 여러 인권조약들의 국제적 의무와 국제법을 준수 한다. 군비 지출을 인간개발 분야로 전환하며 국가 재원을 인권을 보호하고 인간안보를 증진하는 방향으로 재분배 한다. 인도적 지원에 대한 일반주민들의 접근을 용이하게 하고 원조 물자가 지원 대상들에 제대로 전달되었는지를 확인하기 위한 모니터링의 필요성을 존중하고 주

---
* 번역: 남현, 박수진 (사단법인 북한인권시민연합)

민들의 광범위한 참여로 이루어지는 지속가능한 농업 개발정책을 통해 식량안보 체계를 마련 한다. 교도소 체계를 개선하고 수감자들에 대한 폭력을 근절하며 정당한 법적 절차와 법치(Rule of law)를 실현해 나간다. 효과적으로 납북자 문제를 밝힌다. 허가 없이 본국을 떠나는 사람들을 처벌하지 않는다는 정책을 명확히 표명하고, 돌아온 사람들을 처벌하지 않으며, 국내법을 개정하고 그에 따라 공무원을 교육 한다. 난민 발생을 유도하는 근본적 원인을 해결하고 피해자는 처벌하지 않는 대신, 인신밀매, 인신매매 또한 금전갈취를 통해 난민을 착취하는 자들을 처벌한다. 보호가 필요한 대상들의 취약성에 대해 특별히 언급하고 차별을 없앰으로써 여성과 어린이, 그 밖의 취약계층들의 권리를 보호 한다. 법과 실제 이를 이행함에 있어 인권 침해를 방지하고 이를 단속함으로서 자국민들에 대한 책임과 의무를 다 한다. 특별보고관이 조선민주주의인민공화국을 방문하여 현장에서 인권상황을 조사하고 필요한 개선안을 권고할 수 있도록 한다.

I. 서 론

1. 특별보고관은 당해 직무 수행에 조력한 모든 정부들과 비정부 기구들, 국제기구들에 심심한 사의를 표한다.
2. 북한인권특별보고관의 임무는 2004년 유엔 인권위원회(Commission on Human Rights)의 2004/13호 결의로 채택되었다. 2006년 특별보고관의 임기는 새로운 인권이사회(Human Rights Council)의 출범으로 일 년 더 연장되었으며, 특별보고관은 유엔총회와 이사회에 보고서를 제출해야하는 임무를 부여받았다. 특별보고관의 임무는 인도적 원조 (특히 식량 원조)에서 망명, 외국인 납치와 그와 관련된 위법행위에 이르는 시민적, 정치적, 경제적, 사회적, 그리고 문화적 권리와 관련된 다양한 문제들을 포함한다. 또한, 2006년 말에 특별보고관은 조선민주주의인민공화국의 인권상황이 일본, 한국, 몽골에 미치는 영향을 평가하기 위해 세 나라에 현장 답사를 다녀왔다. 현 보고서는 2007년 중반까지의 상황을 다룬다.
3. 긍정적인 측면에서 조선민주주의인민공화국은 4대 핵심 인권조약인 「시민적·정치적 권리에 관한 국제규약」, 「경제적·사회적·문화적 권리에 관한 국제규약」, 「모든 형태의 여성차별 철폐에 관한 협약」, 「아동의 권리에 관한 협약」의 가입국이다. 또한, 이 조약들에 따라 보고서를 제출해 왔고 여러 관련 감시위원회들에 출석해 왔다. 특히 2004년에는 아동권리위원회가 조선민주주의인민공화국의 초청을 받아 방문한 바 있다.
4. 조약 기구들의 최종검토의견서(Concluding Observations)에 대한 후속조치로서, 2004년과 2005년에 조선민주주의인민공화국은 부분적으로 형법과 형사소송법을 개정하는 등 주요 법 개정을 시행했다. 또한 조선민주주의인민공

화국 당국은 2004년 일반배포용 법령집을 발간하였다. 하지만 인권 이행에 대한 주요 과제들은 여전히 남아 있다.
5. 조선민주주의인민공화국 당국은 또한 자국 내에 다수의 유엔 기관들의 상주를 허용하고 있으며, 인간개발을 위해 다양한 각도로 각 기관들과의 협력을 지속하고 있다. 예를 들면, 조선민주주의인민공화국 정부는 아동 대상 프로그램과 관련해 국제연합아동기금(유니세프, UNICEF)과 협력하고 있다. 국제연합아동기금의 최근 보고서인 "조선민주주의인민공화국의 아동과 여성의 상황 분석(Analysis of the situation of children and women in the Democratic People's Republic of Korea)"[1]은, "(조선민주주의인민공화국의) 두드러진 강점은 아동과 여성의 권익을 다루는 데 있어 정책 구조상의 포괄성, 통합성, 그리고 일관성이며, 이는 조선민주주의인민공화국의 집단주의적 생산 체제와 연관되어 있다. 조선민주주의인민공화국 정부는 미래 지향적인 관점에서 지속적으로 법률과 정책을 확장, 개편해 왔으며, 이는 국제사회의 개혁과 표준에 조화를 이루려는 노력과 병행되고 있다"고 기록하고 있다.
6. 6자회담 참가국들은 조선민주주의인민공화국의 핵 프로그램 불능화 합의에 환영하고 있으며, 이러한 진전이 조선민주주의인민공화국의 인권상황에 긍정적인 영향을 미칠 것으로 기대하고 있다. 2007년 2월 개최된 제5차 3단계 6자회담을 상기시켜보면, 6자회담 참가국은 영변 핵시설 불능화와 그에 따른 다른 필요한 조치들의 촉구뿐만 아니라 조선민주주의인민공화국이 핵을 포기하는 대가로 그에 상응하는 에너지와 다른 원조물자의 지원을 약속하는 "공동성명 이행을 위한 초기 조치"에 합의하고 있다. 올해 중반 경, 핵불능화 조치가 이행 중에 있으며, 그에 따라 약속된 5만 톤의 중유가 전달되어 진 것으로 보고 되었다. 조선민주주의인민공화국과의 양자회담 혹은 다른 회담들과 주요 강대국들은 다양한 주제별 실무 그룹을 통해 한반도 비핵화와 북미 관계 정상화, 북일 관계 정상화, 경제 및 에너지 원조, 동북아시아의 평화와 안보 구축 등의 문제들을 다루었다. 이들 회담 내 논의된 문제들 중 몇몇은 조선민주주의인민공화국의 인권 문제를 직접적으로 다루고 있다.
7. 베이징에서 열린 제6차 6자회담 수석대표 회담 후 2007년 중순에 유포된 대언론 성명서를 주목할 필요가 있으며, 다음 내용을 포함하고 있다.
   (a) 회담 참가국들은 2005년 9월 19일 공동성명과 2007년 2월 13일 합의문에 명시된 그들의 책임과 의무를 다할 것을 강조했다.
   (b) 조선민주주의인민공화국은 당국 내의 모든 핵 프로그램을 신고하고 현재 보유하고 있는 모든 핵 시설물의 불능화에 있어 책임과 의무를 성실히 이행할 것을 강조했다.

---

1) www.unicef.org/dprk/situationanalysis.pdf 참조.

(c) 중유 95만 톤에 상응하는 경제적, 에너지, 그리고 인도주의적 지원이 조선민주주의인민공화국에 제공될 것이다
(d) 회담 참가국들은 2005년 9·19 공동성명과 2007년 2·13 합의문에 명시된 각자의 의무를 행동 대 행동(action for action) 원칙에 따라 이행하였다.
8. 특별보고관은 이번 위임업무를 조선민주주의인민공화국이 유엔과의 관계를 가지는 기회로 바라보며 보고관의 위임업무에 응할 것을 지속적으로 요청했으나, 유감스럽게도 조선민주주의인민공화국 당국은 현재까지 특별보고관과의 협력을 거부하고 있다.

II. 인권상황

9. 조선민주주의인민공화국의 국내법상 인민의 인권을 보장하도록 규정하고 있고 국제인권조약에 비준하였음에도 불구하고 인권상황은 다수의 중대한 문제들에 있어 여전히 심각하다. 조선민주주의인민공화국은 선군정치를 고집하는 비민주적체제 아래 인민들이 식량부족과 빈곤에 시달림에도 불구하고 국가적 자원들이 통치엘리트들과 군비증강에 전용됨으로써 국가예산집행 상의 왜곡을 가져오고 있다. 2006년 조선민주주의인민공화국 당국이 다양한 미사일과 핵실험을 강행하여 상황은 악화되었고 국제사회의 비난을 불러일으켰다. 이런 무책임하고 도발적인 행동은 다른 국가들로부터의 지원 가능성을 차단하였고 조선민주주의인민공화국에 대한 그들의 지원을 재고하게 하였다. 상기 언급된 "공동성명 이행을 위한 초기 조치" 과정이 이행 중이었음에도 불구하고 조선민주주의인민공화국 정부는 2007년에도 여러 미사일 실험을 강행함으로써 국제적 고립을 심화 시키는 결과를 낳았다.
10. 시민적, 정치적, 경제적, 사회적, 문화적 권리 분야에서 많은 침해들이 여전히 지속되고 있다. 침해의 사례들은 아래의 단락들에 열거되었다.

A. 생존권: 식량권, 영양 및 그와 관련된 문제들

11. 특별보고관의 이 전 보고서들에서도 명시되었듯이 조선민주주의인민공화국은 1990년대 이후부터 심각한 식량부족에 직면해왔다.[2] 이는 자연재해와 조

---

2) Human Rights Watch, "A matter of survival: the North Korean government's control of food and the risk of hunger," Human Rights Watch, New York, vol. 18, No. 3 (c) 2006 참조. 핵 실험과 정책 선택에 관한 정치적 영향에 대해서는 International Crisis Group, "North Korea's nuclear test," Asia briefing No. 56, Seoul/Brussels, 13 November 2006과 Stockholm International Peace Research Institute and the Center for Security Studies at the Swiss Federal Research Institute of Technology, "Tools for building confidence on the Korean peninsula," (Stockholm/Zurich, 2007) 참조.

선민주주의인민공화국 당국의 경제관리 실패로 인해 발생했고, 군사화에 대한 지나친 강조로 인해 더욱 악화되었으며, 지속 불가능한 농업개발정책으로 인해 식량자급 실패로 이어졌다. 1990년대 들어서 조선민주주의인민공화국 정부는 외부로부터, 특히 세계식량계획(World Food Programme)을 통하여 식량 지원을 받기 시작했다. 2002년 조선민주주의인민공화국 당국은 국가가 국민들에게 생필품을 배급하는 오래 된 공공분배시스템(PDS)을 그만두고 국민들이 인상된 임금을 받고 시장제도를 통해 식료품을 구입하여 스스로 생계를 꾸려나가는 시장 지향적인 제도를 시도했다. 이 과정에서 식료품 값이 급등하고 다양한 취약집단들이 소외됨으로써 심각한 불균형을 초래하게 되었다. 하지만 조선민주주의인민공화국 당국은 인민들에 대한 통제력 상실을 우려한 나머지 2005년 곡물 매매를 금지하면서 시장을 압박 했고, 결국 이전의 공공분배시스템(PDS)을 다시 도입했다.
12. 또한 2005년과 2006년에 조선민주주의인민공화국 당국은 자국 내 상주하는 국제기구들에게 그들의 지원이 단순한 인도주의적 원조에서 개발 지원의 방향으로 가도록 요구했고 이 과정에서 여러 외국 인도주의적 지원 단체들의 상주규모가 축소되었다. 이에 따른 결과 중 하나는 조선민주주의인민공화국으로 들어오는 원조 물자의 배분과 사용에 대한 모니터링의 감소였다. 2005년에 조선민주주의인민공화국은 전년에 비해 풍작을 이뤘지만, 2006년 여름 홍수로 인한 수확물 피해로 심각한 식량 부족 현상을 겪었다. 2006년 세계식량계획은 총 102만 달러 규모의 190만 명분의 식량 15만 톤 원조를 목표로 한 2년 계획 구호복구사업(Protracted Relief and Recovery Operation)을 시작했다. 실질적인 구호복구사업은 주요 원조대상이 여성과 아동이라는 원칙 하에 조선민주주의인민공화국과의 양해각서(a letter of understanding)를 바탕으로 2006년 6월에 시작되었다. 현재 많은 공장들이 고열량 비스킷과 영양 혼합식 생산을 위한 지원을 받고 있다.
13. 조선민주주의인민공화국의 미사일과 핵 실험 강행에 따른 국제사회의 반발의 결과로 예상했던 것 보다 더 적은 외부원조가 이루어지고 있으며, 이에 세계식량계획은 당초 계획했던 50개의 군(county)들 중 29개의 군의 74만 명밖에 원조할 수 없었다. 또한 세계식량계획은 총 필요자금 중 12%밖에 지원 받지 못했으며, 조선민주주의인민공화국의 식량 보유량이 2007년 2/4분기정도면 고갈될 것으로 예상했다. 이와 관련된 또 다른 문제로 조선민주주의인민공화국의 공공분배시스템(PDS) 또한 주민들에게 필요한 식량과 영양의 일부밖에 제공하지 못했으며, 식량 부족 현상은 지속되고 있다.[3]

---

3) 유엔식량농업기구(FAO), "Crop prospects and food situation," No. 3, October 2006 참조.

14. 2007년 6월 수정·보완된 세계식량계획의 식량안보보고서에 따르면, 한국 정부는 6자 회담의 긍정적인 진전에 대한 답으로 조선민주주의인민공화국에 직접원조방식으로 40만 톤의 쌀을 7월 중에 보낼 것이라고 공식발표했다. 그러나 이러한 최근의 식량원조에도 불구하고, 이런 원조들이 두드러지게 단기적이라는 문제와 함께 조선민주주의인민공화국의 식량부족현상(식량부족량은 대략 50만 톤 또는 전체 필요식량의 10%에 이른다고 추정되고 있다)은 여전히 심각하다. 조선민주주의인민공화국 인민의 식량 접근성은 2005년 10월 공공분배시스템 재도입 이후 잠시 개선되었으나, 최근 정보에 의하면 현재 배급 상황은 공공분배제도 재도입 이전 상태로 되돌아갔으며 인민의 대부분이 배급을 받지 못하고 있는 것으로 나타났다. 이러한 문제들로 인해, 매우 적은 수의 인민들만이 국가의 식량배급을 그들의 주요 식량 공급원으로서 의존하고 있다. 조선민주주의인민공화국의 식량경제는 점점 시장화 되고 있는 반면, 곡물가격은 지속적으로 오르고 있다. 2006년 10월 이래 평양의 곡물 시세는 크게 올랐으며, 한 예로 가장 빈곤한 인민들이 먹는 수입쌀의 가격이 26%나 증가했다.
15. 가장 빈곤한 지역들에 대한 인도주의적, 개발·지원기구들의 접근성이 점점 제한되어 필요한 자료를 수집하는 것이 주요 난제이지만 세계식량계획은 이들 기구들 간의 협력을 증진시키기 위해 조선민주주의인민공화국 내 식량안보를 위한 실무단의 설립을 지원하고 있다.
16. 2007년 6월 세계식량계획은 대한민국으로부터 2000만 달러 이상에 달하는 대북식량지원을 전달받았으며, 이에 학교, 위급아동, 영아, 임산부들에 대한 식량공급을 할 수 있었다. 세계식량계획은 이들의 원조가 대상 집단 내에 목표했던 190만 명 모두에게 미치기를 희망하며 현재 원조대상자를 현재 수의 두 배에 달하는 70만 명 정도로 확장했다.
17. 세계식량계획의 이러한 전개는 조선민주주의인민공화국 내에 지속적으로 만연해 있는 영양실조 현상을 염두에 두고 바라보아야한다. 2004년에 유엔 산하 기구들이 실시한 조사에 따르면, 37%의 영아들이 영양실조에 걸려있고, 1/3의 어머니들이 빈혈과 영양실조 진단을 받은 것으로 조사되었다. 2007년에는 곡물 수확량이 증가할 것이라고 예상되고 있으나, 100만 톤 정도의 식량부족과 1/3정도의 조선민주주의인민공화국 인민들이 호구지책으로 생계를 꾸려나가는 등 조선민주주의인민공화국의 식량부족현상은 여전히 심각하다.
18. 식량부족은 지속적으로 빈곤계층에 큰 영향을 끼치고 있으며, 비정부기구들은 2007년에 조선민주주의인민공화국의 여러 아사상황을 보고했다.[4] 이러

---

4) *North Korea Today*, eighth edition, Research Institute for North Korean Society (Seoul, July 2007).

한 상황은 의료 서비스 감소와 의약품, 비료, 전력 부족으로 더욱 악화 되었으며, 결핵 또한 널리 퍼져있는 상태이다.
19. 식량문제를 외부원조에만 의존 할 수 없으므로 조선민주주의인민공화국 내 식량안보 구축의 필요성에 대해 강조할 필요가 있다. 유엔 개발계획(United Nations Development Programme)과 유엔인구기금(United Nations Population Fund)은 2007년부터 2009년까지 조선민주주의인민공화국의 다섯 가지 우선과제 -경제운영능력 향상, 삶의 질 향상을 위한 지속가능한 식량안보 확보, 경제발전을 위한 충분한 에너지 공급, 인민의 삶의 질 개선을 위한 사회개발, 그리고 지속가능한 개발을 위한 개선된 환경(DP/DCP/PRK/2) - 를 강조하는 국가계획 초안을 제출하였다. 구체적 활동계획 사례들로는 지속가능한 농촌 에너지 개발계획, 농업 데이터뱅크 구축, 농산물 종자 개발계획, 수확 전후 손실 축소, 산과 하천의 통합관리체계를 위한 시범사업, 환경파괴와 자연재해 예방을 위한 환경 및 조기 경보 통합시스템 구축, 그리고 소규모 풍력발전을 위한 정책적, 기술적 기반 확립 등이 있다. 2006년에 강행된 조선민주주의인민공화국 당국의 무기 실험에 대한 반발로 국제사회의 지원은 줄어들었으나, 2007년 중반의 분위기는 좀 더 고무적인 것으로 판단된다.

B. 자유권: 개인의 안전권, 인도적 대우를 받을 권리 그리고 재판받을 권리

20. 최근 몇 년 조선민주주의인민공화국에서는 개인의 안전권에 긍정적인 영향을 미칠 것으로 기대되는 법률 개선이 있었다. 예를 들면, 앞서 언급되었던 형법 개정은 법률해석의 명확화를 도모하고 있다. 2001년의 사례를 살펴보자면,

유엔 인권규약위원회(United Nations Human Rights Committee)의 최종 검토의견서에서 죄형법정주의 정신을 구현한 시민적·정치적 권리에 관한 국제 규약(International Covenant on Civil and Political Rights) 제15조와 양립할 수 없는 형법 제10조를 폐지할 것을 권고하였다. 이후 2004년 개정 형법에서 조선민주주의인민공화국은 "국가는 형법에서 범죄로 규정한 행위에 대해서만 형사책임을 지우도록 한다"(제6조)고 사실상 유추해석을 삭제하고 죄형법정주의를 수용하는 조치를 취하였다. 동시에 조문 내에서 자의적인 법률해석의 여지가 있었던 '것 같은' 등의 표현을 없애고 행위양태의 열거를 통해 법률해석의 명확화를 도모하고 있다. 그리고 법률 조문도 1999년 161개조에서 총 303개조로 2004년에 대폭 확대되었다. 특히 범죄 조항도 118개 조항에서 245개 조항으로 대폭 확대됨으로써 범죄에 대한 규정 요건을 보다 세분화하는 조치를 취하고 있다.[5]

---

5) 『2006 북한인권백서』, 통일연구원 (서울, 2006)과 유엔 규약인권위원회(Human Rights Committee) 최종검토의견서: Democratic People's Republic of Korea (CCPR/

21. 조선민주주의인민공화국의 반국가 행위에 대한 많은 처벌조항들은 그 적용 범위가 지나치게 넓고 조선민주주의인민공화국 당국이 이 같은 조항들을 정치적 반대 의견을 탄압하는 수단으로 이용하기 때문에 많은 우려를 낳고 있다. 예를 들면, 조선민주주의인민공화국에는 14개 조항의 반국가 및 반민족 범죄, 16개조의 국방관리질서를 침해한 범죄, 104개조의 사회주의 경제를 침해한 범죄, 26개조의 사회주의 문화를 침해한 범죄, 39개조의 일반행정관리질서를 침해한 범죄, 20개조의 사회주의 공동생활질서를 침해한 범죄가 있으며6), 이 중 여럿은 사형구형이 가능하다.
22. 국가의 억압적인 성격과 수령숭배에 기반을 둔 절대복종으로 인해 인민의 기본적인 자유는 두드러지게 억눌려있다. 위에 언급 된 법률 개정에도 불구하고 고문, 공개처형, 반체제인사 탄압과 열악한 수감환경 등 조선민주주의인민공화국 당국에 의해 범해지는 폭력 행위에 대한 보고서가 줄을 잇고 있다. 조선민주주의인민공화국 내에는 재교육 수용시설을 포함하여 반체제인사부터 일반범죄자에 이르기까지 이들을 수용하는 광범위하고 다양한 구금시설들이 존재한다. 이런 시설들은 관리소(정치범 노동 수용소), 교화소(장기 노동 수용소), 집결소(구금시설), 노동단련대(노역시설)등 각기 다른 이름으로 불리고 있다. 탈북자들은 여러 형태의 고문과 비인간적이며 굴욕적인 처우에 대해 진술하고 있으며7), 이러한 진술은 특별보고관이 한 해 동안 만나온 여러 탈북난민들과의 인터뷰에서 확인 되었다. 구금자들에 대한 인권 침해와 정당한 법 절차의 부재에 대해서는 최근의 비정부기구 출판물들에 상세히 기록되어 있다.8)
23. 조선민주주의인민공화국의 폐쇄적인 성격과 정보 유통 및 언론에 대한 엄격한 통제로 인해 주민들의 표현, 결사 및 정보접근의 자유가 제약당하고 있다. 전해진 정보에 따르면, 2006년 10월 조선민주주의인민공화국 당국은 탈북자가 운영하거나 외국에서 관리하는 독립 라디오 방송국들을 위협했으며, 또 다른 정보는 각 지역 보안원(경찰)들이 판매전에 라디오를 정부 방송국 주파수에 맞추어 봉인하고 이를 위해 라디오 판매를 감시하고 있다고 전했다. 외국방송 청취 금지명령에도 불구하고, 국경무역을 통해 구입 가능한 라디오의 수가 점점 늘어나면서 외국방송으로의 접근기회도 늘고 있다. 또한 탈북자들

CO/72/PRK) 참조.
6) 『2006 북한인권백서』, 통일연구원 (서울, 2006).
7) 북한인권시민연합, 『고문의 공화국: 북한』, 2006/12 (초고)와 Amnesty International Report 2006: The State of the World's Human Rights, Amnesty International (London, 2006) 참조.
8) David Hawke, *Concentrations of Inhumanity*, Freedom House (Washington, 2007) *North Korea: A Case to Answer – A Call to Act*, Christian Solidarity Worldwide (London, 2007)등 참조.

에 따르면 국경지역에서 휴대전화 입수가 크게 늘어 국제통화(calls across the border)의 기회를 제공하고 있다고 한다.
24. 결사·집회의 자유와 관련하여, 자신을 표현하고 정부의 책임성을 요구하고자 하는 조선민주주의인민공화국 인민들의 갈망에서 비롯된 시위운동으로 보이는 한 사건에 대해 언급할 필요가 있다. 한 소식통에 따르면 당국에 시장 재건축 비용을 지불했음에도 불구하고, 상점 철거를 강요당한 상인들이 2006년 12월 17일 함경북도 회령에서 집단 항의를 벌였고9), 시장관리소 간부들과 합의가 이뤄져 사태가 일단락 된 것으로 알려졌다.
25. 종교의 자유가 보장된다는 조선민주주의인민공화국 당국의 공식 주장에도 불구하고, 보고서들은 반대의 상황을 제시하고 있다. 통일 연구원(Korean Institute for National Unification)에 따르면, 실제로 이런 논란의 여지가 있는 종교의 자유화는 그것이 돈 벌이가 되기 때문이라고 한다.

조선민주주의인민공화국 당국이 법적·제도적 측면에서 종교정책을 변화시키고 있는 것은 … (중략) 식량난이 악화되고 사회통제가 어렵게 되자 내부의 종교활동에 대한 억압은 계속하면서도 대외적으로는 다양한 종교와의 접촉을 통해 특정종교의 영향을 견제하면서 서방과의 관계 개선과 서방의 인도적 지원을 확대시키는 일종의 '외화벌이' 수단으로 종교를 활용하고 있는 것으로 판단된다.10)

26. 또 다른 측면에서 볼 때, 납치에 의한 인권 침해는 특히 외국인들에게 큰 피해를 주었다. 많은 일본인들이 1970년대에 납치 되었으며, 납치 목적은 그들을 간첩으로 훈련시키거나 그들의 신원을 간첩활동에 사용하기 위한 것으로 추측된다. 지금까지 다섯 명의 일본인들이 본국으로 돌아갔지만, 조선민주주의인민공화국 당국의 불충분한 협조와 후속 조치로 인해 다른 납치사건들은 아직 미해결 상태로 남아있다.11) 더욱이 납북된 것으로 의심되는 한국인들에 대한 문제가 오랫동안 해결 되지 않고 있으며12), 최근에는 태국, 레바논, 그리

---

9) 2006년 12월 17일자 『데일리 NK』 보도
10) 본 보고서 각주 6번 참조.
11) 한국과 관련해서는 남북적십자회담(Inter-Korean Red Cross talks)이 이산가족 상봉을 주선하는 등 유용한 장으로 활용되고 있다. 특별보고관이 유엔 인권이사회(Human Rights Council)에 제출한 이전 보고서 단락 59에는 남북적십자회담이 국제 적십자위원회(International Committee of the Red Cross)로 잘못 표기되어 있다.
12) "Abductions of Japanese citizens by North Korea," Ministry of Foreign Affairs of Japan (Tokyo, April 2006)과 International Crisis Group, "Japan and North Korea: bones of contention," *Asia report* No. 100 (Seoul/Brussels, 27 June 2005) 참조. 2006년 6월 26일 강제 또는 비자발적 실종에 대한 유엔의 실무단 일본 대표는 "6자회담이 마침내 정상화 되었으며, 현재 국제원자력기구(International Atomic Energy Agency)의 실무 단계 사찰단이 북한을 방문 중"이라고 이야기 했다. 납치 문제에 대해 6자회

고 몇몇 유럽 국가의 국민들 또한 납치 된 것으로 보고되고 있다.
27. 조선민주주의인민공화국 당국은 가능한 빠른 시일 내에 투명성을 보장하고 배상해야 할 의무가 있다. 이러한 사건들과 관련하여 조선민주주의인민공화국 국가지도자의 정치적 결단과 함께 관계당국들이 보다 적극적으로 납치 문제를 다룰 가능성을 내비치는 조짐들이 2007년 중반경에 있었다는 보도가 있었다.13)

C. 비호권: 난민/ 피난처를 찾는 사람들의 권리

28. 특별보고관은 당해 연도 동안 탈북자들에 대한 실태조사를 '중요 임무'로 통지받았다. 피난처를 찾아 다른 나라로 향하는 사람들을 착취하는 많은 중간단계들이 존재하며, 이는 만연한 인신밀수, 인신매매 및 착취와 관련되어 있다. 피난 루트가 보통 수개의 국가들에 걸쳐 있다는 본질적 특징을 놓고 볼 때, 여러 국가들에서 이들을 착취하는 사람들의 신분은 범죄자에서부터 공무원에 이르기까지 다양하며, 이는 국경을 초월한 현상이기도 하다. 이 같은 개괄적인 상황이 전하는 또 다른 메시지는 바로 피난처를 찾는 사람들은 범죄자로 간주되거나 유죄에 처해져서는 안 된다는 것이다. 이들은 권리를 존중받아야 할 희생자들이기 때문이다. 이들은 종종 중개인들에게 돈을 지불하고서라도 조국을 떠날 수밖에 없는 상황에 처하게 되지만 대개 악몽 같은 상황으로 귀결되는 경우가 많다.

29. 지금은 이 주제와 관련하여 참고할만한 보고서들이 많이 있는데14), 그 내용들 가운데 몇 가지 관심을 가질만한 사항들이 있다. 첫째, 탈북자들이 어떠한 특징을 갖고 있으며, 이들을 어떻게 정의할 것인가 하는 문제이다. 오랫동안 자국을 떠나 피난처를 찾는 사람들의 지위에 관한 논쟁이 있어왔는데, 특별보고관의 이전 보고서들에서는 이미 난민지위의 범위를 넓은 의미에서 언급한 바 있다. 국제적으로 '난민'이란 '상당한 근거가 있는 박해에 대한 공포'로 인해 그/그녀의 조국을 떠난 자로 정의되고 있다. '강제송환금지원칙(non-refoulement)'이라는 국제법상 핵심적 원칙은 피난처를 찾는 사람들을 강제

담 공동 성명은 한반도 비핵화, 일본, 미국과의 관계 정상화와 함께 6자회담이 이루어야 할 목적 중 하나로 언급하고 있으며, 일본은 공동 선언이 핵문제뿐만 아니라 다른 분야와도 균형을 맞추어 실행되어야 한다고 믿고 있다.

13) Bankok Post, June 9, 2007.
14) International Crisis Group, "Perilous journeys: the plight of North Koreans in China and beyond," *Asia Report* No. 122, 26 October 2006; *The North Korean Refugee Crisis: Human Rights and International Response*, U.S. Committee for Human Rights in North Korea, Stephen Haggard and Marcus Noland (eds.) (Washington, 2006), 그리고 "Life and Human Rights in North Korea," 북조선귀국자의 생명과 인권을 지키는 회(The Society to Help Returnees to North Korea)와 북한인권시민연합, vol. 42, (Tokyo/Seoul, 2006) 참조.

로 위험 지역으로 다시 돌려보내지 않아야 함을 규정하고 있다. 설령 이들이 박해에 대한 공포 때문에 조국을 떠난 것이 아니라 사후에 결과적으로 발생한 공포, 예컨대 본국으로 송환될 경우 처벌 받을 것을 두려워하는 경우라도 난민으로 특징지어질 수 있으며 보다 정확히 말하면 '현지난민(refugees sur place)'으로 정의될 수 있다. 난민지위의 바탕에 깔려 있는 논리는 난민들은 본국의 보호를 받지 못하기 때문에 국제적으로 보호받을 자격이 있다는 것이다.

30. 분석해보면 조선민주주의인민공화국을 떠나 피난처를 찾는 많은 사람들은 국제적인 보호가 필요한 난민이나 현지난민들인 것이다. 특별보고관이 지난 수년간 주변 국가로 피난처를 찾았던 일련의 사람들을 인터뷰한 결과, 응답자 대부분이 자신들의 조국에서 벌어졌던 박해 상황을 묘사했다. 예를 들면 친척 중 누군가가 당의 눈 밖에 나게 되면 가족 전체에 보복이 가해진다는 등의 내용이 그것이다. 대다수의 응답자들은 또한 굶주림과 궁핍 때문에 조국을 떠나게 되었다고 진술하였다. 일반적으로 굶주림의 경우에는 앞서 언급한 기준에 부합되지 않는 한 '난민'으로 인정되지 않는다. 하지만 실제에 있어서는 많은 사람들이 굶주림을 겪을 경우 현지난민으로 간주될 수 있다. 이들이 출국에 필요한 비자 없이 본국을 떠났다는 이유로 다시 고국으로 송환될 경우, 박해나 처벌을 받을 위험이 존재하기 때문이다. 조선민주주의인민공화국에서는 해외이주가 엄격하게 통제되고 있기 때문에 당국의 허가 없이는 이동이 허용되지 않으며 본국을 떠날 경우에는 출국 비자를 필요로 하기 때문에, 이에 관한 국내법을 위반할 경우 제재가 가해진다는 것은 잘 알려져 있는 사실이다.

31. 탈북 망명자들에 대한 국제적인 보호의 필요성을 다룬 문서에서 언급된 2003년 유엔 난민고등판무관실(the Office of the United Nations High Commissioner for Refugees)의 입장은 오늘날까지 여전히 유효하다. 유엔 난민고등판무관실에 따르면, 망명자들의 국제적 보호의 필요성을 평가 할 적에는 다음의 요인들에 대한 충분한 고려가 있어야 한다.
   - 조선민주주의인민공화국의 심각한 수준의 인권상황
   - 특히, 가족이나 정치적 배경으로 인해 박해받기 쉬운 위치에 있는 집단의 존재
   - 정치적 이유로 당국의 허가 없이 본국을 떠난 사람들을 몇 주, 몇 년의 구금 또는 사형 집행에 이르기까지 처벌하는 관행
   - 재교육 수용시설에서의 학대

32. 판무관실이 입수한 정보와 인민 개개인을 보호할 수 없는 상황에 근거한 유엔 난민고등판무관실의 포괄적 평가는, 당국의 허가 없이 조선민주주의인민공화국을 떠나거나 본국으로의 강제송환 위기에 처한 사람들에 대한 국제적인

보호가 필요하다는 데 있다. 또한, 그들 중 다수가 1951년 난민지위에 관한 협약(the 1951 Convention relating to the Status of Refugees)과 1967년 의정서(the 1967 Protocol)에 따라 난민의 지위를 부여 받을 수 있다. 이러한 배경을 고려하여, 위에 언급된 집단은 유엔 난민고등판무관실의 관심대상이고 관련국들은 강제송환금지원칙을 절대적으로 준수해야 할 의무가 있음을 재차 강조한다.

33. 최근 보고서들은 2004년 형법 개정으로 본국으로 강제 송환된 사람들에게 가해지던 처벌이 부분적으로나마 줄어들고 있음을 시사하고 있다. 형법의 개정된 사항은 2006년 북한인권백서에 언급되어 있다.6)

    1987년 형법 제47조는 탈북을 조국반역행위로 규정하여 7년 이상의 노동교화형에 처한다고 명시하고 있다. 반면 1999년 형법은 탈북행위를 두 가지 유형으로 나누어 단순 월경행위 즉 '비법적으로 국경을 넘는 자'는 3년 이하의 노동교화형에 처한다(제117조)고 규정하고, 공화국전복목적탈출행위는 "공민이 공화국을 전복할 목적 밑에 다른 나라로 도망치는 것과 같은 행위를 한 경우에는 5년 이상 10년 이하의 로동교화형에 처한다. 정상이 무거운 경우에는 10년 이상의 로동교화형 또는 사형 및 전부의 재산몰수형에 처한다"고 규정하고 있다. 2004년 형법은 구형법의 단순월경행위에서 규정한 국경을 '넘는' 자의 규정을 형법 제233조(비법국경출입죄)에서 국경을 '넘나드는' 자로 규정하고 있다. 또한 비법국경출입죄의 법정형을 '3년 이하 로동교화형'에서 '2년 이하 로동교화형'으로 완화하였다. 2년의 노동단련형은 1년의 노동교화형에 해당하기 때문에 법정형이 3년에서 1년으로 완화되었다.

34. 처벌이 줄어들었다면 건설적인 발전이라고 할 수 있지만, 임시방편적인 처벌 완화가 아니라 실제 체계적으로 완화된 것인지 여부를 조사하기 위해서는 좀 더 면밀히 감시가 필요하다. 바람직한 입장은 피난처를 찾아 조국을 떠났던 자들은 출국 비자 없이 떠났다는 이유로 처벌 받아서는 안 된다는 것이다. 이는 "공민은 거주, 려행의 자유를 가진다(제75조)"고 명시한 1998년 헌법 정신을 달성하는 데에도 도움이 될 것이다.

35. 특별보고관이 인터뷰한 일부 응답자들은 본국으로 강제송환되어 그에 따라 처벌받은 경험이 있었다. 조국을 떠난 사람들이 정치적 연계가 없는 단순한 '초범자'들이라면 과도한 처벌을 받지 않고 심문만 받을 수도 있다. 여러 차례 탈북한 사람들이 송환될 경우, 노동단련과 강제노동에서부터 시작되는 처벌 수준은 탈북횟수나 상황 등에 따라 높아질 수 있다.15) 인접국에서 종교단체나 비정부기구(NGO) 등과 접촉했을 경우에는 체제에 대한 반역행위로 간주되어 정치범 수용소에 장기간 투옥되는 것을 포함한 혹독한 처벌을 받게 된다.

---

15) Norma Kang Muico, *Forced Labour in North Korean Prison Camps*, *Anti-Slavery International* (London, 2007) 참조.

36. 둘째, 탈북 후 첫 피난처가 되는 국가들이 이들을 어떻게 규정하는 지에 대한 문제이다. 국가 수준에서 보면 이러한 국가들은 유입되는 난민들을 수용하는 문제에 있어서 신중한 자세를 취하고 있음을 분명히 하기 위해 국가정책상 이유를 들어 '난민'이라는 용어의 사용을 피하는 경향이 있다. 피난처를 찾는 사람들에 관한 문제를 '인도주의적 사안'으로 표현하는 완곡한 어법은 상대적으로 받아들일만하지만, '불법이주자'라는 표현은 피난처를 찾는 사람들을 모욕하는 것일 뿐만 아니라 인권침해의 피해자들을 범죄자로 몰아 그로 인하여 이들의 권리가 침해될 수 있기 때문에 사용해서는 안 된다.

37. 조선민주주의인민공화국에서 온 난민에 대한 처우는 나라에 따라 다양하다. 어떤 나라에서는 강제로 돌려보내는 반면, 어떤 나라는 임시 피난처를 제공한다. 일부 국가에서는 불법 입국이라는 이유로 이들을 박해하지 않는 반면, 어떤 국가는 이민교도소에 억류하기도 하며, 불법이주자로 보고 이들을 처벌하지는 않지만 군 또는 정보기관 인사의 감시 하에 폐쇄된 시설에 감금하는 경우도 있다. 특별보고관의 의견에 의하면 난민 신청자는 불법이주자로 대우받아서는 안 되며 감금 상태에 있어서도 안 된다. 이들은 개방된 시설에서 보호 받아야 하며 폐쇄 시설에서의 감금은 최후의 수단으로서만 가능하다. 폐쇄된 시설은 국제기준에 부합해야 하고 무기한 감금은 허용되지 않으며 시설물은 유엔 난민고등판무관실과 같은 외부 감시 기구에 개방되어야 한다. 흥미롭게도 일부 자료에 따르면 강제송환된 탈북자 규모가 2006년 미사일 핵실험 이후로 약간 감소하고 있는 것으로 나타났으며, 이는 주변국이 조선민주주의인민공화국에 대한 반감을 갖고 있음을 시사하는 것 일 수도 있다. 그렇지만 국제법에 근거한 바람직한 접근법은 모든 나라가 강제송환금지원칙을 엄격히 준수하고 비호희망자들을 인간답게 대우해야 한다는 것이다.

38. 셋째, 이 문제를 해결하기 위한 국제사회의 공동분담 노력에 관한 문제이다. 한편으로는 조선민주주의인민공화국 내부에 대량난민탈출로 이어질 수 있는 근원적인 문제를 해결할 수 있도록 국제사회가 효과적으로 영향력을 행사해야 하며, 또 다른 한편으로는 탈북 후 최초 은신한 국가가 난민 문제에 관한 항구적인 해결책을 찾을 수 있도록 국제사회가 도움을 주어야 한다는 것이다. 여기에는 적절한 정책과 재정지원 및 재 정착지 마련 등에 관한 문제가 따른다. 이미 일부 국가들은 탈북 후 최초 은신한 국가에서 곧바로, 또는 다른 채널을 경유하여 도착한 탈북난민들이 새로이 정착할 수 있도록 보다 넓은 문호를 개방하고 있다.

39. 넷째, 주변국의 각기 다른 관행들의 신축성으로 인해 제3국행 유형이 정밀하게 변화되고 있다는 점이다. '밀어내리기와 – 튀어오르기(push-down, pop-up)' 현상이라는 것이 있는데, 예컨대 한 국가가 비호희망자들에게 엄격한 접근방

식을 취할 경우, 일반적으로 난민은 중개인들에게 돈을 지불할 것을 약속하고 덜 까다로운 접근방식을 취하는 다른 국가로 향하는 방법을 꾀하게 된다. 특별보고관이 인터뷰를 통해 조사한 바에 따르면, 다양한 국가들에 유입된 탈북자들의 유형을 살펴보면 두 가지 유형이 나온다. 첫 번째 유형으로 한편으로는 상당수의 난민들이 다른 나라로 떠나기 전에 은신했던 곳에서 몇 년에 걸친 상당히 긴 시간을 보내고, 일부는 다른 나라로 밀입국하며, 어떤 이들은 강제 결혼, 매춘 혹은 강제 노역과 같은 다양한 형태의 인신매매로 끝나기도 한다. 두 번째 유형으로 보나 최근의 사례들은 조선민주주의인민공화국과 인접한 국가의 최초 은신처에서 다른 국가로 이동하기 전까지 몇 주에 걸친 짧은 기간 동안 머무른다는 것을 보여주고 있다. 이는 현재 동남아시아 지역에서 일어나고 있는 현상으로서 일부 국가들에서는 인접국에서 잠시 머물기만 하는 것을 목적으로 하는 대량난민 유입을 목격하고 있다. 특별보고관이 인터뷰했던 거의 모든 사례들을 보면 난민 본인들이나 이들의 친척들 중 어느 한 쪽은 안전하게 탈북 할 수 있도록 다양한 중간단계에 돈을 들였거나 최종 정착 목적지에 도착하는 즉시 중개인들에게 사례할 것을 약속했던 것으로 조사되었다.

40. 이러한 와중에 일부 공무원들 역시 이러한 상황을 교묘히 이용하여 난민들로부터 금전을 갈취하는 경우도 있다. 난민들이 돈을 내놓지 않을 경우 이들의 석방을 거부하는 식인데, 이 점이 난민들을 구호하는 NGO들에게 딜레마로 작용하고 있다. 요구하는 대로 돈을 모두 주어야 하는가, 아니면 이를 단념해야 하는가? 종종 이들을 돕는 NGO들이 단순히 인권옹호자로서 활동하는 경우에도 범죄자들처럼 취급되는 것은 유감스러운 일이다. 따라서 이러한 순수 인권옹호자들과 진짜 범죄적 요소들을 구별할 필요가 있다. "꼬리에 꼬리를 무는 방식"으로 착취당하는 탈북난민들에게 "시장가치"가 매겨지는 것 또한 안타까운 일이다. 탈북 후 최종 목적지에 도착하기까지 매 단계마다 난민들의 절박함을 이용하여 이들을 마치 노예와 같은 "가치"로 착취하는 일련의 요소들이 존재한다. 현재 탈북난민들 중 대부분이 여성과 아동이라는 점 때문에 더욱 걱정스러운 상황이다. 특별한 보호를 필요로 하는 취약집단들에 대한 문제는 아래에서 부연 설명한다.

D. 취약성: 특별한 보호를 필요로 하는 사람들의 권리

41. 특별보고관의 이전 보고서들은 특정 상황 하에서 인권침해에 특히 취약한 다양한 집단들에 관한 문제를 다루었다. 여성과 아동들 중 조선민주주의인민공화국에서 엘리트 계층에 속하지 못하는 경우가 이러한 사례에 해당되는데, 여성들이 겪는 인권문제의 일반적 특징을 함께 염두에 둘 필요가 있다.

42. 핵심적 딜레마는 피난처를 찾는 사람들의 상당 비율이 여성들이며 이들 중 대부분이 인신밀수나 인신매매를 당한 경험이 있다는 것이다. 이러한 현상에는

다양한 이유들이 있다. 첫째, 인신밀수자와 인신매매자들이 탈북여성들을 목표로 삼기 때문이다. 특별보고관이 인터뷰한 몇몇 탈북남성들은 착취자들이 남성보다는 여성을 더 선호한다고 밝혔다. 둘째, 주변국들이 불법입국 여성들에 대해서는 처벌에 관대한 편이기 때문이다. 셋째, 중개인들은 탈북난민들이 정착하기를 희망하는 국가에 도착한 후 자신들이 제공한 서비스에 대한 사례를 하는데 있어서 남성들보다는 여성들이 '계약상 의무'를 이행할 가능성이 더 높다고 보고 있기 때문이다. 넷째, 인신밀수나 인신매매되는 사례들은 예전에는 주로 탈북남성들이었으나, 현재는 먼저 제3국으로 떠났거나 남은 가족들과의 재결합을 희망하는 탈북남성들이 찾는 아내나 가족들이 차지하고 있다. 2006년 특별보고관이 보고한 한 사례는 남편을 뒤따라 탈북한 한 여성이 최종목적지로 희망하는 국가에 도착하기 전 최초 은신한 국가에서 공동묘지로 팔려가 일한 경우였다. 다섯째, 여성이 부족한 일부 지역의 상황이 탈북여성 인신매매의 유인요인으로 떠오르고 있으며, 이러한 상황은 곧 인신매매 근절을 위한 법집행이 느슨할 수 있음을 뜻한다. 하지만 현지 관계당국이 그러한 결혼을 통해서 태어난 아이들을 기꺼이 가족 관계에 등록할 수 있도록 허용할 것인지 여부에 대해서는 산적한 문제들이 남아 있다.

43. 한 최종 정착국에서 야기 된 또 다른 논점은 여성 난민들이 조선민주주의인민공화국에 남아 있는 배우자와의 재결합이 힘든 만큼 일정 기간이 지나면 그들의 재혼을 허락해야 하느냐는 것이다.

44. 조선민주주의인민공화국 내 여성과 아동의 상황에 대한 유니세프의 최근 분석은 조선민주주의인민공화국 아동과 관련한 당국의 정책의 건설적인 요인들을 밝히고 있다.16)

   (a) 무상 초등 의무 교육제도 채택 (1956년)
   (b) 무상 중등 의무 교육제도 도입 (1958년)
   (c) 무상 교육제 도입 (1959년)
   (d) 9년 의무 교육제도 시행 (1967년)
   (e) 11년 의무 교육제도 시행 (1972년)
   (f) 어린이보육교양법 [기존정책 성문화(成文化), 1976년]
   (g) 사회주의 교육에 관한 테제 [기존 정책의 성문화(成文化), 1977년]
   (f) 장애 아동을 포함한 11년 무상 의무 교육제 시행 (1977년, 1999년)

45. 그러나 교육의 질적 측면에는 문제가 있으며, 교육시설의 노후화로 인해 더욱 제약을 받고 있는 상황이다. 또한, 주민들에 대한 사상 주입의 중요한 수단이 되고 있는 조선민주주의인민공화국의 교육은 국가가 어린이 양육에 광범

---

16) 본 보고서 각주 1번을 참조.

위하게 개입하여 유치원과 탁아소에 대해서도 엄격히 통제함으로서 유년 시절부터 어린이들을 정치적 목적으로 이용하기 위한 도구로 쓰이고 있다. 특히 우려되는 부분은 소위 국가의 적들과 싸우자는 애국적 취지의 구실로서 어린 나이부터 아동들에게 폭력성을 주입하는 교육방식이다.

46. 조선민주주의인민공화국 당국은 아동의 생존, 발달, 보호 및 참여에 관한 다양한 문제들에 대해 보다 더 효과적인 대응책을 마련할 필요가 있다. 식량에의 접근권은 여전히 주요한 관심사이다(II-A 참고). 아동 보호 및 참여는 특별히 엘리트 계층에 속하지 않은 어린이들의 경우 폭력과 궁핍, 무시와 학대에 노출되어 있다는 상황이 커다란 문제가 되고 있다. 이는 장애아동과 거리의 아이들이 열악한 제도 하에 쉽게 노출되고 있는 것과 관련되어 있다. 현재와 같은 심각한 식량 부족상황은 공공배급체계나 외부로부터의 원조물품에 접근할 수 없는 성인들에게 있어서도 심각한 문제다. 외부 원조의 감소로 인해 노인들은 더욱 궁핍한 상황에 처하게 되었다.

E. 책임성: 인권과 근본적 자유의 보호 등에 관한 국가기관들의 책임성

47. 2006/07년 많은 보고서들에서 제기된 주요 현안은 심각한 인권 유린에 대한 조선민주주의인민공화국 당국의 보호책임에 관한 문제이다. 이러한 우려는 조선민주주의인민공화국 당국의 미사일과 핵 실험으로 더욱 높아졌으며 이는 대북제재 결의들이 안전보장이사회에서 만장일치로 채택되는 결과를 낳았다. 흥미로운 것은 대북제재에 관한 안전보장이사회의 제1718호 결의가 그 서문에서 "여타의 안보 사안과 인도주의적 문제에 대한 국제사회의 우려"에 대해 강조함으로써 인권문제를 암시적으로 언급하고 있다는 점이다. 2006년 12월 유엔총회 결의 61/174호는 고문과 잔인하고 비인간적이며, 굴욕적인 처우와 공개처형, 사법 관할 밖의 자의적 구금, 정당한 법 절차와 법치의 부재, 강제노동을 포함한 인권침해; 외국으로부터 조선민주주의인민공화국으로 강제송환된 난민들에 대한 처벌과 사상, 양심, 종교, 의견, 표현, 평화적 집회 및 결사, 그리고 정보에의 접근에 대한 심각한 제한; 인신매매와 같은 여성에 대한 인권 침해; 외국인 납치; 그리고 집단 수용소에의 수감을 포함한 장애인 인권 침해에 대한 계속된 보고서들과 관련하여 심각한 우려를 표명하였다.

48. 당시 유엔총회는 특별보고관에게 비협조적이었던 조선민주주의인민공화국 당국의 태도에 우려를 표명했으며, 사무총장과 특별보고관으로 하여금 제62차 총회에 보고서를 제출할 것을 요청했다. 이러한 요청은 특별보고관이 현재까지 수행해온 인권 실태 조사 결과를 제출할 수 있는 기회가 될 뿐만 아니라 전체로서의 유엔 시스템의 맥락에서 다른 정책적 선택여지를 모색해 볼 수 있는 기회가 될 수 있을 듯하다.

49. 비정부기구들에서도 조선민주주의인민공화국의 인권상황을 논의하기 위한

여러 의견들이 제시되고 있다. 일부 비정부기구들은 지속적인 인도주의적 지원에 기반한 다소 유연한 대북 접근방식을 선호하며, 일부 다른 비정부기구들은 책임과 의무를 강조하는 강경한 접근방식을 옹호하고 있다. 후자의 예는 심각한 인권 유린으로부터 자국민을 보호해야 하는 국가의 책임성에 대한 이해를 바탕으로 하고 있다. 이러한 인식은 2005년 세계정상회담결과(유엔총회 결의 60/1호, 제138조와 139조)에서 비롯되었고, 이에 따라 일련의 유엔개혁은 신속히 착수되었다. 민간인 보호에 대한 국가의 책임성은 그 뒤 2006년 안전보장이사회 제1674호 결의에서 다시 강조 되었다.

50. 2006년, 한 연구의 저자들은 조선민주주의인민공화국 당국의 악행은 민간인에 대한 의도적이고 광범위하거나 조직적인 박해인지 여부를 평가하는 조건을 충족하므로, 인도에 반하는 범죄들(crimes against humanity)에 해당된다고 주장하고 있다.17) 인도에 반하는 범죄에 대한 증거로는 박해와 기아가 있다. 이들은 다양한 인권침해, 난민 발생과 여러 범죄 행위의 사례를 들어 조선민주주의인민공화국당국의 악행이 국제 평화와 안보를 저해하는 비전통적인 위협 요소가 된다는 점을 감안하여, 안전보장이사회가 유엔 헌장 제6장에 의거하여 조선민주주의인민공화국당국에 책임을 요구하는 비징벌적인(non-punitive) 결의안을 채택해야 한다고 주장하고 있다. 만약 조선민주주의인민공화국이 그러한 결의안에 응하지 않을 경우 유엔 헌장 제 7장에 의거해 추가적인 조취를 취할 필요가 있다.

51. 이 연구는 주로 자국민에 대한 국가의 책임성에 목적을 두고 있으나, 인도에 반하는 범죄로부터 발생할 수 있는 개인 범죄 행위에 대한 책임에 대해서도 지적하고 있다. 이 문제는 국제형사재판소의 규정(the Statute of the International Criminal Court)에 상세히 설명되어 있다. 이미 이러한 이슈에 관하여 전 유고슬라비아 국제형사재판소와 르완다 국제형사재판소와 같은 여러 임시 국제형사재판소의 판결 기록이 있다. 로마 규정 제7조로 이와 관련되어 있고, 이 조항은 살인, 강제송환과 강압적인 인구이동, 고문, 강요된 매춘, 특정 집단 혹은 정치적이거나 여타 이유에 의한 집단에 대한 탄압, 그리고 개인에 대한 강제실종 등 인도에 반하는 범죄로 구분되는 다수의 행위들을 열거하고 있다.

52. 최근의 다른 보고서들은 조선민주주의인민공화국 당국의 관계자들에 의한 개개인의 범죄 행위에 대해 논해 왔다.8) 이 보고서들은 강제실종, 강제송환과 임의적인 구금, 노예화와 강제노동, 살인, 고문과 그 외 비인간적 행위, 강간과 매춘 강요, 그리고 박해와 처형을 포함하는 인도에 반하는 범죄 등이 금

---

17) "Failure to Protect: a call for the UN Security Council to act in North Korea," U.S. Committee for Human Rights in North Korea (Washington, 2006) 참조.

지된 행위라고 강조하고 있다. 유엔은 조선민주주의인민공화국에 대한 국제 범죄행위를 조사할 국제조사위원회를 구성하자는 요청을 받고 있으며18), 이러한 요청이 모멘텀을 얻게 될지는 두고 봐야 한다.

III. 커뮤니케이션

53. 조선민주주의인민공화국은 1987년 11명의 선원들과 함께 조선민주주의인민공화국의 순시선에 의해 납치된 것으로 보도 된 대한민국 국적 남성에 관한 사건에 대해 2006년 8월 18일 특별보고관이 보낸 서신에 응답하지 않았다.
54. 2007년 2월 22일 특별보고관은 처형의 위험에 임박해 있는 조선민주주의인민공화국의 군인 두 명에 관해서 조선민주주의인민공화국 당국에 서신을 보냈다. 특별보고관은 그들이 함경북도 회령 근교의 국경 수비대의 지휘관과 부지휘관이라고 전해 들었다. 이들은 인근국가로의 주민들의 탈출에 대한 당국의 조사가 있은 후 체포되었으며, 재판 결과 주민들의 (이웃국가- 중국으로의 불법적) 탈북을 도운 죄로 사형을 선고받았다고 보도되었다. 조선민주주의인민공화국은 이 문제에 관한 특별보고관의 서신에 답하지 않았다.

IV. 견해와 권고 사항

55. 현 조선민주주의인민공화국의 인권상황은 여러 지역에서 다수의 중대한 인권침해가 이루어져온 것으로 밝혀지고 있다. 본 보고서는 생존권(식량권, 영양 및 그와 관련된 문제들), 자유권(신체의 안전과 인도적 처우, 그리고 재판 받을 권리), 비호권 (난민 또는 은신처를 찾는 사람들과 관련된 권리들), 취약성 (특별한 관심을 기울여야할 집단에 대한 보호), 책임성 (인권과 근본적 자유의 보호 등에 관한 국가기관들의 책임성)에 초점을 두어 분석하고 있다.
56. 국제사회의 비난과 그에 따른 유엔안전보장이사회의 제재결의에도 불구하고 조선민주주의인민공화국 당국이 계속 다양한 미사일과 핵실험은 강행함으로써 2006년 조선민주주의인민공화국 내 인권상황은 더욱 악화되었다. 조선민주주의인민공화국 내 핵시설 불능화와 6자회담 경과에 힘입어 2007년의 분위기는 보다 고무적인 것으로 나타났다.
57. 조선민주주의인민공화국 내 기본적인 인권상황을 살펴보자면, 당국으로부터 고통을 받으며 조직적이고 만연적인 인권 유린을 견뎌내야 하는 사람들은 유감스럽게도 조선민주주의인민공화국의 평범한 인민들이다.
58. 향후 조선민주주의인민공화국은 다음과 같은 조취를 취해야 한다.
    - 국제법 뿐만 아니라 조선민주주의인민공화국이 가입하고 있는 다양한 인

---

18) *North Korea: A Case to Answer – A Call to Act*, Christian Solidarity Worldwide (London, 2007).

권규범이 규정하고 있는 국제적 의무를 준수하고, 군비 지출을 인간개발 분야로 돌리며, 국가 재원을 인권보호와 인간안보를 증진하는 방향으로 재분배한다.
- 인도적 지원에 대한 일반주민들의 접근을 용이하게 하고, 물품들이 지원대상들에 제대로 전달되었는지 여부를 확인할 필요성을 존중하며, 주민들의 광범위한 참여를 허용하는 지속가능한 농업 개발정책을 통해 식량안보 체계를 마련한다.
- 교도 시스템를 개혁하고 피고인의 안전과 공정한 재판 보장, 독립적 사법기관의 구축 등을 통해 사법절차를 개선하고 법치를 실현해나간다.
- 납치와 강제실종에 대해 효과적으로 논의하고 피해자와 그 가족들에게 배상한다.
- 허가 없이 본국을 떠나는 사람들을 처벌하지 않는다는 정책을 명확히 표명하고, 돌아온 사람들을 처벌하지 않으며, 관련법을 개정하고 그에 따라 공무원을 교육한다.
- 난민 발생으로 이어지는 근본원인을 해결하고 피해자는 처벌하지 않는 대신, 인신밀수, 인신매매 또는 금전갈취를 통해 난민을 착취한 자들을 처벌한다.
- 보호가 필요한 대상들의 취약성에 대해 특별히 언급하고 차별을 없앰으로써 여성과 어린이, 그 밖의 취약계층들의 권리를 보호한다.
- 법개정을 통해서 뿐만 아니라 실제 이를 이행함으로써 인권 침해를 예방하고 이를 단속하는 등 자국민들을 위한 조치를 책임성 있게 실천한다.
- 특별보고관이 기본적인 수준에서 조선민주주의인민공화국의 인권상황을 평가하고 개선권고를 할 수 있도록 특별보고관의 입국을 허용한다.
- 권고안에 따라 조선민주주의인민공화국이 이미 가입하고 있는 국제인권규범의 이행여부를 감시하는 이행감시기구들에 지속적으로 협력하고 이들을 초청하여 개선방안의 마련을 도울 수 있도록 한다.
- 조선민주주의인민공화국 내 인권 증진과 보호를 돕기 위한 유엔 인권고등판무관실(OHCHR)의 기술적 지원을 요청 한다.

59. 국제사회에는 다음과 같은 조치를 취할 것을 요청한다.
- 조선민주주의인민공화국에 대한 국제사회의 인도적 지원, 특히 식량지원을 계속하되, 지원물품은 반드시 목표대상에 전달되어야 한다는 인식("접근할 수 없으면 원조도 없다")에 기반하여 분배투명성에 대한 감시노력을 계속한다.
- 난민들의 권리, 특히 강제송환금지원칙을 존중하여 이들을 조선민주주의인민공화국으로 강제송환하지 않아야 하며, 그렇지 않으면 난민 수용소에

수감되거나 또 다른 국가로 피난처를 찾아 떠나는 사람들로 전락하지 않도록 이들에 대한 국내 이민법의 제약사항을 면제 할 것.
- 상응하는 인센티브, 점진적인 영향, 경제 및 안보적 보장을 제공하는 것과 함께 대화와 그 밖의 상호교류를 활용하여 조선민주주의인민공화국 인권 문제에 개입하고 참여를 유도한다.
- 조선민주주의인민공화국의 인권을 증진시키고 보호하기 위해 유엔의 모든 자원을 총동원한다. 부당한 처벌을 종식하고 인권 침해에 대한 책임성과 관련 상황에 대한 설명의 책임성을 구체화할 수 있는 프로세스를 지원한다.

미국의 『2004년 북한인권법』[1]

제1장 북한주민의 인권 신장

101조 북한과의 협상에 대한 의회의 입장
　북한인권은 미국, 북한 그리고 동북아시아의 다른 주요 당사국 간의 장래협상에서 중요한 요소가 되어야 한다는 것이 미 의회의 입장이다.

102조 인권과 민주주의 프로그램 후원
　(a) 후원 – 대통령은 북한에서 인권, 민주주의, 법치, 시장경제 발전을 위한 프로그램을 후원하는 민간·비영리단체에 보조금을 지급할 권한을 갖고 있다. 그 프로그램에는 다른 법에서 달리 금지되지 않는 정도의 범위 내에서 북한주민들의 적절한 교육적·문화적 교환프로그램이 포함될 수 있다.
　(b) 비용지출 권한
　　(1) 개요 – 대통령은 2005년 회계연도부터 2008년까지 이 프로그램을 실행할 수 있도록 매년 200만 달러를 사용할 권한을 갖고 있다.
　　(2) 가용성 – 문단 (1)의 지출권한에 따라 책정된 액수는 다 사용될 때까지 가용하다.

103조 대북(對北) 라디오 방송
　(a) 의회의 입장 – 미국은 대북 라디오 방송에 대한 후원 증가를 통해 북한에서 정보가 방해 받지 않고 퍼져나갈 수 있도록 해야 하고 방송위원회는 라디오자유아시아(RFA)와 미국의 목소리(VOA) 방송을 포함, 대북방송을 하루 12시간까지 증가시켜야 한다는 것이 의회의 입장이다.
　(b) 보고서 – 이 법 발효 후 120일 내에 방송위원회는 적절한 의회위원회에 다음과 같은 내용의 보고서를 제출해야 한다.
　　(1) 현재 미국의 대북방송 현황
　　(2) 대북방송을 하루 12시간까지 증가시키기 위한 기술적·재정적 필요 등의 대북방송 증가 계획

104조 정보의 자유 증진을 위한 조치들
　(a) 조치들 – 대통령은 북한 내부에서 북한 외부의 방송을 들을 수 있는 라디오를 포함, 북한당국에 의해 통제되지 않는 정보를 접할 수 있도록 북한 내부에서 정보입수가능성을 증가시키는 데 필요한 조치를 행할 권한을 갖고 있다.

---

[1] 이 법은 2004년 7월 21일과 2004년 9월 28일에 미국 하원과 상원에서 만장일치로 통과되었으며, 일부 내용의 수정을 거쳐 2004년 10월 18일에 G. 부시 대통령이 서명하였다.

부 록 | 417

(b) 비용지출 권한
(1) 개요 - (a) 항의 조치들을 위해 대통령은 2005년 회계연도부터 2008년까지 매년 200만 달러를 사용할 권한을 갖고 있다.
(2) 가용성 - (1) 항의 지출권한에 따라 책정된 액수는 다 사용될 때까지 가용하다.
(c) 보고서 - 이 법 발효 후 1년 내 그리고 그 이후 3년의 기간 동안 매년 미 국무장관은 적절한 연방부처의 국장들과 협의를 한 후 적절한 의회 위원회에 이 조항에 따라 취해진 조치들에 대해 비밀형태로 보고서를 제출한다.

105조 유엔 인권위원회
유엔은 북한인권개선을 위해 다음과 같은 중요한 역할을 하고 있다는 것이 의회의 입장이다.
(1) 유엔 인권위원회(UNHCR)는 북한인권상황에 대한 2003/10호 결의와 2004/13호 결의를 채택하고 특히, 유엔 인권상황에 대한 특별보고관 임명을 요청하는 긍정적인 조치를 취했다.
(2) 북한 내부에서 행해지는 심각한 인권침해는 임의적 구금에 대한 유엔실무단, 강제적·비자발적 실종에 대한 유엔 실무단, 비합법적 즉결재판 혹은 임의적 사형에 대한 특별보고관, 식량 권리에 대한 특별보고관, 의사표현의 자유증진과 보호를 위한 특별보고관, 종교 혹은 신앙의 자유에 대한 특별보고관과 여성폭력에 대한 특별보고관에 의해 특별한 주의와 보고가 이뤄지고 있다.

106조 지역적 구도 마련
(a) 현황 파악 - 의회는 인권보호노력이 인권, 과학 및 교육 협력, 경제·통상 문제를 협의하기 위해 만들어진 지역적 구도인 유럽안보협력기구(OSCE)와 같은 다자적 형태를 통해 이뤄질 수 있다고 본다.
(b) 의회의 입장 - 미국은 헬싱키 과정과 같이 이 지역의 모든 국가들이 인권과 근본적 자유를 존중하는 데 공통적으로 노력하는 지역적 차원의 대북인권협상의 구도를 개발해야 한다는 것이 의회의 입장이다.

107조 북한인권담당 특사
(a) 특사 - 대통령은 국무성 내에 북한인권담당 특사를 임명한다. (이하 '특사'로 칭함). 이 특사는 인권분야에서 탁월한 능력을 가진 사람이어야 한다.
(b) 주된 목적 - 특사의 주된 목적은 북한주민의 근본적인 인권향상을 위한 노력을 조정하고 증진하는 것이다.
(c) 의무와 책임
특사는 (1) 북한관리와 인권에 대한 토의에 관여한다.
(2) 미국과 유엔, 유럽연합, 북한 그리고 동북아의 다른 국가 간 협의와 토론

등 북한의 인권개선과 정치적 자유 증진을 위한 국제적 노력을 후원한다.
    (3) 북한 인권문제를 다루고 있는 비정부기구(NGO)와 협의한다.
    (4) 102조에서 인정된 활동들에 대한 재정후원과 관련, 조언을 한다.
    (5) 기술훈련·교환프로그램을 포함, 북한 인권 보호 및 향상을 위한 전략을 검토한다.
    (6) 유엔 인권위원회 결의 2004/13호 이행을 지원하는 행동계획을 발전시킨다.
  (d) 조치들에 대한 보고서 – 이 법 발효 후 180일 이내 그리고 향후 5년간의 기간 중 매년, 특사는 하위조항(c)에 따라 지난 12개월 동안 취해진 조치들에 대한 보고서를 적절한 의회 위원회에 제출한다.

제2장 어려움에 처해 있는 북한주민 지원

201조 미국의 인도적 지원에 대한 보고서
  (a) 보고서 – 이 법 발효 후 180일 이내 그리고 그 이후 2년의 기간 중 매년 미 국제개발처(USAID) 처장은 미 국무장관과 함께 다음의 내용을 담고 있는 보고서를 적절한 의회 위원회에 제출한다.
    (1) 북한 내부와 북한 밖에 있는 북한주민에게 제공하는 인도적 지원에 대한 모든 조치
    (2) 202조 (b) 항의 (1)부터 (4)까지 밝힌 조건들을 맞추기 위한 개선 등 이전 1년의 기간 동안 북한 내에서 이뤄진 인도적 지원의 투명성, 감시, 접근 등의 향상된 내용
    (3) 미국과 WFP를 포함한 미국의 승인을 받은 자의 인도적 투명성 개선, 감시 및 북한내 접근 확보를 위한 지난 1년간의 구체적인 노력.
  (b) 서식 – (a) (1)항에서 요구하는 정보는 필요 시 비밀로 분류된 서식으로 제출해야 한다.
202조 북한 내부에 제공하는 지원
  (a) NGO와 국제기구를 통한 인도적 원조 – 의회의 입장
    (1) 의회가 인도적 근거로 북한주민들에게 인도적 원조를 제공하는 것을 지지함과 동시에 그와 같은 원조를 제공하고 정치적 또는 군사적 용도로 전용될 가능성을 극소화하고, 가장 취약한 북한주민들에게 전달될 가능성을 극대화하기 위하여 감시해야 한다.
    (2) 북한에 전달한 인도적 원조를 위한 미국의 지원이 현 수준을 상당히 초과할 경우 투명성, 감시 및 북한전역의 취약한 인구에 대한 접근의 실질적인 개선을 조건으로 지원해야 한다.
    (3) 미국은 북한에 식량과 인도적 원조를 제공하는 다른 나라들에 북한정권에 직접 쌍무적으로 전달하기보다 감시되고 투명한 경로를 통하도록 권장한다.
  (b) 북한정권에 대한 미국의 지원 – 의회의 입장

(1) 북한정권의 어느 부처나 기관에 대한 미국의 인도적 원조는
  (A) 국제적으로 인정받은 인도적 기준에 따라 전달, 분배, 감시돼야 한다.
  (B) 필요에 따라서 제공돼야 하며 정치적 보상이나 억압수단으로 사용되어서는 안 된다.
  (C) 소정의 수혜자에게 도달해야 하며, 원조의 제공처를 알려야 한다.
  (D) 북한에서 가장 취약한 모든 집단에서 어느 지역에 있든지 이용 가능해야 한다.
(2) 북한에 대한 비인도적 원조는 다음 사항에 대한 북한의 실질적 진보를 조건으로 이행해야 한다.
  (A) 종교의 자유를 포함한 북한주민의 기본적 인권 존중
  (B) 북한주민과 미국내 후손 및 친척의 가족상봉 주선
  (C) 북한정부에 의해 납치된 일본과 한국 국민들에 대한 모든 정보의 완전 공개
  (D) 일본인과 한국인 피납자들이 가족을 동반하여 북한을 떠나 귀국할 수 있는 완전하고 순수한 자유의 허용
  (E) 북한 감옥과 강제노동수용소 체제의 개혁 및 독립적인 국제기관의 개혁 감시
  (F) 정치적 표현과 활동의 해금
(c) 보고- 이 법안의 발효일로부터 180일 이내에 국제개발처(AID) 처장은 이 조항의 이행상태를 설명하는 보고서를 의회의 관련 위원회에 제출해야 한다.

203조 북한 밖에서 제공하는 지원
  (a) 원조- 대통령은 탈북주민들에게 인도적 원조를 제공하는 기구나 개인을 지원할 권한이 있다.
  (b) 원조의 형태- (a)에 의해 제공되는 지원은 다음 사항들에 사용되어야 한다.
    (1) 북한 난민, 망명자, 이주자 및 고아에 대한 북한 밖에서의 인도적 원조, 난민촌이나 임시 정착지에 대한 지원을 포함할 수 있다.
    (2) 2000인신매매피해자보호법(미 연방법 22장 7102조(14))의 103장(14)에 규정된 인신매매 피해를 입었거나 위험에 처한 여성에 대한 인도적 원조.
  (c) 세출 승인
    (1) 개요- 본 용도로 사용될 다른 펀드에 추가하여 2005년부터 2008년까지 이 조항을 시행하도록 대통령에게 매 회기연도에 2,000만 달러씩 배정한다.
    (2) 가용성- (1)항에 의한 지출승인에 따른 지출금액은 집행할 때까지 계속 사용가능 상태로 있을 수 있다.

제3장 북한난민 보호

301조 난민과 망명자에 대한 미국 정책
  (a) 보고- 법안 발효일로부터 120일 이내에 국무장관은 관련 연방 부처장과

협의하여 북한망명자들(North Korean refugees)의 상황과 북한 밖에 있는 북한국적자들(North Korean nationals outside of North Korea)에 대한 미국정부 정책을 설명하는 보고서를 의회의 관련 분과위원회 및 하원과 상원 법사위원회에 제출해야 한다.
(b) 내용- 보고서는 다음 사항을 포함해야 한다.
  (1) 특히 중국에서 은신중인 탈북난민과 이주민(migrants)이 직면하고 있는 상황과 이들이 북한으로 강제송환 될 경우 직면할 상황에 대한 평가.
  (2) 중국 내 탈북주민이 유엔 난민고등판무관에게 실질적으로 접근할 수단을 갖고 있는지, 그리고 중국정부가 난민지위에 관한 1951년 협약, 특히 동 협약의 31, 32, 33조의 의무를 이행하고 있는지에 대한 평가.
  (3) 북한주민들이 미국의 난민·망명절차를 아무 제약 없이 밟을 수 있는지 그리고 미국 대사관이나 영사관에 나타나서 난민이나 망명희망자로서의 보호와 미국 이주를 요청하는 북한주민들에 대한 미국 정책에 대한 평가.
  (4) 과거 5년 동안 매년 난민 또는 망명자로 미국에 입국한 북한주민들의 총 숫자.
  (5) 미국시민과 가족관계를 가진 북한주민들의 추정 숫자.
  (6) 국무장관이 303조 이행을 위해 취한 조치들의 내역.
(c) 양식- (b)항 (1)~(5)에서 요구되는 정보는 일반서식으로 제출한다. (b)항 (6)이 요구하는 정보의 전부나 일부는 필요할 경우 비밀로 분류된 서식으로 제출해야 한다.

302조 난민 또는 망명 검토 신청요건
  (a) 목적- 이 조의 목적은 북한주민들이 미국에서 난민지위나 망명을 신청할 때 대한민국 헌법에 따라 누릴 수 있는 시민권과 관련한 어떠한 법에 의해서도 방해 받지 않는다는 것을 명시하기 위한 것이다. 이는 북한주민들이 한국 헌법에 따라 누릴 수 있는 시민권을 어떤 경우에도 침해하거나, 이런 권리를 누리고 있는 예전 북한 국적자(North Korean nationals)들에게 적용하기 위한 것이 아니다.
  (b) 북한 국적자에 대한 대우- 이민귀화법(미 연방법 8장 1157조) 207조의 난민지위와 동법 208조(미 연방법 8장 1158조)의 망명 신청의 목적으로 북한 국적자를 대한민국 국적자로 간주하지 않는다.

303조 난민인정신청 제출촉진
  국무장관은 (이민귀화법(미 연방법 8장 1101조(a)(42))의 101조 (a)(42)에 규정된) 난민으로서 보호를 요청하는 북한주민들의 동법(미 연방법 8장 1157조) 207조에 따른 신청서 제출을 촉진해야 할 의무가 있다.

304조 유엔 난민고등판무관
  (a) 중국에서의 조치-의회의 입장

(1) 중국정부는 유엔 난민고등판무관(UNHCR)에게 탈북주민들이 난민인지 와 도움을 필요로 하는지를 1951년 난민지위에 관한 유엔협약, 난민지위 에 대한 1976년 의정서, 중화인민공화국 내 UNHCR대표부를 중화인민공 화국 내 UNHCR 분소로 승격시킨 1995년 협정의 3조5항에 따라 결정하 기 위해 국경 내의 탈북주민들을 접촉할 때 방해 받지 않을 권한을 부여해 야 할 의무가 있다.
(2) 미국, 기타 UNHCR 지원 정부, UNHCR은 중국에 자국내 탈북난민들에 대한 무제한 접근권을 UNHCR에 허용하도록 한 이전 협약을 준수하도록 최고수준으로 계속 촉구해야 한다.
(3) UNHCR은 난민보호 의무의 효과적인 수행을 위해 중국내 탈북주민들에 게 인도적 원조를 제공한 상당한 경험을 가진 전문가나 선교사를 자유롭 게 활용해야 한다.
(4) UNHCR은, 난민보호 의무의 효과적인 수행을 위해, 중국 내 탈북주민들 에게 인도적 원조를 제공한 검증된 기록을 가진 적절한 비정부기구들과 자유롭게 계약을 맺어야 한다.
(5) UNHCR은 탈북난민들에게 안전한 피난처와 원조를 제공하는 효과적인 '첫 피난처' 정책을 채택하기 위해 다자간협정을 추진해야 한다.
(6) 중국정부가 탈북난민에 대한 자국의 의무를 적극적으로 이행하기 시작하 면 미국을 포함한 모든 국가들과 관련 국제기구들은 탈북난민 거주에 소 요되는 경비 부담을 돕기 위해서 중국 내에서의 인도적 원조 수준을 높 여야 한다.
(b) 중재절차- 의회의 추가 입장
(1) 중국정부가 자국 내에 있는 탈북민들에 대한 유엔 난민고등판무관 (UNHCR)의 접근을 계속 거절한다면 UNHCR은 UNHCR 설립협정 16조 에 따라 중재절차를 시작하고 중재자를 임명해야 한다.
(2) 난민에 대한 접근은 UNHCR의 권한과 UNHCR 분소의 목적에 있어서 본 질적인 것이기 때문이다. UNHCR이 현 상황에서 중재권을 주장하지 못 하는 것은 UNHCR의 핵심적인 책임 중 하나를 포기하는 것이다.

305조 연례보고서
(a) 이민정보 - 이 법 발효 후 1년 이내에 그리고 그 후 5년 동안 매 12개월마 다 미 국무장관과 국토안보부 장관은 전 해에 이 장(제3장 북한난민 보호) 하에서 이루어진 활동에 대해 적절한 의회 위원회와 미 상하원 법사위에 다음 내용을 담은 공동보고서를 제출한다.
(1) 정치적 망명을 신청한 북한주민의 수와 정치적 망명이 승인된 수
(2) 난민지위를 신청한 북한주민의 수와 난민지위를 인정받은 수
(b) 특별 관심 국가들 - 대통령은 이민·국적법의 207조(d) (미 연방법 8장

1157조(d))에 따른 난민허용에 대한 연례보고서에 1988 국제종교자유법 402조(b)(미 연방법 22장 6442조(b))에 따라 밝혀진 종교의 자유 침해국가들에서 도주한 사람들이 미국의 난민프로그램에 접근할 수 있도록 한 구체적 조치에 대한 정보를 담는다. 그 보고서는 특별관심대상국을 대상으로 그 국가의 국적인 혹은 전에 평소 거주했던 사람들이 다음에 기초한 난민결정에 접근하는 것에 대한 설명을 포함한다.
(1) 외부 기관에 의한 난민결정 위탁
(2) 난민재정착을 위해 미국에 특별한 인도적 관심대상으로 생각되는 단체들
(3) 미국과 연계된 가족

유럽의회의 대북한 결의

의회 채택 본(임시 편집)
2006년 6월 15일 목요일 - 스트라스부르
북한: 인권침해

유럽의회는,
- 북한에 대한 이전의 결의들을 고려하며,
- 사형(1998)과 고문, 기타 잔인하고 비인간적이거나 모욕적인 대우(2001)에 관한 대 제3국 정책의 지침과 인권대화(2001)와 인권보호(2004)에 관한 유럽연합(EU)의 지침을 고려하며,
- 2003년 4월 16일에 채택된 유엔 인권위원회의 결의를 고려하며,
- 비법적 즉결처분이나 임의처형에 관한 유엔 특별보고관과 임의적 구금에 관한 유엔 실무단의 의장보고관과 2006년 5월 31일에 조선민주주의인민공화국의 인권상황에 관한 유엔 특별보고관(유엔 북한인권특별보고관)이 천명한 바를 고려하며,
- 의회의 절차규칙들 중 115(5)호 절차를 고려하며,
  A. 유엔 인권위원회의 결의가 조선민주주의인민공화국에 "고문과 기타 잔인하고 비인간적이거나 모욕적인 대우나 처벌" (그리고) 공개처형 "뿐만 아니라 사상, 양심, 종교의 자유에 아주 만연(蔓延)된 심각한 제약"이 있다는 사실에 깊은 관심을 표명하는 까닭에,
  B. 조선민주주의인민공화국의 정부가 조선민주주의인민공화국에서의 인권상황에 관한 유엔 특별보고관과 유엔 식량권 특별보고관 뿐만 아니라 비정부 인권단체들의 접근을 계속 거부하여 인권상황에 대한 조사를 곤란하게 하는 까닭에, 그렇지만 특히 국가를 이탈한 희생자들의 많은 보고들이 처형, 고문, 정치범들 감금을 비롯한 가장 심각한 폭력 양상과 비인간적인 감옥의 조건들을 말하고 있는 까닭에,
  C. 어떤 종류의 반대도 허용되지 않고, 집권 조선노동당의 입장에 반대되는 의사를 표명한 그 어떤 사람이든 엄한 처벌에 직면하게 되고, 많은 경우 그들의 가족들도 그렇게 되는 까닭에,
  D. 들리는 바에 의하면, 중국에 살면서 교회에 다녀 기독교인이 된 손정남 씨가 국가안전보위부에 의해 고문을 받은 후, 재판도 없이, 국제인권법이 권고하는 그 어떤 절차적 보호도 없이 반역피의자로 사형선고를 받은 까닭에,
  E. 처형을 연기하고 유죄판결을 재심할 것을 요청한 유엔 북한인권특별보고

관을 비롯한 4명의 유엔 인권전문가들이, 전문가들의 편지를 "인권이라는 미명 하에 조선민주주의인민공화국의 국가와 사회체제를 비방하고, 붕괴시켜 전복하려는 적대세력의 의도를 쫓아 날조된 정보를 유포할 사악한 목적을 추구하기 위해 이루어진 음모의 결과"라고 묘사한 북한정부의 답변에 대해 낭패스러워 하는 까닭에,

F. 조선민주주의인민공화국이 시민적·정치적 권리에 관한 국제규약을 비준한 까닭에,

G. 조선민주주의인민공화국 정부가 2001년부터 사형을 부과할 수 있는 논거를 33가지에서 5가지로 줄였지만, 그 논거들 중에서 4가지는 성격 상 본질적으로 정치적인 까닭에,

H. 국내 뉴스 매체가 엄격하게 검열을 받고, 국제 매체 방송에 대한 접근이 제한되어 있는 까닭에; 라디오와 TV 수상기들이 국가방송만 듣도록 돌려져 있고 외국 라디오 방송을 듣는 사람들은 처벌 받을 위험이 있는 까닭에,

I. 어떠한 비인가(非認可) 집회나 결사도 "집단소요"로 간주되어 처벌을 받아야만 되는 까닭에; 종교의 자유가 비록 헌법으로 보장 되어 있지만 실제적으로는 엄하게 금지되어 있는 까닭에; 공적·사적 종교 활동에 가담한 사람들을 투옥, 고문, 처형의 형식으로 혹독하게 탄압한다는 보고들이 있는 까닭에,

J. "노동교화소(re-education (labour) camps)" "수용소(detention camps)", 감옥에 수용되어 있는 사람들의 수가 20만 명에 이른다고 증인들이 평가하고, 보고들, 특히 강철환처럼 수용소에서 풀려난 사람들이 고문과 잘못된 처우가 광범위하게 퍼져 있고 조건들이 매우 무자비하다고 말하는 까닭에,

K. 조선민주주의인민공화국에서는, 식량이 부족하여 조선민주주의인민공화국에 13,715,000유로를 배분하기로 2005년에 결정한 유럽연합과 150,000톤의 일용품을 1백90만 명에게 2년에 걸쳐 제공하기로 2006년 5월 10일에 (조선민주주의인민공화국) 정부와 협정을 맺은 유엔 세계식량계획(WFP) 같은 원조기구로부터 그 나라가 받는 인도적 지원에 많은 사람들이 의존하고 있는 까닭에,

L. 수만 명의 북한사람들이 탄압과 광범위하게 퍼져 있는 굶주림 때문에 조선민주주의인민공화국을 떠나 중국으로 도피하고 있는 까닭에,

1. 국제인권기관들에 대한 조선민주주의인민공화국의 협력이 부족한 것, 특히 유엔 인권위원회의 절차들을 따르기를 거부한 것을 개탄하며;
2. 다음과 같이 북한정부에 요청 한다:

- (시민적·정치적 권리에 관한 국제규약과 같이) 북한정부가 비준한 국제인권조약들에 설정되어 있는 원칙들을 따르고, 이 원칙들을 국내법으로 만들 것;
- 사형을 폐지할 것;
- 근본적 인권을 평화적으로 행사해서 구금되거나 투옥된 모든 사람들을 석방할 것;
- 모든 북한사람들의 표현의 자유와 이동의 자유를 보장할 것; 그리고
- 기존의 법규가 국제인권법에 부합하는 지를 확실히 하기 위해 기존의 법규를 재검토 하고, 시민들에게 인권침해로부터 보호와 구제를 제공하기 위해 안전장치를 도입할 것;

3. 조선민주주의인민공화국 정부에 손정남 씨 사건에 대한 정보를 제공해 주고, 그의 처형을 행하지 말 것을 촉구하며;
4. 이 인권침해들을 중단하고 손정남 씨 사건에 대한 정보를 제공해 주도록 위원회와 이사회가 조선민주주의인민공화국 정부에 촉구할 것을 요청하며;
5. 조선민주주의인민공화국 정부에 사형을 선고 받은 모든 사람들의 상황을 면밀히 재검토 할 것과, 그들에게 집행정지를 허락할 것을 요청하며, 그리고 유엔 북한인권특별보고관 윗팃 문타본 교수가 그들을 방문하도록 허락할 것을 요청하며;
6. 국가후원 종교연합에 가입되어 있지 않은 시민들에 대해 종교나 신념 때문에 투옥과 처형을 포함한 심각한 인권침해를 하는 것을 중단하고, 신앙인들이 숭배를 위해 자유롭게 만나고, 숭배장소를 만들어 유지하고, 종교문헌을 자유롭게 출판하도록 허용할 것을 조선민주주의인민공화국 정부에 요청하며;
7. 유럽연합이 2001년에 스웨덴 수상 겸 유럽심의회(the European Council) 의장인 G. 페르손(Göran Persson), 공동 외교 및 안보 정책 고위대표(High Representative) 겸 유럽연합 이사회(the Council of the European Union)의 사무총장(Secretary-General)인 J. 솔라나(Javier Solana), 대외관계판무관(External Relations Commissioner)인 C. 패튼(Chris Patten)이 이끈 3거두 방문(the Troika visit) 후 조선민주주의인민공화국과 인권대화를 한 처음이자 유일한 당사자라는 것을 인정하고, 각료이사회(the Council of Ministers)가 북한사람들에게 알리지 않고 유엔 인권위원회에 인권결의를 발기한 2003년 현재로 그 대화가 중단 된 것을 인정하며; 따라서 유럽연합과 조선민주주의인민공화국 간의 인권대화를 다시 시작하도록 노력해보라고 양측에 촉구하며;

8. 조선민주주의인민공화국 정부에게 자신이 당사자인 인권기구들의 의무를 충족시키고, 인도적 지원 단체들과 독립적 인권감시요원들과 유엔 북한인권특별보고관과 유엔 종교 및 신앙의 자유 특별보고관이 자유롭게 그 나라에 접근할 수 있도록 보장할 것을 요청하며;
9. 세계식량계획(WFP)과 조선민주주의인민공화국 정부간에 190만 명의 가장 취약한 사람들, 특히 여성과 어린아이들을 돕기로 합의한 것을 환영하며; 북한 인민들이 그들의 정부 정책의 결과로 겪고 있는 불필요한 고통들에 대해 통탄스러워 하며; 그 나라에서 식량을 겨냥된(targeted) 지원대상자들에게 공평하게 분배해야 된다는 것을 강조하며; 조선민주주의인민공화국 정부에 노동당 고위간부들과 군·정보기관·경찰 간부들에게 유리하도록 식량을 분배하는데 차별을 두는 것을 중단할 것을 촉구하며;
10. 최근 수십 년 동안에 납치된 남한 및 일본 시민들에 대한 모든 정보를 최종적이고 완전하게 넘겨주고, 아직까지 그 나라에 억류되어 있는 피랍자들을 즉시 석방 시켜줄 것을 조선민주주의인민공화국 정부에 요청하며;
11. 북한시민들을, 떠난 이유와 상관없이 구금부터 고문, 장기투옥, 심지어 처형에 까지 이르는 가혹한 처우에 직면해야 하는 조선민주주의인민공화국으로 송환시키는 것을 중단 할 것을 중화인민공화국 정부에 요청하며; 대한민국이 재중(在中) 북한망명자들에 대한 책임을 당연한 것으로 간주하여 그들이 남한으로 가는 것을 허락하도록 대한민국 정부에 요청하며;
12. 이 결의를 이사회, 위원회, 조선민주주의인민공화국 정부, 중화인민공화국 정부, 비법적 즉결처분이나 임의처형에 관한 유엔 특별보고관과 임의적 구금에 관한 유엔 실무단의 유엔 인권위원회 의장보고관과 고문에 관한 유엔 특별보고관과 유엔 북한인권특별보고관에게 전달할 것을 대통령에게 지시한다.

일본의 북한인권법

납치문제, 기타 북한당국에 의한 인권침해문제에의 대처에 관한 법률*

법률 제96호, 2006년 6월 23일

목적

제1조
 이 법률은, 2005년 12월 16일 유엔총회에서 채택된 북한의 인권상황에 관한 결의에 입각하여 우리나라의 긴요한 국민적 과제인 납치문제의 해결을 비롯한 북한 당국에 의한 인권침해문제에의 대처가 국제사회과 함께 해결 노력을 해야 할 과제임을 감안하여, 북한 당국에 의한 인권침해 문제에 관한 국민의 인식을 깊게 하는 것과 함께, 국제사회와 연계하면서 북한 당국에 의한 인권침해 문제의 실태 해명하고 그 억제를 도모하는 것을 목적으로 한다.

국가의 책무

제2조
1. 국가는 북한 당국에 의한 국가적 범죄 행위인 일본국민의 납치문제(이하 「납치문제」라 함)를 해결하기 위해 최대한의 노력을 하여야 한다.
2. 정부는 북한 당국에 의해 납치된 또는 납치된 것으로 의심되는 일본국민의 안부 등에 대하여 국민을 상대로 널리 정보의 제공을 요구하는 것과 함께 스스로 철저한 조사를 실시해, 그 귀국의 실현에 최대한의 노력을 하여야 한다.
3. 정부는 납치 문제 기타 북한 당국에 의한 인권침해 문제에 관해 국민 여론의 계발을 도모하는 것과 함께, 그 실태의 해명에 힘써야 한다.

지방공공단체의 책무

제3조
 지방공공단체는 국가와 연계를 도모하면서, 납치문제 기타 북한 당국에 의한 인권침해 문제에 관한 국민 여론의 계발을 도모하도록 힘써야 한다.

북한인권침해문제 계발 주간

---

* 번역: 신희석(북한인권시민연합)

제4조
1. 국민 사이에 널리 납치문제 기타 북한 당국에 의한 인권침해 문제에 대한 관심과 인식을 깊게 하기 위해, 북한인권침해문제 계발 주간을 둔다.
2. 북한인권침해문제 계발 주간은 12월 10일부터 동월 16일까지로 한다.
3. 국가 및 지방공공단체는 북한인권침해문제 계발 주간의 취지에 어울리는 사업이 실시되도록 힘써야 한다.

연차 보고

제5조
 정부는 매년 국회에 납치문제의 해결 기타 북한 당국에 의한 인권침해문제에의 대처에 관한 정부의 해결 노력에 대한 보고를 제출하는 것과 함께 이를 공표하지 않으면 안 된다.

국제적인 연계의 강화 등

제6조
1. 정부는 북한 당국에 의해 납치되었던 또는 납치되었던 것이 의심되는 일본 국민, 탈북자(북한을 탈출한 자로서 인도적 견지에서 보호 및 지원이 필요하다고 인정되는 자를 말함. 차항 동일) 기타 북한 당국에 의한 인권침해 피해자에 대한 적절한 시책을 강구하기 위해, 외국 정부 또는 국제기관과의 정보 교환, 국제수사 공조, 기타 국제적인 연계의 강화에 힘쓰는 것과 함께, 이들에 대한 지원 등의 활동을 실시하는 국내외 민간단체와의 밀접한 연계의 확보에 힘써야 한다.
2. 정부는 탈북자의 보호 및 지원에 관해 시책을 강구하도록 힘써야 한다.
3. 정부는 제1항에서 정하는 민간단체를 상대로 필요에 따라 정보의 제공, 재정상의 배려, 기타 지원을 실시하도록 힘써야 한다.

북한 당국에 의한 인권침해 상황이 개선되지 않을 경우의 조치

제7조
 정부는, 납치문제, 기타 북한 당국에 의한 일본 국민에 대한 중대한 인권침해상황에 대하여 개선이 도모되고 있지 않다고 인정되는 때에는, 북한 당국에 의한 인권침해문제에의 대처에 관한 국제적 동향 등을 종합적으로 감안하여, 특정 선박의 입항 금지에 관한 특별조치법(2004년 법률 제125호), 제3조 제1항의 규정에 따른 조치, 외국환 및 외국무역법(1949년 법률 제228호) 제10조 제1항의 규정에 따른 조치, 기타 북한 당국에 의한 일본국민에 대한 인권침해의 억제를 위해 필요한 조치를 강구해야 하는 것으로 한다.

부칙

이 법률은 공포일로부터 시행한다.
(내각 총리·총무·법무·외무·재무·경제산업·국토교통 대신 서명)

김동식 목사 유해송환 대국민 호소문

고 김동식 목사는 2000년 1월 탈북자를 돕다가 북한이 보낸 공작원들에 의해 중국 연길에서 납치되어 이듬해 고문과 영양실조로 북한 감옥에서 사망한 것으로 올 5월에 중국내 S선교사를 통해 알게 되었습니다. 장애인인 김 목사는 중국에서 장애인들을 돕는 일을 하던 중 탈북자들을 만나게 되면서 그들의 고통과 아픔이 너무나도 안타까워 그들을 돌보며 한국으로 데려오는 일을 했었습니다. 그러던 지난 2000년 1월 16일 연길교회 인근 식당에서 식사를 마치고 나오다가 북한공작원들에 의해 대기하고 있던 차에 납치당했습니다.

김 목사를 납치한 북한당국은 김 목사에게 온갖 위협과 회유로 김일성주체사상으로 전향하고 탈북자를 도운 과거를 회개하도록 강요했다고 합니다. 그럼에도 불구하고 끝까지 사상 전향을 거부한 김 목사는 음식을 제대로 공급받지 못해, 80kg이던 몸무게가 35kg으로 줄고 고문 후유증에 시달리다 영양실조로 이듬해인 2001년 감옥에서 순교했으며 북한 평양근교 상원리 소재 조선인민군 91훈련소 위수구역 내에 안장됐다고 합니다.

세상에 이런 억울한 일이 있습니까? 타국에 떠돌며 온갖 서러움을 겪고 있는 불쌍한 탈북자들을 같은 동포로서 안타까워 그저 먹여주고 재워주고 돌봐줬을 뿐이었습니다. 북송되면 민족의 반역자로 낙인이 찍어 매 맞아 죽고 공개처형 당하게 되니 제발 살려달라고 부르짖는 외침을 외면할 수 없어 그들을 도왔을 뿐이었습니다. 도대체 제나라 사람 제대로 먹이지 못해 대량 탈북하게 하고서는 그 굶주린 사람들을 도운 것을 죄라고 납치하고 때리고 고문하고 굶겨 죽이니 이렇게 원통한 일이 있습니까? 죽어가는 사람을 살리는 일이 무슨 죄가 된다고 공작원까지 보내 납치하니 도대체 북한은 어떤 나라입니까?

또한 김동식 목사는 명백하게 대한민국 국적을 가진 대한민국 국민입니다. 국민의 생명과 재산을 보호하는 것이 국가의 가장 큰 임무임에도 불구하고 한국정부는 김동식 목사의 생사확인을 포함한 어떠한 조치도 하지 않고 방치해 왔습니다. 미국 영주권자인 김 목사를 위해 미국에서는 유해송환운동본부가 결성되고 미국의 상·하원 의원 20명이 사건 해결을 촉구하는 서한을 북한에 보내기도 했습니다. 그런데 조국 대한민국에서는 아무런 조치도 없었습니다. 이 또한 억울하기 그지 없습니다.

그래서 오늘 저희는 다시금 대한민국 국민 여러분께 간절히 호소합니다. 대한민국의 아들인 김동식 목사의 생사를 확인할 수 있도록 도와주십시오. 돌아가신 것이 사실이라면 유해라도 가족의 품으로 올 수 있도록 도와주십시오. 대한민국 정부가 일하지 않으니 국민여러분들이 나서 주십시오. 김동식 목사의 생사확인과 유해송환을 위해 도와주시길 간절히 호소합니다.

2007년 12월 28일

김동식 목사 미망인 주양선 전도사와 유해송환을 기원하는 이들

참 고 문 헌

■ 한국어 자료

한국어 문헌

강명도. "북한의 인권."『북한의 인권문제, 통일안보포럼 자료집』. 경북대학교 평화문제연구소, 1997년 11월 21일.
고영환.『김일성의 꿈, 서울에서 이루어지다』. 서울: 조선일보사, 2000.
고태우.『북한의 종교정책』. 서울: 민족문화사, 1989.
구성열·손정식·안희완·이두원.『베트남의 법제도와 시장개혁』. 서울: 연세대학교 동서문제연구원, 2002.
國防軍史硏究所.『월남전 실종자에 관한 검토』. 1994년 6월 14일.
국방군사연구소.『한국전쟁의 포로』. 1996.
국방부.『국군포로문제』. 1999.
____.『국군포로 문제 -실상과 대책-』. 2004.
국방부 군사편찬연구소.『한국전쟁 포로관련 자료집』. 2001년 10월 25일.
국방정보본부.『군사정전위원회편람』. 1986.
국제인권옹호 한국연맹.『북한억류 한국군포로들의 실태 보고서』. 년도 미상.
군사편찬연구소.『증언을 통해 본 베트남전쟁과 한국군』 1권. 서울: 국방부, 2001.
軍事科學院軍事歷史硏究所 編著.『中國人民志願軍 抗美援朝戰史』. 軍事科學出版社, 1988; 한국전략문제연구소 역.『중공군의 한국전쟁사』. 서울: 세경사, 1991.
권태진. "2008년 북한 농업 전망과 남북한 협력과제." 한국농촌경제연구원.『KREI 북한농업동향』. 제9권 제4호, (2008년 1월).
김석현. "인권보호를 위한 안보리의 개입."『국제법학회논총』. 제40권 제1호, (1995년 6월).
김성철·정영태·오승렬·이헌경·이기동.『북한 사회주의체제의 위기수준 평가 및 내구력 전망』. 서울: 민족통일연구원, 1996년 12월.
김영윤 외.『통일독일의 분야별 실태 연구』. 서울: 민족통일연구원, 1992년 5월.
김영자. "중국내 탈북여성들의 인권실태와 정책제안." 북한인권시민연합.『제2

회 북한인권·난민문제 국제회의』, 2000년 12월 8일. 서울.
김용기. "계급의 불평등구조와 계급정책."『북한사회의 구조와 변화』. 서울: 경남대학교 극동문제연구소, 1987.
김용학·임현진.『비교사회학 - 쟁점, 방법 및 실제』. 서울: 나남출판, 2000.
김재엽. "한국인의 가정폭력 실태와 현상."『가정폭력 대응전략 수립을 위한 대토론회』. (보건복지부 주최, 세계은행 The World Bank 후원), 2000년 3월 24일~3월 25일. 서울교육문화회관.
김학준.『한국전쟁 - 원인·과정·휴전·영향』. 서울: 박영사, 1989.
남성욱. "북한 7·1 경제개선관리조치와 농업개혁."『북한의 개혁과 개방 100일 -현황과 전망-』. (중앙대학교 민족통일연구소·매일경제신문 주최 국제학술대회 논문집), 2002년 10월 11일. 서울.
내외통신사. "북한의 지역갈등 실상."『내외통신』. 제1124호, (1998년 8월 27일).
농협중앙회.『남북화해협력시대 협동조합의 역할에 관한 국제포럼』. 자료집, 2000년 11월.
대한적십자사.『실향사민등록자명부』. 1956.
동용승. "암시장 확산이 북한경제에 미치는 영향."『월간 삼성경제』. 1997년 5월호.
鄧小平(덩샤오핑).『鄧小平文選』. (上), 北京: 人民出版社 (1987); 이문규 역, 서울: 인간사랑, 1989.
Menge, Marlies. *Ohne uns läuft nichts mehr : die Revolution in der DDR.* Stuttgart : Deutsche Verlags-Anstalt, GmbH. (1990). 최상안 (역).『동독의 통일혁명』. 서울: 을유문화사, 1990.
박선원. "김정일시대 북한의 변화: 진화론적 접근."『한국정치학회보』. 36집 3호, (2002).
박정환.『느시』(Ⅰ권, Ⅱ권). 서울: 문예당, 2000.
박찬운.『국제인권법』. 서울: 한울, 1999.
박현선. "현대 북한의 가족제도에 관한 연구." 이화여자대학교 박사 학위 논문, 1999.
Becker, Anne-Katrein 저·김재경 역. "동독과 북한 비교: 차이점과 유사점." 한독사회과학회.『한독사회과학논총』. No.7, (1997).
법률출판사.『조선인민민주주의공화국 법전 (대중용)』. 평양: 법률출판사, 2004.
부경생 외.『북한의 농업: 실상과 발전방향』. 서울: 서울대학교출판부, 2001.
부남철. "북한의 유교적 전통윤리 정책 - 가족윤리·법을 중심으로 -."『'92 북한·통일연구 논문집(4), 북한의 경제·사회·사법제도 분야』. 서울: 통일원, 1992.

Brzezinski, Zbgniew 저·명순희 역. 『대실패』. 서울: 을유문화사, 1989.
삼성경제연구소. "북한경제의 변화조짐과 시사점." 『CEO Information』. 2002년 8월 7일.
서재진. 『또 하나의 북한사회, 사회구조와 사회의식의 이중성 연구』. 서울: 나남출판, 1995.
____. 『식량난에서 IT산업으로 변화하는 북한』. 서울: 미래인력연구원, 2001.
蕭灼基(쑤짜오지) 主編. 『中國經濟槪論』. 강준영 역. 1995. 『중국경제개론』. 서울: 지영사, 1992.
신동혁. 『북한 정치범수용소 완전통제구역 세상 밖으로 나오다』. 서울: 북한인권정보센터, 2007.
신영희. 『진달래꽃 필 때까지』. (1권, 2권) 서울: 문예당, 1996.
신율. "한국전쟁 당시 납북자 문제 해결을 위한 현실적 대안 모색." 6·25사변 납북자 가족회. 『한국전쟁 중 납북자 실태와 해결방안』. 2001년 2월 22일.
안명철. 『그들이 울고 있다』. 서울: 천지미디어, 1995.
안병영. 『현대공산주의연구, 역사적 상황·이데올로기·체제변동』. 서울: 한길사, 1982.
안찬일. 『주체사상의 종언』. 서울: 을유문화사, 1997.
안혁. 『요덕 리스트』. 서울: 천지미디어, 1995.
안희완. 『한-베트남 노동협력 과제』. 서울: 베트남경제연구소, 2000년 1월.
양순창. 『중국식 사회주의의 이론과 실제』. 서울: 무한출판사, 1999.
외무부. 『월남전포로 및 실종자 송환 (1969-1982)』. 년도 미상.
유병화. "북한 억류자 송환의 법적 문제와 해결방안." 최성철 (편). 『북한인권의 이해』. 서울: 한양대학교 통일전략연구소, 1997.
유팔무. "독일 통일과 동독 지배엘리트의 교체." 서재진 외. 『사회주의 지배엘리트와 체제변화』. 서울: 미래인력연구센터, 1999.
윤대일. 『「악의 축」 집행부 국가안전보위부의 내막』. 서울: 월간조선사, 2002.
이우홍. 『가난의 공화국』. 서울: 통일일보사, 1990.
이찬영 (편저). 『북한교회 사진명감』. 서울: 총회북한교회재건위원회, 2000.
이한영. 『대동강 로열 패밀리 서울 잠행 14년』. 서울: 동아출판사, 1996.
이한우. "베트남의 농업개혁정책, 1975-1993 - 탈집체화의 전개과정 -." 서강대학교 박사 학위 논문, 1998.
이항구. "북한의 종교탄압과 신앙생활." 『현실초점』. (1990년 여름). Philo Kim, "New Religious Policy and the State of Religious Freedom in North Korea"에서 재인용.

任明. "朝鮮의 7月 1日 措置後 住民生活의 變化 및 展望 −平壤市民들을 中心으로−."
　　북한의 개혁과 개방 100일 −현황과 전망−(중앙대학교 민족통일연구소·매일경제신문 주최 국제학술대회 논문집), 2002년 10월 11일. 서울.
장경섭. "북한의 잠재적 시민사회."『현상과 인식』. 18권 4호 (통권 63호), 1994.
전경수·서병철.『통일사회의 재편과정, 독일과 베트남』. 서울: 서울대학교출판부, 1997.
전사편찬위원회.『파월한국전사』. 10호. 서울: 국방부, 1985.
전상인.『북한 가족정책의 변화』. 서울: 민족통일연구원, 1993.
정광민.『북한기근의 정치경제학 − 수령경제·자력갱생·기근 −』. 서울: 시대정신, 2005.
정세진. "북한의 이차경제 발흥과 정치적 변화에 관한 연구." 통일부.『'99 신진연구자 북한 및 통일관련 논문집, 북한실태·인도지원(Ⅱ)』. 1999.
정우곤. "김정일 체제의 사회통제와 주민의식 변화 연구,"『2000 신진연구자 북한 및 통일관련 논문집, 북한실태(Ⅱ)』. 서울: 통일부, 2000.
조선로동당출판사.『조선중앙년감 1950』. 평양: 조선로동당출판사, 1950.
중앙정보부.『북한의 인권탄압실태』. 서울: 중앙정보부, 발행연도 미상 (1970년대 초로 추정).
Zimmermann, Harmut. "DDR : Geschichte." Werner Weidenfelt, Karl−Rudolf Korte (Hrsg.) 엮음 (1996). 임종헌 외 옮김.『독일통일백서』. 서울: 한겨레신문사, 1998.
채명신.『베트남전쟁과 나』. 서울: 팔복원, 2006.
Korger, Dieter. "Einigungsprozeβ." Werner Weidenfelt, Karl−Rudolf Korte (Hrsg.) 엮음 (1996). 임종헌 외 옮김.『독일통일백서』. 서울: 한겨레신문사, 1998.
Kocka, Jürgen. *Vereinigungskrise, Zur Geschichte der Gegenwart.* Göttingen: Vandenhoek & Ruprecht (1995). 김학이 옮김.『독일의 통일과 위기』. 서울: 아르케, 1999.
Clark, Mark W. 저·김형섭 역,『다뉴브강에서 압록강까지』. 서울: 국제문화출판공사, 1982.
한국농촌경제연구원.『KREI 북한농업동향』. 제8권 제2호, (2006년 7월).
허만호. "북한 억류 한국군 포로의 송환: 법리적 판단과 협상론의 한계를 넘어." 성곡학술문화재단.『성곡논총』. 제29권 2호, (1998).
____. "베트남과 북한에서의 2분법적 사회분화와 정치변동: 유교적 가치와 사회통제에 대한 비교연구." 한국정치학회.『한국정치학회보』. 38집 1호 봄, (2004).

_____. "휴전체제의 등장과 변화." 한국정치외교사학회. 『정치외교사학회논총』. 제16집(한국전쟁과 휴전체제), (1997).
_____. "북한의 협상행위의 특징 -이론적 괴리와 규칙성-." 한국국제정치학회. 『국제정치논총』. 제36집 2호, (1996).
허종호. 『주체사상에 기초한 조국통일리론과 남조선혁명』. 평양: 사회과학출판사, 1976.
Henke, Klaus-Dietmar. "Staatssicherheit." In Werner Weidenfelt, Karl-Rudolf Korte (Hrsg.) 엮음. *Handbuch zur deutschen Einheit, Aktualisierte Neuausg*. Frankfurt: Campus Verlag, 1996; 임종헌 외 옮김. 『독일통일백서』. 서울: 한겨레신문사, 1998.
White, William Lindsay. *The Captives of Korea*. 국방부전사편찬위원회 역. 『한국전쟁포로』. 1986.
황귀연·안희완·하순·배양수. 『베트남의 이해』. 부산: PUFS, 1999.
황일도 (정리). "전 북한 핵심 관료가 지켜본 김일성 사망 직전 父子암투 120시간." 『신동아』. 2005년 8월.

한국어 신문, 잡지 및 기타 자료

강혁. "탈북대학생 강혁의 수기 (상), 굶주림의 땅에 쓰러져 죽음의 강을 건너다." 『신동아』. 1999년 8월호.
金成東. "安鶴壽 하사·朴聖烈 병장은 포로가 된 뒤 납북됐다." 『월간조선』. 2000년 9월호.
김용삼. "국군포로 양순용 씨 귀환기." 『월간조선』. 1998년 6월호.
_____. "「북한의 아우슈비치」 14호 관리소의 내막." 『월간조선』. 2000년 5월호.
김재홍. "북 인권개선 '먹을 권리'부터." 『한겨레 신문』. 2003년 4월 22일자.
김정일. "1996년 12월 김일성 종합대학 창립 50돌 기념 김정일의 연설문." 『월간조선』, 1997년 4월호.
MBC 프로덕션. 〈이제는 말할 수 있다〉 "베트남전쟁의 한국군 실종자들" 편, 비디오테이프, 2000년 7월 30일 방영.
월간조선사. "자료 유일사상체계확립 10대원칙." 『월간조선 1991년 신년호 별책부록, 북한, 그 충격의 실상』. 1991.
李基奉. "지하실에서는 포로가 된 국군장교들의 비명소리가 수시로 새어 나왔다." 『월간중앙』. 1995년 2월호.
이기봉. "6·25 전쟁포로 출신 전문가 진단, '북한 달러박스' 미군유해 발굴, 몇 구나 가능할까." 『신동아』. 1996년 8월호.

자유평론사. "북한억류 한국군포로들의 실태 보고서." 『새물결』. 1995년 10월호.
좋은벗들. 『두만강을 건너온 사람들, 중국 동북부지역 2,479개 마을 북한 '식량난민' 실태조사』. 서울: 정토출판, 1999a.
____. 『사람답게 살고 싶소』. 서울: 정토출판, 1999b.
____. 『오늘의 북한, 북한의 내일』. 서울: 정토출판, 2006.
통계청. 『중국의 주요 경제사회지표』. 1996.
통일부. 『'95 북한개요』. 서울: 통일부, 1995.
____. "2003년 1차분 식량차관 1차배 현장확인 결과보고," 2003년 10월 9일.
통일연구원. 『북한 최고인민회의 제10기 제5차회의 결과분석』. 2002년 4월.
____. 『북한인권백서』. 서울: 통일연구원, 2005.
통일원. 『북한개요 '91』, 1990.
____. 『북한최고인민회의자료집』. (제1집) 서울: 통일원, 1988a.
____. 『북한최고인민회의자료집』. (제3집) 서울: 통일원, 1988b.
____. 『북한의 인권실태』. 서울: 통일원 정보분석실, 1994년 8월.
한국은행 조사국 북한경제팀. 『최근 북한 경제조치의 의미와 향후 전망』. 2002년 8월.
"혁명하는 사람에게 있어서 가장 고귀한것은 사회정치적생명이다." 『근로자』. 8호(376), 1973.
고문에 관한 특별보고관에게 제출할 고문에 대한 진술의 표준질문서: 김혁. 문명옥. 배권철. 이영국. 지해남
『군합동신문조서』. 1994년 11월 5일.
『연합뉴스』. 2001년 6월 15일자.
『조선일보』. 1994년 7월 10일자.
『조선일보』. 1994년 7월 10일자.
『조선일보』. 1996년 7월 10일자.
『조선일보』. 1996년 9월 19일자.
『조선일보』. 2008년 3월 3일자.
『중앙일보』. 1996년 8월 26일자.
『한계레신문』. 2006년 11월 7일자.

한국어 인터넷 검색 자료

강철환. "요덕수용소에선 지금 무슨 일이? 탈북자들 '살벌 기류'증언." 2001. http://nk.chosun.com/news/news.html?ACT=detail&cat=4&res_id= 12176 (검색일: 2002년 6월 13일). (검색일: 2003년 9월 28일).

김광인. "[성분조사] 권력강화 목적 인위적 계층 나눠." 2002.
　　http://nk.chosun.com/news/news.html?ACT=detail&cat=1&res_id=
　　16360 (검색일: 2002. 06.02).
김선희의 증언과 사진: http://news.hot.co.kr/2003/04/28/20030428111558451shtml
　　(검색일: 2004년 2월 5일).
김태천. "유엔인권보장제도의 기본구조."
　　http://www.humanrights.or.kr/HRLibrary/HRLibrary1-tckim8.htm#6. (검
　　색일: 2005년 5월 24일).
토니 밴버리 WFP 아시아지역 국장의 2006년 6월 29일 〈미국의 소리(VOA)〉 방송
　　과의 인터뷰: http://blog.naver.com/qkrquddhks00?Redirect=Log&logNo=50005984731
　　(검색일: 2006년 7월 21일)
『북한소식지』, 33호(2006년 8월 16일)
〈http://mail.knu.ac.kr/nara/servlet/webmail.WebMailServ?cmd=detail&M_IDX=
　　2325813&nPage=1&MBOX_IDX=5581&MBOX_TYPE=1&M_ISREAD=
　　X&M_PRIORITY= 3&history=mlist&nMode=〉 (검색일: 2006. 8. 17).
신영희의 증언과 사진: http://kr.dailynews.yahoo.com/headlines/so/20030713/
　　gd/gd200307131331394311.html〉 (검색일: 2004년 2월 5일).
"오락가락 北 수해 규모…인명피해 줄고 재산피해 늘어." [2006-08-20 18:10
　　연합] http://www.dailynk.com/korean/read.php?cataId= nk09000&num=
　　27318〉 (검색일: 2006. 8. 24).
우승지. "북한의 식량문제: 현황과 전망." http://www.mofat.go.kr/file/en_pub
　　/2004-10(우승지).hwp (검색일: 2004년 4월 27일).
이백룡의 증언. http://monthly.chosun.com/html/200101/200101220008_2.html
　　(검색일: 2003년 8월 10일).
＿＿＿. http://monthly.chosun.com/html/200101/200101220008_3.html (검색일:
　　2003년 8월 10일).
＿＿＿. http://monthly.chosun.com/html/200101/200101220008_5.html
　　(검색일: 2003년 6월 18일).
이성훈. "[연재] 59차 유엔인권위원회 소식 ⑤북한 인권결의안 채택의 배경과
　　전망." http://www.sarangbang.or.kr/kr/haru/hrtoday/hr2318.html
　　(검색일: 2003년 5월 12일).
＿＿＿. 『연합뉴스』. 2004년 4월 7일. http://www3.yonhapnews.co.kr/cgi-bin/
　　naver/getnews?092004040810800+20040408+1827 (검색일:2004년
　　4월 20일).

진용규. http://www.cnkr.org/zeroboard/view.php?id=kor_news&no=166 (검색일: 2004년 4월 23일).

홍승원. "북한식 '권력구조조정'의 특성." 1999. http://www.kfl.or.kr/sub04_9903-13.htm (검색일: 2003년 4월 5일).

http://cafe312.daum.net/_c21_/bbs_search_read?grpid=D1V0&fldid=Hh6l&contentval=000ijzzzzzzzzzzzzzzzzzzzzzzzz&nenc=QCg5-MLQ9QZZr7ipa8_e5w00&dataid=2773&fenc=I6lmh4BnGQA0&docid=CDd0hTjH&from=tot&q=%BA%CF%C7%D1%20%C6%AF%BC%F6%BA%CE%B4%EB%2010%B8%B8 (검색일: 2007년 12월 3일).

http://cafe218.daum.net/_c21_/bbs_search_read?grpid=17p5z&fldid=28gK&con tentval=0003izzzzzzzzzzzzzzzzzzzzzzzzz&nenc=QCg5-MLQ9QZZr7ipa8_e5w00&dataid=230&fenc=hTbmkWelJC50&docid=CDaByyWG&from=tot&q=%BA%CF%C7%D1%20%C6%AF%BC%F6%BA%CE%B4%EB%2010%B8%B8 (검색일: 2007년 12월 3일)

http://kr.msn.com/ (검색일: 2007년 7월 2일).

http://kr.msn.com/ (검색일: 2007년 7월 2일).

http://news.media.daum.net/economic/others/200503/24/dkbnews/v8672826.html (검색일: 2007년 7월 2일).

http://lcweb2.loc.gov/cgi-bin/query (검색일: 2002년 5월 14일).

http://www.nkhumanrights.or.kr/inter02.html (검색일: 2004년 4월 26일).

■ 서양어 자료

서양어 문헌

Ahn, Byung-joon. *Chinese Politics and the Cultural Revolution, Dynamics of Policy Processes*. Seattle and London: University of Washington Press, 1976.

Challiand, Gérard. *Mythes révolutionnaires du tiers mond, Guérillas et socialismes*. Paris: Editions du Seuil, 1979.

Chamberlain, Heath B.. "On the Search for Civil Society in China." *Modern China* Vol.19 No.2 (April), (1993).

Choi, Hyuck. "Statement by H. E. Ambassador CHOI Hyuck, Permanent Representative of the Republic of Korea on Agenda Item 9, Question of the violation of human rights and Fundamental freedoms in any part of the World, Before the 60th Session of the Commission on Human Rights." Geneva. March 25, 2004.

Clark, Mark W. *From the Danube to the Yalu New.* York: Harper & Brothers, 1954.

Delalande, Philippe. *Le Viêt Nam Face á l'Avenir.* Paris: L'Harmattan, 2000.

Doan Van Toai. *le goulag vietnamien.* Paris: Robert Laffont, 1979.

Frémy, Dominique et Michèle. *Quid 98.* Paris: Robert Laffont, 1997.

Good Friends. *Human Rights in North Korea and the Food Crisis, A Comprehensive Report on North Korean Human Rights Issues.* Seoul: Good Friends, March 2004.

Grossman, Gregory. "The 'Second Economy' of USSR." *Problems of Communism 26,* (September-October, 1977).

Haggard, Stephan and Marcus Noland. *Hunger and Human Rights: The Politics of Famine in North Korea.* Washington, DC: U.S. Committee for Human Rights in North Korea, 2005.

楸原遼 (編). 『北朝鮮の秘密文書』(上). 東京: 夏の書房, 1996.

Hankiss, Elemér. "The 'Second Society': Is there an alternative social model emerging in contemporary Hungary?." *Social Research 55,* Nos.1-2 (Spring/Summer, 1988).

Haraszti, Miklos. "The Beginning of Civil Society: The Independent Peace Movement and the Danube Movement in Hungary." In Vladimir Tismaneanu. ed. *Search of Civil Society: Independent Peace Movement in the Soviet Bloc.* New York: Routledge, 1990.

Hawk, David. *The Hidden GULAG, Exposing North Korea's Prison Camps.* Washington, D.C.: U.S. Committee for Human Rights in North Korea, 2003.

Heo, Man-Ho. "Contrôle social et changement politique dans les sociétés communistes subsistantes : une application des cas chinois et est-allemand à la Corée du Nord." *Revue Internationale de Politique Comparée.* 9 No.3 (Hiver, 2002).

____. "North Korea's Continued Detention of South Korean POWs since the Korean and Vietnam Wars." *The Korean Journal of Defense Analysis.* 14, No. 2 (Fall, 2002).

____. *MISERY AND TERROR, Systematic Violations of Economic, Social and Cultural Rights in North Korea,* Situation Report on the Occasion of the Examination by the UN Committee on Economic, Social and Cultural Rights of the Second Periodic Report of the Democratic People's Republic of Korea. FIDH (Fédération Internationale des Ligues des Droits de l'Homme). No.374/2. (Nov., 2003). Paris.

Holmes, Leslie. *Post-Communism, An Introduction*. Cambridge: Polity Press, 1997.

Huntington, Samuel. P.. *The Third Wave: Democratization in the Late Twentieth Century*. Norman: University of Oklahoma Press, 1991.

Kanto, Hiroshi, et al.(Research). *Are They Telling US the Truth?- Brutality Beyond Belief-*. Tokyo: LFNKR & NKDB, 2004.

Keyes, C. F. *The Golden Peninsular: Culture and Adaptation in Mainland Southeast Asia*. New York: Macmillan, 1977.

Kim, Philo. "New Religious Policy and the State of Religious Freedom in North Korea." NKHR & HFHR. The 5th International Conference on North Korean Human Rights & Refugees. 29 Feb.-2 Mar. 2004. Warsaw. Poland.

Kotek, Joël et Pierre Rigoulot. *Le siècle des camps*. France: JC Latts, 2000.

Krohn, Marvin. "Control and Deterrence Theories of Criminality." Joseph F. Sheley. *Criminology, A Contemporary Handbook*. New York, Paris: Wadsworth Publishing Company, 1995.

Lameda, Ali. "Ali Lameda: A Personal Account of the Experience of a Prisoner of Conscience in the Democratic People's Republic of Korea." A publication of Amnesty International (Amnesty International Index: ASA 24/02/79). In Ogawa, Haruhisa & Benjamin H. Yoon. *VOICES FROM NORTH KOREAN GULAG*, Seoul: Life & Human Rights Press, 1988.

Langlet, Philippe et Quach Thanh Tâm. *Introduction à l'histoire contemporaine du Viêt Nam de la réunification au néocommunisme (1975-2001)*. Paris: les Indes savantes, 2001.

Luong, Hy Van. "Economic Reform and the Intensification of Rituals in Two Northern Vietnamese Villages, 1980-90." Borje Ljunggren, ed. *The Challenge of Reform in Indochina*. Cambridge: Havard Institute for International Development, 1993.

Muntarbohrn, Vitit. "International Protection of Human Rights in Asia." In IIHR, *Fundamental Courses, Documentary File*. Vol.2. 35th Annual

Study Session. July 2004a. Strasbourg.

_____. "VERS UN MECANISME SUR LES DROITS DE L'HOMME DANS LE CADRE DE L'ASEAN." In *COURS FONDAMENTAUX*. Dossier documentaire. Volume 2. 35e Session Annuelle d'Enseignement. 5-30 juillet 2004b. Strasbourg.

_____. "Recent Developments concerning Regional and Sub-regional Initiatives for the Promotion and Protection of Human Rights in the Asia-Pacific Region." In *Fundamental Courses, Documentary File*, Vol.2, 35th Annual Study Session. July 2004c. Strasbourg.

Nee, Victor and Peng Lian. "Sleeping with the enemy: A dynamic model of declining political commitment in state socialism." *Theory and Society*. 23 No.2 (April, 1994).

Nguyen, Kien. *Vietnam: 15 Years After the Liberation of Saigon*. Hanoi: Foreign Languages Publishing House, 1990.

Nguyen, The Anh. "LE VIET-NAM ENTRE CONFUCIANISME ET MODERNITE." Communication présentée au 2e symposium franco-soviétique "Le poids du passé dans l'interprétation du présent." organisé du 27 au 30 mai 1991 à Sèvres par l'URA 1075 (Péninsule indochinoise) du CNRS.

Nutt, Anita Lauve. *All POW-MIA ARPA Report*, Memorandum RM5729-1 ARPA, January 1969.

Our Voice: Bangkok NGO Declaration on Human Rights, Bangkok, Asian Cultural Forum on Human Rights, 1993.

Phan, Dai Doan. "Communal Convention-Instrument of Social Administration of Rural Vietnam." *Asian Values and Vietnam's Development in Comparative Perspectives*. Hanoi: NCSSH & NIAS, 2000.

Piétri, Jean-Fabrice. "The Inadequacies of Food Aid In North Korea." Summary of Comments (Plenary Session II). *IVth International Conference on North Korean Human Rights and Refugees*. March 2003. Prague.

Raiffa, Howard. *The Art and Science of Negotiation*. Cambridge, M.A.: The Balknap Press of Havard Univ. Press, 1982.

Reference Information Paper 90, Records Relating to American Prisoners of War and Missing in Action from Vietnam War Ear, 1960-1994, Washington, D.C.: National Archives and Records Administration, 1995.

Saunders, Daniel G.. "Programs for Men Who Batter: A Summary of Models & Recent Research." *World Bank Project on Enhancing Institutional*

Capacity of the Ministry of Health and Welfare for Dealing in Family Violence. July 20, 2000. Seoul. Korea.

Schöpflin, George. *Politics in Eastern Europe 1945-1992*. Oxford: Blackwell Publishers, 1993.

Schwelb, E. and P. Alston. "The Principal Institutions and Other Bodies Founded Under the Charter." In Karl Vasak(ed.). *The International Dimensions of Human Rights*. Westport, Connecticut; Greenwood Press, 1982.

Sudre, Frédéric. *Droit européen et international des droits de l'homme*. Paris: PUF. 2003.

Tâm, An. "BAU CU QUOI KHOA XI." *Doan Ket* (Thang bay, So 485, Nam thu 34), 7. 2002.

Trân, P. V.. *PRISONNIER POLITIQUE AU VIÊT-NAM*. Paris: L'Harmatin, 1990.

United Nations. *World Conference on Human Rights: The Vienna Declaration and Programme of Action*. June 1993. New York: UN, 1993.

United Volunteers International to Stop North Korean Crimes against Humanity (e-mail: guygeo@softgram.com). *Are They Telling Us the Truth? An Analysis and Summary of the Five North Korean Witness Accounts on the Crimes against Prisoners in North Korea*, October 1999.

US Department of Defense. *Defense Prisoner of War/Missing in Action Office Reference Document, U.S. Personal Missing, Southeast Asia (and Selected Foreign Nationals) (U), Alpha, Chronological and Refno Reports*, Unclassified, May 1996, DPMO/RD.

US Department of State. *Foreign Relations of the United States, 1951*. Vol. Ⅶ (Korea and China) Part 1, 1983.

Vo, Van Ai. VIETNAM TODAY, QUE ME, VIETNAM COMMITTEE ON HUMAN RIGHTS. Press File for the Press Conference on 30th April 1985 at Freedom House. New York.

White, Gordon. "Prospects for Civil Society in China: A Case Study of Xiaosan City." *The Australian Journal of Chinese Affairs*. No.29 (January, 1993).

서양어 신문, 잡지 및 기타 자료

E/CN.4/2004/31. February 17, 2004.

Far Eastern Economic Review. June 16, 1988.
Lakin, John. "North Korea Exposed-Kim's Slave Camps." *Far Eastern Economic Review*, Dec. 12, 2002.
Le Courrier du Vietnam. (No.1004). 28 septembre, 1997.

서양어 인터넷 검색 자료

China Statistical Yearbook. 1999a. http://www.stats.gov.cn/yearbook/1999/e01e.htm (검색일: 2002. 06. 04).
China Statistical Yearbook. 1999b. http://www.stats.gov.cn/yearbook/1999/e17e.htm (검색일: 2002. 06. 04).
China Statistical Yearbook. 1999c. http://www.stats.gov.cn/yearbook/1999/f02e.htm (검색일: 2002. 06. 04).
China Statistical Yearbook. 1999d. http://www.stats.gov.cn/yearbook/1999/m03e.htm (검색일: 2002. 06. 04).
China Statistical Yearbook. 1999e. http://www.stats.gov.cn/yearbook/1999/m10e.htm (검색일: 2002. 06. 04).
EU LINES OF ACTION TOWARDS NORTH KOREA. Text Adopted by the General Council. November 20, 2000. http://www.info-france-usa.org/news/statmnts/2000/EU2000/korea.asp (검색일: 2003년 5월 17일).
Human Rights Watch. "VIETNAM HUMAN RIGHTS IN A SEASON OF TRANSITION: Law and Dissent in the Socialist Republic of Vietnam." Vol.7 No.12(Aug.) 1995. http://hrw.org/reports/1995/ Vietnam2.htm. (검색일: 2003년 5월 2일). (검색일: 2005년 1월 6일).
____. "VIETNAM, RURAL UNREST IN VIETNAM." Vol.9, No.11(C) (Dec.). 1997. http://www.hrw.org/reports/1997/vietnm/Vietn97d-02.htm (검색일: 2003년 4월 3일).
____. "VIETNAM: THE SILENCING OF DISSENT." Vol.12, No.1(C) (May). 2000. http://www.hrw.org/reports/2000/vietnam (검색일: 2003년 4월 3일).
____. *REPRESSION OF MONTAGNARDS, Conflict over Land and Religion in Vietnam's Central Highlands.* 2002. http://hrw.org/reports/2002/vietnam (검색일: 2003년 8월 10일).
Park, Sung Jo. "Germany Gets Maximum Concessions from NK." March 11 2001. http://english.chosun.com/w21data/html/news/200103/200103110153.

html (검색일: 2003년 5월 16일).
Robinson, W. Courtland et al.. "Famine, Mortality, and Migration: A Study of North Korean Migrants in China." In *Forced Migration and Mortality*. 2001. http://books.nap.edu/books/0309073340/ html/69.html (검색일: 2003. 11. 25).
Second periodic report : Democratic People's Republic of Korea. 04/05/2000. CCPR/C/PRK/2000/2. (State Party Report).
　　http://www.unhchr.ch/tbs/doc.nsf/MasterFrameView/2847aadfc262 cfe0c12569e40057e41a?Opendocument (검색일: 2008년 2월 10일).
Sha, Zukang. Statement by H.E. Ambassador SHA Zukang, Head of the Chinese Delegation, on Item 9 at the 59th Session of the Commission on Human Rights. April 1, 2003. Geneva.
　　http://www.china-un.ch/eng/45906.html (검색일: 2003년 5월 17일).

■ 중국어 자료

중국어 문헌

郭黎平(꾸오리핑). "反腐敗問題探討綜述."『天水學刊』 第1期, 1991.
馬紹孟(마싸오멍) 等 主編.『堅持社會主義 反對和平演變』 北京: 中國人民大學出版社, 1992.
周華虎(쩌우화후) 等 主編.『中華人民共和國大事紀事本末』 成都: 四川辭書出版社, 1993.
曾仁森(쭝러언썬). "肅淸封建主義影是我國政治體制改革的重要任務."『科學社會主義』 第3期, (1988).
何建章(허찌엔쨩) "論中山階級."『社會學研究』 第2期, (1990).
中共中央黨校.『學習江澤民同志「正確處理社會主義現代化中的若干重大關係」』 北京: 中共中央黨校出版社, 1995.

중국어 신문, 잡지 및 기타 자료

吳家麟(우지아린). "關于社會主義民主的幾個問題."『人民日報』. 1979년 5월 22일.
張顯揚(짱시엔양)·王貴秀(왕꾸에이슈). "無産階級民主和資産階級民主."『人民日報』. 1979년 6월 9일.
『人民日報』. 1981년 2월 8일.

『人民日報』. 1988년 10월 28일.
鄧小平(덩샤오핑). 『鄧小平文選』. 第三卷, 北京: 人民出版社. 1993.

■ **인터뷰 및 구두질의(Oral Intervention)**

강명도: 탈북자. 1997년 11월 21일.
김시영 (가명, 54세): 소아과 의사 출신 탈북자, 1998년 귀순. 서재진 (2001). p. 32.
김영규: GEDA(Global Education & Development Agency)의 베트남 소장. 2002년 1월 25일.
신정애: 북송재일교포 출신 탈북자. 2004년 9월 10일.
양형섭: 북한 최고인민회의 상임위원회 부위원장. 평양방송. "연속실담". 2003년 9월 3일.
유** (79세): 탈북·귀환 포로. 2008년 3월 15일.
이광수: 탈북자. 2006년 8월 26일, 2006년 11월 10일.
이항구: 인민군 출신 탈북자. "돌아오지 못한 용사들," 대구문화방송 6·25 보도특집, 1997년 6월 26일자 방영.
익명: 립탁초등학교 수위와 교사 부부. 2002년 1월 24일.
익명: 100인의 탈북자 (대한변호사협회 북한인권고위원회. 「북한인권 실태조사 보고」, 2006년 10월 20일).
정의용: 전 제네바 한국대표부 대사. 2003년 4월 8일.
정차랑: 귀순 북한공작원. MBC 프로덕션 (2000), 앞의 비디오테이프.
홍옥희 (여. 53세): 탈북자. 2003년 2월 14일.
Bui Quoc Phong: GEDA 간부. 2002년 1월 25일.
Descoueyete, François: 전 주한 프랑스 대사. 2003년 5월 2일.
Hosaniak, Joanna. 『연합뉴스』. 2004년 4월 13일.
　　http://www.nkhumanrights.or.kr/index5.html (검색일: 2004년 4월 27일).
Jeong, Ji Sun. 2004년 4월 7일. http://wmail.knu.ac.kr/mail/index.neo (검색일: 2004년 4월 27일).
Kang, Erika. 2004년 4월 7일.
Kim, Young Ja. 『연합뉴스』. 2004년 4월 13일.
　　http://www.nkhumanrights.or.kr/index5.html (검색일: 2004년 4월 27일).

Lê Quang Thiêm, TS: 베트남 국립하노이대학 교수. 2002년 1월 28일.
Muntarbohrn, Vitit. 2004년 7월 26일.
Thiriet, Nicolas. 2003년 10월 1일.
Trân Hũú Đinh: 베트남 역사연구원(Institute of History of Vietnam) 부원장. 2002년 1월 18일.
Vũ Tiển Duñg: 빈폭(Viñh Phúc)성 럽탁(Lâp Thac)현 문화부 간부. 2002년 1월 24일.
Won, Jae Chun. 『연합뉴스』. 2004년 4월 13일.
　　http://www.nkhumanrights.or.kr/index5.html (검색일: 2004년 4월 27일).

찾아보기

(1)
1949년 제네바협정 205; 1949년 제네바 제3협약 207
1차 경제 35, 59, 61, 64
1차 사회 20, 26, 28, 37, 47, 50, 66, 73; 1차 사회의식 17, 36, 68

(2)
2·13 수용소 118-119
2분법적 분화 86; 2분법적 사회분화 50-51, 59, 78, 86
2분법적인 변수 14
2중 경제구조 61
2차 경제 35-37, 40, 61-62, 64-65, 67
2차 사회 14, 19-20, 37, 48, 50, 73; 2차 사회의식 21, 36-37, 66, 68
2차 영역 37

(3)
3계층 51개 부류 5, 105, 107, 155, 230, 242, 262
3대 기본입장 4
3신위기(三信危機) 17
3청부제(三請負制) 55

(4)
4항 기본원칙의 견지(堅持四項基本原則) 23
4화정책(四化政策) 20

(5)
5·29방침 146

(6)
6·25전쟁 179-180, 183, 194, 202-204, 206-207, 211, 220, 222-224
6군단 쿠데타 모의사건 43

(7)
77헌장(Charter 77) 317
7·1경제관리개선조치 62, 64, 82, 95-96, 98

(8)
8월 종파분자사건 242
8월 혁명 53

(9)
9·27 상무위원회 41, 75
9·27 수용소 118

(ㄱ)
가정폭력 169-170, 263
가족연좌제 45, 76, 286
가족주의 57, 68, 72-73, 78; 가족집단주의 50, 77
강제낙태 10
강제송환 181
강제적·비자발적 실종 10
개인통보제도 285, 287
개천 14호 관리소 3
개혁·개방정책 10, 110
경제·사회·문화적 권리 5; 경제적·사회적·문화적 권리에 관한 국제규약 280, 316
계급정책 39

계급차별 38; 계급차별정책 5-6, 10, 107, 242-243, 246, 253, 262, 265, 285, 311
계층분화 69; 계층분화와 지위경쟁의 구조 60
고난의 강행군 82-83
고립 압살 8
고문 피해자 122
고문과 기타 잔인하고 비인간적이거나 굴욕적인 처우 10, 111, 148, 270
고문방지 협약 148-149
공개처형 10, 238
공유제 20
관대처리방침 197
관용정책(寬容政策) 206
구류장 113, 117, 126, 131, 139
구정공세(舊正攻勢) 198
구제행위 122
국가 보위부 120
국가검열위원회 41, 75
국가공안국 29-30, 32-33
국가배급제도 10
국가안전보위부 41, 75, 113, 231-232
국가인권위원회 300-302; 국가인권위원회법 302
국가평의회 31
국제규범 101, 148
권리로서의 발전권 6
규범적 무정향성 45
규범적 통제 87
규제력 42
기본군중 40
기술적 협력 261
기획입국 8
꽃제비 263
꾸옥 응으(Quôc Ngũ) 53

(ㄴ)
남부해방 3, 53-55, 86
남북기본합의서 209-211, 224
내인론 4
노동개조장(Trai Cai Tao Lao Dong) 3, 246, 248, 250
노동교양소 249
노동교화소 249
노동단련대 41-42, 113, 133, 136, 174
노동쟁의 69
노멘클라투라 39-40
노이에스 포럼(Neues Forum) 46
농민시장 34-35
농업합작사 55

(ㄷ)
다원주의 290
다자간협의 9
다자주의적 협력체 12
다차원적 손실보상전략 216
단가(單家) 청부제 (Khoan Ho) 55
단일주(單一柱) 체제(monolithic regime) 50
단체성(коллектив) 77
당의 유일사상체계 확립의 10대 원칙 154, 157, 286
당파성(партийность) 77
대가정론 68
대량 탈북 8
대량학살(genocide) 269, 275
대집중·소자유 18, 28
데모크라티 예츠트(Demokratie Jetzt) 46
도이머이 정책 51, 59, 65-66, 68-69, 73, 79, 80, 86-87, 250, 318
독립변수 9
독립채산제 18, 64, 96

독일사회주의통일당(SED) 16, 26-33
동요계층 38, 40
띵깜(tình cảm) 52, 54, 72

(ㄹ)
라오가이(Laogai) 247-248, 304
라이프찌히 월요시위 31
리더십의 대체 48

(ㅁ)
말반동 125
모든 형태의 여성차별 철폐에 관한 협약 316
무상배급 97
미국의 북한인권법 1, 8-9
미전향장기수 221, 224
민주주의 민족문화 56; 민주주의 민족문화론 55, 57

(ㅂ)
반화평연변론(反和平演變論) 24
법치 290, 296; 법치 문제 291; 법치주의 19
베트남전쟁 179, 189, 191-192, 198-199, 208
병행 사회(parallel polis) 50
보위사령부 113, 117-118
보편성(universality)의 원칙 6
복음교회 28-29, 31
부르주아 시민사회 13, 17
북부해방 52-53
북한인권법안 8
북한특별보고관 7
북화(北化)정책 3, 53-55, 86
분조관리제 62
불가역적 적대관계(strident antagonistic relations) 251; 불가역적 적대자(strident antagonist) 225
비공산화 영역 28, 41, 55
비공식 영역 13
비국가소유제 60
비둘기고문 115, 121
비밀처형 238

(ㅅ)
사회계급정책 38
사회변동 13, 17; 사회변동과정 86
사회안전부(인민보안성) 41
사회의 제2영역 14, 252
사회적 규제 16, 47, 51, 59; 사회적 규제력 71, 76; 사회적 규제력과 통합력 86; 사회적 규제와 통합 87
사회적 네트워크 16, 20, 25, 36, 40-41, 48
사회적 연결망 75, 87
사회적 일탈 33
사회적 잔차 279
사회적 통제 87; 사회적 통제규범 86
사회적 통합 16, 39, 47, 51, 59, 87; 사회적 통합력 71, 76
사회정치적 생명체론 77
사회주의 안에서의 교회 29
사회주의 이행기의 완성 27
사회주의 정신문명 건설 21
사회주의법무생활지도위원회 41
사회주의적 정신문명 건설 21
사회통제 13, 20-22, 26, 29, 33, 37, 48, 51, 77, 246; 사회통제력 78; 사회통제이론(social control theory) 15-16, 51
삼열애 30
상품구매권 62
상호불가분성(indivisibility)의 원칙 6
상호연관성(Interdependence)의 원칙 6

새생활 운동(·Đổi Sống Mới) 52-53
선군정치 99, 284
선의에 기초한 특수성과 예외성 319
성분 243
세계인권선언 148, 175, 176, 216-217, 280, 287
시민적 자율성 10, 22, 25, 47, 243, 246, 276, 279
시민적·정치적 권리 5-6, 10, 149; 시민적·정치적 권리에 관한 국제규약 112, 216, 220, 280, 287, 316
시범괘 146
시장경제 82
식량 총공급량의 감소(FAD: Food Availability Decline) 102
식량권 10, 107-108
식량권 부여의 감소(FED: Food Entitlement Decline) 102
식량난 5-6, 33
식량배급 97; 식량배급제 100
신가부장제(Neo-Patrimonial System) 42, 71, 76
신경제지구 54
신뢰구축조치 211, 213
신유교 54, 86
신의주학생사건 40

(ㅇ)
아동권 문제 10
아동권협약 175; 아동의 권리에 관한 협약 316
아시아·태평양 지역 인권체계/포럼 (Forum) 281-282, 284, 286, 289, 303-304, 306-307
아시아적 가치 281, 292-293
여성에 대한 폭력 10
역학적 균형 51

연좌제 148, 162, 189
영아살해 10, 174, 176, 239, 270, 288, 290-291
예(禮) 52
오강사미 21, 30
완강한 적대자 관계 253
완전통제구역 45, 76, 233-234
외인론 4
요덕 수용소 125
우리식 사회주의 82-83
위기지수 37, 49
위민사상 50, 52, 76
윗팃 문타폰(Vitit Muntarbhorn) 8
유교적 가족주의 78
유교적 가치 50-51, 53, 67, 76, 78, 86
유교적 유기체론 57, 86
유럽연합(EU) 1, 7
유엔 경제사회이사회 결의 1235호 10
유엔 경제사회이사회 결의 1503호 10
유엔 경제적·사회적·문화적 권리 위원회 261, 263
유엔 인권고등판무관실(OHCHR) 261
유엔 인권위원회(UN Commission on Human Rights) 1, 6-7, 10, 217, 255, 257-258, 260, 267, 269, 271-272, 286
유엔총회 1, 89, 268, 272, 274
유일사상체계 확립 10대 원칙 58
윤리규범의 중시 50
의견 및 표현의 자유 10
의장성명(Chairman statement) 268
이의론자(non-conformist) 36, 45, 68
인권메커니즘 299
인권보호체계 9
인권부문 290-291, 304, 306, 309-311
인권의 보편성 315
인도에 반하는 범죄(crime against hu-

manity) 317
인민반 41, 75
인민보안성 75, 113
인신매매(human trafficking) 10, 153, 172-173, 176, 282, 289-291, 296
인신밀수(human smugling) 173
인적접촉 279, 311
인종차별 철폐 협약 175
일괄거래(package dealing) 협상방식 213
일원적 계제(la conjoncture singulière) 31
일치법 11
일탈현상 42
임금갈취 98

(ㅈ)
자급자족 경제체제(Autarky System) 10, 243
자력갱생 64
자발적 동의 30, 38, 42-43, 86
자발적 송환 181
자연개조 5대 방침 108
자유처분권 62
자유청년동지회 사건 44
자유화의 배경조건 46
자의적 구금 10
잠재적 시민사회 50
장마당 34-35, 62, 71, 82, 86, 97, 117, 120
장자(長子) 불균등상속 56
재정비정책 197
적대계층 38
전도대(transmission belt) 32
전민(全民)소유제 18
전체주의 독재체제 4; 전체주의적 통제 10
정당(整黨)운동 19

정신적 오염 20-21
정전협정 207-209
정체성(identity) 37
정치범 관리소 247, 249
정치범 교화소 3, 247
정치범 수용소 3, 10, 41, 44-45, 74, 76, 87, 136, 159, 228-229, 235-236, 240, 242, 252, 291; 정치범 집단수용소(라오가이[Laogai], 라오지아오[Laojiao], 찌우예 [Jiuye]) 11
정치변동 13, 16-17, 22, 24-26, 32-33, 36, 38-39, 41-42, 46-49, 51, 75, 82, 85, 87
정치적 다원주의 282
정치적 생명 58-59, 77; 정치적 생명론 57; 정치적 생명체 58
정통성(legitimacy) 37
제2 사회 34; 제2 사회영역 13, 17, 20, 26, 28, 34, 47-48, 51, 73, 276
제네바 제3협약 205
제네바협정 206
제노사이드 176
종교 및 신앙의 자유 10
종교생활 66
종속변수 9
종파분자 239
죄형법정주의 162
주권재민(主權在民) 309
주민탈출 31
주체사상 68, 154
중국 특색의 사회주의(有中國特色的社會主義) 18
중국소비자협회(中國消費者協會) 22
지역인권보호체계 280-281, 283, 291, 293, 308

지위경쟁구조　69
집결소　41
집단탈출　32
집체소유제　18, 20
집체적 리더십　87

(ㅊ)
차이법　11
참조변수　12
책임성(отвественность)　77
천도(天道)사상　52
천안문사건　22-25; 천안문사태　31, 41, 46-47
철밥그릇(鐵飯碗)　18
체계와 체계 외적(system-foreign) 조직원리　14, 50
총공회(總工會)　22
최저임금제　96
최종의정서　308
출신성분　38
충성의 전이(轉移)　58, 78
취약계층　5-6
치리정돈(治理整頓)　24, 28

(ㅋ)
큰솥밥(大鍋飯)　17

(ㅌ)
탈 공산주의(post-communism)　14
탈 스탈린주의(post-Stalinism)　14; 탈 스탈린주의 단계　2, 47
탈 전체주의(post-totalitarianism)　13; 탈 전체주의 단계　2, 14, 47
탈북여성　10
탈북자　5
통시적·공시적 분석　11
통일혁명　32, 41, 46

통제 메커니즘　74, 76, 87
통제장치　75
통합력　42
퇴거이데올로기(ideology of withdrawal)　45, 69
특별노무자수용소　228
특별독재대상구역　3, 46, 127, 230, 248

(ㅍ)
펌프질　126, 136, 142
평화에 대한 위협　273-274
포괄적 안보개념　12
폴란드의 '10월 사태'　27
푸룬제 군사대학 출신 반역모의 사건　43

(ㅎ)
학습존중　50
한국국가인권위원회　8
한국군사정전협정　208
한국군포로　180, 184, 187, 189, 192-198, 200, 204, 207-214, 223-224
한국기도　141, 143-144, 146
합영법　51
핵심계층　38
핵심군중　40
헝가리 봉기　27
헬싱키 최종의정서(Final Act of Helsinki)　308, 310
헬싱키 프로세스　280, 283, 287, 290, 306, 308, 317
혁명화구역　45, 76, 233-234
협력적 적대관계　225, 252
형사소송법　112, 158-159, 251, 287
호조조　55
호주(戶主)제도　56; 호주·호적제도　56

호치민 루트(Ho Chi Minh Trail)　199
화가위국(化家爲國)　57
효(孝)　52
후기 공산주의　79; 후기 공산주의단계　9;

후기 공산주의사회　13, 16-17, 50
휴전협정　188
흥억(Hương Ước)　77

지은이 소개

허만호(許萬鎬)   mhheo@knu.ac.kr

연세대학교 정치외교학과 졸업
프랑스 파리 I 대학 정치학 석사
프랑스 파리 사회과학고등연구원(E.H.E.S.S., Ecole des Hautes Etudes en Sciences Sociales) 정치사회학 박사

한국국방연구원(KIDA) 군비통제연구센타 선임연구원
프랑스 국제인권연맹연합(FIDH, Fédération Internationale des Ligues des Droits de l'Homme) 초빙연구원 역임

現 경북대학교 정치외교학과 교수
  사단법인 북한인권시민연합 연구이사
  사단법인 아시아인권센터 소장

〈주요 논저〉

MISERY AND TERROR: Systematic Violations of Economic, Social and Cultural Rights in North Korea (FIDH, France)
"Search for Peace in Korea: From the Armistice to the Summit Talks in 2000,"(*The New England Journal of History*, UK)
"Contrôle social et changement politique dans les sociétés communistes subsistantes : une application des cas chinois et est-allemand à la Corée du Nord," (*REVUE INTERNATIONALE DE POLITIQUE COMPAREE*, Belgique)
"今も續く 北朝鮮の 韓國軍捕虜抑留," (海外事情, 日本)
East Asia and the United States: An Encyclopedia of the Relations Since 1784 (공저, Greenwood Press, USA)
"Les relations inter-coréennes face aux entraves géopolitiques: confrontation et dialogue," (*Hérodote*, France)
Encyclopedia of the Korean War (공저, ABC-CLIO, USA)

La Corée, le peuple et ses valeurs culturelles : d'hier à aujourd'hui, (공저, Les Presses de l'Université de Montréal, Canada)
『탈냉전시대 한국전쟁의 재조명』 (공저, 백산서당)
『전환기의 국제정치이론과 한반도』 (공저, 일신사)